Gustav Köhler

Geschichte der Festungen Danzig und Weichselmünde bis zum Jahre 1814

Erster Teil bis zum Jahr 1734

Gustav Köhler

Geschichte der Festungen Danzig und Weichselmünde bis zum Jahre 1814

Erster Teil bis zum Jahr 1734

ISBN/EAN: 9783955644215

Auflage: 1

Erscheinungsjahr: 2013

Erscheinungsort: Bremen, Deutschland

Geschichte

der Festungen

Danzig und Weichselmünde

bis zum Jahre 1814

in Verbindung mit der Kriegsgeschichte

der freien Stadt Danzig

von

G. Köhler,

Generalmajor z. D.

Ritter des eisernen Kreuzes I. u. II. Kl. und des rothen Adlerordens II. Kl. mit Eichenlaub,
Mitglied des Gelehrten-Ausschusses vom germanischen National-Museum zu Nürnberg.

Erster Theil

bis zum Jahre 1734.

Mit 14 Skizzen und Plänen,
wovon 5 in Lichtdruck.

Breslau.
Verlag von Wilhelm Koebner.
(Inhaber: M. & H. Marcus.)
1893.

Vorrede.

Die Befestigung Danzigs geht, wie die der freien Städte im Mittelalter überhaupt, Hand in Hand mit den politischen Verhältnissen und ist daher in ihrer Entwickelung von diesen abhängig, was nicht ohne Einfluss auf deren Darstellung bleiben kann. Die Politik und durch sie die kriegerischen Ereignisse sind wiederum von der Befestigung wesentlich beeinflusst worden. Die politische Haltung Danzigs hat sich stets auf den Zustand seiner Befestigung gestützt. Die Stadt konnte sich gegen das Lubliner Dekret auflehnen und dem Könige Stefan Bathori Trotz bieten, weil sie gut befestigt war, während die beiden andern grössern Städte Westpreussens, Thorn und Elbing, die denselben Standpunkt Polen gegenüber einnahmen wie Danzig, erlagen, weil sie nicht dieselbe Sorgfalt auf ihre Befestigung verwendet hatten. Die Festung diente der Stadt nicht bloss als Basis bei ihren kriegerischen Unternehmungen, sondern bot die einzige Garantie ihrer Selbständigkeit dar. Bei dieser innigen Wechselwirkung von Politik und Stadtbefestigung kann man die Geschichte der letztern füglich nicht zum Gegenstand nehmen, ohne die Kriegsgeschichte der Stadt, in der die Politik derselben grossentheils zur äussern Erscheinung gelangt, hineinzuziehen. Bei den Belagerungen versteht sich das von selbst, aber auch die auswärtigen Unternehmungen gehören dahin, weil sie nicht ohne fortwährende Beziehung zur Festung ausgeführt werden können.

Mit der Einverleibung Danzigs in Preussen hörte die grössere oder geringere Selbständigkeit, wie sie unter der polnischen Schutzherrschaft bestanden hatte, auf, und die Befestigung wurde

Sache des Staats. Die Stadt hat keine selbständige Kriegsgeschichte mehr, die Festung aber tritt in politischer und militärischer Beziehung in den Vordergrund, und ihre Geschichte ist unter dem doppelten Gesichtspunkt: der weitern Entwickelung der Festungswerke und der kriegerischen Wechselfälle, denen sie ausgesetzt ist, aufzufassen. Während der frühern Abhängigkeit von Polen drückt sich das nur zum Theil aus, und der Titel des Werks hat darauf Rücksicht genommen, weil „die Geschichte der Festung" allein nicht ausreichen würde, den Inhalt des Werks zu bezeichnen.

Der vorherrschend militärische Inhalt des Werks hat zwar zunächst nur ein fachmännisches Interesse, striche man jedoch diesen Theil aus der Geschichte Danzigs aus, so würde zwar noch viel zu erzählen übrig bleiben, aber der Nerv, welcher die Lebenskraft der Stadt bildete, wäre durchschnitten. Die militärischen Verhältnisse haben so tief in die Entwickelung der Stadt eingegriffen, dass sie von allen andern Triebfedern des Handelns die leitenden und massgebenden gewesen und wohl geeignet sind, das patriotische Interesse zu befriedigen und einen weiteren Leserkreis zu gewinnen.

Die Beziehungen, welche das militärische Interesse für die Vergangenheit der Festung Danzig rege machen, liegen in der reichen Entwickelung seiner Werke, an deren Aufbau sich seit ihrem Ursprung die bedeutendsten Kräfte versucht haben, zunächst der deutsche Orden mit seinen reichen Erfahrungen im Orient. Dann folgt eine Periode, die zwar durch keinen Namen glänzt, aber unerreicht dasteht durch die Fülle an Details aus einer Zeit, die wenig bekannt ist, aus der Uebergangsperiode, nämlich von der Mauerbefestigung zur modernen Bastionärbefestigung. Im Anfange des 17. Jahrhunderts nimmt dann die Stadt das Gutachten zweier italienischer Baumeister in Anspruch, die zwar keine Bauten ausgeführt, aber auf die weitere Entwickelung der Befestigung Danzigs einen nachhaltigen Einfluss ausgeübt haben. Hieronimo Ferrero hat der Stadt seinen Namen zu bleibender Erinnerung hinterlassen.

Um die Mitte des 17. Jahrhunderts leistet darauf der Chef des Ingenieurwesens der Vereinigten Staaten der Niederlande, Peter Percewal, die wesentlichsten Dienste durch sein „Bedenken“ über die Befestigung Danzigs und namentlich über die Befestigung des Bischofs- und Hagelsberges. Schliesslich haben die ausgezeichnetsten Ingenieure Napoleons I in den Jahren 1811 und 1812 Danzig zu einer Festung ersten Ranges umgeschaffen und durch die eigenthümliche Holmbefestigung das Problem der Verbindung Danzigs mit Weichselmünde gelöst, an dem der Scharfsinn der Ingenieure bis dahin gescheitert war.

Die mannigfaltige Gestaltung des Terrains um Danzig, das sich der Befestigung darbietet, ist geeignet, das Nachdenken der Ingenieure in hohem Grade anzuregen und sich über das, was darin bereits geschehen ist, ein Urtheil zu bilden. Als beendigt kann die Befestigung Danzigs nicht angesehen werden, solange die Schifffahrt auf der Weichsel von der Stadt bis zur Münde nicht vollkommen sicher gestellt ist, und dann bleibt immer noch die Nehrung übrig.

Es wird sich selten eine Festung finden, welche den Einfluss, den die Fortschritte der Artillerie allmählich auf die Befestigungskunst ausgeübt haben, so wirkungsvoll zur Anschauung bringt, und dieses Studium gerade ist es, welches dem Ingenieur noththut. Die Kunst besteht nicht in der Kenntniss und Erfindung von Systemen der Fortifikation, wie sie für die verschiedenen Standpunkte der Artillerie sich gebildet haben oder projektirt worden sind, sondern in der Anpassung der Befestigung an das Terrain, und das gewährt nur die Geschichte der Festungen. Danzig ist durch die überaus reichen Ueberlieferungen aus seiner Vergangenheit hierzu besonders geeignet. Dazu tritt die reiche Kriegsgeschichte namentlich an bedeutenden Belagerungen und glänzenden Vertheidigungen. Nach dem Urtheil der Franzosen sind die Belagerungen Danzigs 1807 und 1813 die bedeutendsten der napoleonischen Periode. Die Kriegsgeschichte gewährt auch Aufschluss über die strategische Bedeutung Danzigs. So dürftig im allgemeinen auch die Resultate sind, die aus früherer Zeit für die Strategie abfallen, das drückt sich schon im 13jährigen Kriege 1454—1466 aus, dass die strategische Bedeutung Danzigs hauptsächlich in seiner Lage an der Ausmündung eines Stromes, wie die Weichsel, in die See liegt. Die Stadt verschaffte sich in diesem Kriege durch ein ausgedehntes Kapersystem die Mittel zur Bestreitung der enormen

Kosten des Landkrieges und vermochte dadurch auch die Bundesgenossen über Wasser zu halten, indem sie ihnen Geld vorschoss. Im Kriege mit Stefan Bathori entschied ihre Lage an einem grossen Strome, dessen beide Ufer sie durch Befestigungen beherrschte und dadurch eine grosse Manövrirfähigkeit gewann, über den Ausgang des Krieges. In den schwedisch-polnischen Kriegen machten sich dieselben Verhältnisse vortheilhaft geltend. Dazu trat der Umstand, dass Danzig die Verbindungen der schwedischen Armee bedrohte und dadurch diese nöthigte, bedeutende Kräfte dagegen aufzustellen, die der Feldarmee entzogen wurden.

Zur vollen Geltung in strategischer Beziehung gelangte Danzig dann in den napoleonischen Kriegen. Im Jahre 1807 wussten die Verbündeten allerdings von der vortheilhaften Lage Danzigs keinen Gebrauch zu machen, dennoch zwang die Festung Napoleon, seine Offensivoperationen bis zum Falle von Danzig aufzuschieben. Wenn die Katastrophe, welche 1812 die grosse Armee traf, und die Jahreszeit, die die Barriere der Weichsel als solche aufhob, die Bedeutung Danzigs auch nicht zur vollen Geltung gelangen liess, so spielte es doch 1812 in der Sicherung der von England bedrohten langgestreckten Operationslinie und als Depotplatz eine hervorragende Rolle.

Das vorliegende Werk ist nicht der erste Versuch, die Vergangenheit der Festung Danzig darzustellen. Im kleineren Massstabe hat schon das bescheidene Werkchen von Duisberg sich die Aufgabe gestellt, Danzigs Belagerungen und Blockaden darzustellen [1]. Ein wesentliches Verdienst hat sich der Major Hoburg erworben, indem er das Danziger städtische Archiv mit grossem Fleiss durchforscht hat, um die Geschichte der Festungswerke Danzigs zu schreiben [2]. Doch hat er die Masse des Stoffs nur zum Theil ans Tageslicht gefördert und ist bei Verwerthung desselben wenig durch seine Vorbildung unterstützt worden. Dies gilt auch von Friccius, der es unternommen hat,

---

[1] Friedr. Karl Gottl. v. Duisburg. Geschichte der Belagerungen und Blokaden Danzig's. Danzig 1808.

[2] Hoburg. Geschichte der Festungswerke Danzig's. Mit 23 Zeichnungen. Danzig 1852.

eine Geschichte der Befestigungen und Belagerungen Danzigs zu schreiben [1]). Friccius war durch seine Absicht, die Geschichte der ostpreussischen Landwehr zu bearbeiten, darauf geführt worden, und da er der Belagerung von 1807 beigewohnt hatte, fand er bei seinen Vorstudien Anregung, beide Belagerungen zu verbinden, was sich dann zu dem grössern Plane erweiterte. Wie er in der Vorrede sagt, hat er keine Mühe und Kosten geschont und ist durch die „glücklichsten Zufälle" unterstützt worden, sein Vorhaben auszuführen. So sehr dies anzuerkennen ist, so geht seinem Werke doch jeder wissenschaftliche Werth ab. Diese mehrfachen Bestrebungen, denen man noch die Geschichte der Festung Weichselmünde von einem Ungenannten [2]) hinzurechnen kann, deuten jedenfalls darauf hin, dass die Vergangenheit der Festung Danzig von Wichtigkeit sein muss.

Das vorliegende Werk unterscheidet sich dadurch von den frühern Versuchen, dass es aus den oben angegebenen Gründen die gesammte Kriegsgeschichte der Stadt Danzig hineingezogen hat, und dass es über ein ungleich grösseres Quellenmaterial gebietet. Abgesehen davon, dass sich inzwischen neuere Quellen aufgethan haben, so habe ich das Danziger Archiv von neuem durchforscht und durch die Güte des gegenwärtigen Chefs des Grossen Generalstabs die Akten des Kriegs-Archivs über die Belagerung von 1813 einsehen können, welche die bisherigen Darstellungen wesentlich berichtigen. Nächstdem ist es mir gelungen, über die ältere Befestigung Danzigs durch Absuchung der Kellerräume einiger Häuser der alten Schlossstätte und der Stadt, sowie namentlich der Souterrains der Bastione der hohen Front völlig neue Anhaltepunkte zu gewinnen. Von grösstem Werth ist ferner die Auffindung einer Ansicht der alten Mauer- und Wallbefestigung der Vor- und Altstadt Danzigs im Planschrank des Danziger Archivs, von der ich auf

---

[1]) Friccius. Geschichte der Belagerungen und Befestigungen Danzig's. Mit besonderer Rücksicht auf die ostpreussische Landwehr. Mit einem Plane. Danzig 1854.

[2]) Geschichte der Festung Weichselmünde bis zur preussischen Besitznahme 1793. Aus dem Kriegs-Archiv des grossen Generalstabs, herausgegeben von Fritz Hönig. Mit 2 Skizzen. Berlin 1886.

Tafel VII einen Lichtdruck nach einer Photographie gebe. Der fremdartige Anblick der Zeichnung, die aus dem Jahr 1520 stammt, hat bisher davon abgehalten, sie auf Danzig zu beziehen, was erklärlich ist, da diese Befestigung nur kurze Zeit bestanden hat und durch die Kombination von Wall und Mauer, sowie durch zahlreiche Vorwerke ganz eigenthümlich erscheint. Von nicht geringerem Interesse ist eine Skizze der Befestigung von Weichselmünde vom Jahre 1578, die sich im Archiv der Stadt Breslau befindet, und deren Aufnahme damals officiell angeregt worden ist. Ich wurde vom Stadt-Archivar, Herrn Professor Dr. Markgraf, gütigst darauf aufmerksam gemacht und gebe auf Tafel XII Fig. 1 eine Skizze davon.

Zu den Funden, die ich gemacht habe, zähle ich auch das Jurnal der Belagerung des Danziger Hauptes im Jahre 1659 [1]), das zwar gedruckt erschienen, aber in keinem Verzeichniss der Literaturen der Kriegswissenschaften aufgenommen ist. Es muss daher äusserst selten sein. Der Verfasser, Peter Voget, ist Augenzeuge der Belagerung gewesen und hat, wie es scheint, im officiellen Auftrage gearbeitet. Es ist nichts besser geeignet, die Technik des Belagerungskrieges, wie sie sich im 30jährigen Kriege ausgebildet hatte, kennen zu lernen, als dieses Jurnal. Inbezug auf die Belagerung Danzigs 1734 glaube ich, das Verdienst in Anspruch nehmen zu dürfen, zuerst in das Verständniss derselben eingeführt zu haben. Auch für die Belagerung von 1807 glaube ich, einige neue Gesichtspunkte gegeben zu haben.

Der Verfasser.

---

[1]) Peter Voget. Die Belagerung der Hauptschanze ao. 1659, ein Jurnal der Belagerung.

Inhalts-Verzeichniss.

I. Vorgeschichte
von Burg und Stadt Danzig.

Der Name Danzig (Gyddanizc, Gdanzk) erscheint zuerst in der Geschichte i. J. 997 als Bezeichnung für eine polnische Burg, biswohin einige polnische Grosse auf Geheiss Boleslaws des Glorreichen den Erzbischof Adalbert auf seiner Preussenfahrt begleiteten. Urkundlich kommt die Burg zuerst in einer Bulle des Papstes Eugen III vom 4. April 1148 vor, worin er dem Bischof Warner von Kujavien die Besitzungen seiner Kirche bestätigt, darunter auch die Burg Danzig (castrum Kdanzc) in Pommern, hinsichtlich des Zehnten an Früchten- und Schiffszoll[1]. Dies Privilegium wird 1238 von Gregor IX von Neuem bestätigt[2]. Auch noch in der Ordenszeit gehörte Pommerellen zum Sprengel der Bischöfe von Kujavien. Seit der zweiten Hälfte des 12. Jahrhunderts hat Pommerellen seine eignen Fürsten mit der Residenz in der Burg Danzig. Zuerst wird Soboslaw, der Gründer des Klosters Oliva 1170, genannt[3]. I. J. 1178 stellt sein Sohn und Nachfolger Sambor zu Danzig dem Kloster eine Urkunde aus, worin er es mit einer Anzahl Dörfern beschenkt[4]. Ihm folgte sein Bruder Mestwin I, der

---

[1] Perlbach, Pommerellisches Urkundenbuch Danzig 1882 (PUB.) No. 2.
[2] Ebd. No. 61.
[3] Chronik von Oliva. SS. rer. Pruss. 5, 595.
[4] PUB. No. 6.

Vater Swantopolks[1]). Er nennt sich in einer Urkunde vom 24. April 1209, die Gründung des Nonnenklosters Zuckau betreffend, dei gracia princeps in Danzk und bezeichnet die Burg castrum Gdanensis[2]). Mestwin stand mit den polnischen Theilfürsten auf gutem Fuss. Seine Tochter Hedwig war mit dem Herzog Wladislaw Odonicz von Grosspolen vermählt und in einer Urkunde, ausgestellt zu Mikulin in Masovien 1212, ist er Zeuge einer Schenkung des Bischofs Vincenz von Krakau für das Kloster Sulejow. Mit ihm werden als Zeugen genannt der Erzbischof von Gnesen, die Bischöfe von Plock und Kujavien pp.[3]). Er zeichnet sich darin dux Pomeranie, wohl weil Pommerellen zu dieser Zeit unter ihm vereinigt war. Mestwin starb 1220 und theilte das Land unter seine 3 Söhne Swantopolk zu Danzig, Sambor zu Liebschau, später Dirschau und Ratibor zu Belgard a. d. Leba. Swantopolk erweiterte das Reich über Stolpe und Schlawe und nannte sich seit 1227 nach seinen Erfolgen gegen die polnischen Theilfürsten Lestko und Heinrich von Breslau, die er in Gemeinschaft mit seinem Schwager Wladislaw Odonicz bei Gonsawa überfiel und vernichtete, Herzog zu Danzig. Auch Papst Gregor IX der ihn 1227 in einer Bulle noch Fürst nennt[4]), giebt ihm 1231 in einer andern das Prädikat Herzog[5]).

Swantopolk hat von 1220 bis 1266 regiert und Pommerellen zu grossem Ansehn gebracht. Er war nicht nur ein thatkräftiger Fürst, sondern auch ein weitblickender Politiker und guter Heerführer. Obgleich er dem Papst Gregor IX verpflichtet war, der ihn 1227 gegen die polnischen Herzöge in Schutz genommen hatte[6]), kam er doch dessen Aufforderung v. J. 1231, am Kampfe gegen die heidnischen Preussen theilzunehmen[7]), nicht nach, sondern verband sich später im Gegentheil mit diesen

---

[1]) Die Reihenfolge der pommerellischen Fürsten wird in einer Urkunde Swantopolks v. J. 1220 angegeben.

[2]) PUB. No. 14.

[3]) Ebd. No. 15.

[4]) Ebd. No. 35.

[5]) Ebd. No. 44.

[6]) Ebd. No. 35.

[7]) Ebd. No. 44.

zur Bekämpfung des deutschen Ordens, dessen Ehrgeiz er durchschaute. Offenbar fürchtete er für sein Land. Nachdem er sich dann aber in einem 10jährigen Kampfe hatte überzeugen müssen, dass er dem Orden nicht gewachsen sei, und ein zweiter Versuch ebenfalls misslungen war, entsagte er allen fernern Bestrebungen nach dieser Richtung und versprach i. J. 1253 dem deutschen Orden Danzig einzuräumen, wenn er noch einmal den Frieden brechen sollte[1]). Er hat auch auf dem Sterbebette seine Söhne ermahnt Frieden mit dem Orden zu halten.

Die Burg Danzig spielt in dem Kriege Swantopolks gegen den deutschen Orden keine Rolle, obgleich letzterer seine Raubzüge bis nach Oliva ausdehnte. Sie war ihrer Beschaffenheit nach von hinlänglicher Festigkeit, um jeden Versuch sich ihrer zu bemächtigen zurückzuweisen. Die Burg lag auf dem linken Ufer der Mottlau, nahe der Mündung derselben in die Weichsel. Eine flache natürliche Terrainerhebung, die auf der Landseite in einiger Entfernung von Sümpfen umgeben war[2]), mag zu ihrer Anlage Veranlassung gegeben haben. Sie war daher nicht Sumpfburg im gewöhnlichen Sinne einer Aufschüttung im Sumpf, sondern eine Wallburg mit einem Hakelwerk (Gebück, Hagk)[3]), hinter dem bis zum umgebenden Sumpf noch Raum zu Ansiedlungen vorhanden war. Es waren Schiffer und Bernsteinsucher[4]), die hier unter dem Schutz der Burg ein Unterkommen gefunden

---

[1]) Ebd. No. 153.

[2]) Dlugoss lib. 9 S. 922: Gdansk (castrum) situ et oquarum paludumque confluentia munitissimum.

[3]) Ueber die Bedeutung dieser Ausdrücke siehe G. Köhler, Entwickelung des Kriegswesens und der Kriegführung in der Ritterzeit. Breslau 1886. III. 1, 368. Die Ansicht von Th. Hirsch, dass Hakelwerk eine Schankwirthschaft bedeute (Handelsgeschichte Danzigs S. 8. Anm. 13), ist daraus entsprungen, dass er in der betreffenden Urkunde des Danziger Komthureibuchs über Praust, auf die er sich beruft, Hakelwerk statt Hokewerk gelesen hat. Hoke oder Hoyke bedeutet Bierschank.

[4]) Vgl. Hirsch, Handelsgeschichte S. 8. Der Hochmeister Karl von Trier ertheilte i. J. 1312 den „hachelwerkern vor dem huse" eine Handfeste. Danziger Komthureibuch No. 31. In einer Urkunde von 1342 bei Voigt cod. dipl. III 46 No. 29 heisst es: homines nostri piscatores dumtaxat Gedanenses . . . habebunt usum piscandi et ardentem lapidem, qui burnstein dicitur, colligendi.

hatten und geduldet wurden. Hier mögen die Tavernen der Burg gelegen haben, die schon in der Urkunde Sambor's I für Oliva v. J. 1178 erwähnt werden, indem sie den Zehnten an das Kloster abzuführen hatten. Die in ihrem Rücken gelegenen Sümpfe drücken sich noch heut in der Benennung der Strassen dieser Gegend aus. Da ist der Schüsseldamm mit seiner Fortsetzung der Tischlergasse, sowie die Vier Dämme, welche vom Hausthor nach der Marienkirche führten, die sich der Orden in der Handfeste für die Rechtstadt ausbedungen hatte. Hakel-werk heisst noch heute der Stadttheil zwischen dem altstädtischen Graben und der Radaune. Er bildete später eine besondere Gemeinde, deren Gebiet sich von der Burg bis zur heutigen Nonnenkirche erstreckte. In der pommerellischen Zeit dehnte er sich nach Norden und Süden hin weiter aus, wie die betreffenden Verträge von 1348 und 1402 mit der Rechtstadt und Jungstadt beweisen [1]).

Was die Beschaffenheit der Burg selbst betrifft, so bestand sie nach Art der slavischen Burgen [2]) aus einem hohen, wahrscheinlich runden, mit Palisaden versehenen Erdwall mit vorgelegenem Graben. Abweichend von den mecklenburgischen Burgen befand sich im Innern ein gemauerter Thurm (turrim) [3]), der wahrscheinlich erst im 13. Jahrhundert hinzugetreten ist. Die Burg galt als uneinnehmbar [4]). Eine Brücke führte von ihr über die Mottlau [5]).

<hr>

[1]) Vgl. Hirsch, Handelsgesch. S. 8 und 9. In Betreff der Strassen pp. verweise ich auf Richard Bertlings grossen Plan von Danzig, aufgenommen von Block. Danzig 1886.

[2]) Siehe deren Beschreibung in G. Köhler, Entwickelung pp. III 1, 388.

[3]) Es geht dies aus der Eroberung der Burg durch Boleslaw von Grosspolen i. J. 1272 hervor, wo sich ein Theil der Besatzung in den Thurm rettete. SS. rer. Pruss. 1, 768. Dass es kein hölzerner Thurm war, geht aus der Bezeichnung turrim hervor.

[4]) Annalen SS. rer. Pruss. 1, 767: (Mestwin) . . rehabito a fratre suo Warcislao castro nobilissimo et firmissimo ymo inexpugnabili secundum opinionem omnium hominum, quod dicitur Gdansk.

[5]) Die Brücke wird bereits in der oben erwähnten Urkunde v. J. 1178 (PUB. S. 4 No. 6) genannt. Es heisst darin in Betreff der dem Kloster Oliva geschenkten Dörfer: „libertatem quoque hominibus eorum de omni exactione et expeditione perpetuam damus, excepta redificatione castri et pontis

Da die Burg Residenz der Herzöge war, müssen sich nothwendig Gebäude darin befunden haben, die jedoch wahrscheinlich von Holz waren. Die Kirche befand sich ausserhalb der Burg[1]) und ist später in den Besitz der Dominikaner übergegangen. Es ist die heutige Dominikanerkirche, früher Nikolaikirche genannt. Zu ihr führte wahrscheinlich der einzige Dammweg, der damals von der Burg ausging. Nach Erbauung der Katharinenkirche, der Parochialkirche der alten Stadt, wird auch zu dieser ein Damm geführt worden sein, dessen Lage durch die heutige Burggrafenstrasse gegeben ist.

Die Erbauung der Nikolaikirche hat wahrscheinlich schon im 12. Jahrhundert stattgefunden. Sie mag ursprünglich aus Holz ausgeführt worden sein. Wo sich aber eine Kirche befindet, entsteht auch bald eine Ortschaft. Es liegen Zeugnisse aus dem 12. Jahrhunderte vor, dass die Burg Danzig den Mittelpunkt des Handelsverkehrs von Pommerellen bildete, wie das bei ihrer günstigen Lage auch selbstredend ist. Wenn Papst Eugen III 1148 hinsichtlich der Abführung des Zehnten der Burg auch des Schiffszolls gedenkt[2]), so müssen nothwendig fremde Schiffe daselbst angekommen sein, und deren eingeführte Waaren müssen Absatz im Hinterlande gefunden haben. In der That erfahren wir aus einer Urkunde v. J. 1189, dass in der Gegend von Stargard eine Handelsstrasse nach Danzig

---

in Gdansc". Die Annahme einer Verlegung der Burg Danzig an die Mottlau durch Przemislaw, die Hoburg (Geschichte der Festungswerke Danzigs, Danzig 1852 S. 3) einer alten Quelle des Danziger Archivs „Antiqua rudera historicarum annotationum gentis Prussic" entnimmt, ist ganz aus der Luft gegriffen. Die Ansicht Hoburgs, dass die alte Burg ursprünglich am Hagelsberge gelegen habe, wird durch das Vorhandensein einer Brücke i. J. 1178 widerlegt. Die Antiqua rudera, denen Hoburg noch andere Data namentlich von der Erbauung einer Kirche „in der Ehre aller Engel" entnimmt und deren Glaubwürdigkeit er als unzweifelhaft hinstellt, sind ihrer Sprache nach, ein Erzeugniss des 16. Jahrhunderts und daher für die ältere Geschichte ohne allen Werth.

[1]) Dass die Nikolaikirche, bevor sie in den Besitz der Dominikaner überging, zum Schloss gehört hatte, geht daraus hervor, dass Swantopolk in der Verleihungsurkunde an diese sagt, er werde seinen Kaplan für seine Verzichtleistung darauf anderweitig entschädigen.

[2]) PUB. No. 2.

führte [1]). Es ist nun nicht anzunehmen, dass in der Burg selbst sich Kaufleute hätten niederlassen dürfen, wenigstens hätte das nur in sehr beschränktem Masse stattfinden können. Auch bei den Hakelwerkern würde das nicht geduldet worden sein, dagegen eignete sich die Gegend, wo die Nikolaikirche stand, dazu; vielleicht auch, dass die Nikolaikirche deshalb da erbaut wurde, weil sich hier die Anfänge einer Ortschaft bildeten. Darauf deutet auch der Umstand hin, dass Swantopolk gleich nach dem Antritt seiner Regierung den Dominikanern einen Raum, den heutigen Dominikanerplatz [2]), in der Nähe der Nikolaikirche anwies. Papst Gregor IX drückt ihm i. J. 1227 seine Anerkennung aus, dass er den Predigerbrüdern einen Ort angewiesen habe, von wo aus sie unter seinem Schutz zur Bekehrung der Heiden ausziehen können [3]). Auch sein Sohn und Nachfolger Mestwin II bezieht sich in einer Urkunde v. J. 1280 auf diese Schenkung und erweitert das Grundstück der Mönche bis zur Mottlau [4]). Die Ortschaft, die sich in der Nähe der Nikolaikirche gebildet hatte, kann i. J. 1227 schon gar nicht unbedeutend gewesen sein, da Swantopolk es in diesem Jahre für angemessen fand den Dominikanern die Nikolaikirche ganz zu überlassen, gewiss nicht zum ausschliesslichen eignen Gebrauch, sondern im Hinblick auf die Ortschaft, die in deren Nähe lag und die in der Verleihungsurkunde [5]) auch als solche

[1]) PUB. 7 No. 9. Das an die Johanniter verliehene Gebiet der Burg Stargard wird seiner Lage nach bezeichnet: inter viam mercatorum, que ducit in Gdantz et inter Verisam (Fluss Ferse).

[2]) Auf diesem Platz stand ursprünglich das Dominikanerkloster, das später abgebrannt ist und nicht wieder aufgebaut wurde. Die Grenzen des Gebietes der Mönche sind beim Bau der Stadtmauer der Rechtstadt regulirt worden. Sie waren ursprünglich viel bedeutender.

[3]) PUB. 31 No. 35.

[4]) Ebd. 270 No. 315.

[5]) Ebd. 30 No. 34. Die Urkunde existirt nur in einer unbeglaubigten Abschrift des 15. Jahrhunderts im Danziger Stadtarchiv. Doch besitzen wir ausserdem die Bestätigung der Schenkung vom Bischof von Kujavien aus demselben Jahr (PUB. No. 36), und zwar in einem Transumpt des Königs Stefan von Polen v. J. 1579. Dazu tritt das Faktum, dass die Kirche sich später im Besitz der Dominikaner befindet und wie bemerkt noch heut Dominikanerkirche heisst.

und zwar unter dem Namen Gdanzk bezeichnet wird, denn es heisst „ecclesiam beati Nicolai in Gdanzc . . . conferre curavi". Der Ort muss daher den Namen der Burg angenommen haben. In einer Urkunde von 1236 wird der Ort schon als civitas Gdanzc bezeichnet.

Welcher Nationalität die Bewohner angehörten, erfährt man nicht, jedoch geht aus der weitern Entwickelung hervor, dass es Deutsche waren. Swantopolk hatte gleich in seinen ersten Regierungsjahren eine Vereinbarung mit den Lübeckern getroffen, worin die Zölle für Waaren und die Abgaben für Schiffbrüche als Ablösung des üblichen Strandrechts festgesetzt wurden [1]. Es wird nicht die erste Anknüpfung der pommerellischen Fürsten mit den Lübeckern gewesen sein. Einiges Licht wirft auf diese Verhältnisse eine allerdings gefälschte Urkunde v. J. 1235 [2]. Sie betrifft die Bestätigung sämmtlicher Besitzungen und Rechte (Generalkonfirmation) des Klosters Oliva durch Swantopolk. Das Original der Urkunde war bei den wiederholten Einäscherungen des Klosters im preussischen Kriege verloren gegangen, und man hatte versäumt es durch Swantopolk nach dem Kriege erneuern zu lassen. Auch Bestätigungen von Mestwin II. und Przemislaw lagen nicht vor oder waren unterdrückt worden, als man i. J. 1303 die Urkunde durch den damaligen Landesherrn, König Wenzel II von Böhmen, bestätigen lassen wollte. Die Mönche nahmen daher keinen Anstand, die Urkunden von 1235, 1283 und 1295 zu reproduciren, und legten dem Könige gefälschte Urkunden vor, die jedoch den Grundstock der ursprünglichen Urkunde Swantopolks enthalten haben werden. Sie sind mit grossem Geschick gefertigt. In der angeblichen Urkunde von 1235 findet sich folgender interessanter Passus: „Dass die Grenzen und Freiheiten des Klosters für den Fall, dass ich (Swantopolk) die Stadt (civitas) Danzig mit deutschem Recht versehen würde, wie ich beabsichtige, in keiner Weise geschädigt werden sollten" [3]. Da man den Mönchen von Oliva bei Fälschungen keine offenbaren Fehler zumuthen

[1] Ebd. No. 33.
[2] Ebd. No. 54.
[3] Ebd. 41 No. 51.

kann, so liegt auch hierin, dass Danzig i. J. 1235 bereits als
Stadt bestand, aber noch keine Selbstverwaltung und keine Befestigung hatte. Auch liegt darin, dass die Bewohner Deutsche
waren, da Swantopolk die Absicht ausdrückt, sie mit deutschem
Rechte zu versehen. Slavische Städte mit deutschem Recht
existirten überhaupt noch nicht. Ausserdem liegen für Danzig
noch andre Zeugnisse aus jener Zeit vor, dass es deutsche Bewohner hatte. Unter den i. J. 1259 in Lübeck neu aufge-
nommenen Bürgern befand sich auch ein Konrad aus Danzig [1]),
und im folgenden Jahr werden in Elbing Ludwig und Johann
aus Danzig als Rathmänner genannt. I. J. 1263 bestätigt Swantopolk dem Kloster Oliva die Mühle von Vriest, welche es von
Arnold, dem alten Schulzen von Danzig, und dessen Schwieger-
sohn gekauft hat [3]).

In diesem Jahre erhielt dann aber Danzig Lübecksches
Recht [4]), das Dirschau schon 3 Jahr früher von Sambor, dem
Bruder Swantopolks, erhalten hatte [5]). Damit war das Befesti-
gungsrecht verbunden, wovon die Stadt sogleich Gebrauch gemacht haben muss, da sie 1271 schon befestigt war.

In dem Bruderkriege zwischen den Söhnen Swantopolks,
Mestwin II und Wartislaw 1269—1274, spielt Danzig eine nicht
unbedeutende Rolle. Eifersüchtig auf die Popularität Wartislaw's verband sich Mestwin mit den Markgrafen Otto und Konrad von Brandenburg, deren Lehnshoheit über Pommerellen er
anerkannte [6]), und vertrieb seinen Bruder aus Stadt und Burg
Danzig, die diesem von Swantopolk zugesprochen waren. Wartislaw nahm ihn jedoch gefangen und setzte ihn in Redzk (Reetz,
eine Meile nordwestlich Tuchel) fest. Nach seiner Befreiung

<hr>

[1]) Ebd. No. 148.
[2]) Ebd. No. 197.
[3]) Ebd. No. 202. Diese Urkunde dürfte geeignet sein, die Bedenken,
welche Perlbach gegen die Urkunde von 1227 (PUB. No. 34) hinsichtlich der
Zeugen hat, zu heben.
[4]) Ebd. No. 204.
[5]) Ebd. No. 185.
[6]) Ebd. No. 238. Dieser Lehnsvertrag, der am 1. April 1269 zu Arns-
walde abgeschlossen wurde, muss noch vor der Besitznahme von Danzig erfolgt sein, da Mestwin gemeinschaftlich mit Wartislaw noch am 3. Mai eine
Urkunde über das Kloster Bukow unterzeichnete.

nahm er nunmehr die Hilfe der Brandenburger Markgrafen in Anspruch und bot ihnen Danzig an. Der Markgraf Konrad rückte in Pommerellen ein, und die Bürger von Danzig öffneten ihm freudig die Thore, verhalfen ihm auch in den Besitz der Burg; vor Mestwin verschlossen sie aber die Thore. Wartislaw war nach Elbing zum deutschen Orden geflohen [1]. Mestwin rief nach einem vergeblichen Versuch, mit den eignen Kräften sich Danzigs zu bemächtigen, seinen Vetter, den Herzog Boleslaw von Grosspolen [2], zu Hilfe. Dieser bemächtigte sich der Stadt Danzig wider alles Erwarten in kurzer Zeit, und auch die Burg fiel bald in seine Hände. Man kann nur annehmen, dass die Sümpfe, welche die Burg umgaben, zugefroren waren und die Burg durch Ueberfall genommen wurde, da die Belagerung im Januar stattfand. Die Besatzung wurde bis auf diejenigen, welche sich in den Thurm retteten, niedergemetzelt. Letztere mussten sich schliesslich ergeben und wurden Mestwin in Verwahrsam gegeben. Die Belagerung hatte vom 6. Januar bis 2. Februar 1272 gedauert [3]. Der Stadt wurden harte Bussen auferlegt [4], auch musste sie wahrscheinlich ihre Wälle abtragen [5], denn sie wurde 1295 auf Befehl Przemislaws neu befestigt [6]. Beide Befestigungen bestanden nur aus Holz und Erde.

Die Stadt hatte sich damals nach Norden ausgedehnt und füllte den Raum, der späterhin und noch heute mit Altstadt bezeichnet wird. Hirsch vermuthet, dass auch die Gegend südlich der Nikolaikirche inbegriffen war, weil unter den Kirchen auch die Marienkirche aufgeführt wird [7]. Es ist das nicht un-

[1] Chronik von Oliva. SS. rer. Pruss. 5, 603. Wartislaw ist bald darauf gestorben.

[2] Hedwig, eine Tochter Mestwins I, war mit Wladislaw Odonicz, dem Vater Boleslaws, vermählt.

[3] Annales. SS. rer. Pruss. I 767. 768.

[4] Vgl. Th. Hirsch in SS. rer. Pr. 1 689 Note.

[5] Ueber die Beschaffenheit der Stadtbefestigung i. J. 1272 drückt sich der polnische Annalist (SS. rer. Pruss. I 767) wie folgt aus: civitas fundata et plantata atque firmissimis fossatis vallata.

[6] Chron. v. Oliva SS. rer. Pruss. 604: Przemislaw . . . . . civitatem Gdanzk plancis munire procuravit.

[7] Th. Hirsch, Handelsgesch. S. 6.

unwahrscheinlich, da, wenn eine Ausdehnung stattfinden musste, sie nur nach Norden und Süden gehen konnte, denn von obigen Kirchen bis zur Mottlau war Sumpf, und nach den Bergen hin entfernte man sich von der Mottlau. Die Parochialkirche der alten Stadt war, wie bemerkt, die noch heut vorhandene St. Katharinenkirche. Die Stadt muss sich sehr rasch entwickelt haben, da sie Dirschau überholte[1]). Sie hatte einen sehr bedeutenden Grundbesitz, der sich nach Norden bis zur Striess ausdehnte und hier an das Gebiet des Klosters von Oliva grenzte. Wie die Chronik von Oliva mittheilt[2]), kam die Stadt in Grenzstreitigkeiten mit dem Kloster, die sich bis zu einer Klage des Abtes nach Rom steigerten. Wahrscheinlich bezieht sich darauf die päpstliche Bulle vom 23. Mai 1299, worin Bonifaz VIII den Bischof von Pomesanien beauftragt, die Klage des Abtes wegen Beeinträchtigung des Klosters durch die Stadt zu untersuchen[3]).

Ein vom Rath zu Danzig für die Stadt Lübeck transumirtes Privileg des Herzogs Wladislaw Lokietek vom 27. Juli 1299, dessen Original mit dem Schreiben der Stadt vom 7. September desselben Jahres sich im Archiv der Stadt Lübeck befindet, zeigt an einem Pergamentstreifen das älteste Siegel Danzigs. Es ist rund mit dem Bilde eines Schiffes, das am Bugspriet, Mast und Steuer einen Mastkorb hat[4]). Wladislaw hatte den Lübeckern 1298 gestattet ein Kaufhaus (pallacium, wie es in der Urkunde heisst) in der Stadt zu errichten[5]). In dem gedachten Privileg von 1299 befiehlt er allen seinen Beamten, die Lübecker nicht durch Zoll und Strandrecht zu beschweren[6]). Durch diese von Danzig gepflegten Beziehungen zu den Hansastädten gelangte die Stadt auch dazu an den Privilegien der Hansa in Nowgorod theilzunehmen[7]).

---

[1]) Mestwin ertheilte 1294 den Bürgern von Dirschau dieselben Rechte und Gerichte, welche die Stadt Danzig besass. PUB. No. 512.

[2]) SS. rer. Pruss. V 605.

[3]) PUB. No. 576.

[4]) Ebd. No. 584.

[5]) Ebd. No. 565.

[6]) Ebd. No. 581.

[7]) Hirsch, Handelsgesch. S. 6. Vgl. auch PUB. No. 521, worin Schultheiss und Rath von Danzig sich unterm 13. März 1295 verpflichten vom Hofe zu Nowgorod nur nach Lübeck zu appelliren.

Mit dem Herzoge Mestwin II starb am ersten Weihnachts-
feiertage 1294 die Linie der pommerellischen Herzöge aus, und
es entstanden wegen der Nachfolge Streitigkeiten, welche die
Stadt Danzig stark in Mitleidenschaft zogen und schliesslich
selbst zum Mittelpunkt der Ereignisse machten.

Zunächst liessen die Dinge sich zwar ganz gut an. Ein
Vetter Mestwins, Przemislav II von Grosspolen[1]), war unter
Nichtberücksichtigung des Lehnsvertrages mit Brandenburg v.
J. 1282 von ihm zum Erben eingesetzt worden und hatte nach
seinem Tode die Regierung unbeanstandet angetreten. Er wurde
kurz darauf am 26. Juni 1295 zum Könige von Polen gekrönt,
aber im Februar 1296 ermordet und hinterliess nur eine un-
mündige Tochter Richsa. Als nächster Blutsverwandter konnte
Herzog Heinrich III von Glogau gelten als Sohn einer Tochter
Boleslaws, aber er hatte wenig Anhang und wurde durch Wladislaw Lokietek überflügelt, der eine Schwester Przemislaw's II zur Gemahlin hatte. Ausserdem betrachteten sich
noch die Herzöge von Masovien, deren Mutter eine Tochter
Sambor II, des Bruders Swantopolks, war, und der Fürst von
Rügen Witzlaw II, als Sohn einer Tochter Swantopolks, als
Prätendenten, kommen hier aber nicht in Betracht. Da auch Wladislaw als Herzog von Sieradz nur eine geringe Hausmacht
hatte, entfesselte der Krieg in ganz Polen Zustände, die uner-
träglich wurden und die Magnaten Grosspolens bestimmten, dem
Könige Wenzel II von Böhmen, welcher seit 1290 im Besitz
von Krakau und Sandomir war, die Hand der Prinzessin Richsa
anzubieten und ihn einzuladen die Krone Polens in Empfang
zu nehmen. König Wenzel ging darauf ein. Er erschien im
Frühjahre 1300 mit einem bedeutenden Heere in Polen und
wurde überall mit Jubel aufgenommen. Wladislaw entfloh nach
Ungarn, und die übrigen Herzöge schwuren den Lehnseid. Der
Erzbischof von Gnesen krönte ihn zu Gnesen. Der Adel
Pommerellens leistete einem seiner Hauptleute Huldigung, da
der König Pommerellen nicht betrat und durch seine Verwicke-

---

[1]) Przemislaw II war ein Neffe Boleslaws († 1279), also ein Enkel Wladislaws Odonecz, des Gemahls der Tochter Mestwins I. Hedwig, der Tante
Mestwins II.

lungen mit dem römischen Könige Albrecht bald nach Böhmen zurückgerufen wurde. Die Verwaltung in Pommerellen führte der Palatin (Woiewode) von Danzig, Swenza, völlig selbst-ständig im engen Anschluss an Böhmen.

Die Vermählung Wenzels mit Richsa fand wegen ihrer Jugend erst i. J. 1303 statt. Sein früher Tod am 21. Juni 1305 liess die Sachen nicht zur Ruhe kommen. Andre Umstände traten hinzu. Wladislaw hatte sich schon 1304 mit Hilfe un-garischer Truppen im Süden des Reichs festgesetzt, und ein Ein-fall der Littauer in das Gebiet von Lencicz brachte unendliches Elend über das Land. Sie drangen bis in die Gegend von Kalisch vor, ohne dass der böhmische Hauptmann Ulrich von Boskowitz, der hier kommandirte, es verhindern konnte. Wla-dislaw bemächtigte sich des ganzen östlichen Polens, so dass Wenzel III, der Nachfolger Wenzels II, die Vermittelung des Landmeisters von Preussen Konrad Sack in Anspruch nahm. Es kam in Thorn zu Verhandlungen, die am 25. Januar 1306 zu einem Waffenstillstande führten, der bis Michaeli dauern sollte.

Der Landmeister war um so lieber auf diese Vermittlung eingegangen, die ihn in freundliche Beziehungen zu beiden Theilen setzte, als seine Besorgniss nach einer andern Seite wach gerufen worden war. Wenzel III hatte sich durch den Tod seines Vaters, der in einen sehr ernsten Krieg mit dem Könige Albrecht verwickelt war, gedrängt gesehen, Verhand-lungen mit diesem anzuknüpfen. Es kam am 5. Aug. 1305 zu einem Friedensschluss zu Prag, worin sich Wenzel dem Könige Albrecht verpflichtete, die Markgrafen von Brandenburg gegen Abtretung von Meissen, das seit 1304 in ihrem Pfandbesitz war, durch Pommerellen zu entschädigen. Wie es scheint, sollte Meissen an Johann von Habsburg (parricida) fallen.

Das Schreiben, worin König Wenzel sich an die Markgrafen in dieser Angelegenheit wendete, ist auf uns gekommen [1]. Es datirt vom 8. August 1305, also 3 Tage nach Abschluss des Friedens. Dagegen hat sich über das Abkommen, das schliess-lich über diesen Punkt getroffen wurde, nichts erhalten. Selbst

---

[1] PUB. No. 640.

in den Chroniken wird nichts darüber berichtet, ob die Markgrafen den böhmischen Vorschlag angenommen haben. Man muss indessen annehmen, dass die Unterhandlungen darüber zum Ziele geführt haben, weil in dem Verkaufsprotokoll vom 12. Juni 1310, welches die Markgrafen von Brandenburg mit dem deutschen Orden über Pommerellen schlossen, von Verbriefungen des Königs Wenzel die Rede ist[1]), worunter unmöglich jenes Anerbieten vom 8. Aug. 1305 gemeint sein kann, sondern ein förmlicher Vertrag. Dies geht auch daraus hervor, dass Albrecht von Oesterreich als römischer König die Markgrafen von Brandenburg mit Pommerellen belehnte[2]), was er gewiss nur nach vollzogenem Vertrage gethan haben wird, weil er am meisten bei dem Tausche interessirt war.

Aber die Markgrafen von Brandenburg thaten zunächst nichts, um sich in den Besitz von Pommerellen zu setzen. Als Grund dafür wird man die Ermordung des Königs Wenzel III ansehen können, welche am 4. August 1306 zu Olmütz erfolgte, als er eben im Begriff war, mit einem Heere nach Polen aufzubrechen. Wenn dadurch auch der Vertrag selbst nicht aufgehoben wurde, so ergaben die Fortschritte, welche Wladislaw Lokietek infolge des Todes König Wenzels in Polen machte, dass die Besitzergreifung des Landes von Seiten der Markgrafen nur auf gewaltsamem Wege möglich sein würde. Es mag aus diesem Grunde geschehen sein, dass die Markgrafschaft Meissen nicht übergeben wurde. Auch waren mit Wenzel III die Przemisliden ausgestorben, und deren Nachfolger konnten keine Ansprüche auf Polen erheben, hatten auch kein Interesse auf die Uebergabe Meissens zu dringen, da es auf König Albrecht übergegangen wäre. Auf der andern Seite war die Abtretung von Meissen für die Brandenburger gegenstandslos geworden, denn wenn sie wegen Pommerellen in einen Krieg verwickelt wurden, so konnte der Aufwand dafür leicht den Werth von Meissen übersteigen, ohne die Sicherheit zu gewähren in den Besitz von Pommerellen zu gelangen. Auf die Lehnshoheit

---

[1]) Ebd. 602 No. 682.

[2]) Ebd. 611 No. 696. Es heisst darin: Dominus Albertus rex Romanorum concessit in feodum dictam terram marchioni Brandenburgensi.

über dasselbe, die Mestwin ihnen 1269 zuerkannt hatte, scheinen sie keinen Werth mehr gelegt zu haben, wie das aus den Verträgen von 1289 und 1290 mit Witzlaf II von Rügen[1]) hervorgeht, durch welche sie das bessere Recht desselben indirekt eingestanden. In dem Verkaufsprotokoll v. J. 1310 wird der Punkt ebenfalls nicht zur Sprache gebracht, wohl aber die Verbriefungen der deutschen Kaiser. Es sind damit die Anerkennungen der Lehnshoheit Brandenburgs über Pommern gemeint, welche Kaiser Friedrich II 1231 und Adolf von Nassau 1295 verbrieft hatten. Aber auch sie sind durch die Verträge mit Witzlaf faktisch als werthlos anerkannt. Wenn nun dennoch die Markgrafen i. J. 1308 zur gewaltsamen Besitzergreifung Pommerellens schritten, so hat sie dazu nicht sowohl ihr Recht, als der Verrath der Swenza an Wladislaw veranlasst.

Der Palatin Swenza war die mächtigste Stütze Wenzels II in Pommerellen gewesen und war dafür reichlich belohnt worden. Die Gunst Wenzels übertrug sich auch auf den Sohn des Palatins, Peter, der als Kanzler fungirte und später als Hauptmann von Pommerellen bezeichnet wird[2]). Wenzel II verlieh ihm i. J. 1301 die Stadt Neuenburg mit einem bedeutenden Areal. Es konnte nicht fehlen, dass diese Begünstigungen viele einflussreiche Personen verletzten und selbst beeinträchtigten, so dass den Schwenza's viele Feinde erwuchsen. Auch scheint Peter ein hochfahrender Charakter gewesen zu sein. Namentlich gerieth er mit dem Bischof Gerhard von Kujavien zusammen und verheerte dessen Besitzungen. Wladislaw wurde daher bei seiner Ankunft in Pommerellen Ende November 1306[3]) von allen Seiten bestürmt gegen Peter einzuschreiten.

Wladislaw befand sich nach dem Tode Wenzels III in der glücklichen Lage Herr der Situation zu sein. Es gelang ihm mit leichter Mühe sich Krakau's zu bemächtigen und die Verhältnisse im Süden zu befestigen. Er wurde daselbst schon am

---

[1]) Ueber diese Verträge siehe Hirsch SS. rer. Pruss. I 696 in den Anmerkungen zur Chronik von Oliva.

[2]) Nach Voigt, Gesch. 4, 196 führt Peter seit August 1305 den Titel capitaneus terrae Pomeraniae.

[3]) Er ist urkundlich am 27. November in Schwetz PUB. No. 649.

1. September zum Erben des polnischen Reichs erklärt. Pommerellen, das demnächst seine Anwesenheit erforderlich machte, empfing ihn mit offenen Armen. Die Vasallen waren ihm bis zur Grenze entgegengekommen, um ihm zu huldigen. Die Stimmung gegen die Schwenza's entsprach ganz seiner eignen gegen diese Diener seiner Feinde, der Böhmen. Er zog Peter von Neuenburg vor Gericht, und dieser wurde zu 2000 Mark Schadenersatz an den Bischof Gerhard verurtheilt. Wladislaw übernahm selbst die Publikation des Erkenntnisses, die am 17. Dezember zu Danzig erfolgte[1]).

Graf Peter von Neuenburg erwiderte die Verurtheilung mit der Berechnung der Kosten, welche die Verwaltung des Landes in der herrenlosen Zeit beansprucht hatte[2]). Die Angelegenheit blieb vorläufig unausgetragen, da Wladislaw nach Krakau eilen musste[3]), um es gegen Heinrich von Glogau zu vertheidigen, der nach dem Tode Wenzels III seine Ansprüche wieder aufgenommen hatte. Der Konflikt in Pommerellen scheint sich inzwischen geschärft zu haben, da Peter mit den Markgrafen von Brandenburg in Verbindung trat. Es kam zu einem Vertrage vom 17. Juli 1307[4]), worin die Markgrafen Otto, Hermann und Waldemar den Grafen Peter von Neuenburg mit seinem Vater und seinen Brüdern nebst ihrem Anhange als Lehnsleute aufnehmen und insbesondere dem Grafen Peter die Sicherung seiner Burgen Rügenwalde, Schlawe, Polnow, Tuchel und Neuenburg verbürgen. Der alte Woiewode, bisher Palatin von Danzig und Stolpe, sollte Burggraf von Stolpe bleiben.

---

[1]) PUB. No. 650. Wladislaw nennt sich darin Herzog von Krakau, Sandomir, Pommern, Kujavien, Lencicz, Sieradz und wahren Erben des ganzen Königreichs Polen. Grosspolen wird darin nicht genannt, weil es im Besitz Heinrichs III von Glogau war.

[2]) Chron. v. Oliva, SS. rer. Pruss. V 605.

[3]) Die Abreise Wladislaws scheint noch vor Ende des Jahres 1306 erfolgt zu sein, da der Palatin Swenza in Gemeinschaft mit dem Landrichter Bogussa eine Urkunde zu Danzig am 1. Januar 1307 ausstellt, die wahrscheinlich von Wladislaw vollzogen worden wäre, wenn er noch anwesend gewesen wäre (PUB. No. 652). Vom 10. Mai 1307 haben wir eine Urkunde von Wladislaw in Krakau (PUB. No. 653).

[4]) PUB. No. 656. Die Urkunde ist zu Lindow östlich Alt-Ruppin in der Mark ausgestellt.

Sollten die Markgrafen aber das Land einziehen, so sollte er zeitlebens 300 Mark jährlich erhalten. Der Vertrag ging aber weit über die persönlichen Verhältnisse der Swenza hinaus. Er sicherte den Städten und dem Lande alle Freiheiten und Rechte zu, die sie bisher gehabt hatten. Mit dem Bischof von Kujavien versprachen die Markgrafen nicht zu unterhandeln, es wäre denn, dass er sich als ihren Mann bekenne. Wie aus dieser Urkunde hervorgeht, sahen sich die Markgrafen als rechtmässige Besitzer von Pommerellen an, unterliessen es aber immer noch Besitz davon zu ergreifen. Selbst Stolpe, das dem Markgrafen von Mestwin II durch einen besonderen Vertrag v. J. 1273 zu Lehen gegeben war [1]), hatten sie noch nicht besetzt.

Peter scheint sich unter dem Schutz seiner Burgen für hinlänglich gesichert gehalten zu haben, denn er befand sich noch am 21. Juli 1307 zu Neuenburg [2]). Wladislaw war jedoch von seinen Umtrieben unterrichtet worden und liess den Grafen durch den Palatin von Kujavien, wahrscheinlich durch List, aufheben und nach Brzesc abführen. Erst darauf floh der alte Graf mit seinen beiden andern Söhnen nach Stolpe [3]).

Wladislaw ernannte den Landrichter Bogussa zum Hauptmann des Gebiets Danzig und betraute die Herzöge von Kujavien Kasimir und Przemislaw, um sie an sich zu fesseln,

---

[1]) Ebd. No. 256. Es ist durch nichts bewiesen, dass die Markgrafen 1306 und 1307 in Stolpe gewesen sind. Die Urkunden über das Kloster Bukow vom 24. Oktober und 11. November 1306 sind zu Wabellin bei Joachimsthal in der Ukermark ausgestellt (PUB. No. 647. 658) und besagen nur, dass die Oberlehnsherrlichkeit Brandenburgs über das Land Stolpe und Schlawe anerkannt wurde. Das Kloster liegt bei Rügenwalde.

[2]) Er stellt an diesem Tage zu Neuenburg eine Urkunde aus. PUB. No. 657. Er nennt darin seinen Vater noch tocius Pomeraniae palatinus, unterzeichnet sich selbst aber nicht mehr als Hauptmann von Pommern.

[3]) Was Dlugos über diese Verhältnisse berichtet, ist mit den Urkunden nicht zu vereinen. Wladislaw ist weder selbst mit einem Heere in dieser Zeit in Pommerellen gewesen, noch hat er den Grafen Peter gegen die beiden andern Söhne freigegeben, die nachher geflohen sein sollen. Peter ist bis z. J. 1310 in Gefangenschaft geblieben. Nach einer Urkunde des Palatins v. 21. Februar 1308 verkauft er mit Zustimmung seiner Söhne Jasco und Lorenz ein Dorf an die Stadt Cöslin und verspricht die Zustimmung Peters nach dessen Freilassung zu bewirken.

mit der Verwaltung der Gebiete Dirschau und Schwetz, ohne ihnen jedoch die Mittel zu gewähren das Land zu schützen. Bogussa begab sich deshalb mit dem Palatin von Schwetz Julian nach Krakau[1]), um den Herzog darum zu bitten, doch konnte dieser sie nur auf die Hilfsmittel des Landes, im Nothfalle auf Raub und Beute, verweisen, da er selbst völlig mittellos war[2]).

Unter diesen Umständen war es, dass Markgraf Waldemar von Brandenburg im August 1308 in das Land einrückte. Er stellte am 20. und 23. August Urkunden am See Chlob für das Kloster Bukow aus[3]) und wird noch vor Ende des Monats vor Danzig angelangt sein, das ihm bereitwillig die Thore öffnete. Bei ihm befanden sich die Swenza's mit ihrem Anhange[4]). Die Burg blieb mit polnischen und pommerschen Truppen unter Bogussa, dem Castellan der Burg Woizech, Albert, sowie den Castellanen Woyslaw von Putzig und Stefan von Chelm besetzt[5]), die tägliche Kämpfe mit den Brandenburgern bestanden. Ihre Lage war jedoch hoffnungslos, da sie keinen Entsatz zu erwarten hatten und ohne hinreichende Lebensmittel waren. Bei einem Kriegsrath machte der hinzugezogene Prior des Predigerordens in Danzig darauf aufmerksam, dass der deutsche Orden mit Wladislaw in gutem Einvernehmen stände und gewiss geneigt wäre, eine Unterstützung an Truppen zu gewähren.

---

[1]) Ihre Anwesenheit in Krakau wird durch eine Urkunde v. 31. Mai 1308 bezeugt, wo sie als Zeugen fungiren. PUB. No. 660.

[2]) Nach dem Zeugenverhör von 1339, wo Zeuge 2, der Bischof Johannes von Posen, ein Verwandter Bogussa's, sich sehr eingehend darüber ausspricht.

[3]) PUB. No. 662 und 663. Der See Chlob (Golub, das heutige Golubien) liegt 5½ geogr. Meile südwestlich von Danzig. Es geht daraus hervor, dass der Markgraf nicht von Stolpe her anmarschirt ist, wodurch er einen bedeutenden Umweg gemacht hätte, sondern den graden Weg über Landsberg, Deutsch-Krone, Schlochau, Berendt eingeschlagen hat.

[4]) Chronik von Oliva SS. rer. Pruss. 5, 605: „Ipsi (die Swenza) cum aliis plurimis militibus marchionem de Brandenburg dominum Woldemirum ad suscipiendum ducatum Pomeranie vocaverunt. Qui missis suis militibus civitatem Gedanensem tenuit cum auxilio civium et militum predictorum." Unter letzteren können nur obige milites des Swenza gemeint sein, die der Chronist später auch Pomerani nennt.

[5]) Ebenda. Stefan von Chelm wird als vierter von mehreren Zeugen erwähnt.

Der Vorschlag fand Anklang, und es wurden Verhandlungen mit dem Landmeister Heinrich von Plotzke gepflogen [1]). Nichts konnte dem Orden erwünschter kommen, da ihm die Anwesenheit des Markgrafen längst zuwider war. Der Besitz von Pommerellen war für den Orden von unschätzbarem Werth, und es kann keinem Zweifel unterliegen, dass er von vorn herein damit umging, sich in den Besitz des Landes zu setzen [2]). Er verpflichtete sich, die Hilfe zu leisten, und machte nur die Bedingung, dass die daraus entspringenden Unkosten ersetzt werden sollten und der Orden so lange die Burg besetzt behielt [3]).

Darauf rückte der Landkomthur von Kulm Günther von Schwarzburg unangefochten von den Brandenburgern, also wahrscheinlich vom rechten Ufer der Mottlau über die Brücke der Burg, in letztere und führte auch ausreichende Lebensmittel mit sich. Die Besatzung konnte nunmehr zum Angriff übergehen. Da ausserdem die Jahreszeit ungünstig wurde, gab der Markgraf die Belagerung auf und zog bald darauf ab, die Stadt ihrem Schicksal überlassend. Nur die Ritter Schwenza's blieben, wahrscheinlich im Solde der Stadt, zurück [4]).

---

[1]) Nach Aussagen des Priors selbst im Zeugenverhör von 1339 (Zeuge 99). In Betreff dieses Zeugenverhörs und desjenigen von 1320 verweise ich auf Beilage V zur Chronik von Oliva, hrsgb. v. Th. Hirsch in SS. rer. Pruss. I 778 und 787.

[2]) Ranke, Genesis des preuss. Staats S. 47.

[3]) Die Chronik von Oliva und nach ihr Dlugoss geben an, dass der Vertrag auf ein Jahr gelautet habe. Ein anderer Punkt von Wichtigkeit ist die Frage, ob Bogussa in dieser Angelegenheit selbständig gehandelt oder erst die Genehmigung des Herzogs eingeholt habe. Dlugoss behauptet das letztere. Nach ihm wäre Bogussa persönlich zum Herzoge nach Sandomir gereist und hätte nach dessen Einwilligung auch die Unterhandlungen mit dem Orden persönlich geführt. Es giebt ihm das Gelegenheit vier schöne Reden auf das Papier zu bringen. Aber sowohl der Bischof Johannes von Posen, der als Verwandter Bogussas gut unterrichtet sein konnte (Zeugenverhör von 1339 Zeuge 2), als der Prior der Dominikaner und die Chronik von Oliva geben an, dass der Herzog nicht befragt worden sei. Offenbar verwechselt Dlugoss die Reise Bogussa's zum Herzoge im Mai mit der angeblichen nach Sandomir.

[4]) Es ergiebt sich das aus der Chronik von Oliva, und auch Dlugoss spricht von den Pommern in der Stadt. Letzterer erwähnt auch, dass die schlechte Jahreszeit den Markgrafen veranlasst habe, abzuziehen.

Allem Anschein nach entspann sich zwischen beiden Nationen der Besatzung der Burg ein Streit infolge der verschiedenen Auffassung des Vertrages. Die Ordensbrüder mögen gefordert haben, dass die Polen nunmehr den Platz räumten, da der Vertrag besagte, dass sie, so lange der Kostenpunkt nicht erledigt war, die Burg besetzt halten sollten. Die Auffassung der Polen war dagegen die, dass der Vertrag stillschweigend die gemeinschaftliche Besetzung vorausgesetzt habe. Es kam bald zu Thätlichkeiten. Die Ordensbrüder erbauten ein kleines Kastell im Innern der Burg[1]) (jedenfalls einen Spitzwall, Motte)[2]). Sie nahmen schliesslich den Landrichter Bogussa und die übrigen Kommandeure gefangen und vertrieben die polnische Besatzung. Bogussa musste auf der Ordensritter Verlangen einen Schein ausstellen, dass er die Burg ihnen im Namen des Herzogs Wladislaw übergeben habe mit der Bedingung, dass sie dieselbe nach Erstattung der Kosten räumen müssten[3]). Es war nur eine Präcisirung des ersten Vertrages. Die Ordensbrüder konnten eine polnische Besatzung neben sich nicht zulassen, da sie ausgesetzt waren, dass die Polen sich verstärkten und sie aus der Burg vertrieben. Die gemeinschaftliche Besatzung war nur so lange erforderlich, als ein Feind vor den Thoren war. War dies nicht mehr der Fall, so war der eine Theil überflüssig und da entschied der Vertrag für den Orden, der die Burg so lange besetzt halten konnte, bis seine Kosten ersetzt waren.

Die Stadt Danzig, welche sich auf die Seite der Markgrafen von Brandenburg geschlagen hatte, verhielt sich dem Orden gegenüber ablehnend. Die pommerellischen Ritter vom Anhange Schwenza's, die sie aufgenommen hatte, unternahmen von der Stadt aus Raubzüge in die Umgegend, namentlich gegen die Unterthanen und Freunde des Ordens und lauerten den Transporten und Boten der Ordensbrüder auf, so dass sie von diesen nicht anders wie als Strassenräuber angesehen wurden.

---

[1]) Zeuge 11 im Zeugenverhör von 1320: „fecerunt parvulum castrum" und Zeuge 13: „cruciferi facto modico castro in maiori castro . . . ."

[2]) Vgl. G. Köhler, Entwickelung des Kriegswesens und der Kriegführung in der Ritterzeit III 1, 367.

[3]) Dlugoss I lib. IX S. 925 und der Bischof Johann von Posen im Zeugenverhör von 1339. SS. rer. Pruss. 1, 788.

Die Stadt machte sich dadurch, dass sie das duldete und die geraubten Güter aufnahm zum Mitschuldigen derselben. Da die Stadt auf der Verbindungslinie der Besatzung der Burg mit dem Ordenslande lag, war das um so empfindlicher, und es musste dem ein Ende gemacht werden. Der Landkomthur forderte zunächst die Auslieferung der Strassenräuber, und da die Stadt damit zögerte, wurde sie eingeschlossen. Der Landmeister **Heinrich von Plotzke** kam selbst mit einer bedeutenden Verstärkung herbei und übernahm die obere Leitung [1]). Die Stadt sah sich endlich gezwungen, die Ritter (latrones nennt sie der Ordensprokurator) auszuliefern. Sie wurden als Räuber mit dem Tode bestraft. Damit war dem Orden jedoch noch nicht gedient. Er konnte bei den Absichten, die er auf Pommerellen hatte, die reiche Stadt, die sich so trotzig gezeigt hatte, nicht in seinem Rücken lassen. Der Landmeister forderte daher die Abtragung der Wälle und das Verlassen der Stadt von allen Bewohnern. Diese musste sich fügen [2]). Von einem Zerstören

[1]) Die Stärke des Ordensheeres wird vom Zeugen 22 des Verhörs von 1320 auf 4000 Mann angegeben. Die vom Landkomthur Günther von Schwarzburg geführten Besatzungstruppen können sich höchstens auf 400 Mann belaufen haben. Gegen Schwetz ist später der Orden mit einem Heere von 10 000 Mann aufgetreten, wie ein anderer Zeuge berichtet.

Die vorzüglichste Quelle für die Vorgänge bei Danzig zu dieser Zeit ist der Bericht, den der Ordensprokurator i. J. 1310 gegenüber der Anklage Wladislaw's beim päpstlichen Stuhl in Avignon abstattete (PUB. 612 No. 696), nächstdem die Chronik von Oliva. Polnischerseits sind nur die Zeugenverhöre von 1320 und 1339 zu erwähnen. Dlugoss hat keine andern Quellen als die Chronik von Oliva und diese Zeugenverhöre. So wichtig das Verhör von 1339 für die Ereignisse von 1331 ist (vgl. G. Köhler, Entwickelung II S. 821), so verwirrend sind diese Verhöre für die Vorgänge von 1308 und 1309, wo sie bereits zur Legende geworden waren, die eine ganz nationale Färbung angenommen hatte. Was soll man dazu sagen, dass die pommerellischen Ritter von der Partei Schwenza, welche sich in Danzig befanden, als Polen und als Mannschaft Wladislaw's angenommen werden! Zeuge 8 von 1320, ein Ritter Shyra von Crupocin (SS. rer. Pruss. 1, 782), sagt von ihnen: „16 milites excellentes nominatos qui nomine Wladislai regis tunc ducis . . . ." Vollkommen unbrauchbar erweisen sie sich in Bezug auf das Blutbad, das die Ordensbrüder in Danzig angerichtet haben sollen. Wie Dlugoss diese Quelle verarbeitet hat, darauf komme ich noch zurück.

[2]) Hierin stimmen die Chronik von Oliva und der Bericht des Ordensprokurators im allgemeinen überein und weichen nur insofern von einander

der Stadt im Sinne der polnischen Berichte, wobei 10000 Menschen umgekommen sein sollen, kann daher keine Rede sein. Wahrscheinlich sind die Häuser abgebrochen worden, um als Baumaterial verwendet zu werden, denn es ist wohl keine Frage, dass der Orden unmittelbar nach der Uebergabe der Stadt den Bewoh-

ab, als die Chronik nicht von einer vorherigen Auslieferung der pommerellischen Ritter spricht, sondern sie nach Uebergabe der Stadt von den Ordensbrüdern massakriren lässt. Offenbar will die Chronik das Verhalten des Abtes Rüdiger von Oliva verherrlichen, den sie den Rittern während des Kampfes die Absolution ertheilen lässt. Nicht beim Kampfe, sondern bei ihrer Hinrichtung durch das Schwert mag er ihnen seinen religiösen Beistand geliehen haben. Von einem nächtlichen Ueberfall, wobei die Stadt zerstört worden sei, wissen beide Quellen nichts. Den 10000 Menschen, die dabei zu Grunde gegangen sein sollen, setzt der Ordensprokurator 16 gegenüber, eben jene latrones. 16 sagt auch der Ritter Shyra von Crupucin. Nach einem Bericht, den die preussischen Bischöfe an das Kardinal-Kollegium, welches mit der Untersuchung beauftragt war, unterm 18. October 1310 richteten, sind es sogar nur 15 gewesen. Wenn die Chronik von Oliva berichtet (SS. rer. Pruss. 5, 605), dass der Abt die Getöteten habe durch Wagen nach Oliva fahren lassen, um sie auf dem dortigen Kirchhofe zu bestatten, so entspricht das ebenfalls den genannten Zahlen. Dlugoss verbindet die Angaben der Chronik von Oliva mit denen der Zeugenverhöre und gelangt zu wunderlichen Resultaten. Er entnimmt der Chronik von Oliva, dass sich in der Stadt pommerellische Ritter befanden, und dass diese nach der angeblichen Einnahme der Stadt niedergemetzelt wurden, wobei er auch den Abt Rüdiger der Chronik gemäss einführt. Erst darauf lässt er die Polen aus der Burg vertreiben, so dass sie also an dem Sturm der Stadt noch theilgenommen hätten. Er lässt die Stadt seitdem im Besitz Wladislaw's und versieht, um den Zeugenverhören gerecht zu werden, die Stadt mit einer polnischen Besatzung. Sie wird dann zwei Jahre darauf von den Ordensbrüdern zum zweiten Male erstürmt, wobei jenes Blutbad angerichtet sein soll, bei welchem alle Polen und Jung und Alt von den Bewohnern abgeschlachtet sein sollen. Der Zusammenhang mit den unsichern chronologischen Angaben der Zeugenverhöre geht deutlich daraus hervor. Auch eigne Zusätze fehlen nicht. So sollen die Ordensritter durch Verrath in die Stadt gedrungen sein, indem deutsche Bürger ihnen ein Thor geöffnet haben. Voigt weist nun zwar an der Hand von Urkunden nach, dass dieser angebliche zweite Sturm der Stadt nicht 1310 stattgehabt haben kann, behält ihn jedoch bei und verlegt ihn auf den 14. November 1308, so dass der erste Sturm vorher stattgefunden haben müsste, wobei er ebenfalls die Polen der Burgbesatzung theilnehmen lässt. Als Besatzung der Stadt bei diesem ersten Sturm nimmt er nicht pommerellische Ritter, sondern Brandenburger an. Im Uebrigen folgt er ganz Dlugoss, auch in Bezug auf die polnische Besatzung beim zweiten

nern derselben den Raum zum Anbau angewiesen hat, den später die Rechtstadt einnahm. Nur befestigen durften sie sich nicht. Die Verbindungslinie der Burg mit dem Ordenslande ging nunmehr bei der Stadt vorbei, während die alte Stadt vorher die Linie vollständig sperrte. Der Ort, wo die alte Stadt gelegen hatte, blieb vorläufig wüst, und als sich später auf demselben mit Bewilligung des Ordens Handwerker ansiedelten und sich gegen Ende des 14. Jahrhunderts eine Ortschaft daselbst entwickelte, die füglich eine Stadt vorstellen konnte, hat ihr der Orden nie Stadtrecht verliehen, um die Idee nicht aufkommen zu lassen, den Raum durch eine Mauer zu umschliessen, wodurch die Burg völlig isolirt worden wäre.

Es ist nichts besser geeignet die Aussagen des Ordensprokurators, was Danzig betrifft, in das richtige Licht zu stellen, als das Verfahren des Ordens gegen Dirschau, die andere deutsche Stadt Pommerellens. Hier mussten die Bürger nicht bloss die Stadt, sondern das Land verlassen und durften ohne Erlaubniss des Ordens nicht zurückkehren. Jedoch wurde ihnen gestattet, sich in andern Theilen des Ordensgebiets niederzulassen [2]).

Sturm und das Blutbad, das hierbei angerichtet sein soll. Den Bericht des Ordensprokurators am päpstlichen Stuhl hat er zwar gekannt, benutzt ihn jedoch nur für die livländischen Verhältnisse, weil er ihn, der undatirt ist, dem Jahre 1306 zuschreibt. Dass er nur v. J. 1310 sein kann, hat zuerst Strehlke nachgewiesen.

[1]) Bericht des Ordensprokurators PUB. 1311 No. 696. Des Zusammenhangs wegen ziehe ich den Bericht auch über die vorhergehenden Ereignisse heran: Preceptor et fratres congregaverunt exercitum suum . . . et iverunt ad opidum supradictum (Danzig). Item quod predicti preceptor et fratres dixerunt dictis civibus, quod ipsi caperent dictum opidum, nisi predictos latrones et raptores eis darent. Item quod predicti cives timentes occidi a dictis fratribus et eorum exercitu predictos latrones et raptores numero sedecim dictis fratribus tradiderunt. Item quod predicti preceptor et fratres cum toto exercitu sine lesione aliqua civium predicti opidi recesserunt ad terras suas. Item quod predicti cives destruxerunt propria voluntate domos dicti opidi et iverunt ad habitandum in aliis partibus". Ich entnehme dem letzten Satz, dass die Bewohner selbst aus freien Stücken die Häuser abgebrochen haben, um sie beim Wiederaufbau zu verwerthen. Der Orden hat nur das Verlassen der Stadt verlangt. In derselben Weise verfuhr der Orden mit der Stadt Dirschau.

[2]) Diese Thatsachen sind uns durch eine Urkunde vom 6. Februar 1309

Das Loos der Dirschauer war also noch härter, als das der Danziger. Es ist nicht bekannt, wodurch sich Dirschau die Ungnade des Ordens in dem Grade zugezogen hat. Die betreffende Urkunde deutet nur an, dass die Stadt durch schwere Schädigungen und Beleidigungen, die sie dem Orden zugefügt, und durch langjährigen Streit dieses Schicksal verschuldet hat. Wahrscheinlich sind es Belästigungen der Schifffahrt auf der Weichsel gewesen, die Veranlassung zu dem Streit gegeben haben. Offenbar konnte der Orden aber eine Stadt nicht im Rücken lassen, die sich ihm so abgeneigt gezeigt hatte. Nachdem er den Besitz Pommerellens für gesichert hielt, ist Dirschau wieder bewohnt worden, hat sich aber nie wieder zu der Bedeutung aufgeschwungen, die es in Pommerellischer Zeit gehabt hat.

Es liegt ein Stück mongolischer Kriegführung in dem Verfahren des Ordens gegen die Städte Danzig und Dirschau. Tschingiskhan verfuhr bei Eroberung des Reichs der Chowaresmien in grösserem Massstabe ebenso, da er nicht mit hinlänglichen Truppen versehen war, die grossen Städte mit Besatzungen zu versehen. Bei den geringen Kräften, über welche der Orden gebot, blieb ihm nichts Anderes übrig, als ebenso zu Werke zu gehen. Aber es ist immer noch ein grosser Unterschied zwischen beiden Handlungsweisen. Tschingiskhan zerstörte die Städte und vertheilte die jüngern Bewohner als Sklaven an seine Truppen. Die ältern liess er niedermetzeln. Der Orden begnügte sich die Bewohner zu zwingen, die Städte zu verlassen. So ist sein Verfahren gegen Danzig und Dirschau aufzufassen.

bekannt, worin sich der Bürgermeister, Rath und die Gemeinen von Dirschau verpflichten, unmittelbar nach Pfingsten unter obigen Verhältnissen die Stadt zu verlassen. Diese Urkunde (cod. dipl. Pruss. II 67 No. 57 und PUB. 589 No. 668) ist wie die Aussagen des Ordensprokurators geeignet die Protokolle der Zeugenverhöre von 1320 und 1339 zu kennzeichnen. Nach diesen ist Dirschau wie Danzig durch Feuer zerstört worden. Wenn sich auch annehmen lässt, dass die Stadt durch Einschliessung zu diesen Verpflichtungen gezwungen worden sei, so giebt die Urkunde Zeugniss davon, dass die Stadt erhalten worden ist, da sie am 6. Februar noch bewohnt war und noch längere Zeit bewohnt werden durfte.

Das Gebiet von Danzig gehörte seit dem Jahre 1308 dem Ordensstaate an. Wir haben hier nicht weiter zu verfolgen, wie der Orden zum Besitz von ganz Pommerellen kam und seine gewaltsame Politik gegen Polen durch Ankauf und Erwerbung der Rechtsansprüche der Markgrafen von Brandenburg, der Herzöge von Glogau und des Fürsten von Riga, sowie durch deren Bestätigung von Seiten Kaiser Heinrich VII in die Wege des Rechts leitete. Die Stadt Danzig ist durch den Wechsel der Herrschaft nicht zu kurz gekommen. Sie verdankte dem Orden ihre spätere Blüthe.

II. Burg und Stadt Danzig unter der Ordens-
herrschaft von 1308—1454.

A. Die territoriale Gestaltung.

Bevor ich auf die Befestigung der Burg und Rechtstadt Danzig übergehe, ist es erforderlich auf die territoriale Gestaltung der vier Gemeinden, die sich um die Ordensburg gruppirten, einen Blick zu werfen. Es sind dies das Hakelwerk, die Rechtstadt, die später gegründete Jungstadt und die auf der alten Stätte der pommerellischen Stadt Danzig sich bildende Gemeinde der „alden Stadt". Es wird hier nur darauf ankommen eine Ergänzung und theilweise Berichtigung der Darstellung von Theodor Hirsch in seiner „Handelsgeschichte von Danzig" S. 8—24 eintreten zu lassen.

Das Hakelwerk.

Die erste urkundliche Nachricht, die nach Besitznahme Danzigs durch den Orden auf uns gekommen, ist die Bestätigung der Privilegien der polnischen Gemeinde der Hakelwerker, welche hauptsächlich in der Bestätigung ihres Grundbesitzes und ihrer Gerechtsame auf das Bernsteinsuchen und die Fischerei bestand[1]). Ueber die Grenzen des Gebietes der Hakel-

---

[1]) Vergl. oben S. 3 Note 4 und Hirsch, Handelsgesch. S. 5 Note 3 und S. 8: „der hachelwerker vor dem huse hantveste".

werker habe ich mich oben S. 3 ausgesprochen. An ihrer westlichen Grenze, noch auf ihrem Gebiet, wurde i. J. 1394 das Brigittenkloster (der Büsserinnen, die heutige Nonnenkirche) erbaut. Eine wesentliche Aenderung erlitt ihr Gebiet i. J. 1402. Nachdem am Ende des 14. Jahrhunderts durch den Komthur von Danzig, Albrecht von Schwarzburg (1396—1407), der neue Damm (jetzige Strasse Schüsseldamm) aus der Gegend des Brigittenklosters auf dem Grund und Boden des Hakelwerks nach der Jungstadt aufgeführt worden war [1]), tauschte er das Terrain zu beiden Seiten desselben 1402 gegen andre Ländereien aus und verlieh es zu kulmischem Recht, um aus dem Damm einen „gemeinen weg beiden den Pohlen und Deutschen" zu machen.

Die Urkunde spricht sich nicht darüber aus, ob der neue Stadttheil, der sich hier bildete, der Altstadt zugetheilt worden sei. Hirsch ist aber im Irrthum, wenn er S. 9 der Handelsgeschichte sich auf diese Urkunde beruft, dass dieser Stadttheil der Jungstadt überwiesen worden sei, denn davon steht kein Wort in der Urkunde. Auch steht diese Annahme im Widerspruch mit der ganzen weitern Entwickelung, wonach der Stadttheil der Altstadt zufiel. Als Entschädigung erhielten die Hakelwerker eine Erweiterung ihres Gebiets nach der Ordensburg hin und den sogenannten Schild, einen geschlossenen Abschnitt am Ausfluss der Radaune in die Weichsel und an der Mottlau nördlich der Burg, ferner Ländereien auf der Nehrung und freie Schifffahrt auf der Radaune.

Die Keime einer weiteren Entwickelung trug die Gemeinde, welche während der Ordenszeit nach polnischem Recht fortlebte, nicht in sich. Die ursprüngliche Bedeutung des Hakelwerks als unwegsames Vorland der Burg verlor sich mit der Umschliessung derselben durch die deutschen Städte. Die hier angesessene Gemeinde, auf welche sich der Ausdruck Hakelwerk übertrug, wurde 1455 nach Zerstörung der Burg mit der Rechtstadt vereinigt und erhielt kulmisches Recht. Die Ortschaft nahm seitdem auch in ihrer äusseren Erscheinung die Physiognomie der andern Stadttheile an.

---

[1]) Archiv der Stadt Danzig. Schbl. 81. 6: „als wir die neue gasse geende von dem Hakelwerk auf unsere Jungstadt hatten ausgegeben".

Die Rechtstadt.

Das wesentlichste Moment in der Gestaltung der neuen Verhältnisse bildet die Verleihung der Handfeste an die kräftig aufblühende neue Stadt Danzig durch den Hochmeister Ludolf König von Waitzau (1342 bis 1345)[1]. Der Name der rechten Stadt (Rechtstadt), den sie bald annahm, sollte andeuten, dass sie gegenüber der Gemeinde, die sich auf den Trümmern der alten Stadt bildete, in die Rechte der einstigen alten Stadt getreten war, was namentlich der Handelsinteressen und überseeischen Verbindungen wegen wichtig war. Eine Korrespondenz mit der Stadt Lübeck vom Jahr 1326 giebt uns die erste Kunde von der neuen Stadt und zeigt dasselbe Siegel, wie es die pommerellische Stadt geführt hatte[2]. Um das Jahr 1330 lassen sich dann bereits 4 Hauptstrassen erkennen, die Brauer- (jetzige Hundegasse), die Langgasse, die Bäckergasse (jetzige Brodbänken- und Jopengasse) und die heilige Geistgasse, von denen jedoch nur die beiden ersten bis an die Mottlau gingen, während die andern noch durch Sümpfe davon getrennt waren. Jenseits der Mottlau lagen schon mehrere Speicher[3]. Mit Recht wird der Anlage der Mauerbefestigung der Rechtstadt, welche unmittelbar nach der Verleihung der Handfeste stattfand (1343), eine hohe Bedeutung beigelegt. Obgleich zu dieser Zeit noch auf einen bescheidenen Raum beschränkt, zieht die Stadt im Gefühl ihrer jugendlichen Kraft das ganze Terrain bis zur Burg hin, das Dominikanerkloster und die Sumpfregion bis zur Mottlau[4] in ihr Weichbild auf, und so folgenreich war diese That, dass kaum 15 Jahre nachher der ganze Raum bereits mit Strassen erfüllt, die Sümpfe beseitigt sind. Man kann mit dem Bau der St. Johanniskirche 1358 den neuen Stadttheil als fertig betrachten.

[1] Die Erneuerung davon v. J. 1378 ist abgedruckt bei Voigt, cod. dipl. Pruss. III 171 No. 129.

[2] Ich verdanke diese Mittheilung dem verstorbenen Archivar der Stadt, Herrn Böszermöny.

[3] Hirsch, Handelsg. S. 18.

[4] Danzig. Archiv Schbl. 40 Nr. 3 a. 1352: „homines . . . . . paludem infra aggerem (die Strasse der vier Dämme) . . et Mutlaviam habitantes". Die Urkunde trägt ebenfalls das Siegel der alten pommerellischen Stadt.

Gleich darauf beginnen die Ansiedlungen in der Lastadie (der südlich vorgelegenen Vorstadt) und dehnen sich unaufhörlich, in steigendem Anwuchs begriffen, nach Westen „in die Schidlitze" und zu „des Bischofs Gut" (Bischofsberg) aus, wo die Vorstädte Neugarten und Sandgrube entstehen. Wahrscheinlich bevor das 14. Jahrhundert sich seinem Ende zuneigte, hatte man auch die Speicher mit dem neuen Graben, der jetzigen neuen Mottlau, wenn auch schmaler wie jetzt, umschlossen und setzte zum Schutz der Brücke nach dem Werder hier einen Thurm — den kleinen Thurm am Milchkannenthor — hin. Auch die Lastadie erhielt auf der Südseite, wo sie an der Radaune keinen Schutz hatte wie im Westen[1]), einen Graben, den Hundegraben, der auch die Klapperbuden einschloss. Und darüber hinaus wurde i. J. 1414 mit den Steinen des abgebrochenen bischöflichen Hofes auf dem Bischofsberge, der gewaltsam niedergelegt wurde, der sog. Bischofsthurm als Warthe zur Beobachtung des Werders und Stolzenberger Grundes vorgeschoben. Auch über die Speicherinsel hinaus, zu welcher ausser der in der Handfeste bewilligten einen Brücke in der ersten Hälfte des 15. Jahrhunderts schon eine zweite, die Kuhbrücke, führte etablirte sich zu beiden Seiten der Strasse nach dem Werder ein neuer Stadttheil, der i. J. 1430 bereits eine Kirche und ein Hospital in der Barbarakirche erhielt. Darüber hinaus am neuen Graben nach der Schweinewiese, der jetzigen Niederstadt zu, entstanden die Mattenbuden für die fremden Schiffer.

Die wunderbare Expansivkraft der Gemeinde begnügte sich schon nicht mehr mit dem ihr zugemessenen Raum. I. J. 1440 trotzte sie dem Orden die 4 Hufen nach Schidlitz ab[2]), die das ganze Thal bis zur Ostlisiere des Dorfes ausfüllten, und unterhandelte später mit dem Bischof von Kujavien wegen Abtretung von Alt Gorke (Stolzenberg)[3]), das die Stadt in der That sehr einengte[4]).

---

[1]) Die Radaune floss damals im Westen der Vorstadt hart an derselben vorbei am Gertrudenthor in die Altstadt.

[2]) Ebd. Schbl. 37. 132. a.

[3]) Missive III 85.

[4]) Die Grenze des bischöflichen Gutes ging, dem obern Rande des

Die Unterhandlungen mit dem Bischofe zerschlugen sich jedoch.

Es waren nicht die ersten Unterhandlungen über diesen Punkt gewesen. Der Bischofsberg war der Stadt unentbehrlich, nicht bloss wegen Erweiterung des Gebietes, sondern namentlich, weil er vollkommene Einsicht in die Stadt gewährte. Der Hochmeister schrieb unterm 2. August 1414 an den Danziger Rath: „Und ir wol erkennet, dass sein huys (des Bischofs) vffen Berge ewer Statt zu mole schädlich ist", und befahl ihm das Haus brechen zu lassen „vff das ir davon nicht zu schaden komt"[1]. Die Folge davon war der oben erwähnte Abbruch.

Nach Norden hin lag die Altstadt mit dem ihr zugehörigen „Hagelsberg", das Hakelwerk und die Ordensburg vor, so dass eine Erweiterung des Gebiets nach dieser Seite hin nicht möglich war. Doch gelang es der Stadt den „Schiessgarten" jetzigen Friedrich Wilhelm-Schützengarten zu erwerben. Er wird 1422 zuerst erwähnt. Immerhin blieb die Stadt sehr beengt. Ackerbau konnten nur die Vorstädte treiben, doch sind Nachrichten da, dass Rechtstädter Ländereien der Jungstadt besassen[2].

Nach Osten hin reichte das Gebiet der Stadt noch nicht bis zur Weichsel. Ihr Landbesitz hat sich erst im 13jährigen Kriege durch Schenkungen des Königs von Polen über den ganzen Werder ausgedehnt.

Die Zahl der Bewohner war in den letzten Jahren der Ordensherrschaft bis auf 20000 angewachsen[3].

Die Jungstadt.

Der grossartige Aufschwung der Rechtstadt veranlasste

Thales von Schidlitz folgend, zum Bischofsberge bis zu dem Punkt, wo der Weg aus dem schwarzen Meer (siehe Plan Taf. VIII) den obern Höhenrand erreicht, sprang dann zu dem Punkte zurück, der durch den linken Schulterpunkt des Bastions Scharfenort gegeben ist, und ging von hier in gerader Linie zur Ostlisiere des heutigen Judenkirchhofes bis in die südlich anliegende Schlucht. Der Schluchtlinie derselben folgend lief sie dann zwischen Altschottland und Petershagen zur Mottlau.

[1] Dz. Archiv. Schbl. 43. 10. a. 2.
[2] Hirsch, Hdlsg. S. 17. Note 64.
[3] Ausland 1893. S. 93. Hirsch sagt irrthümlich S. 23 40000.

den Orden 1380 den zahlreichen Zuzug, den Danzig von aussen
erhielt, nach einer andern Seite abzuleiten, wobei die Absicht,
der Rechtstadt ein Gegengewicht zu schaffen, ziemlich deutlich
hervortritt. Er gab in jenem Jahr an Lange, Claus und Peter
Sandowin das Terrain an der Weichsel unterhalb der Burg zur
Gründung der Jungstadt aus. Es umfasste den Raum, der
sich im Allgemeinen von der heutigen nördlichen Enceinte
Danzigs bis zur Striess und den Ortschaften Heiligenbronn, Langfuhr und Legan ausbreitete und im Osten durch die Weichsel be-
grenzt war. Westlich reichte das Gebiet bis Pietzkendorf
und Zigankendorf. Die Stadt sollte an der Weichsel liegen
und innerhalb der Stadtmauern eine Länge von 30 Seilen[1]
haben. Auf der Landseite hat der Orden die Grenze an Ort
und Stelle angewiesen[2]. Die Lage an der Weichsel wird auch
dadurch bestimmt, dass die Mauer nach der Handfeste einen
innern Gang von der Breite einer Ruthe haben soll „mit Ausnahme der Seite an der Weichsel." Auch der Name einer
ihrer Strassen „am Bollwerk" deutet darauf hin. Die Ausdehnung der Stadt, wie sie Hirsch (Handelsgesch. S. 16) beschreibt, ist völlig verfehlt[3]. Ich muss bei der Altstadt näher
darauf eingehen. Im Uebrigen interessirt uns die Stadt wenig.
Sie wurde auf Befehl des Königs von Polen bei Ausbruch des

---

[1] Dreissig Seile sind gleich 1350 Meter. Ein Seil entspricht 12 rhl.
Ruthen oder 10 Messruthen, die Messruthe zu 15 Fuss.

[2] Handfeste im Danziger Komthureibuch: „auch wollen wir, dass unsere
junge Stadt zwischen den Mauern binnen der Stadt dreissig Seile behalte in
der Lenge und also breit, als sie en (ihnen) von uns und unsern Brüdern bewyst
ist bis an die Weichsel". In Wirklichkeit hat die Stadt diese Ausdehnung
nie erreicht und hat es auch nicht zu einer Mauerbefestigung gebracht. Doch
muss sie eine Plankenbefestigung gehabt haben, weil sie sonst von den Hussiten 1433 zerstört worden wäre.

[3] Er sagt: „Auf einem ziemlich weit ausgedehnten Raume, der sich
von Süden nach Norden von dem Ende der jetzigen Tischlergasse in gerader
Richtung bis zum Hospitale Aller Engeln und gegen Osten vom Hakelwerk
und dem Ordensschloss ab längs dem damals in die Weichsel mündenden
Radaunenkanale bis zu dessen Einmündung und an der Weichsel selbst ungefähr bis zur jetzigen Legan hinzog, befanden sich 6 Hauptstrassen". Diesen ganzen Raum soll also die Stadt gefüllt haben!

13jährigen Krieges zerstört[1]). An ihre Existenz erinnert heut nur noch das Hospital Aller Engeln, damals Michaeliskirche genannt[2]), und der sogenannte jungstädtische Holzraum, der jedoch, wie ich zeigen werde, nie zur Jungstadt gehört hat.

Die Altstadt.

Gleichzeitig mit den Anfängen der Rechtstadt regte es sich auch auf der Stätte der alten pommerellischen Stadt. I. J. 1327 wird ein „de Henricus" als Pfarrherr v. S. Katharinen, der alten Pfarrkirche der Stadt, genannt, und 1329 werden die Einwohner des neugegründeten Dorfes Schönwiese angewiesen, den Zehnten an den Pfarrer der S. Katharinenkapelle „auf der Altstadt" abzuführen[3]). Der Ausdruck „auf der Altstadt" soll die Stätte der alten Stadt bezeichnen, denn eine Stadt bildete sich hier nicht. In Erlassen des Bischofs von Kujavien aus den Jahren 1391 und 1394 wird sie fälschlich als Vorstadt bezeichnet[4]). Zu einer grössern Ausdehnung ist die Altstadt im 14. Jahrhundert nicht gelangt. Bei Verleihung eines Kalkofens an dieselbe i. J. 1399 heisst es in Bezug auf den Ort: „an den enden der Gasse bey namen St. Georgen und pfeffergasse ken der Jungenstadt hin"[5]), also etwa im Hofraum des

---

[1]) Das Schreiben des Königs ist vom 20. Januar 1455. Hirsch, Handelsgeschichte S. 17 Note 64.

[2]) Bornbach sagt (Danziger Archiv S. 495): „Es blieb alleene S. Michaeliskirchlein, welches itzund (16. Jahrh.) ein Spital ist und zu aller Gottesengeln heisst".

[3]) Hirsch, Handelsgesch. S. 9.

[4]) Archiv Schbl. 70 „in suburbio dicti oppidi Gdanzk prope S. Georgen" heisst es in dem Erlass von 1391 (Novbr. 28); worin gegen Ablassertheilung zu Beiträgen zur Gründung eines „Elendhofes" aufgefordert wird. In der Bestätigung des 1394 vom Orden gestifteten Elendhofes von Seiten des Bischofs heisst es: „in suburbio oppidi Gdanzk ex opposito St. Georgii trans Radunam". Auch der Hochmeister Konrad von Jungingen drückt sich in der Stiftungsurkunde ähnlich aus: „vor unserer Stadt Danzig in der Altstadt". Der Elendhof ist das spätere S. Elisabethhospital an der heutigen Elisabeth-Kirchgasse und der Georgenhof war eine Kapelle des Ordens, an deren Stelle 1468 das Karmeliterkloster erbaut wurde.

[5]) Ebd. Schbl. 40 No. 24. Die St. Georgengasse ist die heutige Hintergasse von Weissmönchen (Karmeliterkloster).

heutigen Bastions „heiliger Leichnam". Hier lag demnach das Ende der Altstadt, die sich vom heutigen Holzmarkt bis dahin ausdehnte. Die Anlage des „neuen Dammes" (der heutigen Strasse Schüsseldamm) und die Verleihung zu kulmischem Recht 1402 zu beiden Seiten desselben erweiterte die Altstadt ungemein. Der ganze Raum zwischen Schüsseldamm und Pfefferstadt füllte sich später mit Strassen. Der Umstand, dass sie alle am „faulen Graben", der heutigen Gasse dieses Namens, endigen, spricht dafür, dass dieser Graben den Stadtgraben bildete, was noch dadurch bestätigt wird, dass das i. J. 1432 gestiftete Hospital von St. Jakob für sieche Seeleute ausserhalb des Grabens lag und infolge dessen 1433 von den Hussiten verbrannt wurde. Ein Graben umzog auch die Westseite der Altstadt bis zum Holzmarkt. Diese schwache Befestigung war i. J. 1433 vom Hochmeister bei Annäherung der Hussiten durch Anschluss an die Rechtstadt geschlossen worden [1]. Nach der Burg hin blieb der Ort aus den oben angegebenen Gründen [2] offen. Der Orden konnte sich seine Verbindung der Burg mit dem Ordenslande nicht sperren lassen. Aus dem Grunde bedang er sich auch in der Handfeste der Rechtstadt aus, dass der Anger bei S. Gertruden, d. i. der heutige Kohlenmarkt, nicht bebaut, also nicht in die Befestigung gezogen werden durfte.

Dem religiösen Bedürfniss des neuen Stadttheils bis zum neuen Damm wurde dadurch genügt, das eine zweite Kirche, die S. Bartolomäuskirche, erbaut wurde. Sie wird i. J. 1456 als Filiale von S. Katharinen noch als Kapelle bezeichnet [3]. Ein kaufmännisches Leben hat sich bei der Entfernung von der Mottlau und Weichsel nicht entwickeln können. Die Ortschaft war vorherrschend von Handwerkern bewohnt. Obgleich die Bevölkerung und Ausdehnung derselben am Ende der Ordensherrschaft einen Umfang erreicht hatte, Stadtrechte zu er-

---

[1] Hirsch, Handelsg. S. 12. Dass die Befestigung der Nord- und Westfront der Altstadt auch ferner unterhalten worden ist, geht aus den Aeusserungen Marquardt Knakes hervor, auf die ich noch zurückkomme. Auch eine Rechnung des Elendhofes bestätigt das (1435), wonach zum Stadtgraben auf der Altstadt 131 Mark verausgabt sind.

[2] S. 22.

[3] Historisches Kirchenregister. Bibliothek der Stadt Danzig. XV. fol. 8.

werben, so hat ihr der Orden doch weder eigne Verwaltung,
noch eignes Gericht, noch Marktrecht bewilligt[1]). Auch der
Ackerbau war bei dem geringen Umfang ihres Gebiets beschränkt. Dieses dehnte sich nach Westen bis zur Feldmark
des deutschen Dorfes Zigankendorf, das wie bemerkt zur
Jungstadt gehörte, aus und nach Norden bis zu einem Graben
von drei Ruthen Breite, den der Komthur Albrecht von Schwarzburg i. J. 1402 zwischen den Gebieten der Jung- und Altstadt
ausheben liess, und der sich bis zur Weichsel erstreckte. Seine
bedeutende Breite spricht dafür, dass er noch andern Zwecken
dienen sollte, und in der That wurde der Altstadt gleichzeitig
ein Holzraum verliehen[2]), der durch jenen Graben mit der
Weichsel verbunden wurde.

Diese Urkunde, vereint mit einer zweiten v. J. 1415 Juni 8.,
worin der Hochmeister Michael Kuchenmeister der Altstadt den
ganzen Raum zwischen dem neuen Graben und dem Mühlgraben
(der Radaune) und vom neuen Damm ab bis zur Weichsel über-
lässt[3]), geben vollen Aufschluss über die topographischen Ver-

---

[1]) Vergl. Hirsch, Handelsg. S. 10—12, wo das weitere ausgeführt wird.

[2]) Archiv. Schbl. 81 No. 5. v. 1. Mai 1402: Wir Bruder Albrecht von
Schwarzburg . . . thun kundt, dass wir . . . dirllowt haben vnssen lieben ge-
truhen . . . onser Oldenstat Dantzk eynen graben zu graben zwischen vnser Jungestat und der oldenstat, Anzuhebende wo die garten liegen an der gassen dies
seits dem Remen und neben des Moelmeisters wezen (Wiesen) bis In die Weys-
sele, derselbe graben sol an seiner rechten massen erhalten, dryer Ruten wyt
binnen beiden vbern (Ufern) . . . . Dartzu sollen sie auch eine Brücke machen
ober den graben, dieselbe Brücke sollen beide die von der aldenstat und von der
Jungestat glich machen . . . vnd verlihen und geben . . . vnser Oldenstat
Dantzk eynen Rum bey demselben graben gelegen an der gassen (dem neuen
Damm), die do ist ausgegeben hinder den Busserinnen (Brigittenkloster) geende
vber des molmeisters wezen vff die Jungestat . . . . . so geben wir vorgemelten . . . . zu einer notdurft und besserunge . . . einen Rum hinder den
erben, der an syner massen sal behalden acht ruten breit und sechzehn
ruten langk . . . zu gebrauchen zu erem holtze . . . . .

[3]) Danz. Archiv. Schubl. 81 No. 8: Wir Bruder Michel Cuchenmeister
. . . thun kundt . . . das wir der Oldenstat Dantzk thun solche gnade vnd
verleihen . . . vnd geben den Ruwm als man aber den nuwen tam, an der
Seite ken der Wessel werts hinder den erben bis an das Wasser (die Weichsel)
vnd zwischen dem Moelgraben eynenthalben vnd dem nuwengraben andert-
halben, der die Oldestat und Jungestadt scheydet gelegen zu solchem nutze

hältnisse zwischen der Jungstadt und Altstadt. Wir sind nämlich im Stande alle die Lokalitäten, welche in beiden Urkunden vorkommen, im Terrain festzulegen, wie dies in Plan II geschehen ist. Der Planschrank des Danziger Archivs enthält nämlich eine ökonomische Aufnahme des Terrains, auf dem die Jungstadt gelegen hat, vom Jahre 1601 mit allen obigen Oertlichkeiten, selbst den 1402 verliehenen Grundstücken. Es ergiebt sich daraus, dass der neue Damm vom Hakelwerk zur Jungstadt genau in der Richtung der heutigen Strasse Schüsseldamm fortging und sich noch heut in dem Wege ausdrückt, der gegenwärtig „hinter dem Lazareth", oder „hinter dem Stift" heisst. Das Stift zu aller Engeln — nicht zu verwechseln mit dem Hospital aller Engeln — steht auf dem Grundstück, das früher den Rähm (Tuchmacherrähm) enthielt. (Nr. 29 v. Plan Taf. II.) Der Grenzgraben, in der Urkunde von 1415 neuer Graben genannt, ging vom Rähm in ostnordöstlicher Richtung zur Weichsel. Auf seinem linken Ufer lag der Jungstädtische, auf dem rechten Ufer bis zur Radaune der altstädtische Holzraum [1]). Die neue Brücke lag am Rähm, wo der neue Damm den Graben kreuzte. Es ist mehr als wahrscheinlich, dass der Damm in derselben Richtung zur Jungstadt fortging und hier eine der Hauptstrassen der Stadt, „neuer Damm", bildete. Es würde das dem Laufe der Weichsel ganz entsprechen. Der Ausdruck „hinter den Erben", der in Bezug auf die beiden Holzräume der Urkunden von 1402 und 1415 vorkommt, lässt keinen Zweifel darüber, dass der Schüsseldamm, die Bartholomäuskirche und St. Jakobshospital von vornherein zur Altstadt und nicht,

---

das die Burger und Inwohner der egenannten Oldenstat Ir holtz darauf setzen megen, doch also bescheydenlich, dass sie kein holtz fliessen sullen noch ufwaschen In dem moelgraben Sunder in dem andern Graben der die Aldstadt von der Jungstadt scheidet . . . .

[1]) Gegenwärtig wird der ursprünglich altstädtische Holzraum jungstädtischer genannt. In der Aufnahme von 1601 sind beide noch richtig eingetragen. Als aber etwa 30 Jahr später die Brauer und Bäcker der Altstadt den jungstädtischen Holzraum hinzu erwarben, übertrug sich dieser Name auch auf den altstädtischen Holzraum und ist darauf haften geblieben, als i. J. 1822 der Theil, wecher der Jungstadt gehört hatte, an den Fiskus zum Bau der Lünette Ziethen veräussert wurde.

wie Hirsch Seite 15 der Handelsgeschichte meint, zur Jungstadt gehört haben [1]). Seine Ansicht, dass nach Zerstörung der Jungstadt diese Oertlichkeiten mit der Altstadt vereinigt worden sind, ist auf keine Weise gerechtfertigt. Obige Urkunde von 1415 zeigt das Gegentheil.

B. Die Befestigungen.

I. Das Ordensschloss.

(Taf. I.)

Wir sind jetzt in den Stand gesetzt, zu den Befestigungen des Ordensschlosses und der Rechtstadt Danzig überzugehen. So lange der Besitz von Pommerellen für den Orden noch nicht gesichert war, begnügte er sich mit der alten Wallburg

[1]) Der Irrthum von Hirsch ist wahrscheinlich daraus entsprungen, dass die Jungstadt ebenfalls eine Bartholomäuskirche und eine Strasse „der neue Damm“, wie ursprünglich auch der Schüsseldamm hiess, hatte. Erstere war Pfarrkirche der Jungstadt und wird stets als „binnen“ derselben gelegen bezeichnet. Wenn in einem Schreiben des Danziger Raths an seine Sendeboten vom 6. Februar 1455 gesagt wird, die Jungstadt sei bis auf die Bartholomäuskirche und das Weissmönchenkloster abgebrochen, so geht daraus nur hervor, dass es bis dahin noch nicht geschehen war. Von den Weissmönchen ist bekannt, dass sie im Jahre 1464 in der Ordenskapelle St. Georgen der Altstadt und mehreren dazu gehörigen Hospitalgebäuden untergebracht wurden (Hirsch, Marienkirche S. 142 Note). Es ist daher gar nicht unmöglich, dass auch die Bartholomäuskirche dem Namen nach nach der Altstadt verlegt worden ist. Sie wird 1456, wie bemerkt, zuerst und zwar als Kapelle erwähnt. (Vergl. Hirsch, SS. rer. Pruss. 4, 515 Note.) In diese Gegend, die sich durch Anlage des neuen Dammes gebildet hatte, baute sich nach Zerstörung der Jungstadt ein grosser Theil der Bürger derselben an (Ebda. 514 Note d und k) und hat aller Wahrscheinlichkeit nach auch die Namen der Strassen (Baumgardsche und Kalkgasse) mit hinüber genommen. Auf die Nachricht von Löschin (Geschichte Danzigs S. 82), dass sie 1370 erbaut worden sei, ist gar nichts zu geben, da der Platz damals noch zum Hakelwerk gehörte — die Bartholomäuskirche der Jungstadt kann er nicht meinen, da letztere noch nicht existirte. Löschin kannte die Chronik von Caspar Weinreich noch nicht, wo ausdrücklich berichtet wird, dass die Kapelle S. Bartholomäus erst in den Jahren 1487—1491 zu einer Kirche ausgebaut worden ist. Auch Hirsch hat das übersehen.

der pommerellischen Herzöge[1]). Nach Abschluss des Waffenstillstandes von 1332 und dem Tode Wladislaw Lokieteks 1333 liessen sich die Sachen zu einem friedlichen Ausgleiche an, indem sein Sohn und Nachfolger Kasimir den Waffenstillstand verlängerte und zu Unterhandlungen die Hand bot. Da er daran verzweifelte, den Krieg mit einiger Aussicht auf Erfolg fortzusetzen, wartete der Hochmeister Dietrich von Altenburg nicht erst den definitiven Friedensschluss ab[2]) und schritt im Jahre 1340 zur Erbauung der Burgen von Danzig und Schwetz[3]). Sein Nachfolger Ludolf König (1342—1345) verlieh „der Stadt an der Mottlau" eine Handfeste und ertheilte ihr die Erlaubniss, sich mit einer Stadtmauer zu versehen, womit sie sofort vorging. Wie alle baulichen Anlagen des Ordens sind diese Befestigungen aus Backsteinen erbaut.

Obgleich bei Ausbruch des 13jährigen Krieges 1454 zerstört, lässt sich die Burg ihrem Grundriss nach doch ziemlich genau reconstruiren, da das Archiv der Stadt Danzig Zeichnungen derselben aus dem Anfange des 17. Jahrhunderts besitzt, aus einer Zeit, wo die Stätte der alten Burg noch wüst dalag und die Gräben der Vorburg mit ihren gemauerten Skarpen eingetragen sind. Das eigentliche Schloss (Haus) war allerdings der Erde gleich gemacht worden, so dass sich nur Vermuthungen über dessen Lage aufstellen lassen, die jedoch, da die Bauweise der Ordensschlösser aus zahlreichen anderen Resten hinlänglich bekannt ist[4]) und sich auch einzelne Merkmale des Danziger Schlosses noch heut vorfinden, alle Wahrscheinlichkeit für sich haben.

Bis zum Jahre 1627, wo der Bau der Bastionairbefestigung

---

[1]) Chron. v. Oliva SS. rer. Pr. I 707: servato pro se castro Gedanensi.

[2]) Der Frieden kam zu Kalisch am 23. Juli 1343 zu Stande.

[3]) Chron. v. Oliva SS. rer. Pr. I 717: Iste etiam tempore suo (Theod. de Aldenburg) castrum Gdanzk et castrum Swetze muniri de latere procuravit. Wig. v. Marburg. SS. rer. Pr. II 498. (Magister Th. d. A) edicavit eciam (hoc tempore) duo castra Gdansk et Swetz a fundamento usque ad menia intra et extra. Hoburg sagt S. 7 irrthümlich, dass der Hochmeister Luther von Braunschweig (1331—1335) die Burg habe erbauen lassen.

[4]) Siehe G. Köhler, Entwickelung des Kriegswesens und der Kriegführung in der Ritterzeit. Breslau 1886—1889. III 1, 488 pp.

der Stadt die Gegend der Burg erreichte und das Terrain der Burg der Stadt einverleibt und bebaut wurde, bildete die alte Burgstätte einen integrirenden Theil der Stadtbefestigung, der bei jeder Kriegsgefahr durch Anlage von Blockhäusern und Palisadirungen, sowie durch Ausschachtungen der Gräben vollständig armirt wurde. Das Danziger Archiv besitzt eine recht genaue Aufnahme der Burgstätte aus der Zeit unmittelbar vor Ausführung der Bastione, die offenbar das Projekt der Umleitung der Radaune, welche innerhalb des neuen Umzuges bleiben sollte, vorstellt, indem die neue Richtung des Flusses darin punktirt ist. Die holländische Beschreibung der Zeichnung deutet auf den damaligen Baumeister der Stadt Peter Jansen von Weert als Verfasser derselben. Die Zeichnung bietet[1] noch viele Anhaltepunkte der alten Befestigung, die jetzt verwischt sind. Der doppelte Umzug der Vorburg, die doppelten Gräben mit ihren Skarpen auf der Nord- und Westfront, sowie einige Thürme der Vorburg treten ganz bestimmt hervor. Vom „Hause“ war schon damals jede Spur verschwunden. Die Zeichnung Taf. I Nr. 1 ist im Wesentlichen eine Reproduktion des Plans von Jansen, jedoch in einem andern Massstabe.

An Ort und Stelle vorgenommene Untersuchungen ergeben, dass die innere Enceinte der Vorburg im Westen noch heut in der Gartenmauer des Garnisonlazareths, in soweit sie den Graben bekleidete, vorhanden ist, dass ferner das Lazarethgebäude selbst behufs besserer Fundamentirung auf dem Raum zwischen beiden Gräben angelegt ist, so dass die nordwestliche Ecke desselben den nordwestlichen Eckpunkt der äussern Enceinte abgab und dass die kleine Radaune den nördlichen, der heutige Fluss Radaune den östlichen äussern Graben der Vorburg bewässerte. Der Fluss ist jedoch erst beim Bau der Bastione dahin geleitet worden, zur Ordenszeit bildete ein Kanal, der Emmerbacher Graben, welcher von der Radaune zur Mottlau führte und den sogenannten „Schild“[2] vom Burgterrain abson-

----

[1] Planschrank I 5.

[2] Der Schild wurde 1402, wie wir oben gesehen haben den Hakelwerkern als Austausch verliehen, mit der Bedingung jedoch, dass er nicht bebaut werden durfte.

derte, den äussern Graben. Auch der innere Graben der Vorburg drückt sich theilweise noch heut im Terrain aus, wenigstens auf der Westseite. Die Mauer an der Mottlau ist noch
an mehreren Stellen sichtbar und von der an der Südostecke
daran anstossenden Eskarpenmauer ist noch ein Stück vorhanden, das ausreicht, die Richtungen der Ostseite erkennen zu
lassen. Ferner liessen sich beim Absuchen der Keller der betreffenden Häuser noch die Fundamente der Thürme a, b und d
(Taf. I Fig. 3) erkennen. Im Verein mit der Zeichnung von
Jansen, die den Zusammenhang dieser Reste nachweist und in das
Verständniss derselben einführt, die auch noch die Thürme e und
g enthält, sowie mit Hilfe des noch heut stehenden Thurmes
h ist die Situation der Vorburg mit ihren Enceinten und Gräben
gegeben. Um sie in dem heutigen Strassennetz wiederzufinden,
ist dasselbe in Taf. I. Fig. 2 eingetragen.

Zur Bestimmung der Lage des Kernwerks oder des Schlosses
dient zunächst die taktische Erwägung, dass es auf der der
Angriffsfront entgegengesetzten Seite gelegen haben müsse, und
da dies die westliche und nördliche Front waren, muss es in
der südöstlichen Ecke gelegen haben. Darauf führen aber
auch andere Anzeichen. Die Entfernung der Thürme a und b
von einander, welche 18 Ruthen oder 90 Schritt beträgt, entspricht der Länge der Parchammauer bei den Ordensburgen,
so dass man sie als Eckthürme des Parchams (Zwingers) des
Schlosses ansehen kann. Das innerhalb der quadratischen Parchammauer gelegene Schloss würde danach einen Grundriss von
12 Ruthen im Quadrat gehabt haben, denn die Breite des Parchams beträgt bei den Ordensburgen 3 Ruthen. Wie alle Convent-
Schlösser wird auch das Danziger Schloss 4 Flügel gehabt haben,
d. h. alle 4 Seiten desselben waren mit Gebäuden versehen.
Der hohe Thurm[1]), wie er damals genannt wurde, wird in
der südöstlichen Ecke des Schlosses gelegen haben, da er als

---

[1]) Der hohe Thurm des Danziger Schlosses wird mehrfach erwähnt.
Unter anderem erzählt Spatt in seiner handschriftlichen Chronik des Danziger
Archivs, dass 1449 den 25. October der Blitz in ihn einschlug und einen
Gefangenen tödtete. Hoburg sagt S. 8 irrthümlich der Blitz hätte in die
Kirche eingeschlagen. Der hohe Thurm wird auch SS. rer. Pruss 4, 505 in
einem Schreiben der Sendeboten erwähnt.

vorherrschende Bestimmung die der Warthe hatte und hier speciell die Weichsel zu beobachten war. Auch der Danzker wird dem Ordensschloss nicht gefehlt haben und wird von der nordwestlichen Ecke des „Hauses" ausgegangen sein. Das Schloss war auf drei Seiten von einem 8 Ruthen breiten Graben umgeben, auf dessen Eskarpe die Parchammauer aufgesetzt war. Nach der Mottlau hin war selbstredend kein Graben vorhanden. Ein schmaler Raum zwischen Parcham und Fluss diente als Kirchhof. Von a bis f war eine doppelte Mauer vorhanden, die sich noch heut in den Kellerräumen der Häuserreihe längs der Mottlau ausdrückt. Ihre Existenz bestätigt sowohl die Lage des Schlosses, als die Breite des Schlossgrabens von 8 Ruthen. In der Verlängerung der jetzigen Rittergasse war in der Parchammauer ein Thor durchgebrochen, das zu der Brücke führte, die an dieser Stelle über die Mottlau ging. Ein andres Thor der Parchammauer befand sich auf der entgegengesetzten Seite, ebenfalls in der Verlängerung der heutigen Rittergasse. Die Brücke, welche hier über den Schlossgraben führte, war durch einen an der Kontreskarpe gelegenen Thurm geschützt. Auf den Fundamenten desselben steht heut das Haus No. 21 der Rittergasse d (Taf. I 2 und 3), in dessen Kellerräumen sich noch 3 Scharten ausdrücken, zwei zur Bestreichung der Brücke und eine zur Bestreichung der Mauer der Vorburg. Auch markiren sich aussen an dem Hause noch 3 Maueransätze, von denen zwei an der Südseite die Mauer der Kontreskarpe anzeigen und der dritte, 5 Fuss starke, die Mauer der Vorburg andeutet. Auch die Höhe der Mauer der Vorburg von 20 Fuss lässt sich daran erkennen. Das Haus liegt an der flachen Wendung, welche die Rittergasse macht[1]). Seine Entfernung von der Parchammauer an der Mottlau beträgt 26 Ruthen und entspricht genau der oben angegebenen Breite der Schlossanlage (längs der Parchammauer) von 18 Ruthen nebst der Breite des Schlossgrabens von 8 Ruthen, so dass hierin eine neue Bestätigung

[1]) Bei Legung von Röhren der neuen Wasserleitung i. J. 1869 wurde von dem Hause No. 21 eine gemauerte Gallerie aufgefunden, die in der Richtung der Kontreskarpe des Schlossgrabens über den Graben der Vorburg führte.

jener Abmessungen liegt. Die östliche Häuserreihe der heutigen Rittergasse steht mit ihrer Frontmauer auf der alten
Mauer der Vorburg. Am Ende der Rittergasse lag das nördliche Thor der Vorburg, das nach dem Hakelwerke führte.
Hier befand sich eine Brücke über den innern Graben der Vorburg, welche jenseits durch eine Mauer geschützt wurde, die
nach dem Thurm e führte[1]). Der Thurm e liegt genau in der
Verlängerung des Rambaus[2]), der demnach als Damm bereits
zur Ordenszeit vorhanden gewesen sein muss. An welcher
Stelle die Brücke über den Vorgraben lag, ist nicht bekannt.
Es ist wahrscheinlich, dass sie in der Nähe der Schneidemühle
lag.

Eine zweite Brücke über den Schlossgraben befand sich
auf der Westseite des Schlosses in der Verlängerung der heutigen Burgstrasse[3]) und führte nach dem Thor der Vorburg,
das am Fischmarkte lag. Vor der Brücke derselben an der
Kontreskarpe lag der Thurm g, der wie der Thurm e sich auf
dem Jansenschen Plan befindet. Es ist der Thurm, der bereits
in der Handfeste vorgesehen war[4]). Ob der Graben der Vorburg und des Schlosses bewässert gewesen ist, lässt sich nicht
nachweisen. Es hätte von der Mottlau aus geschehen müssen.

Ein eigenthümliches Interesse nimmt der noch jetzt vor-

---

[1]) Diese Mauer wurde bei Legung der Röhren aufgedeckt.

[2]) Am Rambau entlang ging vor Herstellung der Bastionairbefestigung
der Wall mit vorgelegenem Graben der Stadtbefestigung (Siehe Plan Taf. VIII).
Bei der Armirung v. J. 1563 heisst es: „der Wall am Rambau gelegen sampt
dem thurm am Emmerbacher graben". Der Thurm war daher zu dieser
Zeit noch vorhanden. Die Bezeichnung am Emmerbacher Graben ist etwas
ungenau.

[3]) Ein noch erhaltener alter Mauertheil im Keller des Glaubitzschen
Hauses scheint ein Brückenpfeiler dieser Brücke gewesen zu sein. Bei Aus-
hebungen von grösserer Tiefe im Garten dieses Grundstückes haben sich
Küchenabfälle, namentlich Fischgräthen vorgefunden, die an den Schlossgraben erinnern. Der zugeschüttete Graben markirt sich auch beim Fahren
schwerer Lastwagen an der betreffenden Stelle der Burggasse durch einen
dumpfen Ton.

[4]) Es heisst hier (cod. dipl. Pr. 3, 172): „Auch so welle wir haben eyne
brücke von unserm huse in dy Stad, dar uff moge wir buwen eyn bergfrid
(hölzernen Thurm) adir eyn torm (von Stein)".

handene Thurm h in Anspruch. In seiner gegenwärtigen Gestalt kann er nicht zur Schlossbefestigung gehört haben, da er
seine Frontmauer dem Schlosse zuwendet. Dagegen mag hier
der Thurm gestanden haben, auf welchen die Klagepunkte der
Stadt beim Kaiser vor Ausbruch des Bundeskrieges Bezug
nehmen [1]). Die Sage nennt diesen Thurm fälschlich den Schwan
und bringt ihn mit dem Ausbau des Krahnthores in Stein in
Verbindung, dem der Orden einen starken Thurm habe entgegen-
setzen wollen. Da das Krahnthor in seiner gegenwärtigen Gestalt jedoch erst 1444 erbaut worden ist, so steht das in Widerspruch mit der Eingabe des Bundes an den deutschen Kaiser,
wonach die Stadt Danzig bereits seit vielen Jahren „von
Homeister to Homeister" Beschwerde wegen des Thurms geführt hat. Bornbach mag daher Recht haben, dass der Orden
den Thurm erbaut habe, um einen Krahn daran anzubringen
und der Stadt die Vortheile zu entziehen, welche sie von ihrem
Krahn am Krahnthore hatte. Der Fischthurm wird jedenfalls
1454 zerstört worden sein, der Name [2]) hat sich aber auf den
neuen Thurm übertragen, den die Stadt an derselben Stelle

---

[1]) Schbl, 80 No. 26 des Archivs. Das Schreiben bildet nur einen Entwurf. „Item so ist ein torm durch die herschop up unser stad fryhait gebuwet by dem fischmarkt der stad to grossem Vorfange und schaden-
glickockh gegen unser stad privilegien und fryhait wo wol dessulbigen to
felen tiden (zu vielen Zeiten) von homeister to homeister to Prussen von dem rade
to Dantzig gefordert ist, so muchte en doch sulkind nicht gewändelt und bit
an diese tid gebetert werden und verändert". Es fehlt das Datum; dass das
Schreiben jedoch v. J. 1453 ist, geht aus der Instruktion des Gesandten
Wilhelm Jordan von diesem Jahr (Schbl. 74 No. 85ª. SS. rer. Pruss. 4, 489)
hervor, wo es heisst: „Item vom Torme uff dem Fischmarkte zu Dantzig der
ober Stadt fryhait ist gebuwet durch die herrschaft ahne der Bürger willen".
Vgl. auch Töppen, Acta 2, 221, Beschwerden der Stadt Danzig v. J. 1440,
wonach der Thurm vom Komthur Reuss von Plauen, also wohl 1411, erbaut
worden ist.

[2]) Die heutige Benennung des Thurms „Schwan" hat in Wirklichkeit
nie existirt und ist erst später aus der Sage eingeführt. Im 17. Jahrhundert,
wo er zur Aufbewahrung von Munition pp. benutzt wurde, heisst er in den
Zeugregistern der Stadt nie anders als „Fischthurm" oder „Thurm am Fischmarkt" und in dem oben erwähnten Aktenstück v. J. 1453 wird der Thurm
des Ordens auch nur so bezeichnet, ebenso in dem Schreiben des Konvents
vom 8. Januar 1454 (SS. rer. Pruss. 4, 503 Note 1).

zur Beherrschung der Mottlau und der alten Burgstätte aufführen liess ¹).

Von den Gebäuden der Vorburg wird die Firmenye (das
Lazareth) und der grosse Pferdestall in einem Schreiben der
Sendeboten der Stadt aus Krakau 1454 erwähnt. Die Lage
des letzteren wurde bei Legung der Röhren 1869 aufgedeckt,
indem sich zwischen der heutigen Gasse „am Rähm" und der
Mauer der Vorburg zu beiden Seiten des nordwestlichen Winkels
der letztern eine Dielung von 3 Zoll starken eichenen Bohlen
und darüber eine etwa 6 Zoll hohe Düngerschicht vorfand, die
einerseits bis zur Burgstrasse, andrerseits bis zur Rittergasse
reichte ²). In Urkunden wird ausserdem die Wohnung des
Hauskomthurs nahe dem Thor (am Fischmarkt?) erwähnt.

Die Oekonomiegebäude befanden sich auf dem rechten
Mottlauufer. Hier hatte sich der Orden bei Abgrenzung des
Stadtgebietes ein bedeutendes Terrain vorbehalten, das nach
den ältesten Situationsplänen aus dem Anfange des 17. Jahrhunderts von breiten Gräben durchzogen ist und ziemlich denselben Charakter trägt, wie noch heute. Hier lagen der Schar-
panische Speicher, die Ordensschefferei, der Sattelhof, der Zimmerhof, die Campe und manche gewerbliche Anlagen. Spuren von
Befestigungen lassen sich nicht erkennen, werden auch nicht
erwähnt.

Die Ordensburg hat keine Belagerung zu bestehen gehabt.
Die Vorgänge, die zu ihrer Uebergabe an die Stadt führten,
sind authentisch nicht festzustellen. Was darüber in Chroniken
aufgezeichnet ist, erscheint nicht ausreichend ³). Das Danziger
Archiv bewahrt unter Anderem einen Brief des letzten Komthurs Nikolaus Pastor aus Lübeck vom 29. September 1454 an
den Rath von Danzig ⁴), worin er über Verfolgungen seitens
des Ordens klagt und um Geleit auf ein Jahr bittet. Er wolle
in Lübeck so lange bleiben, als es dem Rath gut scheine, und

---

¹) Von ihm wird später die Rede sein.

²) I. J. 1492 wurde den grauen Mönchen der Vorstadt gestattet, dass
sie das „Gesperre" des Dachs abtrugen und zum Bau ihrer Kirche verwendeten. (Caspar Weinreich Chron., SS. rer. Pruss. 4, 794).

³) Vgl. Hirsch, SS. rer. Pruss. 4, 502.

⁴) Schbl. 40 No. 62. 63.

nach dem Kriege ein Unterkommen im Elendhofe suchen, wie ihm versprochen sei. Offenbar lag also der Uebergabe Bestechung und Verrath zugrunde, woran auch der Hauskomthur Konrad Pfersfelder und andre Ordensbrüder theilgenommen haben müssen, denn der Komthur selbst war bei der Uebergabe nicht zugegen, da er schon am 7. Februar von den Thornern gefangen worden war. Man fand eines Morgens alle Büchsen vernagelt [1]).

Dass die Spannung vorher längere Zeit gedauert und schon 1453 bestanden hat, bevor dieses für den Orden schmachvolle Ende eintrat, geht aus einem Aviso der Danziger Sendeboten Albrecht Huxer pp. an den Rath vom 29. Dezember 1453 aus Thorn hervor [2]). Sie hatten von einem entlaufenen Diener des Komthur's gehört, „dat de Compter alle bussen heft leten laden, den se legen sollen up de torme vnd to voran op eklen torm two bussen de op vnse stad denen." Sie mahnten zur Vorsicht.

Ueber die Motive zur Zerstörung des Schlosses nach der Uebergabe sind wir besser unterrichtet. Es war nicht sowohl die Furcht, dass es wieder in die Hände des Ordens fallen könne, wie die Chronisten darstellen [3]), als das Misstrauen gegen Polen. Schon in ihrem ersten Bericht aus Krakau von 24. Februar 1454 schreiben die Sendeboten Wilhelm Jordan und Hans Meynbold an den Rath „wir haben newe Zeitung daz Ir daz schloss zu Dantzigk brechen wollt, so Ir das eher endet, so das besser wer" [4]).

———

[1]) Die Uebergabe erfolgte nach Johann Lindau SS. rer. Pruss. 4. 502 am 10. Februar 1454 vom Hauskomthur in Gegenwart des Mündemeisters Wolfgang Hirschhauer und mehrerer Ordensbrüder. Nach Simon, Danzig im 13jährigen Kriege 1454—66 (Zeitschrift des westpreuss. Gesch. Vereins, Heft XXIX 1891) S. 20 fand die Uebergabe am 11. statt.

[2]) Schbl. 75. 349, SS. rer. Pruss. 4, 504. Siehe auch das Schreiben des Hauskomthurs an den Hochmeister SS. rer. Pr. 4, 503 und des Konvents ebd.

[3]) Die Fabel, welche Schütz 197. 2 erzählt, wonach der Bürgermeister den Hauskomthur Konrad um Rath gefragt habe, was mit dem Schlosse beginnen, und dieser geantwortet habe „das wüssten die Bauern wohl: wenn sie den Storch auf dem Hause nicht länger leiden wollen, so werfen sie ihm das Nest herunter, weil er dann nicht leicht wieder niste" — ist übrigens nicht schlecht erfunden.

[4]) Bornbach, Chronik. Ms. S. 312.

Sie rücken deutlicher in einem zweiten Schreiben vom 3. März mit der Sprache heraus. Es war von den Räthen des Königs von Polen beschlossen worden, die „Häuser“, die noch nicht gebrochen wären, ohne Rath und Mitwissen des Königs nicht zu brechen: „darumme leve freunde hebbe yu nicht gebruken, so rade wy yu ob allen rad dat yu breket jo er je lewer vnd je er wy heyme kommen, wente dem Herrn Conige henget die lunge sere up Danszik“ [1]). Aber nicht die ganze Befestigung sollten sie zerstören, „sonder des huskompters vorburgk wer nutze daz die stehende bliebe mit den stallungen“ [2]), um dem Könige, wenn er in Danzig Hof hält, als „Station“ zu dienen. „Doch deucht uns wol gut, daz ir den hohen Thurm mit dem turmen auf der Muttlaw liegende [3]) stehn liesset umb bezeumunge vnd befestigunge willen vnsir stadt.“

Die Danziger kehrten sich jedoch nicht daran, sondern brachen auch die Vorburg und die Gebäude darin „als die fermeuye und den groten perdestall“ [4]). Die Sendeboten baten damit einzuhalten, weil die Städte übereingekommen wären, dem Könige von Polen eine Station auf der Vorburg zu bauen. Es war jedoch zu spät. Nur die Mauer an der Mottlau und einige Thürme blieben stehen.

Der Anspruch der Könige von Polen auf das Terrain der Burg blieb aber bestehen und wurde noch i. J. 1628 geltend gemacht, wenn auch ohne Erfolg. Die Danziger waren so eifersüchtig auf die Schlossstätte, dass als i. J. 1681 sich das Ge-

---

[1]) Schbl. 74 No. 103. SS. rer. Pruss IV 505.

[2]) Bornbach S. 312. Schreiben der Sendeboten vom 24. Februar.

[3]) Dieser Thurm wird gelegentlich der Huldigung des Hochmeisters Ludwig von Erlichshausen 1450 als neuer Thurm an der Mottlau erwähnt und enthielt das Gemach des Hochmeisters. Es ist nicht wahrscheinlich, dass er in der Vorburg gelegen hat. Ich möchte ihn als Danzker der Südostecke des Hauses unterbringen. Als Eckthurm des Hauses selbst würde er nicht an der Mottlau gelegen haben, wenigstens nicht so bezeichnet worden sein. Die betreffende Stelle (Töppen, Acta 3, 177) heisst: „Nach essens . . . . . kamen zu seinen gnaden uff das haws der gancze rath us der rechten stad mit den obersten us der gemeyne in seyne camer im newen torme an der Mottlau in kegenvertigkeit des groszkompthurs pp“.

[4]) Schreiben der Sendeboten von Thorn den 30. Mai 1454. Schbl. 70 No. 172.

rücht verbreitete, der Palatin Bilinsky von Marienburg stehe mit einem Hausbesitzer der Schlossstätte wegen Ankauf seines Hauses [1]) in Verhandlungen, der Rath sofort einschritt und auf den Antrag der dritten Ordnung, welche die Vigilance des Rathes mit hohem Dank anerkannte, der Beschluss gefasst wurde, dass hinführo keine Erben und Gründe von der Brabank bis an den Fischmarkt ohne des Raths oder nach Bewandniss auch der löblichen Ordnungen vorbewusst an Bürger und Einwohner der Stadt alienirt oder veräussert werden sollte [2]).

II. Die Befestigung der Rechtstadt.

(Taf. II. III. IV.)

Die Befestigung der Rechtstadt Danzig, wie sie in ihren Mauerresten inmitten der jetzigen Umwallung noch erkennbar hervortritt, ist nicht aus einem Guss hervorgegangen. Ein und ein halbes Jahrhundert haben mit Unterbrechungen daran gearbeitet, und der Umstand, dass innerhalb dieser Zeit der Ursprung und die erste Entwickelung der Feuerwaffen fällt und diese ihren Einfluss auch bald auf die Befestigung ausübten, ist wohl geeignet, das Interesse dafür zu erhöhen.

Ueber die Zeit des Beginns der Errichtung der Stadtmauern haben wir die befriedigendste Nachricht durch eine Inschrift auf einer Erinnerungstafel, welche über dem Eingange zur Sakristei der Marienkirche hängt und deren hohes Alter über allen Zweifel erhaben ist. Sie sagt aus: „Im Jahre des Herrn 1343, Mittwoch nach dem Sonntage Laetare (26. März) ist der erste Stein zur Mauer der Stadt Danzig gelegt worden und am Freitage darauf der erste Stein zur Kirche der heiligen Jungfrau Maria" [3]). Die Befestigung erfolgte demnach sogleich nach Verleihung der Handfeste und noch vor dem Frieden zu Kalisch, der erst am 26. Juli abgeschlossen wurde. Der Punkt ist nicht ohne Interesse, weil er zeigt, wie sehr die Stadt sich beeilte, eine ihrem Aufblühen und ihrer Wohlhabenheit ent-

---

[1]) Die Burgstätte war i. J. 1678 eingeebnet und zur Anlage neuer Strassen benutzt worden. Hoburg S. 9.

[2]) Beschluss vom 9. Februar 1682. Nucleus S. 10.

[3]) Th. Hirsch, Oberpfarrkirche 1, 20.

sprechende, würdige Stellung einzunehmen. Einer älteren Ueberlieferung zufolge wurde der Grundstein unter dem Eckthurm am heutigen Stadthofe gelegt. [1]

Die Richtigkeit obiger Notiz über die Zeit des Beginns der Befestigung wird noch durch andere Urkunden bestätigt, so namentlich durch die, welche die Streitigkeiten der Stadt mit den Dominikanern wegen Umziehung ihres Klosters durch die Stadtmauer betreffen. Die Verhandlungen datiren seit 1343, denn schon im folgenden Jahre trat auf Veranlassung des Hochmeisters Ludolf König eine Kommission zusammen, bestehend aus dem Komthur von Danzig nebst mehreren Ordensbrüdern und den vom Official der polnischen Klöster des Prediger-Ordens, Bruder Stanislaus zu Breslau, hierzu berufenen 5 Prioren der in Preussen gelegenen Klöster dieses Ordens zu Thorn, Kulm, Elbing, Dirschau, Danzig, um an Ort und Stelle eine Vereinbarung herbeizuführen. Wie wir gesehen haben, besassen die Dominikaner damals innerhalb des jetzigen Weichbildes der Rechtstadt ein ausgedehntes Gebiet, das sich bis zur Mottlau erstreckte [2]. Für die Stadt war es von grösster Wichtigkeit, das Kloster in die Umfassung zu ziehen und damit auf dem trockenen Lande Fuss zu fassen, das sich zwischen Sümpfen bis zur Ordensburg ausdehnte. Die i. J. 1344 erfolgte Entscheidung der Kommission scheint die Mönche nicht befriedigt zu haben. Der Streit zog sich noch bis 1348 hin, wo der Hochmeister Heinrich Dusemer durch einen Machtspruch die Sache erledigte. Er vermittelte es auch, dass die Hakelwerker, mit denen es zu blutigen Kämpfen gekommen war, sich gegen eine Entschädigung von 50 Mark wegen Verletzung ihres Gebietes bei Fortführung der Mauer zufrieden stellten. [3]

Lässt sich daher annehmen, dass die Erbauung der Stadtmauer um die Mitte des 14. Jahrhunderts beendigt wurde, so zog sich die fernere Befestigung, die Anlage einzelner Thore, des Zwingers und die Aushebung des Stadtgrabens noch sehr

---

[1] Spatt.

[2] Schenkungsurkunde Herzog Mestwin's v. J. 1280 PUB. 270 No. 315.

[3] Die betreffenden Urkunden sind bei Hirsch, Oberpfarrkirche Beilage V, abgedruckt.

in die Länge, und man wird nicht irren, dass die Verlegung des heiligen Geist-Hospitals i. J. 1357 in die Gegend des späteren Hausthors innerhalb der Stadtmauern mit der Aushebung des Grabens vor dem heiligen Geist-, jetzigen Glockenthor, wo das Hospital zuvor lag, zusammenhängt. Durch eine Verordnung des Raths v. J. 1378 über Aufbewahrung der Thorschlüssel erfährt man, dass zu dieser Zeit 8 Thore vorhanden waren. Man vermisst darin das Kuhthor, das Fischerthor, das Hausthor und andere [1]), welche demnach wahrscheinlich noch nicht vorhanden waren. I. J. 1379 erlangte die Stadt die Genehmigung des Hochmeisters zur Anlage eines Vorgrabens, der jedoch nur für die Süd- und Westfront bewilligt wurde.

Der Umzug der Mauer und die Lage und Benennung der Thore geht aus Plan Taf. II hervor[2]). Zur Zeit der Erbauung waren die Feuerwaffen noch nicht nach Preussen gedrungen, so dass der Anlage der Befestigung noch ganz die römischen Grundsätze, modificirt nach den byzantinischen Mustern und den Erfahrungen des Ordens in den Kreuzzügen zugrunde liegen. Die Befestigung Danzigs unterscheidet sich dadurch wesentlich von der in Deutschland üblichen, wie ich das anderweitig nachgewiesen habe.[3])

Die Stadtmauer war am Fuss 5 bis 6 Fuss stark und 20 Fuss hoch. Sie hatte keinen permanenten Wehrgang hinter den Zinnen, so dass er erst bei der Armirung von Holz hergestellt

------

[1]) Archiv. Stadtbuch S. 162. Es werden nur genannt das Ankerschmiedethor, Ketterhagener-, hohe, heilige Geist- (heutige Glockenthor), breite Thor, und an der Mottlau das Koggenthor, heilige Geist- und breite (spätere Krahn-) Thor. Die beiden Thore der heiligen Geiststrasse werden „alte heilige Geistthore" genannt, wohl mit Bezug darauf, dass das Hospital zum heiligen Geist inzwischen verlegt worden war und Veranlassung zur Anlegung einer „neuen heiligen Geistgasse" (jetzt Tobiasgasse genannt) gegeben hatte (Hirsch, Handelsgesch. S. 21). Da das Hausthor 1378 noch nicht existirte, kann die Strasse der vier „Dämme" füglich nicht die „geräumige Strasse mit ehrbaren Bürgern bewohnt" sein, die sich der Orden in der Handfeste ausbedang, wie Hirsch (Handelsgeschichte S. 20) meint. Nur die breite Gasse entspricht dem Wortlaut. Auch sie führte zur Marienkirche, wenn auch nicht direkt.

[2]) Die gegenwärtig noch vorhandenen Reste der Stadtmauer werden gelegentlich erwähnt werden.

[3]) G. Köhler, Entwickelung III 1, 455.

werden musste. Zu dem Zweck schwächt sich die Mauer oben dreimal von Fuss zu Fuss ab, wie dies an einem noch vorhandenen Mauerstück in der Büttelgasse zu erkennen ist. Die Zinnen hatten 3 Fuss Höhe und Breite und sind zunächst dem Mauerthurme südlich des Kück in de Kök noch deutlich zu erkennen. Die Mauer hatte auf beiden Seiten eine schwache Dossirung, doch muss bemerkt werden, dass die jetzt noch vorhandenen Reste zum Theil nicht der ursprünglichen Mauer angehören, da diese in den Jahren 1483—1489 grösstentheils erneuert worden ist[1]).

Von den älteren Thoren ist nur noch das Kuhthor in seiner ursprünglichen Gestalt vorhanden, aber auch nur äusserlich. Das Innere ist gegenwärtig zu Wohnungen eingerichtet. Das Thor besteht aus zwei viereckigen Thürmen von 22 Fuss Breite und 25 Fuss Tiefe, die $12\frac{1}{2}$ Fuss auseinander stehen und vorn und hinten durch Mauern von der Stärke der Mauern der Thürme ($5\frac{1}{2}$ Fuss) verbunden sind, die einen 12 Fuss breiten Thorweg mit Spitzbogen haben. Darüber befindet sich eine auf starker Balkendecke ruhende obere Etage. Fallgatter und Thorflügel sind nicht mehr vorhanden. Das Ganze ist unter ein Dach gesetzt und nimmt die ganze Breite der dahinter liegenden Hundegasse ein. Das Thor führt zur Mottlau, über welche hier seit dem Anfange des 15. Jahrhunderts eine Brücke führte. Die andre Brücke, Koggenbrücke genannt, führte am Koggenthor in Verlängerung der Langgasse über die Mottlau.

Von den Thoren auf der Landseite hat sich nur ein Thorthurm am Ankerschmiedethor in seiner ursprünglichen Gestalt erhalten. Ein zweiter Thorthurm scheint nicht vorhanden gewesen zu sein, so dass die Strasse daran vorbeiführte. Er ist eben-

---

[1]) Caspar Weinreich. SS. rer. Pruss. 4, 751 ff. Die Mauer vom Krahnthor bis zum Schloss ist erst 1448 aufgeführt worden. Bornbach S. 631: „1448 ist auch ein rath zu Dantzke mit den Scheppen, werken und gemeine eins geworden ein gemein schoss zu nemen zu behuf einer mauer lengs die Mottlau bei St. Johannisthor zu legen". Schon gelegentlich der Verhandlungen wegen des Krahnthors bei der Huldigung Konrads von Erlichshausen 1442 bemerkt der Rathmann Meydeburg „dass die stad offen steht bei dem krayn, umbe der wölfe und tier wille, die hereinloffen mochten". Töppen, Acta 2, 607.

falls viereckig, hat 32 Fuss im Quadrat und ist ebenso hoch bis zum Gesimse. Seine Mauerstärke beträgt vorn und hinten 6 Fuss, nach der Mottlau 6¹/₂, nach der Strasse 3¹/₂ Fuss. Er dient als Gefängniss und ist im Innern verändert. Nach Ueberlieferungen hat er ein Verliess gehabt.

Die Thore dienten nicht bloss zum unmittelbaren Schutz der Eingänge, sondern hatten auch die rückliegende Strasse vor Enfilade vor den feindlichen Wurfmaschinen zu schützen. Das ist bei den übrigen Thoren von Danzig sorgfältig berücksichtigt, am Ankerschmiedethor vermisst man es. Dagegen ist dem andern Zweck der Thore: als Zufluchtsort (Reduit) zu dienen, Rechnung getragen, sowohl durch die Stärke des Thurms als durch das Verliess, welches die Lebensmittel aufnahm und der Besatzung des Thurmes den Unterhalt für mehrere Tage gewährte ¹).

Die Thürme der Stadtmauer sind viereckig, 50 Fuss lang und 20 Fuss tief, die breite Seite nach der Front gekehrt. Sie springen 10 Fuss über die Mauer vor und ragen hinter derselben mehrere Fuss hinaus. Sie haben eine Höhe von 50 Fuss bis zum Gesimse und bilden 4 Etagen, von denen jedoch nur die 3 obern mit Scharten versehen sind und zwar 3 nach der Front und je eine nach der Seite. Die Mauerstärke des Erdgeschosses beträgt fünf Fuss mit Ausnahme der Rückseite, die wie die obern Geschosse nur 3 Fuss Stärke hat. Das vierte Geschoss hat statt der Zinnen zwei Fuss weite Fenster. Die Scharten haben vorn einen Schlitz von 6 Zoll Breite und 4 Fuss Höhe und erweitern sich nach hinten bis auf 4 Fuss. Oben sind sie überwölbt. Die Auseinanderstellung der Thürme beträgt 80 Fuss. Die Thürme kommuniciren nicht mit der Mauer.

Von ihnen ist der Eckthurm am Stadthofe in der südwestlichen Ecke des Festungsvierecks am besten erhalten, wenigstens in seinem Aeussern und unterscheidet sich dadurch von den übrigen, dass er nur 40 Fuss breit, aber etwas höher ist, und dass seine Ecken in den obern Etagen abgestumpft sind. Er erhält dadurch sowohl wie durch seine schräge, die

---

¹) Darin liegt der eigentliche Zweck des Verliesses. Zu Friedenszeiten benutzte man es als Gefängniss.

Ecke abflachende, Stellung ein imposantes Aeussere. Von den andern Thürmen der Stadtmauer ist der Mittelthurm zwischen dem Stadthofe und dem Ketterhagener Thor noch recht gut erhalten und hat in seiner dritten Etage noch die Originalscharten. Seine Aussenflächen sind dagegen mit Gebäuden umstellt und dadurch unkenntlich. Dagegen ist der Thurm zwischen dem breiten Thor und dem Kück in de Köck, obgleich im Innern verbaut, aussen noch im ursprünglichen Gewande mit Friesen zur Markirung der Etagen, die Scharten aussen noch erkennbar aber zugemauert, erhalten. Der Thurm wird als Kaserne benutzt und ist durch einen neuen Anbau verunstaltet.

Die übrigen Thürme der Stadtmauer sind in Plan Taf. II nach einer Zeichnung aus dem Anfange des 17. Jahrhunderts eingetragen.

Von abweichender Form sind drei noch jetzt vorhandene Thürme der Stadtmauer aus der Ordenszeit: Der Kück in de Köck, ein niedriger runder Thurm in der Nähe desselben am Dominikaner-Platz und ein achteckiger in der Mitte zwischen dem Glockenthor und dem Langgassenthor.

Nur der letztere, bereits im Jahre 1450 wie noch jetzt Strohthurm genannt, scheint der ersten Bauperiode anzugehören. Er liegt nicht in der Mauer, sondern vor derselben, jedoch an letzterer angelehnt und füllt bei einem Durchmesser von 38 Fuss die ganze Breite des Zwingers aus. Er hat im ganzen Umfange und bis zur Höhe von 30 Fuss eine Mauerstärke von 12 Fuss und ist ohne Scharten. Darauf folgt nach oben eine Etage von $7^1/_2$ Zoll Höhe und $1^3/_4$ Fuss Stärke mit Fensteröffnungen für Schützen. Der untere Theil ist in drei Etagen getheilt, von denen die untere ein Verliess bildete. Doch ist das Gewölbe ausgebrochen worden. Die beiden oberen Etagen haben nach hinten in der Mauer zwei Zellen in Kreuzform, die durchgehen und ein spärliches Licht in den innern Raum werfen. Zu ebener Erde befindet sich hinten ein Eingang, von dem eine in der Mauer ausgesparte Wendeltreppe zur oberen Etage führt, nach dem Erdgeschoss aber nicht communicirt. Das Verliess deutet an, dass der Thurm den Zweck eines Reduits erfüllen sollte. Von seiner Plattform ging eine wirksame Bestreichung des Zwingers (Parchim's, wie er hier genannt wird) aus. Höchst merkwürdig bleibt der Thurm jedoch, sowohl durch seine Lage im Zwinger, als durch seine starken Mauern und den Mangel an Scharten.

Verständlicher ist der Thurm Kück in de Köck[1]). Er bildet die nordwestliche Ecke des Vierecks der Stadtbefestigung und hat eine Höhe von 80 Fuss, die ihn als Warthe kennzeichnet. Eine solche war an dieser Stelle dringend erforderlich, weil die unbefestigte Altstadt bis nahe an die Stadtmauer heranreichte und auch das freie Feld jenseits derselben beobachtet werden musste. Die Sage bringt ihn mit der Burg in Beziehung, und der Volkswitz hat ihm aus diesem Grunde den Namen gegeben. Aber er konnte bei der grossen Entfernung von der Burg unmöglich Einsicht in diese haben. Auch hätte der Orden, wenn dies der Fall gewesen wäre, ihn sicher nicht geduldet. Man verlegt den Bau des Thurms allerdings in das Jahr 1410, wogegen sich nichts einwenden lässt, da die 3. und 4. Etage für Geschütze eingerichtet sind, wonach der Bau des Thurms frühestens dem Ende des 14. Jahrhunderts angehört haben kann. Dennoch ist seine Anlage durch die oben angegebenen Gründe hinlänglich motivirt, als dass man andere Suppositionen zugrunde zu legen braucht.

Der Thurm hat wie der Strohthurm eine achteckige Form, ist wie dieser im ganzen Umfange von gleicher Mauerstärke (in den untern Etagen von $7^1/_2$ Fuss) und gleicht ihm auch darin, dass sein Erdgeschoss ein Verliess bildet, dessen oberes Gewölbe ein Loch von $2^3/_4$ Fuss Länge und $1^1/_2$ Fuss Breite in seiner Mitte hat, welches die einzige Verbindung nach aussen bildete. Er hat daher neben seiner Bestimmung als Warthe zu dienen, noch die ein Reduit abzugeben. Der Durchmesser des Thurms beträgt 26 Fuss. Seine 7 Etagen über dem Verliess sind zur Aufnahme einer bedeutenden Besatzung geeignet.

Die Scharten sind ganz den Armbrustscharten nachgebildet, kennzeichnen sich aber dadurch in der 3. und 4., anscheinend auch in der 5. Etage als Geschützscharten, dass die vordere Oeffnung eine Weite von einem Fuss und mehreren Zollen hat. Auch haben die Scharten der 3. und 4. Etage

---

[1]) Taf. III.

wegen der starken Mauer Nischen von 2 Fuss Tiefe, bevor sie die konvergirende Form annehmen. Die obere Fläche ist gewölbt, verjüngt sich aber in mehreren Absätzen, so dass sie nicht wie bei den Armbrustscharten eine runde Fläche bildet. In den obern Etagen sind Armbrustscharten von 8 Zoll Weite nach aussen. Die Zahl der Scharten in jeder Etage beträgt drei, von denen jedoch nur die in den obern Etagen ganz durchbrochen sind. Die oberste Etage hat Machiculis und 7 Scharten, sowie nach hinten eine Thüröffnung von 3 Fuss Weite und $6^1/_2$ Fuss Höhe zur Einführung von Lebensmitteln und Ausrüstungsgegenständen. Ueber dem Verliess sind noch die 3 folgenden Etagen überwölbt. Der Eingang zum Thurm lag 5 Fuss über dem Boden und befand sich, da das Verliess 12 Fuss unter den Horizont versenkt war, in gleicher Höhe mit der 2. Etage. Von hier führte eine in der Mauer ausgesparte Treppe bis in die 5. Etage, von wo ab hölzerne Treppen die Verbindung der einzelnen Etagen herstellten. Die Mauerstärke schwächt sich im Innern von der 2. Etage ab, geschossweise um einen halben Fuss, so dass die oberste Etage nur 3 Fuss Stärke hat.

Die Machiculis sind dadurch gebildet, dass die Mauer an den 8 Ecken in der Stärke von 2 Fuss um $2^1/_4$ Fuss vorspringt und diese Ansätze als Konsolen eines Mauerschildes dienen, hinter welchem sich ein Fuss weite Oeffnungen nach unten befinden, von denen aus man den Fuss des Thurms einsehen und beschiessen oder bewerfen kann. Um die Schiessscharten nicht zu maskiren, ist der Mauerschild bogenförmig über diese hinweggeführt. Taf. III giebt die Zeichnung des Thurms.

Der dritte oben erwähnte Thurm ist der noch stehende niedere Thurm am Dominikanerplatz, ehemals genannt der Thurm „hinter den schwarzen Mönchen". Er hat noch dadurch ein besonderes Interesse, dass mehrere Urkunden über ihn vorhanden sind und sich infolge dessen die Zeit seiner Erbauung feststellen lässt.

Den Dominikanern wurde i. J. 1384 vom Hochmeister Zöllner von Rothenstein die Erlaubniss ertheilt, diesen Thurm „vor dy leitunge des wassirs" zu erbauen. Es kann das nur so aufgefasst werden, dass ihnen für die i. J. 1348 ertheilte Berechtigung, das Wasser der Radaune in ihr Kloster zu leiten,

was sich bei der Ausführung als unpraktisch erwiesen haben
mochte, jene Erlaubniss der Erbauung des Thurms zu ihrer Be-
quemlichkeit ertheilt wurde. Obgleich der Thurm bei Kriegsgefahr der Stadt eingeräumt werden musste, so erlaubt ihnen
die Urkunde jedoch, dass sie in Friedenszeiten „ire private"
darin haben mögen. Zu diesem Zweck sollen sie „in dem un-
dersten gemach by der erden eine Thür haben ihre heymlich-
keit reyne zu machen, wenn In das not ist." Die „oberste
wonunge sol dy stat gebruchen und sol haben von busin yn
eynen wendilstein." Vom Thurm sollten ferner zwei „Swybogen"
zur Klostermauer übergeführt werden „hoch genug um mit
einem Heuwagen darunter weg zu fahren"[1]). Es wurde den
Mönchen aufgegeben den Thurm binnen 10 Jahren zu bauen,
so dass man seine Bauzeit rund um 1390 ansetzen kann.

Der Thurm entspricht nun genau den vom Hochmeister
aufgestellten Bedingungen. Er ist rund und hat einen Durchmesser von 31 Fuss und eine gleiche Höhe. Seine Mauerstärke
beträgt vorn 20 Fuss und schwächt sich allmählich nach hinten
ab, so dass sie hier, wo sich die Thür befindet, nur 2 Fuss
Stärke hat. Er besteht aus zwei überwölbten Etagen und einer
Plattform. Die für die Mönche bestimmte untere Etage ist
doppelt so hoch als die „wonunge" darüber (12 gegen 6 Fuss)
und ist mit 2 Scharten versehen, während die obere Etage nur
eine Scharte hat. Die Plattform ist mit einer Brustwehr von
4 Fuss Stärke und 7 Fuss Höhe versehen, welche 3 Schiessscharten hat und mit einer Auskragung von einigen Zollen über
die untere Mauer hervorragt. Eine Wendeltreppe (Wendelstein)
führt von der Plattform und ein Eingang, der noch heut sichtbar, aber zugemauert ist, führte vom Wehrgang der Stadtmauer
in die obere Etage, also unabhängig von den Mönchen in der
untern Etage. Das merkwürdigste am Thurm sind die Scharten. Sie sind durchweg für Geschütze bestimmt und gleichen
im allgemeinen den Scharten der 3. und 4. Etage des Kück in
de Köck, nur fehlen ihnen die Nischen, so dass die Schartenbacken in der ganzen erheblichen Stärke der Mauer convergi-
ren. Dadurch erhalten die Scharten hinten eine Breite von

---

[1]) Schbl. 46 No. 4.

5,75 Fuss und sind hier ebenso hoch, so dass sie ein groteskes Ansehen gewähren und für den Gebrauch sehr ungeschickt sind. Im Uebrigen verjüngt sich das obere Gewölbe der Scharten in mehreren Absätzen wie beim Kück in de Köck. Es geht aber daraus hervor, dass letzterer jünger ist, als der Thurm hinter den schwarzen Mönchen[1].

Die Süd- und Westfront der Stadtmauer haben bei ihrer ursprünglichen Anlage einen Zwinger (Parchim) erhalten, wie aus der Lage des Strohthurms in demselben hervorgeht. Ein Stück dieses Zwingers ist noch gegenwärtig vor dem Thurm der Stadtmauer zwischen dem Stadthofe und dem Ketterhagener Thor

---

[1] Die Verwechslung beider Thürme gab im 16. Jahrhundert zu einem interessanten Rechtsstreit Veranlassung. Die Stadt hatte den Thurm Kück in de Köck, nachdem er durch die Befestigung der Altstadt am Ende des 15. Jahrhunderts seine Bedeutung verloren hatte, den Dominikanern eingeräumt, an deren Klosterhof er stiess (Schbl. 112 des Archivs, auch abschriftlich Stadtbibliothek Ged. I 121). Als sie aber später, wie es scheint bei der Belagerung von 1577 durch die Polen, den Thurm wieder einzog, um ihn als Pulvermagazin zu benutzen, und ihn auch nach dem Kriege zu diesem Zweck behielt, beklagten sich die Mönche darüber beim Könige von Polen. Sie brachten bei dieser Gelegenheit auch zur Sprache, dass sie bei Ausbruch des Krieges 1576 vom Danziger Pöbel, weil sie in Verdacht standen, es mit den Polen zu halten, gemisshandelt und ihres Silberzeugs, namentlich der Monstranz, beraubt worden seien. Zur Beglaubigung ihrer Ansprüche auf den Thurm brachten sie eine gefälschte Urkunde des Hochmeisters Zöllner von Rothenstein v. J. 1389 bei. Das Hofgericht entschied zu ihren Gunsten. Doch wollten es die Mönche nicht ganz mit der Stadt verderben, so dass i. J. 1584 eine Einigung zu Stande kam, wonach die Stadt den Thurm Kück in de Köck behielt und auch freien Zutritt dazu über den Klosterhof haben sollte, wogegen der Rath dem Kloster eine neue Monstranz fertigen liess und 1200 Mark bezahlte. Hoburg hat in seiner Geschichte der Festungswerke Danzigs (Beilage A. S. 167) diese Einigung als Veranlassung genommen zu behaupten, dass der Kück in de Köck wirklich von den Mönchen erbaut sei und führt die wunderlichsten Gründe dafür an, dass der Thurm der Urkunde von 1384 entspreche, unter anderem den, dass kein anderer Thurm in der Nähe des Klosters sei, auf welchen sich die Urkunde beziehen könnte. Auch Th. Hirsch ist der Sache nicht auf den Grund gegangen (Oberpfarrkirche S. 94. Anm.), weil er die Uebereinstimmung des Thurms hinter den schwarzen Mönchen mit der Urkunde von 1384 nicht erkannt hat. Es ist dazu die Kenntniss des innern Thurms erforderlich, wozu ein gewisser Entschluss gehört, da der Thurm verschlossen und gewiss seit Jahrhunderten nicht betreten ist. Es ist mir gelungen, in denselben Zutritt zu erhalten.

auf dem Durand'schen Grundstücke vorhanden [1]). Das Stück hat nur die Ausdehnung von 10 Fuss. Die Zwingermauer ist auf der 4 Fuss starken Eskarpenmauer aufgesetzt, verjüngt sich dann 3 Fuss vom Boden nach oben bis auf 2 Fuss. Die Höhe der Mauer beträgt 10 Fuss, ihr Abstand vom Thurm 16—20 Fuss. Die ganze Breite des Zwingers ist da wo kein Thurm dahinter steht 33 Fuss. Die Mauer ist mit Zinnen versehen.

Später sind auch einige Thürme oder Streichwehren, wie man sie nannte, am Zwinger erbaut worden, von denen zwei an der Abflachung der Südwestecke der Stadtmauer vor dem Thurm am Stadthofe lagen. Der eine davon ist im Erdgeschoss noch ziemlich erhalten. Wahrscheinlich hat er nur dies eine Geschoss besessen. Er hat einen Durchmesser von 20 Fuss, eine Mauerstärke von 5 Fuss und springt mit Dreiviertel seiner Stärke in den Graben vor. Der Thurm, eigentlich nur Halbthurm, hat 3 Scharten für Lothbüchsen von 2- bis $2^1/_2$ zölligem Kaliber von derselben Konstruktion wie die Scharten in der 5. Etage des Kück in de Köck, die auch für Lothbüchsen bestimmt waren. Die Scharten des Thurms hinter den schwarzen Mönchen unterscheiden sich nur dadurch davon, dass sie für Steinbüchsen konstruirt sind. Die hintere Schartenöffnung beträgt $4^3/_4$ Fuss, die vordere einen Fuss. Die Sohle der Scharte liegt in der Höhe des Bodens, so dass das Rohr mit seinem Gestell in die Scharte geschoben wurde [2]). Wie bei den Scharten an dem Thurm hinter den schwarzen Mönchen befindet sich über dem Schartenschlitz an der äussern Mauer ein Ring, ein anderer an der gewölbten obern Wand der Scharte. Von den Armbrustscharten sind diese nur dadurch unterschieden, dass sie grössere Abmessungen haben und dass erstere drei Fuss über dem Boden liegen [3]).

---

[1]) Die Erhaltung dieses Theils vom Zwinger ist dem Umstande zu verdanken, dass der Parchim vom Stadthofe bis hierher im 16. Jahrhundert von der Stadt zur Anlegung einer Geschützgiesserei und einer Münze benutzt worden ist. Das Grundstück ist erst vor kurzem in Privatbesitz übergegangen.

[2]) Vgl. Köhler, Entwickelung pp. III 1, 457.

[3]) Die beiden Streichwehren am Stadthofe hatten i. J. 1433, als die Hussiten vor Danzig lagen, zum ersten Male Gelegenheit sich geltend zu

Aehnliche Thürme befanden sich vor dem Ketterhagener- und Fischer-Thor und bildeten hier ein äusseres Thor. Es haben sich nur Rudera von ihnen erhalten, die bewohnt sind. Sie haben einen Durchmesser von 26 resp. 28 Fuss, eine Mauerstärke von 7 bis 8 Fuss und springen fast mit ihrer ganzen Stärke in den Zwingergraben vor. Sie haben 3 überwölbte Etagen, jede mit 3 Scharten von derselben Konstruktion wie an den Thürmen am Stadthofe, nur etwas modificirt infolge der stärkeren Mauern. Die Etagenhöhe beträgt im Lichten 7 bis 8 Fuss. In dieser niedrigen Höhe ist es begründet, dass die Schartensohle in gleicher Höhe mit dem Boden liegt, denn nothwendig war dies nicht, wie ich anderweitig nachgewiesen habe[1]).

Die Bauzeit all dieser Thürme mit Ausnahme des Ketterhagener- und Fischerthors fällt in den Anfang des 15. Jahrhunderts[2]). Das Fischerthor ist erst 1482 erbaut worden[3]).

Der Graben hatte die Breite von 6 bis 8 Ruthen. Der Vorgraben auf der Süd- und Westfront war durch einen Landstreifen von 3 Ruthen Breite vom Hauptgraben getrennt. Die Eskarpenmauer war vier Fuss stark. Von der Kontreskarpe hat sich nichts erhalten. Die Gräben der Südfront waren durch Arme der Radaune bewässert, wovon noch weiter die Rede sein wird.

machen. Ein Ausfall von 8 Schützen, die durch geschickte Benutzung des Terrains dem Feinde ausserordentlichen Schaden zufügten, brachte das ganze Heer der Hussiten auf dem Bischofsberge auf die Beine. Die Schützen mussten schliesslich zurückweichen und wurden von einem Haufen Hussiten verfolgt und „den sy (die Hussiten) quamen an eyne brücke of der Radaune, daz ist genannt das rothe Meer da kenvber steen zwei runde torme an der lastadien, da schoss man von den tormen glich mit zwei bochzen mang das gedränge her, daz nicht weichen kunnden, und totten viel männer und rösser mangk der kezzer“. (Hochmeister Chronik SS. rer. Pruss. 3, 637.) Die beiden Thürme waren noch im 17. Jahrhundert intakt und wurden zu Aufbewahrungsräumen benutzt.

[1]) Aus den spärlichen Resten würde sich nicht ergeben, dass 2 Thürme vor jedem Thor waren, doch geht dies aus einer Zeichnung des städtischen Archivs (Plauschrank I 5) aus dem Anfange des 17. Jahrhunderts hervor.

[2]) Köhler, Entwickelung pp. III 1, 457. Eine Breslauer Scharte derselben Konstruktion liegt 80 cm über dem Boden des Geschosses. Ebenso die Scharten des Thurmes Kück in de Köck.

[3]) Caspar Weinreich. SS. rer. Pruss. 4, 744.

Noch ist zu bemerken, dass die heutigen Strassen vorstädtischer und altstädtischer Graben nach aussen lagen und keineswegs die Sohlen der bezüglichen Gräben vorstellen. Die Brücken vor den Thoren waren mit Nothwehren (krenelirten Mauern) versehen, müssen also steinern gewesen sein.

Mit Ausnahme der Mottlauseite lief auf den übrigen Fronten ein schmaler, eine Ruthe breiter Gang, die Hintergasse genannt, auf der innern Seite der Stadtmauer entlang, der noch auf vielen Punkten auch den Namen beibehalten hat. Er war bereits in der Handfeste der Stadt vorgeschrieben.

Die Zwingerthürme vor den Thoren der Südfront haben uns auf die Thorbefestigung zurückgeführt, die bisher nur für die ursprüngliche Befestigung der Rechtstadt beschrieben worden ist. Die Befestigung des Ketterhagener- und des Fischerthors zeigt den Fortschritt, der durch Anlage eines äussern Thors gemacht wurde. Wie aus der Note 1 S. 56 erwähnten Zeichnung hervorgeht, waren die beiden Zwingerthürme des äussern Thors durch zwei Anschlussmauern mit dem innern Thor verbunden und nothwendig müssen auch die beiden Zwingerthürme in sich durch eine Mauer verbunden gewesen sein, durch welche der Thorweg führte. Vom innern Thor hat sich keine Spur erhalten. Nach jener Zeichnung scheint es ein Thorhaus wie das Kuhthor gewesen zu sein, das die ganze Breite der rückliegenden Strasse einnahm. Diese Thorbefestigung als ein Ganzes betrachtet, bildete ein kleines Fort von nicht unbedeutender Festigkeit.

Eine andre Art der Thorbefestigung stellt das hohe, jetzige Langgassen-Thor dar, so genannt von dem hohen Thurm, der sich davor befand. Er stand auf der Erdzunge zwischen den beiden Gräben, welche sich vor der Westfront befanden, genau in der Verlängerung der Langgasse und von der Breite derselben. Die Durchfahrt ging durch das Erdgeschoss, so dass der Thurm ebenfalls ein äusseres Thor bildete. Spatt setzt den Bau des Thurms in das Jahr 1346, was zwar anderweitig nicht bestätigt wird, aber dadurch einige Wahrscheinlichkeit erhält, dass er i. J. 1378 bereits vorhanden war, da das Thor in der obenangeführten Verordnung des Magistrats vom Jahre 1378 als hohes Thor bezeichnet wird[1]). Er hatte zu dieser Zeit die Höhe von 74 Fuss. Anfang des 16. Jahrhunderts sind noch zwei Etagen hinzugefügt worden, wodurch er die Höhe von 102 Fuss bis zum Gesimse erreichte. Der Bau wurde erst 1509 beendet, wo noch vier Eckthürmchen mit hoch aufstrebenden Spitzen in den vier obern Ecken aufgesetzt wurden[2]).

Der Stockthurm[3]), wie er jetzt genannt wird, erhebt sich senkrecht als ein mächtiger Schild der dahinter liegenden Hauptstrasse der Stadt, der Langgasse, mit 12 Fuss starker Frontmauer und gleich starken Seitenmauern. Die Rückwand ist $4\frac{1}{2}$ Fuss stark. Die Breite im Grundriss beträgt 49 Fuss, die Tiefe 33 Fuss. Innerhalb der 4 Ecken sind in der Entfernung von 4 Fuss von den Aussenseiten 4 Hohlcylinder von 6 Fuss Durchmesser im Mauerwerk ausgespart, um die Steinmasse zu vermindern. Die beiden hintern Hochcylinder sind zu Wendeltreppen benutzt. Die vordern, welche im vierten Stockwerk endigen, sind unzugänglich. Der Thurm erhält durch diese Hohlräume im Innern seine charakteristische Form, als sei er aus 4 Thürmen zusammengesetzt, was sich in den später aufgesetzten Stockwerken, dem 6. und 7., noch schärfer ausspricht. Die Höhe der untern 5 Stockwerke beträgt im Lichten 12 Fuss. Sie sind jetzt überwölbt, was wahrscheinlich im 17. Jahrhundert zum Schutz gegen Bomben erfolgte. Ursprünglich scheinen nur die drei untersten überwölbt gewesen zu sein. Die Durchfahrt bildet ein Spitzgewölbe mit 13 Fuss Spannung. Die Stockwerke haben je 2 Scharten in der Front und je eine in den Flanken. Das Erdgeschoss ist ohne Scharten. In der 4. und 5. Etage sind in einer Abschrägung der vordern Ecken zwei Scharten hergestellt worden. Die Konstruction der Scharten ist dieselbe wie an den Mauerthürmen, nur mussten wegen

---

[1]) Siehe oben S. 47. 1.

[2]) Mehlmann sagt darüber: „A. 1509 wurde vollends fertig gemacht die spitze auf den hohen thorme" und Spatt erzählt (S. 219) unterm Jahr 1508: „da hub man an zu decken das hoghe Thor mit bley und der mester hiess Christoffer und Ehr fiel auf die Erde tot". Der Kupferstich von Danzig in der Braunschen Sammlung v. J. 1573 weist die 4 Thürmchen noch auf, die Sammlung der Danziger Kupferstiche v. J. 1617 hat sie schon nicht mehr,

[3]) Taf. IV,

der starken Mauern bis zur Entfernung von 5 Fuss zur äussern Mauerfläche Gallerien geführt werden. In der 5. Etage ist nachträglich eine Geschützscharte ausgebrochen worden, jedoch von so weiter Oeffnung, dass sie wahrscheinlich für ein Allarmkanon gedient hat, das hier aufgestellt war. Die neu aufgesetzten Etagen, deren Bau bereits in die Zeit einer entwickelten Artillerie fällt, sind für Feuerwaffen eingerichtet. Die 6. Etage hat Geschütz-, die 7. Gewehrscharten. In einem Zeughausregister v. J. 1604[1]) heisst es: „3 Falkonetlein auf dem hohen Thurm." Die 6. Etage hat eine Mauerstärke von 8 Fuss, die 7. von 4 Fuss. Taf. IV giebt eine Zeichnung des Thurms.

Zum Schutz der Thorpassage wurde i. J. 1410 ein Bollwerk von Erde vor derselben an der Kontreskarpe des Vorgrabens angelegt, das später aus Mauerwerk in Form eines Thurms ausgeführt wurde[2]). Dieser Thurm hatte denselben Grundriss wie der hohe Thurm, aber nur 8 Fuss starke Mauern. Ueber seine Höhe ist nichts bekannt, dagegen drückt er sich noch in den beiden untern Stockwerken der an seine Stelle eingerichteten Peinkammer aus[3]). Der Spitzbogen für die Durchfahrt markirt sich noch an der Rückwand derselben. Der Thurm wurde beim Aufbau des jetzigen hohen Thors mit einem Anbau versehen, der mit einer Geschützkasematte zur Bestreichung des Thors versehen war.

Eine völlig andere Befestigung hatte das breite Thor, von dem jedoch nur die Zeichnung des Grundrisses und Ansichten vorhanden sind. Hier wurde das äussere Thor durch zwei Thürme gebildet, von denen der rechts des Ausgangs gelegene rund war und einen Durchmesser von 36 Fuss hatte. Er lag genau in der Verlängerung der dahinter liegenden Breitgasse. Der Thurm hatte hinten eine Abflachung von 9 Fuss[4]) und war, wie aus einer Rechnung v. J. 1518 hervorgeht, für Steinbüchsen

---

[1]) Archiv. Militaria D. 18.

[2]) In einem Zeugenverhör v. J. 1453 heisst es: „vor dem hohen Thor liessen die Danzker (1410) graben und machten eine Wehre (Bollwerk) — mich dünkt als nu (1453) das grosse gemäure legkh (liegt) buwsen den graben." SS. rer. Pruss. 3, 485.

[3]) Vgl. Hoburg S. 11.

[4]) Danz. Archiv. Planschrank, Schbl. II 120.

eingerichtet. Eine Ansicht in der Kupferstichsammlung über Danzig v. J. 1617 lässt ihn in seiner ganzen Bedeutsamkeit hervortreten. Auch ersieht man daraus, dass er oben unter dem Gesimse mit blinden Friesbogen versehen war, was sich bei keinem übrigen der Thürme Danzigs findet. Der andre Thurm ist von geringem Umfang. Die Passage ging zwischen beiden hindurch. Ueber die Bauzeit des äussern Thors ist nichts bekannt. Da er für Steinbüchsen eingerichtet war und die runden Thürme Danzigs überhaupt erst seit Einführung der Feuerwaffen auftreten, kann er frühestens dem Anfange des 15. Jahrhunderts angehören.

Ebenfalls dem 15. Jahrhundert angehörig ist das Krahn-thor an der Mündung der Breitgasse nach der Mottlau. Sein Bau in Stein, wie es noch heut besteht, fällt in die letzten Jahre der Ordensregierung, aber es ist ein Irrthum, dass es gegen die Burg erbaut worden sei. Nach Stenzel Bornbach ist es 1444 erbaut, was auch damit übereinstimmt, dass sich im städtischen Archiv ein in diesem Jahr ausgeschriebener „Schoss für den abgebrannten Krahn" vorfindet. Ferner hat sich darüber eine Korrespondenz erhalten[1]), wonach die Stadt den Hochmeister Konrad von Erlichshausen unterm 21. Juni 1444 bittet, den Krahn stärker ausbauen zu dürfen, als die von dem-selben ernannte Kommission von Werkmeistern es für erforder-lich gehalten hatte. Der Hochmeister schlug das jedoch ab. Der Gegenstand war schon bei der Huldigung des Hochmei-sters am 23. November 1442 zur Sprache gebracht worden, nachdem der bis dahin in Holz ausgeführte Krahn den Sommer vorher abgebrannt war und die Stadt ihn, da das bereits 3 mal stattgefunden hatte, in Stein ausführen wollte. (Töppen, Acta 2, 525.) Die Bedeutung des gross angelegten Gebäudes liegt weniger in der Sicherung der Thordurchfahrt, als in der Flan-kirung der ganzen Mottlaufront, die namentlich bei zugefrore-nem Fluss wenig Sicherheit bot. Auch diente es zur Deckung der rückliegenden Strasse gegen Enfilade vom rechten Mottlau-ufer, da die Strasse wegen ihrer Breite als Hauptsammelplatz der Reserven diente. Das Thor liegt in dem sehr flachen aussprin-

---

[1]) Töppen, Acta 2, 608.

genden Winkel, den die Befestigung der Mottlauseite hier bildet, und springt um 25 Fuss über die Stadtmauer vor, lag also an dem geeigneten Ort, eine Flankirung ausüben zu können [1]).

Das Krahnthor besteht aus einem mächtigen Gebäude von 90 Fuss Breite, 31 Fuss Tiefe und 45 Fuss Höhe, an dessen vorderen Ecken runde Thürme von 27 Fuss Durchmesser eingebaut sind, die nur um 4 Fuss über die Frontmauer vorspringen. Von diesen Thürmen aus, die zur Aufnahme von Geschützen eingerichtet waren, ging die Flankirung nach beiden Seiten aus. Die Thürme haben ein Erdgeschoss von 12 Fuss Mauerstärke und schwächen sich im Innern etagenweis um je 2 Fuss in der Mauerstärke ab. Die Frontmauer des Gebäudes ist vorn 8 Fuss, hinten 3 Fuss stark. Mitten durch das Gebäude geht die gewölbte Thordurchfahrt von $12^1/_2$ Fuss Spannung. Ueber dem Thorweg sind die Vorrichtungen zum Heben schwerer Lasten aus den Schiffen angebracht, die dem Thore den Namen gegeben haben. Das Gebäude und die Thürme haben drei Stockwerke für Geschütze und ein viertes mit Fenstern für Kleingewehr. Die Thürme haben im Erdgeschoss je eine, im zweiten Geschoss zwei, im dritten Geschoss drei Scharten. In der Frontmauer befinden sich zu beiden Seiten der Durchfahrt zwei Scharten. Die Scharten des untern Stockwerks haben wegen ihrer Mauerstärke Nischen, im dritten Stockwerk, wo die Mauer der Thürme nur noch 8 Fuss Stärke hat und der innere Raum 11 Fuss breit ist, laufen die Schartenbacken bei $4^1/_2$ Fuss hinterer Oeffnung nach vorn bis auf $1^1/_2$ Fuss spitz zu.

Fassen wir die Eigenthümlichkeiten der Befestigung der Rechtstadt Danzig zusammen, so bestanden sie in den ungewöhnlich grossen Mauerthürmen von 50 Fuss Frontlänge, in den starken Reduitthürmen der Umfassung und der Thore, in der mannigfachen Art und Weise der Befestigung der letztern,

---

[1]) Der Bau des Krahnthors fällt in die Zeit, wo die Artillerie weit genug vorgeschritten war, um grössere Fronten von Bollwerken und grossen kasemattirten Thürmen aus wirksam zu flankiren, wie namentlich Konrad von Erlingshausen (1241—1250) zu dieser Zeit den Graben und die grossen Basteien um Marienburg ausführen liess. (SS. rer. Pruss. 3, 648. Voigt Geschichte Marienburgs Jahr 1448 S. 390).

die nur in Köln ihres Gleichen hat, in der frühzeitigen Anlage des Zwingers und der vielfachen Verwendung der Geschütze. In letzterer Beziehung haben wir uns zu vergegenwärtigen, in welcher Zeit die Feuerwaffen sich in diesen östlichen Gegenden verbreiteten. Obgleich seit dem vierten Jahrzehnd des 14. Jahrhunderts in Westeuropa allgemein bekannt, finden sich in Deutschland erst seit der Mitte dieses Jahrhunderts Spuren davon. Für Preussen werden sie zuerst 1362 konstatirt und zwar als Lothbüchsen (Bleibüchsen). In demselben Jahr erscheinen in Italien die ersten Steinbüchsen und gelangen i. J. 1381 nach Peussen. Die Burg Danzig hat schon 1384 drei grosse und acht kleine Büchsen. Wenige Jahre später wird der zu dieser Zeit erbaute Thurm „hinter den schwarzen Mönchen" bereits für Geschütze eingerichtet, und es wird künftig kein Thurm mehr gebaut, der in seinen untern Stockwerken nicht Geschützscharten gehabt hätte.

Die Geschützscharten sind daran zu erkennen, dass sie geräumiger sind und der Schlitz in der äussern Mauerfläche je nach dem dafür bestimmten Kaliber ein bis anderthalb Fuss Weite hat, während die Armbrust- und Gewehrscharten nur 8 Zoll haben. Auch befindet sich über dem Schlitz in der äussern Mauer ein starker eiserner Ring und ein anderer oder zwei dergleichen in dem hintern obern Gewölbe der Scharte. Im übrigen sind die Scharten den Armbrustscharten nachgebildet und lassen erkennen, dass das Geschütz mit seinem Gestell vollständig in der Scharte aufgenommen ist. Die ersten Geschützscharten haben daher keine Nischen, durch die man es erreicht, die Mauerstärke für die Scharte beliebig abzuschwächen und eine Lafette mit Rädern zu verwenden. Die ersten Scharten dieser Art, vom Thurm Kück in de Köck abgesehen, wo sie noch wenig ausgebildet sind, kommen am Krahnthor 1444 vor, doch zeigten sich auch hier noch bei 8 Fuss Mauerstärke im dritten Stockwerk Scharten der alten Art. Die Scharten vervollkommnen sich im weitern Verlauf des 15. Jahrhunderts, wie wir das bei den Thürmen der Vor- und Altstadt sehen werden.

Um die Grundsätze kennen zu lernen, durch welche sich der Orden leiten liess, um die Herrschaft über die Stadtbefestigung von der Burg aus zu erlangen, führe ich zunächst diejenigen

an, welche die „Danziger Chronik vom Bunde" (SS. rer. Pruss.
4, 440) enthält. Sie sind zwar erst im Bundeskriege aufgestellt worden und sollten als Anhalt dienen, wenn die Städte
wiedergewonnen wurden. Wie wir an der Befestigung der
Rechtstadt sehen werden, waren sie zum Theil jedoch schon
vorher in Brauch. Nach Schütz sind sie unter den Papieren
des Ordens bei Räumung der Marienburg aufgefunden worden[1].
Es heisst da: Zum ersten, das man in ire mauren mochte ned-
derlegen und abbrechen kegen unsers ordens slossern und die
nicht hoher bauen wen eyne dwere deelen hogk noch der Col-
merscher ausweysunge. — Auch das man alle torme mochte abbrechen, dy unsers ordens slossern zcu noch legen, es sey auch
wor is sey. Das man auch mochte abbrechen dy heuser in
den steten, dy unsers ordens slosser zcu noch legen also weit
und raum, das man daselbst eynen weiten raumen graben mocht
machen zcwischen den slossern und den steten. Denselbigen
graben sullen die stete selbest ausfuren also tieff und langk
und weit und mit dicken gutten mauren selbest futtern, also
is euer genade gehat wolde haben .... Item das men mochte
in den grossen steten so vele raumes (mocht) haben kegen den
slossern ober an der anderen seyten der stadtmauern durch
deswillen, das man der grossen stete deste bas geweldig mochte
seyn und doselbst dem rentemeister eynen gutten festen torm
legen und dorinne seyn gemach haben und darselbst um den
Torm eynen gutten graben und darbinnen eynen gutten parchim,
uff das dyselbige stete deste bas zcu bezcwingene weren. Das
men ober den stadtgraben eyne brucke machte haben zcu demselbigen torme, also wol baussen also binnen der stadt" . . .

Ob die Mauern der Rechtstadt zunächst dem Ordensschloss
niedriger waren, als an den andern Orten, lässt sich gegenwärtig nicht mehr feststellen, doch spricht der Umstand dafür,
dass sie seitens der Stadt i. J. 1489 auf der Nordfront erneuert wurden, wobei zwischen dem Schlosse und dem Hausthor
auch ein Thurm der Stadtmauer erbaut wurde, der vorher nicht
vorhanden war[2]. Auf der Mottlauseite befand sich zunächst

[1] Schütz S. 230.
[2] Caspar Weinreich, SS. rer. Pruss. 4, 744: Item anno 1489 verbesser-

dem Schlosse ein „geraumer Platz“, der von der Stadt zum Fischmarkt benutzt wurde. Er war dazu sehr geeignet, weil die Fischer, wie es die Handfeste vorschreibt, ihre Fische zunächst den Ordensleuten anbieten mussten, bevor sie zum öffentlichen Verkauf kamen. Hohe Gebäude litt der Orden in der Nähe des Schlosses nicht. Es war eine der Beschwerden der Stadt i. J. 1453, dass sie den Glockenthurm der St. Johanniskirche, die unfern vom Schlosse lag, nicht über eine gewisse Höhe bauen durfte[1]). Wie wir gesehen haben, behielt sich der Orden ferner in der Handfeste vor, einen Thurm auf der Brücke, die vom Schloss zur Stadt führte, zu erbauen. Dieser Thurm lag schon auf städtischem Gebiet, sonst hätte es keines Vorbehalts bedurft. Wahrscheinlich wohnte darin der Rentmeister. Wie sich der Orden in Bezug auf die Befestigung der Altstadt verhielt, haben wir oben kennen gelernt, auch dass er sich in der Handfeste vorbehielt, dass der Anger bei St. Gertruden, der heutige Kohlenmarkt oder Dominikplatz, nicht in die Befestigung der Stadt gezogen werden durfte, weil seine Verbindung mit Marienburg dadurch gesperrt worden wäre.

Die Stadt hatte kein Recht, ohne Einwilligung des Hochmeisters an ihrer Befestigung etwas zu ändern. Bei Gelegenheit des Antrags der Stadt i. J. 1379, die Süd- und Westfront mit einem zweiten Graben zu umgeben, ging der Hochmeister zwar darauf ein, fügte aber am Schluss seiner Antwort hinzu: „dass sie adir Ir nachkommelungen den Orden nicht mehr besweren noch bekummern sollten mit bethe vortzugraben oder zu muheren“[2]).

In einem andern Fall, wo die Stadt den Antrag stellte, einen Thurm, der nicht näher bezeichnet wird -- es kann kaum ein anderer als der Kück in de Köck gewesen sein —, zu erbauen, erwidert der Hochmeister: „Lieben Getruwen als Ir nu nehest einen euwres Raths zu uns gesandt hattet von des Thurmes wegen den Ir willen habet vffzubrengen zu besser be-

---

ten sie die mauer achter dem heiligen Geist und legten da ein grund von torm . . und von dem torm die mauer bis an das sloss mauer.

[1]) SS. per. Pruss. IV, 489.

[2]) Komthureibuch des Danziger Archivs No. 9.

schutzunge ewrer Stad . . . So thut wol und sendet zu vns
einen ewres Raths der bei vns czu Marienburg sei als Sontag
nehest kommende vff das morgen essen den wir alles Ding mündl-
lichen wol werden vnderrichten, wie Irs darmette sullet halten.
Gegeben zu engesberg am Donnerstage vor Johannisbapt. Das
Schreiben ist leider ohne Jahreszahl[1].

Man sieht auch hieraus, wie wenig selbständig die Stadt
in diesem Punkte war[2]. Es ist daher völlig ausgeschlossen,
dass sie den Thurm Kück in de Köck oder das Krahnthor
ohne Genehmigung des Hochmeisters erbaut haben sollte, wie
spätere Chroniken darstellen[3].

Der Orden hatte Mittel genug die Städte im Zaum zu
halten, so lange sie noch nicht durch einen Bund unter sich und
mit den Landherrn und der Geistlichkeit, wie 1440, sich ge-
stärkt hatten. Als Danzig wegen Ermordung Konrad Letzkau's
durch den Komthur von Danzig 1411 sich erhob, nahm ihm
der Hochmeister das Stapelrecht und verlegte es nach Elbing.
Die Stadt kroch sofort zu Kreuze. Als dann i. J. 1416 der
Aufstand der Handwerker ausbrach, die sich der Regierung der
Stadt bemächtigen wollten, beruhigte sich die ·Masse nach ei-

---

[1] Schbl. 37. No. 35.

[2] Eine Verordnung des Hochmeisters Heinrich von Plauen v. J. 1411
(Töppen, Acta 158) besagt zwar: „Item das sich eine icliche stat befesten
möge nach crem besten vermegen“, setzt aber hinzu „noch rathe unde mete
wissen irer heren“.

[3] Ueber das Krahnthor liegt, wie wir gesehen haben, eine besondere
Korrespondenz der Stadt mit dem Hochmeister vor. Aus dem Gespräche des
Hochmeisters Konrad von Erlichshausen mit dem Bürgermeister Heinrich Volrad
v. J. 1443 (Töppen, Acta 2, 525) scheint hervorzugehen, dass der Grund zum
Krahnthor zu dieser Zeit bereits gelegt, die Stadt die Genehmigung dazu
aber nicht eingeholt hatte, denn der Bürgermeister fühlt sich auf eine bezügliche Bemerkung des Hochmeisters bemüssigt zu sagen: darumbe (weil der
bis dahin in Holz ausgebaute Krahn wiederholentlich abgebrannt war) zcu
lenger bestendigkeit haben wir daselbst eyn grund gelegt nicht dem huwse
(dem Schloss) zu widerwillen oder schaden“. Der Hochmeister scheint darauf
die Fortführung des Baues verboten und eine Kommission von Werkmeistern
unter Vorsitz des Obersttresslers ernannt zu haben, welche die Masse des
Thores festsetzen sollte. Die Stadt war aber mit dem Entscheide der
Kommission nicht einverstanden und beantragte 1444, die Mauern stärker
bauen zu dürfen, was ihr jedoch abgeschlagen wurde.

niger Zeit von selbst und liess sich gefallen 24 000 Mark Busse
zu zahlen. Auch hatte in solchen Fällen der Orden den Landadel und die Geistlichkeit auf seiner Seite, die scheel auf die
grossen Städte sahen.

Es bleibt noch übrig, einen Blick auf die politische
Gestaltung der Stadt zu werfen und den Uebergang zum
Bundeskriege, in welchem Danzig eine so bedeutende Rolle
zu spielen berufen war, darzulegen.

Die Rechtstadt Danzig tritt erst um die Mitte des 14. Jahrhunderts aus der bescheidenen Stellung, die sie bis dahin inne-
gehabt hatte, hervor. Ihre Handelsthätigkeit hatte sich zu
dieser Zeit so aufgenommen, dass z. B. 1351 in ihrem Hafen
bei einem Sturme 60 Schiffe scheiterten. Von politischer Bedeutung wurde sie durch die Einigung der preussischen
Städte, von der wir unterm Jahr 1358 die erste Kunde erhalten. Die 6 grössten Städte Kulm, Thorn, Elbing, Danzig,
Königsberg und Braunsberg traten zusammen und hielten jährlich im Interesse ihres auswärtigen Handels Zusammenkünfte
ab. Die Hochmeister begünstigten das, da es nur in ihrem
eignen Vortheil lag. Die Tage wurden gewöhnlich in Marienburg abgehalten und am Schluss eines jeden ein Recess aufgenommen. In dieser gemeinsamen Verbindung traten sie in ein
Verhältniss zur deutschen Hansa und nahmen an deren politischen Verwickelungen theil, ohne sich jedoch förmlich zu
binden. Sie wurden als vollberechtigt zu allen Freiheiten und
Gerechtsamen, welche die Hansa in den Handelsstädten des
Auslandes genoss, anerkannt, behielten sich jedoch bei eintretenden Zwischenfällen für jeden einzelnen Fall ihre Willens-
meinung vor. In dieser Weise betheiligten sie sich am dänischen Kriege von 1362—1370, zunächst nur durch Geldbeiträge,
seit 1368 durch Mannschaft und Schiffe. Nach dem Frieden
von 1370 nahmen sie auch durch eine gemeinsame Vertretung
an den Tagfahrten der Hansa theil. Danzig spielte hierbei anfänglich keine hervorragende Rolle, da es den ältern preussischen
Städten den Vorrang liess, aber es konnte nicht ausbleiben,
dass seine durch die günstige Lage an der Mündung der Weichsel
sich bald steigernde Wohlhabenheit und die durch äussern Zufluss

bedeutend anwachsende Einwohnerzahl von Einfluss wurde, was sich zunächst in der Stellung eines grössern Kontingents an Mannschaft ausdrückt. Noch vor dem Ablauf des 14. Jahrhunderts wird Danzig auf 124, Thorn auf 96, Elbing auf 80, Königsberg auf 30, Braunsberg auf 20 Mann veranschlagt. 1395 stellt Danzig in hanseatischem Interesse den Rathmann Hermann von Lange als Hauptmann der Besatzung des verpfändeten Stockholm. Von den Erträgen des Pfundzolls liefert Danzig i. J. 1390 550, Thorn 165, Elbing 42^1/$_2$, Königsberg 50, Braunsberg 2 Mark und 2 Skot. Kulm ist hier schon ganz ausgeschieden. Obgleich Danzig durch das Jahr 1410 und dessen Folgen mehr wie jede andere Stadt betroffen wurde und auch sein Handel sich minderte, ist letzteres doch immer noch weniger der Fall als bei den andern Städten. Selbst Thorn und Elbing sinken herab. Danzig hat in dieser Zeit die alleinige Vertretung bei der Hansa und trägt die Hälfte der Kosten für dieselbe. Seine Handelsflotten werden durch Kriegsschiffe geleitet. Es erlangt selbst den grössten Einfluss bei den auswärtigen Beziehungen der Hansa. In Seesachen übt es eine obergerichtliche Stellung dem ganzen Ordenslande gegenüber aus. I. J. 1422 legt es infolge von Konflikten auf die Niederlassungen der Engländer in der Stadt Beschlag und zwingt nach fünfjähriger Durchführung derselben die englische Regierung zum Ausgleich. Gegen Ende der Ordensherrschaft hat Danzig seinen Handelsverkehr gegen die Zeit Konrads von Jungingen, also zur Zeit der höchsten Blüthe des Ordens, um das doppelte und gegen die Zeit Michael Kuchenmeisters, der Zeit des tiefsten Verfalls, um das fünffache vermehrt. In dieser Zeit erhält die Stadt auch den Vorrang vor den andern Städten in den Handelsbeziehungen zu Polen und bemächtigt sich des Stapelrechts, wonach alle aus Polen und Littauen kommende Waaren nur an Danziger Bürger, nicht an auswärtige Gäste — wie man sie nannte — verkauft werden durften. Ueberseeische Waaren durften von Polen und Littauen nur in Danzig gekauft werden. In Kowno unterhielt die Stadt ein besonderes Kontor für den Handel mit Littauen und Russland [1]).

---

[1]) Das Vorstehende nach Hirsch, Handelsgesch. S. 38 ff.

Danzig wurde unter diesen Umständen denn auch das Haupt und die geistig und materiell bewegende Kraft des Bundes[1]). Es verhehlte seine Verachtung der tief herabgekommenen Ordensherrschaft so wenig, dass es schon i. J. 1439 einen seiner reichsten Bürger, Hildebrand Tannenberg, aus dem Rathe stiess, weil er dem Orden anhing.

Viele Umstände trafen zusammen, welche die Autorität der Ordensherrschaft untergruben. Im wesentlichen war es die allgemeine Versumpfung des Ritterthums, die allenthalben, speciell aber in Preussen nach der Schlacht von Tannenberg, zu Tage trat. Die unfähige Regierung des Hochmeisters Paul von Russdorf (1422—1441) that das Uebrige. Der Frieden von Brzezc 1435 mit Polen hatte den Deutschmeister Konrad von Saunsheim mit dem Hochmeister verfeindet, da er sich mit den schwächlichen Bedingungen desselben nicht einverstanden erklären konnte. Auch der Heermeister von Livland kündigte dem Hochmeister den Gehorsam. Bei den Ordensbrüdern hatten die Bevorzugungen der Oberdeutschen eine tiefe Kluft zwischen diesen und den Rheinländern hervorgerufen, die das Zerwürfniss der hohen Würdenträger noch unheilvoller gestalteten, indem die Parteinahme für diesen oder jenen von ihnen bis in die untersten Schichten drang. Die Folge waren heftige Streitigkeiten der Ordensbrüder unter sich und offene Rebellion derselben gegen den Hochmeister. Der Hochmeister hätte in der Landesritterschaft eine Stütze gegen die Ordensritter finden können, wenn er die Energie besessen hätte, sich ihrer zu bedienen. Aber er schwankte von der einen Partei zur andern und war durch die Haltung des Deutschmeisters eingeschüchtert. Dabei gerirten sich die Ordensbrüder selbst dem Lande gegenüber als Herren, die über dem Gesetz standen und erlaubten sich die grössten Ausschweifungen.

---

[1]) Caro, Geschichte von Polen V 1, 14. Doch gilt dies nur für die Dauer des Krieges, nachdem die Würfel einmal gefallen waren. Vor Ausbruch desselben war es nahe daran aus dem Bunde auszutreten (Töppen, Acta 3, 710) und war namentlich dagegen, dass die Sache aus dem Lande getragen, d. h. auf den Rechtsspruch des Kaisers appellirt wurde. Simson giebt über den Standpunkt Danzigs die bündigsten Aufschlüsse. Danzig im 13jährigen Kriege S. 15.

Die gänzliche Verarmung des Ordens nach der Schlacht von Tannenberg und durch die folgenden polnischen Kriege veranlassten den Hochmeister zu den drückendsten Massregeln gegen das Land. Er nahm den Pfundzoll für sich allein in Anspruch, schädigte den Handel der grössern Städte, indem er selbst Grosshandel trieb und seinen Scheffern alle möglichen Bevorzugungen gewährte, sich durch Ausfuhrverbote nicht gebunden erachtete, Zölle und Steuern auf das Land legte, bei Insolvenzerklärungen allen andern Gläubigern gegenüber bevorzugt sein wollte. Er verweigerte das von seinen Vorgängern zugestandene Landgericht.

Die Städte sahen sich schliesslich in die Nothwendigkeit versetzt, dem Treiben des Hochmeisters gegenüber Stellung zu nehmen und verpflichteten sich im Einverständniss mit der Ritterschaft des Kulmerlandes, die im Grunde den Antrieb dazu gab, am 13. März 1440 zu Marienwerder die verbrieften Rechte aller Unterthanen dem Hochmeister gegenüber zu schützen.

Weitere Folgen hatte dieser Schritt zunächst nicht, da Paul von Russdorf bald starb und sein Nachfolger, Konrad von Erlichshausen, durch weise Mässigung die Klagen verstummen machte. Es gelang ihm jedoch nicht, den Bund aufzulösen. Unter seinem hochfahrenden und charakterlosen Neffen und Nachfolger, Ludwig von Erlichshausen, (seit 1450) entfesselten sich aber wieder alle bösen Instinkte der Ordensbrüder und trieben die gesammte Ritterschaft des Landes, zum Theil auch die Geistlichkeit, in das Lager der Städte, bei denen schliesslich doch die Entscheidung liegen musste. Der Hochmeister vermass sich die kleinen Städte mit Gewalt zum Austritt aus dem Bunde zu bewegen.

Es liegt nicht in den Grenzen unserer Aufgabe, auf die allmähliche Verschlingung der Verhältnisse näher einzugehen, die schliesslich zum offenen Bruch führten und den Bund in die Arme Polens trieben[1]). Von dieser Seite ist jedenfalls nichts ge-

---

[1]) Der Kaiser Friedrich hatte am 5. December 1453 die Anerkennung des Bundes abgelehnt, nachdem er bereits am 18. Juli eine Urkunde darüber ausgestellt hatte, dass die Behauptung des Bundes, er sei vom Kaiser anerkannt, zur Ungebühr sei. Die Stimmung in Deutschland war ganz allgemein

schehen, den Zwiespalt zu schüren, im Gegentheil ist Polen durch den Antrag des Bundes in Verlegenheit gesetzt worden und hat sich ziemlich spät entschlossen, die Schutzherrschaft über Preussen zu übernehmen. Die Unterhandlungen hatten schon 1453 begonnen, wo der Bund eine Gesandtschaft auf den Reichstag von Parczow sendete. Doch erst Anfang 1454 stand der Entschluss fest, sich an Polen anzuschliessen[1]). Am 4. Februar 1454 erfolgte die Absage des Landes an den Hochmeister, und schon am 7. fiel die Burg von Thorn nach mehrtägiger Beschiessung in die Hände der Stadt, am 11. erfolgte die Uebergabe des Schlosses von Danzig, so dass der Bund am 15. Februar dem Könige von Dänemark und den wendischen Städten die Anzeige machen konnte, dass er sich von der Herrschaft des Ordens frei gemacht habe. Die Absage Polens an den Hochmeister erfolgte am 22. Februar, und am 6. März erliess der König die Inkorporationsurkunde Preussens. König Kasimir IV hob darin alle die Lasten auf, über welche der Bund Klage geführt hatte. Das Land sollte nicht Polen einverleibt werden, sondern seine eigene Verwaltung behalten, die Aemter durch Eingeborne besetzt werden. Es sollte an der Wahl des Königs theilnehmen. Den Städten Thorn und Danzig wurde das Münzrecht bewilligt, Königsberg und Elbing sollten es während der Dauer des Krieges ausüben.

---

für den Orden. Danzig, das sich um ein Anlehen von 100000 Mark bewarb, fand selbst bei der Schwesterstadt Lübeck kein Gehör. Hier konnte der Bund daher auf keine Stütze rechnen.

[1]) Danzig hatte sich sehr schwer zum Abfall vom Orden und namentlich zum Anschluss an Polen entschlossen. Noch als dieser Entschluss im engern Rath des Bundes gefasst wurde, erhoben die Danziger Mitglieder desselben Protest dagegen. In der Gesandtschaft, welche am 19. Januar 1454 zu Sandomir dem Könige Kasimir das Anerbieten machte, sich Polen zu unterwerfen, wenn er das Land gegen den Orden schützen wolle, war Danzig nicht vertreten. Nur gegen Bewilligung ausserordentlicher Freiheiten war Danzig gewillt sich Polen anzuschliessen. Offenbar wollte es sich, wie aus einzelnen Andeutungen hervorgeht, die Stellung einer freien Reichsstadt mit ansehnlicher Erweiterung ihres Gebietes sichern. Dahin scheint die Instruktion gelautet zu haben, welche die Danziger Abgesandten erhielten, die sich zu dem am 2. Februar 1454 eröffneten Reichstag nach Krakau begaben, um auf Anweisung des Königs ihr Anliegen vorzubringen.

Darauf leisteten die preussischen Gesandten noch am nämlichen Tage die Huldigung. Die preussischen Bischöfe entschlossen sich erst später dazu.

Johann von Baysen wurde am 5. März zum Gubernator erwählt und das Land in 4 Woiewodschaften Königsberg, Elbing, Danzig und Thorn eingetheilt.

Es hätte noch gefehlt, dass auch die Neumark dem Beispiele der preussischen Stände gefolgt wäre. An Anreizungen polnischerseits hat es dazu nicht gefehlt. Zum Glück ging Kurfürst Friedrich von Brandenburg auf das Auerbieten des Hochmeisters ein, das Land für 20000 Mark in Pfandbesitz zu nehmen. Es geschah zu derselben Zeit, wo Polen dem Orden absagte.

III. Danzig unter der Schutzherrschaft Polens von 1454—1793.

Der doppelte Gesichtspunkt, den wir vor Augen haben, erfordert es, die Festungswerke von Danzig und Weichselmünde der verschiedenen Perioden in ihrer Entwickelung zu beschreiben und daran die Schicksale beider Festungen zu knüpfen. Wir haben das zunächst an dem Kriege zu beobachten, der die Stadt aus dem Verbande des deutschen Ordens löste.

A. Danzig im 13jährigen Bundeskriege 1454—1466.

I. Die Befestigung Danzigs während des Krieges.

Was zunächst die Festungswerke betrifft, so wird es sich natürlich nur um die Befestigung der Vor- und Altstadt handeln, da wir die Befestigung der Rechtstadt bereits kennen gelernt haben[1]). Wie oben erwähnt wurde, war die Nord- und Westseite der Altstadt bereits bei der Ankunft der Hussiten

---

[1]) Es ist eine eigne Auffassung, wenn Th. Hirsch in der Einleitung zur ersten Ausgabe von Caspar Weinreich S. XX sagt, dass die Befestigungen Danzigs bis zum Jahr 1466 nicht einmal die Rechtstadt vollständig umfassten und dass die Ummauerung der Rechtstadt erst nach dieser Zeit vollendet wurde. Die Ummauerung war vollständig ausgeführt. Was Weinreich an Festungsbauten der Rechtstadt erwähnt, bezieht sich nur auf eine theilweise Erneuerung der Stadtmauer, auf die Anlage des Fischerthors und eines äussern Thors am Hausthor, sowie auf die Mauerbekleidung des Grabens der

1433 mit einem Graben und einer Palisadirung versehen. Wenn der Gesandte Danzigs in Lübeck. Marquardt Knake, unterm 8. und 23. Mai und 8. Juni 1454 schreibt, dass die Altstadt an beiden Enden offen sei, so liegt darin, dass jene Befestigung noch vorhanden war, aber der Anschluss derselben im Süden an die Rechtstadt und im Norden an die erhaltene Mauer der Vorburg des Schlosses fehlte[1]).

So lange die Altstadt und das Hakelwerk noch selbständig waren, konnte ein allgemeiner Plan zur Befestigung derselben nicht festgestellt werden. Das grosse Privilegium des Königs für Danzig d. d. Elbing 1454, 14. Juni[2]) sprach die Einverleibung beider in die Rechtstadt aus, so dass diese sich nunmehr ernstlich mit der Befestigung beider beschäftigen konnte. Der Gubernator, an den sie sich in dieser Angelegenheit auf den Rath Knake's gewendet hatte, schrieb ihr unterm 29. Juni, dass sie sich in dieser Angelegenheit an die eignen Söldnerhauptleute wenden möchte, „die ihr schon wissen lassen werden wie die Stadt sich zu verwahren habe mit pastiden, graben, brücken aufzubuwende und derley nach Irer und andrer Erkenntniss"[3]). Die Abgesandten der Stadt im Hauptquartier des Königs, Hermann Stargardt und Einwald Wrige, machten aus dem Lager vor Lessen unterm 20. December auch auf die Befestigung der Speicherinsel aufmerksam und dass man die Weichsel bis zum Ganskruge aufeise[4]). Das Gerücht verbreitete sich da-

Südfront. Die Mottlauseite, welche allerdings noch kurz vor Ausbruch des 13 jährigen Krieges an einigen Stellen offen lag, ist jedenfalls noch vorher ausgebaut worden. Vgl. oben S. 48 Note 1.

[1]) In dem Schreiben vom 23. Mai (SS. rer. Pruss. 4, 640) heisst es: „Darumme were myn raad, dat gi spreken mit dem gubernator unde dem rate des landes, wo men id holden solde mit der oldenstat, de open steit to beiden enden, als gi wol weten, wente dat God vorhooden mote, dat dar j menichte van volke to perde in de olde stat queme, gi soldent in der rechtenstat to quat hebben." In dem Schreiben vom 8. Mai (ebd. S. 638) ist es hauptsächlich der Umstand, dass die Altstadt unabhängig von der Rechtstadt war, der seine Besorgniss erregt, weil sie in ihrer Wachsamkeit nicht zu kontrolliren war. Infolge dessen betrieb die Rechtstadt die Einverleibung der Altstadt und setzte sie beim Könige von Polen auch durch.

[2]) Schütz, Hist. Prutenorum Ausg. 1599 S. 203.

[3]) Archiv Schbl. 48 No. 22.

[4]) Ebd. Schbl. 75 No. 240.

mals, dass der Hochmeister etwas gegen Danzig plane. Nachdem diese Gefahr, auf welche ich noch zurückkomme, glücklich
vorüber gegangen war, legen die Abgesandten wieder die Befestigung der Altstadt dem Rath ans Herz. Sie schreiben unterm 29. Juli 1455 „so schnell wie möglich den Graben an der
Altstadt zu vollenden und lasst das Thor bei S. Elisabeth zumachen" [1]), dann am 8. August „und auch das die aldestat vol-
lend zu befestigen keme" [2]). Es geht aus diesen Briefen hervor, dass ernstlich an der Befestigung der Altstadt gearbeitet
wurde, doch weder Chroniken noch Briefe sagen uns, was darin
geschehen sei. Wir können das nur aus den spätern Fortsetzungen der Bauten ersehen, und daraus ergiebt sich, dass die
Leistungen ganz bedeutend gewesen sind. An eine Umziehung
mit Mauern konnte man bei der bedeutenden Ausdehnung der
betreffenden Linien zunächst nicht denken. Es handelte sich
nur um Gräben, Brustwehren und Planken (Palisadirungen),
aber diese nahmen bereits denselben Umriss (Tracée) an, den
die am Ende des 15. Jahrhunderts ausgeführte Mauerbefestigung innehielt, wie sie auf Plan VIII dargestellt ist. Da dieser
Punkt auf die kolossalen Arbeiten, welche die Stadt in den
ersten Jahren des Bundeskrieges ausgeführt hat, ein helles Licht
wirft, ist es erforderlich, obige Behauptung näher zu begründen.

I. J. 1433 hatte der Hochmeister Paul von Russdorf bereits einen Anschluss der Plankenbefestigung der Altstadt, wie
er sie auf Veranlassung der Rechtstadt beim Anmarsch der
Hussiten anordnete [3]), mit der Mauer der Rechtstadt ins Auge
gefasst und letzterer aufgegeben, einen „Zaun [4]) über der Stadt
Freiheit", d. i. über den heutigen Kohlenmarkt, wahrscheinlich
an der Grenze desselben mit dem Holzmarkt, der zur Altstadt
gehörte, aufzuführen, hatte ihr aber freigestellt, ihn wieder abzubrechen, wenn die Gefahr vorüber wäre [5]). Dies scheint nach

[1]) Bornbach S. 587.
[2]) Schbl. 75 No. 243.
[3]) Vgl. Hirsch, Handelsgesch. 12.
[4] Unter Zaun (Palisadirung) ist nicht bloss die Palisadirung, sondern
auch der davor ausgehobene Graben und die Brustwehr, die daraus gebildet
wird, auf welcher die Palisaden (Planken) aufgesetzt wurden, zu verstehen.
[5]) Archiv. Schbl. 19 N. 123 d. d. Marienburg, Donnerstag v. S. Barth.

obigen Aeusserungen Marquardt Knake's auch erfolgt zu sein.
Dass dieser Zaun und der daran angrenzende Theil der Umzäunung der Altstadt bei Ausbruch des Bundeskrieges wieder
hergestellt worden ist, ersieht man daraus, dass in demselben
ein Thor, das Gertrudenthor, später Holzthor genannt, entstand, welches aus der Altstadt nach dem Hospital Gertrud
führte, wo die Altstädter mehrere Mühlen an der Radaune besassen[1]). Der Zaun hat jedenfalls dieselbe Richtung wie die
hier später angelegte Mauer vom Gertrudenthor nach dem heiligen Geistthor der Rechtstadt gehabt. Vom Gertrudenthor
ging er dann in derselben Richtung hinter der Silberhütte (siehe
Pl. Taf. VIII) bei Kandelern[2]) fort bis zu dem Punkt, wo der
Zaun der Westseite der Altstadt ihn traf, d. i. da, wo die
Radaune heut in das Bastion Elisabeth fliesst. Zwischen diesem Punkt und dem heiligen Leichnamsthor lag damals noch
das Elisabeththor, das erst beim Bau der Mauerbefestigung
der Altstadt eingegangen ist. Das heilige Leichnamsthor,
welches seinen Namen vom heiligen Leichnamshospital hat, das
wie noch heut am Fusse des Hagelsberges lag und durch die
neue Befestigung von der Altstadt abgeschnitten wurde, lag in
der Kehle des heutigen Bastions heiliger Leichnam am Ausgange der Pfeffergasse und war das Thor „nach Oliva wärts“.
Durch die neue Befestigung wurde ferner das Jakobsthor,
jenseits des Hospitals gleichen Namens, erforderlich. Es bildete den Ausgang vom Schüsseldamm[3]), in dessen Verlängerung es lag. Der Zaun zwischen den letzten beiden Thoren war

(20. Aug.) 1433. Der Schlusspassus heisst: „den zaun ober der stad freiheit
bis an die oldestat werde machen lassen, der soll unschädlich an irer Freiheit sein und wenn der oben berürte Rat erkennet, dass man desselben zauns
nicht mehr wird bedürfen, so sollen und mögen sie den wieder abbrechen.“

[1]) Vgl. Hirsch, Handelsg. S. 14.

[2]) Der Ausdruck „hinter der Silberhütte“ und „bei Kandelern“ scheint
dasselbe zu bedeuten. Martin Kandeler wird in den ersten Jahren des Bundeskrieges als Rathmann der Altstadt erwähnt (vgl. SS. rer. Pruss. 4, 628.
639) und scheint Vorstand der Silberhütte gewesen zu sein oder doch hier
ein Grundstück besessen zu haben.

[3]) In der neuen Sprengeleintheilung v. J. 1456 heisst es von der Kapelle
St. Bartholomei, dass dazu gehört der ganze Schüsseldamm (früher der neue
Damm genannt) bey dem Flusse Mühlwasser hinab, bis an das (Jacobs-) Thor.

gradlinig und ging in derselben Richtung noch eine Strecke fort, bis er auf die Verlängerung des Rambauschen Dammes traf, der den Anschluss der Befestigung der Altstadt mit der Vorburg des zerstörten Ordensschlosses bildete[1]). Der Rambau bestand, wie ich oben gezeigt habe, schon in der Ordenszeit als Damm. Er hörte an der Radaune auf und wurde, wie es scheint in den ersten Jahren des Bundeskrieges[2]), unter dem Namen „neuer Wall"[3]) genau in derselben Richtung fortgesetzt. Er bildete bei seinem Zusammentreffen mit dem Zaun der Altstadt, der ebenfalls einen Wall mit Graben vorstellte, einen stumpfen Winkel hinter, d. h. nach damaligen Sprachgebrauch jenseits des Hospitals St. Jakob. Der Rambau wie der neue Wall waren ebenfalls mit einem breiten Graben versehen[4]). Alle diese Linien sind geometrisch festzulegen, da das Jakobs- wie das heilige Leichnamsthor, später aus Stein gebaut, noch Jahrhunderte bestanden haben, selbst nachdem sie von den heutigen Bastionen umgeben waren. Sie können auch zur Zeit des Bundeskrieges, wo sie entstanden sind, keinen andern Platz eingenommen haben. Die Lage des Rambaus ist in der Rambauschen Gasse noch heut ersichtlich. Ausserdem wird er im 16. Jahrhundert, wie wir noch sehen werden, als Theil der Befestigung genannt und in Zeichnungen des städtischen Archivs als solcher wiedergegeben. Er bildete mit dem Thurm der Vor-

[1]) Vgl. Plan Taf. VIII.

[2]) In der neuen Sprengeleintheilung v. J. 1456 muss er schon vorhanden gewesen sein, denn es heisst hier in Bezug auf den Sprengel der Katharinenkirche: „die ganze Gegend bei dem Stadtgraben her von St. Elisabethgassen an bis an das alte Schloss".

[3]) Der Ausdruck „neuer Wall" findet sich zuerst bei Caspar Weinreich zum Jahre 1495 (SS. rer. Pruss. 4, 797). Im 16. Jahrhundert wird er einfach Wall genannt und bildete mit dem Thurm hinter St. Jakob-Hospital einen besondern „Stand", d. h. er hatte bei Besetzung der Befestigung seinen eignen Befehlshaber. Hierbei ist ausgesprochen, dass er bis zur Radaune ging. Nach einer Zeichnung des städtischen Archivs v. J. 1601 ist seine Eskarpe mit Mauerwerk bekleidet, die des Rambaues dagegen nicht.

[4]) Die Radaune, welche zwischen beiden Wällen durchfloss, war im 16. Jahrhundert durch ein Blockhaus geschützt (Siehe Plan Taf. VIII), zu dessen Besatzung ein eigner Stand abgetheilt war. Es ist wohl anzunehmen, dass dies schon während des Bundeskrieges der Fall war.

burg am Emmerbacher Graben einen besondern „Stand“ bei Besetzung der Wälle. Der für die Festlegung des Umrisses sehr wichtige ausspringende Winkel im Südwesten der Altstadt wird durch den hier 1483 angelegten Kandelersthurm bestimmt, der heut noch im Bastion Elisabeth eingeschlossen, aber zugänglich ist. Er liegt hart am heutigen Einfluss der Radaune.

Die neue Umzäunung der Altstadt im Norden unterscheidet sich dadurch von der frühern, die den faulen Graben (heutige Gasse gleichen Namens) vor sich hatte, dass sie im Mittel um 25 Ruthen vorgerückt wurde und dadurch der Altstadt ein bedeutendes Terrain zuführte, welches der Ansiedlung der Jungstädter nach Zerstörung ihrer Stadt sehr zustatten kam. Das St. Jakobshospital, das früher ausserhalb der Befestigung lag und deshalb von den Hussiten zerstört wurde, lag jetzt innerhalb derselben [1]).

Wir dürfen uns das Profil dieses Umzuges nicht zu gering vorstellen, wozu der Ausdruck Zaun verleiten könnte. Der Graben, der wiederholentlich als Stadtgraben bezeichnet wird, muss nothwendig ein wirkliches Hinderniss, daher breit und tief, gewesen sein. Daraus entspringt wiederum, dass der Wall, der aus der Erde des Grabens gebildet war, nicht unbedeutend gewesen sein kann. Die Palisadirung (die Planken) befand sich an der äussern Krete. Wie es scheint, war der Graben mit Wasser gefüllt. Die bedeutende Ausdehnung des Walles von 400 Ruthen von der Vorburg des alten Schlosses bis zum heiligen Geistthor der Rechtstadt setzt einen bedeutenden Aufwand von Arbeit voraus, der durch Scharwerk der Bürger, wie dies nachweislich noch im 16. Jahrhundert geschah, bestritten wurde. I. J. 1461 war man soweit vorgeschritten, dass man an eine stärkere Befestigung der Thore gehen konnte. Vor dem

---

[1]) Dies drückt sich auch in den Urkunden aus. In einer deutschen Verschreibung vom 2. December 1437 wird das Hospital mit „buten der Stadt gelegen“ bezeichnet. In einem Indulgenzbriefe vom 20. December 1470 heisst es dagegen von ihm „intra muros oppidi Danzk“. (Praetorius, das evangelische Danzig, Hdschr. der Stadtbibliothek von Danzig. S. 684). Beiläufig sei bemerkt, dass auch die Jungstadt ein Jakobs-Hospital besass, das aber am Strande lag (super litus maris in novo oppido Danzki fondata). Indulgenzbrief des Bischofs von Leslau vom 24. November 1450 ebd.

Jakobsthor wurde eine Bastei gebaut, d. h. ein rundes Werk von Holz und Erde zur Deckung des Thors und zum Schutz der Strasse Schüsseldamm gegen Enfilade. Hinter dem Elisabeth-Hospital wurde ein Thurm, später der Mittelthurm genannt, erbaut, der jedoch erst nach dem Kriege beendet wurde. Das Gertrudenthor wurde mit einem Thurm versehen[1]). Das Thor zum heiligen Leichnam wurde wahrscheinlich in den folgenden Jahren in Stein ausgebaut; es war wenigstens 1487 vorhanden, und da Caspar Weinrich den Bau desselben nicht erwähnt, muss es vor dessen Zeit ausgeführt worden sein. Das St. Jakobsthor wurde nach ihm erst 1482 in Stein ausgebaut.

Auch der Wall der Vorstadt war während des Bundeskriegs in der Ausdehnung der spätern Mauerumfassung, wie sie sich im Pl. Taf. VIII darstellt, bereits vorhanden. Es ergiebt sich das daraus, dass die Mauer nach Melmann 1475 an dem Walle erbaut wurde[2]). Da die Vorstadt zur Rechtstadt gehörte, ist es wahrscheinlich, dass der Wall schon bei Ausbruch des Krieges vorhanden war. Dafür spricht auch, dass weder Marquardt Knake noch Stargardt in obigen Briefen irgend welche Besorgnisse wegen der Vorstadt äussern. Diese hatte zwei Thore, das Karrmacher- oder Karrenthor am Ausgange des vorstädtischen Grabens d. h. der Strasse, die längs dem

---

[1]) In einem Rechnungsbuche v. J. 1461 des Stadtarchivs heisst es: „Anno LXI. So haben wir Görgen Hermann und Martin Kander empfangen pp. (folgen die einzelnen Posten). Sa in allem empfangen IVC Mrk XIX Mrk und 5 sh. an (ohne) die XXX Mrk dy H. Falke empfangen hat. Anno XLI ausgegeben geringen Geldes: den Grandgräbern VI Mrk und 8 sh. vor Bastei bei Sente Jakob. Den Zimmerleuten gegeben XI Mrk bym nyethor (das neue Thor der Vorstadt). Dem Maurer gegeben vom thorme hynder sente elzabeth und von dem thorme und grund by sente Gertruden thore by kandelern". Hoburg S. 14. Leider giebt er nicht die Nummer des Aktenstücks an, so dass ich es vergeblich gesucht habe.

[2]) Chronik des Danziger Archivs LL 9 No. 5. In diesem Jahre 75 wardt zu Dantzig die mauer umb die vorstadt an dem walle angehoben und im andern Jahr vollendet. Summarische Chronik, ebenda: 1475 da ward die mauer angehoben an dem walle auf der vorstadt vor Dantzke. Hirsch zur 1. Ausgabe von Caspar Weinreich's Danziger Chronik, Berlin 1855 S. 17. Wie ich später zeigen werde, ist C. W. nicht der Vf. des ihm v. Hirsch zugeschriebenen Werkes, doch kann ich mich nur auf das uns im Druck vorliegende Werk unter diesem Namen berufen.

Graben hinlief, und das neue Thor am Ausgange der heutigen Fleischergasse, damals Wolfshagen genannt. Wie wir aus S. 78 Note 1 erfahren, waren an letzterem Thor i. J. 1461 Zimmerleute beschäftigt. Wir erfahren dann durch Schütz, dass i. J. 1465 bei einem heftigen Gewitter und grossen Sturm das „ganze Gebewde am newen Thor zu Dantzig, so von Holtz und steinen befestigt war", eingefallen ist und viel Schaden angerichtet hat[1]. Das Karrenthor wurde i. J. 1462 in Stein ausgebaut und ist im heutigen Bastion Karren noch zu erkennen. Da es von derselben Konstruktion ist, als das heilige Leichnams- und Jakobsthor, komme ich bei diesen darauf zurück.

Was die Speicherinsel betrifft, auf deren Befestigung Stargardt in obigem Schreiben dringt, so ist nur bekannt, dass an dem Zugange derselben, nach dem Werder, dem heutigen Milchkannenthor ein kleiner alter Thurm steht, dessen Erbauung möglicherweise in diese Zeit fällt. Am Ende der Vorstadt Langgarten befand sich das Werderthor, dessen Bastei bei dem grossen Sturm i. J. 1465, der das neue Thor umwarf, von dem Wasser der ausgebrochenen Weichsel niedergeworfen wurde[2]. Die Bastei stand wahrscheinlich vor dem Thor, das in Holz ausgebaut war. Die Existenz des Thors setzt voraus, dass der ganze Langgarten mit Wall und Graben versehen war.

Die Rechtstadt erhielt im Bundeskriege eine werthvolle Verstärkung durch den Fischthurm oder, wie er gegenwärtig genannt wird, den Schwanthurm. Er tritt ganz aus dem System der mittelalterlichen Befestigung heraus, da er ausserhalb der Stadtenceinte steht und Zwecke verfolgt, die nur durch Geschütze zu erreichen waren. Wie ich oben dargestellt habe, ist er wahrscheinlich auf dem Grunde des Fischthurms erbaut worden, der zur Ordenszeit hier stand und zur Burg gehörte. Dass er in seiner heutigen Gestalt aber zur Stadtbefestigung

---

[1] Schütz, Historia S. 322.

[2] Johann Lindau, Gesch. des 13jährigen Krieges. SS. rer. Pruss 4, 627: „das Wasser ging über den Weichseldamm, das der tham ausbrach an dreien oder vier enden .... und warf die pastei im Werderschen Thore nieder". Wie weit die Vorstadt Langgarten damals reichte, lässt sich schwer bestimmen. Jedenfalls lag das damalige Werderthor nicht an der Stelle des heutigen am Ausgange der Vorstadt Kneipab.

gehört haben muss, ist einleuchtend, da er seine abgeflachte, nur zwei Fuss starke Kehlmauer der Stadt zuwendet und seine Scharten auf die alte Schlossstätte, die Mottlau und die jenseits derselben gelegene Schefferei zugewendet sind. Der Thurm hat 30 Fuss im Durchmesser und ist 48 Fuss hoch. Die Mauer ist 8 Fuss stark. Er hat drei Geschosse mit Geschützscharten von 8 Fuss Höhe im Lichten und eine vierte für Kleingewehr, ist aber durchweg ohne Gewölbe. Das Erdgeschoss hat 4, das zweite 3, das dritte 5 Schlitzscharten, das obere 15. Die Scharten für Geschütz haben $3^1/_2$ Mauerstärke und Nischen von $4^1/_2$ Fuss Tiefe. Die Kniehöhe der Scharten beträgt $2^1/_4$ Fuss.

Eine weitere Verstärkung der Rechtstadt bestand in der Anlage eines äusseren Thors vor dem hohen Thor, indem, wie ich oben gezeigt habe, bei Ausbruch des Bundeskrieges vor dem Stockthurm jenseits des äussern Grabens noch ein Thurm, die heutige Peinkammer, erbaut wurde.

II. Die personellen Verhältnisse.

Wir haben noch die personellen Verhältnisse ins Auge zu fassen.

Schon zur Zeit der Ordensherrschaft wurden die Kontingente, welche Danzig zum Ordensheere stellte, nicht von Ordensrittern der Komthurei Danzig, sondern von den Bürgermeistern und Rathmannen der Stadt geführt. Die Stadt ging daher in militairischer Beziehung nicht unvorbereitet in den neuen Zustand der polnischen Schutzherrschaft über, der ihr eine ungleich selbständigere Stellung einbrachte. Der König von Polen hat nie Anspruch erhoben, einen Einfluss auf die Besetzung der Stellen in den städtischen Heeren auszuüben. Nur den Gubernator und die vier Woiewoden ernannte er und erwählte aus den ihm jährlich vom Rath der Städte vorgeschlagenen 8 Rathmannen einen zum Burggrafen der betreffenden Stadt, welcher die oberste Gerichtsbarkeit in seinem Namen ausübte. Befehlshaber über die städtischen Truppen waren daher auch zu dieser Zeit Bürgermeister und Rathmannen der Stadt. Auch die Söldnerhauptleute standen unter ihrem Befehl. Es wird daher erforderlich, einige Worte über die Mitglieder des Stadtregiments zu sagen. Dieselben bestanden aus den Bürgermeistern, den

Rathmannen, den Schulzen und den Schöppen der Stadt. Die jährliche Liste dieser Mitglieder ist seit dem Jahre 1343 noch vorhanden und auch einzelne Statuten und Verordnungen selbst aus der Ordenszeit finden sich vor, leider keine, welche auf das Heerwesen Bezug haben [1]).

Das Stadtregiment bestand aus zwei Kollegien, dem Rath und den Schöppen. Der Rath, die oberste verwaltende und richtende Behörde, zerfiel in zwei Abtheilungen, in den sitzenden und den gemeinen Rath. Ersterer bestand aus dem Bürgermeister nebst seinem Kumpan und aus 10 Rathmannen. Der Bürgermeister wurde alljährlich am 22. Februar gewählt und hatte seinerseits die Wahl der beiden Regierungskollegien allein in den Händen [2]). Nach Ablauf seiner Regierungszeit wurde er gewöhnlich durch den Kumpan ersetzt. Sie führten beide den Titel Proconsuln. Als Kumpan des neuen Bürgermeisters wird für gewöhnlich der vor zwei Jahren ausgeschiedene Bürgermeister ernannt, und auch die Rathmannen, von denen 3 bis 4 jährlich ausschieden, werden durch gewesene Rathmannen oder Schöppen ersetzt, so dass das Regiment nur innerhalb einer gewissen Anzahl von Familien blieb. Die Besetzung der niedern Aemter und Lehne ging aus der Gesammtheit des Kollegiums hervor. Die höheren Aemter, sowie die Gesandten (Sendeboten) und Hauptleute, wurden ausschliesslich von einzelnen oder mehreren Rathmannen eingenommen. I. J. 1422 sind z. B. zwei Rathmannen Kämmerer, zwei Bauherren, zwei Kirchenväter, zwei Pfahlherren (Verwalter der Pfahlkammer d. h. der Einnahmen der Hafengelder). Einzelne sind auch den zunftmässigen Gewerben als Beisitzer zugetheilt. Die Besoldung erfolgte durch „Präsente".

Der gemeine Rath bestand aus den dermaligen und

---

[1]) Wenigstens hat Hirsch, dem ich hier im allgemeinen folge (SS. rer. Pruss. 4, 301 ff.), keine beigebracht. Einzelne Specialverordnungen habe ich in dem Werke „die Entwickelung des Kriegswesens und der Kriegführung in der Ritterzeit" Bd. II, 669 ff. mitgetheilt.

[2]) Während der Ordensherrschaft fand 8 Tage vor der Rathswahl eine Vorwahl in Gegenwart des Komthurs oder Hauskomthurs statt, so dass alle Kandidaten, welche der Ordensregierung nicht genehm waren, ausgeschlossen wurden.

sämmtlichen frühern Mitgliedern des sitzenden Raths unter dem Vorsitz der derzeitigen und gewesenen Bürgermeister. Der Geschäftskreis des gemeinen Raths war ein sehr beschränkter und betraf die wichtigeren politischen und legislatorischen Fragen. Doch änderte sich das später, um einer grössern Zahl des Patriziats Einfluss auf die Stadtregierung zu verschaffen. Bei Ausbruch des Bundeskrieges wurden die Gesandten, Admirale der Flotte und die Hauptleute der Bürgerrotten, sowie die Verwalter der eroberten oder als Pfand übergebenen Landschaften ohne Unterschied den Bürgermeistern und Rathmannen beider Kollegien zugetheilt. Die Stadtämter verblieben den Mitgliedern des sitzenden Raths.

Aufstände der Handwerker, um sich Einfluss und Theilnahme am Rath zu verschaffen, sind wiederholentlich niedergeschlagen worden. Bei den grossen Opfern, welche der Bundeskrieg forderte, sind jedoch auch Schöppen, Vorstände der Artusbrüderschaften der Kaufleute und selbst die Zünfte bei wichtigern Ereignissen zu Rathe gezogen und zu selbständigen Erklärungen aufgefordert worden. Doch liegt darin nur ein scheinbarer Einfluss. Auch der Aufstand Martin Kogge's 1456 hat den Handwerkern nur einen zeitweiligen grössern Einfluss verschafft. Die Aristokratie hat bald wieder die Oberhand gewonnen und den niedern Ständen nur nichtssagende Zugeständnisse gemacht. Dagegen hörte die Scheidung in einen sitzenden und einen gemeinen Rath auf und die Rathsversammlung wurde seit 1455 durch Aufnahme von sechs Rathmannen der Altstadt verstärkt, die der Rechtstadt auf 32 Mitglieder erhöht. Offenbar war der grössere Bedarf an Befehlsleuten und andern Aemtern während des Krieges die Veranlassung dazu. Die Zahl ist nach dem Kriege bedeutend zurückgegangen.

Die Schöppen bildeten ein eignes Kollegium, an dessen Spitze der Schulze, welcher aus den Rathmannen gewählt wurde, stand. Er hatte die Gerichtsbarkeit. Diejenige über Gewaltthätigkeiten — über braun und blau — welche auf offener Strasse verübt wurden, sowie die Bestätigung oder Verwerfung von Todesurtheilen pp. hatte der Burggraf. Die Schöppen und die Vertreter der Gemeinde wurden, wie bemerkt, bei grössern Geldauflagen zur Mitberathung herangezogen.

Die Gemeindevertretung bestand dabei aus den Elterleuten der Kaufmannschaft und der Gewerbe, sowie aus 36 Mitgliedern der gemeinen Bürgerschaft. Hieraus ist im 16. Jahrhundert die Eintheilung in 3 Ordnungen hervorgegangen.

Danzig wie die übrigen preussischen Städte hatten bei ihrer Lossagung vom deutschen Orden keine Veranlassung an der Wehrverfassung zu rütteln, die sich unter der Ordensregierung ausgebildet hatte. Ich habe sie, wie sie zur Zeit des grossen Krieges 1410 bestand, anderweitig dargestellt[1]) und kann unmittelbar daran anknüpfen. Ursprünglich auf den Grundbesitz berechnet, hatte sich schon anfang des 15. Jahrhunderts auch das bewegliche Vermögen Geltung verschafft und den nicht gesessenen Mann dem erbgesessenen Mann gleich gestellt.

Da der zum Kriegsdienst verpflichtete Bürger mit Pferd und Waffen erscheinen musste, war eine Grenze erforderlich, von welchem Vermögen ab die persönliche Dienstpflicht eintrat, und die erfahren wir durch zwei Schreiben des Ambrosius Tirgart und des Bürgermeisters Hermann Stargardt aus dem Lager von Marienburg 1454 an den Bürgermeister und Rath von Danzig[2]). Danach war, wer 1000 Mark und mehr besass, zum Kriegsdienst zu Pferde verpflichtet. Die Bürger, welche weniger als 1000 Mark hatten, mussten je nach ihrem Vermögen von 2 Mann den 3., oder von 3 Mann den 4. stellen[3]). Die obigen Schreiben lassen zwar nicht erkennen, dass hier der Reiterdienst gemeint ist, aber nur die Handwerker, welche ursprünglich nicht zu den Bürgern gezählt wurden, dienten mit

---

[1]) Köhler, Entwickelung des Kriegswesens und der Kriegführung in der Ritterzeit II, 668—672.

[2]) Danziger Archiv LXXIV 210 und 230, mitgetheilt von Baltzer, zur Geschichte des Danziger Kriegswesens im 14. und 15. Jahrhundert, Danzig 1893 6, 14 und 6, 24.

[3]) Hier gehe ich mit Baltzer (S. 5) auseinander, der diese Gruppenbildung nicht auf die Besitzer von weniger als 1000 Mark, sondern auf die Gesammtheit der Bürger bezieht, wie sie der Hochmeister 1414 (Baltzer 5, 7) anordnete, wo 2 Mann den 3. stellen sollten. Denn dann hätte Ambrosius Tirgart in dem Schreiben vom Abend S. Laurencii (Baltzer 5, 14. 2) nicht sagen können: „it is grot not, dat gy sen up dat volk beyde up den 3. man und up den 4. und ok off men de soldener von 1000 mk. (Mark) at ut sin" sondern eins von den dreien.

Ausnahme der Fleischer[1] zu Fuss, und dann wissen wir. dass selbst von den 80 kleinen Städten und Lischken der Dienst zu Pferde gefordert wurde[2]. Sonst geht aus diesen Schreiben noch hervor, dass die Stellvertretung durch einen Söldner gestattet und sogar sehr gewöhnlich war, und dass die Desertion sehr stark eingerissen war.

Bei Belagerungen der Stadt oder wenn der Feind auch nur in der Nähe war, so dass ein Ueberfall zu befürchten stand, wurde die ganze Mannschaft zum Dienst aufgeboten, für den Dienst im Felde wurde jedoch nur ein Theil derselben bestimmt, so 1462 der 4. Mann[3]. Es ist einleuchtend, dass hier ein ganz anderer Fall vorliegt, indem aus allen Vermögensklassen der 4. Mann, und bei den in Gruppen getheilten von 4 Gruppen eine, die durch das Loos bestimmt wurde, zur Sprache kommen. Nach mehreren Wochen trat eine Ablösung ein. Vier Wochen scheint das äusserste Mass gewesen zu sein, denn länger waren die Leute nicht zu halten. Vor dem Ausmarsch wurde Musterung gehalten, und auch zu Friedenszeiten wurde das Maifest dazu benutzt.

Die ausgerückte Mannschaft erhielt Sold von der Stadt, wie daraus hervorgeht, dass nach einem Schreiben derselben an den König (Missiv. V. 243 a)[4] das Heer. welches sie vor Marienburg und Konitz liegen hatte, in der Stärke von 3200 Mann, täglich 400 Mark erforderte. In dieser Zahl waren aber die Danziger Mannschaften inbegriffen. Damit steht nun allerdings im Widerspruch, dass die Stellvertreter, wie Baltzer nachweist[5],

---

[1] Dass die Fleischer zu Pferde dienten, wie es bei andern Städten für diese Zeit erwähnt wird, giebt Baltzer nicht an, weil für Danzig keine Notiz vorliegt. Ich verweise jedoch auf Hoburg, Belagerung Danzigs 1734, wo es auch für Danzig bezeugt wird. Accurate Nachricht S. 16.

[2] Köhler II, 670. Vgl. ausserdem Töppen, Elbinger Antiquitäten 1, 77. 78, wo die socii einen gewappneten Reiter zu stellen haben.

[3] Johann Lindau SS. r. Pr. 4. 592.

[4] Simson, Danzig im 13jährigen Kriege. Zeitschr. des w. preussischen Geschichtsvereins, Heft XXIX S. 37. Nach einem Schreiben vom 17. August 1454 (Miss. V 252 a. Simson 38) berechnet Danzig seine wöchentlichen Kosten für die vor Marienburg und Konitz, auf der Weichsel, in Schlochau und Bütow liegenden Truppen auf 2500 Mark.

[5] Baltzer S. 8.

von den betreffenden Bürgern besoldet werden mussten, wie sie auch für den Ersatz der unbrauchbar gewordenen Sachen, Bekleidung, Waffen und Pferd, zu sorgen hatten.

Die Stadt hatte auch für die Verpflegung der ausgerückten Truppen aufzukommen, wie das schon zur Ordenszeit der Fall war. In Deutschland hatte auch in dieser Zeit noch der Mann dafür einzustehen.

Simson schlägt (S. 109) die Gesammtzahl der wehrfähigen Männer Danzigs auf etwa 5000 an, was vielleicht um 1000 Mann zu hoch gegriffen ist. 4000 würden einer Einwohnerzahl von 20000 Seelen entsprechen. Die Zahl der ausgerückten Reiter ist nie grösser als 400 gewesen [1]), was auf eine Gesammtzahl von 1200 Reitern schliessen lässt.

Ueber die Stellvertretung wurde von den Rathsherren, welche als Hauptleute mit auszogen, unaufhörlich geklagt, da der Ersatzmann für gewöhnlich sehr schlecht und seine Bewaffnung minderwerthig war [2]). Gegen Desertionen scheinen gar keine Strafen bestanden zu haben, denn die Hauptleute drangen fortgesetzt sehr energisch namentlich Stargardt darauf, dass die Deserteure bestraft werden sollten. Er will sie für ehrlos erklärt und aus der Stadt gewiesen wissen. Von einer Disciplin konnte unter diesen Umständen keine Rede sein.

Dazu kam, dass die Stadt sich nicht entschliessen konnte einen permanenten, besoldeten Kriegshauptmann zu berufen, obgleich sie den Mangel eines militairischen Talents unter ihren Rathsherren empfand. Sie wendete sich deshalb an den König mit der Bitte ihr einen Kriegshauptmann zu schicken. Dieser sendete ihnen einen solchen in der Person des Johann Czáika, der jedoch schon am 28. Januar 1455 durch den Woiewoden von Posen, Peter von Szamatuli, abgelöst wurde [3]). Einen besonderen Vortheil hat Danzig davon nicht gehabt. Später erscheinen wieder „Danziger" Rathsherren an der Spitze der ausgerückten Mannschaft.

[1]) Ebenda 13.
[2]) Ebenda 9.
[3]) Simson 50.

Für den Dienst innerhalb der Stadtmauern war die Rechtstadt in 4 Quartiere getheilt und jedem derselben ein Quartiermeister, sowie den einzelnen Strassen Rottmeister vorgesetzt[1]).
Bei Besetzung der Stadtmauern führten die letzteren die einzelnen „Stände“, wie man die Besatzung eines bestimmten Abschnitts nannte. Während des 13 jährigen Krieges ist die Stadt
mehr wie einmal in den Fall gekommen, die Mauern und Wälle
besetzen zu müssen; dass hierzu eine besondere Eintheilung
vorgesehen sein musste, ist selbstverständlich. Für das 16. Jahrhundert besitzen wir, wie ich seiner Zeit zeigen werde, vollständige namentliche Listen darüber. Für Nürnberg wird diese
Einrichtung schon für die Zeit der Hussitenkriege bezeugt, es
ist daher kein Grund vorhanden, sie für Danzig auszuschliessen.

Danzig besass in den Schiffern eine äusserst tüchtige Fuss-
truppe, die durch ihre Lebensweise an Disciplin gewöhnt war.
Die Schiffskinder, wie man sie nannte, hatten sich bereits
bei der Vertheidigung von Marienburg 1410 ausgezeichnet, so
dass ihnen der Hochmeister Paul von Russdorf 1432 einen Raum
am spätern Jakobsthor zum Bau eines Hospitals in dankbarer
Anerkennung verlieh und in der Stiftungsurkunde anempfahl,
eine Kapelle darin zu erbauen und eine ewige Messe zu stiften,
um „vor alle Schiffmanns und Botemanns, de uff unserm Hawse
Marienburg und da In der Belegunge syn vordorben“ zu bitten.
Auch im 13 jährigen Kriege bewährten sie sich auf das vortheil-
hafteste. Ueberall wollte man Schiffskinder haben. Der Hauptmann Johann v. d. Jena rühmt ihre Leistungen vor Schlochau
und Tuchel an den Rath[2]). Auch die Gewerke (Zünfte) waren
schon zur Ordenszeit in den Heeren vertreten und seit 1387
war es Sitte, dass bei Eintritt ins Gewerk der Besitz bestimmter
Waffen nachgewiesen werden musste[3]). Mit der Einführung der
Wagenburg 1433 erhöhte sich ihre Bedeutung.

Es ist nicht unwahrscheinlich, dass die Bestimmung, wonach ein Vermögen von 1000 Mark zur Stellung eines Reiters

---

[1]) Das Vorhandensein von Quartier- und Rottmeistern bezeugt Stargardt
in einem Schreiben an den Bürgermeister und Rath von Marienburg Donnerstag vor Margarete 1454. D. A. LXXIV 240. Baltzer 5, 14.

[2]) Baltzer 8.

[3]) Ebenda 9.

verpflichtete, schon zur Ordenszeit vorhanden war, da sie bereits im Frühjahr 1454 bestand. Neu dagegen war in dem neuen Verhältniss, dass die Stadt der Soldtruppen bedurfte, was sonst ausschliesslich Sache des Ordens gewesen war. Dlugoss erwähnt zwar, dass in dem Banderium der Danziger in der Schlacht von Tannenberg auch milites mercenarii gewesen seien[1]), doch sind darunter nur die besoldeten Stellvertreter zu verstehen, welche von den Bürgern gestellt worden waren, die es vorgezogen hatten, zu Hause zu bleiben. Sie bestanden wahrscheinlich aus Danziger Junkern, die sich eines guten Rufs erfreuten[2]). Anstrengungen, wie sie jetzt erwuchsen, waren Danzig zur Ordenszeit nicht zugemuthet worden. Auch musste sich die Stadt bald überzeugen, dass mit den eignen Kräften nicht viel anzufangen war.

Das Söldnerwesen stand in der Mitte des 15. Jahrhunderts in voller Blüthe und unterschied sich dadurch wesentlich von dem, wie es zu anfang des Jahrhunderts gestaltet war, dass infolge der Einführung der Wagenburg auch das Fussvolk nicht länger zu entbehren war und von Söldnerhauptleuten gemeinschaftlich mit Reitern zugeführt wurde[3]). Die Hussitenkriege hatten diesen Umschwung bewirkt.

Wie das Söldnerwesen zu anfang des Jahrhunderts beschaffen war, habe ich anderwärts gezeigt[4]). Es hatte sich seitdem, was die Reiterei betrifft, wenig geändert, nur dass man nicht mehr nach Spiessen rechnete, sondern einfach nach der Zahl der Reiter[5]). Es war das jedoch nur eine Form,

---

[1]) SS. rer. Pr. 4, 28. Baltzer 12.

[2]) In einem Bericht Danziger Hauptleute (D. A. LXXIV 230) heisst es: „de (Danziger Junker) sin sere treuwe in dem heere unde helpen wol de ere bewahren“. Baltzer 12, 4.

[3]) D. A. L 61. Mercksch Smeltz an den Rath 1460: „welleth schreiben was er welleth geben of das perth adder off einen fussknecht off eyn firteljor . . . so will ich mich selber czu euch fugen von 20 pherden bas of 60 mit guten knechten lewten und mit guten pherden und gerethe“. B. 12. 2. Hans Prittwitz, der dem Orden 103 Pferde zuführte, hatte 11 Wagen und bei jedem 4 Trabanten mit sich. Schlesische Provinzialblätter 2. 235.

[4]) Köhler III 2, 172—174.

[5]) Jedoch gab es auch Verträge nach Spiessen, so der des Ordens mit Georg von Schlieben. SS. r. Pr. 4, 137.

denn die Eintheilung nach Spiessen oder, wie man sie auch nannte, „Holzern“ [1]), bestand fort, sowohl bei Berechnung des Soldes als in taktischer Beziehung. So sagt die Chronik wegen eines Bundes [2]): „den 26. März 1454 kamen Nicolasch (und) Kayck, sam Hauptleute mit 117 Pferden ussm heere Wildenberge (d. h. aus dem Lager des kulmischen Heeres bei) in die Stadt Marienburg, den wart gegeben uff den spyss 20 rhs. Gulden“. Auch der Sold für die 103 Pferde des Hans Prittwitz wurde nach Spiessen von 3 Pferden zu 24 ung. Gulden monatlich berechnet. Dasselbe fand bei den polnischen Söldnern statt [3]). So erzählt Lindau von den Polen [4]), dass sie 1462 „gen Danczke mit 600 guten Platenern und reisigern mit 112 holczern und mit 400 Drabanten“ kamen um dem Treiben der Ordensführer im Pommerellen ein Ende zu machen. Der Kontrakt Danzigs mit den Hauptleuten Ludwig von Mortangen und Jakob Czan v. J. 1458 [5]) spricht zwar von 100 reisigen Pferden, diese bestanden aber, wie ein Abschätzungs-Register der Pferde und Waffen zeigt, aus Platenern (Spiessern), Lipken (Dienern) und Schützen, also den Bestandtheilen eines Spiesses.

Auch das Fussvolk hatte Hauptleute, die selbständige Kontrakte eingingen. Mir liegt ein solcher der Stadt Breslau mit dem Rottenführer Simon Seidenhaftern über 12 Pafosnern (Pawesen) und 50 Knechten (Schützen) v. J. 1471 vor, der mehr wie die Chroniken zeigt, welche Bedeutung das Fussvolk im 15. Jahrhundert erreicht hat. Das Fussvolk wird ganz in ritterlicher Weise behandelt. Die Stadt verpflichtet sich: „wenn sie ritterlichen Schaden nehmen oder gefangen würden, ihnen den Schaden nach alter Gewohnheit zu richten und ihr Gefängniss zu lösen, wie das in ritterlichen Kriegen Sitte ist“ [6]).

Die Zahl der Söldner Danzigs hat im Lauf des 13jährigen Krieges sehr gewechselt. Im Jahre 1454 scheint sie am grössten

---

[1]) Man nannte den Spiess auch Holz. Vgl. SS. r. Pr. IV 133. 161. 594.

[2]) SS. r. Pr. 4, 118.

[3]) Dass die Polen nach Spiessen rechneten, wird urkundlich bezeugt. Siehe auch Cromer 743.

[4]) SS. r. Pr. 4, 592.

[5]) Baltzer 12.

[6]) Schles. Provinzial-Blätter Bd. 1.

gewesen zu sein. Nach einem Register des Danziger Archivs[1]) betrugen die Unkosten Danzigs für Söldner in diesem Jahre 233,135½ Mark, dazu 507 Mark 2½ Scot für 102 Söldner, die „Remmiger brochte anno 54", sowie 7756 Mark 14 Scot für die Söldner vor Konitz[2]). Für Vertheidigungszwecke wurde die Zahl von 500 für ausreichend gehalten. Soviel hielt Danzig 1462 und fand sich dadurch schon sehr beschwert[3]). Ausserdem befanden sich in diesem Jahr 70 Mann auf Marienburg und 40 in Dirschau[4]).

Die Bewaffnung hatte sich seit dem Anfange des 15. Jahrhunderts nicht wesentlich geändert, da die Platenrüstung zu dieser Zeit schon ziemlich ausgebildet war. Nur begnügte man sich nicht mehr mit der eisernen Rüstung, sondern trug, wer irgend die Mittel dazu hatte, den „ganzen stelen Harnasch". Der Danziger Patrizier mag besonders darin geglänzt haben. Die Chronik wegen eines Bundes hält es erwähnenswerth, dass 1454 vor Marienburg ein Danziger Spiesser gefangen wurde „vom fusse uff gewapnet", dazu sein Knecht „im guten Gerethe"[5]). Auch die ältere Hochmeister-Chronik, 1. Fortsetzung weiss zu erzählen, dass am 17. Aug. 1454 vor Marienburg 6 rüstig (Danziger) Wapner „in lichten platten" erschlagen und drei gefangen wurden[6]). Bei den Söldnern waren nur die Hauptleute imstande ein „Blankgezeuge" zu tragen, die Spiesser begnügten sich mit der eisernen Rüstung „dem vollen schwarzen Gezeuge". Dieser Platenharnisch war einem Krebs nicht unähnlich und wurde auch so genannt (Krewis). Er bestand aus der stählernen oder eisernen Brust mit Rückenstück, dem Koller (Kölner) und Schurz (umgehenden Schoss), dem Eisenhut mit Harnaschkappe (die frühere Hundskogel), armblech, vorstoln

---

[1]) LXXV 328. Baltzer 12. Wie oben bemerkt, sind hierin jedoch auch die Unkosten der eignen Truppen inbegriffen. denn es ist in den betreffenden Missiven vom Heere vor Marienburg und Konitz die Rede. Simson 121 und 122.

[2]) Baltzer 12.

[3]) Schreiben Danzigs an Thorn v. J. 1462 bei Schütz 218.

[4]) Simson 89.

[5]) SS. r. Pr. 4, 130.

[6]) Ebenda 3, 674.

(Vorschoss, Schulterblech?), stählernen Handschuhen und Beinharnisch. Man nannte den so bekleideten Spiesser Platener,
in Deutschland Kyrisser.

Die leichten Reiter (Diener, jetzt auch Knechte genannt),
waren mit dem sogenannten Drabegeschirre ausgerüstet.
Der Ausdruck lässt die Beschaffenheit dieser Rüstung nicht erkennen, glücklicherweise beschreibt sie uns eine Verordnung
der Stadt Jena[1]). Es heisst darin: Wer 10 Schillinge Geschoss
giebt, soll haben: „syn harnaschs eyn Drabegescherre, daz ist
eyn jope, eyn pancir, ein kollir, eynen isenhuet, czwene blech-
hantzken, ein swert adir eynen spicz; wer 15 Schillinge zahlt,
soll „eyn ganczen harnasch" haben pp. Mehr bezeichnend ist
die Frankfurter Bestimmung[2]): Auch wen uit ganze harnasch
geburet zu halden, der sal sin trabergeschirre han mit namen
isenhut, 2 handschuwe und eyn swert oder kolben oder spiess
oder helmbarten oder desgleichen. Die Frankfurter Bestimmung
entspricht dem Abschätzungs-Register der Hauptleute Mortangen
und Czan[3]), wonach Jope (Lipke), Panzer und Koller ebenfalls
nicht zum Drabegeschirr gerechnet. sondern besonders benannt
werden, so dass unter letzterem nur der Eisenhut, 2 Blechhand-
schuhe und die Offensivwaffen (Spiess und Schwert pp.) verstanden wurden. Die eng anliegende Jope wird in den preuss-
sischen Quellen nicht mehr genannt, dafür ist die Lipke eingetreten, die wohl der Jacke entspricht, wie sie noch in den
Hussitenkriegen gebräuchlich war. Sie unterscheidet sich von
der Jope dadurch, dass sie mit Aermeln versehen war. Bei
den Verhandlungen des Bundes mit den Söldnern 1456 bot er
als Schadenersatz für die Lipke, die Pavese, die Armbrust und
den kolner je einen ungarischen Gulden. für den Panzer 3 Gulden[4]). Bei den vorhergehenden Verhandlungen auf dem Rathhause von Danzig[5]) war jedoch die Rede von 10 fl. für den
Panzer, 8 fl. für den Panzer ohne Kolner, 13 fl. für den Har-

[1]) Martin. Urkundenbuch der Stadt Jena, Jena 1888 S. 588. Baltzer 15.
[2]) Archiv für Frankfurter Geschichte und Kunst. Frankfurt am Main
1855 S. 158. Baltzer 15.
[3]) Danzig. Archiv LXXV. Baltzer 14.
[4]) Geschichte wegen eines Bundes SS. r. Pr. 4, 155.
[5]) Simson 123.

nisch und 12¹/₂ fl. für die Lipke, 1¹/₂ fl. für die Armbrust. Die
Lipke war ein so hervorragender Theil der Rüstung, dass der
Reiter danach benannt wurde[1].

Die Schützen zu Pferde hatten noch eine geringere Rüstung
als die Diener und dabei sehr mannigfaltig. Nach dem genannten
Abschätzungs-Register: 1 kolner, 1 langpanzer, 1 Lipke, 1 Armbrust, oder 1 kolner, 1 panzer mit schützengeräthe, oder 1 panzer,
1 kolner, beinharnisch und schützengeräthe etc. Die Bedeutung
dieser verschiedenen Klassen von Reitern drückt sich namentlich in den Pferdepreisen aus. Nach obigem Register ritten
die Platener Pferde im Werthe von 30 bis 60 Mark, die Diener
mit Drabegeschirr 15 bis 20 Mark, die Schützen 8 bis 12
Mark. Die Offensivwaffen waren wie früher Spiess, Schwert,
Kolben pp. Die Schützen führten ausser der Armbrust noch
ein Schwert.

Die Bewaffnung des Fussvolks war, wie die Anforderungen
der Gewerke an die eintretenden Meister zeigen, sehr reichlich[2],
was die Schutzwaffen betrifft, aber bei den einzelnen Gewerken
verschieden[3]. Im 15. Jahrhundert war sie infolge der Einführung der Wagenburg leichter geworden, was sich auch in
den Zunftrollen ausspricht. Als Offensivwaffen dienten ein
Messer, Spiess und Pollexen (Hellebarden), auch kolen (Keulen).
Diese Waffen mussten jedoch im 13 jährigen Kriege, der sich
hauptsächlich in Belagerungen abspielte, den Schusswaffen, Bogen
und Armbrust, weichen. Auch Lothbüchsen (Handröhre) werden
von den Hauptleuten verlangt[4], in welchem Umfange sie geliefert wurden, erfährt man jedoch nicht[5].

[1] In der „Geschichte wegen eines Bundes“ heisst es S. 147: Also waren
des Ordens hoffleute von Dirschau (1455) auch aus mit 14 Pferden und
hatten nur 2 spiess und 5 Lipken, die andern hatten schlecht pantzer, under
denselben waren 2 jungen.

[2] Hirsch, Handelsgeschichte 343. Für die Genossen des Schmiedehand-
werks der Jungstadt v. J. 1387 galt die Bestimmung: „welch man ein werk
gewinnen will, der sal haben eyn panczir und eyn hundskogil eynen isenhutt
und ein brust, eyn par musisen und ein par forstollen und eyn par blech-
hanczken“. Baltzer 14.

[3] Baltzer 15.

[4] Ebenda 16, 4.

[5] LXXIV. III. des Danziger Archivs heisst es in einem Schreiben der

Die Söldner zu Fuss waren hauptsächlich für den Feldkrieg ausgerüstet und wurden seit den Hussitenkriegen Trabanten, wohl aus Taboriten verstümmelt, genannt. Wie wir schon oben im Breslauer Vertrage gesehen haben, zerfielen sie in Pavesen und Schützen. Die Pavesen haben ihren Namen von den grossen Setzschilden, pavoit, hinter denen sie sich bargen und ihren langen Spiess vorstreckten. Einem Jeden war ein Junge zugetheilt, der bei Handhabung des Schildes half, auch die Schilde, welche die äussere Umfassung des Schützenhaufens bildeten, an einander durch Haken und Ketten befestigte. Die Einrichtung ist sehr alt. Schon Kaiser Friedrich II empfahl die Setzschilde, und in den italienischen Kriegen nach ihm spielten die Schildburgen eine grosse Rolle [1]). Für den 13jährigen Krieg liegen keine nähern Einzelheiten vor. Die Pavese wird einmal in den Verhandlungen des Bundes mit den Söldnern erwähnt, Trabanten kommen dagegen vielfach vor. In der Schlacht bei Zarnowitz 1462 führten die Polen 400 mit, derer rühmlichst gedacht wird.

Bei diesem Mangel an Nachrichten erscheint es angemessen, aus einer Bestallung der Rottmeister und ihrer Mitgesellen, die Herzog Ludwig der Reiche von Baiern 1468 anwarb, folgende Stelle anzuführen: „Von Wehre soll jeder haben an seiner Seiten ein gutes langes Messer oder wohlschneidendes Schwert, dazu eine gute Armst oder eine gute Büchse, mit allem was dazu gehört, oder einen langen Spiess, und in seinem Gürtel ein Wurfbeil. Wo in einer Rotte hundert Trabanten sind, sollen dieselben in 3 Theile getheilt werden, ein Theil soll Armst, der andere Büchsen und der dritte Theil Spiesse haben, und dazu ein jeder noch an seiner Seite ein langes Messer oder Schwert und im Gürtel ein Wurfbeil. Wir lassen auch geschehen, dass unter hundert Trabanten acht Pavesner sind, und jedem Pavesner halten wir einen Knaben, dem wir die Woche ein halb Pfund Sold geben . . . ." [2]). Von Schutzwaffen wird nichts

---

Hauptleute an den Bürgermeister und Rath: „Sendet uns noch 20 loitbussen. Dese breken sere, wan man so schot".

[1]) Vgl. Köhler III.

[2]) Würdinger, Kriegsgeschichte von Baiern 2, 319.

erwähnt, im Gegentheil sagt die Bestallung, dass ein jeder einen weissen Kittel und dazu einen rothen Hut oder eine Kappe haben soll.

Die Nachrichten, welche wir über die Feuerwaffen Danzigs im 13jährigen Kriege haben, zeigen zwar, dass man reichlich mit kleinen Kalibern versehen war — i. J. 1461 wurden allein 67 Stück angekauft [1] —, aber an grossen Büchsen war auffallender Mangel. Vor Marienburg bediente man sich 1454 einer grossen Büchse, die man den Vorräthen des Ordensschlosses entnommen hatte [2]. Sie wird sich unter den 10 Steinbüchsen, kleinen und grossen, befunden haben, die am 1. April vor Marienburg zurückgelassen werden mussten [3]. Am 13. September fielen unter denselben Verhältnissen 24 in die Hände des Gegners [4]. Im Uebrigen hatten die grossen Fortschritte, welche die Feuerwaffen seit dem Anfange des 15. Jahrhunderts gemacht hatten, auch hier Eingang gefunden. Zu den Stein- und Lothbüchsen waren die Terrasbüchsen und Haufnitzen getreten, von denen erstere den direkten Schuss gestatteten und die Vorgänger der Kanonen bildeten, während die Haufnitze der Haubitze entspricht. Ausserdem hatte man den Vogler, ein Kammergeschütz und die Hakenbüchse, damals noch eine kurze Steinbüchse, die auf Gestellen abgefeuert wurde, die mit Leichtigkeit eine Veränderung der Erhöhung gestatteten. Baltzer theilt die interessante Notiz mit, dass ihre Steinkugeln grösser als die der Vogler waren [5]. Neue Aufschlüsse erhalten wir sonst nicht. Die Erfolge im Felde und bei Belagerungen waren noch sehr gering. Man war zu Belagerungen noch genöthigt, Bliden mitzuführen, weil die Laf-

---

[1] Baltzer 20. Es waren 35 Loth-, 3 Haken- und 2 Terrasbüchsen, deren Preise von 1 bis 4 Mark differirten. Vier davon werden als eiserne bezeichnet. Baltzer.

[2] Aeltere Hochmeisterchronik SS. r. Pr. 3, 227. Chronik wegen eines Bundes. Ebenda 4, 118. Es ist wahrscheinlich dieselbe von der die Hauptleute schreiben: „wen de water up komen, dat man de grote buchse in een kanen her sende". Danz. Archiv LXXV 306. Baltzer 19, 41, vgl. auch 23, 53.

[3] Aeltere Hochmeisterchronik SS. r. Pr. 3, 669.

[4] Ebenda 3. 676, Chronik wegen eines Bundes, ebenda 4,135.

[5] S. 22, 43.

feten nicht die erforderliche Erhöhung zuliessen. Vor Marienburg stellte sich heraus, dass man sie wegen mangelnder Werkzeuge nicht benutzen konnte[1]). In Bezug darauf hat nun das Danziger Archiv eine Nachricht aufbewahrt, die von grossem Interesse ist. Es ist das Anerbieten eines Büchsenmeisters aus Frankfurt a. O. vom Jahre 1454, worin er verspricht Büchsen zu giessen „do methe man in dy hoge zcu schiessen pfleget"[2]). Eine Zeichnung begleitet das Schreiben, welche geeignet ist, eine vielfach umstrittene Frage zu lösen. Eine gleiche Zeichnung findet sich nämlich in dem Werke des Valturi, das i. J. 1472 veröffentlicht wurde, in der Handschrift jedoch bereits vor der Mitte des 15. Jahrhunderts existirte. Das Bild, das er von der Büchse liefert, hat aber das Zündloch an der unrichtigen Stelle, dagegen ist es in unserer Zeichnung richtig und macht so das Geschütz erst verständlich. Dasselbe besteht nämlich aus zwei ziemlich gleich starken Röhren, die rechtwinklig aneinander stossen und von denen die eine einen Boden hat und als Pulver-kammer dient, während die andere, aufrecht stehende Röhre den Lauf der Büchse bildet. Da das Pulver bei seiner Ver-brennung sich nach allen Seiten ausdehnt aber nach der aufrecht stehenden Röhre, welche das Geschoss enthält, einen Ausweg findet, so wirft es die Kugel hoch in die Lüfte. Wenn man sich nun noch eines hölzernen Keils bedient, den man unter die Pulverkammer schiebt, so kann man eine beliebig hohe Elevation nehmen. Die Erfindung war in den 20er Jahren gemacht worden, ist aber hier zuerst durch eine Zeichnung verdeutlicht. Sie wurde einige Jahre später durch die Erfindung des heutigen Mörsers verdrängt, der, indem man dem Bodenstück Schildzapfen gab, die Aufgabe leichter löste.

Die Taktik hat einen merkwürdigen Verlauf genommen, um von den exclusiven Ritterheeren, wie sie noch in der ersten Hälfte des 13. Jahrhunderts herrschten zu dem modernen Heere mit den drei gleichberechtigten Waffen, der Infanterie, Kavallerie und Artillerie des 16. Jahrhunderts zu gelangen. Die Wagen-

---

[1]) Hoburg. Zur Geschichte der Stadt Danzig während der Belagerung von Marienburg 1454. Neue preussische Provinzialblätter 3. Folge 194.

[2]) Baltzer 21. Danz. Arch. XI 36.

burg ist eines der Uebergangsstadien hierzu gewesen und führte, vermittelt durch die Schweizer, zum Landsknechtswesen über. Sie war von Ziska eingeführt worden und bildete die erste Stufe für die taktische Verwendung der Feuerwaffen, von denen bis dahin kein angemessener Gebrauch auf dem Schlachtfelde hatte gemacht werden können, weil sie bei ihrer damaligen Beschaffenheit keine Verbindung mit der herrschenden Waffe, der Reiterei, eingehen konnten. Zur Zeit des 13jährigen Krieges herrschte die Wagenburg in ganz Deutschland und im ganzen Osten Europas. In Preussen war sie von Paul von Russdorf 1433 eingeführt worden. Das Wort Wagenburg war gleichbedeutend mit dem Wort Heer geworden. Wenn sie bis auf Ziska ab und zu als Schutz für das Lager gedient hatte, so war sie jetzt ausserdem für den Marsch und das Gefecht unentbehrlich geworden. Auf dem Marsch befanden sich die Truppen innerhalb der Zeilen der Wagenburg, im Gefecht bildete sie die Front der Armee und trotzte dem Angriff der Reiterei, selbst wenn sich diese herabliess, vom Pferde zu steigen und den Angriff zu Fuss auszuführen, denn unter der Einwirkung eines zahlreichen Geschützes, das sich auf den Wagen befand, konnte die schwergerüstete Ritterschaft nicht vorwärts kommen. Für den Angriff war die Wagenburg allerdings nicht geeignet, hier musste die List zuhilfe genommen werden, indem der angreifende Theil, nachdem er in den Bereich des Geschützes gekommen war, eine verstellte Flucht ergriff, um dadurch den Gegner zu veranlassen, aus seiner Wagenburg hervorzubrechen. Der Angreifer stellte dann die Front wieder her und ging dem überraschten Gegner entgegen, um ihn im freien Felde anzufallen oder gleichzeitig mit ihm in die Wagenburg zu dringen. So war es in der Schlacht bei Lipan 1434 gewesen. Bei Zarnowitz am 17. September 1462 brach der polnische Führer Dunin aus seiner Wagenburg heraus, als der Gegner, der im Marschverhältniss anrückte, eben im Begriff war, seine Wagenburg zu schliessen. Er kam nicht damit zustande und sah sich genöthigt, das Gefecht unter sehr ungünstigen Verhältnissen anzunehmen. Die Wagenburg, vom Danziger Fussvolk besetzt, diente dabei als Rückhalt, um im Fall eines unglücklichen Ausgangs das Heer aufzunehmen. Das Gefecht ausserhalb der

Wagenburg, wie es sich nunmehr bei Zarnowitz gestaltete und bei Conitz von vornherein beabsichtigt war, nahm den früheren Verlauf, wobei das Fussvolk in seinen Schildburgen auf den Flügeln der Reiterei mit eingriff. Die Reiterei war dabei in 3 Treffen aufgestellt, die einzelnen Schlachthaufen waren im Spitz geordnet [1]).

So arm der 13jährige Krieg auch an Schlachten ist, von der Wagenburg ist überall die Rede, und man muss die Kampfweise mit Wagenburgen kennen, um ihn zu verstehen.

Der Festungskrieg stand um die Mitte des 15. Jahrhunderts noch auf sehr tiefer Stufe. Wenn es nicht gelang, sich durch Ueberfall in den Besitz eines Platzes zu setzen, besass man kein anderes Mittel als das langwierige, den Platz auszuhungern, indem man sich ausserhalb der Geschützwirkung eingrub, d. h. eine Kontravallation herstellte, die mit Basteien und hölzernen Thürmen verstärkt wurde. Vor Marienburg 1460 scheint man sich auch einer Circumvallation bedient zu haben. Für gewöhnlich lagerte man sich vor den Ausgängen des Platzes, wie 1454 vor Marienburg, und schädigte ihn durch eine Beschiessung, die jedoch sehr schwach ausfiel. Der „Zaun" d. h.

---

[1]) Gegen die Formirung der Schlachthaufen im Spitz mit nachfolgendem, sich anschliessenden viereckigen Haufen verhält sich Baltzer (S. 30) immer noch ungläubig und ist der Ansicht, dass es an ausreichendem Beweise dafür fehle. Ich habe diese Ordnung nicht bloss für alle Jahrhunderte des Mittelalters nachgewiesen (Entwickelung des Kriegswesens in der Ritterzeit III 2, 233 ff. und ebenda S. 248 ff.), sondern für das 13. und 15. Jahrhundert selbst die Zahlen der einzelnen Glieder angegeben. Er beruft sich auf den Ritterspiegel von Rothe, der nichts davon erwähne. Es liegt darin nur, dass er die Formation im Spitz als bekannt voraussetzt. Er kennt gar keine andere. In seiner thüringischen Chronik sagt er, wie auch Baltzer anführt, c. 398: „unde bestalten yre spitzen und teilten sich in 3 Schar". Unter Schar bezeichnet Ottokar die Treffen (Köhler II 112), wenn Rothe also die Schlachthaufen der hintern Treffen mit Spitz bezeichnet, so kann damit doch nichts anderes gemeint sein, als dass die Haufen im Spitz geordnet waren. Die Stellen, die B. 30, 6 anführt, haben doch gar keine Bedeutung für die Frage. Er hätte dafür SS. r. Pr. 4, 182 wörtlich anführen sollen, wo es heisst „und brochen ire spitze" nicht in ire Spitze, wie er für 4, 575 anführt. Auch SS. r. Pr. 4, 593 heisst es: „und brochen ire Spitze", das ist also ein technischer Ausdruck und heisst, sie trennten durch einen Flankenangriff die Spitze vom nachfolgenden Haufen (vgl. Köhler III 2, 249 „den Spitz abreiten").

die Palisadirung und andere Holzbauten spielte eine grosse
Rolle. Bei der Belagerung von Marienburg 1460 haben die
Danziger auch die Mine angewendet, wie es scheint jedoch nur,
um sich einen Eingang . in die Stadt zu verschaffen. keine
Pulvermine.

III. Kriegsgeschichtliches.

Quellen.

Mit der Mitte des 15. Jahrhunderts wird das gleichzeitige
Quellenmaterial zur Darstellung der kriegerischen Ereignisse
immer reichlicher, ohne desshalb verständlicher zu werden, weil
es seine Schwierigkeiten hat, sich in die Ausdrücke der Zeitgenossen zu finden, welche zum Theil erst mit den neuen Er-
scheinungen auf dem Gebiete des Kriegswesens aufkommen.
Auch ist die Sprache, da man sich fast allgemein der „gemeinen"
zu bedienen pflegt, in den Satzkonstruktionen noch so roh und
ungelenk, dass der Sinn entstellt oder zweideutig wird. Ebenso schwierig ist es, die Motive der Kriegführung aufzudecken.
Sie stellen sich bei tieferem Eindringen oft als ganz vernünf-
tig dar. während die Ereignisse selbst das Bild unentwirrbarer
Züge von Einzelinteressen abgeben. Ausschlaggebend zeigt
sich überall aber der Mangel an Geld, der einestheils verhindert, einen gut durchdachten Operationsplan auszuführen, anderntheils störend in die Operationen eingreift, weil den Truppen
Lebensmittel und Sold ausgehen und statt des Gehorsams Eigen-
mächtigkeiten und Aufruhr platzgreifen. Zur Entwirrung dieser
Schwierigkeiten zeigt sich das Quellenmaterial vielfach unzureichend und widerspruchsvoll, da die anwachsende Literatur
mehr den Parteistandpunkt hervortreten lässt. Es muss daher
die Kritik hinzutreten, um aus den Thatsachen, soweit sie sich
feststellen lassen, die Ursachen zu ergründen. Von Wichtigkeit
ist es hierbei, nur die gleichzeitigen Berichte zu berücksichtigen
und alle Zuthaten späterer Chronisten, wenn sie nicht auf gleichzeitigen Nachrichten oder auf Urkunden fussen, zu ignoriren.
Die Urkunden geben oft die überraschendsten Aufschlüsse und
die gleichzeitige Geschichtsschreibung fängt an sie heranzuziehen, für gewöhnlich geben jedoch erst neueste Publikationen,
nachdem sich die Archive aufgethan haben, hinreichenden Auf-

schluss. Inbezug auf unsern Gegenstand sind an dergleichen Publikationen zu erwähnen:

Die in den Scriptores rerum Prussicarum von Theodor Hirsch, Max Töppen, Ernst Strehlke eingeflochtenen oder angehängten Berichte;

Die von Paul Simson seiner Darstellung „Danzig im 13jährigen Kriege 1454—1466" angeschlossenen und sonst eingestreuten urkundlichen Nachrichten;

Die von Töppen herausgegebenen Akten der Ständetage Ost- und Westpreussens;

Die Hanserecesse Band 4 und 5, herausgegeben v. v. d. Ropp;

Die Monumenta medium aevum historiae Polonicae illustrantium. — Auch Johannes Voigt gehört hierher u. a. m.

Die gleichzeitigen Chroniken sind sehr werthvoll. Auf Seiten des deutschen Ordens sind es namentlich zwei: die erste Fortsetzung der ältern Hochmeisterchronik in den Script. rer. Pruss. III und die „Chronik wegen eines Bundes" in den Script. IV.

Die ältere Hochmeisterchronik geht bis zum Jahre 1433. Hier setzt die erste Fortsetzung ein und endigt Mitte des Jahres 1455, so dass der Krieg selbst nur zum kleinsten Theil dargestellt wird. Die Geschichte wegen eines Bundes beginnt 1440 und endigt mit dem Jahre 1462. Sie enthält also ebenfalls nicht den ganzen Krieg, was sehr zu bedauern ist. Beide Verfasser sprechen als Augenzeugen und scheinen sich in der Umgebung des Hochmeisters befunden zu haben. Sie sind, wenn auch von Hass gegen den Bund und gegen Polen erfüllt, möglichst zuverlässig, namentlich die letztere. Nach Töppen nimmt sie die erste Stelle [1]) unter den preussischen Chroniken aus der Ordenszeit ein. Die Kriegsereignisse sind zum Theil nach amtlichen Berichten erzählt. Von den Vorgängen beim Gegner und davon, was in den grössern Städten vorging, ist sie sehr unvollkommen unterrichtet.

Als Ergänzung beider Chroniken dient die „historia brevis

---

[1]) SS. r. Pr. 3, 536.

Magistrorum" [1]) aus dem Anfange des 16. Jahrhunderts. Wenn sie auch nicht gleichzeitig ist, so benutzt sie doch gute Quellen.

Vom Standpunkte des Bundes wird der 13 jährige Krieg von dem 1. Sekretair der Stadt Danzig, Johann Lindau, welcher die ganze Zeit des Kriegs über diese nicht unbedeutende Stellung bekleidete und mehrfach zu diplomatischen Sendungen verwendet wurde, dargestellt. Es ist weniger eine Chronik, was er zusammengestellt hat, als ein amtliches Verzeichniss der in Danzig eingegangenen Nachrichten über die Kriegsereignisse [2]). Das Werk ist uns nicht im Original überkommen, sondern als Theil des sogenannten Ferberbuchs, das in den 20er Jahren des 16. Jahrhunderts, anscheinend vom Danziger Bürgermeister Eberhard Ferber († 1529) verfasst worden ist [3]). Dieser bedeutende Staatsmann, der die Stadt Danzig 12 Jahre hindurch regiert hat, i. J. 1522 jedoch verbannt wurde, wird wenigstens von Zeitgenossen als Verfasser eines Werkes genannt, das die ganze Zeit von 1190 bis 1526 umfasst. Es ist nur in mehreren, von einander unabhängigen Auszügen auf uns gekommen, von denen der des Paul Pole der vollständigste ist. Aus diesem hat Theodor Hirsch die Chronik Johann Lindaus herausgeschält und in den SS. r. Pr. 4, 364 ff. veröffentlicht. Den Rest der Poleschen Chronik hat Töppen (SS. r. Pr. 5, 173 ff.) herausgegeben, doch hat Pole den Auszug des Ferberbuchs nicht zu Ende geführt. Was Hirsch speciell unter dem Namen „die Ferberchronik" im 5. Bande der Scriptores herausgegeben hat, ist der Schluss eines andern Auszuges, der sich in Elbing befindet. Allem Anscheine nach ist Eberhard Ferber auch der Verfasser

---

[1]) Ebenda 4, 258.

[2]) So urtheilt Paul Gehrke wohl mit Recht über das Werk Johann Lindaus. Heft XXXI der Zeitschrift des westpreussischen Geschichtsvereins S. 132. Wir verdanken Herrn Paul Gehrke durch diesen Aufsatz eine einschneidende Kritik der preussischen Geschichtsschreiber des 15. und 16. Jahrhunderts, als deren vorzügliches Resultat die Existenz des Ferberbuchs und die Abhängigkeit der preussischen Geschichtsschreibung von demselben anzusehen ist.

[3]) Paul Gehrke bestreitet, dass der Bürgermeister Eberhard Ferber der Verfasser des Ferberbuchs ist, und glaubt ihn in dem Danziger Patrizier Heinrich von Rhesen zu erkennen. Seine Gründe sind jedoch nicht zwingend.

der Chronik, die Hirsch als „Danziger Chronik vom Bunde"
(SS. r. Pr. 5, 405 ff.) herausgegeben hat[1]). Sie bildet in Gemeinschaft mit der Chronik Johann Lindaus den 2. Abschnitt
des Ferberbuchs und beginnt mit dem Jahre 1439. Auf den
3. Abschnitt, der die Zeit von 1466 bis 1526 umfasst, komme
ich seiner Zeit zu sprechen. Das Ferberbuch ist ursprünglich
lateinisch geschrieben, die Auszüge sind jedoch deutsch mit
Ausnahme der „epitome bellorum Prutenicorum per annnos XIII",
die sich im Königsberger geheimen Archiv befindet und nach
Gehrke die zuverlässigsten Berichte von den Einzelheiten des
Krieges giebt. Sie ist leider noch nicht veröffentlicht. Der
ganze 2. Abschnitt des Ferberbuchs ist in sehr mangelhafter
deutscher Uebersetzung mit eignen Zuthaten von Dionysius
Runau i. J. 1582 unter den Titel: „Historie und eigentliche
Beschreibung des grossen 13jährigen Krieges" zu Wittenberg
herausgegeben worden. Auch Simon Grunau hat **das** Ferberbuch benutzt, jedoch in seiner Art verwerthet, so dass er ebensowenig wie Runau als Quelle anzusehen ist. Dagegen ist die
preussische Chronik des Caspar Schütz wegen zahlreicher Urkunden, die zum Theil verloren gegangen sind, immer noch
brauchbar.

Die preussischen Chroniken werden mehrfach durch Dlugoss ergänzt. Das 13. Buch, welches den Krieg behandelt,
bildet den werthvollsten Theil des ganzen Werks. Dlugoss ist
namentlich für die Verhandlungen während des Krieges, denen
er als polnischer Gesandter beigewohnt hat, von Wichtigkeit.
Auch für die Kriegführung giebt er mancherlei Aufschlüsse,
inbezug auf taktische Ereignisse ist er nur mit Vorsicht zu benutzen. Er ist zuerst durch den Auszug des Polen Miechow
1521 bekannt geworden.

Was die Schicksale der Festung Danzig im 13jährigen
Bundeskriege betrifft, so erscheint es erforderlich eine Gliede-
rung der Geschichte des Krieges eintreten zu lassen, um uns
in dem wirren Getriebe desselben zurechtzufinden und die Zeit-
abschnitte, wo Danzig als Festung auftritt, deutlicher zu be-

---

[1]) Theodor Hirsch nennt als Verfasser derselben auf die Autorität
Stenzel Bornbachs hin den Danziger Bürger Peter Brambeck.

zeichnen. Mit Rücksicht darauf sind 5 Perioden des Krieges zu unterscheiden:

1. Die Jahre 1454 und 1455.
2. Die Jahre 1456 und 1457 bis zur Uebergabe des Schlosses Marienburg an den König von Polen (6. Juli 1457).
3. Die Jahre 1457, 1458, 1459 und 1460 bis zur Einnahme der Stadt Marienburg durch Danzig (8. August 1460).
4. Die Jahre 1460, 1461, 1462 bis zur Schlacht von Zarnowitz am 17. September 1462.
5. Die Jahre 1462—1466.

Die erste Periode hat zum Resultat, dass der Orden durch den Abfall der Altstadt Königsberg vom Bunde und durch die Eroberung Kneiphofs eine Basis der Operationen gewinnt, welche für Polen und den Bund unangreifbar war. Das ganze ostpreussische Hinterland kann sich dem Einflusse Königsbergs nicht entziehen und fällt im Laufe des Jahres 1455 mit Ausnahme von Wehlau dem Orden zu, so dass sich ein gewisses Gleichgewicht beider Parteien einstellt, das bis zur Schlacht von Zarnowitz andauert. Die Festung Danzig kommt in der 1. Periode nur anfänglich zur Sprache. Doch zeigte sich bald, dass die Stadt die hervorragendste Rolle im Bunde einnahm und durch ihre Geldmittel die Verhältnisse ausnutzt, dem Könige von Polen ein Privilegium nach dem andern abzudrängen, so dass sich ihr Landbesitz ungemein erweiterte und sie fast eine unabhängige Stellung erwarb.

Die zweite Periode enthüllt die ganze Erbärmlichkeit einer Kriegführung ohne zureichende Mittel und führt zuletzt seitens der böhmischen Söldner zum Verkauf der Marienburg an den König von Polen. Das Geld dazu schiesst Danzig vor. Die Operationen werden durch die Unterhandlungen mit den Söldnern und die Unfreiheit des Hochmeisters, der in Marienburg festgehalten wird, so gelähmt, dass diese Periode ohne hervorragende militairische Ereignisse bleibt. Dagegen fesseln innere Bewegungen der grössern Städte Thorn, Kulm und Danzig die Aufmerksamkeit.

Die erlangte Freiheit des Hochmeisters giebt dem Orden

die Initiative zurück, die ihm vom Gegner nicht streitig gemacht wird und der dritten und vierten Periode ihren Stempel aufdrückt. In diesen Perioden handelt es sich vorherrschend darum, welcher von beiden Parteien die Weichsel zufallen soll.

In der dritten Periode bewegt sich der Kampf um den Besitz der Stadt Marienburg, in der vierten um den Besitz der Stadt Danzig. Es gelingt dem Orden nicht, weder die durch Ueberfall gewonnene Stadt Marienburg zu behaupten, noch sich Danzigs zu bemächtigen. Die Schlacht von Zarnowitz vernichtet vielmehr das noch operationsfähige Heer des Ordens und führt zur fünften Periode über, welche die Ausbeutung des Sieges durch die Zurückdrängung des Ordens aus dem Weichselgebiete enthält.

Es folgt hieraus, dass die Festung Danzig, die uns speciell beschäftigt, eine sehr verschiedene Rolle in diesen Perioden spielt. Sie tritt nur in der ersten und vierten Periode stärker hervor, die daher eine eingehendere Darstellung erhalten, während für die übrigen Perioden, wo die Stadt nur als Basis der Operationen für die Unternehmungen derselben (der Stadt) dient, eine Skizze genügen würde, wenn auch durch den Umstand, dass Danzig durch seinen Reichthum eine führende Rolle zutheil wurde, das Ganze nicht aus den Augen zu verlieren ist.

a. Die erste Periode.

1454, 1455.

Die Kriegserklärung des Bundes vom 4. Februar 1454 an den Hochmeister fand diesen völlig unvorbereitet, weil er sich durch die Drohungen des Bundes hatte einschüchtern und die Anwerbung von Söldnern hatte einstellen lassen. Die Burgen, in denen seine Macht bestand, waren gänzlich verwahrlost, es fehlten selbst die Mittel, eine Armirung derselben zu bestreiten. Wir erhalten einen Begriff davon durch ein Schreiben des Konvents der Ordensbrüder von Danzig vom 8. Januar 1454 an den Hochmeister. Es heisst darin, dass die Burg von der Stadt aus überall mit Bollwerken eingeschlossen werde, in welche treibende Werke, Schirme und anderes Geschütz, sowie an 200 geladene Büchsen hineingebracht und an den Schiesslöchern aufgestellt wären, während auf dem Fischmarkte bereits zahlreiche Sturmleitern ständen. Dem zu widerstehen sei der Konvent ausser Stande, denn die Burg sei übel versäumt, man brauche zur Vertheidigung eine Verstärkung von mindestens 500 bis 600 Mann; „die Büchsen sind schlecht, die Steine für dieselben fehlen, die Pfeile taugen nichts, die Wehren, auf denen man stehen und sich vertheidigen soll, sind nicht angerichtet; die meisten Thürme, namentlich der Fischthurm, haben weder Besatzung noch Söller, der Komthur hat unsere Klagen unbeantwortet gelassen, es ergeht keinem so hart als uns u. s. w. [1]).

Es kann daher nicht Wunder nehmen, dass bereits 14 Tage nach der Absage die Ordensbrüder von den Schlössern abgezogen und nach Marienburg gegangen waren und innerhalb drei Wochen das ganze Land mit alleiniger Ausnahme von Marienburg, Stuhm und Konitz in der Gewalt des Bundes war [2]). Schon am 17. Februar befanden sich die Danziger Truppen bei Leske in der Nähe von Marienburg [3]). Der König Kasimir IV. von Polen hielt am 23. Mai seinen feierlichen Einzug in Thorn und nahm hier am 28. die Huldigung der Stände des Kulmer Landes entgegen. Er zog dann über Graudenz nach Elbing, wo sich auch die Bischöfe einfanden und am 10. Juni die Huldigung leisteten. Die Pest in Danzig verhinderte ihn auch dort hinzugehen, doch stellte er der Stadt das 1. Privilegium am 16. Juni aus [4]), das für unsern Gegenstand von hervorragendem Interesse ist. Die Einverleibung der Altstadt und des Hakelwerkes, die darin ausgesprochen ist, wurde bereits erwähnt. Der Rechtstadt wurden ferner alle Mühlen des Ordens, die Schlossstätte und die zugehörigen Speicher zuerkannt. Ferner

[1]) Königsberger Archiv Schbl. 60. 90a. Mittheilung von Th. Hirsch SS. rer. Pr. 4, 503. Note 1.

[2]) Die Danziger Chronik vom Bunde. SS. rer. Pr. 4, 431. Joh. Lindau ebd. 506. Konitz gehörte anfänglich dem Bunde an, trat aber am 24. März zum Feinde über. Simson S. 37.

[3]) Simson S. 23. Schon am 25. Februar bemächtigte sich Danzig der Ordensburg Schlochau.

[4]) Das 1. Privilegium befindet sich bei Curicke, historische Beschreibung der Stadt Danzig S. 149, abgedruckt.

erhielt die Stadt die Nehrung vom Haupt, wo sich die Weichsel
theilt, ab, auch das Stüblausche Werder und 12 Dörfer „auf
dem Gebirge", die zur Danziger Komthurei gehört hatten.
Der schwere Druck, der bisher auf den Danzigern gelastet
hatte, dass sich der König die grosse Mühle, die Schlossstätte
und die Ordensspeicher aneignen würde, war damit gelöst und
die Freude allgemein. In Elbing wurden auch die ferneren
Unternehmungen festgesetzt. Der Bund, dessen Truppen sich
bereits grösstentheils vor Marienburg befanden, sollte sich
desselben und Stuhms bemächtigen. Der König nahm die
Belagerung von Konitz auf sich, versprach jedoch, sein Hofgesinde, um der Belagerung von Marienburg mehr Nachdruck
zu geben, zum Bundesheer stossen zu lassen [1]). Stuhm fiel am
8. August, und Marienburg war nahe daran wegen Mangel an
Lebensmitteln zu unterliegen, als die Niederlage des Königs bei
Konitz am 18. September [2]) durch die anlangenden Söldner des
Ordens einen ungeahnten Umschwung der Verhältnisse herbeiführte. Die Belagerung von Marienburg wurde am 22. September aufgehoben [3]), und Danzig fühlte sich ernstlich bedroht.

---

[1]) Das Hofgesinde ist jedoch nicht vor Marienburg erschienen. Vor
Konitz lagen 2100 Mann, worunter 700 Danziger. Den Oberbefehl führte
Schirleuski, doch fehlte es an Geld, so dass nichts geleistet wurde.

[2]) Den Danzigern war vom Gubernator die Bewachung des grossen
Werders aufgetragen, zu welchem die Brücke von Marienburg der Besatzung
Zugang verschaffte. Am 20. März forderte der Gubernator die Danziger
Hauptleute auf, von Leske näher an die Brücke heranzugehen. Sie gehen
darauf am 29. März bis Kaldenhof vor, erleiden hier aber am 1. April durch
einen Ausfall der Besatzung eine empfindliche Niederlage, so dass sie das
grosse Werder räumen müssen. Dasselbe bleibt bis Ende Juni im Besitz
des Feindes, während die Danziger sich seit dem 8. Mai auf dem rechten
Ufer der Nogat an der Belagerung (Blockade) betheiligen. Am 1. Juli wird
das grosse Werder von den Danzigern, die sich inzwischen durch Annahme
von Söldnern bis auf 2500 verstärkt haben, wieder eingenommen und bis
13. September behauptet. An diesem Tage ziehen sie sich infolge eines Ausfalls zurück, während die Belagerung auf dem rechten Ufer der Nogat bis
zum 21. fortgesetzt wird. Joh. Lindau 507, 508 mit den Noten von Hirsch.
Näheres bei Simson S. 23 und S. 30—33.

[3]) Eine Darstellung der Schlacht von Konitz liegt ausserhalb unsers
Vorwurfs, da sie nur in ihren Folgen Bezug auf die Festung Danzig hat.
Ein Paar Worte werden jedoch am Orte sein, um die Taktik zu kennzeich-

Am 27. September erschien das siegreiche Heer des Ordens vor Dirschau, das sich am 29. ergab. Wenige Tage darauf fiel auch Mewe. Bei der grössten Zahl der kleinen Städte bedurfte es gar keiner Aufforderung zur Uebergabe, sie schickten ihre Boten nach Marienburg und unterwarfen sich. Auf diese Weise kamen fast alle Burgen wieder in den Besitz des Ordens.

Es ist kaum zweifelhaft, dass sich auch Danzig ergeben hätte, wenn der Hochmeister zu dieser Zeit davor erschienen wäre [1]). Aber er ging dem Heere nicht einmal bis Dirschau entgegen. Er vermied es, sich demselben zu zeigen, das bisher noch keinen Sold erhalten hatte. Am 1. Oktober erschienen der jüngere Reuss von Plauen und Veit von Schömberg in Marien-

nen, der man sich in diesem Kriege bediente. Die ältere Hochmeister-Chronik (1. Fortsetzung) und „die Geschichte wegen eines Bundes" bieten die Möglichkeit dazu. Hiernach hatten beide Theile eine Wagenburg und die Ordenssöldner auch Fussvolk, in der Schlacht ist davon jedoch keine Rede. Die Wagenburg mag daher als Rückhalt verwendet worden sein. Die Hochmeister-Chronik stimmt darin mit Dlugoss überein, dass die Polen in 7 Schlachthaufen getheilt waren. Die Ordenssöldner lässt sie in 5 Haufen formirt sein. Die Aufstellung in 3 Treffen ist selbstverständlich, wird daher von keiner Chronik besonders erwähnt. Die Polen mögen im 3. Treffen drei, die Ordenssöldner einen Haufen gehabt haben, so dass in den beiden ersten Treffen je 2 Haufen vorhanden waren. Die Stärke der einzelnen Haufen hat bei den Polen im Durchschnitt 2500, bei den Söldnern etwa 1000 Pferde betragen, wonach sich eine Stärke des polnischen Heeres von 17500, bei den Söldnern von 5000 Reitern ergiebt. Zu den letztern trat wie bemerkt noch Fussvolk, höchstens 2000 Mann. Wenn „die Geschichte wegen eines Bundes" S. 137 sagt: „die Polen in ihrem ersten Geschicke hatten 500 spiesser und die Teutschen nicht mehr denn 70 spiesser", so sind damit die Spiessführer, also die Schwergewaffneten gemeint. Wenn sie ferner sagt: „also half ihnen Gott, das die Teutschen mit Kraft von Gott gegeben sich durch die Polen schlugen, und sich rasch wieder zum andern schlagen schickten", so heisst das: „sie durchfurchten die polnischen Haufen des 1. Treffens und ordneten sich dahinter schnell wieder zum Kampfe". Auch Joh. Lindau sagt S. 510: „so das sich des ordens geste mit gewalt schlugen durch des Königs heer und spitzen". Die entscheidende Attacke der Söldner unter Heinrich Reuss von Plauen, der aus Konitz vorbrach, wird von der Hochmeister-Chronik als Flankenattacke (von der Schwertseite) bezeichnet.

[1]) Gesch. w. e. Bundes SS. 4, 140: „Sunder were das here balde vyr Dantzke gezogen, so were es versehlich gewesen, das sy Dantzk in kurz erlanget hetten und sich ergeben, wan dorinne vyl leute waren, den der krieg

burg und nöthigten ihm eine Anweisung auf die deutschen Balleien ab, am 2. Oktober fand sich Berndt von Zinnenberg ein und erging sich in Schmähreden gegen den Hochmeister. Am 7. kam das ganze Heer an und forderte ungestüm Sold. Der Hochmeister sah sich genöthigt, am 9. Oktober den Hauptleuten eine Verschreibung auf die Uebergabe von Marienburg und die Neumark auszustellen, welche letztere erfolgen sollte, wenn bis Fastnachten 1455 noch kein Geld vorhanden wäre. Inzwischen zogen die Söldnerbanden auf Raub aus. Am 3. Oktober erschien eine Abtheilung bei Praust, leitete die Radaune ab und plünderte. Am 7. November sah Danzig die ersten Feinde vor seinen Thoren. Sie brannten Ohra, Petershagen und den Hoppenbruch nieder und zogen dann wieder ab. Ernstlicher war eine Unternehmung des Hochmeisters, die längst signalisirt war und viel Besorgniss erregt hatte. Es waren zu dieser Zeit bedeutende Verstärkungen aus Deutschland eingetroffen, die der Deutschmeister in Person herangeführt hatte. Der Hochmeister erschien am 13. Januar 1455 mit 2000 Pferden[1]) vor Praust und liess wiederum die Radaune abstechen. In seinem Gefolge befand sich Postor, der frühere Komthur von Danzig. Nachdem der Hochmeister die Dörfer St. Albrecht, Ohra, Petershagen pp. abgebrannt hatte, zog er über den Bischofsberg und Hagelsberg zur Jungstadt in der Absicht, sich hier festzusetzen und zu verschanzen. Die Gefahr wäre für Danzig eminent gewesen, wenn die Jungstadt eine ausreichende Befestigung gehabt und

sere leidt was und dem orden sere geneigt woren, sy torstens aber vor dem rathe nicht uben. Sunder so das her dorvyr kommen were, hette sich villicht ein ufflof erhaben wider den rath vnd seyne byliger, und sich dem orden villicht ergeben, als das hernochmals von ettlichen von Dantzke gesagett wartt".

[1]) Aeltere Hochmeisterchronik, erste Fortsetzung. SS. rer. Pruss. 3, 685. Die preussischen Chroniken geben nur 1400 Pferde an. Die geringe Stärke des Hochmeisters erklärt sich daraus, dass die Söldner sich über Pomesanien, Pogesanien und Sassen ausgebreitet hatten und die zahlreichen Burgen wegen der Nähe des polnischen Heeres nicht räumen konnten. Die Unternehmung gegen Danzig erfolgte daher nur mit den aus Deutschland so eben angekommenen Kräften. Man darf sich hierin nicht durch die Hochmeisterchronik irre machen lassen, welche die Ankunft der deutschen Hilfe nach der Unternehmung erzählt.

den Hochmeister eingelassen hätte. Die Rechtstadt wäre dadurch vom Meere abgeschnitten worden. Auch lag nach dieser Seite der schwächste Theil Danzigs. Bei den schwachen Kräften des Hochmeisters waren ihm die Danziger jedoch gewachsen. Sie zogen zu Ross und zu Fuss aus der Stadt und scharmützelten 4 Stunden mit ihm, so dass er einen Verlust von 600 Mann erlitt und sich genöthigt sah, nach Dirschau zurückzukehren[1]). Die Danziger verloren 200 Mann, hatten aber 10 Wochen zu thun, die Radaune wieder in die Stadt zu leiten.

Die Expedition des Hochmeisters hatte die ganze Gefahr gezeigt, welche die Lage der Jungstadt der Stadt Danzig bereiten konnte. Letztere hatte schon längst in den König von Polen gedrungen, den Befehl zum Abbrechen der Jungstadt zu ertheilen. Der König sträubte sich anfänglich dagegen, weil er den Städten versprochen hatte, sie zu schützen. Bei den Gerüchten, die sich über die Absichten des Hochmeisters im Lager vor Lessen, das der König belagerte[2]), verbreiteten und von den Danziger Sendeboten noch übertrieben wurden, willigte er endlich

[1]) Töppen erklärt in einer Anmerkung zur ältern Hochmeisterchronik (SS. rer. Pr. 3, 685) das ganze Gefecht sei von Grunau erfunden, um die Zerstörung der Jungstadt zu motiviren. Hirsch weist jedoch SS. rer. Pr. 4, 512 nach, dass nicht Grunau, sondern der zuverlässige Bornbach die Nachricht bringt, die ausserdem durch ein Schreiben des Danziger Raths von demselben Tage (13. Fbr.) an die Sendeboten im Lager vor Lessen bestätigt wird. Ebd. Note 3. Simson verhält sich S. 49 ungläubig dagegen.

[2]) Der König von Polen hatte durch ein allgemeines Aufgebot des Adels — bei Konitz waren nur die Grosspolen vertreten — ein zweites Heer von ungleich grösserer Stärke als das erste aufgebracht und war damit anfang November an der Weichsel bei Nessau angelangt, wo ihm die Thorner eine Brücke geschlagen hatten. Die Armee weigerte sich jedoch die Weichsel zu überschreiten, bevor der König nicht die Statuten, die ihm die einzelnen Provinzen vorlegten, bewilligt hatte. Erst nachdem dies geschehen war, überschritt die Armee die Weichsel und marschirte durch das Kulmerland, das vom Orden noch nicht wieder besetzt war, gegen Pomesanien vor. Der König langte unter diesen Umständen erst Mitte December an der Ossa an. Da das Ordensheer durch Besetzung der Burgen aufgelöst war, blieb dem Könige nichts übrig als zu Belagerungen zu schreiten, auf die er in keiner Weise vorbereitet war. Bischofswerder wurde zwar am 29. December genommen, aber Lessen, das mit einer Besatzung von 800 Mann versehen war, leistete so hartnäckigen Widerstand, dass der König infolge der strengen

ein. Nach dem Abzuge des Hochmeisters ging man daher unverweilt ans Werk, und da die Bürger der Jungstadt säumten, ihre Häuser selbst abzubrechen, legten die der Rechtstadt die Hand daran. Der König von Polen mahnte sie am 20. zur Eile. Die Einwohner der Jungstadt erhielten Baustätten in der Altstadt und Langgarten angewiesen und wurden den bezüglichen Gewerken einverleibt[1]).

Der Hochmeister war durch die Jahreszeit abgehalten, den Abmarsch des Königs von Polen zur Ausführung einer grösseren Unternehmung zu benutzen. Doch sendete er am 12. Februar 1455 den Grosskomthur Ulrich von Isenhofen mit 300 Pferden und den disponiblen Söldnern gegen Soldau, um sich dieses wichtigen Grenzplatzes zu bemächtigen. Die Stadt fiel schon am 17. in dessen Hände. Das Schloss kapitulirte am 19.

Um diese Zeit traf der Herzog Balthasar von Sagan mit einer ansehnlichen Schar von 1300 Mann in Marienburg ein. Der Hochmeister folgte daher einer Einladung Thorner Bürger, die ihm die Thore öffnen wollten, und betrat am 9. März das Kulmer Land. Die Verräther waren inzwischen denuncirt und gerichtet worden, so dass der Hochmeister nach einer gründlichen Zerstörung des Kulmerlandes wieder den Rückzug antrat und am 25. März in Marienburg anlangte. Hier traf ihn eine Botschaft der Altstadt Königsberg, welche ihm die unerwartete Eröffnung machte, dass die Stadt sich wieder dem Orden ergeben habe, und um Hilfe gegen die aufrührerische Schwesterstadt Kneiphof bat[2]). Schon am 7. April brach der Ordensspittler und Komthur von Elbing, Heinrich Reuss von Plauen, der

---

Jahreszeit und der Ankunft obiger Hilfe aus Deutschland die Belagerung am 7. Januar 1455 aufhob. Er musste die Weichsel auf dem Eise überschreiten, da Thorn ihm den Durchmarsch und den Uebergang über die Brücke versagte. In Brzecz entliess er das Heer in die Heimath. SS. rer. Pruss. 4, 685 mit den bezüglichen Anmerkungen von Töppen. Caro V 1, 56.

[1]) Th. Hirsch in den Bemerkungen zu Joh. Lindau SS. rer. Pruss. 4, 513. 514.

[2]) Die Veranlassung zum Abfall vom Bunde war eine Steuer, die auf der Tagefahrt zu Elbing vom Bunde auferlegt wurde. Die Gemeinde erhob sich gegen den Rath und verjagte ihn am 24. März. Auch Löbenicht schloss sich an, dagegen setzte Kneiphof der Altstadt einen entschlossenen Widerstand entgegen. Die Altstadt fand in den Samländern eine werthvolle Stütze,

den in polnischer Gefangenschaft befindlichen Ordensmarschall vertrat, mit 4000 Pferden, worunter die Mannschaft des Herzogs von Sagan [1]), dahin auf und langte am 13. April am Haberberge vor Kneiphof an, nachdem er unterwegs die Vor- und Neustadt von Braunsberg ausgebrannt hatte. Am 16. April huldigte ihm die Altstadt, Löbenicht und ganz Samland. Die Belagerung von Kneiphof wurde am 19. April eröffnet.

Danzig erkannte die ganze Gefahr, die für den Bund aus dem Abfall von Königsberg entspringen musste und rüstete eine Flotte von neun Schiffsbooten aus, die am 20. April unter dem Rathmann Henning German nach Kneiphof absegelte [2]). Ausserdem suchte es durch Diversionen im grossen Werder die Kräfte des Hochmeisters in Marienburg festzuhalten, damit er keine Unterstützungen nach Königsberg absenden konnte. Schon am 13. April verbrannten sie das Dorf Liessau [3]), Dirschau gegenüber, und legten später beim Dorfe Güttland an der Mottlau, in dessen Nähe sich eine Fähre (die Kittelsfähre) über die Weichsel befand, eine starke Bastei an, die durch einen Plankenzaun mit der Weichsel verbunden wurde, um das kleine Werder gegen Dirschau hin abzusperren. Mehrere bewaffnete Boote auf der Weichsel unterhielten die Verbindung mit Danzig. Der Hochmeister sah sich dadurch veranlasst, aus den nächstgelegenen Burgen am 20. Mai eine Abtheilung von 800 Mann zu Ross und zu Fuss bei Dirschau zusammenzuziehen und die Bastei am 23. zu überfallen, wobei die Danziger einen Verlust von 40 Todten und 60 Gefangenen erlitten [4]). Unter diesen Umständen konnte der Herzog von Sagan von Marienburg aus am 16. Juni dem Ordensspittler, der durch zahlreiche Besatzungen der dem Orden zugefallenen Städte des Hinterlandes sehr geschwächt war, eine Unterstützung von 1000 Mann mit des

---

[1]) Aeltere Hochm.-Chron. 3, 689.

[2]) SS. r. Pr. 4, 516. Sie langte am 22. April vor Kneiphof an. Simson ist im Irrthum, dass Hennig German Liessau verbrannt hat und am 20. vor Kneiphof angelangt ist.

[3]) Gesch. w. c. Bundes. SS. 4, 142.

[4]) Ebda. 144. Aeltere Hochmeisterchronik, 1. Fortsetzung SS. 3, 696. Daselbst Note 3 Schreiben des Hochmeisters an den Oberstspittler. Merkwürdigerweise verschweigt Joh. Lindau den Vorfall.

Ordens grosser Büchse, der Felwawer, zuführen, um den Widerstand von Kneiphof zu brechen [1]). Die Kapitulation erfolgte
am 12. Juli, nachdem alles Pulver verschossen war. Am 15. fand
die Uebergabe statt. Die Danziger hatten während der Belagerung einen Verlust von 120 Mann zu beklagen [2]). Einigen
Trost gewährte, dass Kneiphof der Stadt Danzig ein Zeugniss
über die ausdauernde Tapferkeit der gesendeten Hilfe während
der ganzen Belagerung ausstellte. Von Seiten des Bundes war
wenig zur Rettung Kneiphof's geschehen. 2000 Mann, die
Remschel von Krixen gegen das vom Bunde abgefallene
Preussisch-Eilau führte, stürmten die Stadt vergeblich und wurden
vom Grafen Ludwig von Helfenstein und dem Böhmen Johann
von Blankenstein, welche der Ordensspittler von Königsberg zum
Entsatz sendete, am 26. Mai fast völlig aufgerieben [3]). Von
Seiten Polens war gar nichts geschehen. König Kasimir erschien
erst am 17. September vor Lessen, um den Schimpf vom
vorigen Jahr zu rächen, musste die Belagerung aber schon
am 23. wegen Mangel an Futter wieder aufheben. Er marschirte dann nach Graudenz in der Absicht, auf das linke Ufer
der Weichsel überzugehen, gab aber auch das wegen des schlechten
Wetters auf und entliess das Heer am 4. November bei Thorn [4]).

Mit Ausnahme von Wehlau war das ganze Hinterland
wieder dem Orden zugefallen, im November auch Memel, das
bis dahin von 200 Samaiten im Auftrage des Bundes besetzt

---

[1]) SS. 3, 699. Gesch. w. e. Bundes 143. Der Herzog von Sagan
scheint demnach nicht mit Plauen gezogen, sondern für seine Person beim
Hochmeister zurückgeblieben zu sein. Seine spätere Anwesenheit vor Kneiphof wird auch von Joh. Lindau und andern Chroniken erwähnt.

[2]) Nach der ältern Hochmeisterchronik, 1. Fortsetzung, SS. 3, 695 sind
die Danziger nicht nach Kneiphof hineingelangt, weil 2 Brücken den Pregel
sperrten, um welche heftige Kämpfe stattfanden.

[3]) Gesch. w. e. Bundes 145. Joh. Lindau 517.

[4]) Am 12. December verschrieb der König zu Thorn der Stadt Danzig
für die grossen Auslagen, die sie bisher, zuletzt noch durch Uebernahme der
Bezahlung der Söldner zu Stargard und Neuenburg, geleistet hatte, die ganze
Komthurei Danzig und das Fischamt zu Putzig mit allem Zubehör. Die
Kosten der Stadt in den beiden Jahren beliefen sich auf 254,700 Gulden.
Schütz 234. Schon vorher hatte der König der Stadt das Recht Steuern aus-
zuschreiben bewilligt. Simson 52.

war, die nunmehr von Livländern vertrieben wurden. Der
Herzog von Sagan und der Herr von Blankenstein befestigten
durch den Entsatz von Rein am 2. Februar 1456, das vom
Bunde belagert wurde, auch nach dieser Seite den Besitz des
Hinterlandes[1]). Kurz zuvor (im Winter) hatte der Ordensspittler
einen Haufen von 600 Masuren in derselben Gegend auseinander
gesprengt[2]). Dagegen war die Reichsacht, welche der Kaiser
am 24. März, und das Interdikt, das Papst Kalixt III. im September gegen den Bund ausgesprochen hatte, ohne alle Folgen
geblieben. Von ebenso geringem Erfolge waren die Bemühungen
des Kurfürsten von Brandenburg, der zu dem Zweck im August
nach Preussen kam, einen Frieden zu vermitteln.

Das Jahr 1455 ist durch den Uebertritt Königsbergs zum
Orden und die Eroberung Kneiphofs bestimmend auf die ganze
Folgezeit des Krieges geworden. Bei der gänzlichen Stumpfheit
polnischer Kriegführung und der Machtlosigkeit des Bundes,
der von vornherein auf die Geldvorschüsse Danzigs angewiesen
war, lag kaum eine Möglichkeit vor, dass Königsberg wieder
dem Orden entrissen werden konnte. Sehr zu statten kam es
diesem, dass Littauen, tief gekränkt durch die Anmassungen
der Polen in Bezug auf Podolien, seine Theilnahme am Kriege
versagte. Wie Königsberg für den Bund und Polen, so war
Danzig für den Orden uneinnehmbar. Selbst ein Eingreifen des
Königs von Dänemark, der es übernommen hatte, die Stadt
durch eine Flotte zu blockiren, hätte bei dem finanziellen Ban-
kerott des Ordens keinen Erfolg haben können. Es bildeten
sich dadurch zwei Centren für die Kriegführung, Königsberg
und Danzig, die einander ausschlossen und die spätere Konfiguration des Landes in einen preussischen und polnischen Theil
vorbereiteten. Der Besitz von Marienburg hatte nur noch die
Bedeutung, dass es dem einen oder anderen Theil die Weichsel
zuführte, und von keiner Seite ist das tiefer empfunden worden,
als von Danzig, dessen ganze Bedeutung vom Besitz der Weichsel
abhing. Es hat daher später sein Herzblut und seine gesammten
materiellen Kräfte für den Gewinn von Marienburg eingesetzt.

---

[1]) Gesch. w. e. Bundes 150. Joh. Lindau 519.
[2]) Ebd. 518.

b. Die zweite Periode.

1456. 1457.

Der im Vertrage vom 9. Oktober 1454 in Aussicht genommene Termin vom 18. Februar 1455 zur event. Uebergabe
Marienburgs und einer Zahl anderer Ordensburgen an die Söldner
war vorübergegangen, indem es den Anstrengungen des Ordens-
spittlers gelang, die Frist zunächst bis zum 23. April zu ver-
längern, jedoch unter der Bedingung, dass die Söldner mit den
Schlössern machen könnten, was sie wollten, auch das Recht
hätten, sie weiter zu verpfänden oder zu verkaufen[1]). Als
auch dieser Termin verstrich, ohne dass der Hochmeister im
Stande war, die Soldrückstände zu zahlen. setzten sich die
Söldner am 2. Mai für alle Fälle in Marienburg fest. Als
Führer der böhmischen Söldner tritt Ulrich Czirwenka von
Ledec hervor. Die Anwesenheit des Kurfürsten Friedrich von
Brandenburg in Preussen übte einen beruhigenden Einfluss auf
die Söldner aus. Aber schon fanden die ersten Verhandlungen
derselben mit Polen statt, um die Burgen an dieses zu verkaufen.
Das Jahr 1456 ist von weitern Verhandlungen erfüllt, die nur dadurch
zu keinem Abschluss gelangten, dass Polen und der Bund den
eignen Söldnern gegenüber in derselben Lage waren, wie der
Orden. Die Umgebung von Krakau, wohin sich ein Theil der
polnischen Söldner zurückgezogen hatte, um die Auszahlung
ihrer Löhnung zu betreiben, wurde der Schauplatz wüster Aus-
brüche. Auch Danzig war nicht im Stande, seine Söldner
anders zu befriedigen, als dass es zwei Drittel des Soldes in
Waaren verabreichte[2]). Bei denen, die es in Stargard und
Neuenburg unterhielt[3]), war das nicht angebracht. Sie ent-
schädigten sich durch Raubanfälle, die bis an die Thore von
Danzig gingen und schlossen auf eigene Faust einen Waffen-

---

[1]) SS. r. P. 4, 432. 514. Simson S. 111.

[2]) Voigt, Gesch. Preussens 8, 466. Simson S. 46.

[3]) Der König hatte die Befriedigung dieser Söldner auf Danzig abge-
wälzt. Erst im Oktober 1456 kam ein Vertrag mit ihnen zustande, wonach
sich Danzig verpflichtete, in 5 Terminen bis zum 1. März 1457 die verein-
barte Summe auszuzahlen. Am 8. April befand sich Danzig im Besitz von
Stargardt. Simson S. 59.

stillstand mit den Söldnern des Ordens. Die Zustände des Landes waren aufs äusserste gebracht, so dass nicht bloss das niedere Volk, sondern auch einzelne Mitglieder des Raths in den grösseren Städten Thorn, Kulm und Danzig sich zu Verbindungen mit dem Orden fortreissen liessen, um die Städte in dessen Hände zu spielen. In Thorn gelangte das Volk auch momentan zur Herrschaft, wurde dann aber durch den Woiewoden des Kulmerlandes, Gabriel von Baisen, mit Hilfe polnischer Ritter überwältigt. 72 Bürger wurden enthauptet [1]). In Danzig stand Martin Kogge, ein reicher Kaufmann und Rathmann, an der Spitze der Unzufriedenen. Der Rath trat freiwillig aus dem Amte, und es wurde ein neuer gewählt, der ausser einer Anzahl von Kaufleuten, die nicht dem Patriziat angehörten, auch aus Handwerkern bestand. Es wurde eine neue Stadtverfassung in Vorschlag gebracht, zum Theil auch ausgeführt und die Ruhe dadurch hergestellt [2]). Diese Scenen spielten sich in Thorn im September, in Danzig im Oktober 1456 ab [3]). Nach Niederschlagung der Aufstände resp. der Beruhigung der Gemüther gingen die Unterhandlungen mit den Söldnern einer schnelleren Lösung entgegen. Eine Einigung wegen Verkaufs der Burgen war bereits am 15. August erzielt worden, nachdem die deutschen Söldner sich am 12. August von den Böhmen losgesagt hatten. Sie waren bis dahin mit diesen gemeinschaftlich vorgegangen, hauptsächlich um die Entscheidung hinzuziehen. Mit den Böhmen handelte es sich jetzt nur noch um die Leistung des vereinbarten Preises. Der König von Polen war ausser Stande, seinen Antheil aufzubringen. Da ist es schliesslich Danzig gewesen,

---

[1]) Joh. Lindau 534.

[2]) Ebenda 533.

[3]) Kogge war damit noch nicht beseitigt, da man ihn keiner offenbaren Verrätherei bezichtigen konnte. Aber man entfernte ihn mit dienstlichen Aufträgen nach Putzig, und als er von hier aus seine Umtriebe fortsetzte, nahm man einen Vorschlag zu einer neuen Stadtverfassung, den er am 28. Januar 1457 an den Gubernator, Hans von Baisen, einreichte, ohne den Rath davon in Kenntniss gesetzt zu haben, zur Veranlassung, ihn zu verhaften. Es erfolgte am 6. Februar auf seiner Flucht in Leba. Da inzwischen seine Verbindungen mit dem Orden bekannt geworden waren, wurde er am 17. Februar hingerichtet und der alte Rath am 23. März wieder eingesetzt. SS. rer. Pr. 4, 539. Note 1.

das die Böhmen befriedigt hat. Am 2. November gab es zunächst als erste Rate 10000 Mark her. Auf der Elbinger Tagefahrt vom 14. November verpflichteten sich die Stände zu den weiteren Zahlungen von 82.375 ungarischen Gulden. Ebensoviel sollte der König zahlen. Da er sowohl wie die meisten Stände die Summe nicht aufzubringen im Stande waren, so schoss Danzig, nachdem es im Februar 9457 Gulden auf 25,000 ergänzt hatte, im Laufe des Mai 1457 den Ständen 28,750 Gulden und dem Könige 21,500 Gulden vor. Auf sein eigenes Konto kamen 33,750 Gulden, die es bereits abgetragen hatte [1]). Die Stadt wurde durch die Vogtei Dirschau, die ihr verpfändet wurde, und durch die Bestätigung der Schenkungen vom 16. Juni 1454, sowie durch Erweiterungen des Stadtrechts entschädigt [2]). Ausserdem erhielten der Bürgermeister Reinhold Niederhof und der Rathmann v. d. Beke, die bei Auftreibung des Geldes besonders thätig gewesen waren, Geschenke an Landbesitz. Es hatte eine ausserordentliche Energie dazu gehört, das Geld aufzubringen. Um die letzten 30000 Gulden herauszupressen, war selbst die Gegenwart König Kasimirs erforderlich gewesen, der am 1. Mai 1457 mit einigen tausend Pferden in Danzig einzog und bis zur völligen Abwicklung des Geschäfts hier verweilte. Er nahm am 9. Mai die Huldigung der Stadt entgegen. Schloss Marienburg wurde am 6. Juni übergeben, und schon am 8. traf der König daselbst ein [3]). Die Danziger besetzten am 13. Juni Dirschau, das ihnen in der Folge vortreffliche Dienste geleistet hat. Nur um diese beiden Burgen und um Deutsch-Eilau hatte

---

[1]) SS. rer. Pr. 4, 535 Note 2. Im Ganzen werden demnach gegen 190,000 Gulden gezahlt worden sein. Ausführlicher ist die Angelegenheit der „Auskaufung der Ordensschlösser" von Simson Anhang I behandelt worden.

[2]) Gegenüber den Verleihungen vom 16. Juli 1454, welche das erste Privilegium genannt werden, heissen die v. J. 1457 Mai 15. das Hauptprivilegium. Es ist ebenfalls bei Curicke abgedruckt. Von besonderem Interesse ist die Verleihung des Gerichts in Handel und Strandangelegenheiten in ganz Preussen. Auch die Reichsunmittelbarkeit wurde ihm zugesichert. Vertreter des Königs in der Stadt soll der Stadthauptmann sein, den er aus 8 ihm vom Rathe vorgeschlagenen Rathsherren ernennen wird. Im Umkreise von 5 Meilen um Danzig soll kein Schloss errichtet werden, keine neuen Steuern und Zölle sollen die Stadt beschweren. Simson S. 66.

[3]) Joh. Lindau 545.

es sich seit Lostrennung der deutschen Söldner noch gehandelt. Der Hochmeister, der förmlich als Gefangener behandelt worden war, verliess am 6. Juni Marienburg und wurde gegen seinen Wunsch nach Konitz geleitet, von wo er später nach Königsberg flüchtete.

Die Kriegslage hatte sich in dieser ganzen Zeit nicht geändert. Die Unterhandlungen mit den Söldnern hatten das ganze Interesse in Anspruch genommen und der Mangel an Geld alle Unternehmungen gelähmt[1]). Die Danziger beschränkten sich auf einige Unternehmungen zur See. Am 4. April 1456 war Marquardt Knake auf Requisition des Gubernators ins frische Haff gesegelt, um das Tief von Balga zu verpfählen und den Königsbergern den Weg zu sperren. Am 5. August ging ein Geschwader gegen Memel ab, von wo es einen mächtigen Raub heimbrachte, namentlich aus Samland, das es auf dem Rückwege heimsuchte[2]). Dagegen erlitten die Danziger bei einer zweiten Expedition nach Samland, die durch Freiwillige unter Heinrich v. Staden und Michael Erdmann ausgeführt wurde, am 1. November empfindliche Verluste, indem sie beim Raube durch den Herrn v. Blankenstein, der aus Königsberg herbeigeeilt war, überfallen wurden. Sie verloren dabei 130 an Todten und 125 an Gefangenen, darunter die beiden Führer[3]). Die Angelegenheit erhielt dadurch eine höhere Bedeutung, dass eine Anzahl Kneiphöfer, denen man Schuld gab, die Danziger herbeigerufen zu haben, in Verbannung geschickt wurden, was die aufsätzige Bürgerschaft Kneiphofs ein für allemal unschädlich machte[4]).

c. Die dritte Periode.

1457—1460.

Die dritte Periode, welche den ersten Theil des Kampfes um den Besitz der Weichsel umfasst, berührt die Festung

---

[1]) Für das linke Weichselufer herrschte seit März 1456 ein Waffenstillstand, der bis zum 16. Mai dauern sollte, dann aber bis zum 24. Juni und weiterhin bis 12. Juli verlängert wurde. Simson 55.

[2]) Joh. Lindau 520.

[3]) Ebd. 536.

[4]) Ebd.

Danzig nicht direkt. Den Höhepunkt darin bildet jedoch die Aufopferung der Stadt Danzig für die gemeine Sache, indem sie, nachdem die Unfähigkeit des Bundes und Polens, der Stadt Marienburg Herr zu werden, sich ausgesprochen hatte, aus eigener Initiative Hand anlegt und die Belagerung zu einem glücklichen Ende führt.

Der Orden war zur Zeit der Uebergabe von Schloss und Stadt Marienburg an Polen am 6. Juli 1457 nur noch im Besitz einer Weichselfeste, der Stadt und Burg Mewe, während im Besitze des Bundes und Polens, ausser Danzig und Thorn, Kulm und Marienburg, Dirschau, Graudenz, Stargardt[1]), Neuenburg und Schwetz waren. Am Schluss der Periode (8. August 1460) befindet sich ausser Mewe auch noch Kulm und Neuenburg im Besitz des Ordens, so dass es den Anschein hat, als ob er siegreich aus dem Kampfe hervorgegangen sei. Das ist jedoch nur anscheinend der Fall, da er die Stadt Marienburg, deren er sich durch Ueberfall bemächtigt hatte, nicht zu behaupten vermochte und ohne Aussicht war, sich der beiden Hauptbollwerke der Weichsel, Danzig und Thorn, zu bemächtigen.

Der König von Polen hatte gleich nach der Uebergabe von Marienburg — nach Dlugoss schon Anfang Juli — eine Abtheilung von 300 Reitern gegen Mewe vorgesendet, die am 39. Juli durch Danziger verstärkt wurden. Am 30. Juli traf Prandota von Lubieschowsky mit 800 Reitern und 200 Fussknechten ein, so dass die Stadt eng eingeschlossen werden konnte. Danziger Schiffe sperrten die Weichsel ab. Durch Verrath eines bestochenen polnischen Edelmannes, Johann Cromno v. Russdorf, nahmen die Polen jedoch am 20. September die Flucht, so dass auch die Danziger wieder abziehen mussten[2]). Eine Woche darauf, in der Nacht vom 27. zum 28. September, überfiel Bernhard von Zinnenberg von Stuhm aus im Einverständniss mit dem Bürgermeister Bartolomäus Blum die Stadt Marienburg und stürmte von dort aus das Schloss.

---

[1]) Stargardt war im Frühjahr 1457, nachdem die Söldner endlich befriedigt worden waren, von Danzig wieder besetzt worden. Simson S. 60.

[2]) Ebd. 546. Nach Dlugoss hat der König den Cromno hinrichten lassen.

Der Angriff wurde zwar abgeschlagen, aber die Stadt blieb vonseiten des Ordens besetzt[1]). So ungleich auch das Verhältniss
zwischen den Besatzungen war, da das Schloss seine starke
Seite, das Hochschloss, der Stadt zuwendete, während diese
nach dem Schloss hin offen lag, so hat dennoch der Kampf
zwischen beiden die ganze Periode ausgefüllt. Aber das nicht
allein. Bernhard von Zinnenberg bemächtigte sich am 24. Oktober durch Verrath der Stadt Kulm und gewann dadurch eine
Position zwischen den beiden Städten Schwetz und Thorn, die
beide bedrohte und mehr oder weniger auch die Weichsel beherrschte. Er dehnte Ende Oktober seine Herrschaft auch auf
Deutsch-Eilau, das erst im Juli den Polen verkauft worden
war, aus und bemächtigte sich der Burg Papau. Bernhard
war es auch, der am 20. Januar 1458 der Stadt Marienburg,
deren Besatzung dem Hungertode nahe war, Lebensmittel zuführte. Ein Versuch des Hochmeisters, sich des Schlosses Marienburg, dem er sich am 20. Mai 1458 mit 600 Reitern und
1100 Trabanten genähert hatte, durch Verrath zu bemächtigen,
schlug dagegen fehl[2]). Es gelang ihm nur, einige Wagen mit
Holz und Lebensmitteln in die Stadt zu werfen. Am 10. August
langte der König mit 40000 Mann vor Marienburg an. Auf
dem Wege dahin hatte er sich der Burg Papau wieder bemächtigt. Das war aber auch Alles. Fast unter seinen Augen
erstiegen Fritz v. Raweneck und Georg von Schlieben in der
Nacht vom 15. zum 16. August die Stadt Neuenburg für den
Orden, wodurch diesem ein äusserst wichtiger Punkt zur
Sperrung der Weichsel zugeführt wurde. Der König machte
keinen Versuch, den Ort wieder zu nehmen. Der Eifer, den er
anfänglich vor Marienburg zeigte, war bald erkaltet. Er gab
sich gern den Vermittlungsvorschlägen hin, die Giskra von
Brandeis, der berüchtigte Rottenführer, der für seine Person
aus Ungarn herbeigekommen war, um den König Kasimir zu

---

[1]) Ein Versuch Berndt's, sich am 29. des grossen Werders zu bemächtigen, schlug fehl. Simson.

[2]) Hauptmann des Schlosses Marienburg war zu dieser Zeit wahrscheinlich der Pole Stibor v. Ponitz. Am 3. März 1458 wird von den Danziger
Hauptleuten noch Czirwonka als Hauptmann genannt. Simson S. 72.

vermögen, seine Ansprüche auf Ungarn geltend zu machen, ihm machte. Es wurden Unterhandlungen mit dem Orden zunächst behufs eines Beifriedens angeknüpft. Von Seiten des Ordens wurden die Unterhandlungen vom Ordensspittler und Grosskomthur, die in Stuhm lagen, geführt. Bernhard von Zinnenberg liess sich nicht dadurch abhalten, die Polen in jeder Weise zu belästigen und ihnen die Lebensmittel abzuschneiden. Das polnische Heer löste sich wegen Mangel nach und nach auf, so dass dem Könige, da auch die schlechte Jahreszeit sich einstellte, nichts übrig blieb, als die Bedingungen, welche der Hochmeister in Mehlsack mit seinen Gebietigern berathen hatte, anzunehmen. Der Beifriede wurde am 8. Oktober auf 9 Monate bis auf St. Margarethentag (13. Juli) 1459 abgeschlossen und sollte für alle Theilnehmer des Krieges gültig sein. Johann Giskra von Brandeis sollte in dieser Zeit das Kommando in der Stadt Marienburg haben und es dem Orden wieder zustellen, wenn der Friede nicht zu Stande käme. Es wurde ein Schiedsgericht eingesetzt, dem Johann Giskra vorstehen sollte. Es sollte am St. Georgstage (23. April) seinen Spruch thun, und wenn sich beide Theile desselben bis dahin nicht geeinigt hätten, war Herzog Albrecht von Oesterreich als Obmann ausersehen. Wir erfahren durch die Unterschriften der Urkunde des Beifriedens den augenblicklichen Besitzstand, wie er während desselben aufrecht erhalten werden sollte. Ausser den Gebietigern [1]) unterzeichnen auf Seiten des Ordens: Bernhard von Zinnenberg, oberster Hauptmann zu Kulm und Stuhm, Ritter Georg von Schlieben zu Allenstein, Mussigk von Swynau zu Hohenstein, Martin Frodnacher zu Rössel, Kaspar von Warnsdorf zu Mehlsack, Kunz von Borewitz zu Neumark, Ulrich Pfersheimer zu Lessen, Friedrich Nebeschütz zu Riesenburg, Hanicke Schönaich zu Liebmühl.

Im Besitz der Polen und des Bundes waren Danzig, Elbing, Thorn, Braunsberg, Mohrungen, Graudenz, Schwetz, Golub, Guttstadt, Rastenburg, Schippenbeil, Heilsberg, Pr. Holland, Liebstadt, Wehlau, Bartenstein, Neidenburg, Passenheim, Fried-

---

[1]) Es sind daher noch hinzuzurechnen Konitz, Mewe, Neuenburg, Balga, Brandenburg, Königsberg, Fischhausen, Tapiau, Ragnit, Memel u. s. w.

land, Seeburg, Dirschau, Stargardt, Lauenburg, Tuchel, Wormdit, Löbau, Rheden und Strassburg.

Der König brach am 9. Oktober von Marienburg auf und unterzeichnete in Riesenburg am 12. Oktober das Friedensinstrument[1]).

Danzig war ausser sich. Es hatte dem Könige 4000 Mann angeboten, wenn er die Belagerung fortsetzte. Auch zeigte sich bald, wie sehr die Stadt durch den Beifrieden in Nachtheil kam. Die Besatzungen von Mewe und Neuenburg griffen ihre Handelsflotten auf der Weichsel auf, obgleich im Beifrieden bedungen war, dass alle Handelswege frei sein sollten. Auch mit Königsberg kam es in Konflikt wegen des Weges nach Kowno.

Die Friedensunterhandlungen, welche am 21. März zu Kulm eröffnet werden sollten, kamen gar nicht zustande. Johann Giskra legte am 13. Juli 1459 das Kommando nieder. Zwei polnische Heerhaufen brachen in das Land ein, der eine ins Kulmerland, der andere gegen Konitz. Den erstern hielt der Ordensspittler durch Unterhandlungen hin[2]). Vor Konitz wurde Kaspar von Nostiz und Graf Hans von Gleichen schwer verwundet[3]). Von einem Zusammenhang und Plan der Unternehmungen ist jedoch keine Rede. In diese Zeit fällt der Vorschlag, der auf dem polnischen Reichstage zu Petrikau gemacht wurde, wie es scheint von den fremden Botschaften, die sich daselbst eingefunden hatten[4]), Preussen von Polen seitens des Ordens zu Lehen zu nehmen. Aber die Gesandten des Bundes sperrten sich sehr energisch dagegen.

[1]) Hirsch. SS. rer. Pruss. 4, 558 Note 2.

[2]) Voigt, Gesch. 8, 579.

[3]) Ebd., nach einem Schreiben Fritz v. Rawenecks an den Hochmeister d. d. 22. Aug.

[4]) Botschaften vom Papst, den Kurfürsten und von Herzog Albrecht von Oesterreich. Voigt, Gesch. 8, 581. Der Reichstag fand am 1. September statt. Hirsch macht SS. rer. Pruss. 4, 563 Note 1 darauf aufmerksam, dass in dem sehr ausführlichen Protokoll über diesen Reichstag, das sich im Danziger Archiv befindet, nichts davon steht. Dagegen findet sich in einem Schreiben der Danziger Hauptleute vom 29. August 1450 das Projekt erwähnt, den Orden für Preussen durch Podolien abzufinden. Simson S. 73. Note 10. König Kasimir wies den Vorschlag jedoch zurück.

Am 9. November starb Hans von Baisen, Gubernator von Preussen. Als sein Nachfolger wurde sein Bruder Stibor von Baisen erwählt und vom Könige bestätigt. Es wurde dem Oberstspittler unter diesen Umständen leicht, einen mehrwöchentlichen Waffenstillstand zu erlangen, der es gestattete, Marienburg zu verproviantiren [1]). Wichtiger noch war, dass am 9. November zum grossen Leidwesen Danzigs eine sechsjähriger Waffenstillstand mit Masovien geschlossen wurde und man von dorther Lebensmittel beziehen konnte, die im eignen Lande, weil der Boden nicht bebaut wurde, ausgegangen waren.

Wir haben noch einen Blick auf Danzig zu werfen. Dieses hatte am 3. und 4. August 1459 seine ganze Kriegsmacht zu Ross und zu Fuss ausgesendet, um Kyschau[2]), eine Burg des Ordens, die zur Vogtei Dirschau gehörte, zu brechen. Die Besatzung der Burg war jedoch kurz zuvor von Söldnern des Ordens bedeutend verstärkt worden, so dass die Danziger am 10. August unverrichteter Sache wieder abziehen mussten. Dagegen zerstörten sie am 13. August die festen Häuser Sobbowitz und Grebin, damit sich der Feind daselbst nicht einnistete. Am 30. Oktober machte die Besatzung von Mewe den Versuch, sich des von Danzig besetzten Stargardt durch List zu bemächtigen, wurde aber abgewiesen. Ebenso wenig gelang es einigen Verräthern im Rathe von Lauenburg, diese Stadt in die Hände des Ordens zu spielen. Selbst in Dirschau fanden derartige Umtriebe statt, wurden aber vereitelt. Noch am 1. December klagt Danzig in einem Schreiben an den König von Polen, dass der Herzog Erich von Pommern, dem Lauenburg und Bütow bei Ausbruch des Krieges vom Könige zu Lehen gegeben waren, mit dem Feinde unterhandle. Es fand dann, nachdem schon anfang December die Besatzung auf 350 Mann vonseiten Danzigs erhöht worden war, bis zum 16. December eine Einigung mit den Herzoge statt, dass eine von Danzig abhängige Besatzung von Söldnern unter Martin Schlesier in die Stadt gelegt wurde. Auch blieb der Rathmann Otto Brambeck, der

----

[1]) Voigt, Gesch. 8, 584. 585.

[2]) Kyschau lag an der Ferse, 2½ Meile südlich von Berend bei dem jetzigen Dorf Alt-Kyschau. Hirsch SS. rer. Pruss. 4, 562 Note 5.

schon am 1. November dahin gesendet worden war, zur Sicherung in der Stadt[1]). Schlochau und Tuchel waren zwar mit polnischen Besatzungen versehen, aber von dieser Seite hatte Danzig nichts zu erwarten. Sie hatten nicht einmal, wie die Stadt sich beim Könige beklagte, die Verstärkung der Besatzung der Burg Kyschau vonseiten des Ordens verhindert[2]).

Es geht aus alle dem hervor und wird in der Folge durch mehrfache Nachrichten, welche dem Danziger Rathe zugingen[3]), bestätigt, dass sich etwas gegen Danzig vorbereitete. Die Stadt wurde dadurch sehr in Spannung erhalten, und es drängte sich die Nothwendigkeit auf, mit Marienburg ein Ende zu machen. Da von Polen nichts zu erwarten war, entschloss sich der Rath, dessen Belagerung selbst zu übernehmen. Wir müssen zunächst jedoch der Erfolge Danzigs zur See gedenken, da seine politische Stellung und seine sich steigernde Wohlhabenheit wesentlich darauf beruhten.

Gleich zu anfang dieser Periode, am 15. August 1457, hatten drei Danziger Schiffe bei Bornholm einen Sieg über 16 dänische und livländische Schiffe davon getragen[4]). Dadurch ermuthigt und bei der Aussicht auf Rache seitens des Königs Christian von Dänemark rüsteten die Danziger mit Aufbietung aller Kräfte zur See und ertheilten 7 Schiffshauptleuten Kaperbriefe[5]), die im Sommer 1458 noch durch 12 vermehrt wurden. Sie nahmen hierin ein Beispiel an dem durch Christian von Dänemark vertriebenen König Karl Knutson von Schweden, dem sie am 1. März 1457 Putzig gegen 15000 Mark verpfän-

---

[1]) Hirsch, SS. rer. Pruss. 4, 565 Note 1. Danach waren auch die Pane der Umgegend mit den Ordenshauptleuten Hans v. Gleichen und dem zu Kyschau in geheimer Verbindung.

[2]) Ueber das eigenthümliche Verhältniss der polnischen Hauptleute in Pommerellen zum Könige siehe Caro, Gesch. Polens V.

[3]) Hirsch stellt die betreffenden Nachrichten SS. rer. Pruss. 4, 566 Note 2 zusammen.

[4]) Johann Lindau. 547. Wie Danzig mit den livländischen Städten in Konflikt gerieth, sowie über die Stellung desselben den übrigen Seemächten der Ostsee gegenüber, setzt Simson S. 60—63 auseinander, worauf ich verweise.

[5]) Der erste Kaperbrief ist vom 18. März 1456, einige Wochen später erfolgten 3 andere. Simson S. 63.

det hatten, und der von hier aus Kaperei betrieb. Die reichen Prisen, die diese Freibeuter einbrachten, ermöglichten der Stadt die kräftige Fortsetzung des Krieges auch auf der Landseite[1]. Auf das dringende Verlangen Lübecks, das durch diese Massregeln sehr beeinträchtigt wurde, sendeten die Stände die Danziger Rathsmitglieder Reinold Niederhoff und Bernt Pawest nach Schweden, um einen Frieden herbeizuführen[2]. Die Gesandten erreichten zwar nichts, doch wurden die Unterhandlungen in Preussen fortgesetzt und führten durch die Vermittelung Lübecks und des Herzogs Adolf von Holstein trotz aller Machinationen des Hochmeisters am 28. Juli 1458 zu einem Waffenstillstande bis zum 24. Aug. 1459, der durch die Bemühungen Lübecks von Zeit zu Zeit verlängert und vom 5. Mai bis zum 24. August 1463 ausgedehnt wurde.

Wie Danzig mit den gefangenen feindlichen Seeräubern umging, ersieht man aus der Mittheilung Johann Lindaus (S. 557), wonach die Mannschaft eines am 8. September an der Nehrung aufgebrachten „Holcks“, 61 Personen stark, in Danzig enthauptet wurde.

Die Schifffahrt auf der Weichsel ist nie ganz unterbrochen gewesen, allerdings nur in Begleitung von bewaffneten Schiffen. Die grossen Verluste, die Danzig und Thorn erlitten, fallen in die Zeit des Beifriedens, wo die Handelsflotten nicht vorbe-

---

[1] Hirsch, ebd. S. 554. Note. Nach den Kaperbriefen waren die Schiffshauptleute bevollmächtigt, nicht nur gegen die offenen Feinde, Holländer, Livländer und Dänen zu kämpfen, sondern auch gegen alle Neutralen, welche die Blockade des Memeler und Balgaischen Tiefes brechen sollten.

[2] Der Beschluss wurde auf dem Landtage zu Elbing am 13. Mai gefasst. Die Anträge erfolgten in Stockholm am 29. und wurden vom Könige Christian, der sich daselbst befand, sehr schroff entgegengenommen. Er sprach eine förmliche Absage gegen den König von Polen, das Land Preussen und die Stadt Danzig aus. Reinhold Niederhoff antwortete darauf: „In der Macht, do ich innen stehe von meines gnedigen hern des Königs von Polen und seiner lande, von des landes von Preussen und der Stadt Danzig wegen, entsage ich euer gnaden widder und allen dreien reichen und eueren mannen“. Joh. Lindau 554. Christian, vom Hochmeister gewonnen, hatte schon am 1. Juni 1855 den Krieg an Polen und den Bund erklärt, ohne dass es jedoch zu Thätlichkeiten gekommen wäre. Simson S. 62.

reitet waren, überfallen zu werden [1]). Ende Oktober 1459 ging eine Handelsflotte von 121 Fahrzeugen von Danzig nach Thorn ab und wurde von 17 bewaffneten Booten und 4 Espingen mit Söldnern begleitet. Bei Neuenburg stieg ein Theil der Mannschaft ans Land und verbrannte den grossen Speicher, sämmtliche Schiffe, die Vorstadt und ein anliegendes Dorf, ohne dass die Besatzung es gewagt hätte, sie daran zu hindern [2]). Ein am Ende des Jahres auf 2 Monate abgeschlossener Waffenstillstand liess dann die Waffen ruhen.

Welche Bedeutung damals Danzig hatte, geht aus einem Schreiben des Hochmeisters vom 6. Januar 1460 an Lübeck hervor, worin er Danzig in den schwärzesten Farben schildert und Lübeck davor warnt [3]). Welcher Entschluss gehört dazu, sich so zu kompromittiren, und wie unerreichbar für die eignen Kräfte musste der Gegenstand des Hasses sein, um zu solchen Mitteln zu greifen! Eine solche Sprache konnte nur aufreizen, und das Schreiben hat gewiss dazu beigetragen, den Entschluss Danzigs hervorzurufen, die Belagerung von Marienburg selbständig zu unternehmen. Die Danziger rückten zu dem Zweck am 20. März 1460 unter den Rathshauptleuten Jakob Falke, Johann Meydeburg und Jörge German [4]) in ganzer Stärke aus. Auch Elbing schickte einige Mannschaft [5]). Thorn wurde dagegen vergeblich dazu aufgefordert [6]). Nach Voigt [7]) sollen auch Polen aus dem Kulmerlande dazu gestossen sein. Es müsste von denen gewesen sein, die im August 1459 ins Kulmerland gerückt waren; eine Quelle giebt er nicht an.

Die Danziger gruben sich gleich nach ihrer Ankunft vor Marienburg ein und waren nach Verlauf von zwei Wochen soweit gedeckt, dass sie sowohl einen Ausfall als einen Entsatz

---

[1]) Joh. Lindau SS. rer. Pruss. 4, 562.
[2]) Ebd. 564.
[3]) Voigt, Gesch. 8, 589.
[4]) SS. rer. Pruss. 4, 566.
[5]) Ebd. 567.
[6]) Voigt, Gesch. 8, 590. 591. 594. 595. Schreiben Danzigs an Thorn vom 26. und 29. März, 1., 13. und 18. Mai und 9. Juni.
[7]) Ebd. 590.

zurückzuweisen im Stande waren¹). Sie müssen also eine Circum- und Contravallationslinie, die von der obern Nogat bis zum Schloss ging, aufgeworfen haben.

Die Stadt hatte kurz vor der Ankunft der Danziger von Stuhm aus eine Verstärkung von „10 guten gesellen“ erhalten. Nach ihnen langte noch Augustin Trozeler an und übernahm das Kommando. Er wurde freudig aufgenommen, da er schon 1458 eine Zeit lang Kommandant gewesen war²).

Auf dem Schloss befand sich Stibor von Baisen, der Gubernator, der mit den polnischen Hauptleuten Lubischofsky und Johann v. Koscielecz das Kommando theilte. Doch herrschte zwischen beiden kein gutes Einvernehmen, so dass die Danziger

---

¹) Joh. Lindau 566: „und begruben die (Stadt Marienburg) und legeten und baueten vil pasteien davor und machten drey graben mit verlornen zceunen und waren dorfor, das die von Marienburg noch ein noch aus kunden“.

Geschichte wegen eines Bundes. SS. rer. Pruss. 4, 202: baweten einen zawn von dem Nogendt an den Schyndgruben bys an die mittelmol und satzten eine starke pastey uff die statt, do der burger von Marienburg ziegelscheune gestanden hatte, und die erste pastey in der belegunge am anheben des kriegs was gestanden, und baweten auch zwyschen derselben pastey und der mittelmolen wol by 10 pasteyen und eynen graben, dorzu einen schreckzawn vyr denselben grossen zawn, also das niemandes aus oder in die stadt kommen sollte“.

Zum Verständniss dieser Werke verweise ich auf G. Köhler, Entwickelung des Kriegswesens und der Kriegführung in der Ritterzeit III 3. S. 8—60. Pastei entspricht den Bastiden oder Bastillen, geschlossene Werke aus Palisaden mit vorliegendem Graben. Hier werden aber auch die hölzernen Thürme Pasteien genannt. So sind die genannten „10 pasteyen“, 10 hölzerne Thürme (Bercfrite). Dagegen die „starken pasteyen“ sind geschlossene Werke. Bei Jos. Lindau bezeichnen die „drey graben“ drei Pasteien und die sie verbindenden palisadirten Linien nennt er „verlorene zceune“. Mit „pasteien“, deren viel vorhanden waren, sind bei ihm nur hölzerne Thürme gemeint. Ihre Zahl wuchs später bis auf 17 (vgl. Voigt, Schreiben des Joh. Baysemann vom 18. Juli). Das Bild der Belagerung von Marienburg im Artushofe zu Danzig hat diese Thürme dargestellt. Der Bau dieser Werke hat sehr viel Zeit in Anspruch genommen. Eine der Basteien, Klein-Danzig genannt, wurde erst am 24. Juni fertig (Schbl. 75. 420. Hirsch SS. 567, Note 1). Die Gesch. w. a. Bundes giebt den 22. Mai als den Zeitpunkt an, wo die Stadt auf der Landseite völlig umschlossen war.

²) Gesch. w. e. Bds. 202. Voigt nennt Nikolaus von Uttenhofen als deren Führer.

Kriegshauptleute auf sich angewiesen waren. Die Nogat war durch Schiffe gesperrt. Als daher am 27. März die Besatzung von Mewe versuchte, der Stadt Lebensmittel und Kriegsmaterial zu Wasser zuzuführen, wurde sie von Danziger Schiffen unter harten Kämpfen zurückgeschlagen, wobei ausser Lebensmitteln auch Harnische und 24 Lothbüchsen erbeutet wurden. Die Stadt litt daher bald Mangel. Sie suchte sich am 3. April der Frauen und Greise und aller, die keine Vorräthe besassen, zu entledigen, doch wurden sie vom Belagerer zurückgewiesen.

Der Hochmeister hatte gegen 1000 Pferde aufgebracht und rückte damit um Pfingsten (?) gegen die Werke an. Als jedoch zum Angriff geschritten werden sollte, verlangte Georg von Schlieben im Namen der Söldnerhauptleute 10 Mark pro Pferd. Da der Hochmeister ohne Mittel war, sah er sich zum Rückzuge gezwungen, versprach der Stadt aber, in vier Wochen wieder zu kommen. Doch ist er ausgeblieben, wie die Gesch. eines Bundes ausdrücklich mittheilt [1].

Trotz dieses Umstandes hing es noch an einem Haar, ob die Belagerung werde fortgesetzt werden können, da die Danziger ohne Unterstützung blieben und die weitläuftigen Werke nicht genügend besetzen konnten [2]. Aber sie hielten aus.

Bis Mitte Juli begnügte man sich mit einer Blockade. Man

---

[1] Ebenda 203. Voigt entnimmt die wiederholentlichen Versuche des Hochmeisters, die Stadt zu entsetzen, den unzuverlässigen Quellen eines Runau und Hennenberger: Sowohl die Geschichte wegen eines Bundes als Joh. Lindau (S. 569) sprechen nur von einem Entsatzversuch des Hochmeisters, weichen jedoch im Datum von einander ab. Pfingsten, wo erstere ihn setzt, fiel in diesem Jahr auf den 1. Juni, während Joh. Lindau den 15. April angiebt. Letzteres hat alle Wahrscheinlichkeit für sich, weil der Bischof von Samland eine geringe Geldhilfe nach einem Schreiben desselben vom 4. April (Voigt 593 Note 2) dazu hergab. Auch befanden sich Samländer bei der Unternehmung. Ausserdem würde Joh. Lindau gewiss einen zweiten Entsatzversuch, der um Pfingsten stattgefunden hätte, nicht verschwiegen haben, da die Angelegenheit speciell die Danziger betrifft. Daher mag die Geschichte eines Bundes im Irrthum sein. Voigt nimmt aber nicht bloss heide Data an, sondern erzählt noch von einem dritten Entsatzversuch, der jedenfalls nicht stattgefunden hat.

[2] Schreiben des Rathes von Danzig vom 9. Juni an Thorn (Rathsarchiv zu Thorn. Voigt 595).

ging jetzt zum Angriff über und zwar mit der Mine. Die
Danziger wählten dazu die Schlossseite [1]), weil sie von hier aus
durch die Zwingermauer gedeckt, unbemerkt vom Feinde, arbeiten konnten. Allerdings musste die Mine sehr tief gelegt
werden, da sie unter dem Wassergraben weg geführt wurde.
Das hatte jedoch den Vortheil, dass der Feind nichts davon
bemerkte, selbst dann nicht, als er durch einen Verräther darauf aufmerksam gemacht wurde. Man hatte die Richtung auf
die Kirche genommen [2]). Die Angst vor der Mine war die Haupt-
veranlassung, dass die Vertheidiger in Unterhandlungen traten.
Die Kapitulation kam am 6. August zustande. Das tragische
Schicksal des wackern Bürgermeisters Blume ist bekannt.
Augustin Trozeler, ohne dessen Einwilligung die Uebergabe erfolgt war, wurde nach Danzig abgeführt und ist dort im Kerker
gestorben.

Wie hoch stand Danzig jetzt über allen übrigen Theilnehmern
am Kriege da! Niemand mehr wie der König erkannte das an.
Er sprach der Stadt am 31. August für ihre „grosse Mühe,
Arbeit und Anlage“ seinen grossen Dank aus und gab ihr die
Zusage „es ihr mit allem Guten in ewigen Zeiten gedenken zu
wollen“ [3]).

Auch zur See behielt Danzig die Oberhand.

d. Die vierte Periode.
1460—1462.

Der Hochmeister hatte sich, nachdem er gewahr geworden,
dass er den Fall von Marienburg nicht hindern könne, nach
Königsberg begeben und bereitete hier die Mittel zur Belagerung von Wehlau vor.

Der Besitz der Stadt war für den Orden von grosser Wichtigkeit nicht bloss wegen der Räubereien, welche die Besatzung
desselben bis Samland ausübte, und zur Befestigung seiner Basis,
sondern sehr wesentlich auch zur Beruhigung in Bezug auf Samaiten. Die Furcht, dass sich die Samaiten am Kriege bethei-

---

[1]) Joh. Lindau 567.

[2]) Joh. Lindau 567.

[3]) Codex epist. saec. XV, 204, Nr. 182. Caro 5, 134. Simson S. 82.

ligen könnten, wie sie es in der That in einem einzelnen Fall im Interesse des Bundes schon gethan hatten (Besetzung von Memel), drückt sich in dem offiziellen Schreiben und in den gleichzeitigen Chroniken aus, Wehlau hätte ihnen den Zugang zu Preussen geöffnet. Die Belagerung muss schon am Ende Juni begonnen haben, denn schon am 2. Juli meldet der Ordensbruder Christoph Eglinger dem Hochmeister, dass die Stadt allenthalben mit Schanzen und Pasteien umgeben sei [1]. Es gelang dem Hochmeister, fast alle Söldnerhauptleute um sich zu versammeln, selbst Georg von Schlieben war zur Stelle [2].

Danzig zeigte das grösste Interesse für die Erhaltung der Stadt und rüstete eine Flotte aus, die mit den Verstärkungen, welche Elbing und Braunsberg sendeten, bis auf 24 Segel anwuchs. Es war damit nur eine Diversion zu gunsten Wehlaus auszuführen, indem die Küste zu beiden Seiten des Haffs verwüstet wurde, um das Ordensheer von Wehlau abzuziehen. Es wurden 7 Dörfer, 5 freie Höfe und 2 Mühlen verbrannt und die Söldner des Ordens von Heiligenbeil, welche zum Schutz herbeieilten, zurückgeschlagen. Ohne eigne Verluste ging das freilich nicht ab, namentlich scheinen sie durch den Komthur von Balga eine Niederlage erlitten zu haben [3]. Danzig that aber noch ein Uebriges, indem es unterm 12. August an den König von Polen schrieb und ihn bat, den Jakob Dambienski, welcher zu dieser Zeit bei Deutsch-Krone [4] stand, mit seiner Armee zum Entsatz von Wehlau zu schicken. Der König versprach es auch, machte aber unterm 30. Aug. die Gegenforderung [5], dass Danzig den Bernhard von Zinnenberg, welcher mit einer Schaar angeworbener Söldner aus Deutschland in Marsch war [6], nicht über die Weichsel lasse.

[1] Voigt, Gesch. 8, 596.

[2] Ebd. 600.

[3] Ebd. 599. Nach den Schreiben, die Voigt anführt, fiel die Unternehmung in die Zeit vom 15. bis 25. Juli. Siehe auch Joh. Lindau.

[4] Deutsch-Krone, Burg und Stadt, war am 25. Febr. 1460 von Kaspar Nostiz eingenommen und ausgebrannt worden. Eine Besatzung hatte er bei seinen schwachen Kräften nicht zurücklassen können. Gesch. w. e. Bundes.

[5] SS. rer. Pruss. 4, 570 Note 1.

[6] Bernhard von Zinnenberg war anfang 1460 nach Mähren gegangen,

Die Belagerung von Wehlau zog sich sehr in die Länge. Es kapitulirte erst Anfang Oktober[1]). Es war damit ein ausserordentlicher Schritt vorwärts für den Orden gethan, und der Hochmeister war zu dieser Zeit noch weit davon entfernt, sich mit dem Besitz des Nieder- und Hinterlandes zu begnügen. Sein Sinn ging immer noch aufs Ganze. Die Belagerung und Einnahme von Marienburg hatte gezeigt, dass sein mächtigster und unversöhnlichster Gegner Danzig war. Gegen diesen Schwerpunkt der feindlichen Macht richtete er daher seine Offensive. Der Plan stand allerdings mit den Mitteln, die er aufwenden konnte, in starkem Gegensatz, aber es gab im Mittelalter eine Form der Belagerung oder doch der Blockirung, die auch bei geringen Kräften zum Ziele führen konnte. Es kam darauf an, sich Stützpunkte im Umkreise von Danzig im Lande zu verschaffen, von denen aus die Umgebung der Stadt verwüstet und die Einwohner geängstigt werden konnten; man nannte diese Form Depopulation[2]). Die Burgen Mewe, Neuenburg, Kyschau, Friedland, Konitz, die im Besitz des Ordens waren, konnten dabei als Grundlage dienen. Die erstern beiden waren auch geeignet, die Zufuhren auf der Weichsel zu hindern. Von Wichtigkeit wäre es gewesen, auch Lauenburg und Putzig zu gewinnen, um den Kreis zu schliessen. Dass der Plan zum derartigen Vorgehen gegen Danzig von langer Hand her erwogen worden und auch Danzig zu Ohren gekommen war, geht daraus hervor, dass die Stadt im Sommer 1459 auszog, um Kyschau, Sobtitz und Grebin zu brechen. Auch das Misstrauen, das sie um dieselbe Zeit gegen den Herzog Erich von Pommern fasste, spricht dafür. Schon der Kurfürst von Brandenburg hatte bei seiner Anwesenheit in Preussen 1455 darauf hingewiesen, dass man Danzig einschliessen und zur See blockiren müsse[3]). Von einer Blockade zur See müsste

---

um ein Heer zum Entsatz von Marienburg anzuwerben, erfuhr aber, bei Frankfurt a. d. O. angekommen, dass Marienburg gefallen sei, und entliess das Heer bis auf 500 Mann. Er langte am 1. September wieder in Kulm an.

[1]) Im Herbst sagt Joh. Lindau. Der Rath von Braunsberg theilt die Kapitulation untern 14. Oktober an den Rath von Friedland mit. Voigt 601.

[2]) Vgl. G. Köhler, Entwickelung des Kriegswesens und der Kriegführung in der Ritterzeit III 3, 55. 56.

[3]) Voigt 8, 464.

man freilich absehen, da Dänemark Waffenstillstand mit Danzig geschlossen hatte. Nicht einmal an Wegnahme des Blockhauses, das Danzig an der Mündung der Weichsel unterhielt[1]), konnte man denken, da es doch nicht zu behaupten gewesen wäre.

Mit dem Plan und der Besetzung der Burgen allein war es jedoch nicht abgethan, wenn nicht die geeigneten Persönlichkeiten an die Spitze gestellt werden konnten, und hierin war der Orden ausserordentlich glücklich. Er besass in dem Komthur von Mewe, Fritz Raweneck, den tapfern Vertheidiger von Lessen 1455, einen selten rührigen und unternehmenden Führer. Ein zweiter war Kaspar Nostiz, Komthur von Konitz, der sich wiederholentlich ausgezeichnet hatte. Als oberster Hauptmann tritt anfänglich der Graf Hans von Gleichen[2]) auf. Später wird er nicht mehr genannt.

Wie es scheint, war die Ausführung des Planes schon für Ende März 1460 in Aussicht genommen und ist durch die Unternehmung der Danziger auf Marienburg durchkreuzt worden. Denn wir erfahren aus einer Meldung Braunsbergs vom 18. März an den Rath von Danzig, dass die Feinde in Haufen von 40 bis 50 Mann bei Braunsberg vorbeiziehen, um über die Weichsel zu gehen und sich in den Putziger Winkel zu werfen. Auch der Danziger Hauptmann von Dirschau meldete unterm 26. März, dass Ordenstruppen aus Königsberg und Heiligenbeil, selbst aus Livland und andern Orten bei Mewe angelangt seien. Die Danziger Rathshauptleute vor Marienburg zeigen unterm 27. März an, dass Kaspar Wernersdorf mit 600 Pferden und 400 Trabanten von Mewe nach Kyschau marschirt sei, um sich in das Gebiet von Lauenburg zu begeben[3]). Von ihnen ging wahrscheinlich die Verheerung der Dörfer um Praust aus, von der Johann Lindau berichtet[4]). Die energischen Fortschritte der Arbeit vor Marienburg scheinen jedoch den Hochmeister bestimmt

---

[1]) Es war damals die einzige Befestigung von Weichselmünde. Der Thurm ist erst später hinzugetreten.

[2]) Hans von Gleichen war bei Ausbruch des Krieges Pfleger von Lochstedt. Voigt 8, 464, Note 2.

[3]) Hirsch in den Anmerkungen zu Joh. Lindau SS. rer. Pruss. 4, 566. Note 2.

[4]) Ebd. 569.

zu haben, jene Truppen zurückzuhalten, um einen Entsatzversuch auf Marienburg zu machen, der dann am 15. April erfolgte.

Nach dem Falle von Marienburg am 6. August 1460 wurden die Anfälle der Ordenstruppen in der Umgebung von Danzig nachdrücklicher. Am 30. August langte die Nachricht in Danzig an, dass der Feind die Bastei, welche die Stadt zum Schutz des Radaunekanals bei Praust hatte erbauen lassen, erstürmt habe und das Dorf niedergebrannt worden sei. In der Meinung, dass der Gegner nur schwach sein könne, stürmte eine Anzahl von Bürgern zu Ross und zu Fuss unter Führung der Bürgermeister und Schöppen aus der Stadt. Ohne alle Ordnung, in Haufen zu zehn und noch weniger, langten sie bei Praust an, wo ihnen gegen 1000 Mann unter Hans von Gleichen mit den Hauptleuten Fritz Raweneck und Kaspar Nostiz entgegentraten. Sie wurden sofort über den Haufen gerannt und gegen 300 gefangen, darunter mehrere Rathmänner und Elterleute der Handwerker. Danzig hatte seit seinem Bestehen keine grösseren Verluste erlitten. Das Ordensheer blieb bis zum 1. September in der Gegend, verbrannte die Bastei und leitete den Radaunekanal ab. Die Hauptleute zogen sich dann nach Schöneck zurück, wo sie die Beute vertheilten und die Gefangenen abschätzten[1]).

Am 18. September waren die Hauptleute von Mewe, Neuenburg und Konitz schon wieder vor Lauenburg vereinigt und belagerten die Stadt, die, wie wir gesehen haben, eine Danziger Besatzung hatte. Am 9. Oktober langte der Herzog Erich von Pommern mit 200 Reitern an und öffnete ihnen am 10. die Thore, übergab ihnen auch Bütow[2]). Trotz der Warnung, welche die Danziger Besatzung von Putzig daraus hätte entnehmen können, liess sie sich in der Nacht vom 13. zum 14. durch Fritz Raweneck überfallen, wobei sie 60 Pferde und 20 Gefangene

---

[1]) Joh. Lindau 570. König Kasimir schickte der Stadt untern 5. September ein Kondolenzschreiben. Dlugoss, der ebenfalls über das Gefecht berichtet, nennt Bernhard von Zinnenberg als Führer des Ordensheeres. Doch ist das jedenfalls ein Irrthum, da dieser schon am 1. September in Kulm zurück war (Fr. Schulz, Westpreuss. Gesch. Verein, Heft XXII). Auch führt Lindau den Bernhard von Zinnenberg unter den Führern nicht auf.

[2]) Ebd. 571.

verlor. Der Rest rettete sich auf Booten nach Danzig oder auf das Schloss, wo er am folgenden Tage gegen freien Abzug kapitulirte [1]).

Um so gelegener kam der Stadt Danzig eine Unterstützung von 800 Polen, wovon 200 Fussknechte, die ihr der König sendete. Sie marschirten den 16. nach Oliva, das von den Ordenssöldnern bedroht war und befestigten das Kloster. Am 28. Oktober gingen 300 Reiter von ihnen, verstärkt durch 300 deutsche Fussknechte aus Danzig, gegen Putzig vor und raubten die Gegend aus. Beim Rückwege wurden sie von Fritz Raweneck mit 400 Pferden und 300 Fussknechten angefallen, schlugen ihn aber mit bedeutendem Verlust zurück [2]). Am 30. November wiederholten die Polen den Raubzug ins Putziger Gebiet und brannten ungestraft 12 Dörfer aus. Die Putziger Söldner rächten sich am 15. Dezember und raubten das Dorf Striess aus, entfernten sich aber wieder, als die Polen, welche seit dem 2. Dezember in Danzig untergebracht waren, gegen sie ausrückten.

Durch die Lauenburger verstärkt, gelangten die Putziger am 27. Februar 1461 bis ganz in die Nähe von Danzig, pochten Zigankenberg und Schidlitz aus und drangen selbst in Neugarten und Sandgrube bis zur Radaune vor. Als sie mit grossem Raube wieder abzogen, wurden sie von den Polen und Danziger Söldnern verfolgt, diese stiessen aber hinter dem Karmeliter-Kloster der ehemaligen Jungstadt auf überlegene Kräfte und zogen sich wieder zurück. Am 12. April überraschten die Putziger eine Procession, die nach dem Karmeliter-Kloster gezogen war, und nahmen einen Theil davon gefangen. Die Polen scheinen zu dieser Zeit nicht mehr anwesend gewesen zu sein [3]).

Anfang Juni rüstete Danzig eine grössere Expedition aus, wozu Mannschaften aus Marienburg und Dirschau herangezogen wurden. Sie marschirte am 3. Juni ab und verwendete mehrere

---

[1]) Ebd. 574.

[2]) Ebenda 575.

[3]) Zweihundert Reiter waren schon anfang November nach Schwetz abmarschirt, wo wir sie wieder finden werden.

Tage darauf, den Putziger Winkel auszurauben. Sie kam mit grosser Beute heim.

Am 15. September benutzten die Putziger Söldner die Abwesenheit der Danziger Hofleute, welche den Bürgermeister Johann von Schawen zum Könige nach Konitz begleiteten; und raubten die nächste Umgegend von Danzig aus, wobei namentlich die Altstadt litt, deren Vieh fortgetrieben wurde.

Bevor ich diese Unternehmungen in der nächsten Umgebung von Danzig, die einen immer bedrohlicheren Charakter annahmen, weiter verfolge und näher auf den diesjährigen Feldzug des Königs eingehe, der in engster Beziehung dazu steht, ist es erforderlich, einen Blick nach Osten zu werfen.

Die Verhältnisse hatten sich hier im Laufe des Jahres 1461 sehr günstig für den Orden gestaltet, im Grunde ohne sein Zuthun. Die Söldner, welche Polen und der Bund hier unterhielten und welche die Städte Ermlands und des Niederlandes besetzt hielten, erhielten ebenso wenig Sold als die des Ordens. Sie waren daher darauf angewiesen, sich durch Raub ihren Unterhalt zu verschaffen oder den Städten einen Schoss aufzuerlegen, so dass diese auf das Aeusserste gebracht waren und jede günstige Gelegenheit wahrnahmen, sich der böhmischen Söldner zu entledigen. Auf diese Weise ging eine Stadt nach der andern dem Bunde verloren und trat auf die Seite des Ordens. Der Ordensspittler half nach, indem er sich am 16. Juni vor die mit besonders gefährlichen Söldnern besetzte Stadt Morungen legte, wo er jedoch nachhaltigen Widerstand fand. Aber es ist ein Zeichen der Schwäche des Bundes, dass Plauen die Belagerung unangefochten zu Ende führen konnte, ohne wesentlich belästigt zu werden. Erst am 27. Oktober ging die Stadt über. Schon vorher, am 16. September, war Friedland von Georg von Schlieben erstürmt worden [1]). Am 1. Oktober trat Schippenbeil, etwas später Rastenburg zum Orden [2]). Dazu kam der günstige Umstand, dass das Bisthum Ermland endlich einen Bischof hatte, der sich im Lande aufhielt und seine Neutralität zu wahren wusste. Paul von Logendorf war

---

[1]) Gesch. w. c. Bds. 209. Joh. Lindau 583.
[2]) Ebd. 210. Joh. Lindau 584.

zwar schon seit dem 20. September 1452 Bischof von Ermland, kam jedoch erst im Mai 1461 ins Land. Am 15. September konnte er seinen feierlichen Einzug in Braunsberg halten, das die Abwesenheit Jan Schalski's, der zum Könige gereist war, benutzte, um am 11. September seine bündische Besatzung hinauszuwerfen. Die Bürger legten sich darauf selbst vor Frauenburg, der bischöflichen Stadt, die noch im Besitz des Bundes war, wurden hier aber am 5. Oktober von den Söldnern des Bundes aus Holland und Wormdit überfallen und jämmerlich zugerichtet. Von den 600 Bauern aus dem Hokerlande, welche die Braunsberger mit sich führten, wurden 140 gefangen, ebensoviel in eine Kirche getrieben und verbrannt, der Rest todtgeschlagen[1]). Dazu kamen die Fortschritte, welche Bernhard von Zinnenberg im Kulmerlande machte.

Bei dieser ungünstigen Lage des Bundes im Osten erscheint es auf den ersten Blick, als ob der König, welcher sich anfang August mit dem Aufgebot des Adels den Grenzen Preussens näherte, die Weichsel hätte überschreiten und sich auf den Oberstspittler vor Morungen hätte werfen müssen. Er drang aber statt dessen über Inowraclaw und Nakel in Pommerellen ein, legte sich am 15. August vor Friedland und, nachdem sich dieses nach einigen Tagen ergeben hatte, vor Konitz, während polnische und tatarische Schaaren über Neu-Stettin in das Land des Herzogs Erich von Pommern einbrachen und es fürchterlich heimsuchten.

Der König war in der Wahl des Objekts vollkommen im Recht. Von Konitz gingen die Raubzüge des Kaspar Nostiz nach Grosspolen aus, es bildete ferner die Pforte, durch welche die Verstärkungen des Ordens aus Deutschland passirten, und was für die augenblickliche Lage entscheidend war, es bildete mit seiner Besatzung die Hauptplage Danzigs, auf dessen dringende Reklamationen der König den Zug unternommen hatte und dem er verpflichtet war. Es war ausserdem eine Ehrensache für den König, den Herzog Erich, seinen Lehnsmann, wegen seines

---

[1]) Joh. Lindau 584. Also hat, schliesst Lindau seinen Bericht, der hauffe von den pauern im Hockerlande, die grossen und viel schaden in diesen kriegen gethan haben, ein ende genommen.

Abfalls zu züchtigen und ihm Lauenburg und Bütow wieder
zu entreissen. Der König hatte aber noch seinen besondern
Grund, sich gegen Pommerellen zu wenden, auf den Caro zuerst hingewiesen hat. Das war sein Verhältniss zu Wlodek von Donabocz,
dem Kastellan von Nakel, dem er die Burgen von Tuchel und
Schlochau mit der Verpflichtung übergeben hatte, eine Söldnerschaar zu unterhalten, die vom Könige besoldet werden sollte.
Der Sold war jedoch ausgeblieben und die rückständige Summe
so angelaufen, dass Wlodek in wirkliche Verlegenheit kam und
sich durch Ausraubung der geistlichen Stifter Grosspolens und
selbst der Magnaten entschädigte. Der König hatte ihn durch
Pfandverschreibung ansehnlicher Gebiete in Pommerellen befriedigen wollen, die aber erst erobert werden mussten. Ich muss
auf die weitere Ausführung dieser Angelegenheit verzichten und
verweise in dieser Beziehung auf Caro, Geschichte Polens 6, 146.

Ein grosser Theil des Heeres war mit der gewählten
Operationslinie nicht einverstanden. Dlugos will sogar wissen,
dass die Rathgeber des Königs vom Orden bestochen worden
seien! Ein dem Könige übelwollender Geist sprach sich auch in anderen Sachen aus. Ueberall herrschte Unzufriedenheit. Der Feldzug
endigte daher, wie alle bisherigen, die mit der pospolite ruszenie
ausgeführt worden waren, schmachvoll. Die eingetretenen
Regengüsse machten einen längeren Aufenthalt vor Konitz unmöglich, und die aufgeweichten Wege liessen auch eine Fortführung der Operationen auf Lauenburg nicht zu. Dazu kam,
dass sich die Gemahlin des Herzogs Erich, die schöne Sophie,
am 27. beim Könige einfand und um Gnade bat. Der Herzog
versprach, wieder vom Orden zurückzutreten. Der König trat
unter diesen Umständen am 20. September den Rückzug an.
Friedland, das er sogleich an Wlodek von Donabocz abgetreten
hatte, ging diesem am 6. Januar 1462 durch Verrath der Bürgerschaft wieder verloren, so dass das Resultat des Feldzuges
völlig nichtig war.

Der König hatte es vor seinem Abmarsch von Konitz noch
erwirkt, dass der Adel ihm eine Steuer von 5 Procent seines
Einkommens bewilligte, um damit Söldner anzuwerben[1]). Er

---

[1]) Caro, Gesch. Polens V. 150. Die Steuer wurde ihm auf dem folgen-

konnte daher die Sendboten des Bundes in Bromberg, wohin er sich nach Auflösung des Heeres begeben hatte, damit beruhigen. Wie es scheint, hat er 2000 Söldner unter dem Unterkämmerer von Sandomir, Peter Dunin von Prawkow, sogleich zurückgelassen, denn wir finden sie schon am 9. November in Schwetz. Die Bitte der Sendboten, dem Bunde die Marienburg, welche ja doch gegenwärtig gering geachtet würde, als sei sie mit Würfeln gewonnen, als Zufluchtsort für die Vertriebenen und Verdrängten abzutreten, wies er jedoch zurück.

Danzig war durch die Erfolglosigkeit des Feldzuges tief erschüttert. Auch andre Verhältnisse wirkten darauf ein, die Stimmung herabzudrücken. Am 23. Juni war der Bürgermeister der Stadt auf dem Wege von Marienburg nach Thorn von den Ordenssöldnern in Marienwerder gefangen und nach Mewe abgeführt worden [1]). Dazu kamen die traurigen Nachrichten aus dem Niederlande, namentlich der Abfall Braunsbergs vom Bunde am 11. September. Dass es die Ordenshauptleute, Hans von Gleichen, Fritz Raweneck, Kaspar Nostiz, auf die Einnahme der Stadt abgesehen hatten, hatte sich schon das Jahr zuvor herausgestellt. In dem Gefecht bei Praust am 30. September 1460 war ein Schuhmacher Nikolaus Günther gefangen und in Schönek überredet worden, gegen seine Freilassung die Ordensleute in die Stadt einzulassen. Er hatte bei seiner Ankunft

---

den Landtage zu Korczyn am 6. December auch verfassungsmässig bewilligt. Die pospolite ruszenie ist in diesem Kriege überhaupt nicht wieder einberufen worden. Schon i. J. 1458 hatte man sich in Grosspolen dahin geeinigt, dass jeder, welcher eine Rente von 100 Mark hatte, einen Spiesser mit zwei berittenen Bogenschützen stellen solle. Die von geringerem Einkommen bis zu 20 Mark sollten sich derart zusammenthun, dass je 100 Mark einen Spiess stellten. Unter 20 Mark Einkommen verpflichtete zu einem berittenen Schützen. Noch Aermere und die Städte hatten Schützen zu Fuss zu stellen (Caro 109). Im folgenden Jahre folgte Kleinpolen diesem Beispiele (Caro 120). Die beiden Heerhaufen, welche nach Beendigung des Waffenstillstandes 1459 in Preussen auftreten, sind in dieser Weise aufzufassen und auch die 800 Mann, die 1460 Danzig zu Hilfe geschickt wurden. Nur im Feldzuge 1461 wurde noch einmal eine Ausnahme gemacht. Die Beschaffung der 2000 Söldner geschah in der Weise, dass zahlreiche Ritter der Magnaten, aber auch einige Barone mit ihrer Mannschaft sich anwerben liessen. Dugloss II 276.

[1]) Er ist am 20. Oktober daselbst im Kerker gestorben.

in Danzig darüber geschwiegen, bis er sichere Beweise in Händen
hatte, es dem Rath anzuzeigen. Den Beweis erhielt er durch einen
Brief, den ihm ein Karthäuser brachte, worin er aufgefordert wurde,
sich im Kloster Marien-Paradies einzufinden, und den er durch
List an sich brachte und vor Zerstörung rettete. Er ging damit
zum Rath. Im Einverständniss mit demselben ritt er nach dem
Kloster, wo in Gegenwart von Hans von Gleichen und Kaspar
Nostiz festgesetzt wurde (14. Novbr.), dass der Ueberfall in
der Nacht vom 17. zum 18. November stattfinden und Günther
mit seinem Anhange die Thore öffnen sollte. Er erregte jedoch
den Verdacht eines Karthäusers, der das Pferd Günthers als
dem Stadthofe angehörig erkennen wollte. Trotzdem erschien
der Prior des Klosters am 17. in Danzig, wurde aber verhaftet.
Der Ueberfall unterblieb[1]).

Am 11. Oktober 1461 wurde der Rath von Neuem gewarnt,
dass Fritz Raweneck im Einverständniss mit Bürgern der
Stadt die Altstadt in der folgenden Nacht überfallen wolle.
Der Bürgermeister versammelte am Abend die ganze Gemeinde
in Waffen vor dem Artushofe, doch blieb der Feind aus. Die
nähere Untersuchung ergab die Richtigkeit der Denunciation.
Es befanden sich unter den Mitschuldigen selbst Beamte der
Stadt. Ein Unterschreiber, Michel Heilmann, wurde am 2. November mit zwei anderen hingerichtet[2]).

Die Raubzüge dauerten indessen fort. Schon am 27. Februar 1461 hatte Danzig einen Theil der Vorstädte abbrechen
lassen, damit sie dem Feinde keinen Versteck gewährten. Am
1. Oktober 1461 kamen Lauenburger und Putziger Söldner in
der Stärke von 500 Pferden bis in die Gegend von St. Albrecht
und leiteten die Radaune ab, so dass die Stadt drei Tage kein
Wasser hatte[3]). In der Nacht vom 7. zum 8. December überfiel Fritz Raweneck im Einverständniss mit mehreren Bürgern
die Stadt Stargardt und lieferte sie dem Orden in die Hände[4]).
Es war ein harter Schlag für Danzig, da die Befürchtung nahe

---

[1]) Joh. Lindau 576.
[2]) Ebd. 584.
[3]) Ebd.
[4]) Ebd. 587.

lag, dass auch Dirschau einem ähnlichen Schicksale verfallen könnte, wodurch Danzig ganz isolirt worden wäre.

Wir müssen hier wiederum das enge Gebiet von Danzig verlassen und auf das Allgemeine einen Blick werfen. Mit dem Erscheinen der polnischen Söldnerhaufen, die an keine Jahreszeit gebunden waren, änderte sich die Kriegführung wesentlich. Mit Peter von Dunin, der Ende Oktober Preussen betrat, stellt sich eine gewisse Einheit in den Operationen des Bundes heraus, die bald ihre guten Früchte trägt.

Wie ich oben angedeutet habe, hatte Bernhard von Zinnenberg im Kulmerlande Fortschritte gemacht. Er hatte bald nach seiner Rückkehr aus Deutschland (1. September 1460) die Stadt Golub an der Drewenz eingenommen und sie behauptet, obgleich die Burg in den Händen des Feindes blieb. Durch Golub verschaffte er sich in dem angrenzenden Lande Dobrzyn eine ergiebige Quelle, um Geld, woran es ihm sehr gebrach, und Lebensmittel zu beziehen. In der Nacht vom 9. und 10. November 1460 überfiel er Schwetz. Es gelang ihm zwar mittelst des Danzkers [1]), begünstigt durch Verrath, sich des Schlosses zu bemächtigen, doch behaupteten sich die Bundessöldner durch den günstigen Umstand, dass gerade 200 von den polnischen Reitern, die in Oliva gelegen hatten, anlangten [2]), im Besitz der Vorburg. Der Orden blieb ein volles Jahr im Besitz des Schlosses. Die Besatzung wurde von Zeit zu Zeit von Mewe aus mit Lebensmitteln versehen. Fritz Raweneck war persönlich mehrere mal hier [3]), liess auch eine Bastei gegen die Vor-

---

[1]) Joh. Lindau 575: „die von Colmen quomen bei nachtzeiten mit kanen zcu wasser wertz von der Weichsel durch die cloaca ader heimlich gemach darein, und Puszkarsen volk, das doruf was, die kamen in das vorburgk“. „Heimlich gemach“ ist die Bezeichnung für Danzker und Dlugoss erwähnt noch, dass sie auf Stricken heraufgezogen worden sind. II 260. Puszkars war Hauptmann unter Ulrich Czirwonka und mit diesem nach dem Verkauf von Marienburg in polnischen Dienst getreten.

[2]) Geschichte w. e. Bundes 205. Wie aus S. 206 hervorgeht, waren die Ordensleute auch im Besitz der Stadt Schwetz, denn sie warfen am 12. December die Brücke ab, die von der Stadt nach der Vorburg führte. Indessen sind damit die gemeint, welche von Mewe später hinzukamen.

[3]) Ebenda 208.

burg bauen. Das hörte mit der Ankunft Dunins 9. Oktober 1461 [1]) auf. Das Schloss musste sich ihm ergeben, weil, wie „die Geschichte wegen eines Bundes" [2]) sagt, die ganze Besatzung bis auf zwei Mann krank lag.

Am 11. November 1461 erstieg Bernhard von Zinnenberg die Stadt und die Vorburg von Strassburg [3]), musste aber einige Tage darauf die Vorburg wieder aufgeben, weil die Besatzung des Schlosses Unterstützung von einigen Landherren erhielt. Er leitete nun eine förmliche Belagerung von Schloss und Vorburg ein, doch konnte er nicht hindern, dass ein Transport Lebensmittel, welchen 400 Polen der Besatzung von Lessen [4]) auf Befehl Dunins zuführte, ins Schloss gelangte. Sie hatten dabei eine Bastei des Feindes erstürmt und sind glücklich über Marienwerder zurückgekehrt [5]).

Wie aus dem in der Note 5 erwähnten Schreiben hervorgeht, befand sich Dunin am 25. November in Marienburg, wie es scheint auf dem Marsche zur Vereinigung mit Jan Schalsky, der eine Unternehmung auf Braunsberg vorhatte. Sie scheint am 28. November von beiden gemeinschaftlich ausgeführt worden zu sein [6]), missglückte aber.

Das Schicksal von Strassburg, das eines der festesten Plätze Preussens war, beunruhigte die Herren vom Bunde und

---

[1]) Dass Dunin Schwetz eingenommen hat, erwähnt Dlugoss. Das Datum, 9. Oktober 1461, giebt die Gesch. w. e. Bundes 209, die über Schwetz sehr gut orientirt ist. Joh. Lindau 575 sagt 16. Oktober.

[2]) Gesch. w. e. Bundes 209.

[3]) Ebd. 210. Joh. Lindau 586 sagt 10. November.

[4]) Die Stadt Lessen, dieselbe, welche in den Jahren 1454 und 1455 zwei Feldzüge gekostet hatte, ohne zum Ziele zu gelangen, wurde in der Nacht zum 1. Novbr. 1461 von Puszkars mit der Mannschaft, die vor Ankunft Dunins die Vorburg von Schwetz besetzt hielt, erstiegen. Joh. Lindau 586. Gesch. w. e. B. 210.

[5]) Schreiben Peter Dunin's und Jan's v. Czarnikow vom 25. November aus Marienburg an Danzig. Hirsch, Bemerkung zu Joh. Lindau 586 Note 3.

[6]) Es ist wenigstens kein Grund vorhanden, warum Schalski, der sich an Braunsberg wegen des Hinauswerfens seiner Leute am 11. September rächen wollte, so lange gewartet haben sollte. Den Sturm, der missglückte, erzählt Jos. Lindau S. 586. Die Gesch. wegen eines Bundes giebt den 30. Novbr, als den Tag an (211).

namentlich Danzig ausserordentlich. Es ging daher im Januar 1462 eine Botschaft, bestehend aus den Woiewoden Gabriel von Baisen und Otto v. Machwitz, mit den beiden Danziger Rathsleuten Philipp Bischof und Johann Meydeburg an den König Kasimir ab, die dringend um Entsatz des Ortes bat und auch Geldmittel in Aussicht stellte. Der König sendete auch einige tausend Mann nach Preussen und ertheilte den bestimmten Befehl an Dunin, Strassburg zu entsetzen. Dunin machte auch den Versuch dazu und zog vor Strassburg, fand den Feind aber in so guter Verfassung und Stärke, dass er wieder abzog. Die Burg ergab sich darauf [1]).

Eine grössere Unternehmung kam zunächst nicht zu Stande. Friedensunterhandlungen wurden zwar angebahnt und namentlich vom Papst angeregt, aber eine Zusammenkunft der Könige Kasimir und Podiebrad am 15. Mai zu Glogau, die zu dem Zweck anberaumt war und auf die man grosse Hoffnung gesetzt hatte, führte zu keinem Resultat. Der Hochmeister hatte sie gar nicht beschickt. König Kasimir kam am 4. Juli mit einer Söldnerschaar nach Thorn und blieb hier den Sommer über, um, wie es die Botschaft des Bundes vom Januar ihm nahe gelegt hatte, die Kriegsunternehmungen selbst zu leiten. Die mitgeführten Kräfte reichten aber bei weitem nicht aus, irgend etwas erspriessliches zu unternehmen. Beide Theile bewarben sich darum, den Bischof von Ermland auf ihre Seite zu ziehen. Dieser forderte jedoch vor allem sein Frauenburg zurück, und da ihm das vom Könige verweigert wurde, trat er aus seiner bisherigen Neutralität heraus und erlangte es vom Hochmeister, die Belagerung der Stadt zu unternehmen. Der Hochmeister eröffnete dieselbe am 15. Juli.

---

[1]) Dlugoss II 286. 287. Er giebt den 18. Februar als Tag der Uebergabe an, Joh. Lindau (S. 589) dagegen den 5. März. Die Nachrichten sind wohl dahin zu vereinigen, dass Dunin am 18. Febr. den Rückzug antrat, die Uebergabe des Schlosses aber am 5. März erfolgte. Die Stärke des polnischen Heeres wird von Joh. Lindau auf 1200 Reisige und 1000 Fussknechte angegeben. Nach einem Schreiben bei Voigt (8, 623 Note 2) waren es 2000 Mann, darunter 200 Tataren. Jedenfalls waren die Kräfte viel zu gering.

Johann Lindau nennt Jan Schalski als Führer der Polen, er mag daher ebenfalls bei der Expedition gewesen sein.

Der Kriegszustand um Danzig dauerte im neuen Jahr (1462) fort. Am 8. Januar hatten die Danziger ein vortheilhaftes Gefecht bei Sobbowitz gegen die Besatzungstruppen von Stargardt. Am 5. Februar erlitten sie dagegen auf dem Heimwege von einem Raubzuge im Putziger Winkel einen empfindlichen Verlust. Sie hatten den Weg über das Eis eingeschlagen und wurden dabei von den Putzigern überfallen, die ihnen einen Verlust von 100 Mann beibrachten[1]).

Am 4. Mai erschienen die Putziger, am 9. Juli die Lauenburger mit den Putzigern vereint vor Danzig. Am 21. Juni unternahmen die Danziger und Dirschauer mit 300 Reitern und 300 Fussknechten nebst 10 Booten einen Zug gegen Putzig, dessen Besatzung grösstentheils auf einem entferntern Raubzug auf polnischem Boden abwesend war. Aber sie hatten sich in der Zeit verrechnet. Die Söldner waren schon wieder zurück, so dass sich die Danziger auf das Auspochen einiger Dörfer beschränken mussten, die ausserdem nichts Begehrliches mehr enthielten[2]).

Am 16. Juli erschienen die vereinigten Besatzungen von Konitz, Lauenburg, Bütow und Putzig in der Stärke von 1500 Reisigen und Fussknechten unter Führung von Fritz Raweneck und Kaspar Nostiz und setzten sich bei St. Albrecht fest, wo sie den bewaldeten Höhenzug jenseits des Flusses Radaune zum Theil abholzten und den Radaunekanal damit verdämmten. Der Damm des Kanals wurde abgestochen. Sie verwendeten darauf und auf die Zerstörung der Umgegend 6 Tage und legten sich am 22. Juli vor Dirschau, das sie auf der Landseite umschlossen, während die auf Kähnen herangekommene Mewer Besatzung auf der Wasserseite lagerte. Letztere hielten sich jedoch nur 2 Tage vor Dirschau auf. Die andern rückten am 27. in der Richtung auf Stargardt ab. Die Danziger hatten 14 Tage zu thun, die Radaune wieder in die Stadt zu leiten[3]). Das waren unerträgliche Zustände. Dazu erhielten die Danziger noch den Auftrag, die Blockade des Hochmeisters vor Frauenburg zur See zu brechen und das polnische Heer unter Dunin

---

[1]) Johann Lindau 588.
[2]) Ebd. 590.
[3]) Ebd. 590. 591.

und Schalski in Marienburg zum Entsatz von Frauenburg zu verstärken [1]).

Die Danziger Flotte, von den Elbingern verstärkt und mit einer Besatzung von 700 Mann versehen, worunter auch Polen, überfiel in der Nacht vom 7. zum 8. August Fischhausen und plünderte es aus. Die Polen schonten auch die Kirche nicht und „schutten das heilige sacrament uff den altar und nomen die monstranze wegk", so dass sich ein Streit zwischen ihnen und den Danzigern erhob. Die Hauptleute befahlen daher die Stadt anzustecken, so dass sie mit der Kirche gänzlich abbrannte. Als sie sich wieder eingeschifft hatten, blieb ein Weichselkahn mit einer Besatzung von 103 Mann, worunter 20 polnische Schwergewaffnete, hinter den andern zurück und wurde vom Winde an die Küste in der Gegend von Frauenburg getrieben und die Mannschaft gefangen genommen.

Zum polnischen Entsatzheer stellte Danzig 500 Fussknechte. Als dasselbe am 19. vor Frauenburg ankam, fand es die Basteien, welche der Hochmeister zur Einschliessung der Stadt hatte bauen lassen, verbrannt. Der Hochmeister war schon am 18., weil er sich den feindlichen Kräften nicht gewachsen fühlte, aufgebrochen. Er verlor auf dem Rückzuge 300 Mann. Sein 3000 Mann starkes Heer bestand grösstentheils aus Samländer Bauern.

Die polnischen Heerführer legten sich am 24. vor Braunsberg und zerstörten die ganze Umgegend. Ihre Parteien gingen bis Heiligenbeil, Balga und Brandenburg hin. Beim Abzuge am 29. wurden sie von den Braunsbergern unvorsichtig verfolgt. Diese fielen in einen Hinterhalt, den Schalski ihnen gelegt hatte und verloren viel Volks, darunter 14 angesehene Bürger [2]).

Die Schlacht bei Zarnowitz am 14. September 1462.

Wahrscheinlich durch Danzig veranlasst, erhielt Dunin zu dieser Zeit den Befehl vom Könige, nach dem Putziger Winkel

---

[1]) Schreiben des Danziger Sendeboten Joachim v. d. Beke d. Thorn 2. August. Hirsch in den Anmerkungen zu Joh. Lindau 591 Note 4.

[2]) Joh. Lindau 592: „des hatte her Jan Schalski ein halt (Hinterhalt) gesteckt".

zu marschiren und dem Treiben der Ordenssöldner daselbst ein Ende zu machen [1]). Es wurden ihm Verstärkungen in Aussicht gestellt. Der Marsch wurde daher nach Danzig fortgesetzt, wo Dunin am 9. September in der Stärke von 600 guten Platenern und Reisigen, 112 Spiessern (Holzern)[2]) und 400 Trabanten (Schützen) eintraf und sogleich nach dem Dorf Striess weiter ging. Hier stiessen am folgenden Tage die Danziger und Dirschauer Söldner in der Stärke von 300 Reisigen und 400 Trabanten, nebst dem vierten Theil der wehrhaften Bürgerschaft von Danzig zu ihm. Auch Köhler vom Waldamte wurden eingestellt, so dass sich die Gesammtstärke des Heeres auf 2000 Mann belief. Am 11. marschirte Dunin nach Putzig weiter, an dem er vorbei ging, und in kurzen Märschen, Alles gründlich verwüstend, bis zum Dorfe Schwetzin, eine Meile vom Nonnenkloster Zarnowitz gelangte, wo er am 16. eine Wagenburg aufschlug, in der er übernachtete. Die Wagenburg wurde mit einem Graben versehen. Am andern Morgen, den 17., traten ihm aus einem in der Nähe gelegenen Fichtenwalde (Heide) die Ordenssöldner in einer Wagenburg marschirend entgegen. Ihre Führer waren Kaspar Nostiz, Hauptmann von Konitz, Fritz Raweneck, Hauptmann von Mewe, Stargardt und Putzig, Kaspar Werneisdorf, Hauptmann von Lauenburg, Fritz Hogenest, Hauptmann in Neuenburg und Schönek, sowie der Hauptmann von Kyschau. Sie hatten unlängst Söldner aus Schlesien erhalten und Alles aufgeboten, was Pommerellen und Pommern bot, so dass ihr Heer eine Stärke von 1000 guten Platnern und Reisigen, 400 Trabanten und 1300 Bauern erreichte. Die Ueberlegenheit von 700 Mann, auf welche der Danziger Be-

---

[1]) Der Befehl hat sich leider nicht erhalten, auch von Joachim v. d. Beke, dem Danziger Residenten beim Könige, liegt kein Schreiben vor. Es ist jedoch einleuchtend, dass der Entschluss nicht von Dunin gefasst worden sein kann, da ihm gleichzeitig Verstärkungen (Albert Gorski) zugesagt wurden.

[2]) Wie Hirsch SS. r. Pr. 4, 588 der Epitome entnimmt, bedeutet Holczer den langen Spiess resp. den damit bewaffneten schweren Reiter, der auch Platener genannt wird, Reisige sind Reiter in kurzem Panzer mit Bogen, Armbrust oder Wurfspiess versehen. Letztere sind wahrscheinlich jene Ströffbolczer, welche in obiger Stelle im Gegensatz zu den Holczern erwähnt werden.

richterstatter hinweist. war in Wahrheit keine, da auf die Bauern wenig Werth zu legen ist: dagegen war das königliche Heer an gutem Fussvolk bedeutend überlegen und stand nur um 100 Reiter zurück, da man die Spiesser zu 2 bis 3 Pferden rechnen muss. Das Ordensheer hatte Halt gemacht und war im Begriff seine Wagenburg zu schliessen, als die Reisigen des königlichen Heeres mit den Trabanten die ihrige verliessen und sich zu dessen Angriff formirten[1]). In der Wagenburg blieb nur das Stadtvolk unter Befehl des städtischen Hauptmanns Lukas zurück, dem der Auftrag ertheilt wurde als Rückhalt zu dienen, wenn das Heer zum Weichen gezwungen würde.

Nachdem die Schlachtordnung hergestellt war, ging Dunin zum Angriff über. Der Gegner war offenbar dadurch überrascht. Er hatte weder die Zeit, die Wagenburg zu schliessen und den Angriff in derselben anzunehmen, noch seine Schlachthaufen ordnungsmässig zu „schicken"[2]). Seine Spitze wurde daher durchbrochen[3]) und damit der Haufe, welcher das erste Treffen bildete, aufgelöst und zum Weichen gezwungen. Aufgenommen

---

[1]) In der zur Zeit üblichen Schlachtordnung stand die **Reiterei** in drei Treffen hintereinander und das **Fussvolk** auf den Flügeln derselben. Vgl. G. Köhler, Entwickelung des Kriegswesens und der Kriegführung i. d. Ritterzeit III 3, 338. Dass dies auch hier der Fall war, geht aus beiläufigen Bemerkungen der gleichzeitigen Berichterstatter hervor. So sagt Joh. Lindau S. 594 . . . und schlugen sich „denselben tagk wol zcu drei mole zcusampne", was nichts anderes heisst, als dass die 3 Treffen nach einander gekämpft haben. Dlugoss sagt von dem Fussvolk auf Seiten der Polen, dass es die Flanken der Ordensreiterei beschossen habe, es muss also auf den Flügeln der eignen Reiterei gestanden haben. II 300.

Bei der geringen Stärke beider Heere bildete jedes der 3 Treffen der Reiterei nur einen Haufen, in der Stärke von 300 Pferden.

[2]) „Schicken" nannte man die gefechtsmässige Stellung eines Schlachthaufens mit einem Spitz in der Front herstellen. Der so beschaffene Haufe hiess Geschick, ein Ausdruck, den Joh. Lindau vielfach braucht. Er wendet zuweilen auch den Ausdruck Spitz im Sinne von Schlachthaufen an, wie das auch im 14. und 15. Jahrhundert in Deutschland geschah. So S. 510 und 517. Vgl. G. Köhler, Entwickelung pp. III 2, 250 Note 4.

[3]) Joh. Lindau 594: „und brochen der here soldener ire spicze". Nach Dlugoss II 399 war es Paul Jassyenski, der das durch einen Flankenangriff begünstigte, indem er dadurch die Spitze, welche die am besten bewaffneten Reiter enthielt, vom Haufen trennte (gleichsam abbrach).

von der Wagenburg entspann sich nunmehr ein hartnäckiger Kampf, der gegen drei Stunden währte und die Kräfte beider Theile vollständig erschöpfte. Wie Dlugoss versichert, wäre eine Pause eingetreten, damit beide Theile sich erholen und wieder ordnen konnten[1]).

Der sich dann entwickelnde neue Kampf, in welchem die 3 Schlachthaufen auf beiden Seiten nebeneinander gestanden zu haben scheinen[2]), wurde dadurch entschieden, dass das Fussvolk des linken Flügels in die rechte Flanke der Söldner des Ordens dirigirt wurde und diese heftig beschoss[3]). Als dann beim Frontangriff Fritz Raweneck fiel, ergriff Alles die Flucht.

Der Verlust auf Seiten des Ordens war sehr bedeutend. Mit Fritz Raweneck fielen 300 Hofleute und 70 wurden gefangen, „die sie fortan im Felde vorbunden“, d. h. verbindlich machten, an diesem Tage nicht mehr zu kämpfen[4]). Auf Seiten des Königs blieben gegen 100 Mann, 150 wurden schwer verwundet und starben grösstenteils, darunter einer der Führer, der Rathmann Matthias Hain. Johann Meydeburg, der andere Führer und Rathmann, ist nicht gefallen, wie Voigt 8, 632 irrthümlicherweise anführt.

Der Herzog Erich von Pommern, welcher dem Ordensheer 600 Mann zuführen wollte, kehrte auf die Nachricht der Niederlage um. Polnischerseits war Albert Gorski im Anzuge, traf aber erst am 20. in Danzig ein, wohin sich Dunin begeben, nachdem er die Nacht nach der Schlacht in der Wagenburg zugebracht hatte. Er zog am 19. triumphirend mit 100 erbeuteten Wagen, die reich mit Gütern beladen waren, in Danzig ein. Die übrigen Wagen waren zerschlagen worden.

---

[1]) Es ist stark übertrieben, wenn Hirsch (Lindau 593 Note 2) den Bericht des Dlugoss über die Schlacht verworren nennt. Er ergänzt vielmehr den des Danziger Stadtschreibers, der zum Verständniss der Schlacht keineswegs ausreicht. Was Dlugoss allerdings von den Bewegungen vor der Schlacht mittheilt, ist nicht bloss konfus, sondern einfach erfunden.

[2]) Es geht dies aus dem kurzen Verlauf dieses 2. Gefechts hervor, das nur eine Stunde dauerte und daraus, dass die rechte Flanke des Ordensheeres vom Fussvolk angegriffen wurde, was nicht hätte geschehen können, wenn ein zweites Treffen vorhanden gewesen wäre.

[3]) Dlugoss II 300.

[4]) In der Turniersprache wird das „sichern“ genannt.

Am 6. August 1462 war auch der bestehende Beifrieden mit Dänemark auf unbestimmte Zeit verlängert worden. Danzig verdankte das wiederum den Bemühungen Lübecks. Als diese jedoch anfänglich nicht anschlagen wollten gab es 18 Kaperbriefe aus, die ihren Eindruck auf den König Christian nicht verfehlten[1].

e. Die fünfte Periode.

1462—1466.

Wenn oben bemerkt wurde, dass die 5. Periode oder die Zeit vom Siege von Zarnowitz bis zum Thorner Frieden die Folgen jenes Sieges darstellt, so ist das nicht so zu verstehen, dass der Sieg unmittelbar irgend wie ausgebeutet worden wäre. Das Gegentheil ist vielmehr der Fall. Anstatt den Tag nach der Schlacht von Zarnowitz vor Lauenburg zu rücken, das sich wahrscheinlich ergeben hätte, worauf auch Putzig gefallen wäre, zog Dunin bei Putzig vorbei auf Danzig, ohne es auch nur zur Uebergabe aufzufordern. Selbst die Verstärkung, welche Albert Gorski herbeiführte, wurde zu weiter nichts benutzt, als Pommerellen von der Weichsel bis in's Lauenburgische zu durchstreifen und auszuplündern. Es verging der Rest des Jahres und die ganze erste Hälfte des folgenden, ohne dass etwas Anderes geschah, als die Kirche von Praust zu befestigen. Das Dorf wurde dauernd von den Polen besetzt. Es kann unter diesen Umständen nicht auffallen, dass der Orden seine alten Praktiken wieder aufnahm und die untern Volksmassen zum Aufstande zu bewegen suchte. In Danzig wäre beinahe ein Aufstand ausgebrochen, wenn der Rath nicht noch in der letzten Stunde Kunde davon erhalten und durch die Verhaftung der Anstifter ihm vorgebeugt hätte. Die Anlage dazu war gefährlicher wie bei den Versuchen zuvor. Ganze Gewerke hatten sich verschworen, den Rath und die Schöppen zu ermorden. Der Aufstand sollte am 13. Juli 1463 während der Kirche ausbrechen. Fünf Tage lang vom 15. bis 19. Juli wurden die Henker in Thätigkeit gesetzt[2], um die Anstifter zu bestrafen.

---

[1] Simson S. 91.

[2] Joh. Lindau 602. 603.

Aber trotz der Unthätigkeit des Königs und des Bundes[1] blieben die Folgen des Sieges nicht aus. Abgesehen davon, dass sich der Herzog Konrad von Masovien wieder ermuthigt fühlte, gegen den Orden aufzutreten, riss sich der Bischof von Ermland aus den Armen des Ordens los und trat in Unterhandlungen mit Polen. Auch hatten die Friedens-Bemühungen Pius II den Erfolg, dass der Hochmeister sich geneigt zeigte, den Tag von Brzesc zu beschicken, der vom päpstlichen Legaten, dem Erzbischof Hieronymus von Kreta, auf anfang Mai 1463 angesetzt war. Die Gesandten des Hochmeisters traten hier jedoch mit der Prätension einer vollständigen Wiederherstellung des Zustandes vor dem Kriege auf und wollten sich dann erst dem Schiedsspruch des Papstes unterwerfen. Davon konnte keine Rede sein. Der Bund beantwortete die Forderung damit, dass er am 27. Juli Mewe zu Wasser und zu Lande einschloss und sich zur Belagerung desselben anschickte. Auch die Polen von Marienburg und die in Praust lagen nahmen Theil daran. Vorzüglich waren es aber die am meisten dabei interessirten Städte Danzig und Thorn, welche die Sache in die Hand nahmen[2]. Als Leiter der Belagerung erscheinen Peter Dunin und Johann Meydeburg, die Sieger von Zarnowitz.

Wie alle[3] Belagerungen des 13 jährigen Krieges bestand auch diese nur in einer Blockade, die durch Herstellung einer Contra- und Circumvallation verstärkt wurde. Man nannte das „den Platz bepasteien"[4].

---

[1] Nur der aus Böhmen zurückgekehrte Ulrich Czirwenka, der am 25. Oktober 1462 sich der Stadt Golub wieder bemächtigte, entwickelte einige Thätigkeit, indem er die Besatzung von Strassburg im Zaum hielt.

[2] Thorn hatte schon am 28. Februar 1463 dem Rath von Danzig erklärt, dass es selbst unter dem Schutz Danziger Boote keine Waaren mehr die Weichsel herunterschicken werde, so lange Mewe nicht in den Händen Danzigs wäre.

[3] Eine Ausnahme macht nur die Belagerung von Marienburg 1460, wo die Danziger am Schluss die Mine anwendeten.

[4] Joh. Lindau 603: „und belegeten die Stadt mit heerschilde und begruben sich dafor und bepasteieten sie alle umbe, das niemant aus noch ein komen kunde und belegeten sie auch zcu wasser desgleichen mit böten und mit weisselkanen och bepasteiet". Siehe auch Dlugoss II 320.

Der Hochmeister bot alle Kräfte auf, sich den überaus wichtigen Platz zu erhalten, und beabsichtigte, dies durch einen Entsatz zu Wasser und zu Lande zu bewerkstelligen. Zu dem Zweck rüstete er auf dem Pregel bei Königsberg eine Flotte von 44 Schiffen aus, die er mit 1500 Mann besetzte. Sie waren grösstentheils mit Harnisch versehen. Das Landheer sollte unter Führung des Oberstspittlers Reuss von Plauen bei Neuenburg die Weichsel überschreiten und nach Heranziehung sämmtlicher Kräfte aus Pommerellen den Entsatz zu Lande unternehmen.

Die Flotte langte am 9. September an der Mündung der Elbinger Weichsel in das Haff an. Der Rath von Danzig war jedoch frühzeitig benachrichtigt worden und hatte 10 mit tüchtigen Seeleuten bemannte Boote abgesendet, die Weichsel bei Fürstenwerder zu verpfählen, was auch vollständig gelang. Ausserdem wurde ein Weichselkahn quer vorgelegt und zur Vertheidigung eingerichtet (bepasteiet)[1]). Die Flotte des Ordens verwendete, als sie den Fluss gesperrt fand, mehrere Tage auf Verwüstung der Umgegend (es werden namentlich die Dörfer Jankendorf auf dem rechten, Prentzlaw auf dem linken Ufer des Flusses und Pasewark auf der Nehrung genannt, die sie verbrannte) und kehrte am 13. nach Tiegenort und Czemoyse (?) zurück.

Das Landheer, wobei sich auch Bernhard von Zinnendorf befand, ging am 11. in der Stärke von 700 Reitern und 500 Fussknechten bei Neuenburg bei einem sehr niedrigen Wasserstande über die Weichsel und vereinigte sich bei Stargardt mit der Mannschaft aus Pommerellen, wodurch die Armee eine Stärke von 2000 Mann erreichte. Sie schlug am 12. bei Czattkau, nördlich von Dirschau, eine Wagenburg und überschritt dann bei Güttland die Mottlau, um das kleine oder Danziger Werder auszufuragiren. Sie wurde von den Landbewohnern des kleinen Werders als liebe Herren begrüsst. Eine Abtheilung wurde noch am 13. über Käsemark und das Danziger Haupt nach der Nehrung vorgesendet, wo sie einige Wagen

---

[1]) Joh. Lindau 603.

mit Lebensmitteln, welche für die Danziger Boote bestimmt waren, vorfand und sich ihrer bemächtigte.

Es lag in der Absicht, das Danziger Haupt, gegenüber Fürstenwerder, wo sich die Elbinger Weichsel vom Hauptstrom trennte, zu befestigen, zu welchem Zweck viel Holz[1]) zusammengefahren wurde.

Inzwischen waren die Danziger Boote der Ordensflotte gefolgt und erreichten dieselbe mit Elbinger Schiffen, die zu ihnen gestossen waren, 25 Segel stark, eine Meile von Elbing. Gegen Abend vereinigten sich die Elbinger mit ihrer ganzen Macht mit ihnen. Sie fanden hier auch eine Danziger Barsse, der die Ordensleute hart zugesetzt und dessen Führer Jacob Fuchs sie eine Schnicke und 3 Boote abgenommen hatten. Dagegen bemächtigten sich die Danziger der von Königsberg kommenden Schnicke des Hochmeisters mit noch zwei anderen Schnicken, wobei sie 20 Gefangene machten, die dem Fuchs übergeben wurden.

Am 15. früh des Morgens schlossen die Danziger und die Elbinger die Ordensflotte von allen Seiten ein und griffen sie an. Sie fiel nach hartem Kampf fast vollständig in ihre Hände. Die Danziger machten dabei 305, die Elbinger 240 Gefangene. Unter ersteren befand sich der Komthur von Memel. Gegen 200 Platner entkamen jedoch mit 5 Booten und stiegen bei Tolkmit ans Land, darunter der Komthur von Balga, Siegfried Flach von Schwarzburg.

Auf die Nachricht der Vernichtung der Flotte verliess das Landheer den kleinen Werder auf demselben Wege, den es gekommen, und lagerte in der Nacht bei Dirschau, hielt sich dann noch einige Tage bei Stargardt auf und löste sich dann auf. Dreihundert Mann, welche der Flotte zu Hilfe geschickt worden waren, wurden im Stiche gelassen und fielen im grossen Werder den Besatzungen von Marienburg und Holland in die Hände.

---

[1]) Die Danziger benutzten das Holz nach dem Abzuge des Oberstspittlers, um die von demselben zerstörte Bastei von Güttland wieder herzustellen. Die Menge desselben war so bedeutend, dass sie zwei Basteien davon erbauen konnten. Joh. Lindau 606.

Eine zweite Ansammlung zum Entsatz von Mewe am 12. December kam nicht über Stargardt hinaus. Mewe kapitulirte Ende des Monats und wurde am 1. Januar 1464 übergeben [1]).

Kurz zuvor am 13. December 1463 war Bernhard von Zinnenberg, der treueste Freund des Ordens, einen Vergleich mit dem Könige von Polen eingegangen, wonach ihm die Bürger von Kulm, Althaus und Strassburg als Pfand für die Soldansprüche, die er zu fordern hatte, belassen würden. Er musste sich verpflichten, dem Orden keinerlei Unterstützung mehr zukommen zu lassen und die Huldigung der kulmischen Stände nicht zu hindern [2]). Dadurch war das Kulmerland ein für allemal dem Orden entfremdet und bald darauf auch Ermland. Am 23. März 1464 unterwarf sich nämlich der Bischof von Ermland unter ähnlichen Bedingungen dem Könige [3]) und trat im November förmlich dem preussischen Bunde bei.

Alles drängte zum Frieden, da das Bedürfniss dazu allgemein war und nicht bloss für die Kriegführenden.

Auf Veranlassung der Hansestädte trat um Johanni 1464 zu Thorn eine Friedenskonferenz zusammen, auf der die Polen zum ersten Male die Erklärung aufstellten, dem Orden das ganze Niederland vom Bisthum Ermland und der Passarge bis zur Memel zu überlassen [4]). Soweit war der Orden jedoch noch nicht herabgekommen, um darauf einzugehen. Die Unterhandlungen wurden damit abgebrochen.

Inzwischen hatte Danzig seit dem 23. April 1464 die Belagerung von Putzig auf eigene Kosten übernommen. Sie wurde von den Rathmännern Johann Herford und Mathias Colmen geleitet und beschränkte sich wiederum auf eine Blockade. In der Stadt befehligte Balthasar von Dohna. König Karl Knutson war nach Schweden zurückgekehrt, wo sich ein Um-

---

[1]) Ebd. 603—608.

[2]) Voigt, Gesch. 8, 647.

[3]) Caro V 1, 211. Joh. Lindau sagt irrthümlich 16. April.

[4]) Johann Lindau 613. Auch das Projekt eines Austausches von Preussen gegen Podolien zur Bekämpfung der Türken ist hier seitens der Polen wieder zur Sprache gebracht worden. Es entsprach ganz den Ansichten Danzigs. Simson S. 100.

schwung zu seinen Gunsten vollzogen hatte. Nachdem am 13. August ein Entsatzversuch zurückgewiesen worden war, erfolgte am 24. September die Kapitulation. Noch vor Eintritt derselben hatte der König am 30. Juli die Belagerung von Neuenburg beginnen lassen. Der zuerst eingetroffene Söldnerhauptmann Tomiec erlitt an diesem Tage eine empfindliche Niederlage. Nachdem am 1. August jedoch Peter Dunin eingetroffen war, konnte die Stadt von allen Seiten eingeschlossen und die Mannschaft aus dem Hinterlande, die sich darin befand und sich durchschlagen wollte, zurückgewiesen werden. Dennoch zog sich die Belagerung sehr in die Länge und erst, nachdem im December Danzig 100 Fussknechte und darüber gesendet hatte, konnte die Einschliessung vollständig erfolgen [1]). Am 2. Februar 1465 kapitulirte Fritz Hogenest, der Kommandant, unter denselben Bedingungen, wie die Besatzung von Mewe.

Trotz dieser Misserfolge des Ordens zeigte er sich noch keineswegs gebeugt. Namentlich entwickelte der Oberstspittler Reuss von Plauen eine ausserordentliche Thätigkeit, war auch reich an Projekten der abenteuerlichsten Art, auf die hier nicht näher einzugehen ist. Am 10. Februar 1465 erschien er sogar vor Danzig und setzte die Stadt in nicht geringen Schrecken. Durch Zuzüge von 400 Reitern aus Deutschland hatte er ein Heer von 800 Reitern und 400 Fussknechten aufgebracht und den gefrorenen Boden benutzt, den kleinen Werder gründlich auszufuragiren. Am genannten Tage rückte er vor das Werderthor von Danzig und liess durch einige Reiter die Gräben absuchen. Sie bildeten damals den einzigen Schutz auf dem rechten Mottlauufer und müssen in dieser Jahreszeit zugefroren gewesen sein. Mindestens war Langgarten und die Speicherinsel in grosser Gefahr. Es ist nicht überliefert,

---

[1]) Joh. Lindau sagt 618 „und weren die furgeschriebene fussknechte nicht dahin gekomen, so hetten die Polen, die so lange davor gelegen hatten, von dannen gereumet mit schaden". Nach Dlugoss hätte der Hochmeister einen Entsatzversuch gemacht, indem er durch das grosse Marienburger Werder habe vordringen wollen, sei aber nur bis Neuteich gekommen, da er überall auf polnische und Danziger Truppen traf; er habe daher den Neuenburgern angerathen, gegen freien Abzug zu kapituliren (II 342).

wesshalb er von einem Angriff abgestanden ist und wieder abzog. Den Raub, den er im Werder gesammelt hatte, liess er
nach Stargardt abführen, um die Stadt, deren demnächstige
Belagerung in Aussicht stand, zu verproviantiren.

Bei der Hartnäckigkeit, mit der der Orden darauf bestand,
das ganze Land, nöthigenfalls im Wege der Lehenshoheit Polens,
zu behalten, war gar nicht abzusehen, wie das allgemeine
Friedensbedürfniss befriedigt werden sollte, das namentlich auf
Seiten des preussischen Bundes und der Unterthanen des Ordens
sich aussprach. Da geschah seitens der letzteren ein eigen-
thümlicher Schritt, indem sie die Initiative ergriffen und den
Hochmeister mit sich fortrissen. Der Bürgermeister und Rath
von Königsberg und die Freien (Ritter und Knechte) von Samland wendeten sich am 14. April 1465 schriftlich an den
Gubernator Stibor von Baisen mit der Bitte, einen Tag·auf der
Nehrung anzuberaumen, wo sie über den Frieden berathen
könnten. Vielleicht war der Verlust von Mehlsack die Veranlassung, das in der Nacht vom 11. zum 12. April von Jan
Schalski überfallen und eingenommen worden war. Die Stadt
war, weil sie die Strasse von Elbing beherrschte, für den
Orden von grosser Wichtigkeit. Stibor berief sofort die Sendeboten der grössern Städte zu dem Zweck ein, und die Verhandlungen konnten schon am 28. April in den Dörfern Kobbel-
grube und Stuthof auf der frischen Nehrung beginnen. Auch
von Seiten Danzigs waren Sendeboten erschienen. Von Seiten
des Ordens war nur der Sekretair des Hochmeisters zur Stelle.
Es ist hier nicht der Ort, näher auf diese Verhandlungen einzugehen. Auch wurde weder auf dieser Versammlung, noch auf
einer folgenden am 1. August und einer dritten am 29. desselben
Monats ein Resultat erzielt, aber sie bilden dennoch dadurch
einen wesentlichen Fortschritt, dass gleich bei der ersten Versammlung die Differenzen der beiderseitigen Ansichten hervortraten und bei der letzten sich im wesentlichen nur auf die
Forderungen in Betreff des Besitzes von Marienburg beschränkten,
und dass der Orden, der auf den beiden anderen Versammlungen
durch Abgeordnete vertreten war, sich ebenfalls dem anbequemte.

Es mag in den Friedenshoffnungen, die sich an diese Versammlungen knüpften, gelegen haben, dass die Waffen auf

beiden Seiten ruhten. Nur die Besatzung von Stargardt kehrte sich nicht daran und entwickelte im Vorgefühl, dass ihre Stunde geschlagen habe, eine Thätigkeit, die erstaunenswerth ist. Im Mai furagirte sie bis an die Thore von Danzig, am 6. Juli führte sie einen Anschlag auf Dirschau aus, der indessen missglückte, am 31. Juli machte sie einen neuen Versuch auf Dirschau, der ihr wenigstens eine Zahl von Gefangenen einbrachte, am 9. August nahm sie mit den Garnisonen von Konitz und Lauenburg an einem Raubzug in Pommern theil, am 26. August überfiel sie Mewe, jedoch ohne Erfolg.

Dem musste Einhalt gethan werden. Der König schickte daher eine Rotte Söldner, die wegen rückständigen Soldes in Kujawien aufrührerisch gewesen, nach theilweiser Befriedigung aber zum Gehorsam zurückgekehrt war, unter Befehl des Paul Jassyenski vor Stargardt, wo dieser am 21. September anlangte, nachdem er in Dirschau eine Abtheilung deutschen Fussvolkes unter dem Hauptmann Lukas, welche Danzig sendete, abgewartet hatte. Seine Macht war immer noch so gering, dass er nur eine Seite von Stargardt einschliessen konnte. Er liess für jede der beiden Rotten eine starke Bastei bauen.

Am 22. October wurde Jassyenski jedoch mit seinen Unterhauptleuten Laurentius Schranck und Peter Schorz, mit denen er ohne Waffen und ohne Bedeckung einer Reitertruppe, deren Anmeldung von Dirschau gemeldet wurde, und die er für Freunde hielt, entgegen geritten war, gefangen. Wie sich zeigte, gehörten sie der Besatzung von Stargardt an und waren des Morgens früh vor Tagesanbruch ausgeritten. Das Kommando über das Belagerungskorps erhielt der Kommandant von Mewe, Puskars.

Am 14. November abends zwischen 8 und 9 Uhr machte die Besatzung einen Ausfall gegen die deutschen Knechte Danzigs. Diese wurden aber von den Polen, jedoch mit nicht unbedeutendem Verlust, entsetzt. Am 15. November machte die Besatzung einen grösseren Ausfall bis Praust hin. Der Radaunekanal war jedoch gerade zur Reinigung abgelassen, sodass die Stadt keinen merklichen Schaden davon hatte[1]).

---

[1]) Joh. Lindau 626: „und wolden die Radaune widder ausgestochen

Am 4. December langten 800 Reiter Ordenssöldner aus den pommerellischen Burgen in Stargardt an, um die Belagerer zu vertreiben. Sie schnitten ihnen die Lebensmittel ab und machten am 9. Mittags zwischen 11 und 12 Uhr mit 600 Reitern einen Ausfall auf die beiden Basteien. Der Kampf dauerte bis zur Dunkelheit, wo die Ordenssöldner nach grossem Verlust wieder abziehen mussten. Kaspar Nostiz, der das Unglück gehabt hatte, über einen Schlitten zu fallen und sich stark zu beschädigen, musste nach Kyschau geschafft werden. Auch die Söldner zogen bald wieder ab.

Es ist auffallend, dass das Belagerungskorps nach solchen Vorgängen nicht verstärkt wurde, was schon aus dem Grunde hätte geschehen müssen, weil eine Blockade ohne völlige Einschliessung des Platzes keinen Sinn hat. Es geht aber daraus hervor, wie der Bund völlig erschöpft war[1]). Von den Polen war nichts zu erwarten, da der König sich zur Belagerung von Konitz rüstete.

Den Winter über hielten sich die Stargardter ruhig, aber Anfang März 1466 zogen wieder 400 Reiter und 300 Fussknechte der andern Besatzungen in Stargardt ein, um sich mit Hilfe des Verraths der beiden Basteien zu bemächtigen. Die Belagerer wurden jedoch gewarnt und ermittelten die Verräther, so dass die Ordenssöldner wieder unverrichteter Sache abzogen.

Endlich am 25. Mai waren die Danziger imstande, eine Verstärkung von 200 Fussknechten zu senden, so dass man durch zweckmässige Vertheilung der Streitkräfte auch die andere

-- ---

haben, da wart sie ufgeschurzt (durch Schleusen abgelassen) vor der pasteie". Am 4. November waren die Lauenburger vor Praust gewesen und hatten den Kanal abgestochen, so dass die Stadt 9 Tage lang kein Wasser hatte.

[1]) Thorn schreibt am 5. April 1465 an den Gubernator Stibor von Baisen, dass es zur ärmsten der preussischen Städte herabgesunken sei. Es beklagt sich über die polnischen Hauptleute, die sich die grössten Willkürlichkeiten erlaubten (Note 4 zu Joh. Lindau 625). Auch auf der gegnerischen Seite stieg die Unzufriedenheit mit der Ordensherrschaft bis zu dem Grade, dass der Oberstspittler Reuss von Planen anfang Oktober mit 300 Reitern nach Königsberg eilen musste, wo Anzeichen der Auflehnung gegen den Orden hervortraten. Er liess 70 Bürger und eine Anzahl Freie in Samland einkerkern und 6 Rädelsführer enthaupten. Joh. Lindau 625. Voigt, Gesch. Preussens.

Seite von Stargardt einschliessen konnte. Noch hielt die Besatzung stand, als aber der König endlich ein Belagerungskorps gegen Konitz absendete, verliess sie in der Nacht vom 23. zum 24. Juli die Stadt[1]) und langte noch zur Zeit in Konitz an, das am 28. von den Polen eingeschlossen wurde. Als Führer der Stargardter werden Johann Szal[2]) und Johann Hoyertz genannt, die auch bei der Belagerung von Konitz eine wichtige Rolle spielten.

Der Hochmeister hatte gleich bei Beginn der Belagerung von Konitz den Bernhard von Zinnenberg zum Könige nach Bromberg gesendet und seine Bereitwilligkeit in Unterhandlungen zu treten ausgedrückt. Der Beginn derselben wurde auf den 8. September angesetzt. Zu dieser Zeit langte auch der päpstliche Legat Rudolf von Rüdesheim, Bischof von Lavant, an und eröffnete am 9. den Kongress. Am 16. September wurde Zantir aufgegeben[3]), und am 21. fiel Konitz durch

---

[1]) Joh. Lindau 631.

[2]) Johann von Szal ist wahrscheinlich identisch mit Hans v. d. Sale, der im Verein mit Kaspar Nostiz die Unterhandlungen mit dem Herzog Erich von Pommern führte.

[3]) Die Kämpfe um Zantir bilden eine interessante Episode. Es kam dem Orden darauf an, nach dem Verlust von Mewe und Neuenburg einen Punkt an der Weichsel zu besitzen, von wo aus er die Schifffahrt belästigen, aber auch die Verbindung mit Pommerellen aufrecht erhalten konnte. Er befestigte zu dem Zweck die Kirche von Zantir gegenüber der Montauer Spitze auf dem rechten Weichselufer und verband sie durch Palisadirungen mit der Weichsel. Jedoch erbauten die Gegner gegenüber eine Bastei. Am 10. August 1466 drangen sie von Marienburg aus vor und zerstörten die Palisadirungen und zerschlugen die Kähne, welche die Besatzung auf der Weichsel hatte. Die Kirche blieb aber besetzt, und die Ordenssöldner befestigten sich von Neuem, so dass die Polen und Bündischen sich zu einer Belagerung der Befestigung entschliessen mussten. Es wurde aus den Besatzungen von Marienburg, Dirschau, Mewe und Neuenburg ein Korps zusammengezogen, das Basteien errichtete. Danziger und Elbinger Kähne und Boote übernahmen die Blockade zu Wasser. Sie hatten 6 Tage davor gelegen, als am 16. September 300 Reiter und eine Zahl Trabanten des Ordens anlangten, die Basteien erstürmten und die Besatzung befreiten. Nachdem sie die Befestigungen verbrannt hatten, nahmen sie die Besatzung mit sich und zogen wieder ab. Die Befestigung von Zantir gewinnt noch dadurch an Interesse, dass schon Zwantopulk i. J. 1244 hier eine Befestigung zu demselben Zweck wie der Orden 1465 anlegte. (Ewald, die Eroberung Preussens 2, 172.)

Kapitulation. Die Unterhandlungen nahmen nunmehr einen raschen Verlauf. Der Legat verstand es, die widerstrebendsten Ansichten zu vereinen und die aufgeregten Gemüther zu versöhnen. Am 19. Oktober kam der Friede zu Thorn zustande. Schon am 12. Oktober waren Lauenburg und Bütow durch einen besonderen Vertrag mit dem Herzog Erich von den Ordenssöldnern geräumt worden. In Betreff der Friedensbedingungen verweise ich auf Voigt 8, 697 ff. und Caro V. 1, 213. Danzig verlor einen Theil der frischen Nehrung und wurde durch das Gebiet von Hela entschädigt.

Die Stadt ging mächtig aus dem Kampfe hervor, aber sie hatte auch die entsprechenden Anstrengungen gemacht. Ich schliesse mich ganz dem Urtheile Caros an, wenn er sagt: So trostlos die Bemerkung für den deutschen Patrioten auch sein mag, so sehr entspricht es doch der Wahrheit, dass vielleicht im ganzen Lauf der deutschen Geschichte niemals ein deutsches Gemeinwesen eine so zähe und von Jahr zu Jahr wachsende Kraft für den Verbleib bei dem politischen Verbande Deutschlands entfaltet hat, als hier die deutsche Seestadt aufbot, um sich von demselben zu trennen. In einzelnen Erhebungen, in Ereignissen von kurzer Dauer, mögen andere Städte wie Lübeck, Nürnberg Vergleichbares zuwege gebracht haben, aber diese durch eine solche Reihe von Jahren bewiesene Beharrlichkeit der Energie, dieses eigenthümliche Wunder, dass mitten in einem unerhörten Aufwand von Mitteln der Wohlstand im sichtlichen Wachsen begriffen war, dass man durch glückliche Seekriege das überreichlich einzubringen wusste, was der Landkrieg an Vermögen aufsog, diese harte Entschlossenheit des Regiments, das die zu Aufruhr geneigte Menge zum Theil mit sich fortzureissen, zum Theil mit eiserner Strenge niederzuhalten verstand, diese dürften doch selbst in den italienischen Republiken, mit denen Danzig so oft verglichen worden ist, kaum in gleichem Umfang nachgewiesen werden können [1]).

---

[1]) Caro, Gesch. Polens V. 1, 159.

B. Die Mauerbefestigung der Vor- und Altstadt 1466—1520. Weichselmünde.

Taf. V, VI, VII, VIII, IX.

I. Die Bauten von 1466—1515.

Danzig erfreute sich nach dem glücklich beendigten 13 jährigen Kriege eines längern Friedens, der die Stadt zu einer Bedeutung und Wohlhabenheit erhob, wie sie niemand hätte ahnen können. Der geweckte Patriotismus wendete seine reichen Hilfsmittel der Ausschmückung und Befestigung der Stadt zu. Die Energie mit welcher letztere seit dem Jahre 1475 in Angriff genommen wurde, scheint jedoch auch ihren politischen Hintergrund gehabt zu haben. Es war das Jahr zuvor auf dem Ständetage zu Thorn, dass der König Kasimir von Polen durch seine Weigerung, die Privilegien des Landes aufs neue zu beschwören, sämmtliche preussischen Woiewoden veranlasst hatte, ihre Aemter niederzulegen. Ein so auffallender Schritt lässt auf ein tiefes Misstrauen der Stände gegen Polen schliessen. Auch mögen andre Anzeichen über polnische Absichten, Preussen in ein engeres Verhältniss zu Polen zu ziehen, schon vorangegangen sein, wie sie thatsächlich bald folgen sollten. Wenn man in der Wiederaufnahme der Befestigungsarbeiten der Stadt auch keine unmittelbare Waffnung gegen Polen erkennen mag, so gebot es jedoch die Vorsicht, nicht unvorbereitet der Zukunft entgegenzugehen. Es entsprach ausserdem nicht der Würde der Stadt, sich mit einer Plankenbefestigung, wie sie im Laufe des Krieges durch Einziehung der Vor- und Altstadt in die Befestigung entstanden war, zu begnügen. Die Mauerbefestigung der Rechtstadt repräsentirte in dem neuen Verhältniss nicht mehr die Stadt, sondern war zu einem Abschnitt des grossen Ganzen herabgestiegen und hatte dadurch an Wichtigkeit verloren. Dennoch ruhte auch hier die Bauthätigkeit nicht, so lange die Befestigung der Vor- und Altstadt nicht als sturmfrei angesehen werden konnte. Der gesteigerte Bedarf an Kommunikationen, sowie die erreichte Unabhängigkeit vom Schloss, das vielfach beschränkend eingewirkt hatte, ferner der Einfluss der Zeit auf das Mauerwerk, der mannigfache Ausbesserungen und durch die Fortschritte der

Artillerie auch Verstärkungen erforderlich machte, nahmen eine fortwährende Aufmerksamkeit in Anspruch. Bei der überwiegenden Wichtigkeit, die die Befestigung der Vor- und Altstadt von jetzt ab erhielt, haben wir diese jedoch voranzustellen.

Es ist da zunächst auffallend, dass diese Wichtigkeit nicht sofort erkannt und die Nothwendigkeit nicht eingesehen wurde, die Umfassungen der Vor- und Altstadt zu einem geschlossenen Ganzen zu verbinden. Sie wurden vor wie nach als Anhängsel der Rechtstadt angesehen, so dass sie durch den heutigen Dominikplatz[1]), der zur Rechtstadt gehörte, aber unbefestigt war, getrennt wurden.

Wie wir gesehen haben, waren die Thore der Vor- und Altstadt in den letzten Jahren des 13jährigen Krieges grösstentheils in Stein ausgeführt worden. Es gilt dies namentlich vom Karren- (Karrmacher-), Gertruden- und Elisabeththor, wahrscheinlich aber auch vom Heiligen Leichnamsthor, wenigstens war es bei Wiederaufnahme der Befestigungen, wie die nachfolgenden Anmerkungen beweisen, bereits erbaut, und nur das St. Jakobsthor, auch das neue Altstädtische Thor genannt, war noch von Holz. Es war, wie wir gesehen haben, durch eine vorliegende Bastei verstärkt worden. Auch das neue oder Hoppenbruchsche Thor in der Vorstadt bestand schon, war aber noch ohne Thorthurm.

Ich begnüge mich zunächst, die Chronologie in der Ausführung der einzelnen Theile der Befestigung festzustellen, über die wir durch Caspar Weinreich's Danziger Chronik, welche von 1461 bis 1495 reicht, sehr eingehend unterrichtet werden[2]).

---

[1]) Der Platz war 1473 seiner heutigen Bestimmung, als Jahrmarkt zu dienen, übergeben worden. Caspar Weinreich „Danziger Chronik". SS. rer. Pruss 4, 737. Er heisst gegenwärtig Kohlenmarkt. Wie die Handfeste der Stadt zeigt, hatte er zur Ordenszeit nicht befestigt werden dürfen.

[2]) Neuere Forschungen (Dr. Paul Gehrke im 31. Heft des westpreussischen Geschichtsvereins Jahrg. 1892) haben ergeben, dass nicht Caspar Weinreich der Verfasser dieser Chronik ist, sondern Stenzel Bornbach, von dessen grossem handschriftlichen Werke sie den 2. Theil des 4. Bandes bildet. Der erste Theil dieses Bandes (vom Jahr 1449 bis 1456) befindet sich in der Uphagenschen Bibliothek des Danziger Stadtarchivs. Die übrigen Bände (1. 2. 3. v. 1190 bis 1449 und der 5. von 1497—1520) befinden sich in der königlichen Bibliothek zu Berlin. Die Bauten der Jahre 1456—1476 fehlen. Da

Leider wendet er seine Aufmerksamkeit dem „geben" erst ziemlich spät zu.

Auf die Beschaffenheit der Werke lässt er sich überhaupt nicht ein, und wir würden ein sehr unvollkommenes Bild davon erhalten, wenn nicht die noch vorhandenen Ueberreste des Mauerwerks, obgleich vielfach in der jetzigen Bastionärbefestigung der hohen Front verschüttet, vor allem aber eine uns erhaltene, grossartige Ansicht der Werke v. J. 1520 im Danziger

---

Bornbach 100 Jahre später lebte († 1597), aber gleichzeitige Quellen benutzte, so entsteht die Frage, woher die Nachrichten über die Bauten von 1476—1495 stammen. Christoph Beyer beginnt erst später in seiner Chronik Nachrichten über Festungsbauten zu geben (er fungirt erst seit 1502 als Rathsherr und hatte die Bauten unter sich). Es scheint daher, dass sie dem letzten Abschnitt des Ferberbuchs (vgl. oben S. 99, 100), das in seinem ersten Theil von 1466—1510 reicht, entnommen sind. Dieser Theil ist jedoch sehr verstümmelt auf uns gekommen. Hirsch hat daraus nur „die Chronik vom Pfaffen kriege" in den Scriptores rerum Prussicarum aufgenommen, ohne jedoch erkannt zu haben, dass sie dem Ferberbuche angehört. Was Christoph Beyer betrifft, so ist ein Theil seiner Schriften mit seiner Person beim Brande seines Hauses 1518 vernichtet worden, von der „Geschichte seiner Zeit" (1497—1518) haben sich jedoch einige Auszüge erhalten. Eberhard Ferber hat sie noch vor dem Brande eingesehen, und Bornbach, der eine Enkelin Beyers zur Frau hatte, benutzt sie in seinem 5. Bande. Theodor Hirsch hat nun im 5. Bande der Scriptores unter dem Titel: Chronica Christoph Beyers des Aelteren" die „Geschichte seiner Zeit" insoweit zu restauriren gesucht, dass er aus dem 5. Bande Bornbachs alles ausgezogen hat, was sich auf Danzig bezieht, und dies durch Stellen aus dem Ferberbuche (nach dem Auszuge Bernt Stegmanns) und Spatt und Melmann, Chroniken des 16. Jahrhunderts im Danziger Archiv, vermehrt. Die Chronik Bernt Stegmanns in der Bibliothek der Stadt Danzig ist, wie Gehrke nachweist, ebenfalls nichts anders, als ein Auszug aus dem Ebert-Ferber-Buch und zwar der vollständ'gste. Hirsch hat einen Theil davon, den er hanseatische Chronik nennt, in den Danziger Chroniken des 5. Bandes der Scriptores aufgenommen. Seine Beziehung zum Ferberbuch ist ihm jedoch entgangen. Dagegen betitelt er den Schluss einer Elbinger Chronik, die sich ebenfalls als ein Auszug aus dem Ferberbuch ausweist, bei seiner Ausgabe im 5. Bde. der Scriptores S. 530 als Ferber-Chronik. Die Chronik Stegmanns giebt eine sehr ausführliche Aufzählung der 1518 und 1519 in Danzig ausgeführten Festungsbauten, die Ferberchronik beschreibt den Hochmeisterkrieg mit vorzüglicher Berücksichtigung der Belagerung von Danzig 1520. Beide Chroniken schliessen mit dem Jahre 1525.

Archiv, hinlängliche Aufklärung gewährten. Letztere ist um
so kostbarer, als die Werke dieser Periode nur kurze Zeit
existirt haben, da sie bald durch die Bastionärbefestigung verdrängt wurden. Da sie den Uebergang von der alten Mauerbefestigung zum Bastionärsystem darstellen, sind sie in archäo-
logischer Beziehung von grossem Werth, und steht deren nähere
Kenntniss in Danzig fast einzig da.

Ich lasse den Ausführungen Weinreichs einige Worte zum
Verständniss der Ansichten der Zeit über die Befestigungsweise
vorausgehen. Es ist das Eigenthümliche dieser Periode, dass
die bedeutenden Fortschritte der Artillerie dazu zwangen, deren
Wirkung Rechnung zu tragen. Es geschieht dies anfänglich
nicht in der Weise, dass man das Mauerwerk möglichst zu vermeiden sucht, sondern dass man danach strebt eine rasante
Betreichung des Vorterrains dadurch zu erreichen, dass man
einen niedern Erdwall vor die Mauer legt und diesen zur Aufstellung von Geschützen einrichtet. Es entsteht dadurch ein
dem frühern Zwinger oder Parchen — in Danzig ist der letztere Ausdruck in Gebrauch — ähnliches Verhältniss, nur dass
der Zwinger nicht durch eine Mauer, sondern durch eine Erdbrustwehr gebildet wird. Später enstand dafür der Ausdruck
fausse braye. Eine zweite Neuerung bestand darin, dass man
die Artillerie benutzt, die Flankirung nicht von Thurm zu
Thurm der Mauerbefestigung zu erreichen, sondern der Wirkung
der Geschütze entsprechend ganze Fronten zu bestreichen. Zu
dem Zweck wurden die ausspringenden Winkel zur Anlegung
grösserer Thürme benutzt, und die Thore durch vorgelegte
Mauer- oder Erdwerke (Bollwerke, Basteien, Taras) verstärkt,
die nicht bloss zum Schutz des Thores dienen, sondern durch
Aufnahme von Geschützen auch die Flankirung der Fronten
übernehmen sollten. Die Zahl der Mauerthürme wurde möglichst beschränkt. Die Sicherung gegen den gewaltsamen Angriff suchte man durch Verbreiterung und Vervielfältigung von
nassen Gräben zu erreichen.

Wie daraus hervorgeht, blieb dem Mauerwerk immer noch
der wichtigste Theil der Vertheidigung vorbehalten. Weinreich
begnügt sich daher nur mit der Anführung der Mauerbauten und
erwähnt nichts von den gleichzeitig ausgeführten Umwandlungen

des vorhandenen Walles. Es ist gerade die Eigenthümlichkeit
der Bauausführungen Danzigs zu dieser Zeit, dass die Mauer
dem Wall aptirt wurde, während gewöhnlich der Wall der
vorhandenen Mauerbefestigung hinzugefügt wurde.

Die Mittheilungen Weinreich's über die Bauten an der
Befestigung der Vorstadt beginnen mit dem Jahre 1476 und
äussern sich nicht über die Zeit der Erbauung des neuen
Thurmes. Auch den Theil der Mauerbefestigung vom Karrenthor bis hinter den grauen Mönchen, wo Weinreich beginnt,
sowie den Anschluss an die Befestigung der Rechtstadt vom
Karren- nach dem Ketterhagener Thor erwähnt er nicht, so
dass man annehmen muss, dass diese Theile bereits 1475, wo
andere Chroniken den Bau der Mauer der Vorstadt beginnen
lassen [1]), in Angriff genommen worden sind. Vom neuen
Thurm wird dies ausdrücklich bezeugt [2]).

Es ist zur richtigen Auffassung der Mauerbefestigung der Vorstadt von Wichtigkeit, die Lage des sogenannten neuen Thurmes genau festzustellen, und das ist mir gelungen, indem ich den Thurm
im Bastion Wieben verschüttet auffand. Die handschriftlichen
Chroniken des Danziger Archivs von Hans Spatt und der kleine
Melmann (Hirsch SS. rer. Pruss. 5, 459) berichten nämlich zum
Jahre 1510: „den Donnerstag nach Ambrosii war ein gross
Donnerschlag, das steckt den neuen thorm an, dor nun das
rundel liegt, auf der vorstadt" [3]). An Stelle dieses vorstädtischen

---

[1]) Siehe oben S. 78. 2.

[2]) Melmann, handschriftliche Chronik des Danziger Archivs LV. I.
Hirsch in der 1. Ausgabe Caspar Weinreichs v. J. 1855 S. 17: „a. 1475 ist
der erste Stein gesetzt zu dem neuen Thorme zu mauern und ist darnach
gemauert und volfurt bis zur Modlau".

[3]) Christoph Beyer der ältere, zu dessen Zeit das vorstädtische Rondel
noch nicht existirte, sagt dagegen in seiner Danziger Chronik (SS. rer. Pruss.
5, 459) über dieselbe Thatsache: Freitag vor S. Jorgen schlug zu Dantzick
in der nacht der donner in den newen Thorm auf der Vorstadt bei dem Hoppen-
brochischen thore und stikte das Dach oben an und brantes wegk". Hirsch
hat wahrscheinlich daraus Veranlassung genommen den neuen Thurm in dem
heutigen „weissen Thurm", den Thorthurm des Hoppenbruchschen Thors, zu
suchen (SS. rer. Pruss. 4, 740 Note 2), doch existirte dieser i. J. 1510 noch
nicht. Der noch heute vorhandene weisse Thurm am Ausgange der Fleischergasse, damals Wolfshagen genannt, ist erst sehr viel später erbaut worden

Rondels ist, wie ich noch zeigen werde, das heutige Bastion Wieben erbaut worden.

Auf diesen neuen Thurm lief die Mauer vom Karrenthor aus zu und bog sich daselbst unter einem rechten Winkel zur Mottlau ab[1]). Sie endigte an diesem Fluss in dem noch erhaltenen Trumpfthurm, welcher 1487 erbaut wurde[2]). Auf

und wird zuerst 1577 allerdings unter dem Namen neuer Thurm genannt, weil er unlängst erst erbaut war. Den Namen weisser Thurm hat er erst später von seinem weissen Anstrich erhalten. Caspar Weinreich sagt zum Jahr 1488 (SS. rer. Pruss. 4, 770): „desgleichen (bauten die rechtstedter) die ander (Mauer) von dem (neuen) Thor nach dem neuen torme“. Der damalige neue Thurm kann daher nicht Thorthurm gewesen sein, auch würde, wenn ein Thorthurm vorhanden gewesen wäre, Weinreich nicht gesagt haben vom Thore, sondern vom Thurme, denn der weisse Thurm steht auf der dem neuen Thurm zugewendeten Seite des Thors. Wenn aber noch kein Thorthurm existirte, konnte Christoph Beyer die Lage des neuen Thurms füglich nicht anders bezeichnen, als „bei dem Hoppenbruchschen (d. i. neuen) Thor“, da die Entfernung nur sehr unbedeutend ist. Auf den Umstand, dass die Chroniken über die Thatsache inbezug auf die Zeit um eine Woche differiren, macht schon Hirsch (SS. rer. Pruss. 5, 459) aufmerksam. Es liegt da auf einer Seite ein Irrthum vor, in den Wochentagen — in der Nacht vom Donnerstag zum Freitag — stimmen sie überein. Noch sei bemerkt, dass die Ansicht der Werke Danzigs v. J. 1520 den Thorthurm am neuen Thor noch nicht hat, und dass Danziger Ansichten aus dem 16. und 17. Jahrhundert den neuen Thurm im Bastion noch in seiner ganzen Höhe zeigen. Jetzt ist nur noch der untere Theil verschüttet im Bastion Wieben vorhanden und steht an der Stelle, wo die Poterne desselben sich in zwei Arme spaltet.

[1]) Caspar Weinreich a. 1476: „im selben Sommer wurde der Grund achter den Grau Mönchen zur Mauer gelegt und der Grund von der Klapperbude bis an den neuen Thurm „das liess thun Philipp Bischoff. Item ward der Grund gelegt gegen den Wolfshagen und im andern Jahr ward er vollbracht. A. 1477 war die Mauer achter den grauen Mönchen rede bis an den Thurm“. Ich habe die Stelle aus Hoburg S. 15 entnommen, weil Hirsch sie nur unvollkommen wiedergegeben hat. Die Klapperbude diente zur Bewachung des Klappholzes auf den Klapperwiesen längs der Mottlau. Hirsch, Handelsgeschichte Danzigs S. 215 ff.

[2]) Caspar Weinreich SS. rer. Pruss. 4, 765 a. 1487: „Item so meurten sie in dem Poggenpol den torm auf und sperrten in an der klapperbude und die maur fort mitte den zinnen nach dem mitteltorm zum neuen torm wärts bey die ½ (Hälfte) bey 8 swibogen al rede auf“. Der Thurm hatte zur Zeit noch keinen Namen, es ist der Trumpfthurm im heutigen Wallhofe der Fortifikation gemeint. Der Thurm ist dem Einstürzen nahe und wird in der nächsten Zeit abgebrochen werden müssen.

den dadurch gebildeten beiden Fronten befand sich nur noch je ein Thurm, von denen der zwischen dem Karrenthor und dem neuen Thurm gelegene „Der Thurm hinter den grauen Mönchen“ hiess, weil er hinter der heutigen St. Trinitatiskirche, einem ehemaligen Franziskanerkloster, lag. Er wurde 1486 erbaut [1]). Der Thurm in der Mitte zwischen dem neuen und dem Trumpfthurm hiess der Mittelthurm. Die Mauer dieser Front erforderte in dem sumpfigen Boden viel Arbeit und wurde erst 1490 beendet [2]). Sie musste auf „Schwibogen“ erbaut werden, um den Druck des Mauerwerks zu entlasten.

Das Karrenthor wurde 1486 durch ein äusseres Thor (Zingelthor d. i. Zwingerthor) verstärkt, das zu beiden Seiten der Durchfahrt durch Mauern mit dem innern Thor verbunden wurde [3]). Die Mauern dienten zugleich als Streichwehren der Faussebraie.

Längs der Mottlau vom Trumpfthurme zum Ankerschmiedethurm scheint nur eine Palisadirung vorhanden gewesen zu sein.

Einige Jahre später als bei der Vorstadt wurde der Mauerumzug der Altstadt begonnen und zwar 1482 mit dem Ausbau des St. Jakobsthors in Stein [4]). Aehnlich wie bei der Vorstadt ging man dann zunächst mit dem Anschluss an die Befestigung der Rechtstadt und, entsprechend dem Bau des neuen Thurms, mit dem eines geräumigen Thurms im ausspringenden Winkel vor, den die Westfront der Altstadt mit der Südfront derselben am heutigen Bastion Elisabeth machte. Die Hauptschwierigkeit liegt auch hier wiederum in der Feststellung der Lage des ausspringenden Winkels, an welchem 1483 der Kandelersthurm erbaut wurde. Caspar Weinreich spricht sich darüber sehr allgemein aus [5]): „noch dem andern

---

[1]) Ebenda 4, 770.

[2]) Ebenda 4, 780.

[3]) Ebenda 4, 759 a. 1486: „Item diesen Sommer war gebaudt in dem Poggenpol vor dem karmacherthoer der swibogen (die Durchfahrt) und zur seiden vort aufgemeuert und das singel thor“.

[4]) Ebenda 4, 744.

[5]) Ebenda 4, 727 a. 1483: „Item die oltstetter legten diesen sommer einen grund zu dem Kandelersthurm noch dem andern Thoer werts von dem mitteltorm ab und maurtens fast einen man hoch“. Martin Kandeler, von dem

thoer werts von dem mitteltorm". Man kann darunter nur
verstehen zwischen dem Thurm hinter St. Elisabeth, der Mittelthurm gen., und dem Gertrudenthor, d. i. zwischen den i. J. 1461 erbauten Thürmen „dem thorme hynder sunta elzabeth und dem thorme
und grund by sunta Gerdruden" [1]). Beide Thürme gehörten den
genannten Fronten der Altstadt an, der Mittelthurm der Westfront, das Gertruden- oder Holzthor mit seinem Thurm der
Südfront. Der zwischen ihnen gelegene grosse Kandelersthurm
wird daher in dem ausspringenden Winkel beider Fronten
gelegen haben und wird beim Bau des Elisabethbastions verschüttet worden sein. In der That findet er sich daselbst vor
und ist in seinem Innern leicht zugänglich, da die linke Poterne
des Bastions hindurchführt. Maueransätze an demselben geben
die Richtung der Mauern an, die von ihm nach beiden Seiten
ausgingen [2]).

In demselben Jahre 1483 wurde vom Gertrudenthor eine
Mauer mit nassem Graben nach dem heiligen Geist- jetzigen
Glockenthor der Rechtstadt erbaut [3]) und damit der Anschluss
an die Befestigung der letztern vollzogen. Die Mauer lag
zwischen dem Holzmarkt, der zur Altstadt gehörte, und dem
zur Rechtstadt gehörigen heutigen Kohlenmarkt. Sie erhielt
einen Thurm und später auch ein Thor, das brandenburgische.

Mit dem Jahre 1484 beginnt sodann der Mauerbau, der
fachweise, d. h. von Thurm zu Thurm ausgeführt wurde, wobei
man vom heiligen Leichnamsthor ausging und nach einander
die einzelnen Fächer bis zum Gertrudenthor fertigstellte. Im
ersten Jahre wurde das Fach vom heiligen Leichnamsthor zum
St. Elisabeththor, i. J. 1485 vom letzteren zum Mittelthurm,
1486 von diesem zum Kandelersthurm, 1487 vom Kandelers-

---

der Thurm den Namen hat, war von 1450 bis 1463 Rathmann der Altstadt.
Er wohnte in der Nähe des Gertrudenthors. Hoburg S. 14 Note 1. SS. rer.
Pruss. 4, 747. Note 3.

[1]) Hoburg S. 14.
[2]) Siehe Tafel IX.
[3]) Caspar Weinreich. SS. rer. Pruss. 4, 747; „a. 1483 ward auch der
Grund gelegt zur Mauer von dem heiligen geistthor auf das thor in der olden
stadt bei St. Gertrude und ein torm der mitten inne".

thurm zum Gertrudenthor erbaut [1]). In demselben Jahre 1487 begann der Mauerbau vom heiligen Leichnams- zum Jakobsthor. Er nahm 3 Jahre in Anspruch. Die Mauer erhielt zwei Thürme, von denen der zunächst dem heiligen Leichnamsthor gelegene der Bartholomeusthurm genannt wurde, da er hinter der gleichnamigen Kirche stand. Er wurde nebst der Mauer zum heiligen Leichnamsthor i. J. 1487 erbaut [2]). Im folgenden Jahr fand hier eine Pause statt, um den Mittelthurm zwischen dem Elisabeththor und dem Kandelersthurm zu vollenden [3]). I. J. 1489 wurde das Mittelfach und der zweite Thurm erbaut und 1490 der Anschluss an das Jakobsthor gewonnen [4]). 1491

---

[1]) Ebenda S. 751: „Item a. 1484 im sommer bauten die oldstetter zu Dantzk am thore die mauren vom negsten torm bis an das thoer, als man den weg ansfart noch der Olive werts (heilige Leichnamsthor) ongefer ein zigel hoch über den swibogen“. S. 753: „Item im sommer 1485 rückten die oldstetter die mauer von dem thoer, als man bei s. Elisabeth ausgat (das Thor war demnach nur für Fussgänger wie das Gertrudenthor), bis an den negsten torm (Mitteltorm) auf und machten die rede, und denselben negsten torm auch ongefähr 1½ faden hoch“. S. 760 a. 1486: „auch machten sie das fach rede von der maur am Kandelerstorme biss an den mitteltorm noch des heilige laichnamsthor werts“. S. 765: „Item in demselben sommer (1487) meurten die von der olden stadt einen grundt zwischen der radaune (am Gertrudenthor) und dem freien wasser (in der Nähe vom Kandelersthurm), das auf die oligmühle läuft und meurten die meuer fort mite al entlängst achter der silberhütten bis auf zinneshöhe.“. Der Herausgeber Th. Hirsch macht an dieser Stelle und Hoburg S. 17 Note 2 die Bemerkung, dass unter Freiwasser hier nur der Bach Schidlitz, das heutige Tempelhofer Wasser gemeint sein könne. Wie ich indessen Anhang I zeigen werde, war es ein Radaunearm, der die Schidlitz aufgenommen hatte.

[2]) Ebenda a. 1487: „Item im Sommer brachten auch die von der alden stadt auff mit dem grund und mauerwerk einen torm neben die planken hoch, die negste noch dem heiligen leichnam zu dem thore an dem Graben bey S. Jakob, dem Thore achter S. Bartolomeus, die Strasse gaet auf den torm (nämlich den Thorthurm vom S. Jakobsthor).

[3]) Ebenda S. 770 a. 1488: „Auch meurten die oldstetter den mitteltorm auf, so hoch er sein sollte zwischen dem kandelerstorm und dem thor nach s. Elisabeth.

[4]) Ebenda S. 777 a. 1490: „Item so legten die oldstetter einen grundt vom torme und ein stück von einer mauer negst dem thor von s. Jakob bisz an den torm achter S. Bartolomeus und brachten torm und meuer so hoch auf, als der torm achter S. Bartolomeus war“. S. 780: „Item so meurten

wurde der Bartholomeusthurm zu Ende geführt[1]) und 1492 der Grund zum Thurm Finsterstern hinter dem St. Jakobshospital gelegt[2]). Unter diesem Namen kommt er erst seit 1519 vor. Er gehörte zu den grossen Thürmen und stand an einem sehr wichtigen Ort, da er den neuen Wall, der zum alten Schlosse führte, zu bestreichen hatte. In späteren Zeichnungen des Archivs aus dem Anfange des 17. Jahrhunderts hat der neue Wall, der bis zur Radaune reichte, eine revetirte Eskarpe mit Strebepfeilern. Seine Fortsetzung bis zum Schloss, der Rambau, ist stets unbekleidet geblieben. Hoburg ist daher sehr im Irrthum, wenn er sagt, dass in den Jahren 1484 und 1485 vom Schlosse bis zur Radaune eine Mauer angelegt worden sei. Die Stelle aus Caspar Weinreich, die er dafür anführt, bezieht sich auf die Mauer der Rechtstadt längs dem Hakelwerk. Die Mauer der Altstadt endigte am Finsterstern, dessen Bau 3 Jahre erforderte.

I. J. 1490 wurde auf Kosten der Rechtstadt ein zweiter Graben vor der Front heiliger Leichnam — St. Jakob ausgehoben und zwischen beiden Gräben ein Wall aufgeworfen, auf welchem ein Blockhaus erbaut wurde[3]).

Die Mauerbauten, welche zur Zeit Caspar Weinreichs an der Umfassung der Rechtstadt Danzig ausgeführt wurden, sind ebenfalls sehr bedeutend. Ich habe die wichtigeren bereits oben S. 72 Note 1 angeführt. Da ihre Beziehungen zu den Bauten der Vor- und Altstadt in die Augen springen und die

die oldstetter von dem torme achter S. Bartolomäus bis an das heilige leichnamsthor und auch ein torm so hoch, als das ander Stück das jor zuvor war".

[1]) Ebenda 783 a. 1491: „so meurten die oldstetter den torm achter S. Bartolomeus negst nach dem heiligen leichnamsthor so hoch auf, als er sein sollde".

[2]) Ebenda S. 794. a. 1492: „Item auf den herbst war erst angehoben der turm zu fundirende und palen zu stossen zu dem grossen thorm achter S. Jakob und a. 1794 war er gemenert".

[3]) Ebenda S. 777 a. 1490: „Item so legte man aus der rechtstadt einen graben vor der olden stadt zwischen S. Jakobs- und dem heiligen leichnamsthor buten dem andern graben und ein wal dorzwischen beiden graben, sonder er wart nicht rede diss jor; dar war ein blockhaus eingelegt".

Zeit ihrer Ausführung im einzelnen nicht ohne Interesse ist, stelle ich sie hier zusammen.

In den Jahren 1482 und 1483 liess die Stadt das Fischerthor erbauen[1]). Das Thor wird früher nicht genannt, und da auch der Wortlaut in der Chronik Weinreichs nicht auf einen Umbau, sondern einen Neubau deutet[2]), so ist es wahrscheinlich, dass man infolge der stärkeren Befestigung der Vorstadt das Bedürfniss fühlte, die Kommunikation dahin zu vermehren, um rechtzeitig Unterstützungen bringen zu können. Diese Rücksicht war um so wichtiger, als die Vorstadt längs der Mottlau ohne Mauerbefestigung bleiben sollte und daher bei zugefrorenem Fluss wenig gesichert war. Dieser Umstand mag auch eine Verstärkung der Befestigung der Südfront der Rechtstadt zur Folge gehabt haben, denn man erbaute i. J. 1486 vom Ketterhagener- nach dem Ankerschmiedethor eine Zwingermauer[3]).

1483 und 1484 wurde die Mauer am Junkerschiessgarten zwischen dem Strohthurm und dem Langgassenthor erneuert[4]). Die Zeit dieses Baues fällt mit der Herstellung des Anschlusses der Befestigung der Altstadt mit der Rechtstadt am heiligen Geistthor zusammen und hatte daher wohl den Zweck die Rechtstadt, die nun hier besonders ausgesetzt war, so lange man sich nicht entschliessen konnte, eine Mauer vom Karrenthor nach dem Gertrudenthor zu ziehen, mehr zu sichern. Damit hängt wohl auch die Verstärkung des heiligen Geist- (jetzigen Glocken-) Thors zusammen, das in den Jahren von 1484 bis

---

[1]) Caspar Weinreich. SS. rer. Pruss. 4, 744. a. 1482: „Item dieses voryor war begundt zu bawen das fischerthor und das yor dornoch war es rede“.

[2]) Wie wir S. 28 gesehen haben, wurde das Fischerthor ganz nach dem Muster des Ketterhagener Thors gebaut, und da diese Form einen Fortschritt in der Thorbefestigung gegen die Anlagen des 14. Jahrhunderts andeutet, so ist es wahrscheinlich, dass das Ketterhagener Thor kurze Zeit vor Weinreich durch die Erbauung eines äussern Thors von der Form des Krahnthors eine Verstärkung erhalten hat.

[3]) SS. rer. Pruss. 4, 759. a. 1486: „Item auch ward gemeuert die meuer am graben von dem kettenhagener thor nach dem ankerschmiedethor lengs vor den heisern (der Vorstadt).“

[4]) Ebenda S. 747, 751.

1486 ein Gewölbe mit oberer Kammer (Heusken) zur Anbringung von Fallgattern erhielt[1]).

Die äusserst schwache Befestigung des Hakelwerks, das nur durch den Rambau mit vorliegendem Graben geschützt war, mag die Veranlassung gewesen sein, dass man die Rechtstadt auf dieser Seite mehr zu sichern suchte. Es wurde daher die Mauer vom Dominikaner-Kloster zur Mottlau in den Jahren von 1484 bis 1489 erneuert und hinter dem heiligen Geisthospital ein Thurm erbaut, der zur Ordenszeit wegen der Nähe des Schlosses nicht geduldet worden wäre[2]). Eine vorzügliche Verstärkung dieser Front wurde durch Erbauung eines äussern Hausthors[3]) erzielt, das durch seine vorspringende Lage und die Geräumigkeit seiner Thürme die ganze Front zu bestreichen imstande war.

Das Thor wurde in den Jahren 1487 bis 1490 erbaut und bestand aus zwei Thürmen, die durch einen gewölbten Thorweg verbunden waren. Die Thürme standen jenseits des Grabens. Sie waren durch Mauern mit dem inneren Thor verbunden, so dass das ganze einem Barbakan glich und so auch ge-

---

[1]) Ebenda S. 751 a. 1484: „Die von der rechten stadt bauten an dem heiligen Geistthor 2 swibogen“. S. 753 a. 1485: „In der rechten stadt wart rede gemacht den sommer über ein swibogen in dem heiligen Geistthor, so man wil auf die alde stadt gehen und die mauer darauf bisz auf die ander meur fort an beiden seiten“. S. 759 a. 1486: „auch ward gemeuert auf dem heiligen Geistbruken das heusken, ein wohnung, bowen den swibogen, als man auf S. Elisabeth geht“.

[2]) Ebenda 751 a. 1484: „Item auch wart die mauer achter dem rakker (der Büttelei) erneuert und aufgebracht bis neben dem turm (Rakkerthurm) gegen dem hagelwerke“. S. 753 a. 1485: „Item so war auch die mauer kegen dem hakelwerk geruckt bisz achter den Rakkerthorm“. S. 779 a. 1489: „verbesserten die von der rechten stadt die mauer achter dem heiligen geist und legten dar ein grund von torm und meurtens wol 3 geroste hoch auf und von dem torme die maur rede mit den zinnen bis an das slossmauer“.

[3]) Ebenda S. 765 a. 1487: „Item die rechtstetter legten einen grundt von einem torme und meurten in auch wol 4 faden hoch in dem graben vor dem hausthore bey dem heiligen geist zum schlosse werts“. S. 77 a. 1490: „Item in diesem sommer meurten die in der rechten stadt am hausthor bei dem heiligen geist den grund zu dem swibogen zur bruke und meurten es reidt und den grunt vom andern turme zu berge werts und meurten es so hoch als ein gerost hoher denn den andern“.

nannt wurde. Die jetzige Strasse „altstädtischer Graben"
führte bei den Thürmen vorbei, lag also jenseits der Kontreskarpe. Die Thürme waren damals mit einem Graben umgeben,
so dass das ganze ein geschlossenes Werk bildete. Die Umrisse der beiden Thürme sind noch gegenwärtig zu erkennen.

Damit schliessen die Mittheilungen Caspar Weinreichs über
die in seiner Zeit ausgeführten Bauten. Er berichtet noch,
dass der Thurm hinter St. Bartholomeus[1]) und der Thurm hinter
dem St. Jakobshospital[2]) (der Finsterstern) i. J. 1495 wieder
eingefallen sind. Niemand erzählt uns, dass diese Thürme wieder
aufgebaut wurden, wie es thatsächlich der Fall war. In den
Aufzeichnungen über die Bauten Danzigs von 1496 bis 1515
findet sich überhaupt eine Lücke, was um so bedauerlicher ist,
als in diese Zeit die Einziehung des Kohlenmarkts in die Befestigung erfolgt sein muss, die zwar aus spätern Zeichnungen
ersichtlich, aus den Chroniken jedoch nur andeutungsweise zu
erkennen ist.

Melmann (SS. rer. Pruss. 5, 450) und Bernt Stegemann (SS.
5, 507) erzählen, dass i. J. 1500 die Radaune ausgebrochen sei
und hinter der Silberhütte, da wo 1516 der runde Thurm erbaut wurde, ein Stück Mauer niedergelegt habe. Nun ist die
Lage dieses runden Thurms, der auch der halbe Mond genannt wurde, ganz genau bekannt. Er lag in der Mauer, die
vom Gertrudenthor nach dem äussern hohen Thor (der jetzigen
Peinkammer) ging und zwar „in der Nähe des Winkels" am
Gertrudenthor[3]). Genauer noch giebt über ihn eine sorgfältig
ausgeführte Zeichnung des Archivs vom Jahre 1635 Aufschluss,
wo es sich um seinen Abbruch handelte. Ungefähr an derselben
Stelle giebt ihn die Ansicht der Befestigungen Danzigs vom

---

[1]) Ebenda S. 797 a. 1495: „Item der torm achter S. Bartolomeus vil
in den graben; dan im vorjar brachen sie die nordseite dran, also das die
südseite sank".

[2]) Ebenda. „Item den sonnabend vor Marie Magdalena (18. Juli) do
vil nider der grosse torm, der mitten an der mauer stundt bey S. Jakobsthor gegen dem neuen walle, so das er hoch war und oben zugewölbt war".

[3]) Christoph Beyer. SS. rer. Pruss. 5, 450. Zusatz nach Melmann.
Stegmann sagt irrthümlich 1500.

Jahre 1520 an, die sich im Archiv befindet[1]). Die Mauer am
Kohlenmarkt muss 1500 daher schon vorhanden gewesen sein,
wenn die Radaune ein Stück davon wegreissen konnte. Wir
erfahren ferner von Christoph Beyer (S. 484) zum Jahre 1517:
„Kegen den herbst liss Herr Wise der burgermeister den
Futtergraben längs dem Dominikplatz (Kohlenmarkt) bis ans
(äussere) hohe Thor vollent fertigmachen, den der alte, welchen
Her Johann Ferber liss futtern war sehr verfallen." Nun ist
der Bürgermeister Johann Ferber am 31. Aug. 1501 gestorben,
der Graben und die zugehörige Mauer kann daher erst kurz
vor dem Jahre 1500 erbaut worden sein. Dass aber sich an
dem Graben eine Mauer befand, ergiebt sich aus Christoph
Beyer S. 470 zum Jahre 1515, wo es heisst: „Die Mauer auch
bei dem holzmarkt und bey dem neuen Graben wurde höher
gemacht." Damit kann nur jener Graben gemeint sein, der
„längs dem Dominikplatz bis ans hohe Thor" ging.

Ich habe mich auf diese Details einlassen müssen, um die
Zuverlässigkeit der „Ansicht der Wälle Danzigs", deren Fertigung ich auf das Jahr 1520 glaube ansetzen zu müssen und
welche jene Mauer enthält, nachzuweisen[2]) und demnach die
Fortsetzung der Mauer vom hohen Thor nach dem Stadthofe,
wie sie sich in der „Ansicht" findet, als zutreffend anzuerkennen.
So wunderbar es auch erscheint, dass die Fortsetzung nicht
nach dem Karrenthor ging, wie sie erst 1525 ausgeführt wurde,

— —

[1]) Vgl. die Photographie der Ansicht Taf. VII. Wahrscheinlich infolge
ungenauer Perspective der Zeichnung liegt der Thurm zu weit vom Winkel
ab. Die Entfernung von demselben betrug gegen 15 Ruthen.

[2]) Hoburg, durch dessen Hände die „Ansicht der Wälle" gegangen sein
muss, da er andre Zeichnungen desselben Planschranks benutzt, hat die Bedeutung derselben nicht erkannt und behauptet S. 16, dass mit der Vereinigung der Recht- und Vorstadt durch eine Mauer der Graben vom Stadthofe
bis zum Hohen Thor überflüssig geworden und wahrscheinlich bald eingegangen
sei, er muss also annehmen, dass die Mauer, welche Vorstadt und Rechtstadt
vereinigte, vom Karrenthor nach dem äussern hohen Thor von vornherein gegangen sei. Es ist bezeichnend für die Richtigkeit der Lage der Anschlussmauern, wie „sie die Ansicht" giebt, dass dieser Theil der Umfassung Danzigs die „Bocht" (Bucht) genannt wurde. Die Mauer vom Karren- zum
Ketterhagener Thor ist ausserdem, wie aus der folgenden Note hervorgeht,
sicher gestellt.

so deutet gerade dieser Umstand darauf hin, dass die „Ansicht"
richtig sei. Es gehörte eine Zeit wie diejenige des Jahres
1525 dazu, wo das demokratische Element augenblicklich die
Oberhand hatte, um hier einzugreifen, weil die Pietät der Bewohner der Rechtstadt, die hier ihren Kirchhof hatten, sich
dagegen sträubte, diesen anzubrechen. Der neue „aufrührerische"
Rath hatte diese Rücksicht nicht und liess die Mauer vom
Karrenthor nach dem äussern hohen Thor ausführen[1]). Es „war
auch das beste, das sy bey der stadt taten und regirten",
sagt Bernt Stegemann, der den besseren Ständen angehörte.
Im übrigen wurde der Kirchhof dadurch noch nicht beseitigt,
sondern nur in seinem östlichen Theil beschnitten. Ich verweise auf Tafel VIII. Seine völlige Räumung erfolgte erst
mit der Verlegung des Hospitals Gertrud 1563 nach dem Petershagener Thor.

Ich habe mit diesen Erörterungen vorgreifen müssen, um die
Bauausführungen an der Wende des 15. u. 16. Jahrh. zu erklären.
Zu letzteren gehört noch die bereits S. 58 erwähnte Erhöhung
des Stockthurms um zwei Etagen, um von denselben einen Ein-
blick auf das Gelände jenseits der Mauer vom hohen zum Gertrudenthor zu erhalten. Die Chroniken berichten darüber nichts,
es geht jedoch aus der Konstruktion der beiden Geschosse her-

---

[1]) Bernt Stegemann's Hanseatische Chronik, SS. rer. Pruss. 5, 528 a.
1525: „A. D. XXV wart dy mawre zen felde wertcz an dem stadtgraben
zewischen dem hogen tore bas an das karrentor zen langest aus dem
wasser bas über dy erde die alde mawre gebessert und new aufghemawrt
und oben zen langest gesneten rane aufgelegt sam eyne brustwere: das war
zcuvor nicht. Dis regirte der newe aufrursche radt und war auch das beste,
das sy bey der stadt taten und regirten". Unter der alten Mauer ist die
vom hohen Thor nach dem Gertrudenthor zu verstehen. Beide Mauern bildeten nunmehr zusammen den Anschluss der Befestigungen der Vor- und Altstadt vom Karrenthor zum Gertrudenthor. Die Mauer vom hohen Thor zum
Stadthof und die vom Karrenthor zum Ketterhagener Thor konnten nunmehr
eingehen, was jedoch nicht sogleich erfolgt zu sein scheint, denn eine Zeichnung des städtischen Archivs vom Jahre 1573 zeigt noch an dem soeben erbauten
Karrenbastion die Mauern nach dem Ketterhagener- und dem hohen Thor.
(Siehe Tafel IX. 1). Diese höchst anspruchslose Linearzeichnung ist nach
derjenigen v. J. 1520 die älteste des Danziger Archivs.

vor[1]). Spatt berichtet nur, dass i. J. 1508 das hohe Thor, womit er den Stockthurm meint, mit Blei eingedeckt wurde, und Mehmann, dass die Spitze des Thurms 1509 aufgesetzt wurde. Um diese Zeit wird der Bau daher beendet worden sein.

Mit den Mittheilungen Caspar Weinreich's sind die Nachrichten über das, was in den Jahren 1476 bis 1496 in Danzig an Festungsbauten geleistet worden ist, keineswegs erschöpft. Wir würden nur ein sehr unvollkommenes und formloses Bild davon haben, wenn wir blos auf diese angewiesen wären. Ich habe schon bei seiner Verwerthung auf andere Quellen hinweisen müssen, um ihn überhaupt zu verstehen. Die Andeutungen, welche er über die Lage einzelner Theile der Befestigung macht, gewähren nur ganz allgemeine Anhaltspunkte, während es sich hier um mathematische Genauigkeit handelt, die nur Reste der alten Befestigung bieten können. Die Zahl derer, die zutage liegen, ist allerdings ungemein gering. Ausser dem Trumpf- und weissen Thurm der Südfront der Vorstadt und dem inneren Karrenthor, sind es hauptsächlich die Thore der Rechtstadt, an denen sich die Befestigungen der Vor- und Altstadt anlehnten, welche gestaltend einwirken, dann die spätere Bastionärbefestigung, welche die alte Mauerbefestigung in sich aufnahm und einzelne zugängliche Reste derselben enthält, aber auch sonst mathematisch feste Anhaltspunkte giebt, wie das alte heilige Leichnams- und das Jakobsthor im Kehlpunkte der gleichnamigen Bastione. Wir sind dadurch nicht blos im Stande die Data, welche Caspar Weinreich in zeitlicher Beziehung giebt, geometrisch festzulegen, sondern gewinnen auch über die Konstruktionsverhältnisse einzelner Thürme und Thore zuverlässige Nachrichten. Ersteres ist auf Tafel VIII erfolgt mit den Fortsetzungen, die sich bis zum Jahre 1525 anschlossen, letzteres, soweit es den Trumpf-, Weissen- und Kandelersthurm betrifft, auf Tafel V 1. V 2. IX 2. Von den Mauern hat sich ausser in Zeichnungen nichts erhalten, noch weniger von den Erdwerken. Hier tritt die „Ansicht der Wälle" v. J. 1520 ergänzend ein. Wir haben oben (S. 159) gesehen, wohin die Tendenz der Zeit in Bezug auf Befestigung der Städte ging. Die „Ansicht" giebt uns

---

[1]) Vgl. oben S. 58. 2.

die Anwendung der herrschenden Grundsätze speziell für die Befestigung Danzigs zur Zeit Caspar Weinreichs und seiner unmittelbaren Nachfolger. Wir haben uns zunächst näher mit dieser „Ansicht" zu beschäftigen.

Das Original der Zeichnung ist 4 Fuss lang und 2 Fuss hoch. Das Papier zeigt dasselbe Monogramm, welches sich auf Urkunden des städtischen Archivs aus den Jahren 1475 bis 1520 findet. Für die Zeit ihrer Fertigung um das Jahr 1520 (genauer 1521) spricht, dass die in den Jahren 1515 bis 1521 ausgeführten Werke darin aufgenommen sind, dagegen die i. J. 1525 erbaute Mauer vom Karren- nach dem hohen Thor noch nicht. Der Zeichnung fehlt eine Ueberschrift und jedes Schriftzeichen für die einzelnen Werke. Eine anscheinend spätere Hand hat auf die Rückseite die Worte: „Danzig von aussen gesehen" gesetzt. Die Zeichnung ist in der That eine Ansicht der Befestigung der Westseite Danzigs, kein Grundriss, und beschränkt sich auf die vordere Umfassung, wie sie sich dem Blicke um 1520 zeigte, ohne Rücksicht auf dahinter liegende, überragende Baulichkeiten. So ist der Stockthurm, der vortrefflich zur Orientirung geeignet gewesen wäre, nicht mit aufgenommen. Ich verweise auf die Photographie der Zeichnung Tafel VII. Die Ansicht ist kolorirt, so dass ich sie fernerhin die „kolorirte Ansicht" nennen werde. Eine andre Zeichnung, die genaue Kopie der erstern von derselben Grösse, enthält einige Projekte in Blei ausgeführt zur Umgestaltung der Befestigung. Es sind durchweg kleine Rondele aus Erde als Ersatz der Thürme. Das Papier hat ein andres Monogramm. Auf der Rückseite desselben steht, nach der Handschrift zu urtheilen aus dem 17. Jahrhundert: „Fortifikation einer Stad" und von einer andern Hand: „Danzig vor Schüttung der Wälle."

Man kann wohl annehmen, dass die Bezeichnung „Fortifikation einer Stad" von einem Laien, die beiden andern Aufschriften von Sachverständigen herrühren. Trotzdem haben sie Hoburg und selbst den langjährigen und verdienstvollen Vorstand des Archivs, Theodor Hirsch, der mit der Geschichte der Stadt genau vertraut war, nicht überzeugen können. Hirsch hätte sie bei Herausgabe der Danziger Chroniken sehr gut verwerthen können, aber das fremdartige der

Zeichnung, welche mit den heut üblichen Manieren der Darstellung nichts gemein hat, dann aber auch der Umstand, dass einzelne Punkte derselben nicht unerhebliche Bedenken erregen, sowie dass einzelne Theile der Befestigung in den Chroniken nicht nachzuweisen sind und andere, wie die dem Hagelsberg gegenüber in den Jahren 1517 bis 1519 ausgeführten Bauten, obgleich sie von Beyer dem Aeltern und Bernt Stegmann erwähnt werden, schwer verständlich sind, machen es erklärlich, dass die kolorirte Ansicht bisher gänzlich ignorirt worden ist. Habe ich doch selbst ausser den verstorbenen Professor Bergau, der sich mit der Geschichte der ältern Befestigung Danzigs beschäftigt hatte, Niemanden von der Uebereinstimmung der Zeichnung mit der Wirklichkeit überzeugen können. Zu den Bedenken gehört namentlich, dass das äussere hohe Thor und die Brücke daselbst nicht dargestellt sind. Auch die Radaune und das Freiwasser sind nicht aufgenommen, obgleich der Graben an den Stellen, wo sie in die Alstadt traten, eingezeichnet ist. Sie müssen nothwendig durch eine Riedewand über den Graben geführt worden sein, die auch inbetreff der Radaune i. J. 1563 erwähnt wird. Ueber diese Punkte wird man nicht hinaus kommen, sie bleiben unverständlich, können aber die korrekte Wiedergabe der übrigen Theile der Befestigung nicht umstossen.

Es sei zunächst erwähnt, was wir der kolorirten Ansicht für die bisher behandelte Zeit von 1476 bis 1515 verdanken. Wir ersehen daraus, dass auf der Strecke der Umfassung der Vorstadt vom neuen Thurm bis zum Karrenthor die Mauer hinter dem vorhandenen Wall aufgeführt wurde, so dass er eine Faussebraie bildete. Wie wir gesehen haben, war das Regel. Ferner geht aus der Zeichnung hervor, dass der neue Thurm nicht in der Mauerflucht stand, wie der Thurm hinter den grauen Mönchen, das innere Karren- und das neue Thor, sondern in der Linie des Walles. Dagegen stand das äussere- oder Zingelthor des Karrenthores entsprechend dem neuen Thurm ebenfalls in der Linie des Walls. Beide übten von diesem Niederwall eine rasante Bestreichung des Vorterrains und eine Flankirung der ganzen Front und des Grabens vor derselben aus. Wie bereits in anderm Zusammenhang erwähnt worden ist, erhalten

wir durch die kolorirte Ansicht davon Kenntniss, dass der Anschluss der Befestigung der Vorstadt an die der Rechtstadt
durch eine Mauer vom Karren- nach dem Ketterhagener Thor
ging, dass das neue Thor zur Zeit noch ohne Thorthurm war,
und dass ein Arm der Radaune sich nördlich des Karrenthors
abzweigte und den Vorstädtischen Graben bewässerte. Ueber die
Befestigung des Dominikplatzes giebt uns die kolorirte Ansicht allein Aufschluss. Einzelne Angaben in den Chroniken
sind wol geeignet das zu bestätigen, würden aber nicht geeignet sein uns über das Wie? zu unterrichten.

Was die Befestigung der Altstadt betrifft, so zeigt uns
die kolorirte Ansicht, dass die Mauer im Gegensatz zur
Vorstadt vor dem Wall errichtet wurde. Auch ist die Mauer
niedriger wie die der Vorstadt, und da sie mit Zinnen versehen
ist, kann sie keine blosse Bekleidungsmauer gewesen sein, sondern bildete in ihrem oberen Theil eine freistehende Mauer mit
dahinter liegendem Rondengange (Zwinger, Parchen, Faussebraie). Es ist dies um so wahrscheinlicher, als der Wall dahinter sehr hoch erscheint und nicht imstande gewesen wäre,
den Graben zu vertheidigen. Auch die spätere Bastionsbefesti-
gung dieser Front hat die freistehende Mauer beibehalten. Da
die Mauer zugleich die Eskarpe des Grabens bildete, kann
man von einem halben Revetement sprechen, das der Wall
besass.

Diese eigenthümliche Befestigung der Altstadt erfolgte nicht,
weil man ihr den Vorzug gegen die Art, wie man die Vorstadt
befestigt hatte, gab, sondern weil ansehnliche Gebäude der Altstadt so dicht an den Wall herantraten, dass man die Mauer
nicht hinter demselben erbauen konnte. Man fand die Befestigungsweise sogar schwächer und suchte sie, wie wir sehen
werden, seit 1515 zu verstärken. Die kolorirte Ansicht hat
diese Verstärkungen, welche bis zum Jahre 1521 ausgeführt
wurden, noch mit aufgenommen, so dass ich darauf zurück-
kommen muss.

Aus der kolorirten Ansicht lernen wir auch die Thor-
befestigungen näher kennen. Am Karren-, heilige Leichnams-
und Jakobsthor bestand das innere Thor aus zwei Thürmen,
die durch ein Gewölbe über dem Durchgang verbunden sind.

Diese Thürme sind am Karrenthor noch vorhanden. Obgleich durch das Bastion verschüttet, sind sie im Innern doch zugänglich und ragen noch über dem Kavalier des Bastions hervor. Ihr Inneres bildet gegenwärtig einen Schlott von 12 Fuss im Quadrat, da die Böden der einzelnen Etagen nicht mehr existiren. Der Durchmesser der Thürme beträgt einige 20 Fuss, die Höhe derselben 40 Fuss. Zur Geschützvertheidigung waren sie nicht eingerichtet. Vom heiligen Leichnams- und Jakobsthor sind alte Zeichnungen, in spätern Ansichten[1] und Grundrissen vorhanden, welche mit der kolorirten Ansicht übereinstimmen. Die äussern Thore sind verschieden, wie sich das auch in der kolorirten Ansicht ausdrückt. Das Karrenthor bildet mit seinem Zwingerthor einen Barbacan wie das Hausthor, Ketterhagener- und Fischerthor der Rechtstadt, nur dass das Zwingerthor bloss einen Thurm hat, der neben dem Thorwege steht[2]). Das Jakobsthor hat jenseits des Hauptgrabens eine Bastei von Erde mit Blockhaus, das heilige Leichnamsthor einen gemauerten Thorweg mit Zinnen und hat erst später eine gemauerte Bastei erhalten, die noch auf der kolorirten Ansicht vorhanden ist. Das Elisabeththor ist in derselben bereits nicht mehr vorhanden, auch das Gertrudenthor ist schwer zu erkennen, da es in dem einspringenden Winkel am Holz-

---

[1] Hoburg theilt auf Tafel II eine Ansicht des heiligen Leichnamsthors mit, die jedoch nur eine Vergrösserung des Thors in der Ansicht der Stadt v. J. 1617 ist, auf die ich noch mehrfach zurückkomme.

[2] Zur Charakterisirung des Thurms führe ich noch an, dass er zu den grossen Thürmen gehörte, der für grössere Steinbüchsen eingerichtet war. In einer Kämmereirechnung des Archivs aus den Jahren 1519 und 1520 heisst es: „Item marg Kegel hat von myr empfangen Im jor 20 die woche vor Martini zum grossen torme ende blukhawsse vff die vorstat . . . . .“ und unter Militaria A 2. 2. des Archivs aus derselben Zeit: „Item an Henrick Pomerinik 3 grote steinbussen, de lat ich op den torm bringen vor dem karrentore, kost ein 8 scot“.

Ferner heisst es in einer Verordnung zur Besetzung der Wälle im Jahre 1563 (Archiv. Militaria F. 8): „Am karrenthor, In die streichwehr, grosse Thor und äusserste Brustwehr die Rottenführer H. Martin v. Suchten und Caspar Schachtman.“ Das Zwingerthor wird hier das grosse Thor wegen des grossen Thurms genannt und kommt unter dieser Bezeichnung auch anderwärts noch vor.

markt liegt. Auch fehlt der Steg, welcher über den Graben führte. In der heutigen Poterne Silberhütte befinden sich 37½ Fuss vom Eingange Prellsteine mit einer Auseinanderstellung von 9 Fuss, die an dieser Stelle für die heutigen Verhältnisse keinen Sinn haben und vielleicht dem alten Thor angehörten. Hier würde also die Stadtmauer gelegen haben. Ein daneben liegendes gegenwärtig zugemauertes Gewölbe von 14 Fuss Spannung entspricht dem Gewölbe der kolorirten Ansicht in der Nähe des einspringenden Winkels der Mauer. Ob es in Ermangelung einer Riedewand ein Durchlass für die Radaune, deren Hauptarm hier in die Altstadt mündete, vorstellen soll, wage ich nicht zu entscheiden. Zwei batardeauähnliche Mauern der kolorirten Ansicht zu beiden Seiten[1] scheinen dafür zu sprechen.

Das neue Thor muss man durch die beiden mit Geschützen reichlich versehenen, starken Thürme, den neuen und den Trumpfthurm, für genügend gesichert erachtet haben, da es vorläufig keinen Thorthurm hat. Das Thor besteht nur aus einem starken, gemauerten Thorwege mit Zinnen. Bemerkenswerth ist, dass die Brücke steinern ist, was sich sonst bei den Thoren der Vor- und Altstadt nicht findet. Nach einer Rechnung v. J. 1500 erhielt „Jakob der Zimmermann an dem heiligen Leichnamsthor zum Bauen 100 rheinische Gulden"[2]. Es kann sich das wohl nur auf die Brücke beziehen.

Wie wir oben S. 159 gesehen haben, machten sich die Fortschritte der Artillerie bei Befestigung der Städte und Burgen ausser der Anbringung von Niederwällen noch darin geltend, dass vor den Thoren Basteien angelegt und die ausspringenden Winkel mit starken Thürmen versehen wurden. Der neue und Kandelersthurm, sowie der Trumpfthurm und Finsterstern, letztere auf beiden Flanken, sind solche Thürme. Die kolorirte Ansicht lässt die Bedeutung dieser Thürme[3] so-

---

[1] Die eine Mauer befindet sich am Kandelersthurm, die andere bei einem Thurm der Mauer am Dominiksplatz.

[2] Hoburg S. 14. Note 4.

[3] Der Trumpfthurm befindet sich nicht mehr auf der kolorirten Ansicht, da er der Westfront nicht mehr angehört, er hat in vier Etagen Geschützscharten.

wie der Basteien vor den Thoren erkennen. Sie dienten zur Bestreichung ganzer Fronten. Ausser dem Trumpfthurm ist nur noch der Kandelersthurm näher bekannt. Er hat einige 50 Fuss im Durchmesser mit einem innern Raum von 22 Fuss im Lichten [1]), so dass die Mauerstärke gegen 15 Fuss beträgt. Die Scharten haben Nischen von 7 Fuss Breite und 9 Fuss Tiefe, sodass nur noch 6 Fuss Mauerstärke bleiben, in der sie sich nach vorn verengen. Die Kniehöhe beträgt 3 Fuss. Der innere Raum ist kuppelförmig eingewölbt und, da der Thurm nur eine Etage hat, ungewöhnlich hoch. Zum Entweichen des Pulverdampfes befindet sich oben eine $10\frac{1}{2}$ Zoll weite runde Oeffnung. Aehnlich scheint der Finsterstern konstruirt zu sein. Er erhielt später einen 5eckigen Mantel.

Es wird hier an der Zeit sein, von Weichselmünde zu sprechen. Zur Ordenszeit bestand hier unmittelbar am Strande auf dem rechten Ufer der Weichsel ein Blockhaus, wie es Stenzel Bornbach nennt, das, wie er mittheilt, i. J. 1433 von den Hussiten verbrannt wurde [2]). Der Ausdruck hat sich auch später erhalten, nachdem das Werk einen grössern Umfang gewonnen hatte. Lindau nennt das Werk eine Bastei und erzählt zum Jahre 1462, dass vier Mann der Besatzung mehrere Strolche aus Fischhausen, welche den Wirth des Ostkruges gebunden hatten und mit seinen eigenen Pferden abführen wollten, vertrieben und zwei davon tödteten [3]). Wie daraus hervorgeht, befand sich in der Bastei eine Besatzung, und die vier Mann werden eine Patrouille derselben gebildet haben. Lindau erzählt dann zum Jahre 1465 [4]), dass in der Nacht vom 16. zum 17. November ein so heftiger Sturm gewüthet habe, dass er das Bollwerk der Münde wegriss und die Bastei vor dem Werderthor von Danzig wegschwemmte. Ich erwähne das, weil spätere Chronisten unter dem Bollwerk die Bastei verstanden haben. Indessen bedeutet Bollwerk hier das Bohlenwerk, womit die

[1]) Da die Kehlmauer eine geringere Stärke hat, ist der innere Raum in der Kapitale 26 Fuss weit.

[2]) Handschrift des Archivs S. 346.

[3]) SS. rer. Pruss. 4, 596.

[4]) Ebenda 626.

Ufer der Weichsel bekleidet waren. Der Ausdruck Bollwerk wird nie für die Bastei gebraucht. Wir erfahren nun von Caspar Weinreich, dass 1482 „vor der Münde die Leuchte" (Leuchtthurm. auch Laterne genannt) erbaut wurde und Stenzel Bornbach fügt in seiner Handschrift hinzu, dass sie einen runden Thurm bildet, der 60 stoffen (Schuhe) hoch war und im Blockhause lag. Auch weiss er von einer Inschrift am Thurm zu erzählen. welche die Jahreszahl der Erbauung anzeigte[1]). Der Thurm hat bis 1709 gestanden, wo er abbrannte und im Jahre 1721 durch einen neuen ersetzt wurde. Auch dieser trägt eine Inschrift, die jedoch nicht dieselbe gewesen sein kann, wie die am alten Thurm, da sie hinzufügt, dass gleichzeitig auch der Kranz, der noch heut den Thurm umgiebt, erbaut worden sei[2]). Wüsste man mit Bestimmtheit, dass dieser Passus sich auch in der Inschrift des alten Thurms befunden hätte, so könnte kein Zweifel sein. Die alte Inschrift ist jedoch nicht bekannt und sowohl Caspar Weinreich wie Stenzel Bornbach würden gewiss erwähnt haben, dass gleichzeitig ein so mächtiges Gebäude, wie der Kranz ist, erbaut worden wäre. Ausserdem geht aus einer Angabe des zuverlässigen und gleichzeitigen Chronisten Hans Spatt, die noch durch eine andere Quelle be-

---

[1]) Ebenda 744. Caspar Weinreich mit den Zusätzen von Bornbach in Klammern: „Item im sommer war vor der Munde gebaut (der runde torm oder) die leuchte [in dem Blockhause, wie die jorzahl auch ausweisst. Dieser torm ist 60 stoffen hoch]". Was Bornbach hier Blockhaus nennt, bezeichnet Lindau mit Bastei. Theodor Hirsch ist daher im Irrthum, wenn er in der Note 6 S. 744 sagt, der Thurm sei oberhalb des Blockhauses erbaut worden. Die Bastei lag damals hart am Strande, der, wie es scheint, noch keine Molen zu beiden Seiten der Weichsel hatte, wenigstens werden sie vor dem Jahre 1576 nicht erwähnt. In diesem Jahre hatte die Weichsel schon unterhalb der Bastei Land angesetzt, so dass diese nicht mehr am Strande lag. Aber ein Blockhaus zum Schutz der Einfahrt war, wie wir seiner Zeit sehen werden, noch nicht vorhanden und wurde erst später, als die Anschwemmung von Land noch weiter ging, für nothwendig erachtet und erbaut. Hirsch setzt dieses Blockhaus schon i. J. 1482 als vorhanden voraus. Die Bastei war vielmehr aus dem ursprünglichen Blockhaus entstanden — daher der Doppelname — und der Thurm wurde innerhalb und nicht oberhalb des Blockhauses (der Bastei) erbaut.

[2]) Die Inschrift befindet sich bei Hoburg S. 121.

stätigt wird [1]). hervor, dass der Kranz erst in den Jahren 1562—1563 erbaut worden ist [2]).

Die Befestigung der Münde trat zu den Zeiten der Rüstung Danzigs gegen den letzten Hochmeister, Markgraf Albrecht, in ein neues Stadium. Die Veranlassung dazu gab das Gerücht vom Anmarsch von 300 Söldnern aus Dänemark, das mit dem Hochmeister verbündet war. Es erwies sich jedoch als falsch. Christoph Beyer erzählt in seiner Danziger Chronik [3]) zum Jahre 1518, 12. Januar: „Do für ein erb. rat mit den scheppen und etlichen bürgern und quartiermeistern vor die Münde zu besehen alle gelegenheit und die Münde zu befestigen mit plockheusern und pasteyen.“ Nach Caspar Schütz S. 460, 2 war schon 2 Jahre daran gearbeitet worden, und wie Rechnungen, welche Hoburg S. 123 Note 3 mittheilt [4]), zeigen, wurde der

---

[1]) Cronica oder Handbüchlein, Königsberg 1579.

[2]) Spatt, handschriftliche Chronik von Danzig S. 374: „a. 1562 ward das Blockhaus vor der Münde abgebrochen und ein gemauert Haus wieder in die Stelle gesetzt.“ S. 377: „a. 1563. Es war auch die Bastei vor der Münde vor seiner (d. i. Herzog Erichs von Braunschweig) Zukunft des mehreren theils fertig gemacht.“ Hirsch in obiger Note 6. Unter dem „gemauert haus“ ist der Kranz zu verstehen. Die alte Bastei nennt Spatt Blokhaus, den Kranz Bastei. Theodor Hirsch sucht in der genannten Note (SS. rer. Pruss. 4, 744 Note 6) die Nachricht von Spatt mit der Inschrift von 1721 unter der Annahme zu vereinigen, dass der Thurm schon 1482 einen gemauerten Kranz erhielt, der aber zerstört und 1563 in der noch heut erhaltenen Form wieder hergestellt worden ist. Von einem so wichtigen Ereigniss wie die Zerstörung des Kranzes würden Nachrichten vorhanden sein, woran es in Danzig ja nicht fehlt. Gelegentlich des furchtbaren Unwetters v. J. 1497, welches auch das Bollwerk der Weichsel wiederum zerstörte und die Bekleidung der Gräben der Bastei (die Steinküsten) wegführte, wird nichts von einem Mauerwerk, das an den Kranz erinnerte, erwähnt. (SS. r. Pr. 5, 447). Hiernach ist auch die von Fr. Hoenig herausgegebene Geschichte der Festung Weichselmünde (Berlin 1886) S. 2 zu berichtigen, deren Verfasser weder von der Erneuerung des Thurmes 1721 noch von der Nachricht Spatts unterrichtet ist. Die Darstellung Hoburgs S. 121—123 ist ganz verfehlt.

[3]) SS. rer. Pruss. 5, 491.

[4]) Was Hoburg Seite 123 über dieses Werk, das in den erwähnten Rechnungen Blockhaus genannt wird, mittheilt, ist ohne alle Begründung. Seine fixe Idee, dass ausser der Bastei der Münde (Weichselmünde) noch ein Blockhaus in der Spitze der Mole des rechten Weichselufers (das linke Ufer gehörte der Abtei Oliva) gestanden habe und dass der gemauerte Kranz zu

Bau bis 1521 fortgesetzt. Es wurde nur Holz dazu verwendet, weil, wie Schütz bemerkt, „es die Burgerschaft nicht übrig stark haben wollte, auf das, so es ja der Feind einkriegte, es soviel da leichter wieder erobert werden könnte." Die Stadt hatte vier Baumeister an dem Werke angestellt, die Spatt auch namentlich macht[1]). Allem Anscheine nach hatte das Werk, an dessen Stelle 1563 der gemauerte Kranz trat, eine ähnliche Form wie dieser mit einigen vorspringenden Basteien und Blockhäusern, vorliegendem Graben und Zaun (Palisadirung).

II. Die Bauten Danzigs 1515—1525.

Wir kehren jetzt zur Stadtbefestigung zurück und werfen zunächst einen Rückblick auf dieselbe. Die Ende des 15. Jahrhunderts in Danzig ausgeführten Befestigungen standen durchaus auf der Höhe der Zeit. Von Bastionen im modernen Sinne war noch nirgends die Rede. Das Mauerwerk behauptete noch seine volle Bedeutung. Mit Befriedigung mag der Danziger Bürger von den Bergen westlich der Stadt auf seine Mauern und Thürme geblickt haben, die noch im vollen Glanz der Neuheit sich vor ihm ausbreiteten und im Hintergrunde von dem unlängst beendigten, gewaltigen Glockenthurm der Marienkirche überragt wurden, der wie ein mächtiger Donjon Alles zu beherrschen schien, wie er auch in seinem Aeussern an die Formen desselben erinnert. Gerade in dieser Zeit erfolgten jedoch die wesentlichsten Fortschritte der Artillerie. Selbst die grössern Kaliber der Karthaunen wurden mit Schildzapfen versehen und auf Räderlaffeten gesetzt, so dass sie der Armee folgen konnten;

---

dieser Zeit schon existirte, hat ihn verleitet, anzunehmen, dass die in den Jahren 1518 bis 1521 ausgeführten Bauten jenes Blockhaus auf der Mole betroffen, und er entnimmt nun die Beschreibung dieses Blockhauses, wie es im 17. Jahrhundert bestand — erwähnt wird es zuerst 1621 — einer spätern Aufzeichnung. Dass auch die Bastei mit Thurm Blockhaus genannt wurde, scheint ihm ganz entgangen zu sein, obgleich, wie wir gesehen haben, noch Spatt diesen Ausdruck dafür gebraucht. Im übrigen hat Hoburg in den neuen preuss. Provinzial-Blättern Jahrg. 1860 S. 236 eingestanden, dass der Kranz 1563 erbaut worden ist.

[1]) SS. rer. Pruss. 5, 491 Note 1.: In diesem jare (1518) ward das Blockhaus vor der Münde angefangen czu bauen von Hans Grossen, Merx Grulle, Evert Mor, Arnt von de Schelling; diese waren die Baumeisters.

sie erhielten zugleich grössere Metallstärken, um eiserne Kugeln statt der bisherigen Steinkugeln schleudern zu können, da die Ladungen verstärkt wurden, so dass das Mauerwerk keine Gnade mehr vor ihnen fand. Städte und Burgen, welche bisher nur durch Hunger bezwungen werden konnten, fielen in wenigen Tagen. Infolge seiner guten Verbindungen zur See und seiner Handelsthätigkeit waren der Stadt Danzig die Vorgänge in Burgund (Belgien) und selbst in Italien nicht unbekannt. Die Artillerie Maximilians hatte in Belgien gegen die aufsätzigen Städte Wunderdinge bewirkt und vor der Karls VIII von Frankreich hatte in Italien keine Stadt widerstehen können. In der militairischen Welt entstand ein Ringen und Experimentiren, um eine Form der Befestigung zu finden, die diesen Fortschritten gewachsen war. Danzig kam bald in die Lage, sich eingehend damit beschäftigen zu müssen: auf welche Art eine grössere Sicherheit zu erreichen sei. Als bald nach der Wahl des Markgrafen Albrecht von Brandenburg zum Hochmeister (1511) die politischen Verhältnisse sich zu trüben begannen, fühlte man in Danzig, dass die soeben beendete Befestigung der Stadt keineswegs eine Bürgschaft genügender Sicherheit böte[1]), und dass etwas geschehen müsse. Schon im Jahre 1514, als Polen in einen schweren Krieg mit Russland verwickelt war, besorgte man, der Hochmeister werde das benutzen und in das Land fallen. Man setzte die Geschütze instand und schaffte Kraut und Loth an[2]). Am heiligen Dreikönigstage 1515 liess der Rath an die Kirchthüren anschlagen, „dass ein jeglicher Bürger sich sollde versorgen mit harnisch und wehr und auch sein hauss speisen mit mel und anderer notdurft. Sie liessen auch flux das büchsenhaus bauen und gewelben bei dem stadthof." Am 16. Januar ging der Rath mit den Herren Schöppen und Quartiermeistern um die Stadt „und besahen das gebrechen der stadt, wo am nötigsten wer etwas zu bawen[3])". Im März entschloss

---

[1]) Dieser Ansicht war auch der Hochmeister, der daraufhin seinen Operationsplan v. J. 1516 baute. (Voigt, Geschichte Preussens 9, 488.)

[2]) Christoph Beyer. SS. rer. Pruss. 5, 467.

[3]) Ebenda 468.

man sich, mit der Verstärkung der Befestigung der Altstadt vorzugehen [1]).

Es handelte sich hierbei zunächst darum, auch hier einen Niederwall vor die Mauer zu legen. Bei der Mauer vom Holzthor, wie das Gertrudenthor von jetzt ab gewöhnlich genannt wurde, bis zum heiligen Geistthor, mit der man zunächst anfing, geschah dies in der Weise, dass der vorgelegene Wassergraben abgeleitet und mit Erde ausgefüllt, und dass der Wall in einem Abstande von 2 Ruthen davor aufgeschüttet wurde. Der Wall erhielt eine Breite (incl. Böschungen) von 5 Ruthen, und vor demselben wurde ein Graben von 8 Ruthen Breite aufgeworfen [2]). Im April wurde auch Wall und Graben zwischen dem Jakobsthor und dem Thurm Finsterstern begonnen [3]) und, wie wir bereits gesehen haben, die Mauer am Holzmarkt und dem neuen Graben (am Dominikplatz) höher gemacht [4]).

Die Stadt war jedoch zur Zeit so in Geldnoth [5]), dass mit dem Bau des Niederwalls der Altstadt eine Unterbrechung ein-

[1]) Ebenda 470.

[2]) Ebenda. Melman und Bernt Stegmann, die diese Anlage von 1515 ebenfalls erwähnen, geben dabei Andeutungen über die Lage interessanter Oertlichkeiten, des „Halbmondes" und der Radaune. Ersterer sagt (SS. rer. Pruss. 4, 470): „1515 auf Gregori (12. März) wart angefangen der wal zu schütten an der olden stadt bussen der mawer am Dominiksplan, do itzund der halbe mond liegt", und Stegmann (SS. rer. Pruss. 5, 504): „wart der wall angehoben . . . ., und der graben da zugefüllt bis an die Radaune." Der Halbmond lag daher da, wo der Niederwall rechts endigte und die Radaune da, wo der trocken gelegte Graben der Mauer auf dem Holzmarkt rechts in dieselbe mündete, wo also Dominikplatz und Holzmarkt am Holzthor zusammenstiessen.

[3]) Caspar Weinreich erzählt uns zwar den Bau des grossen Thurms, aber nicht, dass er mit dem Jakobsthor durch eine Mauer verbunden war, was allerdings selbstverständlich ist. Christoph Beyer berichtet nun (S. 470), dass vor diese Mauer ein Niederwall und Graben gelegt wurde. Der Name Finsterstern kommt hier zum ersten Male vor.

[4]) Christoph Beyer S. 470.

[5]) Ebenda S. 483. Nicht einmal das 1497 weggeschwemmte Bollwerk der Weichsel hatte bisher wiederhergestellt werden können. Eine Brausteuer, die 1517 von den 60 Männern (3. Stand) bewilligt wurde, zeigte sich nicht ausreichend, so dass der Rath zur Auflegung einer Vermögenssteuer (von 1000 Mark 5 Mark) schreiten musste. Beyer S. 487.

treten musste, bis er 1516 wieder aufgenommen wurde. 1519 wurde der Wall „baussen der mawre hynder s. Jakobushospital" fertig gestellt, bald darauf auch der Wall vom Jakobsthor und Heiligen Leichnamsthor „baussen der aldenstadt" bis an das Freiwasser[1]. Die Ausführung auf diesen Fronten erfolgte jedoch nicht in der Weise wie am Dominikplatz. Der Graben wurde nicht abgelassen und zugeschüttet, sondern der Wall jenseits desselben aufgeworfen und vor demselben ein zweiter Graben ausgehoben[2], wie dies schon i. J. 1490 auf der Front heilige Leichnam-Jakobsthor geschehen war. Nur auf der Strecke vom Freiwasser zum Holzthor fiel der Niederwall weg und wurde dafür der Wall hinter der Mauer erhöht[3].

Inzwischen war in den Jahren 1516—1517 der runde Thurm, Halbmond genannt, in der Nähe des Holzthors erbaut worden, wie Christoph Beyer sagt, das hohe Thor (d. h. den Graben davor) zu beschiessen[4]. Die Lage ist jedoch so gewählt, dass er auch den Graben vor der Silberhütte bestreichen konnte, wie sich dies namentlich bei Erbauung des Elisabethbastions ausspricht. Der Thurm hat nach der kolorirten Ansicht noch nicht die halbe Mauerhöhe und bei einem beträchtlichen Umfange einen offenen Hofraum, so dass ihn Christoph Beyer S. 417 „ein gemauert Blockhaus" und S. 484 „einen grossen Zwinger" nennt. Wahrscheinlich wegen seiner geringen Höhe nennt ihn Bernt Stegemann auch den „kurzen Thurm, durch welchen das wasser in der stadt borne lowft[5]". Der Thurm hatte 16 Fuss starke Mauern.

Um dieselbe Zeit muss auch der Milchkannenthurm er-

[1] Bernt Stegmann. SS. rer. Pruss. 5, 504.

[2] Kolorirte Ansicht. Taf. VII.

[3] Christoph Beyer, 484 a. 1517: „Item im Sommer war der wall an der Aldenstadt bei dem Kandelersthurm grosser und dicker gemacht." Bernt Stegmann 504: „Und auch ward angehoben der wall bynnen der aldenstadt mawre von der silberhütte bas an das freywasser".

[4] Christoph Beyer 477.

[5] Bernt Stegmann 504. Auch Christoph Beyer erwähnt S. 477 diese Wasserleitung durch Röhren, welche von der Radaune an der Ledermühle vor dem Gertrudenthor ausgingen.

baut worden sein, der zuerst[1]) 1519) von Bernt Stegemann erwähnt wird, und demnächst in einer Rechnung vom Jahre 1520
vorkommt[2]). Er hat den Namen von seiner konischen Gestalt
und bildete mit dem daselbst bereits vorhandenen kleinen Thurm
das nach Langgarten führende Milchkannenthor an der kleinen
Mottlau auf der Speicherinsel.

Im J. 1517 wurde ferner die Speicherinsel, die bisher
nur durch eine Palisadirung gedeckt war, mit einem Walle umgeben[3]) und der Graben der Vorstadt erweitert und vertieft[4]),
auch die Futtermauer des Grabens am Dominikplatz erneuert[5]),
sowie der Graben des Niederwalls am Holzthor mit Mauern bekleidet[6]).

Im J. 1518 wurden vor dem heiligen Leichnams- und Jakobsthor, sowie am neuen Theerhofe südlich der Speicherinsel und
auf dieser selbst Blockhäuser erbaut[7]). Die Arbeit am Theerhofe leitete unser Chronist Christoph Beyer und Johann Staguete,
unter ihnen Meister Caspar, der Zimmermann[8]). An demselben
Tage (4. Januar) wurde beschlossen, die alte Schlossstelle und
den Rambau bis zur Radaune zu beplanken[9]).

---

[1]) Bernt Stegmann 505.

[2]) Danziger Archiv Militaria A. 2, 2: „noch der Hollender bussen to
bringen in de melkan, do ich se into faren hadde, eine mark.“

[3]) Christoph Beyer 484.

[4]) Ebenda.

[5]) Ebenda.

[6]) Ebenda. Die Stelle lautet: „Item die woche noch pfingsten (1517)
waren angefangen die beide mauren an den wallen zu machen an der alden
stadt umb den Holzmarkt herumb bey St. Gertrudenthor“ und kann wohl nur
auf die Futtermauern des Grabens bezogen werden.

[7]) Ebenda 491 a. 1518 den 4. Januar: „hub man an zu Danzke ein
plockhaus zu setzen vor die alde stadt vor beiden Thoren als vor St. Jakobs-
und heilige Leichnamsthor und auch umb die speicher und bey dem teerhof
herumb“.

[8]) Ebenda. Beyer fügt noch hinzu: „auf den 12. Januarii war von
einem erb. rat Joachim N. von Stargardt vor eynen hauptmann in der stadt
angenommen, die buchsen, blockheuser, ordinanzien etc. zu schicken und zu
regieren. Davor solt er haben das jor 150 Mark gross und eyn gewande
kleydunge.“

[9]) Christoph Beyer 491, a. 1518: „Auf denselben tag den 4. Januarii
warth man auch eins, das man solde den raum beplanken hinder der schloss-

Hiermit schliesst Christoph Beyer seine Aufzeichnungen. Von 1519 ab wird Bernt Stegmann eine wichtige Quelle, aus der Melmann, Spatt und Caspar Schütz geschöpft haben.

Stegmann, der bis 1519 nur ganz aphoristische Notizen hat, ist für dieses Jahr sehr ausführlich. Von ihm erfahren wir, dass 1519 ein grosser Thurm vor dem heiligen Leichnamsthor, ein anderer mit gewölbtem Durchgange (für das Freiwasser, wie C. Schütz hinzufügt,) und ein dritter dem Hagelsberg gegenüber erbaut wurde[1]. Auch wurden Blockhäuser herum gemacht[2]. Dieser Zusatz vom Caspar Schütz bezieht sich auf die grosse Bastei hinter St. Elisabeth um den 2. Thurm, die von Stegmann nicht erwähnt wird. Die kolorirte Ansicht zeigt uns die 3 Thürme und die Bastei (das Blockhaus). Der erste Thurm hatte den Schutz des heiligen Leichnamsthors, namentlich aber die Bestreichung der Nebenfronten, zum Zweck und ist wahrscheinlich im heutigen Bastion heiliger Leichnam verschüttet. Der zweite Thurm befindet sich im heutigen Bastion Elisabeth verschüttet, ist aber zugänglich. Vom dritten Thurm, der den Fuss des Hagelsberges zu bestreichen hatte, ist jede Spur verschwunden. Nach der kolorirten Ansicht haben der 1. und 3. Thurm genau die Form des Halbmondes vor dem Holzthor, stellen also gemauerte Rondele mit offenem Hofraum dar.

Der zweite Thurm enthält in seiner ganzen Tiefe von 39 Fuss einen Theil des Kanals für das Freiwasser und besteht

stedte bey der Ziegelscheune von dem torne auf dem orte (in Verlängerung des Rambaus) biw an den bom (an der Brabank), und ist auch befohlen den altstedtern zu beplanken und zu bezeunen hinder dem rambawr kirchhof bis an die Radaune."

[1] SS. rer. Pruss. 5, 503: „Ime selbigen XIX. geschag bey der stadt grosse arbeit. Do ward angehoben der grosse torm vor des heil. leichnams tore, und vordan der torm im graben angehoben und durch den wal bas an den torm ein gewelbter Durchgang bereit gemacht und auch angehoben den runden torm kegen dem hagelsberge".

[2] Caspar Schütz S. 460 2. ergänzt die Stelle: „Danach ward . . . das Fundament gelegt zu dem grossen Thurm für das heilige Leichnamsthor und auch zum Thurm mit gewelbeten Durchgang unter dem Walle, da das Freywasser durchlieff, Item zum runden Thurm gegen den Hagelsberg vber ward auch erst das Fundament gelegt und Plockheuser darumb gemacht."

eigentlich aus zwei Thürmen, die aufeinander in der Richtung des Kanals folgen und durch ein schmaleres Gewölbe mit einander verbunden sind[1]). Dieses ist bedeutend niedriger als das Gewölbe der Thürme und zeigt uns die Abmessungen des Kanals vor und hinter den Thürmen. Die Breite desselben würde demnach nur 10 Fuss betragen haben. Seine Richtung geht auf die grosse Mühle. Es wird gegenwärtig als Poterne benutzt und ist dadurch zugänglich. Die Poterne wendet sich jedoch bald nach dem rechten Kehlpunkt des Bastions und hat eine Abzweigung nach der rechten Flanke. Dieser ganze Theil der Poterne vom Wendepunkt ab zeigt neueres Mauerwerk. Nur insoweit die Poterne die Richtung auf die grosse Mühle innehält, gehört sie dem ursprünglichen Kanal an. Die Thürme liegen in der Nähe der rechten Face des Bastions, gegen 9 Ruthen von der Eskarpe des Bastions ab. Die Entfernung derselben von der Stadtmauer würde 20 Ruthen betragen haben, womit die Breite des Stadtgrabens gegeben wäre. Die Riedewand, welche das Freiwasser von den Thürmen aus über den Graben führte, würde die Stadtmauer in der Entfernung von 22 Ruthen vom Kandelersthurm passirt haben. Beim Bau des Bastions Elisabeth (1554) war man genöthigt, das Freiwasser durch dasselbe hindurchzuführen, was bei der Lage der Thürme durch die rechte Face erfolgen musste. Die neue Anlage zeigte sich jedoch bald als gänzlich verfehlt, da der Kanal bei seiner geringen Breite sich fortwährend verstopfte, ohne dass Einrichtungen getroffen waren, die Stopfungen mit Leichtigkeit zu beseitigen. Man verlegte daher den Lauf des Freiwassers und führte den Kanal durch die linke Face des Bastions, wo er sich noch gegenwärtig befindet. Zehn Jahre später vereinigte man damit auch die alte Radaune[2]), die beim Bau des Bastions Karren und namentlich des Walles vor dem hohen Thor im Wege lag. Ich komme hierauf noch zurück.

An dem Bau der grossen Bastei mit dem Thurm mit gewölbtem Durchgange, genannt das Blockhaus hinter St. Elisabeth, wurde noch 1521 gearbeitet, wie die Rechnungen be-

---

[1]) Ich verweise auf die Zeichnung Taf. IX. Fig. 3.
[2]) Vgl. Anhang I.

weisen, die Hoburg S. 17 Note 3 mittheilt [1]). Wie aus obigem hervorgeht, ist die ganze Bastei im Bastion Elisabeth aufgenommen worden, und hat dieses hauptsächlich dadurch seine anormale Gestalt erhalten.

Ausser an diesen Thürmen, welche der Befestigung der Altstadt zugefügt wurden, arbeitete man noch an den Gräben derselben, die tiefer und breiter gemacht wurden [2]).

Ferner wurde das hohe Thor zugemacht und eine Durchfahrt zur Seite in der Mauer hergestellt [3]).

In der Vorstadt wurde der Wall (des Parcham) verstärkt und der Graben davor vertieft und weiter gemacht. Zwischen dem Karrenthor und dem neuen Thurm, so wie vor diesem und am Baum der Mottlau (oberhalb der Stadt) wurden Blockhäuser (Basteien) erbaut. Die auf der Südfront aus dem Graben gewonnene Erde wurde gegen die Bleichwiesen geschüttet [4]), so dass hier ein gedeckter Weg entstand.

Stegmann fährt dann fort: Noch ober der Mottlaw bey dem newen Therhoffe wurden dy planken aufgericht auf dem walle und fort herumb bas an dy Milchkanne mit dem wall doselbest bey den Speichern. Darczu wurden daselbst im selbigen XIX jare gemacht und bereyt das grosse blockhaus bey dem newen Therhoffe auf dem orte mit alle den block-

[1]) So heisst es unter anderem: „Item den Dingesdach vor Pingesten (1521) betalt uth Bevell des Erssamen Rathes Her Edwarth Nedderhaue tho behoff des Blockhauses by dem frygwater achter Sunte Elsebeten 30 Mark".

[2]) Stegmann 504. Er erwähnt zu diesem Jahre auch noch, dass der Wall von der Silberhütte bis an das Freiwasser „bynnen der altenstadt mawre" geschüttet wurde, wovon ich oben schon gesprochen habe. Nach Chr. Beyer ist schon i. J. 1517 daran gebaut worden. Dasselbe gilt von dem Wall zwischen dem heil. Leichnams- und Jakobsthor „baussen der altenstadt". Er fügt jedoch hinzu „und auch vordan baussen der stadt bas an das freywasser den wal bereit".

[3]) Wahrscheinlich ist infolge dessen der äussere Thurm des hohen Thors in der kolorirten Ansicht nicht erkennbar.

[4]) „. . . und wart die erde aus dem graben gefürt und an die mauer geschut kegen der blechewesen". Wenn die Erde gegen die Bleichwiesen, also nach aussen geschüttet wurde, kann sie nicht gegen die Stadtmauer geschüttet worden sein, was auch keinen Zweck gehabt hätte. Die Schütte muss daher an der gemauerten Kontreskarpe gelegen haben, wie auf der Westfront der Altstadt.

hewseren, dy umblank her stehen und in der erde legen, wurden do alle gebawt. Noch wart die Scheffereyge beplanket und den kleynen wall doselbest und das blockhaws bey dem bome kegen der slossstete, das wart alle in demselbigen jare bereit. Noch auf der slossstete wurden dy alten graben aufgesuffert und dar Plancken und blockhewser aufgericht und eyngelegt. Noch fordan auf dy alde stadt zcu wasserwerts wurden auch planken aufgericht und das blockhaws an dem molgraben bey den sewgen mit andern schanczungen fordan auf der mawr wert do alles gemacht. Noch alle torme, dy zu der were dyneten, dy wurden fertig gemacht und gebessert."

Die Stelle bedarf keines Kommentars. Sie betrifft die Befestigung des rechten Mottlaunfers sowie an der alten Schlossstätte und an den Wällen, die von hier nach dem Thurm Finsterstern führten. Die genannten Oertlichheiten sind im Plan Taf. VIII eingetragen. Das Blockhaus „an dem Molgraben bei den sewgen" wird hier zuerst erwähnt. Es lag am Ausfluss der Radaune aus der Stadt und muss sehr umfangreich gewesen sein, denn es erhielt i. J. 1576 4 Rotten Besatzung, ebensoviel als das Bastion Elisabeth hatte. Sewgen heisst noch heut die Gasse längs der untern Radaune.

Der obere Baum zur Sperrung der Mottlau lag zwischen dem neuen Theerhof und dem Trumpfthurm, der untere Baum an der Brabank. Am letzteren lag nach der Ferberchronik[1] ein grosser Holk (Schiff) quer über den Graben, der die Brabank von der Schlossstette trennte. Er diente zur Bestreichung des Baums und konnte gegen 200 Schuss „mit erster Ladung" versenden.

Auch für die Kommunikationen wurde gesorgt. I. J. 1516 wurde die Brücke vom Schloss zur Stadt und die Brücke vom Fischerthor nach der Poggenfuhlgasse erneuert[2] und 1517 eine zweite Brücke über die Mottlau, die Kuhbrücke, erbaut[3].

---

[1] SS. rer. Pruss. 5, 532.

[2] Beyer 477. Beyer nennt das Fischerthor Poggenpolisches Thor, weil es in den Poggenpful führt.

[3] Ebenda 484. Bis dahin existirte nur die Koggenbrücke am Ausgange

Gleichen Schritt mit den Fortschritten der Befestigung ging die Beschaffung von Kriegsmaterial, namentlich von Büchsen. Die Ferberchronik rühmt, dass die Stadt „mer denn 8000 schüsse vermochte mit den ersten ladungen von iren mauern und thormen und Blockheusern aue der bürger eigne Zilbüchsen“ abzugeben, „went“, sagt er weiter, „wir hatten viel eiserne hauptstücke, duppelte und serpentinen, auch steinbüchsen, die zcu drei und zcu vier kammern hatten. Darczu hatten sie gewaltige not-schlangen und kartowen, also dass alle locher in den thormen, auf der mawren und in den blockheusern voll büchsen lagen. Wir hatten auch streichwehren gemacht lengst die Graben zcu schiessen aus den blockheusern auf der Vorstadt hinder den grauen mönchen und auch auf der aldestadt mit guten haupt-stücken und zweierlei hakengeschütz (hagelgeschoss) gestoffiert und angericht“ [1]).

Die Anstrengungen der Stadt waren ausserordentlich. Ausser dem Scharwerk der Bürgerschaft waren 700 Arbeiter fortwährend in Thätigkeit. Dazu traten die Söldner. I. J. 1518 erbat sich die Stadt 600 Fussknechte vom Könige von Polen, die ihr auch gewährt wurden. Aber sie suchte sich ihrer bald zu entledigen und nahm dafür 1519 300 eigne Söldner an [2]).

Zur Bestreitung der Kosten wurde 1517, wie wir gesehen haben, eine Akcise auf das Bier gelegt [3]), doch zeigte sich das bald als völlig unzureichend, und es wurde noch in demselben Jahr eine Schatzung ausgeschrieben, wonach von 1000 Mark 5 Mark und von 100 Mark eine halbe Mark eingezahlt werden mussten [4]). Nach Ausbruch des Krieges steigerten sich die Aus-gaben noch um ein Bedeutendes, so dass die Stadt völlig ver-schuldete [5]). Die Folge war, dass nach dem Kriege, als man

---

des Langenmarkts. Sie war i. J. 1512 zur Hälfte eingestürzt, wobei 60 Menschen ums Leben kamen (Stegmann 503).

[1]) SS. rer. Pruss. 5, 531. 532. Die Geschütze wurden in der Stadt selbst gegossen und geschmiedet. Hakenbüchsen liess sie von Böhmen kommen.

[2]) Dr. Kastner in der Zeitschrift des westpreussischen Geschichtsvereins. Heft III. Danzig 1881. S. 30. 12.

[3]) Christoph Beyer 484.

[4]) Ebenda 487. Kastner 26.

[5]) Nach einer Bemerkung des Bürgermeisters Ferber auf dem Landtage

an die Tilgung der Schulden ging, die Bürgerschaft, die bisher nur bei neuen Steuern durch eine Vertretung herangezogen worden war, sich als dritte Ordnung in der Anzahl von 100 Köpfen konstituirte und Antheil an der Regierung erhielt [1]).

Werfen wir auf die ausgedehnten Armirungsarbeiten Danzigs einen Blick zurück, so spricht sich darin der Uebergang von der mittelalterlichen Befestigungsweise zu den modernen Systemen der Befestigung aus. Der grosse Einfluss, den man dem Erdbau neuerdings einräumte, hatte doch eine ganz andere Bedeutung, als die Motive, aus denen die früheren Erd- und Holzbauten hervorgegangen waren. Während diese nur einen dürftigen Ersatz der Mauerkonstruktionen boten, diente das Erdwerk jetzt im Vorzuge gegen das Mauerwerk, um die zerstörende Wirkung der Geschütze zu brechen. Dazu dienten die niedern Wälle, die man vor den Mauern anlegte, sowohl um diese zu schützen, als um eine rasante Bestreichung des Vorterrains und der anliegenden Fronten zu gewinnen. Für letzteren Zweck dienten die Basteien von Erde in den ausspringenden Winkeln und vor den Thoren. Die Flankirung war auch bei der mittelalterlichen Mauerbefestigung ein wesentliches Motiv gewesen, aber bei der geringen, nur auf kurze Entfernungen beschränkten Wirkungssphäre der frühern Waffen und Maschinen hatte sie sich auf die Anlage von Thürmen in der Mauer beschränken müssen. Man war dann bei den Fortschritten der Artillerie zwar zur Anlage grösserer Thürme in den ausspringenden Winkeln geschritten und hatte sich die Flankirung ganzer Fronten zum Ziele gesetzt, doch konnte man sich nicht wesentlich über die bisherigen Proportionen der Mauerthürme erheben. Es blieb ein unvollkommenes Hilfsmittel. Von ungleich grösserer Wichtigkeit waren die aus Erde hergestellten Basteien oder Terras, wie man sie anderweitig nannte, denen

---

zu Thorn 1521 betrugen die Ausgaben der Stadt für die Befestigung und Vertheidigung 200000 Mark. Die Anlehen waren hauptsächlich bei den Bürgern gemacht worden. Kastner S. 24.

[1]) Vgl. oben S. 83.

man eine beliebige Ausdehnung geben konnte. In den ausspringenden Winkeln und vor den Thoren angelegt, wurden sie mit den niedern Wällen vor den Mauern verbunden und bildeten so eine äussere Enceinte. Ihre Sturmfreiheit wurde durch tiefe und breite revetirte Gräben hergestellt. Sie haben weiterhin zum Bastionärsystem geführt, während die grossen Thürme aus Mauerwerk, welche den Höhepunkt der mittelalterlichen Mauerbefestigung bilden, an das Polygonalsystem erinnern. Beide Systeme haben in der ersten Hälfte des 16. Jahrhunderts nebeneinander bestanden, bis das Bastionärsystem den Sieg davon trug. In den vor Danzig in den Jahren 1515 bis 1520 ausgeführten Arbeiten ist weder das eine noch das andre zu erkennen, aber der Ausgangspunkt beider ist darin enthalten.

Mit Recht hat Danzig damals die Verstärkung der Mauerbefestigung durch Anlage von Wällen vor den Mauern der Anschüttung von Wällen hinter den Mauern den Vorzug gegeben [1]). Letztere hatten den Nachtheil, dass die Steinsplitter die Mannschaft beschädigten und die Niederlegung der Mauer den Einsturz der dahinter befindlichen Erde herbeiführte, wodurch eine bequeme Bresche erzeugt wurde. Nur nothgedrungen ist der Wall vom Holzthor bis zum Freiwasser hinter die Mauer geschüttet worden, um als Wallgang zu dienen [2]). Es gebrach hier an Raum nach vorwärts, weil vor dem Holzthor mehrere Wassermühlen und das Hospital St. Gertrud lag. Vom Freiwasser bis zum Jakobsthor lag der Niederwall auf der Braie zwischen den beiden Gräben und war mit Blockhäusern (Basteien) und Thürmen verstärkt. Diese eigenthümlichen, niedern Thürme mit offenem Hofraum stellen gemauerte Basteien dar und kommen meines Wissens anderwärts nicht vor, sind auch

---

[1]) Auch Albrecht Dürer spricht sich in seinem Unterricht für diese Verstärkung alter Mauerbefestigungen aus.

[2]) Die Chroniken sprechen sich nicht näher über die Beschaffenheit dieses Walles aus. Man kann ihn jedoch nur als Wallgang hinter der Mauer auffassen. Hätte er einen selbständigen Wall gebildet, der durch einen Graben von der Mauer entfernt war, wie Philipp von Cleve dies empfiehlt, so wäre das gewiss ausgedrückt worden. Auch lagen dicht hinter der Mauer mehrere grössere Gebäude, wie das St. Georgshospital und die Silberhütte, die den Raum sehr beschränkten.

hier nur eine ganz vorübergehende Erscheinung gewesen, da sie mit der Aufgebung der Mauerbefestigung und dem Ausbau einer revetirten Erdumwallung, die sich sehr bald vollzog, wieder eingingen. Man kann sie als Vorläufer der Rondele ansehen. Nur der Thurm vor dem Holzthor, halber Mond genannt, hat sich noch bis zum Jahr 1637 erhalten, scheint aber bei Erbauung des Elisabethbastions, dessen linke Face und deren vorliegende Faussebraie er bestrich, mit mehreren Stockwerken versehen worden zu sein, denn er erscheint in spätern Ansichten der Stadt als ein Thurm von der Höhe des Walles. Sein Grundriss ist aus Zeichnungen des städtischen Archivs bekannt und hatte 60 Fuss im Durchmesser, übertraf daher die Langseite des Stockthurms um 12, den Durchmesser des Milchkannenthurms um 15, den des Fischthurms (Schwan) um 30 Fuss. Am nächsten kommt ihm noch der Kandelersthurm, der anscheinend 52 Fuss im Durchmesser hatte. Seine Mauerstärke war, wie wir gesehen haben, 16 Fuss.

Die Geschichte der Befestigungskunst erhält durch die detaillirte Darstellung der Arbeiten Danzigs in den Chroniken der Stadt einen wichtigen Beitrag, der noch dadurch gewinnt, dass sich in der kolorirten Ansicht eine bildliche Darstellung aus der Zeit erhalten hat, wie sie keine andere Stadt aufweisen kann. Ich habe versucht, auf Taf. VIII in dem allgemeinen Plan der Befestigung Danzigs vom Jahre 1520 die Westfront nach jener Ansicht einzufügen[1]), da sich eine Menge Anhaltspunkte bieten, deren Angaben geometrisch festzulegen sind. Es ist nichts besser geeignet die harte Probe, welche die Ingenieure dieser Zeit infolge der Fortschritte der Artillerie zu bestehen hatten, zu kennzeichnen, als diese Zeichnung. Die weitere Entwickelung der Befestigung Danzigs wird zeigen, wie man sich aus diesem Dilemma herausarbeitete.

Die letzte Hand an die Mauerbefestigung Danzigs wurde i. J. 1525 gelegt, indem eine Mauer vom hohen Thor bis an das Karrenthor aufgeführt und hinten mit einem Balkengerüst

---

[1]) Die Blockhäuser (Basteien) der Vorstadt habe ich weglassen müssen, weil die kolorirte Ansicht sie nicht hat. Sie vertraten die gemauerten Rondele der Altstadt.

versehen wurde, das in den Stand setzte statt der Zinnen eine hölzerne Brustwehr darauf zu setzen.

Von den Thürmen dieser Zeit hat sich nur die Milchkanne erhalten[1]). Der Thurm liegt diesseits der Brücke über die kleine Mottlau und ist rund. Er hat am Fuss einen Durchmesser von 45 Fuss und verjüngt sich bei einer Höhe von 68 Fuss bis zum Gesimse um 3 Fuss, so dass er einen abgestumpften Kegel bildet und diesem Umstande seinen Namen verdankt. Die Mauerstärke beträgt im Erdgeschoss $13^1/_2$ Fuss nach vorn und $8^1/_2$ Fuss nach hinten. Sie verjüngt sich im Innern stockweise um $1^1/_2$ bis 2 Fuss vorn und um einen halben Fuss hinten. Die vier ersten Stockwerke haben eine Höhe im Lichten von $8^1/_2$ bis 10 Fuss und sind für Geschütze eingerichtet und zwar resp. mit 3, 4, 5 und 8 Scharten, indem die schwersten Kaliber sich unten befinden. Das fünfte Stockwerk hat bei $5^1/_2$ Fuss Mauerstärke vorn und 5 Fuss hinten ein Kuppelgewölbe von 32 Fuss Spannung und 16 Fuss Höhe. In der Seitenmauer befindet sich eine Gallerie, welche Oeffnungen nach innen, aber keine Scharten nach aussen hat[2]). Darüber liegt eine zweite Gallerie mit Gewehrscharten nach aussen. Eine in der Mauerstärke ausgesparte Treppe verbindet beide Gallerien. In die untere Gallerie gelangt man aus dem vierten Stockwerk durch eine Leiter. Von der oberen Gallerie führt eine gemauerte Treppe in den Rondengang, der nur eine Höhe von 5 Fuss 9 Zoll hat und mit 20 Scharten versehen ist. Vom Rondengang aus beherrscht man durch eine Oeffnung in der Kuppel den Saal des 5. Stockwerks. Wenn daher auch die 5 untern Stockwerke im Besitz des Feindes waren, konnten sich die obern noch lange halten.

Jedes Stockwerk hat nach hinten eine Thür zum Hereinschaffen von Kriegsbedürfnissen.

Die Milchkanne bildete, wie bemerkt in Gemeinschaft mit dem kleinen oben erwähnten Thurm, der schon früher bestand, das Milchkannenthor.

---

[1]) Vgl. Taf. VI. mit der Zeichnung des Milchkannenthurms.

[2]) Der Thurm erinnert in dieser Beziehung an den Thurm Constance bei Aigues Mortes. Vgl. Entwickelung 3, 448.

C. Der Hochmeisterkrieg 1520—1521.

Die Veranlassung zu den bedeutenden Armirungsarbeiten seit d. J. 1515 gab, wie wir gesehen haben, der Hochmeister Albrecht, Markgraf von Brandenburg. Er hatte seit seiner Wahl 1511 kein Hehl daraus gemacht, dass er sich vor Allem als deutscher Reichsfürst betrachte und nicht zweien Herren dienen könne. Auch traten seine Absichten auf Wiedererlangung „der abgedrungenen Lande" bald hervor. Er erschien nicht zur Huldigung in Krakau, noch auf den polnischen Reichstagen und bewarb sich überall um Bündnisse bei den den Polen feindlichen Mächten, namentlich bei dem Grossfürsten Iwan Wasiliewitsch von Moskau, welcher mit Polen und Littauen im Kriege begriffen war, und der ihm daher in jeder Weise entgegenkam. Im Reich fand er wenig Gehör, und selbst seine Verwandten riethen zum Frieden und begnügten sich mit der Vermittlerrolle. Kaiser Maximilian I war anfänglich in Worten sehr freigebig, bald nahm seine Politik jedoch eine andere Richtung, indem er sich um die Nachfolge in Ungarn bewarb und Sigismund, der König von Polen, als Bruder Wladislaus dabei sehr interessirt war. Von ihm war daher gar nichts zu erwarten. Besser gestaltete sich das Verhältniss zu Dänemark [1]), doch mit voller Zuversicht war auch auf dessen Hilfe nicht zu rechnen.

Der König Sigismund von Polen hatte unter diesen Umständen alle Veranlassung, den Hochmeister mit Gewalt zur Leistung der durch den Frieden von Thorn 1466 auferlegten Verpflichtungen zu zwingen, und war nur durch den russischen Krieg und einen Einfall der Tartaren 1518 davon abgehalten worden. I. J. 1519 traf er ernstliche Anstalten dazu. Er hatte schon im Herbst bei Annäherung eines im Solde des Hochmeisters befindlichen deutschen Söldnerheeres Truppen nach

---

[1]) Anfang Oktober 1518 landeten 7 dänische Schiffe auf der Nehrung und setzten 2000 Söldner ans Land, die der König entlassen hatte. Danzig wurde dadurch in nicht geringe Aufregung versetzt. Der Hochmeister konnte jedoch zur Zeit keinen Gebrauch davon machen, und die Söldner waren froh, dass Danzig sich erbot, sie über die Weichsel zu setzen, um ihren Rückmarsch durch Pommern zu erleichtern. Ferber-Chronik SS. rer. Pruss. 5, 530.

Westpreussen geschickt, die auch daselbst blieben, nachdem sich der Söldnerhaufen wieder zerstreut hatte, weil ihm der Durchmarsch durch die Mark und Pommern versagt worden war. Zum December berief er einen polnischen Reichstag und zugleich einen preussischen Landtag nach Thorn, auf welchen einstimmig der Krieg gegen den Hochmeister beschlossen wurde. Ende December schickten die polnischen Heerführer ihre Absagebriefe an den Hochmeister, und das bereit gehaltene Heer setzte sich gegen das Bisthum Pomesanien in Marsch.

Danzig hatte sich zur Stellung von 2000 Söldnern auf 3 Monate erboten. Der König verlangte von ihm aber eine Flotte, um die Dänen von der Unterstützung des Hochmeisters abzuhalten.

Der Hochmeister bemächtigte sich im Januar 1520 zwar der Stadt Braunsberg und hat sie auch im ganzen Lauf des Krieges behauptet, wurde aber auf allen andern Punkten sehr bald in die Enge getrieben. Eine Danziger Flotte von 25 Segeln, wovon 10 grosse Kriegsschiffe, kreuzte an der Küste des Ordenslandes und sperrte das Tief von Balga. Eine Anzahl kleinerer Schiffe, die Danzig stellte, versorgte ausserdem den König vor Braunsberg mit Proviant und hatte das Glück, ein Königsberger Fahrzeug, das Munition nach Braunsberg bringen sollte, ans Land zu treiben und zu nehmen. Das polnische Heer drang bis Königsberg vor und war im Begriff, den Pregel zu überschreiten, wodurch ganz Samland in seine Hände gefallen wäre, so dass der Hochmeister um einen Waffenstillstand bitten musste. Er wurde bewilligt und ein Kongress zu Thorn vereinbart. Der Hochmeister erschien am 18. Juni daselbst. Er war nahe daran, sich zu beugen, als er die Nachricht empfing, dass 2000 Dänen in Königsberg angelangt seien, und auch aus Deutschland gingen günstige Nachrichten ein. Der Hochmeister verliess daher am 5. Juli Thorn unter dem Vorgeben, die Stände zu befragen, und der Krieg begann von Neuem.

Die Gefahr, in welcher das Ordensland schwebte, hatten den Kurfürtsen von Brandenburg und den Deutschmeister bestimmt, aus ihrer abwartenden Lage herauszutreten. Hauptsächlich aus den Beiträgen der deutschen Komthureien wurde ein Heer von 12000 Mann, wovon 2000 Reiter[1]), aufgebracht, und der Kurfürst Joachim von Brandenburg bewilligte ihm den Durchmarsch. Führer des Söldnerheeres waren Wilhelm Graf zu Eisenberg, dem deutschen Orden angehörig, und Wolf von Schonberg, Herr zu Glaucha und Waldenburg, der sich oberster Feldhauptmann nannte. Das Heer hatte sich bei Frankfurt a. d. O. gesammelt und gewann auf dem nächsten Wege die polnische Grenze. Meseritz, Stadt und Burg, wurden am 6. October erstürmt und dann der Marsch über Driesen, Tülz, Krone und Landeck auf Konitz fortgesetzt[2]). Konitz fiel nach einigen Tagen, am 28. Oct. auch Stargardt und am 4. November Dirschau. Am Abend des 5. erschienen die Vortruppen vor Danzig, das noch Zeit gehabt hatte, an diesem Tage die Hospitäler St. Gertrud, heiliger Leichnam und aller Gottesengeln, sowie die nächsten Dörfer: Petershagen, Hoppenbruch, Schottland, Ohra, Stolzenberg und die Gebäude auf dem Bischofsberge, ferner Schidlitz und die grossen Holzvorräthe auf den Bleicherwiesen am neuen Thor und auf dem Jungstädtischen Holzplatz abzubrennen. Auch die Villen der reichen Danziger Kaufleute jenseits der Radaune wurden zersört. Am 6. November erlitt das Pockenhaus das gleiche Schicksal.

Am 6. morgens folgte das deutsche Heer und lagerte sich auf dem Bischofsberge. Ein Herold erschien vor dem hohen Thor und forderte die Stadt zur Unterwerfung auf. Der Bürgermeister Ferber kam persönlich mit einigen Rathsherren und

---

[1]) Nach einer Benachrichtigung des Kurfürsten von Brandenburg waren es 3000 zu Ross und 11000 Knechte, die sich im September gegen Polen in Bewegung setzten. Voigt, Gesch. Preussens 9, 616.

[2]) Es ist nicht wahrscheinlich, dass ein Einfall in Polen beabsichtigt war und das deutsche Heer sich gegen die Weichsel gewendet hätte, weil der König von Polen mit einem Heere bei Posen stand. Allerdings befand sich der König in dieser Stadt und mag auch die Absicht gehabt haben, hier ein Heer zu versammeln, aber dazu ist es nicht gekommen. Es liegt zu nahe, dass der Kurfürst von Brandenburg darauf gedrungen hat, den märkischen Boden bald zu verlassen, daher der Marsch auf Meseritz und weiterhin jenseits der Grenze. Die Einnahme von Meseritz meldet der Stadtschreiber Ambrosius Sturm, der sich beim Könige in Posen befand, am 7. Oktober dem Rath von Danzig, sie kann also nicht am 12., wie Voigt sagt, stattgefunden haben. Auch die Aufzeichnungen SS. rer. Pr. 5, 338 sind danach zu berichtigen.

antwortete „die Stadt habe dem Könige von Polen Treue ge-
schworen und denke von demselben nicht zu lassen" [1]). Noch
an demselben Tage erfolgte, von Dirschau datirt, eine schriftliche Aufforderung von den Führern, dass der Rath sich in das
Hauptquartier begeben und ihnen als Vertreter des Hochmeisters
Gehorsam leisten sollte. Die Stadt sollte, so hiess es ferner
darin, für diesen Fall alle Privilegien, welche sie vom Orden (!)
erhalten hatte, fort geniessen [2]). Der Rath bat um 24stündige
Bedenkzeit und um Waffenruhe bis dahin. Die Hauptleute
schickten am 7. von „gute Herberge" aus einen Geleitsbrief [3]).
Der Herold, welcher um 9 Uhr morgens vor dem hohen Thor
erschien, um den Rath zu geleiten, wartete indessen vergebens [4]).
Wie es scheint, hatte der Rath inzwischen Selbstvertrauen gewonnen, den Kampf aufzunehmen. Die Unterhandlungen wurden
infolge dessen als abgebrochen angesehen, und die Beschiessung
der Stadt begann vom Bischofsberge aus [5]).

Werfen wir jedoch zunächst einen Blick auf die allgemeine
Lage. Die Führer des deutschen Heeres hatten bei ihrer Annäherung an den Hochmeister die Bitte gerichtet, zu ihnen zu
stossen, und hatten die Absicht gehabt, einige Fähnlein über
die Weichsel zu senden, um den Anmarsch des Hochmeisters zu
begünstigen [6]). Doch fanden sie keine Fahrzeuge vor, bemerkten
auch auf dem rechten Weichselufer Truppenbewegungen. Der
polnische Hauptmann von Marienburg, Stanislaus von Koscieletz,
hatte nämlich die Bauern einiger Dörfer des Werders aufge-

[1]) Bornbachs Chronik. Kastner, Eberhard Ferber. Zeitschrift des Westpreussischen Geschichtsvereins, Heft III S. 20.

[2]) Danziger Archiv. Liber internunciorum. Militaria VIII. Kastner 20.
Note 2. Der Brief ist erst am 7. präsentirt.

[3]) Bei Hoburg S. 172 abgedruckt.

[4]) Kastner 20.

[5]) Der Stand der Befestigung im Jahre 1520 geht aus Taf. VIII
hervor.

[6]) Voigt, Geschichte Preussens 9, 619. Die Absicht, die Weichsel mit
dem ganzen Heere zu überschreiten und dem Hochmeister, der in das Bisthum Ermland eingefallen war, zu Hilfe zu kommen, hat nie bestanden. Die
Söldner waren schon in Deutschland auf die Gewinnung der Stadt Danzig
vertröstet worden (Stegmann 511) und die Belagerung derselben entspricht
auch ganz dem Operationsplan des Hochmeisters v. J. 1516.

boten und liess sie Dirschau gegenüber auf den Dämmen auf- und abbewegen [1]). Die Detaschirung unterblieb daher, auch war der Hochmeister ausser Stande, sich mit dem deutschen Heere zu vereinigen. Die Polen lagen noch vor Braunsberg, und wenn der König Sigismund auch einige tausend Mann des Belagerungsheeres nach Westpreussen gesendet hatte, so war dasselbe immer noch stark genug, dem Hochmeister entgegenzutreten, der nicht einmal imstande war, Braunsberg zu entsetzen. Der Hochmeister war daher auch verhindert, die zur Belagerung von Danzig erforderliche Artillerie, um welche die Führer des deutschen Heeres gebeten hatten, abgehen zu lassen. Vor allem waren ihm aber die Mittel ausgegangen, die eignen Söldner zu befriedigen [2]), so dass diese, mit denen er vor Heilsberg lag, ihm den Dienst gekündigt hatten. Den Führern vor Danzig schrieb er, wahrscheinlich um seine Hilflosigkeit nicht einzugestehen, dass er zunächst mit Ermland fertig werden müsse, bevor er zu ihnen stossen könne [3]). Ausserdem waren Friedensunterhandlungen im Werke, infolge der energischen Aufforderung Kaiser Karls V, der nach dem Tode Maximilians am 28. Juni 1519 zum römischen König gewählt worden war, an den König von Polen, sich jeder Bedrängung des Hochmeisters zu enthalten, der „ein edel und würdig Glied des heiligen römischen Reichs und der Orden eine Zuflucht und Behältniss des deutschen Adels sei" [4]).

Das deutsche Heer vor Danzig war, auf sich selbst angewiesen, ganz ausser Stande, eine Belagerung dieser Stadt zu unternehmen. Nicht einmal von einer Einschliessung konnte die Rede sein. An Artillerie besass es nur 19 Geschütze, wo-

---

[1]) Falk, Elbinger Chronik, 67. Kastner 19.

[2]) Der Hochmeister war zwar einen sehr vortheilhaften Vertrag mit dem Zaren Iwan Wasiliewitsch eingegangen, wonach er monatlich 60 000 Gulden Subsidien beziehen sollte. Aber nach Bezahlung der ersten Rate, die nach der Eroberung von Braunsberg erfolgte, blieben weitere Sendungen aus. Der Grossfürst weigerte sich, weiter zu zahlen, bevor der Hochmeister nicht nach Eroberung Danzigs und Thorns in Polen eingedrungen wäre.

[3]) Voigt 9, 624.

[4]) Schreiben Karls aus Brüssel Juli 26. 1520, Voigt 9, 606.

von zwei grössere Stücke [1]), womit gegen die bedeutend überlegene Geschützzahl der Stadt nichts auszurichten war. Die
Hauptleute, die sich davon überzeugt haben mussten, schickten
daher am 8. um 8 Uhr abends ein neues Schreiben an den
Rath, worin sie denselben ersuchten, eine Botschaft ins Lager
auf dem Bischofsberge zu senden. Der Bote wurde jedoch erst
am folgenden Morgen in die Stadt gelassen [2]). Der Rath ging
auf den Vorschlag ein und sendete am 9. den Schöppen Philipp
Angermünde und den Stadtschreiber Sturm mit einigen Bürgern
auf den Bischofsberg. Die Verhandlungen blieben jedoch ohne
Resultat, und die Beschiessung begann nach der Rückkehr der
Botschaft wieder. Sie konnte zu nichts führen [3]). Der beste
Büchsenmeister des Heeres wurde von der Stadt aus erschossen [4]),
zu dem sah man vom Bischofsberge aus einen ansehnlichen Zuzug durch das Werderthor in die Stadt defiliren. Es war Niclas
Sturz mit 1200 polnischen Söldnern zu Fuss, die der König
schickte [5]). Die deutschen Hauptleute erwarteten einen Angriff
und blieben in der Nacht zum 10. unter Waffen. Sie hatten
sich von ihrer völligen Ohnmacht, gegen die Stadt etwas auszurichten, überzeugt. Ausserdem war die Jahreszeit ungünstig,
und die Knechte waren schlecht bekleidet. Das Heer litt an
allem Mangel, so dass die Desertion massenhaft um sich griff.
Die Führer hoben die Belagerung auf [6]), verbrannten das Lager
und zogen sich nach Oliva zurück, wo sie einige Tage verweil-

[1]) Voigt 9, 621.

[2]) Stegmann 511.

[3]) Ebenda. Nach der Ferberchronik 531 sind im Ganzen nur 400 Schuss
gegen die Stadt abgegeben worden. Es wurde Niemand davon getroffen.

[4]) Ferber Chronik SS. rer. Pruss V. 531.

[5]) Kastner 21. Nach der Ferber Chronik waren es 1200 Reisige.

[6]) Alle gleichzeitigen Chronisten sind darüber einig, dass der Abmarsch
am 10 erfolgt ist. Voigt begeht den merkwürdigen Fehler, die Belagerung
erst nach dem 17. aufheben zu lassen. Das Schreiben Wolfs von Schönberg
an den Hochmeister, worauf er sich beruft, ist jedoch vom Sonnabend nach
Leonhardi. Dieser Tag fiel i. J. 1520 auf den Dienstag und bedeutet den
6. November. Das Schreiben ist demnach vom 9., ganz in Uebereinstimmung
mit den Danziger Chroniken.

ten [1]), worauf sie nach Putzig abzogen. Hier löste sich das Heer bald auf. Die in den Plätzen zurückgelassenen Besatzungen ergaben sich nach wenigen Tagen den Polen. Der Hochmeister setzte zwar den Krieg noch fort, ging jedoch am 5. April durch Vermittelung zweier kaiserlichen Gesandten, welche anfang 1521 in Thorn erschienen waren, auf einen vierjährigen Waffenstillstand ein, nachdem Danzig ende März noch die Genugthuung gehabt hatte, dass seine Flotte eine reich mit Geschützen versehene Königsberger Yacht nach hartnäckigem Kampf gefangen nahm und als Prise nach Hause führte.

D. Die Umwallung der Westfront von Danzig mit Rondelen und die Befestigung von Weichselmünde 1536—1577.

Taf. X und XII.

Die in den Jahren 1515 bis 1519 ausgeführten Arbeiten an der Befestigung der Stadt Danzig haben immer noch die Mauerbefestigung als Grundlage und waren eigentlich nur eine Verstärkung der vorhandenen Befestigung, wie sie infolge der Fortschritte der Feuerwaffen erforderlich wurde. Darüber hinaus war man zu jener Zeit auch anderweitig nicht gekommen. Eine Literatur hatte sich, abgesehen von einigen handschriftlichen Arbeiten, noch nicht gebildet. Doch hatten sich die Ansichten seitdem geklärt, und namentlich hatten die zahlreichen Bauten in Italien, von eminenten Meistern ausgeführt, Veranlassung dazu gegeben. Ganz allgemein verwarf man die bisherigen Thürme und legte dafür in den ausspringenden Winkeln Basteien (Bastione) von Erde an, die entweder eine runde oder eine kantige (gewöhnlich fünfeckige) Form hatten. Letztere gewannen in Italien die Oberhand und bildeten sich nach und nach zu modernen Bastionen aus. I. J. 1527 erschien das Werk von Albrecht Dürer „etlicher Unterricht etc." in Druck und be-

---

[1]) Nach einem Schreiben der deutschen Führer an den Hochmeister vom 11. aus Oliva war das Heer nur noch 2000 Mann stark. Kastner 21.

handelte den Festungsbau, wie er sich bei neuen Anlagen gestalten müsse. Auch er entschied sich für Verwerfung der Thürme, wählte indessen für die Basteien die runde Form. Aber er kann sich ebenso wenig wie die Baumeister in Italien vom Mauerwerk als Bekleidung trennen, obgleich er sowohl wie diese von den Vortheilen des Erdbaus überzeugt war und bei Verstärkung vorhandener Festungen ihn anempfahl. Da ist es nun merkwürdig, dass Danzig sich 1535 entschloss, die alte Mauerbefestigung durch eine Umwallung von Erde zu ersetzen. Die Umwallung behielt genau den alten Umzug der Mauerbefestigung bei. so dass die Basteien an dieselbe Stelle kamen, die vorher schon durch grössere Thürme oder Thore ausgezeichnet waren. Bei den beiden ersten Basteien, die man erbaute, wendete man die Rondelform, bei der dritten die kantige an und gelangte bei der vierten, dem Karrenerdhaus, schon ganz zur modernen Form des Bastions.

Den Anstoss zu den Festungsbauten Danzigs gaben auch diesmal politische Verwickelungen, in welche die Stadt entweder infolge ihrer Handelsthätigkeit mit auswärtigen Mächten oder wegen Aufrechterhaltung ihrer Rechte Polen gegenüber gerieth. I. J. 1534 waren es Zwistigkeiten mit Lübeck und Schweden in den dänischen Händeln, welche zur Umwallung der Vorstadt 1534—1539 führten, 1547 beginnt dann die lange Reihe polnischer Gewaltthätigkeiten, welche die Umwallung der Altstadt zurfolge hatten; 1563 wurde Danzig durch ein Söldnerheer Herzog Erichs von Braunschweig belästigt und gewinnt es endlich über sich, den Kirchhof vor dem Thor zu beseitigen und die Befestigungen der Vor- und Altstadt durch einen Wall zu verbinden, der die Bucht zwischen Vorstadt und Rechtstadt schloss. Dann waren es Händel mit Dänemark, die namentlich Veranlassung zur Befestigung von Weichselmünde gaben. Das berüchtigte Lubliner Edikt, welches die Einverleibung Westpreussens in Polen herbeiführen sollte, hatte die weitere Ausdehnung der Befestigung der Stadt zurfolge. Der daraus entspringende ernstliche Konflikt mit Polen führte zur Belagerung 1577 durch Stefan Bathori.

Die Umwallung der Vorstadt wurde 1534 mit der Verbreiterung und Vertiefung des Grabens begonnen [1]), um die nöthige Erde zum Wall zu gewinnen. 1535 ging man an die Bekleidung desselben durch eine Mauer. Zunächst wurde die Eskarpe [2]), 1537 die Kontreskarpe [3]) revetirt. 1536 wurde der Wall vom Karrenthor bis zum neuen Thurm geschüttet [4]) und 1537 um diesen Thurm ein mächtiges Rondel erbaut [5]), das später, als auch in der Alstadt Rondele erbaut wurden, den Namen „vorstädtisches Rondel" erhielt [6]). Noch in demselben Jahr wurde der Wall vom Rondel zum Trumpfthurm an der Mottlau geschüttet und am neuen Thor eine neue Brücke erbaut [7]). Am Ende des Jahres begann man mit Herstellung der Brustwehr des Walles auf der Westfront, die sehr sorgfältig ausgeführt wurde, indem man zuerst Pfähle einrammte,

---

[1]) Spatt, Handschrift des Danziger Archivs L 1 4 S. 296: „Anno 1534 da ward der graben hinter den grawen Mönchen angefangen thiffer zu machen und im 35. jare musste ein itzlicher Bürgen gelt darczu geben auss den Buden Eine halbe mark und auss dem Hause eine Mark."

[2]) Ebenda 298. 6: „In diesem jare 1535 ward die Mawr angefangen hinter dem grawen Mönchen."

[3]) Preussische Chronika, Handschrift des Archivs L 1 V. S. 352: „Item (Ao. 1537) da hub man an den grund zu legen zu der mauer Im graben nach der Radaune." Spatt S. 300.

[4]) Ebenda 350. 6. Anno 1536 „und ward auch angehoben den Wall zu machen."

[5]) Spatt S. 300: „Da hub man an den wall zu schutten und das Rundel bei dem neuen Thurm."

[6]) So wird es zuerst in der Instruktion zur Besetzung der Wälle v. J. 1563 genannt. Archiv. Militaria F. 8.

[7]) Spatt 299. 6. 1537 „In demselben Jahr ward die newe Brücke gemacht bei dem newen Thurm als da geht auff den forst von dem hoppenbruche S. 300. Item da hub man an den wall zu schutten von dem Rundell bis an die Mottlau an dem Rahmen." Die Stelle ist von Hoburg S. 21 so aufgefasst worden, dass das neue Thor verlegt wurde und zwar nach dem Bastion Gertrud. Aber abgesehen davon, dass dieses Bastion noch gar nicht existirte, war für die Verlegung kein Grund vorhanden. Das Thor musste jedoch wegen Anlage des Walles umgebaut werden, und es ist sehr wahrscheinlich, dass erst bei dieser Gelegenheit der sog. weisse Thurm erbaut worden ist. Der Thurm wird früher nicht erwähnt, und seine Bauart, namentlich die Konstruktion der Gewehrscharten, ist ganz abweichend von den früheren Thürmen. Auch ist er in der kolorirten Ansicht nicht eingezeichnet und wird von Spatt zum Jahre 1573 als „neuer thurm" bezeichnet.

die zur Verankerung der Schichten dienten, aus welchen die
Brustwehr gebildet wurde. Die Pfähle standen 4 Fuss von einander [1]). Nachdem der Wall soweit vorgeschritten war, konnte man
die Mauer dahinter abbrechen, was i. J. 1538 in der Weise ausgeführt wurde, dass man sie in den Parcham warf und von
hier aus mit Karren abführte [2]). Ferner wurde in diesem Jahr
längs dem Graben eine Faussebraie (hier Streichwehr genannt) angelegt, die im folgenden Jahr mit Schanzkörben bekleidet wurde [3]). Die Brustwehr des Rondels und des Walls
von hier zur Mottlau wurde in diesem Jahre zuende geführt
und damit der „Wall um die Vorstadt vollendet und firtig."
Die Preussische Chronika giebt S. 357 darüber noch einige Details: „Item um das Rundel seindt geschicht, palen in iclicher
schicht vier an (ohne) die ankerpalen. Vom Rundel bis an die
Mottlau sind 83 palen, in iclicher schicht zwei, an (ohne) der
ankerpalen, die auch nicht wenig was, so ist der wall nieder-
wärts breit 103 schuh."

Von einem Abbrechen der Mauer auf dieser Südfront wird
nichts erwähnt, so dass es scheint, als ob der Wall hier hinter
die Mauer geschüttet wurde, was auch anderweitig bestätigt
wird. Man hielt diese Front für hinlänglich gesichert, dagegen

---

[1]) Preussische Chronika 353: „Item in den letzten Weihnachtstagen hat
man angehoben palen zu stossen hinter den grauen Mönchen an der B o c h t
anzuheben bis an das Rundel und in einer schicht drei und sein 300 schicht,
und steht iclich pal vom andern 4 Fuss." Unter Bocht (Bucht) ist der einspringende Winkel der Mauerbefestigung der Recht- und Vorstadt gemeint.
Vergl. oben S. 169 Note 2. Der Wall, welcher auf den bereits vorhandenen
Wall des Parchems geschüttet wurde, ging noch über das Karrenthor hinaus
in die Bucht. Vergl. die kolorirte Ansicht Taf. VII.

[2]) Spatt 308. Anno 1538. „In diesem jar ward die mawr abbegebrochen
und In den graben geworfen und danach mit karren ausgefürt auf die vorstadt." Unter „Graben" kann nur der Parchem gemeint sein, denn in den
Wassergraben kann man sie nicht geworfen haben. Auch befand sich zwischen
der Mauer und letzterem der Wall.

[3]) Ebenda 301 6. Anno 1538: „In diesem jar hub man an, den grund
zu legen im graben am Walle und ward denselbigen sumer füllendet vor
Martini." Preussische Chron. 353, 6 und S. 357. Anno 1539: „In diesem Jahr
hat man angehoben den grund zu legen Im graben hinder den grauen München nach der Radaune wärts, auch vor dem Rundel die Brustwehr und die
schanzkörbe zu setzen angehoben."

die Westfront, die dem Bischofsberge gegenüber lag, für sehr gefährdet.

Als Baumeister wird Wilhelm von Lüneberg genannt, den der Danziger Abgesandte Georg Scheweke von der Tagefahrt zu Lüneburg mitgebracht hatte[1]). Löschin nennt ihn Wilhelm v. Dutken und macht ihn zum Stadthauptmann[2]). Hoburg theilt S. 20 auch einige Rechnungen über Arbeiten am Graben aus den Jahren 1537 und 1538, sowie eine Verordnung des Raths v. J. 1538 mit, wonach „Niemand auf dem neuen Walle, der zur Befestigung der Stadt mit grossen Unkosten geschüttet ist, gehen, darauf stehen, klettern oder sonst Schaden thun soll." Die interessanteste Kunde über die Bauten erhalten wir indessen durch eine Zeichnung des städtischen Archivs I 7. Sie hat leider keinen Massstab. Die Zeit ihrer Anfertigung ergiebt sich daraus, dass das Bastion Karren bereits darauf ist, das Bastion Katz dagegen noch nicht, sie mag daher um das Jahr 1577 gefertigt worden sein. Taf. X giebt eine Reduction davon, die, soweit es möglich war, die Masse des Rondels und Walles angiebt. Der sogenannte neue Thurm erhebt sich noch mitten im Rondel. Die Zeichnung bestätigt auch, dass die Mauer der Südfront erhalten geblieben ist. Das neue Thor befindet sich noch ganz an der alten Stelle, und der weisse Thurm ist eingezeichnet. Auch die aus Schanzkörben gebildete Streichwehr (Faussebraie) ist erkennbar.

Vom Jahr 1539 bis 1547 erfolgte eine Pause im Festungsbau. I. J. 1547 fing man an, die Altstadt mit einer Umwallung zu versehen, und legte am 11. Juni den Grundstein zur Erbauung des Heiligeleichnamsrondels[3]). Am 4. August begannen die Arbeiten am Wall vom St. Jakobsthor bis zur Eli-

---

[1]) Hoburg S. 21 nach einer handschriftlichen Bemerkung.
[2]) Gotthilf Löschin, Gesch. Danzigs 1, 762. Danzig 1822.
[3]) Chronika oder Handbüchlein vieler gedächtniss und geschichten pp. Königsberg 1579. Die Chronik enthält im Anhange unter der Aufschrift „von der Stadt Danzig" Nachrichten über den Festungsbau. Unter dem Jahre 1547 heisst es: „Anno 1547 ward der erste Grundstein gelegt vor dem heiligen Leichnamsthor." Der Ausdruck Heiligeleichnamsrondel kommt in der Vorschrift zur Besetzung der Wälle v. J. 1563 vor.

sabethgasse [1]), wo er sich an den bereits vorhandenen Wall anschloss [2]). Die Erde zum Wall wurde dadurch gewonnen, dass der Wall vor der Front St. Jakob-Elisabeth abgetragen und auf Wagen herbeigeführt wurde [3]). Der Ausbau erforderte mehrere Jahre und verursachte nicht unerhebliche Kosten. Nachdem sich eine 1547 auf das Bier gelegte Ziese als unzureichend erwiesen hatte [4]), wurde 1548 jedes Haus nach dem Vermögen abgeschätzt und danach besteuert, auch i. J. 1549 damit fortgefahren [5]). Viele Häuser mussten abgebrochen werden und Gärten eingehen [6]). Die Stadtmauer wurde erst i. J. 1566 abgebrochen und zwar nur vom heiligen Leichnamsthor bis zur Elisabethgasse [7]). Die von Elisabeth bis zum Holzthor scheint schon früher abgebrochen worden zu sein, die vom heiligen Leichnamsthor bis zum Finsterstern blieb dagegen stehen, und der Wall wurde dahinter geschüttet [8]). Es ist dasselbe Verhältniss wie auf der Südfront der Vorstadt. Wie man dort die Westfront gegen das Geschützfeuer vom Bischofsberge durch einen Wall schützte, so hier gegen den Hagelsberg. Hatte man dagegen

---

[1]) Preussische Chronika S. 368. 6. „Anno 1547 ist der Wall zu Danzig vom St. Jakobsthor bis an St. Elisabethgassen In 11 Wochen vollbracht“.

[2]) Siehe oben S. 191.

[3]) Spatt 325. Anno 1547 „Den Donnerstag vor dem Dominik (4. Aug.), ward der wall vor das heilige Leichnamsthor Inn die stadt geschüttet und mit wegenen gefurth.“ So auch Ms. L 1 2, der sog. kleine Mehlmann, S. 706, wonach der Wall „zwischen beiden Gräben“ gemeint ist.

[4]) Georg Mehlmann, handschriftl. Chronik der Stadtbibl. zu Danzig XV. 147: „1447 ward der Wall in der Altstadt Danzig aufgeschüttet, dafür wurde ziese gegeben von dem Fass Bier 20 β.“

[5]) Spatt 330, 331.

[6]) Ebenda.

[7]) Chronika oder Handbüchlein: „Anno 1566 da fing man an die Mauer zu brechen zwischen St. Elisabeth und dem heiligen Leichnamsthor.“

[8]) Ein deutliches Bild der Umfassung der Altstadt gewährt die Ansicht Danzigs im grossen Städtebuche (civitates terrarum) von Georg Braun, welches seit 1572 in Köln herauskam. Die Ansicht befindet sich auf Blatt 46 des zweiten Bandes und ist dem Herausgeber vom hanseatischen Sekretair in London, Adam Wachendorff, eingesendet worden. Die Zeit ihrer Anfertigung lässt sich für das Jahr 1573 festsetzen, da der Wall, welcher in diesem Jahr vor dem hohen Thor zur Verbindung der Befestigungen der Altstadt und Vorstadt aufgeworfen wurde, in der Ausführung begriffen ist, das Karrenbastion

das Geschütz nicht zu fürchten, so besass die Mauer ihre Vorzüge, weil sie mehr gegen den gewaltsamen Angriff sicherte.

Das heilige Leichnamsrondel erscheint in den ältesten
Ansichten [1]) wie das vorstädtische Rondel rund und etwa von
demselben Umfange wie dieses. In der ältesten Linearzeichnung,
die wir davon besitzen [2]), und die um das Jahr 1620 gefertigt
sein mag, zeigt das Rondel dagegen die Bastionsform, an der
Spitze jedoch abgerundet. Die heutige Form hat das Bastion
1624 erhalten. Vom vorstädtischen Rondel ist es dadurch wesentlich unterschieden, dass es zurückgezogene, gemauerte Flanken für zwei Geschütze und eine gemauerte Faussebraie hat.
Dass dies gleich bei seinem Bau ausgeführt worden ist, scheint
daraus hervorzugehen, dass i. J. 1559 eine neue Brücke hergestellt wurde [3]), die dieser Form Rechnung trug, indem sie aus
der rechten Flanke mündet und im Bogen um den Schulterpunkt geführt ist. Die alte Brücke war erst 1527 hergestellt
worden [4]), so dass man annehmen kann, der Umbau sei durch
das neue Rondel erforderlich geworden. Offenbar hat die Stelle
bei Spatt S. 363: „Item es ist in diesem Jahr (1559) das holtz-
werk über die pfähle von des heiligen Leichnamsthor angehobben
am 4. Juli" Bezug auf den Brückenbau. Das alte Thor mit

---

dagegen noch nicht vollendet ist. Die Ansicht ist, vom Hagelsberg aus genommen, hat also die Front Elisabeth—heiliger Leichnam gerade vor sich.
Die Mauer dieser Front und weiter hin bis zum Holzthor ist nicht mehr vorhanden, dagegen steht die vom heiligen Leichnam bis zum Jakobsthor und
ist auch bis ins 17. Jahrhundert hinein stehen geblieben.

[1]) Ausser der Braun'schen Ansicht existirt noch eine andere v. J. 1617,
von der Curicke eine Vergrösserung mittheilt, die von Hoburg in seiner Geschichte der Festungswerke Danzigs Taf. II. aufgenommen worden ist. Sie
betrifft nur das Thor. Das Original gehört zu den 14 Ansichten meist aus
dem Innern der Stadt, welche unter dem Titel: „Praecipuorum locorum et
aedificiorum quae in urbe Dantiscana visuntur adumbracio" i. J. 1617 erschienen sind.

[2]) Danziger Archiv I 6. Die Zeichnung scheint von dem Ingenieur im
Dienst der Stadt, Hans Strakowski, zu sein, der zuerst 1617 erwähnt wird.
Vergl. Hoburg Anhang, Beilage C. S. 174 ff.

[3]) Hoburg S. 21 nach Ms. E.

[4]) Vergl. Hoburg S. 21, der die Rechnung darüber mittheilt.

den beiden Thürmen stand genau im Mittelpunkt des Rondels und ist bis zum Jahre 1536 erhalten geblieben [1]).

Im Jahr 1554 begann man den Bau des heutigen Bastions Elisabeth. Es wurde soweit über die bisherige Mauerumfassung vorgelegt. dass es die ganze vorgelegene Erdbastei in sich aufnahm. Die Rondelform verschwand hier schon. Die Linien wurden „snorrig" (schnurrecht) geführt, wie Spatt sich ausdrückt. I. J. 1557 war der gewaltige Bau, der mit dem Scharwerk der Bürger bewältigt wurde, schon soweit vorgeschritten, dass man einige Halbschlangen vom Bastion abfeuern konnte, um seine Haltbarkeit zu prüfen [2]). Das Bastion und die Kurtine bis zum heiligen Leichnamsthor wurde ebenfalls mit einer gemauerten Faussebraie (Streichwehr) versehen, die vor der Spitze des Bastions in zwei Flanken gebrochen wurde. 1562 fiel die Mauer grösstentheils wieder wegen schlechten Untergrundes ein und musste von Neuem aufgeführt werden [3]).

Nur die erste Hälfte des neuen Erdhauses, wie man das Bastion Elisabeth nannte, erhielt die Gestalt eines Bastions. Die linke Face lief wie noch heut bis zum Wall am Dominikplatz und fand hier eine Anlehnung an den unter dem Namen Halbmond bekannten runden Thurm. Doch wurde sie nicht direkt dahin geführt, sondern brach sich in der Nähe des heutigen Durchlasses der Radaune, so dass hier sich ein sehr stumpfer Winkel bildete [4]). Dadurch wurde das Holz- oder Gertrudenthor maskirt und ging ein. Wahrscheinlich um die

---

[1]) In der Braun'schen Ansicht ist auch noch der dritte Thurm, der 1519 vor dem Thor erbaut wurde, zu erkennen. Er lag noch innerhalb des Rondels. In der Ansicht von 1617 ist er bereits verschwunden.

[2]) Spatt S. 350. Anno 1554. „In diesem jar ist angehebben der wall hinter santhe Elisabeth an der mauer zu bawen und am Rundell mit Scharwerk des gemeinen Mannes." . . S. 356 anno 1557 „Item in diesem jar ward die streichwehr Am Rundel gemacht von Johanni bis auff michaeli gearbeitet. Item es wurden auch etzliche halbe schlangen vom Rundel auf die Brustwer abgeschossen zur prob ob dass Rundel auch beisammen halten wollte."

[3]) Ebenda S. 374. 6.

[4]) Vgl. Taf. X. Spatt 377. 6: „Item man hat auch fille häuser abgebrochen bei santhe Elisabethen spittel und hebben den wall biss (etwas) Eingezogen, dass er snorrig ist worden". Der Sinn dieser Worte wäre nicht zu verstehen, wenn nicht spätere Linearzeichnungen des Danz. Archivs

Flankirung der Face noch vollständiger zu erreichen und auch das Terrain vor dem Hohen- und Karrenthor zu bestreichen, wurde 1560 vor dem Thurm, genannt Halbmond, jenseits des Grabens ein Erdhaus (Rondel) angeschüttet, auf das sich der Ausdruck Halbmond übertrug. Man arbeitete 3 Jahre daran [1]).

Wie bereits oben (S. 187) nachgewiesen worden ist, war durch den Bau des Bastions Elisabeth der Thurm, durch welchen das Freiwasser lief, in das Innere des Bastions zu liegen gekommen, und da man in Verlegenheit war, dem Freiwasser einen andern Lauf zu geben, wurde in der rechten Face des Bastions ein gemauerter Kanal zu dem Thurm und weiter durch das Bastion geführt [2]). Das Freiwasser lief über eine Riedewand über den Graben durch jenen Kanal und Thurm nach der grossen Mühle. Das Bastion war noch nicht fertig, als sich schon die Uebelstände herausstellten. Der Kanal zeigte sich viel zu schmal und verstopfte sich leicht, da man keinen Zutritt dazu hatte. Auch der Festungsgraben vor dem Bastion verschlemmte. Die dritte Ordnung machte schon 1557 den Rath darauf aufmerksam, dass das nicht so bleiben könne, und schlug vor, dass die Radaune und das Freiwasser am neuen Thor in die Vorstadt eingeführt würden. Der Rath lehnte das ab, weil dadurch die grosse Mühle eingehen müsste [3]). Die Nothwendigkeit drängte sich jedoch immer stärker auf, Remedur zu schaffen, und so entschloss sich der Rath, da, wo heut noch die Radaune in der linken Face des Bastions Elisabeth durchgeht, einen breiteren Kanal anzulegen. Das Gewölbe des Kanals wurde vom Hofraum des Bastions aus in Angriff genommen und war bei Ankunft des Herzogs Erich bis zum Gitter, das es gegen aussen abschloss, fertig, blieb aber noch maskirt. Nach seinem Abmarsch wurde

---

aushälfen, so namentlich die bereits erwähnte Zeichnung des Hans Strakowski und die des Ingenieurs Cornelius Jansen v. J. 1635 (Danz. Archiv II 148).

[1]) Spatt 368: „In diesem jahr (1560) ward das newe Erdthaus bei der Radaune angehobben und die häwser und gräben weggebrochen“. S. 377. 6: „Es wart auch mit aller macht an der stat werin gemacht um das Rundel an der Radaune und wart von Herzog Erichs Zukunft (1563) biss an die Radaune fertig umherczogene“.

[2]) Siehe Taf. IX 2.

[3]) Ordnungs-Recess des Jahres 1557.

das Gewölbe beendigt, und das Freiwasser, oder wie es jetzt
genannt wurde, die neue Radaune, von der Vorstadt Sandgrube
hierher geführt. Das bisherige Bett des Freiwassers wurde
von der Sandgrube ab zugeschüttet [1]).

Die alte Radaune bestand zu dieser Zeit noch [2]).

Mit dem Herzog Erich von Braunschweig hatte es folgende
Bewandniss. Der Herzog hatte i. J. 1563 für Schweden ein
Korps von 12000 Mann zu Fuss und 2000 Reitern geworben.
Es gelang jedoch dem Könige von Dänemark, dem Gegner
Schwedens, die niedersächsischen Stände zu bewegen, den
Herzog Erich zur Aufgebung seiner Absicht zu bringen. Man
schritt selbst zu einem Aufgebot gegen ihn. Der Herzog be-
schloss nun, dem aus dem Wege zu gehen und sich dem Könige
von Polen anzubieten, der damals gegen Russland rüstete.
Er setzte sich auch sofort durch Mecklenburg und Pommern in
Marsch, ohne auch nur die Antwort auf seine Anfrage abzuwarten. Der König von Polen war weit entfernt, seine Anerbietungen anzunehmen. Dennoch setzte Herzog Erich seinen
Marsch in der Richtung auf Danzig fort und forderte von der
Stadt eine Geldsumme, da er ohne Mittel war, sein Volk zu
besolden. Die Stadt gerieth in die grösste Aufregung. Zwar
waren die Arbeiten am Bastion Elisabeth und am Halbmonde
am Einflusse der alten Radaune in die Stadt ihrem Ende nahe
und auch der Kranz, den man damals um den Leuchtthurm
von Weichselmünde baute, ziemlich fertig. Dagegen war der
Zugang zum Hohen- und zum Karrenthor wenig gesichert und
die Befestigung am alten Schloss und am Ein- und Ausflusse
der Mottlau sehr mangelhaft. Man ging mit der grössten

---

[1]) Spatt 377. 6. 1563: „Das Freiwasser wurde zugeschüttet . . . S. 386:
Item bald nach seinem Abzuge (Erichs) wurde der Grund gelegt noch vor
Martini czum Gewölbe über die Radaune vor dem Gitter und ward ge-
scharwerkt bis an das Rundel auf dem Walle". An der Riedewand wurde
jedoch noch bis zum Jahre 1567 gebaut.

[2]) In einem Gutachten „über die Befestigung und Zubesserung der Stadt"
v. J. 1563 (Archiv. Militaria F. 7) heisst es: „Im Wall by dem Dominiksplane
die ridewandt schmäler zu machen". Dass Radaune und Freiwasser zu
dieser Zeit immer noch zwei verschiedene Kanäle der Radaune waren, geht
auch aus dem Ordnungsrecess von 1557 hervor.

Thätigkeit an die Arbeit [1]). Spatt berichtet darüber wie folgt: „Es geschahk abber czu der czeit czu Dantzig Eine grosse arbeit vor dem Karrentore, dass wart ganz czugeschüttet und dessgleichen das hoctor und Einen graben für über gemacht und über die Radaune ein Blockhaus und ein stackith von streichbeumen und wart suntag und werkeltag nicht geschonet, da man bisorgete Er sollte sich in die Schiddelitze legen. Geschahk also in 8 Tagen Eine gewaltige Arbeit".

„Es ward auch an dem Terhoff und an die Speicher Ein czaun von ganzen Ranen (Stammhölzer) umher gemacht vor dem walle um und fuller (vieler) Schisslöcher gemacht und brustwehren und Schanzkörbe gesetzt wo es nöthig gewesen und geschütz darauf gesetzt [2]). Item es ward auch off der alten stadt auf dem Suggen (Sewgen am Ausfluss der Radaune) auf der Radaune ein Blockhaus gesetzt und mit schützen und volk wolbesetzt. Item es ward auch bei dem Terhoffe das

---

[1]) Ueber die Armirungsarbeiten von 1563 bewahrt das Archiv der Stadt Danzig sehr werthvolle Aktenstücke, zunächst das schon oben benutzte Gutachten eines Sachverständigen (Mil. F. 7), dann einen auf Befehl des Raths erstatteten Bericht (Rathschlag) der Hauptleute vom 26. Aug. (Mil. B. 6) und die auf Grund dieser Gutachten beschlossene Verordnung — das gemeine Bedenken — vom 27. Aug. (Mil. F. 9). Dazu kommt die Verordnung des Raths zur Besetzung der Wälle (Mil. F. 8) und schliesslich der Bericht, den Spatt über die Ausführung der Arbeiten giebt (S. 378. 2). Da dieser Bericht sich eng an die erlassenen Vorschriften anschliesst, begnüge ich mich damit ihn mitzutheilen und gebe von den Aktenstücken nachstehend nur einen Auszug.

[2]) Nach Militaria B. 1, Fascikel 23 des Dz. Archivs waren die Wälle 1563 mit folgenden Geschützen besetzt:

5 Notschlangen (12 Pfd.'er und darüber)
8 Feldschlangen (9 und 10 Pfd.'er)
13 Falkaunen (6 Pfd.'er)
10 Halbschlangen (4 Pfd.'er)
14 Quartierschlangen (3 Pfd.'er)
6 Feuerkatzen (Haubitzen)
6 Falkonete (1 bis 2 Pfd.'er)
2 Keilstücke

Summa 64 Geschütze.

Die Feuerkatzen dienten zum Schrotschiessen und waren aus den Steinbüchsen hervorgegangen. Wie aus einem Verzeichnisse von 1573, auf das ich noch zurückkomme, hervorgeht, waren die Röhre sämmtlich von Metall.

grosse Schiff gelegt und auch ein anderes mit schuss und
volk wol besetzt“.

Die Schwäche des Hohen- und Karrenthors entsprang
hauptsächlich daraus, dass die Thore noch aus Thürmen bestanden, die leicht aus der Ferne in Bresche gelegt werden
konnten. Das Gutachten des Sachverständigen verlangt daher,
dass ein Erdwall davor gelegt werde, das „gemeine Bedenken“
spricht sich dagegen nur in der Weise wie Spatt aus, dass
die Thore zugeschüttet werden sollten und ein kleiner Graben
davor gelegt werde, was in keinem Fall genügend war. Spatt
sagt nichts vom Vorstädtischen Rondel, das nach dem „gemeinen
Bedenken“ längs dem Graben, wie auch der Wall zum Karrenthor und dieses selbst, mit einem Stacket (Palisadirung) versehen werden sollte. Man ersieht daraus, dass hier noch keine
gemauerte Faussebraie vorhanden war, und dass die ursprünglich
aus Schanzkörben gebildete Streichwehr eingegangen war.

Das von Spatt erwähnte Blockhaus an der Radaune bezieht sich auf den Schutz der Brücke der neuen Radaune vor
dem hohen Thor und gehört zu den Vorschlägen des Sachverständigen, der es als „ein geschürzt Bollwerk mit drei Weren“
bezeichnet. Zu den Vorschlägen des Sachverständigen, die im
„gemeinen Bedenken“ aufgenommen sind, gehört auch, dass
die Riedewand der alten Radaune am Dominiksplane schmäler
zu machen ist. Letzteres fügt noch hinzu, dass sie mit einem
starken Zaune geblendet werden soll. Auch will es den Wall
des neuen Erdhauses (Halbmonds) erhöht und zwischen diesem
und der Radaune oder über der Radaune bei dem Schutzgatter
„eine Festung“ angelegt haben. Es kann damit nur die neue
Radaune gemeint sein. Da Spatt nichts davon erwähnt, mag
die Zeit gefehlt haben, diese Befestigung auszuführen. Ebenso
mag es sich mit andern Anordnungen verhalten. Das gemeine
Bedenken schreibt z. B. noch vor, „auf den Grund des Finstersterns Schanzkörbe zu verordnen, um den Graben zu beschützen.“
Der Mantel des Thurmes sollte demnach eine Faussebraie von
Schanzkörben erhalten. Auch sollte der Graben zwischen
der Radaune und dem Schloss, also vor dem Rambau, erweitert werden. In Bezug auf das Blockhaus an den Sewgen

macht es die interessante Bemerkung, dass hier „der Ausfall zu verordnen, so es sich schicken will“.

Von den Vorschlägen des Sachverständigen nahm das „gemeine Bedenken“ noch den auf, den Theerhof ganz zu räumen, d. h. Pech und Theer wegzuschaffen und die Theerbuden abzubrechen. Der Theerhof, der übrigens mit Streichwehren und Blockhäusern (Mesekasten [1]), wie sie der Sachverständige nennt) umzogen blieb, sollte mit Sand beschüttet werden. Ferner sollte alles Holz aus den Gräben und der Mottlau entfernt und, soweit es nicht in der Stadt untergebracht werden konnte, weggeschafft werden.

Die Besetzung der Wälle giebt uns eine detaillirte Angabe über die Ausdehnung der Befestigung und die Namen der einzelnen Theile derselben, so dass sie vortrefflich geeignet ist, den damaligen Zustand der Befestigung zu vergegenwärtigen. Sie führt die Ueberschrift: „Die Stende [2]) so bey Herzog Erichs Zeitten seindt verordnet worden.“

1. Stand. Bei der Milchkanne.
>Ein Hauptmann.
2. „ Längs dem Wall von der Milchkanne bis an den Therhoff sampt den Blockhäusern.
>Ein Hauptmann.
3. „ Das grosse geschürzte Blockhaus an dem Therhoff.
>Ein Hauptmann.
4. „ Der wall kegen dem therhoff vber bis an die Mottlau [3]).
>Ein Hauptmann.
5. „ Auf dem Schiffe am bohm [4]) bei dem Therhoff.
>Ein Hauptmann.

---

[1]) Dieser Ausdruck kommt auch bei Leonhard Fronsberger in dem Sinne vor.

[2]) Unter Stand wird der Teil der Umfassung verstanden, der von einem oder mehreren Hauptleuten oder Rotten zu besetzen ist.

[3]) Der Theerhof war durch einen breiten Graben von der Speicherinsel getrennt. Darauf bezieht sich das gegenüber. Der 4. Stand besetzte das südliche Ufer der Speicherinsel, wo, wie ein anderes Exemplar sagt, „ein weit pastey“ soll gemacht werden.

[4]) Der (obere) Baum zur Sperrung der Mottlau.

6. Stand. Von dem thorm an der Riedewand (dem Trumpfthurm) bis ans grosse Rondel.

Ein Hauptmann.

7. „ Auf das vorstädtische Rondel und die Streichwehren.

Zwei Hauptleute.

8. „ Längs dem Wall bis ans Karrenthor.

Zwei Hauptleute.

9. „ Am Karrenthore in die Streichwehr [1]) und das grosse
Thor [2]) an die äusserste Streichwehr [3]).

Zwei Hauptleute.

10. „ Aufs hoge Thor und die vorderste Schanze [4]).

Zwei Hauptleute.

11. „ Auf die zwei Stück walles am holzthor sampst dem
Holzthor [5]).

Ein Hauptmann.

12. „ Das geschürzte Bollwerk auf der Radaune [6]).

Zwei Hauptleute.

13. „ Auf das Newe Rondel (Elisabeth).

Drei Hauptleute.

14. „ Auf dem wall fortan bis ans heilige Leichnams-
Rundel.

Ein Hauptmann.

15. „ Auf das grosse Rundel bey dem heiligen Leichnamsthor mit beiden Streichwehren.

Zwei Hauptleute.

16. „ Auf dem Wall hinter St. Bartholomeus bis an
St. Jakobsthor sampt den Thürmen.

Zwei Hauptleute.

[1]) Damit ist die Streichwehr gegen das vorstädtische Rondel gemeint.

[2]) Das grosse Thor ist das äussere Thor mit dem grossen Thurm.

[3]) Damit ist die bei der Armirung hergestellte Brustwehr vor dem Thor
gemeint.

[4]) Damit ist das bei der Armirung hergestellte Blockhaus an der Radaune vor dem Thor gemeint.

[5]) Das zweite Exemplar fügt hinzu „Halbmond und Holzthor“. Das
Thor selbst war eingegangen, es ist nur das Stück Walles daselbst gemeint
und der Halbmond von Erde.

[6]) Es ist das bei Spatt erwähnte vor dem hoben Thor.

17. Stand. Auf dem Wall vor St. Jakobsthor bis an den Finster-
         stern.
Zwei Hauptleute.

18.   „   Bey dem finsterstern sampt dem mantel und wall [1]).
Zwei Hauptleute.

19.   „   Das Blockhaus an der Radaune bei den Seigen.
Ein Hauptmann.

20.   „   Der Wall an der Radaune sampt den Thorn an
         der Schleuse, da der Schneidemühlen Holz einkumt [2]).
Ein Hauptmann.

21.   „   Das Schloss.
Zwei Hauptleute.

22.   „   Der orth der Schefferei an dem Bohme und lengst
         der Schefferei bis an den Kerwidder [3]).
Ein Hauptmann.

23.   „   Von dem alten Aschofe bis an die Milchkannen.

Die Reserven befanden sich zwischen den Speichern (zwei
Hauptleute), in der Vorstadt längs dem Dielenwerke (an der
Mottlau), am Vorstädtischen Stadtgraben bis zum Karrenthor
(ein Hauptmann), auf dem langen Markt und der Langgasse
(zwei Bürgermeister und zwei Hauptleute), in der Breitengasse
(ein Bürgermeister und zwei Hauptleute), auf dem Fischmarkt
bis ans Schloss (ein Hauptmann), auf dem Holzmarkt (ein
Bürgermeister und ein Hauptmann), in der Sammetgasse und
Pfefferstadt (ein Hauptmann).

Es ist bemerkenswerth, dass die Vorstadt Langgarten noch
nicht in die Befestigung gezogen war. Erst 1576 wurde an
der St. Barbarakirche ein Blockhaus erbaut [4]).

Die Gefahr, in der die Stadt durch das Heer Herzog Erichs

---

[1]) Nämlich den Wall bis zur Radaune, wie das zweite Exemplar hinzufügt.

[2]) Das zweite Exemplar berichtet hierzu „der wall am Rambau gelegen
sampst dem thurm am Emmerbacher graben." Es ist der Thurm e auf Taf. I
gemeint. Wir erfahren hier, dass er an einer Schleuse lag.

[3]) Unter Kerwidder oder Kehrwedder scheint der Graben gemeint zu
sein, der die Schefferei vom alten Aschof trennte. Letzterer lag dem Krahnthor gegenüber. Siehe Taf. X.

[4]) Chronika oder Handbüchlein: „Im Jahre 1576 ist das Blockhaus bei

und seine Forderungen schwebte, ging jedoch glücklich vorüber.
Er wandte sich, nachdem er die Dörfer Striess und Langfuhr
ausgeplündert hatte, bei Danzig vorüber nach Dirschau, wo er
einige Zeit liegen blieb und schliesslich durch eine Geldspende
seitens der preussischen Stände von 12000 Thalern, die Danzig
vorschoss, abgefunden wurde.

Noch in diesem Jahre wurde die neue Wasserkunst an der
Beutlermühle vollendet[1]), welche die Rechtstadt mit Trinkwasser
versorgte. Durch diese sowohl wie durch den Halbmond und
die Führung der neuen Radaune nach der linken Face von
Elisabeth wurde das Terrain um St. Gertruden-Hospital so ein-
geengt, dass man sich entschliessen musste, es an den nördlichen
Ausgang von Petershagen zu verlegen, wo es noch heut steht.
Die Kirche des Hospitals wurde am 8. Oktober abgebrochen[2]).
Der Kirchhof blieb jedoch noch bestehen. Die Bürgerschaft
konnte sich nicht entschliessen, daran zu rühren, obgleich er
überall im Wege war. Noch i. J. 1562 forderte die 3. Ordnung,
dass die Streichwehr vom heiligen Geistthor nach dem Karrenthor gerichtet werde, damit der „Kerkhoff“ bleiben könne[3]).

Die Gefahr, der man 1563 ausgesetzt war, gab der Bürgerschaft und dem Rath jedoch hinsichtlich der Mängel der
Befestigung viel zu bedenken. Die 3. Ordnung ergriff, als der
Rath immer noch zögerte, i. J. 1565 die Initiative und forderte
die Weiterführung der Befestigung[4]). Sie sagt: „Nachdem

St. Barbara Thurm gebaut worden, sampt andern Blockhäusern längst der
Mottlau gelegen“.

[1]) Die Wasserkunst hatte den Zweck, das durch unterirdische Röhren
von der Tempelburger Mühle her geführte Wasser der Schidlitz, verstärkt
durch Quellwasser von Nenkau, durch Röhrenleitung in die Häuser und Brunnen
der Rechtstadt zu führen. Seine Lage am Radaunekanal war zur Gewinnung
der Triebkraft für die Pumpwerke erforderlich.

[2]) Stenzel Bornbach. Geschichte des Aufruhrs (1525) S. 147. Hoburg
Seite 24.

[3]) Ordnungs-Recess ultimo April 1562.

[4]) Ordnungs-Recess v. 1565. Artikel so von der 3. Ordnung Einem pp.
Rath übergeben am 6. November 1565. Hoburg S. 25. Der Artikel fordert
ausser den von Hoburg angegebenen Punkten noch, dass der Graben am
Theerhofe angefangen werde und dass daselbst sofort der Grund zur Stadtmauer gestossen werde.

diese Stadt an vielen Orten noch ganz schwach, wolle ein Erb.
Rath mit Befestigung derselben einen mehreren Ernst gebrauchen,
denn mit der Arbeit, wie sie bisher betrieben, ist es nicht
möglich, dass die Stadt in 30 Jahren noch keine rechte Befestigung besitzen wird.“

Es war indessen leichter, derartige Forderungen aufzustellen, als das richtige in Weiterführung der Befestigung zu
treffen. Der Rath forderte Gutachten ein und kam den Wün-
schen der Bürgerschaft, was die Vertiefung der Gräben und
die Herstellung der Riedewand für die neue Radaune betrifft,
nach, liess auch Wall und Graben an den Seigen ausbessern.
I. J. 1570 brach hier die Radaune aus und nahm einen grossen
Theil des Walles wieder weg[1]). In diese Zeit mag auch die
Umziehung der Speicherinsel auf der äussern Seite mit einer
Mauer erfolgt sein, da sie, wie wir sehen werden, 1576 vorhanden war.

Sachverständige wiesen schon damals darauf hin, dass der
Bischofsberg in die Befestigung gezogen werden müsse. Daran
war bei den dringenden Bedürfnissen der Stadtbefestigung vorläufig nicht zu denken. Das Karren- und hohe Thor musste
vor Allem gesichert werden, da die Anlagen von 1563 nur ein
Nothbehelf waren. Man entschloss sich endlich, das Karrenthor ganz eingehen zu lassen und an dessen Stelle ein Rondel
zu erbauen. Schon 1560 wurde das Scharwerk der Bürger in
Anspruch genommen, um die erforderliche Erde herbeizuschaffen.
Man war jedoch über Form und Ausdehnung noch nicht im
Klaren, auch brachte die alte Radaune in Verlegenheit, die
beseitigt werden musste, da sie nahe vor dem Thor vorbeiging.
Am 28. Mai 1571 versammelten sich die vier Bürgermeister
und Rathsherren, sowie sämmtliche Quartiermeister[2]) an der
Ziegelscheune[3]) und beschlossen, wie das Rundel an dem
Karrenthor sollte gemacht werden, und wie die Radaune
durch die Gärten gehen sollte[4]). Schon am 12. Juni wurden

---

[1]) Spatt 455. 6.

[2]) Quartiermeister sind die Vorstände der vier Viertel der Rechtstadt.

[3]) Die Ziegelscheune lag auf halbem Wege vom hohen Thor nach
Petershagen.

[4]) Spatt 501, 502.

zwei Rammen in Thätigkeit gesetzt, um die Pfähle zum Rost zu stossen, und am 17. Juni zwischen 5 und 6 Uhr nachmittags wurde in Gegenwart des präsidirenden Bürgermeisters Georg Kleefeld, der Bauherren Johann Proitte und Albrecht Biese, ferner des Verwesers vom Wallgebäude und des Baumeisters Hans Kramer mit seinem Werkmeister Steffen Müller der Eckstein unter dem Flügel des Rondels nach dem Stadthofe hin gelegt. Am 31. März 1572 wurde die erste Schicht mit schwarzer Erde durch Hans Kramer, den Baumeister, gesetzt[1].

In Betreff der alten Radaune war man noch in Zweifel, ob man sie in die neue Radaune leiten oder weiter vom Stadtgraben ablegen soll[2]. Man entschloss sich zu ersterem, mit der Massgabe jedoch, „dass sie gerade sollte genommen werden durch die gärten von der Riedewand, bis an den Zaun, da sich der Rosenthal anfaht[3]“. Obgleich man 1572 an die Ausführung ging, wurde die Sache wieder verschoben, weil es an Geld fehlte[4]. Auch war innerhalb der Stadt eine Regulirung der Kanäle erforderlich, um nicht das ganze Wasser auf die grosse Mühle zu leiten, wodurch die Schneidemühle am Schloss beeinträchtigt worden wäre. Der Bau des Walls und Grabens vor dem hohen Thor im Mai 1573 machte aber einen längern Ausstand unmöglich, und so wurde am 22. Juni beschlossen, dass „die alte Radaune in die neue Radaune mochte zu laufen geordnet und das Wasserbett fertig zu machen“[5]. Schon am 30. Juni folgte dann der Beschluss und Befehl, dass die Riede-

---

[1]) Chronika oder Handbüchlein-Anhang. Spatt 502 weicht nur insofern davon ab, als er den 11. und 18. Juni angiebt, also um einen Tag differirt.

[2]) Ordnungs-Recess vom 26. October 1571.

[3]) Das war schon im Ordnungs-Recess vom 25. September 1571 ausgesprochen worden und hat darauf Bezug, dass die neue Radaune bei ihrer Ableitung zur linken Face vom Rondel Elisabeth vom Ende der Sandgrube ab einen flachen Winkel machte. Das wurde vermieden, wenn man sie von dem Punkte ableitete, wo der Rosenthal (d. i. Sandgrube) anfängt. In dem Sinne ging man 1572 an die Ausführung (Spatt 535. 6). Der Zaun war eine Palisadirung längs des westlichen Ufers der Radaune von Altschottland bis Rosenthal.

[4]) Ordnungs-Recess vom 26. Januar 1573, „weil es der Beutel nicht leiden will.“

[5]) Ordnungs-Recess vom 22. Juni 1573.

wand der alten Radaune im Graben solle aufgeräumt werden.
Das Bett des neuen Kanals blieb 6 Ruthen vom Graben vor
dem Karrenrondel ab und wurde 2 Ruthen und 4 Fuss breit
gemacht. Das Bett der alten Radaune wurde erst 1577 zugeschüttet, damit der Feind sich nicht darin etablirte[1]).

Die Verlegung der alten Radaune machte auch eine Ver-
setzung der erst 1563 beendeten Wasserkunst erforderlich. Obgleich man dies schon 1573 erkannte[2]), fehlte es jedoch an
den Mitteln zur Ausführung. Erst 1584, nachdem die Polen
die Wasserkunst 1577 verbrannt hatten, gelangte man dazu, den
Bau in Angriff zu nehmen, und schloss mit der Schuhmacher-
Innung, die wegen der Beutler- oder Lohmühle dabei interessirt
war, einen Vertrag[3]). Die Röhren der Wasserleitung waren
schon 1574 beim Bau des innern Theils vom heutigen hohen
Thor unter der Brücke desselben angelegt worden[4]).

Gestalt und Grösse des Rondels Karren ist aus Fig. 1
Taf. IX zu ersehen. Es hat schon ganz die Bastionsform angenommen und man erkennt daran die Fortschritte, welche die
Kriegsbaukunst inzwischen gemacht hatte. Der Ausdruck Bastion hatte sich jedoch noch nicht eingeführt, wenn man den italienischen Einfluss auch nicht verkennt. Der Unterschied liegt
hauptsächlich darin, dass die Bekleidungsmauer fehlt, von der
man sich in Italien noch nicht trennen konnte. Man begnügt
sich mit einem durch die Eskarpe gebildeten halben Revetement,
auf welches die freistehende Mauer der Faussebraie aufgesetzt
war. Es war von der alten Befestigung der Altstadt mit hinüber genommen, doch auch sonst in Deutschland gebräuchlich.
Charakteristisch dafür ist der Ausdruck Erdhaus, den man
neben Rondel gebrauchte. Der ausspringende Winkel ist sehr
stumpf ausgefallen, weil der Raum durch die Radaune und den

---

[1]) Schütz 527 6 und 529.

[2]) Ordnungs-Recess vom 24. April 1573, „dieweil die wasserkunst und
lohmühle muss versetzt werden."

[3]) Archiv. Fascikel I der Contubernalii.

[4]) Hoburg S. 23. Hoburg ist jedoch im Irrthum, wenn er sagt, die
heutige Wasserkunst sei 1563 erbaut worden. Ebenso falsch ist es, wenn
die Chronika oder das Handbüchlein zum Jahre 1572 sagt, dass die neue
Radaune auf die „newe Wasserkunst" geleitet worden sei,

Bischofsberg sehr beschränkt war. Darauf ist es auch zurückzuführen, dass die Faussebraie mit einer freistehenden Mauer und nicht mit einer Erdbrustwehr versehen war. Die Grabenbestreichung suchte man durch zurückgezogene Flanken aus Mauerwerk zu sichern. Das vorstädtische Rondel fiel durch den Mangel daran und durch seinen geringen Umfang sehr gegen das Karrenrondel ab. Auch war die grosse Ausdehnung der Kurtine zwischen beiden sehr nachtheilig.

Nachdem der Bau des Rondels genügend vorgeschritten war, ging man 1573 an die Herstellung des Walles zwischen den Rondelen Elisabeth und Karren, der unter dem steten Drängen der Bürgerschaft zur Beschleunigung des Baues mit Aufbietung aller Kräfte in einem Jahr zu Stande kam. Hierbei musste endlich der Kirchhof der Rechtstadt, der bisher mit so grosser Hartnäckigkeit erhalten worden war, entfernt werden. Die Gebeine der alten Danziger wurden mit grosser Pietät nach dem neuen Kirchhof am Fusse des Bischofsberges übergeführt. Mit Herstellung dieses Walles stand der Bau des jetzigen hohen Thores in Verbindung, womit 1574 vorgegangen wurde. Es erhielt eine bedeutende Tiefe und schloss sich an den bisherigen äusseren Thorthurm an, der zur Peinkammer eingerichtet wurde. I. J. 1576 wurde die Brücke erbaut und am 11. September zuerst befahren. Die prachtvolle äussere Façade wurde jedoch erst 1588 angebracht.

Die grosse Thätigkeit, welche seit 1571 im Festungsbau entwickelt wurde, war durch die Differenzen mit Dänemark und Polen hervorgerufen. Der König von Dänemark hatte die Danziger Kriegsflotte und gegen 30 bis 40 Handelsschiffe mit Beschlag belegt, weil er die Stadt beschuldigte im Einverständniss mit den polnischen Seeräubern zu stehen, die sich in Putzig festgesetzt hatten. Danzig trat darüber in Unterhandlungen, um einen gütlichen Ausgleich zu erzielen, zeigte aber auch die Zähne, indem es Söldner annahm und seine Wälle mit Geschützen armirte, namentlich aber die Befestigung von Weichselmünde erweiterte. Diese dänische Episode ist dadurch von näherem Interesse, dass sich der artilleristische Armirungsplan über die Besetzung der Wälle mit Geschütz erhalten hat [1]).

[1]) Archiv. Militaria B. 3.

Er führt die Ueberschrift: „Der Standt auf den Vestungen Anno 73." Am Schluss ist von einer andern Hand mit Rothstift das Jahr 1576 eingetragen, so dass der „Standt" aller Wahrscheinlichkeit nach auch 1576 und während der Belagerung beibehalten worden ist. Er folgt hier in Abschrift.

1.

Der erste standt vom Bome[1]) über die Mottlau bis ans vorstädtische Rondel

    2 Valkonetlein.

2.

Item von dem newen torm[2]) bis ans Karren Rondele

    2 veldtschlangen

    1 Notschlange

    1 Valkone

    1 halbe Schlange als aufs Rondell

        Noch von dem Rondell lengs dem wall:

    2 halbe Schlangen

    2 veldtschlangen.

3.

Aufm newen Rondell beim Karrenthor

    2 falkonen

    2 halbe schlangen

    1 notschlange

    4 falkonen

    2 feuerkatzen

    2 quartierschlangen.

4.

2 Keilstücke aufs hohe Thor[3]).

5.

Item zwischen dem hohen Thore und halben mond[4])

    1 veldtschlange gen. Kettkamer

---

[1]) Vergl. oben S. 212, Note 4. Der Baum lag demnach am Trumpfthurm.

[2]) Der neue Thurm stand mitten im Rondel.

[3]) unter „hohes Thor" ist der Stockthurm gemeint.

[4]) Unter halben Mond ist nicht das Erdwerk, sondern der Thurm gen. Halbmond gemeint.

1 veldtschlange der Strauss genannt.
1 quartierschlange.

6.

Aufm Rondell kegen dem halben Mond[1]
  2 halbe schlangen
  1 karthaun
  1 veldtschlange.

7.

Auf dem langen wall bis ans heilige Leichnamsrondell
  1 halbe Schlange
  3 quartierschlangen
  1 ganze Schlange oder rother Hundt.

8.

Aufm heiligen Leichnamsrondel
  1 halbe Schlange
  2 Feldschlangen.

9.

Vom Tor bis In S. Jakob
  6 falkunen.

10.

Vom S. Jakob bis zur Radaune
  1 halbe schlange
  1 feldschlange
  5 quartierschlangen.

11.

Von der Radaune bis an den Rambau
  4 valkonette.

12.

Aufs Schloss
  4 feuerkatzen
  3 quartierschlangen.

Es sind im Ganzen 65 Stück[2], also eins mehr wie bei der Besetzung der Wälle von 1563 und zwar eine Doppelkarthaune. Abweichend ist nur die Zahl der Notschlangen und Feldschlangen, was einfach dadurch zu erklären ist, dass

---

[1] Das ist Rondel Elisabeth.
[2] Nach Gattungen wären es:

Kettkamer und Strauss, die als starke Feldschlangen bezeichnet werden, und die ganze Schlange i. J. 1563 zu den Nothschlangen gerechnet worden sind. Es sind demnach keine Geschütze hinzugekommen, denn die Doppelkarthaune war schon 1563 vorhanden, war aber nicht aufgestellt worden. Ein Verzeichniss der metallenen Stücke vom 7. Juli 1573, das auch die Geschütze der Flotte „in Dänemarken" und in Weichselmünde aufgenommen hat, enthält 104 Geschütze[1]). Es ist nicht un-

  1 Karthaun

  1 ganze Schlange, im Verzeichniss vom 7. Juli Doppelkartaun genannt

  2 Nothschlangen

  2 Feldschlangen, Kettkamer und Strauss

  8 Feldschlangen

13 Falkaunen

10 halbe Schlangen

14 Quartier- (Viertel-) Schlangen

  6 Feuerkatzen

  6 Falkonet

  2 Keilstücke

Summa 65.

[1]) Archiv D. 1. Verzeichniss der vorhandenen metallenen Geschütze mit der Schlussbemerkung „was noch in Denemarken an metallenem Geschütz vorhanden, dessgleichen aufm Hause vor der Münde solches bringet das Verzeichniss mit".

  2 Notschlangen

  1 Rotterhundt ist ein Dobbelkarthaun

  1 einfache Karthaun, mit einem Pulversack

  2 starke Feldschlangen, Strauss und Kettkamer

12 Feldschlangen, die Schwestern

24 Falkunen

  2 halbe Schlangen, Pfeiffer und Drommelschläger

  4 halbe Schlangen

  8 Quartierschlangen einerlei Art

  1 Quartierschlange, kantig

  9 Falkonets einerlei Art

  1 Falkonet, kantig

24 Feuerkatzen

  1 Steinbüchse

    von Friedrich Huttfeldt gekauft

  2 halbe Schlangen

wahrscheinlich, dass auch eiserne Geschütze vorhanden waren, weil der Nachdruck auf metallene gelegt wird. Lübeck hatte schon 1526 zahlreiches eisernes Geschütz, darunter Pothunde und Parsener (Barsen). Zeitschr. d. Vereins f. Lübecksche Gesch. und Alterthumsk. Lübeck Heft 5, Jahrgang 1886 S 14. Auch die Ferberchronik spricht S. 532 zum Jahr 1520 von eisernen Geschützen in Danzig. Die auf den Wällen aufgestellten Geschütze gehören alle dem Verzeichniss vom 7. Juli an, waren also von Metall. Das Inventarium von 1598 führt auch das eiserne Geschütz auf.

Bemerkenswerth ist, dass die Doppelkarthaune 1519 durch den Meister Rudolf gegossen worden ist. Sie schoss 50 Pfund Eisen[1]). Auch die beiden Nothschlangen sind 1519 von ihm gegossen. Sie waren je 34 Centner schwer und schossen 22 Pfund Eisen. Die beiden andern Schlangen sind 1520 von Bernt Barbening gegossen. Sie schossen 12 Pfund Eisen und wogen je 33 Ctr. Sie werden in einem Verzeichniss von 1604[2]) als Nothschlangen aufgeführt, waren aber eigentlich Feldschlangen älterer Konstruktion. Das war Alles, was die Stadt an schweren Geschützen hatte. Als der König Stefan von Polen auf dem Reichstage zu Thorn 1576 unter den Bedingungen zur Aussöhnung die Forderung aufstellte, dass die Stadt 8 Stück groben Geschützes und zwar 4 Karthaunen und 4 Singerinnen

4 Quartierschlangen
2 kurtze Falkonet
   von Meister Hermaun Büchsengiesser empfangen
2 Keilstück auf ein Prob giessen lassen
2 Falkonet

Summa 104 Geschütze.

Actum 7. Juli Anno 1573.

Es ergiebt sich daraus, dass die Flotte vorherrschend mit Falkaunen und Feuerkatzen ausgerüstet war.

[1]) Nach der Ferber-Chronik S. 534 wurde 1523 zu Danzig zwischen Ostern und Pfingsten eine grosse Büchse gegossen, zu welcher 145 Centner Kupfer verwendet wurden. Es wurden zum Schmelzen 12 Last Kohlen ohne das Brennholz gebraucht.

[2]) Danz. Archiv. Fascikel 28. Militaria D. 17. Aus diesem Inventar sind auch die übrigen Notizen über das Alter und Gewicht der Röhre entnommen. Das bedeutende Gewicht der 12 Pfd.'er rührt von ihrer Länge her.

mit der nöthigen Munition zu 500 Schuss liefern solle. schrieb der Rath an seine Abgesandten beim Reichstage: was die 8 Büchsen betrifft, so wisst Ihr selbst, dass wir keine Carthaunen noch Singers bei der Statt haben, sondern gering geschütz zu nothwendiger Besetzung der Stadt Festungen. Und wenn die Stadt zur Zeit der Noth belagert werden sollte, so bedürfen wir wohl mehr, als wir zur Zeit fertig haben"[1]).

Es ist in der That auffallend, dass die Stadt das grobe Geschütz seit 1520 gänzlich vernachlässigt hatte, da im Fall einer Belagerung der Gegner darauf angewiesen war, seine Batterien auf dem Bischofsberge zu etabliren, wo sie nur 500 Schritt von den Werken ablagen. Zu ihrer Bekämpfung wäre nur grobes Geschütz geeignet gewesen. Doch ist dabei an einen Geschützkampf im heutigen Sinne nicht zu denken, der ganz ausserhalb der Anschauungen der Zeit lag, weil der Schuss auf diese Entfernung viel zu unsicher war, aber er diente doch zur Beunruhigung des Gegners und gegen das feindliche Lager.

Was das geringe Geschütz betrifft, so herrschte hier die damals in Deutschland ganz allgemeine übliche Anhäufung von kleinsten Kalibern vor, die für Festungen vorzugsweise geeignet erschienen. Die Schlangen zeichneten sich durch ihre Länge von 32 Kalibern und darüber vor den Karthaunen aus, die nur 18 Kaliber hatten. Zwischen beiden lagen die Bastarde (Nothschlangen oder Doppelfalkaunen und Falkaunen), die einige 20 Kaliber Länge besassen. Die Schlangen bestanden aus ganzen, halben, viertel (Quartier-) Schlangen und Serpentinen (Scherfetinlein). Letztere schossen eine Bleikugel von einem Pfund, die Falkonets dagegen eiserne Kugeln von $1^1/_2$ bis $2^1/_2$ Pfund Gewicht[2]). Alle diese Kaliber sind vertreten und viel-

---

[1]) Instruktion vom 4. Dezbr. 1576.

[2]) Die Karthaune hat zu dieser Zeit noch keine kleinern Abstufungen. Ihr niedrigstes Kaliber war das von 25 Pfund, als Viertelbüchse (Quartana) des Hauptstücks von 100 Pfund Eisen. Erst mit dem Beginn des 17. Jahrhunderts konstruirt man halbe und Viertelkarthaunen (12 und 6 Pfd.'er) und gelangt damit zum modernen Kanon, das schliesslich die Schlangen und Falkaunen verdrängt hat. Ihr niedrigstes Kaliber geht aber nicht über den 6 Pfd.'er hinaus. Es bedeutete einen grossen Fortschritt in der Pulverbereitung, dass die 18 Kaliber der Karthaune die Oberhand gewannen.

fach innerhalb der einzelnen Abstufungen[1]) von verschiedenen
Abmessungen infolge der Uebernahme aus älteren Beständen.
Doch stellte man bei Neuanfertigungen gleiche Kaliber her.
So weist das Verzeichniss vom 7. Juli 12 Feldschlangen, die
Schwestern genannt, nach, und bei 8 Quartierschlangen und
9 Falkonets wird gesagt, dass sie einerlei Art seien.

Das Verzeichniss vom 7. Juli und die nähere Bezeichnung
der Kaliber desselben, wie sie sich in späteren Inventaren
findet, zeigt eine grosse Uebereinstimmung mit den Angaben
bei Senfftenberg[2]), doch hat er für die einzelnen Gattungen
grössere Zahlen, z. B. bei den Feldschlangen 10 bis 12 Pfund
Geschossgewicht, während in Danzig 9 bis 10 Pfund üblich
waren. Die Falkaunen haben bei Senfftenberg 9 und 10 Pfund,
in Danzig 6 und 7 Pfund[3]). Auch in dem Ausdruck Feuerkatzen, der sonst in Deutschland nicht üblich war, stimmen
beide überein. Senfftenberg hat um die Mitte des 16. Jahrhunderts 8 Jahre als Zeugmeister im Dienst Danzigs gestanden.
Die Anfertigung der Danziger Geschütze des Verzeichnisses
vom 7. Juli 1573, mit Ausnahme der 5 grösseren Stücke, fällt
jedoch in die 30er Jahre, wie ein Verzeichniss des Artillerie-
meisters Johann Backer v. J. 1620 nachweist[4]), so dass
Senfftenberg nicht von Einfluss darauf sein konnte, vielmehr
scheint das umgekehrte Verhältniss der Fall gewesen zu sein.

Das Verzeichniss vom 7. Juli weist nur eine Steinbüchse, keinen Mörser nach.

Die Anwendung kleiner Kaliber hat in Festungen ihre
Berechtigung. Auch Speckle verlangt als grösstes Kaliber
die Karthaune von 25 Pfund Kugelgewicht, demnächst Noth-

---

[1]) Das Scharfentinlein kommt in den Inventaren Danzigs jedoch erst seit
1598 vor.

[2]) Vgl. M. Jähns. Geschichte der Kriegswissenschaften. München 1889.
1, 631.

[3]) Der Unterschied beruht wahrscheinlich darauf, dass Senfftenberg das
Kaliber nach der Mündungsweite bestimmte, wie es seiner Zeit üblich war,
während in Danzig der Kugeldurchmesser massgebend war, wie es seit dem
Anfange des 17. Jahrhunderts gebräuchlich wurde.

[4]) Danz. Archiv. Militaria D. 89.

schlangen und Schlangen von 12 bis 24 Pfund Eisen[1]). Sie bilden das grobe Geschütz und sind nur in geringer Zahl vorhanden. Die Ausrüstung Danzigs entsprach daher den herrschenden Ansichten, nur dass das grobe Geschütz etwas zu schwach bemessen war. Vom heutigen Standpunkte aus ist es unverständlich, wenn beinahe die Hälfte der vorhandenen Geschütze, deren Zahl überhaupt zu gering war, aus 3- und 2-Pfündern (13 Quartierschlangen und 16 Falkonets) bestand.

Was die Vertheilung der Geschütze bei den Armirungen von 1573 und 1577 auf den Wällen betrifft, so ist die dem Bischofsberge gegenüberliegende Front am stärksten bedacht, namentlich Rondel Karren. Aber mit Ausnahme der beiden Nothschlangen, von denen sich eine auf dem vorstädtischen Rondel und die andere auf Karren befand, ist das grobe Geschütz hier nicht vertreten. Die beiden Karthaunen standen auf Rondel Elisabeth und auf der anliegenden Kurtine nach dem heiligen Leichnams-Rondel und die beiden schweren Feldschlangen, Strauss und Kettkammer (15-Pfdr.), auf der Kurtine vor dem hohen Thor. Das grobe Geschütz ist daher ziemlich gleichmässig auf der Westseite vertheilt. Die Nebenfronten sind sehr schwach mit Artillerie versehen, das rechte Mottlauufer hat gar kein Geschütz. Es ist das nur aus dem Mangel an Geschütz erklärlich.

Die Ansichten der Zeit über diesen Punkt sind überhaupt sehr eigenthümlich. Speckle spricht den Grundsatz aus, dass, je kleiner das Geschütz ist, desto höher muss es stehen; das grobe Geschütz gehört auf den Boden, „damit der Bau desto weniger erschüttert und beschädigt wird". Die Karthaunen sind nach seiner Ansicht am besten in den Streichwehren zu verwenden. Von den Kammerstücken will er nichts wissen, „denn es geht viel Dunst nebens heraus, ist gefährlich und ungewiss mit zu schiessen". Sie sind nur für Schiffe geeignet. Als Geschütz auf den Basteien empfiehlt er die Feldschlangen, Halbschlangen und Falkonen von 8 bis 12 Pfund Eisen. Die kleinen Kaliber, Quartierschlangen und Falkonets, stellt er auf

---

[1]) Speckle. Architectura von Festungen. Die erste Ausgabe ist v. J. 1589, seinem Todesjahre. Ich benutze die von 1608.

die Kavaliere, ebenso die Scharfentinlein, „damit man nit", sagt
er, „nach einem geringen Ding, etwa mit einem grossen Stück
reichen muss". In diesem Sinne finden wir auch in dem
Armirungsplan Danzigs vom Jahre 1573 auf den Rondelen
kleinste Kaliber neben grösseren placirt.

Die Ausrüstung mit Artillerie und deren Verwendung gehört
so wesentlich zum Begriff der Festung, dass wir in der Geschichte der letzteren auch nothwendig den Entwickelungsgang,
welchen die Artillerie Danzigs genommen hat, aufnehmen müssen.
Mit Recht sagt Speckle S. 107 „dass ein Baw darumb gebawen
wird, das mit Geschütz darauf zu handeln sei" und will damit
motiviren, dass er in seiner „Architectura von Vestungen" auch
der Artillerie ein Kapitel eingeräumt hat. Leider hat das
Danziger Archiv für die frühere Zeit keine Aktenstücke darüber.
Um so nothwendiger war es hier, wo Nachrichten darüber vor-
liegen, näher darauf einzugehen.

Die Händel mit Dänemark wurden glücklicherweise gütlich
beigelegt, indem Danzig 100,000 Thaler für die Auslösung der
Flotte zahlte. Aber sie hatten wieder einmal die Blicke der
Stadt auf Weichselmünde gelenkt. Wie wir gesehen haben,
war der Leuchtthurm (die Leuchte) in den Jahren 1562 und
1563 anstelle der bisherigen Bastei von Holz und Erde, die im
Jahre 1519 erneuert worden war, mit einem gemauerten Kranz,
wie man ihn später nannte[1]), umgeben worden.

---

[1]) Spatt S. 374: „a. 1562 ward das Blockhaus vor der Münde (d. h
nach damaligem Sprachgebrauch diesseits der Münde) abgebrochen und ein
gemauert Haus wieder in die Stelle gesetzt". S. 377: a. 1563: „Es war auch
die Bastei vor der Münde vor seiner (d. i. Herzog Erichs) Zukunft des
mehrern theils fertig gemacht".

Die Chronika oder das Handbüchlein: i. J. 1562 ist der Grund gelegt
vor der Münde zu dem Blockhaus. Die Mauer ist 11 Ellen dick.

Vergl. Taf. XII 1.

Spatt gebraucht die beiden Ausdrücke: Blockhaus und Bastei für den
gemauerten Kranz. Wie wir oben gesehen haben (S. 178) nennt auch Johann
Lindau das damalige Blockhaus von Holz und Erde Bastei. Officiell wurde
noch später der Ausdruck Blockhaus gebraucht und übertrug sich selbst auf
das Fort quarré.

Der Kranz hat eine kasemattirte Batterie von 8 Kanonen, 6 Fuss über dem innern Horizont des Hauses und um die Höhe der Plankenwand (12 Fuss) über dem gewöhnlichen Wasserstande der Weichsel. Unter dieser Batterie befanden sich Gewölbe zur Aufbewahrung der Lebensmittel; über ihr lief rund um den Kranz eine offene zweite Batterie von 16 Kanonen, durch eine 7 Fuss starke Mauer gedeckt. Die untere Batterie schützte vorzugsweise den Ausfluss der Weichsel, damals Hafen und Rhede [1]). Zwischen Kranz und Leuchte war ein Hofraum von einigen 20 Fuss Breite. Die Leuchte ist rund, hat einen Durchmesser von $26^{1}/_{4}$ Fuss und eine Höhe von 66 Fuss. Die $4^{1}/_{2}$ Fuss starke Mauer derselben ist in den 4 oberen Etagen auf 3 Fuss abgeschwächt. Die drei untern Geschosse sind ohne Scharten. Gewölbt ist nur das Erdgeschoss.

Schon gleich nach Beendigung des Kranzes fand man den Bau unzureichend. Der bereits oben angeführte Sachverständige äussert sich in seinem Gutachten gelegentlich der Armirung der Werke gegen den Herzog Erich von Braunschweig: „Das Blockhaus (den Kranz) acht ich zu schwach, das wir es vor grosser gewalt halten könnten, derwegen nicht weiss, ob es rath wäre, viel geschütz darauf zu lassen. Da aber der Feind nicht stark genug wäre, musst es wohl besetzt und umbher mit einem schanzgraben versehen werden, darin womöglich auch streichwehren zu machen.“[2]).

Bei der Armirung gegen Dänemark 1573 schritt man daher dazu, den Kranz mit einem viereckigen Fort aus Holz zu umgeben, dessen Westseite der Weichsel parallel lief. In den vier Ecken desselben wurden Basteien (Spatt nennt sie Blockhäuser) angelegt. Die erste Anlage scheint nur aus Palisaden (Stacketen)[3])

---

[1]) Geschichte der Festung Weichselmünde, hrsg. v. Fritz Hönig. Berlin 1886. S. 9.

[2]) Archiv-Militaria F. 7. Wie daraus hervorgeht, hatte der Kranz keinen Graben. Dass das Mauerwerk ganz ungedeckt war, hat dem Sachverständigen keinerlei Bedenken gemacht.

[3]) Spatt S. 544, Jahr 1573: „Item es sein auch czu dieser czeit die Herren vor der Münde gewesen mit villen schiffserfahrenen folks und gerathschlagt, wie man das haus Weichselmünde noch fester machen mag, so hat man geschlossen, dass man ein stacket mit etzlichen blockhäusern herumb

gebildet, später aber zu einem eingedeckten Holzbau eingerichtet
worden zu sein. Bei der Armirung von 1576 gegen Polen
wurde eine Erdbrustwehr von Rasen[1]) und 1577 ein Graben
herumgelegt, der aus der Weichsel gespeist wurde. Die Form
des Forts entsprach ziemlich genau dem später dafür angelegten
Fort quarré[2]), doch war es von geringerem Umfang.

her machen soll. Ist angefangen und also gebawt, wie es ezu dieser
ezeit steht".

S. 545. 6. „Man hat auch auf die ezeit zween schiff wol gerüst mit
geschütz und volkh dem haus ezu hilf vor die Münde gelegt, wo es nöthig
sein würde und machte das haus auch fester und legte noch vier Blockhäuser herumher und ein sehr stark stacket, das man wol halden konnte.
Die schiff seind wieder in die stadt gekommen den 7. Novbr." Auch hier ist
der Ausdruck Blockhaus nicht im heutigen Sinne aufzufassen. Es sind vielmehr vier Basteien, welche in den vier Ecken des Werks angelegt wurden,
wie das damals gebräuchlich war. Auch die viereckige Schanze, welche
Stefan Bathori zum Schutz hinter den Batterien auf dem Bischofsberge anlegte, bestand aus Holz mit 4 Rondelen (Basteien) in den Ecken. Knoff
S. 535. (Hoburg, Belagerung von Danzig. Neue preussische Provinzialblätter
1860. S. 320.) Ebenso führten die Danziger bei ihrem Ausfall gegen Zborowski,
der zum Gefecht von Liebschau führte, zugeschnittenes Holz auf Wagen mit,
um Schanzen damit zu erbauen.

¹) Knoff S. 521: „Auch wurde das Haus (1576) von Tage zu Tage befestigt, nicht alleine am Holzwerk, sondern mit grasen, welche einer Ruten
dicke vor dem Holzwerke aufgesetzt wurde, es weret aber die Vollentziehung
solchen Gebewes bis in den August des folgenden Sommers, da das Haus
zum andern Male belagert wurde."

²) Die Basteien in den vier Ecken des quadratischen Werkes entsprechen
den 4 Bastionen des Fort quarré. In den Berichten über die Belagerung von
Weichselmünde 1577 wird vorzugsweise von den beiden Blockhäusern (Basteien)
des Forts an der Weichselseite gesprochen, da sie am meisten ausgesetzt
waren. Es ist daraus Veranlassung genommen worden, diese zwei als Blockhäuser im heutigen Sinne aufzufassen und für die beiden Basteien an der
entgegengesetzten Seite den Ausdruck „Schanzen" zu gebrauchen, von denen
die eine Pfahlhof, die andere Schottenschanze genannt wird. Nun ist
aber der Pfahlhof ein ausserhalb der Umfassung des Forts gelegenes Gebäude,
das, wie Knoff S. 530 anführt, mit der Kirche bei Annäherung der Polen abgebrannt wurde, und die Schottenschanze ist ein Erdaufwurf, den die Schotten,
welche zur Deckung der Kommunikation nach Danzig auf dem rechten
Weichselufer kommandirt waren, aufgeworfen hatten (Knoff S. 536. 6). Hierhin wurden auch die Geschütze des Kranzes übergeführt, nachdem derselbe
in Bresche gelegt war und „haben sehr gute Dienste geleistet (Knoff S. 537. 6)",
was sie nicht zu leisten im Stande gewesen wären, wenn die Schanze ein Theil

Auf das Jahr 1573 zurückkommend, bleibt noch zu erwähnen, dass der Rath in diesem Jahre an die Ausführung der 1565 von der dritten Ordnung gestellten Forderung in Betreff

---

des Forts auf der, der Weichsel abgewendeten Seite gewesen wäre. Hoburg, der das sehr gut hätte wissen können, da er Knoff als die vorzüglichste Quelle für die Belagerung Danzigerseits kennt, hat es aber vorgezogen, seiner Beschreibung des Forts (Gesch. der Befestigungswerke Danzigs S. 124) einen anderen Bericht zugrunde zu legen, der obige Ausdrücke gebraucht und das Fort durch einen Plan (Taf. XI bei Hoburg) erläutert. Seine Quelle nennt er nicht. Die i. J. 1886 durch den Hauptmann Hönig veröffentlichte Geschichte der Festung Weichselmünde, welche dem Kriegsarchiv des grossen Generalstabs entnommen ist, klärt uns darüber auf, indem hier derselbe Plan erscheint und die wörtliche Uebereinstimmung des Textes mit der Darstellung Hoburgs hervortritt. Hoburg, dessen Werk 1852 erschienen ist, hat also das Kriegsarchiv des Generalstabes benutzt, ohne seine Quelle zu nennen. Die Geschichte der Festung Weichselmünde des Kriegsarchivs ist aber keineswegs ein officielles Werk, hat im Gegentheil sehr schlechte Quellen (Curike und Gralath) benutzt, auch sagt der Verfasser ausdrücklich, dass er den Plan entworfen habe und, in einer Anmerkung S. 10 der Ausgabe von Hönig, dass „das Haus in seinem Umfange und seiner inneren Einrichtung füglich nicht anders gestaltet gewesen sein kann, doch sei er weit entfernt, seine Ansicht Jemandem aufdrängen zu wollen." Es deutet das zur Genüge an, dass die Phantasie dabei sehr stark mitgespielt hat. Im Danziger Archiv, das allein hätte Aufschluss geben können, findet sich nichts darüber. Was über den Leuchtthurm und den Kranz gesagt worden ist, ist im allgemeinen richtig, da beide noch heut existiren; in Betreff des Forts steht seine Beschreibung jedoch nicht im Einklange mit der Aussage der Zeitgenossen. Nach Spatt waren es vier Blockhäuser (Basteien), was von anderer Seite bestätigt wird. Ich verdanke der Güte des Herrn Professor Markgraf, Vorstandes des Stadtarchivs von Breslau, die Einsicht in den Bericht eines Breslauers, namens Mattheus Weigelt, welcher i. J. 1578 von der Stadt Breslau nach Danzig gesendet worden war, „um die Stadt sammt dem Blockhause zu visiren und abzureissen, auch alle sachen der Belagerung halber fleissig zu erkundigen und schriftlich in die Camerei zu vberantworten." Der Bericht ist vom 20. Februar 1578 und ist mit einer Handzeichnung des Blockhauses begleitet. Die „Visirung" der Stadt ist ihm verboten worden. Taf. XII, Fig. 1 giebt eine Kopie der Zeichnung. Danach war das den Kranz umgebende Fort quadratisch (in quadro) und bestand aus Holzwerk, das nach aussen mit einer Erdanschüttung eingefasst war. In den vier Ecken befanden sich Bastione von verschiedener Form. Die Weichsel umgab zwei Seiten des Forts, indem sie damals kurz vor ihrer Ausmündung in die See eine fast rechtwinklige Wendung nach Osten machte. Diese Krümmung wird auch von Knoff bestätigt, indem er sagt, dass die Polen beim Uebersetzen mit Boten unterhalb Weichselmünde „wegen

des Grabens an dem Theerhofe ging[1]). Spatt berichtet zum Jahr 1573: „Item man hat zu der zeit aussen vor dem newen Thorme Eine notwer vor Einen Anlauff gemacht und einen graben quer durch den stadtgraben in den andern graben (es ist der Hundegraben gemeint, vgl. Taf. X) gegraben und auch eine zugbrücke gemacht, das man sobald nicht vor das neue

---

der Krümme der beiden Bollwerke (an den Ufern der Weichsel) mit dem Geschütz nicht beschädigt werden konnten" (S. 537. 6. Knoff Beschreibung des Krieges von 1577 bildet den Anhang zu Caspar Schütz, Beschreibung der Lande Preussen, Ausgabe 1599). Dasselbe sagt Knoff S. 539 in Bezug auf die Brücke, welche die Polen später schlugen. Auch erzählt Knoff S. 540, dass die Leichen der im Gefecht v. 1. Septbr. 1577 getödteten Polen längs dem Strande bis zum Kurischen Haff aufgefischt worden sind. Die beiden der Weichsel nicht zugewendeten Seiten des Forts sind in der Zeichnung mit einem Graben und einer durch eine Palisadirung gebildeten Faussebraie umgeben. Ausserhalb des Grabens liegt noch eine 2. Palisadirung. Wenn nun auch seit der Aufhebung der Belagerung das Fort, namentlich durch Anschüttung von Erde, verstärkt worden war, so waren die Umrisse desselben doch dieselben geblieben. Weigelt spricht sich wie folgt darüber aus: „Die Dantzker enderten nach Aufhebung der Belagerung nicht viel in vorgenanntem Plockhause, sondern umbfingen das holzwerk auswendig kegen dem landt mit schutt, schichtweise erbauhet, eine schicht erde, die ander reisicht und herwieder erde, letzlich mit viereckigten rasen belegt mit einem graben und umblauff (faussebraie) umher, und letzlich ein Stacket umher, und also in quadro erbauet. Im vorgemelten plockhause ist daz Schuttwerk und wall in der breit 19 schuh, oben auf der prustwer 14 schuh, eine Wer von der andern (d. h. die Entfernung von der äussern Palisadirung bis zur Feuerlinie des Forts) 20 elen." Die Zeichnung Weigelts zeigt das Fort in der Vogelperspektive und hat keinen Massstab. Der Kranz und Leuchtthurm stehen genau in der Mitte des Werks, so dass sich über die Grösse desselben ein Anhalt ergiebt. Da der Kranz und das Weichselufer noch heut dieselben sind, und ersterer einen Durchmesser von 9 Ruthen hat, wird die Seitenlänge ppr. 13 Ruthen betragen haben. Das Werk hatte daher einen bedeutend geringern Umfang als das später an seine Stelle getretene Fort quarré. Seine Aufnahme des Forts fand am 12. Januar 1578 statt. Obgleich er die Erlaubniss nachgesucht und erhalten hatte, das Blockhaus zu besichtigen, erregten seine Aufzeichnungen doch den Unwillen anwesender Danziger Bürger, so dass er am folgenden Tage ausgewiesen wurde. Man war in Danzig nicht gut auf Breslau zu sprechen, weil man es beschuldigte, den Polen allen Vorschub an Munition und Kriegsvolk geleistet zu haben. Sein Bericht über die Belagerung selbst ist daher sehr dürftig.

[1]) Vergl. oben S. 215 Note 4.

Thor und nach dem Theerhofe kommen konnte." In der Ausdehnung ist der Graben und Wall jedoch nicht ausgeführt worden. Spatt bricht im folgenden Jahre in seinen Mittheilungen ab und hat die weitere Ausführung nicht erlebt. Die bereits oben erwähnte Zeichnung des städtischen Archivs I 7, welche dieser Zeit, wahrscheinlich 1577, angehört, hat den Graben und Wall eingetragen und bezeichnet ihn als angefangenen Wall. Danach ging er erst östlich des neuen Thors an und lief dem linken Ufer der Mottlau entlang, die hier den Bogen nach Westen macht, zum Hundegraben. Der Wall bildete daher gewissermassen einen gedeckten Weg für den Theerhof, wenn man die Mottlau als dessen Graben ansieht. Zugleich verband er die Südfront der Vorstadt mit der Südfront der Befestigungen des rechten Mottlauufers zu einem Ganzen. Der Wall wurde später der Hundewall genannt und blieb noch bestehen, als diese Gegend durch Erbauung des Bastions Gertrud in vollkommenerer Weise gedeckt wurde. Er wurde erst 1635 abgetragen, als man zur Erbauung der Bastione der Niederstadt Erde brauchte. Da der Wall auch zur Deckung des Dammes, den man i. J. 1576 quer über die Mottlau schüttete, um die Niederung unter Wasser zu setzen, diente, so ist es nicht unwahrscheinlich, dass hierin ein weiterer Grund für seine Anlage gewesen ist, doch schweigen die Quellen darüber.

E. Konflikt der Stadt Danzig mit der Krone Polen.

Taf. X. XI. XII.

Die Bedeutung der Belagerung Danzigs i. J. 1577 liegt von Weichselmünde abgesehen nicht sowohl auf der militairischen Seite, als in den politischen Ereignissen, die sie herbeigeführt hatten, und in den Resultaten, die daraus hervorgingen[1]).

---

[1]) Die intimen Beziehungen der Befestigung mit der politischen Stellung der freien Städte im Mittelalter liegen auf der Hand. Danzig würde nicht die Rolle haben spielen können, die es im 15., 16. und zum Theil noch in 17. Jahrhundert gespielt hat, wenn es nicht bedeutende Mittel auf seine Befestigung gewendet hätte. Thorn und Elbing erwiesen sich den polnischen

Es ist daher erforderlich, näher auf diese Verhältnisse einzugehen. Der Konflikt der Stadt mit Polen war längst im Anzuge. Westpreussen hatte sich vom deutschen Orden losgesagt und den König von Polen Kasimir 1454 zu seinem Schutzherrn gewählt, um seine Freiheit zu retten, und Kasimir hatte sich durch Verträge und Eide verpflichtet, dass Preussen nicht an die Gesetze des polnischen Reichs gebunden sein sollte, und dass seine geistlichen und weltlichen Beamten aus preussischen Eingeborenen bestehen sollten. Das war dem turbulenten polnischen Adel ein Dorn im Auge. Schon 1529 hatte er dem Könige Sigismund I das Versprechen abgenöthigt, Preussen mit Polen zu einem Körper zu vereinigen [1]). Sigismund II August (1548—1572) wurde noch schärfer dazu gedrängt. Als sich die Nothwendigkeit für Polen ergab, gegen die jährlich wiederholten Einfälle der Tataren ein stehendes Heer zu errichten, dessen Unterhaltung aus den königlichen Tafelgeldern bestritten werden sollte, diese aber zum grossen Theile verschleudert worden waren, drängten die Landboten, auf ein altes Gesetz gestützt, den König zur Wiedereinziehung derselben und setzten es durch, dass diese Execution, wie man es nannte, auch auf Preussen ausgedehnt wurde. Die preussische Ritter-

Gewaltthätigkeiten in der 2. Hälfte des 16. Jahrh. gegenüber kleinlaut, weil sie diese Mittel nicht hatten aufwenden können. Auf der andern Seite waren diese bedeutenden Kosten für Danzig wiederum die Veranlassung zu der demokratischen Verfassung der Stadt geworden, die sich unmittelbar an die Ausgaben anschloss, welche die Stadt in den Jahren 1516 bis 1520 infolge der Befestigung gehabt hatte. Die Bürgerschaft nahm seitdem an der Kontrolle der Ausgaben und an der Regierung theil.

[1]) Theod. Hirsch in seinem Aufsatz über Georg Klefeld und seine Zeit in den N. Preuss. Prov.-Blättern Bd. II 1846. Sigismund hatte übrigens selbst die Veranlassung dazu gegeben, indem er nach dem Hochmeisterkriege 1520, während dem sich die preussischen Stände an den polnischen Reichstagen betheiligten, dieses Verhältniss hatte bleibend machen wollen. Er fand damals einmüthige Opposition. „Wir sind geschworene Räthe der Lande Preussen und nicht der Krone, antwortete der Bischof von Kulm, und es will uns deshalb nicht anstehn, anders als mit der königlichen Majestät allein, also getrennt vom Reichstage, im Rathe zu sein“. E. Kastner in seinem Aufsatze „Eberhard Ferber“ in der Zeitschrift des westpreussischen Geschichtsvereins Heft II S. 21.

schaft unterwarf sich dem nach und nach, namentlich nachdem der greise Woiewode von Marienburg, Achatius von Zehmen, der sich mit Händen und Füssen dagegen gesträubt hatte, 1565 gestorben war. Nur die drei grossen Städte Danzig, Elbing und Thorn widerstanden. Gegen sie wendete sich daher der ganze polnische Hochmuth, der es für etwas leichtes ansah, den Widerstand zu brechen. Am 12. October 1568 hielt eine polnische Kommission in Elbing ihren Einzug, änderte willkürlich die Gesetze der Stadt, suspendirte zwei Bürgermeister vom Dienst nebst 32 andern Beamten und forderte die Bürger und Unterthanen auf, der Kommission ihre Klagen gegen die Obrigkeit vorzulegen. Den Bürgermeister Georg Klefelt von Danzig citirte sie nach Elbing. Der Danziger Rath gestattete jedoch seine Abreise nicht, sondern sendete zwei Sekretäre nach Elbing, welche das Ungesetzliche der Vorladung darlegen und der Kommission zu verstehen geben sollten, Danzig mit ihrem Besuche zu verschonen. Als die Kommission dennoch am 29. October vor Danzig erschien, fand sie die Thore verschlossen, und sendete vom Bischofsberge, wo sie 7 Tage lagerte, vergeblich ihre Drohungen in die Stadt hinab.

Dieser Vorfall gab den Landboten im folgenden Jahr auf dem Reichstage von Lublin die erwünschte Veranlassung, die lange geplante Einverleibung Preussens durchzusetzen. Die preussischen Abgeordneten, mit Ausnahme der Danziger, welche in den Anklagezustand versetzt waren, wurden zum 18. März vor den Reichstag citirt und ihnen das königliche Gesetz, das sogenannte Lubliner Dekret, publicirt, wodurch die preussische Landesverfassung umgestossen, der preussische Adel zu polnischen Landboten creirt, die Städte aber vom Reichstage ausgeschlossen wurden. Die höhern preussischen Würdenträger, die Prälaten und Woiewoden beschworen das Dekret und traten in den Senat, die Ritterschaft sträubte sich anfangs dagegen und verliess Lublin, die Städte protestirten. Gleich darauf begann der Process gegen Danzig wegen seiner Weigerung, die Kommission aufzunehmen. Die Danziger wurden vorgefordert, die Anklage wurde verlesen, eine Vertheidigung nicht gestattet, die Abgeordneten, darunter der Bürgermeister Georg Klefelt, wurden gefangen gesetzt. Auch die beiden andern Bürgermeister von Danzig, Konstantin Ferber und Joh. Proite, welche nicht in Lublin anwesend waren, wurden vorgefordert, und als sie ankamen, ebenfalls internirt. Ein königliches Dekret vom 12. August ernannte eine neue Kommission, die nach Danzig gehen sollte, „um das Stadtregiment in bessere Ordnung zu bringen", und die Schuld der angeklagten Bürgermeister an Ort und Stelle zu untersuchen. Sie langte am 1. December in Danzig an und benahm sich mit grossem Uebermuth. Eine neue Verfassung der Stadt, die am 13. März 1570 verlesen wurde, wurde dekretirt. Nachdem sie die Stadt verlassen hatte, wusste der ehrgeizige und, wie sich später herausstellte, verrätherische Rathsherr Matthis Zimmermann unter dem Vorgeben den König umzustimmen und die gefangenen Bürgermeister zu befreien, sich vom Rath als Abgeordneten an den König wählen zu lassen. Mit einigen andern seiner Partei, die ihn begleiteten, in Warschau angelangt, wurde er vom Könige am 24. Juli 1570 zur Audienz zugelassen und verlas hier auf den Knien eine förmliche Abbitte der Stadt, in welcher das Verfahren des Königs gegen dieselbe als völlig zurecht bestehend anerkannt wurde. Nachdem er der wiederholten Gnade des Königs versichert und zum Bürgermeister mit zwei andern seiner Partei ernannt worden war, kehrte er nach Danzig zurück. Eine vom Könige neu ernannte Kommission war ihm dahin schon voraus geeilt und nahm im Namen des Königs den Bezirk von Grebin, die Scharpau, die Nehrung und Hela als angebliche Tafelgelder des Königs in Anspruch.

Die Bürger erkannten sich als die Betrogenen, erklärten die Zugeständnisse Zimmermanns als ohne Auftrag vorgenommen und für nichtig. Die Stadt nahm Söldner an, um die streitigen Gebiete zu besetzen, an den König aber wurde der wohlgesinnte Rathsherr Rosenberg abgesendet und ihm ein gut Stück Geld mitgegeben. Rosenberg wusste sich eine Privataudienz beim Könige zu verschaffen und die Nachtheile der Eingriffe in die obrigkeitliche Ordnung so ernstlich darzustellen, dass der König, welcher schon vorher durch ein Geldgeschenk von 100,000 Gulden mild gestimmt war, eingestand, falsch berichtet worden zu sein. Er gab die Gefangenen frei und liess sie am 6. Novbr. zum Handkuss zu. Ein besonderes Patent erklärte sie von allen Vergehen frei. Die Stadt Danzig nahm die Zurückkehrenden mit Jubel auf. Zimmermann erhielt die Weisung des Raths, das Rathhaus nicht wieder zu betreten[1]). Aber das Lubliner Dekret hatte der König nicht beseitigen und auch in Betreff der „Execution" keine Zusagen machen können. Beides gehörte vor den Reichstag.

Die Stadt beruhigte sich vorläufig und schob die weitern Beschwerden bis zur nächsten Königswahl auf, wo sie ihre Huldigung von der Gewährung ihrer Bitte abhängig machen wollte. König Sigismund August starb am 7. Juli 1572, sein Nachfolger Heinrich von Anjou wurde am 1. Mai 1573 gekrönt[2]). Danzig reichte an diesem Tage seine Beschwerdeschrift ein. Die Verhandlungen darüber waren noch nicht zu Ende geführt, als die Flucht Heinrichs eine neue Wahl nothwendig machte.

In Polen bildeten sich zwei Parteien. Die eine wählte am 12. Dec. den deutschen Kaiser Maximilian II, und dafür waren auch die Preussen, die andere wählte am 14. den Fürsten von Siebenbürgen Stefan Bathori, den Gemahl einer Tochter Sigismund I[3]). Die grössere Rührigkeit des letzteren sicherte ihm den Thron. Er wurde am 1. Mai 1576 zu Krakau gekrönt. Die preussischen Städte kamen überein, ihm nicht früher zu huldigen und ihre Thore zu öffnen, bevor er nicht ihren Beschwerden abgeholfen habe. Doch stand Danzig darin bald isolirt. Thorn öffnete am 24. August 1576 dem Könige seine Thore, und die preussischen Stände, denen sich Thorn und Elbing anschlossen, begnügten sich mit der allgemeinen mündlichen Erklärung des Königs, dass er seinen, den Polen und Littauern geleisteten Eid auch auf Preussen beziehe mit Vorbehalt der Rechte und Privilegien der preussischen Lande. Danzig betheiligte sich nicht

---

[1]) Das Vorstehende nach Th. Hirsch in „Georg Klefelt und seine Zeit".

[2]) Die preussischen Städte waren für einen Habsburger gewesen. Da der französische Gesandte jedoch die Zusicherung der Anerkennung der Privilegien und, worauf es eben so sehr ankam, den Schutz bei Ausübung des protestantischen Glaubensbekenntnisses versprach, stellten sie sich zufrieden. Nach der Wahl zog der Gesandte jedoch sein Wort zurück und verwies die Städte an den König selbst.

[3]) Die Vermählung fand erst auf die Forderung der ihm günstigen Partei statt.

an der darauf erfolgten Huldigung und rechtfertigte seine Auffassung auf dem Landtage zu Graudenz am 20. Septbr. schriftlich. Der König, welcher sich zu Marienburg aufhielt, erklärte die Stadt darauf am 24. in die Acht.

Der König begab sich am folgenden Tage nach Dirschau und liess Truppen nach dem Danziger Werder rücken, welche die Danziger Söldner vertrieben. Er verlegte darauf sein Hauptquartier nach Grebin, wohin die Danziger nach eingeholtem Geleit Abgeordnete schickten. Die Unterhandlungen führten jedoch zu keinem Resultat, weil der König vor allen weitern Erörterungen die Entlassung des fremden Kriegsvolks und die Eidesleistung forderte, worauf die Stadt unmöglich eingehen konnte. Der König reiste am 10. October zu dem nach Thorn einberufenen Reichstag ab und liess den Befehlshaber seiner Leibgarde, den Kastellan von Gnesen, Joh. von Zborowski, mit 3000 Mann im Werder zurück. Die polnischen Truppen begingen die grössten Gewaltthätigkeiten. Ihr Versuch, sich auch in Praust festzusetzen, wurde jedoch vereitelt, indem sie am 17. October von den Danzigern daraus vertrieben wurden.

Da der Kaiser Maximilian am 12. Oktober 1576 starb und Danzig damit jede Stütze verlor, wäre es gern zu einer gütlichen Beilegung der Differenzen bereit gewesen und schickte daher seine Abgeordneten am 23. Oktober nach eingeholtem freien Geleit nach Thorn. Eine vom Könige niedergesetzte Kommission, worin sich die unversöhnlichsten Feinde von Danzig, wie der Abt Jeschke von Oliva, befanden, stellte jedoch unannehmbare Bedingungen [1]). Obgleich diese Forderungen auf

---

[1]) Die Bedingungen lauten:

Niederreissung der Stadtmauer soweit sie während der Zeit der Rebellion erbaut worden ist; Uebergabe von Weichselmünde; Lieferung von 8 Stück groben Geschützes, 4 Karthaunen und 4 Singerinnen, zu jedem 500 Kugeln und das zugehörige Pulver; Erlegung von 100000 Gulden wegen Unkosten und Sühne; Bezahlung der hinterstelligen Gelder während des Interregnums und der Schulden des verstorbenen Königs, Unterhaltung des städtischen Fussvolks im livländischen Kriege auf 6 Monate.

Die Forderung hinsichtlich der Niederreissung der Stadtmauer und der Lieferung von Karthaunen und Singerinnen zeigt, wie wenig orientirt die

Bitten der preussischen Städte ermässigt wurden (12. Decbr.) und der König versprach, die Beschwerden der Stadt, soweit sie nicht auf Polen Bezug hatten, abzustellen, konnte sich die Stadt doch nicht damit zufrieden stellen. Die Abgeordneten, welche dem Könige am 3. Januar 1577 nach Bromberg gefolgt waren, bestanden nach der ihnen zugegangenen neuen Instruction auf Bestätigung der Privilegien, freie Ausübung der protestantischen Religion und Abstellung der „Execution", waren jedoch zur Zahlung von 200,000 Gulden erbötig. Das erschien der Kommission zu gering, und da die Abgeordneten ihre Instruction nicht überschreiten konnten, erlaubte der König, dass der Rath Rosenberg und der Syndicus Lemke, welche nächst dem Bürgermeister Konst. Ferber, der schon von Thorn aus einmal dahin geschickt worden war, die Abgeordneten bildeten, nach Danzig reisten, um die Annahme der neueren Forderungen[1]) zu erlangen. Die Stadt blieb jedoch bei ihren Bedingungen, und selbst eine nochmalige Sendung des Raths Rosenberg blieb ohne Erfolg.

Der König liess hierauf die Abgeordneten der Stadt am 9. Febr. nach Lencic[2]) abführen und bereitete sich zum Kriege vor. Er berief den Reichstag zum 15. März nach Jung-Leslau (Inowraclaw), um die Mittel zum Kriege zu berathen und forderte von den preussischen Ständen die Stellung von Truppen und Lebensmitteln. Es wurden von diesen auch 2000 Mann zu

---

Polen über Danzig waren. Wie die Stadt es in der Erwiderung näher ausführt, hatte sie seit mehreren Jahren keine Mauerbauten ausgeführt, und schwere Geschütze ausser einigen Notbüchsen besass sie garnicht. Die Hauptquelle für die der Belagerung vorausgehenden Verhandlungen ist die „gründliche Erklärung", welche die Stadt darüber durch den Druck veröffentlichen liess. Nächstdem Lengnich, Gesch. der preuss. Lande polnischen Antheils. Danzig 1734. 3. Theil.

[1]) Die neuen Forderungen des Königs bestanden auf Zahlung von 300000 Gulden, Abtretung des halben Pfahlgeldes und Lieferung der vier grössten Kanonen mit Munition. Für den ausgeschiedenen Abt Jeschke war inzwischen der Woiewode von Brzecz in die Kommission getreten.

[2]) Der Rath Rosenberg wurde in Brzecz internirt, der Syndikus Lemke nach Danzig zurückgeschickt, um der Stadt die verschärfte Acht mit Entziehung des Feuers und Wassers, wie der übliche Ausdruck war, zu verkünden. Der der Gesandtschaft beigegebene Sekretair Hans Thorbeke blieb freiwillig beim Bürgermeister Ferber in Lencic. Knoff S. 522. 6.

Fuss bewilligt. Der Starost von Putzig, Oberst Ernst von Weier, erhielt den Auftrag deutsches Fussvolk anzuwerben.

Unterm 7. März erliess der König ein Edikt, das jeden Handel mit Danzig untersagte und das Stapelrecht nach Elbing und Thorn verlegte. Danzig wurde dadurch schwer getroffen.

In der Stadt Danzig herrschte während dieser ganzen Zeit die grösste Aufregung. Schon im September 1576, als die Polen in den Werder rückten, hatten die untern Volksklassen im Verein mit den Söldnern die Klöster geplündert, da sie die Mönche in Verdacht hatten, es mit den Polen zu halten. Als der Rath dann am 15. Februar 1577 seine 5 Fahnen Söldner zu Fuss und 2 Fahnen Reiter nach Oliva aussendete, um das Kloster zerstören zu lassen, weil es bekannt geworden war, dass der Oberst v. Weier sich darin festsetzen und von dort aus Danzig belästigen wollte, stürmte fast die ganze Stadt mit hinaus, um Rache an dem Abt zu nehmen. Es wurden die grössten Ausschreitungen verübt. Am 18. ging eine neue Expedition dahin ab, um auch die noch stehen gebliebenen Mauerreste zu brechen, damit der Gegner sich nicht darin verbauen könne. Dieser nahm Repressalien. Am 18. März plünderte und verbrannte der Oberst v. Weier die Stadt Hela, welche zu Danzig gehörte.

Die Stadt arbeitete inzwischen an Armirung ihrer Werke und erweiterte dieselben. Es handelte sich namentlich um den grössern Schutz der Mottlauseite[1]). Noch i. J. 1576 wurde längs der Mauer auf der Speicherinsel ein Schurzwerk von Rahmen (langen Balken) hergestellt und der Zwischenraum zur Mauer mit Erde ausgefüllt. Der Theerhof wurde mit einer Brustwehr und mit Blockhäusern versehen, resp. die alten ersetzt. Quer über den Zimmerhof wurde eine Brustwehr aufgeführt, die von der alten Schlossstätte aus bestrichen werden konnte, und auf der Schefferei, dem Krahnthor gegenüber, wurde ein hölzernes Blockhaus mit Gräben und Zugbrücke erbaut und hier sowohl wie auf dem Theerhof eine stehende Fähre errichtet. Vom November 1576 bis Mitte März 1577 baute man an einer

---

[1]) Der Umfang der Befestigung von Danzig geht aus Plan Taf. X hervor.

hölzernen Bastei vor dem Milchkannenthor, die, wie es scheint, mit der Bastei an der Barbarakirche in Verbindung stand. Wie aus dem Bericht jenes Breslauers, Matthes Weigelt, hervorgeht, der im Februar 1578 nach Danzig gesendet worden war, wurde auch zwischen dem vorstädtischen Rondel und dem Bastion Karren, da wo heut das Bastion Katz ist, ein hölzernes Blockhaus für Geschütze erbaut, um den Graben besser bestreichen zu können, der zwischen beiden Rondelen 600 Ellen lang war und von diesen daher nicht genügend vertheidigt werden konnte. Das vorstädtische Rondel, welches nur eine Palisadirung an seinem Fusse zur niedern Grabenbestreichung hatte — die andern Rondele hatten schon damals zu gleichem Zweck eine freistehende Mauer mit Geschützständen in den Flanken — erhielt in seiner rechten Flanke einen Tambour (offenes Blockhaus) aus Holzwerk für Geschütze zur Bestreichung des Grabens. (Breslauer Stadtarchiv VI 138.) Siehe Plan. Was aber besonders von der Energie der Stadt zeugt, war ein Damm [1]), den man oberhalb der Stadt in der Nähe der heutigen Steinschleuse über die Mottlau führte, der die ganze Niederung bis auf eine Meile von der Stadt unter Wasser setzte [2]). Die aus Basteien und Palisadirungen bestehende äussere Enceinte von Weichselmünde wurde vollendet und, wie wir gesehen haben, durch Herstellung von Holzwerk mit Rasenbekleidung verstärkt [3]). Das Holz entnahm man dem Walde von Oliva, der auch den Bewohnern von Danzig preisgegeben wurde.

Die besoldete Besatzung der Stadt bestand Ende 1576, wie bemerkt, aus 5 Fahnen Fussvolk und zwei Reiterfahnen [4]). Als Kommandanten berief man den Obersten Hans Winkelbruch von Kölln, der am 24. Dezember 1576 anlangte. Er hatte

---

[1]) Löschin (Gesch. der Stadt Danzig) und nach ihm Hoburg erwähnen den Damm gar nicht und sprechen nur von einer Schleuse.

[2]) Schütz (Knoff) S. 521.

[3]) Es ist nicht unwahrscheinlich, dass das Holzwerk eine bedeckte Gallerie bildete, die zur Unterkunft der Truppen benutzt wurde. Zeit genug ist auf den Bau des Forts verwendet worden.

[4]) Von den beiden Reiterfahnen wurde eine zu anfang März des Jahres 1577 wieder aufgelöst. (Knoff bei Schütz S. 525, 6). Hoburg sagt mit unrecht nach dem Gefecht von Liebschau.

sich 1550 bei der Vertheidigung von Magdeburg ausgezeichnet. Weichselmünde hielt der Hauptmann Klaus Wetstet mit einer Fahne besetzt. Mitte April 1577 sah sich der Oberst von Kölln gegen seine bessere Ueberzeugung genöthigt, der allgemeinen Stimmung, die sich auch der Söldner bemächtigt hatte, nachzugeben und den schwächern Feind in seinen Quartieren zu überfallen[1]). Der Kommandeur der polnischen Truppen Zborowski hatte während der Verhandlungen in Thorn den Werder geräumt und lag mit seinen Truppen während des Winters in und um Dirschau in Kantonirungsquartieren. Hätte man die Möglichkeit gehabt, ihn zu überraschen, so liesse sich das Unternehmen wohl rechtfertigen. Dazu war aber die Entfernung von 4 Mei-

---

[1]) Von den gleichzeitigen Quellen für das Gefecht von Liebschau ist die bedeutendste die des bekannten polnischen Publicisten Joh. Lasicki (Clades Dantiscana a. 1577, 17. April. Posen 1577). Eine zweite Ausgabe: Clades Dantiscanorum ist in Frankfurt 1578 herausgekommen, eine deutsche Uebersetzung von Leonh. Thurneisen in Königsberg 1579. Die Relation ist dem Feldherrn Joh. Zborowski gewidmet und ist in jeder Beziehung eine hervorragende Erscheinung auf dem Gebiete der kriegsgeschichtlichen Literatur des 16. Jahrhunderts.

Eine zweite polnische Relation von Bartol. Paprocki theilt Graf Ed. Raczynski in dem Nachtrage zu seiner Ausgabe der Bearbeitung der Regierungsjahre Heinrichs von Valois und Stefans Bathori nach den Papieren Albertrandis durch Onazewicz, Krakau 1849, mit. Die Ausgabe des letztern ist v. J. 1823. Beide sind polnisch geschrieben.

Reinhold Heidenstein hat beide Relationen in seinem Werke: Rerum Polonic. ab excessu Sigismundi Augusti libri XII Frankfurt a. M. 1672 in seiner gedrängten Weise benutzt und giebt auch sonst noch einzelne Details.

Die Briefe und Aktenstücke, welche Raczynski ausser dem Bericht Paprockis noch mittheilt, sind für die Kenntniss der polnischen Heerführung sehr interessant.

Von den zahlreichen Danziger Chroniken ist nur Georg Knoff's Beschreibung des Danziger Krieges 1577 im Anhange zu Kaspar Schütz (Historia rer. Prussic., oder wahrhafte und eigentliche Beschreibung der Lande Preussen, fortgesetzt von Chyrtreus v. J. 1599) gedruckt. Die übrigen befinden sich in der Danziger Archiv-Bibliothek (Eberhard Bötticher und Stenzel Bornbach, letztere nach einer Abschrift des Originals in der herzoglichen Bibliothek zu Gotha) und Danziger Stadtbibliothek (Martin Gruneweg, Etliche feine Geschicht.). Alle diese Chroniken sind reich an Details, aber ohne Sachkenntniss geschrieben.

Von neuern Bearbeitungen ist nur Hoburg zu erwähnen.

len bis Dirschau zu gross, indem sie in einer Nacht nicht zurückzulegen war. Einem Kampfe im freien Felde war die Danziger Garnison nicht gewachsen, da sie fast ausschliesslich aus Fussvolk bestand, das sich allenfalls vertheidigungsweise in einer Wagenburg gegen Reiter halten konnte, aber zu einem Angriff nicht geeignet war. Das polnische Korps bestand vorherrschend aus Reiterei. Das Feuerrohr, mit dem das Fussvolk fast ausschliesslich bewaffnet war, wie das bei Besatzungstruppen erklärlich ist, gestattete nur ein sehr langsames Feuer, war daher nicht imstande, Kavallerie abzuwehren. Um sich möglichst zu verstärken, forderte der Oberst von Kölln daher die Bürgerschaft am 7. April (Ostern) bei verschlossenen Thoren, damit die Nachricht nicht an den Feind gelangte, auf, sich am Zuge zu betheiligen. Es stellten sich gegen Abend auch über 4000 Bürger ein. Um 10 Uhr erfolgte der Abmarsch, doch trat bald ein solches Unwetter ein, dass alles kopfüber in die Stadt zurückstürzte. Der Oberst wäre dabei fast in den Graben geworfen worden.

Trotz aller Bemühungen desselben und seiner Hauptleute, von dem Zuge abzustehn, war die Agitation so gross, dass der Rath schliesslich nachgeben musste und einen neuen Ausmarsch befahl. Am 16. April liess der Oberst, nachdem die Thore geschlossen waren, von neuem die Bürgerschaft zum Auszuge auffordern, mit der Weisung, sich diesmal schon gegen 3 Uhr nachmittags zu versammeln. Er verfügte über eine Fahne Reiter unter dem Rittmeister Klaus Steinbach und 6 Fahnen Landsknechte, die von Weichselmünde unter dem Hauptmann Klaus Wetstet eingerechnet. An sonstigen Hauptleuten werden genannt: Ranzow, Kleuner, Hans Oesterreich und Bartolomäus Lemke. In Weichselmünde blieben nur fünf Rotten unter dem Hauptmann Friedrich Tode zurück. Danzig wurde von Bürgern bewacht. Die Stärke der Söldner betrug 3100 Mann[1] zu Fuss und 400 zu Pferde. Die Bürger waren zwar in der Stärke von 8000 Mann, darunter 400 Reiter, erschienen, aber grössten-

---

[1] Nach Gruneweg S. 66 und Lasicki S. 42 waren vom Fussvolk 3 Fahnen in der Stärke von 600, zwei (Ranzau und Kleuner) zu 500, Wetstet zu 300.

theils nur des Raubes wegen. Der Oberst von Kölln sonderte davon 1200 der tüchtigsten und best bewaffneten aus und theilte sie in 3 Fähnlein. 500 Mann wurden den zahlreichen Wagen zugetheilt, die man mitführte[1]). Der Rest der Bürger wurde als nicht gefechtsfähig angesehen, folgte aber, als der Oberst sich um 4 Uhr nachmittags in Bewegung setzte. Man gelangte noch bis Langenau und schlug hier und bei Rosenberg ein Nachtlager auf. Am andern Morgen wurde weiter marschirt. Unterwegs hörte man, dass der Feind allarmirt sei und sich jenseits Liebschau aufgestellt habe. Da derselbe ausserdem bei Spangau eine Schanze aufgeschlagen haben sollte, bog man bei Schönwarling von der Königsstrasse ab und dirigirte sich auf Liebschau.

Zborowski war durch seine Vortruppen schon am 16. vom Anmarsch des Feindes in Kenntniss gesetzt worden. Er hatte anfangs die Absicht, ihn in der Nacht zu überfallen, gab sie aber wieder auf, einestheils weil er hörte, dass die feindlichen Vortruppen stärker seien als seine ganze Macht, anderntheils weil er den Dirschauern nicht traute, da ihm die Meldung zukam, dass sich der Feind auch auf der Weichsel nähere. In der That hatten die Danziger 4 grosse Kähne mit Geschützen und 300 Mann unter dem Hauptmann Gregor Schlief am 16. abgesendet, die am 27. um Mittag bei Dirschau eintreffen sollten. Zborowski begnügte sich daher seine Truppen zu koncentriren. Er blieb ausserhalb Dirschau unter den Waffen. Am 17. morgens nahm er bei Rokettken, westlich Dirschau, hinter der Mottlau, die in der Nähe entspringt und den Liebschauer See durchfliesst, Stellung. Die sumpfige Niederung der Mottlau, auf beiden Seiten von Höhen eingefasst, sicherte selbst gegen eine bedeutende Ueberlegenheit, so dass er den Vorschlag einiger vorsichtiger Hauptleute auf Mewe auszuweichen, zurückwies. Der Kastellan war von Rokettken aus imstande, sowohl die grosse Strasse

---

[1]) Knoff S. 525: „vil wagen mit Dielen, starken Pfählen und allerley Rüstung, sowol was zu besserung der wege, als auch zur aufwerfung einer Schanze und eine Wagenburg zu schlagen, daneben auch das volk mit Proviant auf etliche tage zu versorgen, nothwendig sein mochte." Er giebt die Stärke des „bewehrten Haufens" auf 4200 Mann an.

nach Dirschau, als den Uebergang von Liebschau nach Rokettken, so wie den Damm, der nördlich des Liebschauer Sees die Niederung überschreitet, zu vertheidigen, und beabsichtigte den Feind anzufallen, sobald er eines der 3 Defileen passiren wollte [1]). Die Defileen selbst wurden mit leichten Truppen besetzt.

Zur Beobachtung der Weichsel hatte er 30 Tataren und 30 Kosaken unter Andreas Karchowski, und als Besatzung von Dirschau 100 Mann Fussvolk des Kastellans von Lublin, Andreas Firley, mit 4 kleinen Geschützen zurückgelassen [2]).

Das Korps Zborowski's bestand aus 9 Geschwadern Hussaren zu je 100 Towarzy's und einem zu 50 Towarzy's, nebst 165 leichten Pferden, Kosaken und Tataren, insgesammt Söldner [3]). Dazu kamen gegen 150 Freiwillige und königliche Haustruppen, ebenfalls Hussaren und 40 edle Ungarn, nebst 50 Kosaken des Königs, im Ganzen 1137 Hussaren und 215 Kosaken. Das Fussvolk bestand aus 730 Mann, wovon 600 Heiducken des Königs, 100 Polen des Kastellans von Lublin,

---

[1]) Lasicki S. 24: Locam pugnae commodam ad pagum Rokitki prope aquas deligit, et donec propius accederent, locaque aquosa praeterirent, ordinatis aciebus expectat.

[2]) Heidenstein S. 111.

[3]) Ebenda S. 112. „nostrorum gravis armaturae stipendiatiorum sub diversis praefectis nongenti quinquaginta fuere: levis armaturae ducenti. Voluntariorum et aulicorum gravis armaturae, centum circiter quinquaginta; inter quos Thencini Castellani Voinicensis, quinquaginta, Zamoiscij quadraginta: levis armaturae circiter quinquaginta, in quibus Andreae Gorkani Castellani Miedzirzicensis, Tartari triginta. Ungarici equitatus gravis armaturae quadraginta."

Lasicki S. 41. führt die Rittmeister der Söldnergeschwader und die Magnaten, welche Freiwillige gesendet hatten, namentlich auf.

Die Voluntarii sind nicht persönlich Freiwillige, sondern von ihren Magnaten freiwillig gestellt. Da das Gesetz von letzteren für den Krieg geübte Kriegsleute verlangt, hielten sie im Frieden eine Anzahl Söldner, Reiter wie Fussvolk. Trat kein allgemeines Aufgebot ein, so war diese Mannschaft disponibel und wurde entweder von den Magnaten freiwillig gestellt oder trat in den Sold des Königs über. Die Zahlen in den Angaben Heidensteins und Lasicki's stimmen unter sich und mit dem, was Rascynski nach officiellen Berichten giebt, ziemlich genau überein.

Firley und 30 des Zborowski[1]). An Geschützen waren zwei kleine Feldgeschütze und 27 Doppelhaken vorhanden.

Die Hussaren waren schwer gewaffnet[2]). Der Ausdruck Kosak bezeichnet zu dieser Zeit den leicht bewaffneten Reiter[3]).

Die Heiducken waren durchweg mit dem Feuergewehr und einem Säbel (acinox) bewaffnet. Piken führten sie nicht, so dass sie im offenen Felde der Reiterei nicht widerstehen konnten. Im durchschnittenen Terrain waren sie dagegen sehr gewandt und gingen auch mit dem Säbel in der Faust angriffsweise vor. Stefan Bathori brachte sie zuerst nach Polen, wo sie bald auch von den Magnaten in Friedenszeiten unterhalten wurden und das ganze 17. Jahrh. hindurch neben den deutschen Landsknechten das polnische Fussvolk bildeten, da ein nationales polnisches Fussvolk trotz aller desfallsigen Versuche nicht aufkommen konnte.

Der Oberst von Kölln hatte die Reiterei zur Besetzung des von Liebschau nach Rokettken führenden Dammes vorausgesendet, der auch bald 2000 M. Fussvolk folgten[4]). Die Ko-

---

[1]) Ebenda: „Peditatus regij Ungarici sexcenti, Polonici Andreae Firlei Castellani Lublinensis centum, ipsius Zborovij triginta." Unter den Ungarn sind hier Heiducken (Haidones wie sie Lasicki nennt) gemeint, eigentlich Slavonen. Lasicki S. 42: Heiduci patrio sermone vocati.

[2]) Lasicki S. 42 „qui omnes hastas prelongas, scuta, breves sclopos, gladios duplices gerebant. Hussarorum nomen habent".

Heidenstein. Wahrhafte, gründliche und eigentliche Beschreibung pp. 1590: „Die Reiter führten Harnische und Helmlin und jeder einen Spiess, Schwert und Copy und zwo Büchsen im Sattel."

Jeder Hussar hatte zwei bewaffnete und berittene Knechte, Pacholki genannt. Die Ableitung des Namens Hussar ist unbekannt. Mit dem ungarischen Hussar hat der polnische nichts gemein, da ersterer leicht bewaffnet war.

[3]) Lasicki S. 42 „velites: quibus praeter acinaces, venabula, arcus, loricae, arma sunt. . . Hos appellant Kosakos". Venabula sind Wurfspiesse. Im folgenden russischen Kriege erhielten die Kosaken statt des Bogens Feuerwaffen (Heidenstein: Den Kosaken mit leichter Rüstung hatte der Grosskanzler anstatt der Pfeyle und Köcher, gute lange Röhren an die Seyte gegeben und die kurzen Röhre an die Gürtel zu henken befohlen, und liess sie die Säbel an der linken Seite und einen Knebelspiess nach altem Gebrauch dabei führen).

[4]) Heidenstein S. 111. Ich verweise auf den Uebersichtsplan Taf. XI.

saken, welche das Defilee besetzt hielten, konnten vor der schweren deutschen Reiterei nicht standhalten. Zborowski sendete ihnen daher 20 schwer bewaffnete ungarische Reiter und das Geschwader des Jordan Spitek von 50 Hussaren zu Hilfe. Es entwickelte sich ein lebhaftes Gefecht, das mehrere Stunden anhielt.

Zborowski wusste durch Ablösung der ermüdeten Geschwader das Gefecht mit vergleichsweis geringen Kräften hinzuhalten. Unter den ablösenden Reiterhaufen wird auch Zolkiewski als Führer der 50 Freiwilligen des Unterkanzlers Zamoiski genannt, der spätere polnische Hetmann und Grossvater Sobieskis. Zborowski sendete auch auserlesenes Fussvolk mit langen Feuerrohren vor, das sich unter die Reitergeschwader mischen sollte [1]. Obgleich es dem Oberst von Kölln gelungen war, einige Geschütze vortheilhaft zu placiren und mit Erde und Faschinen eine Brustwehr davor aufzuwerfen, musste er sich doch bald überzeugen, dass mit Gewalt hier nicht durchzudringen war. Er beschloss daher, den Feind hier nur festzuhalten, und liess zu diesem Zweck eine Verschanzung (saepimentum) mit Hilfe der mitgeführten starken Pfähle aufführen, in welche er zur Täuschung des Feindes den unbewaffneten Haufen der Danziger aufnehmen liess. Nach Zurücklassung von noch ausserdem 200 Reitern zur Festhaltung des Feindes, wandte er sich mit den übrigen Truppen in möglichster Eile nach dem Uebergange, der nördlich des Liebschauer Sees über die Niederung führt [2].

Hier fand er jedoch den Rittmeister Temruki mit seinen Kosaken vor [3], der sofort Meldung an Zborowski abstattete und

---

[1] Lasicki S. 26. „miscuit hastatis equites è peditatu sumptos, cum tormentis longioribus. De fatigatis pugna et cursu utrisque, successere integri".

[2] Ebenda S. 27. Heidenstein S. 111: „Interim Coloniensis etiam pedestri acie instructa, turbam oppidanorum, quae maxima ex urbe secuta fuerat, asseribus crassissimis (saepimentum è fissis trabibus sagt Lasicki) in id praeparatis, advectisque communit, ducentisque circiter, partim ad distinendos interim nostros, partim praesidio illis relictis; ipse cum stipendiario reliquo milite omni montes circumire, versusque Lubiessewam lacum cursu tendere coepit".

[3] Lasicki S. 28. „Erat autem ibi in excubiis Temrukus, experte virtutis miles, cum 50 velitibus." Temruki wie Jordan Spitek gehörten zu denjenigen, welche auf dem polnischen Reichstage lobend erwähnt werden.

um Verstärkungen bat. Beim Rückzuge brach er die Brücke hinter sich ab. Der Oberst von Kölln hatte mit Herstellung derselben Aufenthalt, so dass Zborowski, der sich durch den Aufbruch der ihm gegenübergebliebenen Truppen, welche dem Oberst von Kölln folgten, überzeugte, dass der Feind in der That mit allen seinen Kräften am See überzugehn beabsichtigte, hinlänglich die Zeit behielt, heranzukommen, bevor der Oberst von Kölln das Defilee völlig passirt hatte. Er konnte selbst noch den Karnkowski mit den 60 Tataren heranziehn und die Brücke gegenüber Rokettken abbrechen lassen, damit er nicht im Rücken belästigt würde[1]). Ausserdem liess er den Bürgermeister von Dirschau ermahnen, nur noch auf einige Stunden stand zu halten. Die Kosaken des Hauptmann von Braclaw, Strutzki (Strauss), liess er in den Rücken des Feindes gehn[2]).

Der Oberst von Kölln hatte das Defilee mit 46 Reitern, etwa der Hälfte der Infanterie und drei Geschützen, einem grössern und zwei kleineren, überschritten[3]), als Zborowski gegen 1 Uhr mittags[4]), die Heiducken auf dem rechten, die Reiterei auf dem linken Flügel, ihm gegenüber ankam.

Die polnische Reiterei wurde in dem ihr ungünstigen Terrain geworfen, die Heiducken hielten aber stand und machten von ihren Feuerröhren einen so geschickten Gebrauch, dass immer je 50 ihre Schüsse abgaben[5]), während die übrigen sich bereit hielten oder von neuem ladeten. Gegen die Wirkung der Danziger Geschütze sicherten sie sich, indem sie sich auf die Erde warfen, sobald sie den Dampf sahen und wieder aufsprangen, wenn die Kugel über ihre Köpfe pfiff. Trotzdem erlitten sie bedeutende Verluste, zwei ihrer Hauptleute, Ambrosius Nari und Michael Racz, fielen, ihr Oberanführer Michael Vadaz wurde am Knie verwundet; aber um-

---

[1]) Heidenstein S. 111. Hoburg nennt die Mannschaft Karnkowski's, den er nach Lasicki Karchowski nennt, Trabanten. Es waren, wie wir gesehen haben, 30 Tataren und 30 Kosaken. Der Ausdruck Trabant, der im 15. Jahrh. Fussmann bedeutete, galt im 16. Jahrh. nur noch für Polizeisoldaten.

[2]) Lasicki S. 31.

[3]) Knoff 526.

[4]) Lasicki S. 30: „erat a meridie hora ferme prima".

[5]) Ebenda S. 31.

sinkend rief er seinen Leuten zu, dass sie ihre Gewehre weg-
werfen und mit dem Säbel in der Faust darauf gehn sollten [1]).
Das thaten sie denn auch, unterstützt von der polnischen
Reiterei, die sich wieder genähert hatte. Die polnischen
Berichte sprechen sehr anerkennend von den Heiducken. Sie
hieben mit ihren Säbeln die Lanzenspitzen der Doppelsöldner
ab, warfen sich zwischen sie und schnitten den Eisenmännern
von hinten die unbedeckten Kniekehlen durch. Ein Theil drang
bis zu dem grösseren Geschütz der Danziger vor, bemächtigte
sich desselben und wendete es gegen den Feind. Der Widerstand der Danziger, welche von neu über die Brücke über-
gegangenen Haufen verstärkt wurden, war nicht weniger
tapfer.

Das Gefecht mochte eine Stunde lang in dieser Weise unentschieden fortgeführt worden sein [2]), als Zborowski es an der
Zeit hielt, einige Geschwader Hussaren, die er vorsichtig als
Reserve aufgestellt hatte, vorzuführen und damit die Entscheidung zu geben [3]). Nachdem die vordersten Glieder durchbrochen waren, wurde die Flucht der Danziger unaufhaltsam.
Eben erst war der grosse unbewehrte Haufe derselben angelangt und drängte über die Brücke. Zur Umkehr genöthigt [4]),
stopfte sich die Mannschaft, die Brücke brach zusammen, und
ein grosser Theil der Truppen wurde in den See gedrängt.
Unter diesen befand sich auch der Oberst von Kölln, wobei
sein Pferd einsank oder erschossen wurde. Sein Reitknecht
rettete ihn, indem er ihm ein anderes zuführte. Ein Geschütz
der Danziger, das diesseits der Brücke aufgestellt war, war
nicht im Stande, die Polen aufzuhalten, die heftig nachdrängten.

---

[1]) Ebenda.

[2]) Ebenda S. 32.

[3]) Ebenda: „Advolant et turmae aliquot equitum, quae ad succurrendum
lassis, a proido imperatore in proximo collocatae erant, nequoquam aliis se-
gniores".

[4]) Nach Danziger Nachrichten wäre der Haufe beim Anblick der zurück-
gehenden Hakenschützen, welche, wie es damals reglementarisch war, glieder-
weise nach dem Abfeuern zurückgingen, um hinten wieder zu laden, davon-
gelaufen, weil sie das Zurückgehn als Flucht ansahen. Die Flucht hätte sich
dann auch den im Gefecht befindlichen Truppen mitgetheilt.

Der Oberst von Kölln kam gegen 6 Uhr abends in Danzig an. Mit ihm hatten sich die Hauptleute Ranzau, Hans Oesterreich und Bartholomäus Lemke gerettet. Die Hauptleute Kleuner und Wetstet und der Rittmeister Steinbach mit den meisten anderen Officieren waren geblieben. Gegen 3500 weggeworfene Harnische und andere Waffen, 150 Wagen, das sämmtliche Geschütz und 6 Fahnen, worunter die Reiterfahne mit der Inschrift aureo libertas, fielen den Polen in die Hände. 4416 Danziger sollen umgekommen sein, der grössere Theil auf der Flucht, gegen 1000 wurden gefangen[1]). Von den Polen blieben nur 14 todt, von den Ungarn ausser den erwähnten Hauptleuten 40; 45 Polen und 80 Heiducken wurden verwundet.

Zborowski hatte sich erst gegen Abend nach Dirschau wenden können, wo inzwischen die Danziger Kähne angekommen waren und die Stadt vom jenseitigen Ufer aus stark beschossen. Der Hauptmann Gregor Schlief benahm sich sehr umsichtig und entkam glücklich nach Danzig, wo er am 18. mit nur einem Mann Verlust anlangte.

Die Niederlage von Liebschau war ein harter Schlag für Danzig. Es gab viele Verzagte, die von Uebergabe sprachen. Die Mehrzahl der Bürger liess sich jedoch nicht schrecken. Der König Stefan hatte durch seinen Wortbruch, indem er die mit freiem Geleit versehenen Abgeordneten zurückbehielt und als Gefangene behandelte, alles Vertrauen verloren[2]).

Die Stadt hatte sich schon am 10. April an den deutschen

---

[1]) Heidenstein. Nach Knuff S. 526, 2 sind 2500 Mann getödtet und 900 gefangen worden.

[2]) Der König hatte das erste freie Geleit für die Danziger Abgeordneten am 17. Novbr. allerdings nur unter der Bedingung ausgestellt, dass Danzig das Kriegsvolk entlasse und durch seine Abgesandten Abbitte thun würde. Dieses auf nur 12 Tage bewilligte Geleit war dann aber auf Bitten von Thorn und Elbing zunächst auf 8 Tage und unterm 1. Decbr. bis zum Schluss der Unterhandlungen verlängert worden, ohne dass obige Bedingungen daran geknüpft wurden. Man kann nicht einwenden, dass dies selbstverständlich war, denn der König hatte sich mit den Gesandten in Unterhandlungen eingelassen und das Geleit verlängert, ohne dass das Kriegsvolk entlassen war und die Gesandten Abbitte geleistet hatten.

Kaiser und den König von Dänemark mit der Bitte um Vermittelung gewendet. Am 15. schrieb sie auch an den König von Schweden[1]). Sie schickte jetzt zur Anwerbung neuer Söldner nach Dänemark, Lübeck und der Neumark. Das grösste Verdienst erwarb sich um diese Zeit der Oberst von Kölln um die Stadt. Er beruhigte die Söldner, welche mit Ungestüm den ihnen seit 6 Monaten rückständigen Sold forderten und bis zu dessen Auszahlung jeden Dienst versagten, und veranlasste den Rath, dass die gesammte Bürgerschaft am 27. April schwur, den Rath und den Obersten mit Gut und Blut zu unterstützen. Es wurde eine Musterung in Waffen über die Bürger gehalten und die Wachen geregelt. Die Büchsenmeister wurden nach ihrer Tüchtigkeit geprüft, indem sie Probeschüsse thun mussten, und nach ihren Leistungen auf den Wällen vertheilt[2]).

Wie sich aus den noch vorhandenen Listen vom Jahr 1563 ergiebt[3]), war die Bürgerschaft von Danzig in eine bestimmte Anzahl Rotten getheilt, welche von Hauptleuten, die aus den Schöppen gewählt waren, kommandirt wurden. Sie wurden als Besatzung der einzelnen Werke und Linien der Befestigung permanent eingetheilt und eine Anzahl derselben zur Reserve bestimmt. Auch für das Jahr 1576 sind diese Listen noch im Danziger Archiv vorhanden[4]). Es geht daraus hervor, dass zur Besatzung der Werke 20 und als Reserve 10 solcher Bürgerabtheilungen gebildet wurden. Jede derselben war aus Rotten der Rechtstadt, Altstadt und Vorstadt zu-

---

[1]) Bornbach Recesse — Hoburg S. 238.

[2]) Hoburg S. 249, nach dem Danz. Archiv Mil. F. 84.

[3]) Danz. Archiv. Mil. F. Nr. 8. Siehe oben S. 212.

[4]) Ebenda Mil. F. Nr. 9. A. 1. 55 a. Da diese „Ordnung", wie sie genannt wird, im wesentlichen mit der von 1563 übereinstimmt, führe ich hier nur die neu hinzugekommenen Werke an:

9. Stand, auf dem grossen Erdhause beim Karrenthor.

10. vor daz hohe Thor und die newe Wälle zwischen der Vorstadt und Altenstadt.

11. „ die beiden Wälle zwischen der Rechtstadt und der Radaune vor dem Holzthor (ist nur anders ausgedrückt, der 12. Stand, das geschürzt Blockhaus an der Radaune, dagegen weggelassen).

Zwischen dem Schloss und der Schefferei ist ein neuer Stand „der newe Zimmerhof" eingeschoben.

sammengesetzt, gewöhnlich 2 Rotten der Rechtstadt und je eine der Vor- und Altstadt[1]).

Zborowski hatte bei seinen geringen Kräften den Sieg von Liebschau nicht benutzen können. Er bat zu diesem Zweck um Verstärkungen, die der König vorläufig jedoch nicht bewilligen konnte. Eine förmliche Aufforderung zur Uebergabe richtete er erst am 23. an die Stadt. Sie wurde natürlich zurückgewiesen, doch benutzte der Rath die Gelegenheit zu Unterhandlungen, indem er nach eingeholtem Geleit eine Deputation ins feindliche Hauptquartier nach Lesske bei Neuteich sendete. Die derselben mitgegebene Instruktion ist vom 29., die Zusammenkunft, woran sich auch der Woiewode von Sendomir, Kostka, betheiligte, fand am 1. Mai statt, und führte zu keinem Resultat. Es wurde der Stadt gerathen, sich in einem demüthigen Schreiben direkt an den König zu wenden. Die Stadt that dies am 4., erhielt aber keine Antwort. Ein neues Schreiben, das die Stadt auf die Nachricht, dass der König in Marienburg angekommen sei, an diesen richtete, wurde von Zborowski zurückgeschickt, doch versprach er in einem Gespräch mit den Abgeordneten am 3. Juni zu Gütland, dem Könige persönlich Bericht erstatten zu wollen, wovon er sich mehr verspreche. Dies führte zu einer neuen Zusammenkunft mit Zborowski am 11. in Kriefkohl[2]). Derselbe erklärte, dass der König die Anforderungen der Stadt zurückweisen müsse, vor allem die Entlassung des fremden Kriegsvolks verlange und im übrigen auf den nächsten Reichstag verweise. Noch an demselben Tage traf jedoch ein Schreiben Zborowski's an die Deputation ein, worin er mittheilte, dass der König nicht abgeneigt wäre, Gesandte nach der Stadt zu schicken, die Stadt sollte sich darüber erklären und Geiseln stellen[3]). Der

[1]) Die Behauptung Knoffs S. 532. 2, dass das Bedürfniss zu dieser Eintheilung sich erst im Lauf der Belagerung herausgestellt hat, und dass nur 9 Abtheilungen vorhanden waren, wird durch die officiellen Listen v. J. 1563 widerlegt. Dagegen scheint er recht zu haben, dass die Bürger in 9 Fahnen eingetheilt wurden (S. 533), wie sich das bei den spätern Vorgängen in Weichselmünde sehr bewährte.

[2]) **Kriefkohl** wie Gütland liegen an der Mottlau oberhalb Grebin.

[3]) Anhang zur gründlichen Deklaration.

Vormarsch des Königs am 12. auf Danzig unterbrach die Unterhandlungen auf einige Tage.

Inzwischen waren die ausgeschriebenen Söldner in Danzig angelangt. Aus dänischen Diensten kamen mit Erlaubniss des Königs die renommirten Kriegsleute Georg von Fahrensbach und Klaus von Unger. Letzterer errichtete am 25. Mai ausser der bereits vorhandenen Fahne Reiter noch eine zweite, in der sich viele Edelleute aus Holstein und der Neumark befanden [1]).

Am 3. Juni trafen die Hauptleute Jost von Pein und Gall von Harz mit 873 Landsknechten, die in Lübeck geworben waren, ein. Am 15. Juni, als der König bereits vor den Thoren Danzigs lag, langten zu Schiffe 3 Fahnen Schotten unter den Hauptleuten Gurlay, Trotter und Tomsen an, so dass die Besatzung jetzt aus 10 Fahnen Fussvolk und 2 Reiterfahnen bestand, zusammen gegen 4000 Mann zu Fuss und 500 Reiter. Dazu traten 5000 bis 6000 Danziger Bürger zu Fuss und 374 zu Pferde. Die Zahl der Büchsenmeister wurde auf 168 mit 178 Handlangern gebracht. Ausserdem war in Weichselmünde eine Besatzung von 550 Söldnern und 15 Büchsenmeistern mit 19 Handlangern. Kommandant war hier nach dem Tode Wetstets der Hauptmann von dem Schlage und einige Tage nach Beginn der Belagerung Georg von der Schweinitz [2]).

Die Zurüstungen polnischerseits gingen wegen Mangel an Geld sehr langsam von statten.

In Polen bestand zwar eine allgemeine Verpflichtung zum Kriege nicht bloss des Adels, sondern auch der Städte und selbst der Juden, aber die Könige waren von der Einberufung der pospolite ruszenie, wie man das allgemeine Aufgebot nannte, längst zurückgekommen, weil es sich als unbrauchbar für den Krieg erwiesen hatte. Es wurde nur im äussersten Nothfall

---

[1]) Hoburg S. 251. Es sei hier bemerkt, dass die deutsche Reiterei zu dieser Zeit die Lanze abgeschafft hatte und sich im Gefecht langer Pistolen bediente.

[2]) Ebendaselbst S. 251. Die bedeutenden Kosten wurden durch direkte Auflagen bestritten, die sehr drückend waren. Knoff.

darauf zurückgegriffen, kommt aber noch im 17. Jahrh. vor. Die Könige zogen eine Geldbewilligung des Reichstages vor, die sie in den Stand setzte, ein Söldnerheer zu errichten. Der von dem Könige zum 15. März nach Jung Leslau (Inowraclaw) ausgeschriebene Reichstag bestand, wie wir aus dem Einberufungsschreiben ersehn [1]), nur aus dem Senat. Ueber das Resultat sagt der Bericht Danzigs im „Anhange der Deklaration", dass in Jung-Losslau im Beisein weniger Räthe (Senatoren) die Hilfe zugesagt worden ist, auch ohne Bewilligung der Landboten [2]). Unter demselben Datum vom 11. Februar hatte sich der König auch an die Stände von Preussen gewendet und sie aufgefordert, die auf dem Landtage von Graudenz bewilligten 2000 Fussknechte auf das schleunigste zu stellen, wie auch „die Zulage der Accise an den Schatz abzuführen" [3]). Der letztere Punkt betraf die Erstattung der 100000 Gulden, welche der Landtag des königlichen Preussens dem Könige offerirt hatte, um den Frieden herzustellen, weil Danzig von den geforderten 300000 Gulden nur 200000 zahlen wollte [4]). Obgleich also die Verhandlungen mit Danzig zu keinem Resultat geführt hatten, forderte der König dennoch das angebotene Geld und erhielt es auch.

[1]) Das Einberufungsschreiben ist vom 11. Februar 1577 und befindet sich in dem „Anhang der Deklaration der Ordnungen der Stadt Danzig", welcher die Verhandlungen vom April bis August fortführt. Das Schreiben des Königs ist an die einzelnen Mitglieder des Senats gerichtet und sagt: „und weil wir die Reichsräthe gen Lesslan auf den 15. März berufen, wird sich E. L. allda einstellen und mit aller macht so sie aufbringen wird können, uns und dem gemeinen nutz zu hilfe kommen . . . . . und wollen wir solchen dienst zu seiner zeit in gebürende acht nehmen".

[2]) Ganz genau ist das nun zwar nicht, aber wir wissen aus Heidenstein S. 110, dass in den Versammlungen der Woiewodschaften die Hilfe bewilligt und auch in den Generalversammlungen der beiden Polen (Gross- und Kleinpolen) bestätigt worden ist, dass aber ein allgemeiner Reichstag, wie es gesetzlich war, nicht stattgefunden hat, und dass der König sich deshalb in einem besondern Decret vom 20. Juni, wo er schon vor Danzig lag, dahin aussprach, dass darin kein Präjudiz für die Zukunft liegen solle.

[3]) Schreiben im Anfange der Declaration der Ordnungen der Stadt Danzig.

[4]) Heidenstein S. 110. Ueber die Art der Aufbringung der Abgabe siehe Raczynski S. 375, Hoburg S. 256.

Die höhere Geistlichkeit war nur insoweit zur Kriegssteuer heranzuziehen, als sie in Besitz von königlichen Gütern war. Sie bewilligte aber ausser einer doppelten bezüglichen Kontribution von gegen 70000 Gulden noch ein besonderes Donativum von 33000 Gulden, das zu Johanni zu Wolborz an den Bischof von Kujavien abgeführt werden sollte, während die Kontribution am Tage Bartholomäi ebendaselbst zu zahlen war[1]). Es scheint daraus hervorzugehn, dass die doppelte Kontribution (Jahressteuer) allgemein bewilligt worden war. Auch Littauen bewilligte Geld[2]).

Endlich gestattete der Senat, dass der König die Kleinodien des Staatsschatzes verpfänden durfte[3]), um dem augenblicklichen Geldbedürfniss zu genügen, denn die Bewilligungen der Kontribution selbst erforderten eine längere Zeit zur Ausführung.

Trotz alledem war die Geldkalamität des Königs noch im Mai so gross, dass die Truppen Zborowskis wegen gänzlichem Mangel an allem sich aufzulösen drohten.[4])

Das Land um Dirschau war vollständig ausgesogen und bot nichts mehr. Zborowski suchte sich Mitte Mai mehr nach

---

[1]) Schreiben des Kastellans von Inowraclaw an den König d. d. Petrikau v. 25. Mai 1577 bei Raczynski S. 376. Hoburg S. 256. Der Bischof von Kujavien Stanislaus Karnowski gab sogleich alles her, was er bei sich hatte, der Erzbischof von Gnesen Jakob Uchanski versprach 3000 Gulden. Es ist anzunehmen, dass dies auf dem Tage zu Inowraclaw stattfand.

Das Bisthum Ermland machte eine Anleihe, um die von der Geistlichkeit bewilligte Summe vorschussweise zu geben. Raczynski S. 379. Schreiben Martin Cromers an den König vom 12. Juni. Hoburg S. 257.

[2]) Der König drückt sich über diese Geldbewilligungen in einem Schreiben vom 17. Juni, das er durch eine besondere Deputation, wie wir sehn werden, an Danzig sendete, wie folgt aus (das Schreiben liegt mir nur in der kauderwelschen Uebersetzung des „Anhangs der Deklaration" vor): „Zu des Reichs Einkunfft ist die Contribution in dem Reiche wider Euch zu kriegen gewillit. Die Geistlichen geben auch ihre schatzung. Die Preussen geben auch gleichfalls ire steuer. In Littauen ist dazu aus dem Zoll die Einkunfft dazu verordnet. Ueber das besonderlich zu diesem Kriege mit geldt von dem geistlichen stande und der Preussen stande begabet".

[3]) Heidenstein S. 110.

[4]) Schreiben Zborowskis an den König d. d. Dirschau den 8. Mai bei Raczynski S. 368. Hoburg S. 255.

Danzig hin auszubreiten und besetzte am 18. Mai die Dörfer Löblau, Kowal, Schüddelkau und Wonneberg, Gegenden, die noch geschont waren, aber er wurde bald von den Danzigern vertrieben und erlitt einige Verluste an Gefangenen [1]). Doch scheint er bei dieser Gelegenheit die Radaune abgeleitet zu haben, wodurch die Stadt empfindlich geschädigt wurde [2]).

Die Zusammensetzung und Bewaffnung des polnischen Söldnerheeres haben wir bereits gelegentlich des Gefechts von Liebschau kennen gelernt.

Am übelsten stand es mit der polnischen Artillerie. Raczynski giebt darüber einige Notizen. Mit dem Schlachtbericht hatte Zborowski unter anderen Mängeln auch den Mangel an Pferden aufgeführt. Er habe in der Schlacht nur 2 kleine Geschütze bespannen können, für die den Danzigern abgenommenen Geschütze wären mindestens 60, zu 8 Halbschlangen in Marienburg 32, und zu Pulver, Kugeln u. s. w. 5 Wagen mit 20 Pferden erforderlich [3]). Unterm 28. April verlangt der Woiewode von Sandomir, Joh. Kostka [4]) für das Heer 30 Büchsenmeister, von denen nur 11 vorhanden wären. Der König antwortete unterm 7. Mai ganz naiv, dass er sich zwar um

[1]) Hoburg S. 250.

[2]) Raczynski theilt S. 377 inbezug darauf eine Aussage des Kaufmann Melchior Bitner, der am 25. Mai mit seiner Familie von Danzig nach Strassburg geflohen war, mit. Dieser Bericht, von Hoburg S. 252 in der Uebersetzung wiedergegeben, enthält noch sonst interessante Details. Nach ihm sind aus der Schlacht bei Liebschau gegen 2000 Mann Fussvolk und 200 Reiter zurückgekommen. Dafür seien von Dänemark 180 Mann und von Lübeck 800 Mann zur See neu angekommen, die Reiter seien aus Pommern ersetzt worden. Ein Edelmann aus Pommern, Namens Schiflitz, sei nach Dänemark geschickt worden, um dort Soldaten zu werben, wozu ihm 75,000 Gulden mitgegeben worden sind. (Man kann annehmen, dass von ihm die Schotten angeworben worden sind. Knoff nennt ihn S. 527 Matthias Zittwitz, was entschieden richtiger ist).

[3]) Raczynski S. 350. Hoburg S. 246. In betreff der genommenen Danziger Geschütze geht daraus hervor, dass sie mit je 6 Pferden bespannt waren, vorausgesetzt dass sie 30 Doppelhaken auf 3 Wagen wie bei den Danzigern transportirt wurden. Die Marienburger Halbschlangen waren mit 4 Pferden bespannt, werden also wie die Danziger Halbschlangen 4 Pfd.'er gewesen sein.

[4]) Raczynski S. 364. Hoburg S. 253. Der 28. Novbr. bei Raczynski muss natürlich 28. April heissen, da der König den 7. Mai darauf antwortete.

Büchsenmeister umthun werde, dass die 11 vorhandenen jedoch im Nothfalle auch ausreichten, da ein jeder 2 Geschütze unter sich haben könne. Für die Bedienung der Geschütze seien die Handlanger da. Um dem Mangel an Pulver abzuhelfen, sollte der Magistrat von Posen den städtischen Pulvermacher so schnell wie möglich zur Armee absenden, um das Pulver für dieselbe zu fertigen. Die Stadt sollte ihm auch ihr vorrätiges Pulver mitgeben [1]).

Der König hatte sich Ende Mai von Strassburg, wo er sich längere Zeit aufgehalten hatte, nach Marienburg begeben. Er besuchte von hier aus am 28. Mai das Schlachtfeld von Liebschau und liess den Kastellan von Gnesen mit den Truppen genau die Aufstellung wie in der Schlacht nehmen. Nachdem er den Truppen seine Zufriedenheit ausgedrückt und sie mit einem Mahle tractirt hatte, kehrte er nach Marienburg zurück und beschäftigte sich mit den Vorbereitungen zur Belagerung von Danzig. Es wurden mehrere Kriegsräthe gehalten. zu einem geheimen versammelte er den Woiewoden von Sendomir Joh. Kostka, Zborowski, Firlei, Zamoiski und Weier um sich. Der König hielt für nothwendig, sich zunächst des Hafens und Forts Weichselmünde zu bemächtigen, eine Ansicht, der auch Zamoiski und Weier beipflichteten [2]). Kostka machte jedoch geltend, dass die in der Stadt herrschende Zwietracht zwischen Rath und Bürgerschaft die Hoffnung auf eine baldige Uebergabe der Stadt gäbe, wenn man direkt davor rücke. Der König gab seine bessere Ansicht auf. Aus dieser grundlosen Annahme Kostka's entsprang auch, dass der König den Feldherrn Zborowski am 11. Juni beauftragte, an den Rath wegen Uebersendung einer Gesandtschaft zu schreiben. Er beabsichtigte durch dieselbe auf die Bürgerschaft einzuwirken.

----

[1]) Ebenda S. 372. Schreiben des Königs an den Magistrat von Posen d. d. Strassburg 12. Mai. Hoburg S. 254. Zum Transport von Geschützen, Pulver und Kriegserfordernissen nach dem Lager musste die Provinz Preussen mitte Mai 743 Pferde stellen. Schr. des Königs an Joh. Kostka und an die Starosten d. d. Strassburg den 7. Mai. Raczynski S. 364 u. 371 Hoburg 253.

[2]) Diese Ansicht des Königs spricht sich bereits in der Korrespondenz desselben mit Zborowski v. 6. u. 10. Mai aus. Raczynski S 366 und S. 370. Hoburg S. 257.

Ohne die Antwort abzuwarten, brach er am folgenden Tage
(12.) mit seinem Heere von Dirschau, wohin er sich begeben
hatte, gegen Danzig auf. Die Stärke des Heeres wird von
Knoff auf 7000 Reiter und 4000 Mann Fussvolk angegeben[1]).

Auf die Kunde vom Anmarsch der Polen wurde seitens
der Stadt Hoppenbruch, Schottland[2]), Schidlitz, Neugarten und
Stolzenberg — am 14. auch das Allerheiligen-Hospital — verbrannt, obgleich die reichern Bürger, welche prächtige Villen
in diesen Ortschaften besassen, bedeutenden Schaden dadurch
erlitten[3]).

[1]) Heidenstein lässt sich leider über die Stärke des polnischen Heeres
nicht aus, und auch Raczynski scheint nichts darüber gefunden zu haben.
Eberh. Bötticher giebt 14000, die summarische Chronik 20000 Mann an
(Hoburg S. 259): doch ist mit diesen Zahlen, die nicht einmal die Stärke der
Reiterei und des Fussvolks angeben, nichts anzufangen

[2]) Hoppenbruch gehörte zu Pelplin, Schottland zu Leslau.

[3]) Als Quellen für die Belagerung von Danzig im engern Sinne dienen
einige Urkunden des Danziger Archivs und zwar:

1. unter Militaria F die Vorschläge des Obersten Hans Winkelbruch von
Kölln vom 27. Apr. und 21. Juni in bezug auf die Vertheidigung der Stadt,
2. unter Mil. 9 Nr. 102 und 128 Briefe der Befehlshaber in Weichselmünde an den Rath von Danzig vom 13. Juni bis 27. Aug.,
3. unter Mil. A. 2 die Rechnungen des Kriegswesens aus den Jahren
1576, 1577,

ausserdem einige handschriftliche Chroniken der Archiv-Bibliothek und zwar:

a. unter L 1, 4. Das Gedenkbuch des Eberhard Bötticher,
b. die Geschichte des Krieges zwischen dem Könige Stefan und der
Stadt Danzig a. 1577, ein von Stenzel-Bornbach geführtes Tagebuch der Belagerung v. 13. Juni bis 25. Decbr. Das Original von
Bornbachs Hand befindet sich auf der herzoglichen Bibliothek zu
Gotha (Cod. Chart. A. 818). Die auf dem Danziger Archiv befindliche Abschrift rührt vom Major Hoburg her.

Auf der Danziger Stadtbibliothek befinden sich ausserdem folgende
handschriftliche, gleichzeitige Chroniken:

1. Martin Gruneweg's „ausführliche Beschreibung darin unterschiedene
Dinge so zur Historie der Stadt Danzig u. s. w. angetroffen werden".
Gruneweg hat die Belagerung als Knabe erlebt und schrieb sein Werk
als Mönch eines Dominikanerklosters zu Lemberg. E 77 fol.
2. Summarisches Chronikon der Lande Preussen von 1460—1602 sub I
E 24 fol.
3. Etliche feine Geschichte, so sich in und bei Danzig zugetragen haben
a. 1575 und 1578. XV. 89 fol.

Die Belagerung von Danzig.

Der König traf am 13. vor Danzig ein. Die polnischen Vortruppen fanden noch viele Einwohner ausserhalb der Thore, um ihre Habseligkeiten zu retten. Da sie von den Polen angefallen wurden, schickte der Kommandant eine Abtheilung Hakenschützen und 200 Reiter hinaus, welche die Polen zurücktrieben. Hierbei wurde ein edler Pole der königlichen Leib-

Endlich besitzt das städtische Archiv zu Breslau die Handschrift des Matthes Weigelt v. J. 1578, worüber bereits berichtet ist. An gedruckten gleichzeitigen Quellen sind wichtig:

1. Georg Knoff's Beschreibung des Danziger Krieges v. J. 1577 im Anhange zu Caspar Schütz: Wahrhaftige und eigentliche Beschreibung der Lande Preussen. Ausgabe von David Chyträus 1599.

2. Chronik zusammengetragen von Georg Mehlmann mit der Belagerung unter dem Titel: Eigentliche wahrhaftige und ganz gründliche Beschreibung der Stadt Danzig sammt dem zugehörigen Blockhaus, die Weichselmünde genannt, Belagerung ganz ordentlich zusammengesetzt, was sich alle Tage zugetragen und in Scharmützeln begeben hat, durch einen alten Kriegsmann pp. geschrieben den 25. Novbr. 1577. Königsberg 1579.

3. Von dem Urkundenwerk, welches die Stadt Danzig unter dem Titel „Gründliche Erklärung aus welchen Ursachen die Ordnungen der Stadt Danzig mit pp. Stephano, Könige von Polen . . . in Missverstand gerathen", ist der Anhang der Deklaration der Ordnungen durch die erläuternden Bemerkungen der Schriftstücke auch für die Belagerung von Werth.

4. Von den polnischen Berichterstattern steht oben an: Reinh. Heidensteinii, secretarii regii rerum Polonicarum ab excessu Sigismundi Augusti libri XII. Frankfurt a. M. 1672; ein Werk das sich durch lichtvolle Darstellung und staatsmännische Auffassung sehr vortheilhaft von den Danziger Chroniken unterscheidet und über die polnische Kriegführung mannigfache Aufschlüsse giebt.

5. Die bereits erwähnte Ausgabe des Grafen Ed. Raczynski von dem durch Onaczewicz herausgegebenen „Regierung Heinrichs von Valois und Stefan Bathori's" ist namentlich für die polnischen Vorbereitungen zur Belagerung durch die als Anhang beigegebene Korrespondenz des Königs von Wichtigkeit.

6. Von neuern Bearbeitungen ist nur die Darstellung von Hoburg in den neuen preuss. Provinzialblättern 3. Folge Bd. 5 Königsberg 1860 zu erwähnen. Sie behält ihren bleibenden Werth durch die Benutzung der ungedruckten Danziger Quellen, ist aber ohne allen kritischen Geist geschrieben.

wache. Molinski aus Wolhynien, getödtet. Der König bezog mit seinem Hofstaat einige in Stolzenberg stehen gebliebene Häuser. Auf dem Bischofsberg wurden sogleich einige Schanzen angelegt, und die Stadt wurde lebhaft beschossen. Der König musste sich bald überzeugen, dass von einer Zwietracht innerhalb der Stadt keine Rede war und diejenigen ihm einen schlechten Dienst erwiesen hatten, welche ihm riethen, sich vor Danzig zu legen. Die Niederlage von Liebschau hatte durch die Energie, die sie in den Danzigern hervorrief, den Polen mehr geschadet als genützt.

Der König scheint daher bei seinen geringen Kräften von einer eigentlichen Belagerung der Stadt Abstand genommen zu haben, nahm dagegen seinen ursprünglichen Plan, Weichselmünde zu nehmen, wieder auf und beauftragte damit den Oberst Ernst von Weier mit seinen deutschen Landsknechten, die er durch polnische Reiterei verstärkte und mit so viel Geschützen ausrüstete, wie er irgend entbehren konnte. Er selbst blieb vor Danzig, um einen Druck auf die Stadt auszuüben. Es war ihm unter diesen Umständen nicht unangenehm, dass die Unterhandlungen noch nicht gänzlich abgebrochen waren. Die Abgeordneten der Stadt hatten, bevor sie am 11. Kriefkohl verliessen, noch an Zborowski geschrieben und um 3 Tage Waffenruhe gebeten, um den Vorschlag wegen Uebersendung von Gesandten den Ordnungen vorzulegen. Zborowski wurde nunmehr vom Könige ermächtigt, am 13. darauf zu erwidern, dass er für den Fall, dass die Stadt Geiseln stelle, einen viertägigen Waffenstillstand bewilligen wolle, um Gesandte nach der Stadt zu schicken. Der König hoffte, wenn ein Zwiespalt zwischen Rath und Bürgerschaft noch nicht bestand, ihn durch seine Gesandten hervorzurufen. Es vergingen einige Tage, bevor die Ordnungen sich entschieden hatten, während welcher die Beschiessung der Stadt bis zum 16. fortgesetzt wurde. Die Stadt stellte darauf die Geiseln, und die Gesandtschaft, bestehend aus dem Woiewoden von Kulm, Hans von Dzialinski, dem Grafen Christoph von Rossdrazoff, dem königlichen Sekretair Laurentius Goslitzki und dem ungarischen Hauptmann Joh. Bornamissa von Kalmo, erschien am 19. in der Stadt. Diese ehrte die Gesandtschaft durch Abfeuerung der

Geschütze von den Wällen bei ihrer Ankunft. Obgleich es erst 3 Uhr nachmittags war, gelang es dem Rath nicht, die Ordnungen und die Zünfte in genügender Zahl zu versammeln, und da die Gesandten ausserdem verlangten, dass ihre Eröffnungen vor der ganzen Bürgerschaft erfolgen sollten, wurde deren Versammlung auf den folgenden Tag verschoben. Am 20. versammelten sich die Einwohner der Stadt in gedrängten Massen auf dem „langen Markt", und nachdem die Gesandten das königliche Schreiben zunächst vor dem Rath, den Ordnungen und den Zünften im Rathhause verlesen und der Rath die darin ausgesprochenen Verdächtigungen und Anklagen in Uebereinstimmung mit den Ordnungen und Zünften zurückgewiesen hatte, wandten sich die Gesandten vom Fenster aus an das Volk, klagten den Rath der Veruntreuung der Gelder und der Anstiftung des Aufruhrs an, sprachen die grössten Schmähungen gegen das Kriegsvolk aus und forderten das Volk auf, sich dem Könige zu unterwerfen. Dabei warfen sie die deutsche Uebersetzung des königlichen Schreibens in vielen Exemplaren zum Fenster hinaus. Das Volk verspottete jedoch das Schreiben und bezeugte durch dreimaliges Rufen die Uebereinstimmung seiner Gesinnung mit derjenigen des Raths. Bürger und Kriegsleute verpflichteten sich durch neuen Schwur zum Gehorsam gegen den Rath und die Regierung und erklärten, mit Aufopferung von Gut und Blut die Stadt vertheidigen zu wollen.

Die Gesandtschaft lenkte nun ein und suchte zu erforschen, worauf es dem Rath und der Bürgerschaft eigentlich ankäme. Da wurde nun die Klage laut, dass die städtischen Gesandten bisher nie zur Audienz beim Könige vorgelassen worden, sondern von einer ihr ungünstigen Partei der Räthe empfangen worden wären.

Die Gesandten versprachen diese Privat-Audienz herbeizuführen und kehrten noch an demselben Tage ins Lager zurück. Die Geiseln wurden zurückgeschickt.

Wiederum vergingen mehrere Tage in Unterhandlungen über Förmlichkeiten. Die Stadt hätte gewünscht, dass, während ihre Gesandtschaft im Lager war, auch polnischerseits Geiseln gestellt würden. Die Waffenruhe war während dem verlängert worden. Die Stadt begnügte sich endlich mit einem vom Könige

am 26. ausgestellten Geleitsbriefe und der Verlängerung der
Waffenruhe bis zum 28. Noch am 26. begab sich die städtische
Gesandtschaft mit einer schriftlichen Instruktion versehn, die
am 24. von den Ordnungen festgestellt worden war, in das
königliche Lager. Die Stadt verlangte Aufhebung der Acht,
schriftliche Versicherung der Anerkennung der Augsburgischen
Konfession und einen Revers über die Befriedigung der Stadt
in den schwebenden Beschwerden. Erst dann könne sie den
Eid leisten. Die Stadt verwahrte sich auch dagegen, dass ihre
Privilegien, die seit 120 Jahren anerkannt worden seien, auf
dem polnischen Reichstage, mit dem sie gar nichts zu thun
hätte, in Frage gestellt werden sollten. Inbezug auf die auf
dem Landtage zu Thorn den preussischen Ständen gemachten
Versprechungen wegen des Landes Freiheiten sei noch keine
Erklärung unter des Reiches Siegel erfolgt.

Demgegenüber forderte der König vor allem die sofortige
Entlassung des Kriegsvolks. Reverse auszustellen, sei unter
der königlichen Würde. Im übrigen kann man die Langmuth
des Königs von seinem Standpunkte aus nicht genug bewundern.
Er suchte durch Vernunftgründe, die selbst durch Hinweise auf
die alte Geschichte gestützt wurden, zu überzeugen. Die Abgeordneten versprachen die königliche Meinung den Ordnungen vorzulegen und die Antwort darauf zu überbringen.

Die Stadt konnte bei ihrer Auffassung der Dinge, welche
nicht bloss die gegenwärtige Lage, sondern die ganze Zukunft
des deutschen Elements den polnischen Forderungen gegenüber
im Auge hatte, von der Antwort des Königs nicht befriedigt
sein. Der Rath schrieb am 27. an den Feldherrn Zborowski
um einen neuen Geleitsschein, indem die Gesandten am 28. morgens 10 Uhr die Antwort der Stadt überbringen sollten. Inzwischen hatten aber mehrfache Störungen der Waffenruhe
stattgehabt. Es war auch von den Wällen geschossen worden;
der Rath zeigte daher an, dass er die Büchsenmeister vorgefordert habe. welche erklärt hätten, dass das polnische Fussvolk mit fliegenden Fahnen gegen die Stadt angerückt wäre.
Auch über den Oberst von Weier beschwerte er sich, der sich
an den Waffenstillstand nicht kehre und die freie Schifffahrt
belästige. Die Instruktion, welche die Abgesandten am 28. ins

Lager mitnahmen, nachdem ein neuer Geleitsbrief eingetroffen war, blieb bei den alten Forderungen, Aufhebung der Acht und schriftlichem Revers. Die Gesandten wurden durch den Unterkanzler abgefertigt und ihnen bedeutet, dass sie die Ansicht des Königs kennten: Abschaffung des Kriegsvolks, Leistung des Eides und Oeffnung der Thore.

Vier aus jedem polnischen Geschütz abgegebene Schüsse verkündeten nach Rückkehr der Abgesandten die Wiederaufnahme des Belagerungszustandes.

Von einer Belagerung Danzigs war allerdings aus den oben angegebenen Gründen keine Rede, kaum von einem Bombardement. Die ganze Aktion bestand aus einem völlig planlosen Beschiessen der Stadt, das ohne allen Erfolg blieb. Die ersten Tage hatte man es auf das hohe Thor (den heutigen Stock-Thurm) abgesehn und concentrirte darauf die Geschütze. Es genügte, den Thurm mit Wollsäcken, die mit Werg pp. gefüllt waren, zu behängen, um die feindlichen Kugeln unwirksam zu machen. Bomben existirten zu jener Zeit noch nicht, die wenigen Mörser, über die man verfügte, warfen Steine und Feuerkugeln.

Zur Sicherung des polnischen Heeres war ein tiefer Graben aufgeworfen, der bei Schottland begann und quer über den Bischofsberg nach Sandgrube führte. Die Geschütze standen in Erdaufwürfen von 8 bis 9 Fuss Höhe mit vorgelegenen Gräben. Dahinter war eine grössere Schanze aus Holzstämmen und Bohlen mit vier Rondelen, die je mit 2 Schiessscharten versehen waren, aufgeführt. Es fanden fast täglich Scharmützel vor den Thoren statt, zuweilen auch ohne den Willen der Vorgesetzten. So namentlich am 29. Juni, wo einige hundert Schotten und Landsknechte auf Booten die Mottlau abwärts fuhren und am Holzraum vor dem heiligen Leichnams- und Jakobsthor die Polen überfielen, welche den Schatten der Holzhaufen aufgesucht hatten. Es entspann sich ein lebhaftes Gefecht, da die Polen von den Bergen her Unterstützung erhielten. Da diese jedoch dem Feuer von den Wällen ausgesetzt waren, wurden sie mit einem Verlust von 150 Mann zurückgeworfen. Die Danziger Söldner verloren nur 16 Mann. Es charakterisirt die gute Landsknechtszeit, dass die Sieger, zumtheil in den erbeuteten polnischen Röcken, vor die Wohnung des Obersten zogen, ihm zu Ehren ihre Gewehre abschossen und um Erlass der Strafe baten. Sie legten ihre Beute vor dem Obersten nieder und versicherten nicht deshalb ausgezogen zu sein, sondern um Ehre und Lob einzuernten [1]).

Belagerung von Weichselmünde.

Ernster gestalteten sich die Dinge vor Weichselmünde [2]). Hier lag seit dem 14. Juni der Oberst von Weier dem Fort gegenüber auf dem linken Ufer der Weichsel und liess am Westkruge, begünstigt durch eine leichte Erhebung des Terrains, eine Batterie für 14 Geschütze aufwerfen. Hinter seinen Landsknechten, welche ihr Lager hinter (nördlich) dieser Anhöhe aufgeschlagen hatten, lag weiter zurück ausserhalb Kanonenschusses vom Fort die polnische Reiterei. An den Waffenstillstand kehrte sich der Oberst nicht. Nachdem die Batterie hergestellt war, erfolgte eine heftige Beschiessung der Blockhäuser und des Walles längs der Weichsel. Die Kugeln durchschlugen die Erdbrustwehr und kämmten sie ab, so dass der sogen. Kranz gefasst werden konnte und schon am 26. Juni stark beschädigt war.

Durch die Weichsel gedeckt und durch die Erfolge belebt, wiegten sich der Oberst und das Lager in Sicherheit. Der Besuch einiger adliger Familien der Umgegend veranlasste den Oberst von Weier am 3. Juli ein Fest zu geben, an dem auch die Landsknechte theilnahmen. Diese günstige Gelegenheit benutzte der Oberst von Kölln in der folgenden Nacht zu einem Ueberfall des Lagers. Er schickte bei anbrechender Nacht die Hauptleute von Unger, Fahrensbach und Ranzau mit 850 Hakenschützen und 3 Fahnen Schotten in der Stärke von 330 Mann unter dem Capitain Murray auf Kähnen nach Weichselmünde. Diese kamen gegen 1 Uhr in der Nacht auf der Höhe des Forts an und landeten in aller Stille am linken Weichselufer, von Unger

---

[1]) Gruneweg S. 685. Mehlmann. Hoburg S. 265.

[2]) Die Besatzung von Weichselmünde hatte am 2. und 4. Juni die Kirche, den Pfahlhof und andre ausserhalb der Befestigung gelegene Gebäude abgebrochen, um ein freies Gesichtsfeld zu erhalten. Am 18. Juni wurde das Dach von der Laterne (dem Thurm) abgenommen. Hoburg.

und Fahrensbach an den Molen, die Schotten, denen sich auch
der Hauptmann von dem Schlage mit einem Theil der Besatzung
von Weichselmünde anschloss, dem letztern gegenüber. Die von
den Molen und der See her anstürmenden Danziger fanden gar
kein Hinderniss und überfielen die trunkenen Landsknechte im
Lager. Auch die in Front anstürmenden Schotten fanden fast
keinen Widerstand und bemächtigten sich der Batterie. Seitens
der Feinde gab sich alles der Flucht hin, der Oberst von Weier
rettete sich im Hemde. Die polnische Reiterei lag zu weit ent-
entfernt vom Lager. Sie wurde erst durch die Flüchtlinge
allarmirt und kam auf dem Gefechtsfelde an, als die Danziger
Truppen schon die Geschütze fortgeschafft hatten. Doch mussten
die drei grössten derselben, worunter ein 72-Pfünder in die
Weichsel versenkt[1]) und eins vernagelt werden. Ein anderes
war gesprungen, so dass nur 9 Geschütze zum theil nach Weichselmünde, zum theil nach Danzig gebracht wurden. Die Polen erlitten
einen Verlust von 400 bis 500 Mann, die Danziger von 136,
wovon ein Theil in der Weichsel bei der Ueberfahrt umkam,
indem ein mit Beute überfülltes Boot sank. Der schottische
Kapitain Robert Gurlay, welcher im Gefecht verwundet worden
war, fiel, indem er in ein Boot springen wollte, in die Weichsel
und sank in seiner schweren Rüstung unter.

Der Oberst von Kölln hatte durch einen Ausfall aus der
Stadt die Aufmerksamkeit des Königs von Weichselmünde ab-
ziehn wollen und stand mit 1000 Mann am neuen Thor dazu
bereit. Andre 1000 Mann sammelten sich am heiligen Geistthor. Die Reiterei war bereits ausserhalb der Stadt, als der
Rath durch einen Abgesandten den Ausfall abbestellen liess,
damit der König nicht zu sehr erbittert würde und es der Stadt
fühlen liesse[2]).

Die Belagerung von Weichselmünde war mit dem glücklichen Ausfall vom 3. Juli aufgehoben. Der König zog den
Oberst von Weier mit dem Rest seiner Truppen an sich. Ein
längeres Verweilen vor Danzig war zwecklos; der König ent-

---

[1]) Die Geschütze wurden nach Aufhebung der Belagerung wieder
herausgeholt.

[2]) Bornbach Tagebuch, Hoburg S. 270.

schloss sich daher, mit gesammter Macht sich vor Weichselmünde
zu legen und zwar auf der Nehrungsseite[1]. Doch vergingen
noch einige Tage bevor die Vorbereitungen zum Aufbruch getroffen waren. Nachdem am 13. die Wasserkunst vor dem hohen
Thor von den Polen abgebrannt worden war, wurden in der Nacht
zum 14. die Geschütze abgefahren. In der folgenden Nacht
marschirte der König mit der Armee nach Praust, wo er einige
Tage blieb. Von hier wandte er sich in den Stüblauer Werder
und überschritt auf einer hergestellten Schiffbrücke bei Schmerblock die Weichsel. Es wurde der Versuch gemacht, durch
Versenkung von Schiffen pp. den nach Danzig führenden Arm
der Weichsel zu sperren und den Strom auf diese Weise ins
frische Haff zu führen.

Für Danzig wäre das ein unersetzlicher Verlust gewesen.
Nachdem die Arbeit noch längere Zeit fortgesetzt worden war,
musste man schliesslich davon abstehn. Die Elbinger, die bei
alledem im Spiele waren, schlugen vor, die Weichsel durch Durch-
stechung der Nehrung unmittelbar ins Meer zu führen und hier
einen Hafen für Elbing anzulegen.

Der Plan war jedoch zu weit aussehend und die Durchführung für die augenblicklichen Verhältnisse nicht geeignet.
Die Belagerung von Weichselmünde lag dem Könige vor allem
am Herzen. Er liess durch Bekesch, der mit bedeutenden
Verstärkungen aus Siebenbürgen eingetroffen war, eine Rekognoscirung dahin ausführen. Auf seinen Bericht über das
völlig ungangbare Terrain auf der Nehrung[2] gab der König,
der ausserdem für seine Verbindungen fürchtete[3], den Angriff
von dieser Seite her auf und ging, zum Schutz des grossen
Werders und der Arbeiten an der Sperrung der Weichsel ein
Kommando von 150 Reitern unter Firley bei Fürstenwerder
zurücklassend, am 5. August bei Käsemark wieder auf das
linke Weichselufer zurück. Am 7. führte er die auf 16 bis
17000 Mann angewachsene Armee über die Berge bei Danzig

---

[1] Diese Absicht drückt sich in einem Schreiben des Königs vom 15. Juli
bei Raczynski aus. Hoburg S. 319.

[2] Ebenda.

[3] Knoff.

vorbei und bezog in der Gegend von Konradshammer am Strande
ein Lager, das mit Wall und Graben befestigt wurde. Der
Oberst v. Weier wurde am 8. August vor Weichselmünde geschickt, wo er sogleich die von den Danzigern am 5. Juli zerstörten Angriffsarbeiten wieder herstellen und am abgebrochenen
Westkruge eine Batterie von 18 schweren Kanonen erbauen
liess. Eine zweite Batterie von zwei Geschützen, welche auf
einem Damm am Abfluss des Saspersees in die Weichsel angelegt wurde, sollte die Kommunikation von der Stadt nach
Weichselmünde beschiessen.

Der König schlug sein Lager hinter der Hauptbatterie am
Sasper See auf. Schon am 11. konnte das Feuer eröffnet werden.

Trotz der Erfahrung, welche der König durch den Ueberfall der Danziger Garnison auf die Belagerungsarbeiten vor
Weichselmünde am 3. Juli gemacht hatte, unterliess er es, eine
Brücke über die Weichsel ausserhalb der Schussweite von
Weichselmünde herzustellen, um die Verbindung des Forts mit
Danzig zu unterbrechen. Es ist das um so auffallender, als
er in der frühern Korrespondenz mit Zborowski über die Belagerung von Weichselmünde [1] darauf einen Hauptwerth gelegt
und den Baumeister Frankenstein zur Armee gesendet hatte,
nach dessen Angaben der Woiewode von Sendomir das Material
zum Brückenbau beschaffen sollte.

Die Besatzung von Weichselmünde hatte die durch die Beschiessung Ende Juni entstandenen Beschädigungen baldigst
ausgebessert. Sobald man von der Absicht des Königs, das
Haus Weichselmünde von der Nehrung her anzugreifen, Kunde
erhielt, ging man mit allem Eifer an die Verstärkung der Südseite der Enveloppe, welche bis dahin vernachlässigt worden
war. Seit dem 19. Juli wurde täglich eine Bürgerfahne von
Danzig hinausgeschickt, um sich an den Arbeiten zu betheiligen.
Die Brustwehr wurde durch Rasenbekleidung verstärkt, zum
Theil neu hergestellt und um das ganze Erdwerk ein Graben
geführt (Taf. XII), der von der Weichsel gespeist wurde. Eine
Düne, welche sich vom Strande über den Pfahlhof, der ausser-

[1] Brief des Königs an den Kastellan von Gnesen vom 6. Mai 1577,
Raczynski S. 366, 367. Hoburg S. 257.

halb der Befestigung lag, gegen die Weichsel zog, wurde abgetragen, damit sie dem Feinde nicht Deckung gewähren konnte. Die Besatzung wurde auf 550 Mann gebracht und die Artillerie mit 4 eisernen Keilstücken zum Hagelschiessen verstärkt, dazu wurden 12 halbe Tonnen Schlangenpulver und 8 halbe Tonnen Pirschpulver auf Requisition des neuen Kommandanten, Georg v. d. Schweinitz, herausgeschickt.

Das von den Polen seit dem 11. August eröffnete Feuer übte die grössten Zerstörungen auf die Befestigung aus. Die Erdbrustwehr war bald wieder abgekämmt, und der obere Theil des gemauerten Kranzes war schon am 14. August herabgeschossen. Man zog daher die Geschütze desselben und am 15. auch die des Thurms zurück und stellte sie zumtheil in den Basteien an der Weichsel auf.

In Danzig war man in dieser Zeit nicht unthätig gewesen. Ein Detachement Schotten vertrieb am 9. Aug. die Heiducken aus einem Eichengebüsch hinter Schellmühl und holzte es am 10. ab, weil die Heiducken von hier aus durch Gewehrfeuer die Danziger Schiffe auf der Weichsel belästigten. Am 11. August wurde das Detachement, welches der König bei Fürstenwerder zurückgelassen hatte, vertrieben. Ein heftiges Gefecht engagirte sich am 12. am Wege nach Langfuhr in der Nähe der Kapelle Jerusalem ¹) zwischen 300 Schützen der Danziger Garnison und 5 polnischen Fahnen zu Fuss, welche durch eine Reiterfahne unterstützt wurden. Das Feuer von den Wällen und eine nachgesendete Verstärkung entschieden das Gefecht zu gunsten der Danziger. Die Polen verloren gegen 180 Todte, die auf 17 Wagen fortgeführt wurden. Auch die Danziger büssten gegen 50 Todte ein.

Zur Sicherung der Verbindung mit Danzig wurde Klaus von Unger mit 5 Fähnlein Schotten ²) nach Weichselmünde

---

¹) Die Jerusalemer Kapelle lag nicht, wie Hoburg sagt, auf halbem Wege nach Langfuhr, sondern näher an der Stadt am Fuss der Berge. Siehe Plan Taf. X. Von ihr erhielt später das Bastion Jerusalem der Befestigung des Hagelsberges den Namen.

²) Ein Fähnlein war am 4. Juli zur See angelangt; wann das andere und die Gascogner angekommen sind, wird nicht berichtet.

geschickt. Er stellte sich zwischen dem Fort und dem Einfluss der Bootmannslake in die Weichsel auf. Dazu stiess die sogenannte Freifahne, gascognische und wallonische Schützen unter dem Kapitain Jean Garon aus Marseille. Man warf eine Schanze auf und verband sie durch eine gedeckte Kommunikation mit Weichselmünde. Da die Weichsel durch die polnische Artillerie bestrichen wurde, musste man die auf der See anlangenden Waaren und andere Bedürfnisse am Strande[1]) ausladen und auf dem Landwege zur Bootmannslake bringen, von wo ab die Wasserverbindung mit Danzig gesichert war.

Nach der Erkrankung Ungers übernahm William Stuart, welcher am 20. August aus Dänemark anlangte, das Kommando über die Schotten. Mit ihm war Georg von Fahrensbach und der Rathsherr Michael Siefert, welche am 5. Juli nach Kopenhagen abgesendet worden waren, um den König von Dänemark um Hilfe zu bitten, wieder zurückgekommen und hatten 5000 Rosenobel (gegen 20000 Thaler), 2 Karthaunen und 12 Notbüchsen nebst Pulver und Kugeln mitgebracht[2]). Das sie begleitende Orlogschiff und 4 dänische Galeeren sollten zum Schutz des Hafens bleiben[3]).

Inzwischen war das Feuer der Polen heftig fortgesetzt worden. Sie bedienten sich hierbei eichener Klötze, an beiden

---

[1]) Knoff S. 536. 6 Hoburg sagt S. 262, dass sie am Blockhause ausgeladen wurden. Ein Blockhaus auf der Mole des rechten Weichselufers existirte aber zur Zeit nicht. Auch erwähnt er S. 325, wo er das Faktum noch einmal bringt, nichts davon. Auch seine Zeichnung (Taf. XII der Gesch. der Befestigung Danzigs) hat kein Blockhaus. Es ist notwendig dies zu konstatiren, weil es sonst nicht zu begreifen wäre, wie die Polen hier später hätten übergehn können.

[2]) Nach Bornbach waren es 25 Geschütze. Hoburg.

[3]) Die dänische Flotte wurde durch Erich Munk kommandirt. Die offenbare Feindseligkeit, die in der Erscheinung der dänischen Flotte und deren späteres Eingreifen in den Kampf lag, war durch Beraubung dänischer Schiffe durch den Oberst von Weier im Frühjahr hervorgerufen worden. Die desfallsigen Reklamationen Dänemarks an Polen scheinen ohne Erfolg geblieben zu sein. Im Gegentheil scheinen neue Belästigungen stattgefunden zu haben, wie der Brief des Rittmeisters Klaus von Unger an seine Frau, den Raczynski mittheilt, beweist. Der Brief wird von Hoburg wiedergegeben.

Enden mit Eisen beschlagen[1]). Am 20. August war die Erde
der Enveloppe vollständig abgekämmt, so dass das Pfahlwerk
entblösst war. Die Polen schossen daher mit glühenden Kugeln
dagegen, wodurch es am 21. Aug. abends 9 Uhr in Flammen
aufging. Bald war die ganze der Weichsel zugewendete Seite
mit den beiden Basteien davon ergriffen. Es brannte zwei
ganze Tage lang. Die Geschütze mussten aus den Basteien
entfernt werden. Eins, das nicht mehr zu retten war, schmolz.
An diesem Tage (21.) wurden 500 Schüsse von den Polen abgegeben,
seit dem 11. überhaupt 9875 Schuss. Sie koncentrirten jetzt
das Feuer gegen den Kranz, der bald in Bresche gelegt war.
Die Schotten warfen in der folgenden Nacht jedoch eine Brustwehr zur Seite auf, die sie besetzten. Die übrige Besatzung
stellte sich zu ihrem Schutz hinter dem „Hause" auf.

Der König hatte noch am 21., bevor er zum Sturme schritt, eine
Aufforderung an die Stadt Danzig, sich unbedingt zu unterwerfen, ergehn lassen. Die Stadt wies die Zumuthung jedoch
zurück. Der Versuch, eine Brücke unterhalb Weichselmünde
über die Weichsel herzustellen, erwies sich unter dem feindlichen Feuer und in Anwesenheit von 6 Fahnen Fussvolk ausser
der Besatzung unmöglich. Es waren zu dem Zweck 13 Boote
von Putzig herbeigeschafft worden. Der König liess am 23.,
während er die Aufmerksamkeit der Besatzung durch eine
heftige Kanonade ablenkte, auf der Mole an der Mündung der
Weichsel von einem Ufer zum andern[2]) ein Seil ziehn und gut
befestigen. An demselben entlang wurde das polnische Fussvolk (Landsknechte) mittelst Booten auf das rechte Weichselufer
übergesetzt. Merkwürdigerweise war Niemand zur Vertheidi-

[1]) Knoff. Die Klötze wurden jedenfalls nur aus Mangel an eisernen
Kugeln angewendet.

[2]) Auf dem Breslauer Croquis Taf. XII Fig. 1 ist das Bollwerk zu
beiden Seiten der Weichsel, das sich als Molen in die See fortsetzt, angedeutet. Wie aus der Figur hervorgeht, war der ganze Raum, den die heutige
Vorstadt Neufahrwasser einnimmt, und die Westerplatte im Jahre 1577 noch
See. Die Weichsel lief an ihrer Mündung in einem Bogen, der nach Osten
auslief, in die See. Die punktirte Linie bedeutet den Strand von 1625 und auf
dem Uebersichtsplan Taf. XI den von 1800, zur Zeit der Schrötterschen Aufnahme.

gung des rechten Ufers aufgestellt ¹). Die Belagerten wurden
erst aufmerksam, nachdem das Boot 5 mal übergesetzt war.
Die zunächst stehenden Landsknechte der Besatzung warfen sich
nun dem Feinde entgegen, wurden aber zurückgeschlagen. Die
Polen kamen dabei dem Hause so nahe, dass sie es mit einem
Steinwurfe hätten erreichen können ²). Bei der offenen Bresche
war die Gefahr eminent. Zunächst eilten die Schotten herbei,
ohne jedoch einen Umschwung der Situation herbeiführen zu
können, da inzwischen sich auch der Feind verstärkt hatte.
Zum Glück trafen von der Nehrung her, wo sie auf Vorposten
gestanden hatten, die Freifahne des Kapitäns Garon und eine
Rotte Hofleute (Reiter) ein, und es gelang den vereinigten
Kräften, die Polen damit auf die Mole zurückzudrängen. Hier
verbarrikadirten sie sich aber, indem sie die Steine des Bollwerks aufrissen und sich daraus eine Brustwehr herstellten.
Der andauernde Kampf würde indessen schliesslich die Besatzungstruppen ermüdet haben, so dass sie dem Andrängen neuer
Verstärkungen der Polen nicht länger hätten widerstehn können,
wenn nicht noch zur rechten Zeit drei Fähnlein Danziger Bürger
aus der Stadt eingetroffen wären. Der Zufall hatte es gewollt,
dass der Rath bei der dringenden Gefahr von Weichselmünde
am 22. den Befehl gegeben hatte, dass täglich 3 Bürgerfähnlein
zur Verstärkung der Besatzung des Forts abrücken sollten.
Die ersten drei waren gerade angetreten, als die Nachricht eintraf, dass die Polen sich des Ostbollwerks der Weichsel bemächtigt hätten. Die 3 Hauptleute Kaspar Giebel, Nickel v.
d. Linde und Joh. Robertson setzten sich gegen 4 Uhr nachmittags in Marsch und befleissigten sich der grössten Eile.
Mit ihnen kamen der Bürgermeister Johann Proite, der Oberst
von Kölln, Fahrensbach und die Hauptleute Oesterreich und
Ranzau mit ihren Fähnlein Söldner. Es wurde sofort zum Angriff des Feindes geschritten. Bei der schmalen Front desselben

---

¹) Es ergiebt sich daraus evident, dass ein Blockhaus hier nicht gestanden haben kann. Vom Fort aus waren die Boote wegen der Krümmung
der Weichsel nicht zu sehen. Das von Hoburg S. 327 angegebene Blockhaus
der Polen auf dem linken Weichselufer war zu dieser Zeit noch nicht vorhanden, da sein Bau erst später berichtet wird.

²) Knoff S. 537. 6.

auf der Mole warf sich ein Theil der Angreifer ins Wasser, um ihn zu umfassen. Aber die Landsknechte der Polen vertheidigten sich ausserordentlich tapfer. Sie rissen die Steine aus der Mole und schleuderten sie auf die mühsam im Wasser Vordringenden. Der Rückzug war ihnen abgeschnitten. Zwei ihrer Boote waren wegen Ueberfüllung mit Mannschaft untergesunken, andere in die See getrieben worden, wo sie von den dänischen Schiffen in den Grund gefahren wurden. Um so verzweifelter war die Gegenwehr der Ueberlebenden. Wenn es den Angreifern auch wiederholentlich gelang, bis auf das äusserste Ende der Mole vorzudringen, so waren die Verluste von der Mole des linken Ufers, wo die Polen gedeckt und in der Flanke standen, so bedeutend, dass sie stets wieder zurück mussten. Auch die dänischen Galeeren nahmen am Kampfe theil, doch sollen ihre Schüsse zu hoch gegangen sein. Der Kampf dauerte bis in die Nacht hinein.

Der Verlust war auf beiden Seiten sehr bedeutend, gegen 300 bis 400 Todte. In die Hände der Danziger fiel eine Fahne. Nach Eintritt der Dunkelheit befahl der Oberst von Kölln. den Polen gegenüber eine Verschanzung anzulegen, die sich links an das Bollwerk der Weichsel und rechts an den Strand lehnte. Hierin wurden zwei den Polen abgenommene Geschütze, eine Falkone und eine Schlange aufgestellt, die diesen grossen Schaden thaten, da fast kein Schuss fehl ging und die Steinsplitter schlimmer waren als die Kugeln.

In der Nacht wiederum auf 8 Fähnlein verstärkt, brachen die Polen am andern Morgen (24.) wieder zum Angriff heraus. Es gelang ihnen schliesslich, die Danziger aus der Verschanzung zu werfen und bis an das Haus vorzudringen, wo sie sich bis gegen 5 Uhr abends hielten. Um diese Zeit langten aus Danzig drei neue Bürgerfähnlein zur Ablösung an. Durch eine kräftige Ansprache des Obersten von Kölln wurden die bereits im Gefecht gewesenen neu belebt und warfen in einem gemeinsamen Angriff die Polen auf die Mole zurück. Viele wurden dabei in die See gesprengt, die mit 300 Leichen, von denen einige bis nach Pillau getrieben wurden, bedeckt war. Der Gesammtverlust der Polen wird auf 500 Mann angegeben. Die Danziger zählten 200 Todte und Verwundete.

Darunter befand sich der Oberst von Kölln, der am Schluss des Gefechts von der Kugel eines durch Zufall losgegangenen Gewehres seiner eigenen Leute in den Hinterkopf geschossen wurde. Die Kugel blieb zwischen den Augen stecken, so dass der Oberst nach 2 Stunden den Geist aufgab[1]). Auch der Kommandant von Weichselmünde, Georg. v. d. Schweinitz, und Georg von Fahrensbach wurden verwundet.

Da es nicht gelungen war, die Polen ganz vom rechten Ufer zu vertreiben, verstärkten die Danziger in der folgenden Nacht ihre Verschanzung gegenüber der Mole und stellten einige schwere Geschütze darin auf. Am 25. Aug. blieb alles ruhig, da stürmisches Wetter und Regen eintrat und die Danziger Geschütze die Zuführung von Verstärkungen auf seiten der Polen hinderten. Die Polen auf der Mole litten durch das Feuer der Danziger, namentlich durch Steinsplitter sehr.

Am 26. und 27. bauten die Polen am Westbollwerk in der Nähe des Strandes ein Blockhaus und führten eine schmale Brücke aus Holzstämmen, die, mit Ketten und Tauen verbunden, schwimmend erhalten wurden, nach dem rechten Ufer. Dadurch gelang es, die Mannschaft auf der Mole des rechten Ufers bis auf 6 Fähnlein zu verstärken, die nun sogleich zum Angriff vorgingen. Obgleich sie zurückgeschlagen wurden, fand der Rath die Lage doch so bedenklich, dass er 3 Fahnen Söldner zur Verstärkung herausschickte und die Anordnung traf, dass täglich ein Rathsherr, ein Schöppe und zwei Quartiermeister der 3. Ordnung zur Beaufsichtigung der Massregeln zur Vertheidigung nach Weichselmünde abgehn sollten. Ausserdem sann man auf Mittel, die Brücke zu zerstören, welche sich durch Geschütze nicht fassen liess. Es wurden 2 Weichselkähne mit Pech, Theer und Strauchwerk beladen und einer davon am 29. in Brand gesteckt und der Strömung überlassen.

---

[1]) Die Stadt gab dem Obersten ein höchst ehrenvolles Leichenbegängniss. Sieben Fähnriche in ihre Fahnen gehüllt, schritten dem Sarge voran, den Hauptleute und zwei Oberstwachtmeister (Majore) trugen, dann kam des Obersten Pferd mit schwarzem Tuch behangen, hierauf der ganze Rath und ein überaus zahlreiches Gefolge. Die Beisetzung erfolgte vor dem St. Annenaltar der Marienkirche. Ueber seinem Grabe wurde am 6. November ein schwarzes Banner aufgehängt. Hoburg S. 329.

Der Wind trieb jedoch den Kahn gegen Weichselmünde, und man hatte hier vollauf zu thun, um ihn mit langen Stangen fern zu halten. Den zweiten steckten die Polen durch glühende Kugeln in Brand. Danzig wurde aus seiner Verlegenheit durch einen niederländischen Schiffer Dirk Hendrich gerissen, der sich anheischig machte, die schwache Brücke durch blossen Anlauf zu sprengen. Man gab ihm 20 Hakenschützen und einige kleine Geschütze zur Bemannung und eine reichliche Ladung von 50 Last für seinen Boyert (Schiff). Am 1. September ging er mit Beisetzung aller Segel die Weichsel abwärts und durchbrach im Augenblick die Brücke, ohne wesentlichen Verlust zu erleiden, obgleich die Polen heftig feuerten [1]).

Dadurch von neuem vom linken Ufer abgeschnitten, beschlossen die 600 deutschen Landsknechte, welche sich noch auf dem rechten Weichselufer befanden, zu den Danzigern überzugehn. Die Deutschen im Dienste Danzigs waren jedoch so erbittert, dass sie als polnische Söldner gegen ihre deutschen Brüder gefochten hatten, dass sie über sie herfielen und alles massakrirten, was sich nicht ins Wasser stürzte und darin umkam. Kaum 30 davon sind mit dem Leben davon gekommen [2]).

Der König, dem es ausserdem an Munition fehlte, hob unter diesen Umständen am 3. September die Belagerung auf und zog am 6. wiederum bei Danzig vorüber nach Praust, wo er einige Tage blieb und sich dann für seine Person nach Marienburg begab.

Ausser dem Kriege zu Lande führte Danzig auch einen zur See. Es hatte von vornherein 6 Schiffe bewaffnet, mit welchen es den Elbinger Handel belästigte. Nach Aufhebung der Belagerung lagen die Verhältnisse noch so, dass es die Söldner nicht entlassen konnte. Die Stadt benutzte sie daher zur Züchtigung der Schwesterstädte, welche sich den Interessen Danzigs feindlich erwiesen hatten. Es hing damit die Wieder-

---

[1]) Der Schiffer erhielt ausser 56 Gulden 20 Grosch. Lohn für das Schiff noch eine Renumeration von 300 Thalern und, so lange er lebte, für sein Schiff Freiheit vom Zoll. Bötticher, Bornbach, Tageb. Rechnung des Kriegswesens, Mil. A. 2 No. 3. Hoburg S. 332.

[2]) Mehlmann. Gruneweg. Hoburg S. 332.

herstellung der kaufmännischen Verbindungen zusammen, die sich nach dem Bromberger Edikt v. 7. März vorzüglich nach Elbing gezogen hatten. Unter dem Kommando des Obersten Grafen von Hardeck[1]) segelten 15 mit Geschützen ausgerüstete und mit 2500 Mann besetzte Schiffe, von dänischen Schiffen begleitet, ins frische Haff. Die Stadt Tolkmit musste Lebensmittel liefern, Braunsberg 5000, Frauenburg 3000, die Domherren daselbst 7000 Thaler zahlen. Hierauf ging die Flotte gegen Elbing vor, das beschossen wurde. Die Elbinger rückten am 18. September entgegen, flohen aber bald, und es wurden nun alle Speicher bis auf 5 verbrannt und 80 Häuser der Neustadt in Asche gelegt. 500 polnische Reiter und ebenso viele Heiducken, welche der König unter Kommando des Benesch zu Hilfe sendete, nöthigten die Danziger zum Rückzuge, wobei sie an der Mündung der Nogat vier mit Strauch und Steinen beladene Fahrzeuge versenkten. Die Flotte wandte sich den 19. gegen Königsberg, um es für die dem Könige Stefan geliehenen Geschütze zu bestrafen. Die Königsberger waren klug genug, die Sache in Güte abzumachen. Die Danziger kehrten mit 70 mit Getreide und andern Gegenständen beladenen Schiffen, die sie den Elbingern abgenommen hatten, nach Danzig zurück, wo sie am 27. Septbr. anlangten.

Nebenher gingen Versuche den Frieden herzustellen. Schon am 23. August waren die Vertreter der Hansestädte Lübeck, Bremen, Rostock, Stralsund, Wismar und Lüneburg auf Veranlassung des Königs von Dänemark zusammengetreten, um den Frieden zu vermitteln, nöthigenfalls ihn auch zu erzwingen. Der Versuch blieb jedoch ohne Folgen. Ebenso wenig fruchtete die Vermittelung der Ritterschaft von Putzig und Mirchau, welche mit Genehmigung des Königs von Polen am 29. Aug. Abgeordnete nach Danzig schickte. Die Stadt weigerte sich unter der veränderten Verhältnissen die 200,000 Gulden zu zahlen. Am 11. Septbr. kamen livländische Abgeordnete in Danzig an, die vom Könige Hilfe gegen die Russen erbeten

---

[1]) Der Graf Hardeck war am 20. August auf einem dänischen Schiffe in Danzig angelangt und blieb hier bis zum 24. December.

hatten und, um diese möglich zu machen mit Genehmigung des Königs, den Frieden mit Danzig gern herbeigeführt hätten. Die Sache dauerte ihnen jedoch zu lange, so dass sie unverrichteter Sache wieder abreisten. Auf Veranlassung des Bürgermeisters Konst. Ferber, der mit dem Sekretair Joh. Torbeke am 29. Juni von Lencic nach Marienburg übergeführt worden war und sich am 14. Spt. an die Stadt mit der Mahnung wendete, sich dem Könige zu unterwerfen, ersuchte Danzig die in Marienburg anwesenden Gesandten einiger deutschen Mächte, welche in Angelegenheiten des Kuratels über den Herzog Albrecht von Preussen mit Polen unterhandelten, die Vermittelung zu übernehmen. Diese gingen sehr bereitwillig darauf ein. Eine der ersten Früchte davon war, dass die gefangenen Danziger Abgeordneten entlassen wurden. Sie kamen am 27. Septbr. in Danzig an. Diese Aufmerksamkeit des Königs machte den besten Eindruck auf die Bürger. Die Stadt bedankte sich dafür und theilte dem König mit, dass die deutschen Gesandten die Vermittelung übernommen hätten. Ein Theil der letztern hielt sich seit dem 4. Oktober in Danzig selbst auf. Es dauerte indessen noch eine lange Zeit bis ein Modus gefunden war, die widerstreitenden Interessen in eine beiden Theilen zusagende Form zu bringen. Erst am 5. December waren die Sachen so weit gediehen, dass Danziger Abgeordnete nach Marienburg geschickt werden konnten, um die letzte Hand ans Werk zu legen. In feierlicher Audienz leisteten sie am 12. Decbr. dem Könige Abbitte und wurden zum Handkuss zugelassen. Noch an demselben Tage wurde die Aufhebung der Acht in den Strassen von Marienburg ausgerufen.

Die Bedingungen des Friedens waren im wesentlichen folgende: Die Stadt bezahlt innerhalb der nächsten 5 Jahre in 5 Raten 200,000 Gulden, leistet den Huldigungseid, entlässt baldigst die Söldner und erstattet dem Kloster Oliva ebenfalls innerhalb 5 Jahre 20,000 Gulden zur Wiedererbauung des Klosters; sie leistet alljährlich den hergebrachten Tribut, erhält dagegen Verzeihung und schriftliche Bestätigung des den übrigen Ständen ertheilten königl. Eides, sowie freie Religionsübung. Sie tritt in den völligen Genuss ihrer alten Privilegien. Die Schuldforderungen an die Krone, die Beschwerden wegen der Execution und über das Pfalgeld sollten im nächsten Reichstage geregelt werden [1]).

Da dem Könige über diese Punkte keine Entscheidung zustand, blieb der Stadt schliesslich nichts übrig, als auf die letztern Punkte einzugehn. Der nächste Reichstag genügte jedoch nicht, die Angelegenheit zum Austrage zu bringen. Sie kam erst 1585 auf dem Reichstage zu Warschau durch den sog. Tractatus Portorii zu beiderseitiger Befriedigung zu stande [2]). Auch wurde die Stadt hier wieder in dem Besitz ihrer Ländereien bestätigt und dadurch die Beschwerden wegen der Execution beseitigt.

Das Lubliner Dekret wurde zwar nicht förmlich aufgehoben, aber durch Einzelbestimmungen wie den Conventus Post-Comitialis [3]) pp. wesentlich gemildert.

Am 15. December 1577 nahmen polnische Kommissarien den Eid in Danzig ab.

Der Krieg hatte der Stadt von Ende Juli 1576 bis Ende des Jahres 1577 1,521,865 fl. 7 gr. 15 ₰ gekostet [4]). Sie vertheilten sich wie folgt:

[1]) Lengnich, Geschichte der preussischen Lande III, S. 254.

[2]) Ebenda S. 255. Das Privilegium selbst theilt Kuricke, Danziger Chronik, mit.

[3]) Lengnich S. 281. Reichstag von 1578.

[4]) Nach einer Notiz im Danziger Archiv unter Cc. 24. Hoburg S. 337. Nach heutigem Gelde, den Gulden zu 1 rh. 10 Sgr. gerechnet.

An interessanten Ausgaben finden sich darunter: „Den Büchsenmeistern wegen des am 3. Juli eroberten Geschützes 56 fl. 20 gr. Von der Mannschaft auf dem Boyert, durch den die Brücke bei Weichselmünde am 1. Septbr. gesprengt wurde, erhielten der Kapitain Jost Tiedemann 18 fl. 4 gr., jeder der 19 Mann 9 fl. 2 gr. Für das Füllen und Aufhängen der Wollsäcke am hohen Thor und am Thurm in Weichselmünde 77 fl. 11 gr. 9 Pf. Brennholz für das Kriegsvolk in der Stadt 1582 fl. Dem Cornelius Jansen und Johann Bremer für ihre im Elbinger Tief versenkten Schiffe jenem 453 fl. 10 gr., diesem 226 fl. 20 gr. Für ein drittes Schiff zu gleichem Zweck 200 Thlr. Dem Rünner für Geschirr auf die scheckigen Rosse, welche dem Könige von Dänemark verehrt sind, 31 fl. Dem dänischen Kapitän Hans Knapsdorf verehrt 9 Ellen rothseiden Atlas und 2 Rosenobel 23 fl. 14 gr. Dem Obersten Fahrensbach eine goldene Kette mit einem goldenen Pfennig verehrt 375 fl. 17 gr. Dem Obersten Georg v. d. Schweinitz eine goldene Kette 145 fl. 5 gr. Dem dänischen Admiral Erich Munk eine goldene Kette 123 fl. 16 gr. Ein

a. den Kriegsleuten, Büchsenmeistern und Handlangern in
dem Hause für Weichselmünde,
sowie Proviant und andere W.
betreffende Ausgaben . . . . . 58,280 fl. 20 gr. 3 ₰
b. den Kriegsleuten in der Stadt 297,843 „ 11 „ 9 „
c. den 6 Fahnen Schotten und an
verschiedene schottische Kriegs-
personen . . . . 49,545 „ 16 „ — „
d. an einige Kriegsbeamte . . . . 6,214 „ — „ 9 „
e. den Wachtmeistern, die in den
Feldthoren die Tagewacht ge-
halten . . . . 791 „ 16 „ 12 „
f. den Büchsenmeistern und Handlangern . . . . 19,270 „ 26 „ 9 „
g. für Ausrüstung und Bemannung
der Kriegsschiffe, Boote und
Kähne . . . . 26,582 „ 1 „ 3 „
h. den Hofleuten und Reitern 97,781 „ 3 „ 15 „
i. verschiedene Ausgaben . . . . . 78,947 „ 20 „ 3 „

Summa 635,256 fl. 26 gr. 9 ₰

Mit Recht sagt Th. Hirsch am Schluss seiner Monographie
über Georg Klefelt (Neue Pr. Prov. Blätter Bd. 2 1846 S. 249),
dass er Danzig bei seinem Tode am 2. März 1576 von dem
Geiste beseelt hinterliess, bei dem neuen Thronwechsel an die
Behauptung seiner Rechte seine Existenz zu setzen. Danzig
hat seit der siegreichen Behauptung seiner Mauern von 1577
nicht nur jeden bösen slawischen Einfluss fern gehalten, sondern
auch als eine wahre Grenzburg die deutsche Kultur und das
deutsche Interesse vertreten, bis das königliche Preussen sich
dieser Aufgabe unterzogen hat.

Fähnlein zu machen 4 fl. Für Schnur und ein silbern Spiesslein zur Fahne
3 fl. 16 gr. Taffet zu einer Fahne 22 fl. Eine Reiterfahne zu malen 46 fl.
Noch zu einer Reiterfahne 7 Ellen roth und 7 Ellen gelb „Damaschkat" 19 fl.
25 gr. . . Morgensterne vom Hause Weichselmünde bessern und 3 neue zu
machen, so dass ihrer 135 Stück sein sollen? Dem Schnitzker Marten Hacke-
fahrt 328 lange Spiess zu fertigen 33 fl. 18 gr. Strauch zu Schanzkörben etc."

F. Die Zeiten der schwedisch-polnischen Kriege im 17. und 18. Jahrhundert.

I. Danzig und Weichselmünde erhalten eine Bastionärbefestigung 1577—1603. Die Geschützausrüstung derselben.

Taf. XII. XIII.

Danzig hatte Gelegenheit gehabt, i. J. 1577 die Wichtigkeit der Befestigung zur Erhaltung seiner Selbständigkeit kennen zu lernen. Es ist daher natürlich, dass es trotz der angehäuften Schuldenmasse und des Rückganges des Handels sich nach hergestelltem Frieden mit Eifer an die Verstärkung derselben machte. Die Herstellung des Hauses Weichselmünde war von den Ordnungen am 21. September 1577[1]) beschlossen worden. Aber man fühlte bald, dass das nicht genügte. Die 2. Ordnung beantragte am 15. Juni 1582[2]), dass eine Deputation aller Ordnungen den Stand der Dinge an Ort und Stelle untersuche. Infolgedessen wurden unterm 18. Juni aus dem Rath 3, aus der 2. Ordnung 4, aus der 3. Ordnung 5 Mitglieder derselben ernannt[3]).

Seit dem Jahre 1584 finden sich in den Rechnungsbüchern des städtischen Archivs bedeutende Ausgaben für das „Haus Weichselmünde", die sich in den folgenden Jahren fortsetzten[4]). Es lässt sich daraus nicht entnehmen, was speciell gebaut wurde, doch zeigt die Jahreszahl 1587, welche an den Schlusssteinen der gewölbten Kanonenstände in den niederen Flanken eingemauert und noch jetzt vorhanden ist, dass es das Fort quarré war, woran man baute[5]).

Als Baumeister wird ein früher im Dienst des Königs von Dänemark gewesener Ingenieur, jedoch nicht namentlich, in den

---

[1]) Ordnungs-Recess von diesem Tage, demnächst die Recesse v. 1. Oct., 14. Dec. 1577 und 1. Juli 1578.

[2]) Ordnungs-Recess von diesem Tage.

[3]) Desgleichen. Hoburg nennt S. 126 die Mitglieder der Deputation. (Gesch. der Festungsw. v. Danzig.)

[4]) Hoburg theilt S. 126, 127 Auszüge daraus mit.

[5]) Eine Rechnung v. J. 1587 scheint unmittelbaren Bezug darauf zu haben. Es heisst: „Ausgaben gemacht für den Steinhauer zu den Steinern Fenstern und zu den Steineren Schiesfenstern zu dem Hause Weichselmünde",

Rechnungen aufgeführt: „für seinen guten radt und das Schamplun, darnach das Haus Weyselmünde zu bauen sein mochte.“
Auch Hans von Lindow war dabei thätig. Die Ziegelsteine
bezog man zum Theil vom Abt von Oliva, zum Theil aus Holland (Harlingen, Emden). Das Fort bestand aus einem bastionirten Viereck von 33 resp. 45 Ruthen Seitenlänge, mit ein-
gezogenen Flanken. Die Bastione 1 und 4 lagen nach der
Weichsel hin [1]). Bei dem beschränkten Raum zwischen Kranz
und Weichsel war es nothwendig, die Kurtine 1—4 nach aussen
zu brechen. Wie ich bereits bemerkt habe, lag der Leuchtthurm nicht in der Mitte des neuen Forts [2]). Die Höhe der
Brustwehr desselben war danach bemessen, dass die Geschütze
der obern Etage des Kranzes noch darüber hinwegfeuern konnten. Der einzige Eingang befand sich in der Kurtine 2—3
auf der der Weichsel entgegengesetzen Seite. Hier führte eine
Brücke über den breiten nassen Graben. Die Flanken standen
senkrecht zur Kurtine und waren nur für zwei Geschütze eingerichtet. Die Bastione hatten eine Facenlänge von 6 Ruthen,
so dass die ausspringenden Winkel sehr spitz waren. Der innere
Raum der Bastione war sehr beschränkt, dagegen waren sie
mit sehr geräumigen Kellern versehen, so dass sie reichlich
Mannschaft und Proviant aufnehmen konnten. Poternen führten
vom Hofraum in diese Räume.

Im Wesentlichen bildete das Fort quarré einen Mantel für
den Kranz, wie es früher das Erdwerk gethan hatte, hatte
dabei aber ein so hohes Revetement, dass es selbst aus der
Ferne in Bresche gelegt werden konnte. Auch hatte man die
Beherrschung der Rhede ganz aus den Augen gelassen. Der
italienische Ingenieur Kapitän Ferrero, den die Stadt i. J. 1603
zur Beurtheilung der Festungswerke und als Rathgeber für
Neubauten hatte kommen lassen, sagte daher mit vollem Recht:
Alles, was bisher an dem Blockhause (Fort quarré) gemacht und

---

[1]) Die Bastione erhielten folgende Namen: Bastion 1, an der Weichsel
nächst der Mole gelegen, wurde Scharfenort, Bastion II Südostpastei, Bastion III
Südwestpastei oder Wasserport, Bastion IV, wiederum an der Weichsel gelegen, Buxmeistersort genannt. Danz. Archiv Militaria D. 31. und 89.

[2]) Vgl. Taf. XII 3.

noch zu fertigen angeordnet, ist sehr mangelhaft und zu schwach,
einiger Macht zu widerstehen; es gleicht mehr einem Modell,
als einer wirklichen Festung. Die kleinen und senkrechten
Streichen, die kleinen Flügel (orillons) und die hohlen Bastione
sind fehlerhaft, und müssen die letztern vollgefüllt werden.
Weil man von ihm nicht die See beschiessen kann, müsse an
dem Ostbollwerk (der Mole) ein starker runder Thurm von
grossen Feldsteinen so weit und hoch angelegt werden, dass
man auf demselben einige 30 pfdige. doppelte Schlangen gebrauchen und ihn auf keiner Leiter ersteigen könne. Zwischen diesem
Thurm und (oder) Kastell am Bollwerk seewärts sei eine kleine
Schanze für 50 Mann und mehr anzulegen, damit der Feind
sich nicht zwischen Haus und Thurm setze. Zur Zeit der Noth
müsse auf dem Westbollwerk (der Mole) ebenfalls eine Schanze
aufgeworfen werden, weil es sonst der Feind zum grossen
Nachtheile für den Hafen thun würde. Schliesslich legte Ferrero
einige Zeichnungen vor, wie die jetzt kleine Festung durch
Anlage einer Enveloppe zu vergrössern wäre, und hielt es bei
der Wichtigkeit des Orts wohl angemessen, dass ein Mitglied
des Raths stets in Weichselmünde wohnte, weil an dessen Besitz
mehr gelegen wäre als an der jetzigen Stadt, die vortheilhafter
dort läge[1]).

Diese Enveloppe ist später nach dem Vorschlage Ferrero's
ausgeführt worden und das Fort quarré damit in die Kategorie
eines Reduits getreten, wozu es sehr brauchbar ist. Man muss
daher bei den Ausstellungen desselben berücksichtigen, dass es
ursprünglich und noch 1603 selbst als Enveloppe dienen, also
die erste Enceinte bilden sollte. Auch war der Strand seit 1577
durch Anschwemmungen ein ganz Stück vorgerückt[2]), daher
der Vorschlag zur Erbauung eines Thurmes, der jedoch nicht
ausgeführt wurde. Man hatte noch mit Vollendung des Baues
vom Fort quarré hinlänglich zu thun[3]). Nach Herstellung der
Enveloppe, zu deren Bau man 1624 schritt, wurde er unnöthig.

Nachdem der Bau des Fort quarré soweit fortgeschritten

---

[1]) Hoburg S. 128.

[2]) Vgl. S. 178. 1.

[3]) Vgl. Hoburg S. 127, wonach noch 1608 und 1611 daran gebaut wurde.

war, dass es gegen einen gewaltsamen Angriff gesichert schien, wendete man seine Aufmerksamkeit wieder der Stadtbefestigung zu. Es handelte sich hier vornehmlich um die Erweiterung des vorstädtischen Rondels, das wegen seines geringen Umfangs den neuern Anforderungen nicht mehr entsprach. Auch schien es nothwendig, die Südfront (am neuen Thor) der Einsicht und Enfilade vom Bischofsberge aus zu entziehen, ein Punkt, der beim Umbau des Rondels entscheidend sein musste. Nächstdem musste das hohe Thor vollendet werden, wobei es darauf ankam, der Stadt einen ihr würdigen Eingang dieser Hauptpassage zu verschaffen. Wie wir gesehen haben, war der fortifikatorische Theil bereits bei Erbauung des Walles zwischen dem Karren- und Elisabethbastion 1574 ausgeführt worden. Der Wall wurde 1576 beendet und die vorgelegene Brücke über den Stadtgraben am 18. Oktober zum ersten Mal befahren[1], aber erst 1588 wurde das Portal des Thors aus Sandsteinen erbaut und mit goldenen Verzierungen versehen. Im obern Theil wurden das polnische, westpreussische (pommerellische) und Danziger Wappen mit geeigneten Inschriften angebracht, das polnische in der Mitte, das Danziger rechts, das westpreussische links davon. Der Baumeister ist nicht bekannt, jedenfalls war es aber nicht Antoni von Obbergen aus Mecheln, wie Th. Hirsch und nach ihm Hoburg als wahrscheinlich bezeichnet[2], da dieser zuerst 1592 und in einer Weise erwähnt wird[3], dass er neu in den Dienst der Stadt trat.

Die Ordnungs-Recesse der Jahre 1589 und 1590 zeigen, dass die Nothwendigkeit erkannt wurde, das vorstädtische Rondel umzubauen; aber über Form und Ausdehnung gingen die Ansichten noch sehr auseinander. Der Bürgermeister v. d. Linden

---

[1] Notizen im Kührzettel. Hoburg S. 28.

[2] Theodor Hirsch in den neuen preussischen Provinzialblättern. Jahrg. 1847 S. 224. Hoburg S. 29.

[3] Ordn.-Recesse v. 6. und 11. Juni 1592. Baumeister der Stadt waren in dieser Zeit Hans Schneider aus Lindau, gewöhnlich Hans von Lindow genannt (1581—1591) und Friedrich Tode (1573—1592). Nach Hirsch wäre Hans von Lindow i. J. 1586 aus dem Dienst der Stadt geschieden. Er wird jedoch noch im Ordn.-Recess vom 21. Mai 1591 erwähnt und ist wahrscheinlich der Erbauer des hohen Thors.

legte unterm 21. Mai 1591 den Schöppen, Quartiermeistern und
den 24 zum „Wallgebäude"[1]) verordneten Bürgern zwei Projekte der Stadtbaumeister Friedrich (Tode) und Hans (Schneider)
von Lindow vor[2]). Es handelte sich darum, ob das Rondel
„in suo esse" gelassen werden soll, oder ob es „soll gesterkt
werden", wie weit es „auszusetzen oder einzuziehen", wie „hoch
es aufzufahren" und ob „die Kasematte[3]) mitten in den Graben
zu legen sei."

Die Entscheidung darüber war nicht so einfach, weil der
neue Bau mit Rücksicht auf den weiteren Ausbau namentlich
auf dem rechten Mottlauufer auszuführen war, damit der Anschluss daran leicht bewerkstelligt werden konnte. Man musste
sich zuvörderst klar machen, welche Ausdehnung die Werke
daselbst erhalten sollen. Es war mit einem Wort ein Gesammt-
plan zu entwerfen. Der Bürgermeister sprach sich darüber
wie folgt aus: Es sei zu berücksichtigen, „wie es auf der
andern Seite der Mottlau und langgartenwärts anzuordnen,
damit man nicht irre". Er gab auch zu bedenken, ob es nicht
rathsam sei, ausser dem Theerhof auch den Raum, wo die
Holzhaufen (das sogenannte Bräuerholz) liegen[4]), in die Befestigung zu ziehen, um genügenden Raum zu gewinnen, im
Fall einer Belagerung das Landvolk vom Werder daselbst
unterzubringen. Hinsichtlich der Kasematte schlug er vor,
Versuche anzustellen, „wie weit man mit dem Geschütz ab-

---

[1]) Wallgebäude nannte man das Kollegium, dem die Beaufsichtigung
und Verwaltung der Festungsbauten oblag. Hoburg S. 26, Note 6.

[2]) Ordn.-Recess von diesem Tage. Das Rondel wird darin „Rundel beim
newen Thor" genannt. Hoburg nimmt daraus Veranlassung dasselbe S. 30
als das spätere Bastion Gertrud zu bezeichnen, weil er das neue Thor schon
1537 verlegt glaubte. Er hat dadurch die Bauausführungen von 1592—1604
in eine heillose Verwirrung gebracht.

[3]) Unter Kasematte ist hier das spätere Bastion Katz gemeint. Es
fragte sich, ob es in der Kurtine anzulegen oder weiter vor in die Mitte des
Grabens zu legen sei.

[4]) Es ist damit der Raum am Hundegraben gemeint, wo das Holz ge-
waschen wurde und in der Nähe aufgestapelt war. In einer spätern Be-
rathung (Ord.-Recess v. 2. Juni 1593) wies der Rath auf die Erfahrungen des
letzten Krieges hin, wo das Holz in der Stadt hätte untergebracht werden
müssen „mit grosser Gefährlichkeit des Feuers".

zuliegen“, nämlich zu untersuchen, bis auf welche Entfernungen das Hagelgeschoss noch wirksam sei.

Die Quartiermeister und die zum Wallgebäude verordneten Bürger erklärten, dass sie, nachdem sie auch des Meister Friedrichs Meinung eingesehen, sich des Hans von Lindow „Schamplun“ gefallen liessen, drangen aber darauf, dass man mit dem Bau sogleich beginne und den Wall bis zur Mottlau fortsetze[1]). Sie ersuchten schliesslich den Rath, sich um einen geschickten und erfahrenen Baumeister umzuthun, da Hans von Lindow fortziehen wolle.

Die Schöppen schützten Mangel an Sachkenntniss vor, sich über die vorgelegten Projekte zu äussern. Sie empfahlen dem Rath, keine Kosten zu scheuen, um geschickte Baumeister in den Dienst zu nehmen, und schlugen deren zwei sehr gerühmte vor, einen in braunschweigischen und einen in brandenburgischen Diensten. Bis zu deren Ankunft möge man an andern Stellen der Befestigung, wo es die Nothdurft erheische, arbeiten.

Die Baumeister wurden auch sofort verschrieben, was um so nothwendiger war, da der Stadtbaumeister Friedrich starb und Hans von Lindow nach Schlesien berufen wurde[2]). Ob es gerade die von den Schöppen vorgeschlagenen waren, ist fraglich, aber doch wahrscheinlich. Die Stadt schloss mit dem Meister Antoni von Obbergen aus Mecheln am 11. Juni 1592 einen Vertrag, wonach er auf ein Jahr gegen 500 Gulden Besoldung und 20 Thaler Holzgeld engagirt wurde[3]). Ein zweiter Baumeister wird 1593 unter dem Namen Johann de Friesen erwähnt.

Beide Baumeister legten ihre Projekte vor. Die Ver-

---

[1]) Hinsichtlich der Kasematte sprachen sie sich dahin aus, dass die gesicherte Flankirung zwischen beiden Rondelen wohl dadurch zu erreichen sei, dass man mehr Pulver zum Geschütz nehme! Auch trage das Hagelgeschoss auf dem Wasser weiter als auf dem Lande!

[2]) Er starb 1612 zu Breslau.

[3]) Ordn.-Recess v. 6. und 11. Juni 1592. Er blieb auch ferner im Dienst der Stadt und erhielt unterm 17. Okt. 1596 das Bürgerrecht eines Kaufmanns. Th. Hirsch in den neuen preuss. Prov.-Bl., 1847 S. 224.

handlungen darüber nahmen längere Zeit in Anspruch (Mitte Mai bis Ende Juni 1593).

Die 3. Ordnung hatte dem Projekte des Meisters Johann den Vorzug gegeben, „weil es zum engsten umzogen am schleunigsten fertig gemacht werden könne". Der Rath (Senat) und die ehrbaren Gerichte (Schöppen) erklärten sich dagegen für das Projekt des Meisters Antoni. Der Rath hatte an dem Projekt Johanns hauptsächlich auszusetzen, dass es zu eng wäre. Nach demselben hätte nämlich der Theerhof beschüttet werden, d. h. der Wall darüber geführt werden müssen. Ausser den bereits oben angeführten Gründen machte der Rath dagegen geltend, dass auch die Gräben jenseits der Speicher, d. h. die heutige Niederstadt, in die Befestigung gezogen werden müssten, weil daselbst die fremden Schiffer anlegen, die sonst dem Feinde preisgegeben würden[1]).

Diese Berathungen hatten nur den Zweck, sich über die Fortführung der Walllinie auf dem linken Mottlauufer schlüssig zu machen, denn an die Ausführung der Befestigung auf dem rechten Ufer war vorläufig nicht zu denken. Am 23. Juni setzte es der Rath durch, dass, „weil das Karren-Rundel von dem Rundel beim neuen Thor zu weit abgelegen, in der Mitte zwischen beiden nothwendig eine besondere Streichwehr (Kasematte) gelegt werden müsse, wogegen sich die 3. Ordnung bisher gesträubt hatte. Auch geht daraus hervor, dass man sich über die Wirkung des Hagelgeschosses durch Versuche aufgeklärt hatte, denn es heisst weiter, „denn weil von beiden streichweren (der Rondele) gar zu weit ist, nemlich über 300 Ruthen, und man mit Schrot nicht über die 60 Ruthen schiessen kann, so würde ohne eine in die mitte gestellte Kasematte eine völlige Bestreichung des Grabens nicht möglich sein".

Man ging nun unverweilt an den Bau der heutigen Bastione Katz, Wieben und Gertrud nach der auf Tafel X angegebenen punktirten Linie[2]).

---

[1]) Ordnungs-Recess vom 2. Juni 1593, nach Eberhard Böttcher „Handlungen und Rathschlüsse so durch die Ordnungen zu meinen Zeiten zu Rathaus gepflogen". Ms. der Bibliothek des Archivs CC. 30 S. XXX. Hoburg hat diese wichtige Quelle übersehen.

[2]) Der Bau hat gegen 10 Jahre in Anspruch genommen, wie die i. J.

Der Bau derselben war noch nicht beendet, das Bastion Gertrud eben erst angefangen, als Ereignisse eintraten, die nicht geringe Besorgnisse erregten. Auf dem polnischen Thron sass zur Zeit als Nachfolger Stefan Bathori's Sigismund, Sohn König Johanns von Schweden und der polnischen Prinzessin Katharina, einer Schwester der Gemahlin Stefan's, also eine Jagellonin. Er war wie sein Vater Katholik. Dennoch wurde er, als sein Vater 1592 starb, als rechtmässiger König von Schweden anerkannt und nach seiner Ankunft daselbst gekrönt, verliess aber darauf wieder Schweden, dessen Regentschaft sein Onkel, Herzog Karl von Südermanland, führte, welcher der lutherischen Kirche treu geblieben war. Sigismund übte von Polen aus, ganz in die Fusstapfen seines Vaters Johann tretend, einen antinationalen Einfluss auf Schweden aus und verletzte nach allen Richtungen seine bei der Krönung geschworenen Eide, so dass er alle Sympathien im Lande verlor, die sich in hohem Grade dem Herzoge von Südermanland zuwendeten. Es kam soweit, dass dieser, vom Adel dazu veranlasst, ungeachtet des Verbotes vom Könige, im Februar 1597 den Reichstag zusammenberief und damit einen Akt der Empörung gegen Sigismund beging. Dieser schiffte sich im folgenden Jahre mit 5000 Polen in Danzig ein und landete am 30. Juli (8. August) in Kalmar. Es war gar nicht abzusehen, was daraus hervorgehen werde. Danzig war im hohen Grade beunruhigt. Der Rath berief die Ordnungen und diese fassten am 21. August 1598 den Beschluss, 20 Personen aus ihrer Mitte zu erwählen, welche die Stadt an den Orten, „die itzundt offen für einen Anlauf seien", zu besichtigen und die Massnahmen zu berathen, dieselben zu befestigen. Aus dem Rath wurden 5, aus den Schöppen 4, aus der 3. Ordnung 11 Deputirte erwählt und die beiden Hauptleute der Stadt, v. Wobersnow und Georg Klefelt, sowie die Stadtbaumeister Hans v. Jülich

---

1603 aufgenommene Zeichnung des Italieners Ferrero, welche sich im Danziger Archiv befindet, nachweist. Die Umfassung ist bis zur Mottlau ausgeführt und enthält die angegebenen 3 Bastione. Das Bastion Berg, wie das heutige Bastion Wieben genannt wurde, ist ganz nach dem Modell des Karrenbastions erbaut. Am Bastion Gertrud ist schon der Einfluss Speckle's wahrzunehmen.

und Antoni hinzugezogen [1]). Die Abgeordneten versammelten sich am 26. August auf dem Theerhofe, als dem schwächsten Punkt, um hier den Anfang ihrer Besichtigung zu machen und zu berathen, „wie die Stadt von hier aus längs der Mottlau bis zum Jakobsthor innerhalb eines Jahres in grössere Sicherheit gebracht werden könne [2])".

Es wurde beschlossen, den Stadtgraben hinter den Speichern (die kleine Mottlau) „zu tiefen und zu verbreyten, damit man im Falle der Noth mit Schiffen hinein legen könne". Die Blockhäuser der Speicherinsel sollten, obgleich morsch und baufällig, erhalten und dazwischen Schanzen angelegt werden. Um die Stadt im Süden zu beschützen, „sollte der Hundewall [3]) durch Erde aus dem Graben verbessert und ein Stacket herumgemacht werden, bis man mit dem weitläuftigen Gebäude, das hinder dem Theerhof an der Vorstadt angefangen [4]), herum kommen möge und solle auch hinfort kein Brewerholz mehr in den Graben (Hundegraben) geschoben, noch ausgewaschen werden". Das Brewerholz wurde auf die Wiese hinter dem englischen Wall verwiesen [5]).

Man sieht, dass es sich bloss um provisorische Bauten handelte, wie es den Ereignissen entsprach. Am 24. September versammelte sich die Deputation von neuem und beschloss zwischen den Blockhäusern auf der Speicherinsel eine Schanze von 4 Ruthen innerer Weite zu erbauen, die vom Baumeister Antoni sogleich in Angriff genommen und am folgenden Tage von der Deputation für gut befunden wurde. Sie mit einer Mauerbekleidung zu versehen, wie die 2. Ordnung beantragte, wurde nicht für erforderlich gehalten, da das Werk nur einem augenblicklichen Bedürfniss entsprechen solle [6]).

Die Kriegsgefahr ging jedoch noch einmal vorüber. Der

---

[1]) Ordn.-Recess v. 21. Aug. 1598. Hans von Jülich ist wahrscheinlich identisch mit Johann de Friesen.

[2]) Hoburg S. 33.

[3]) Siehe Plan Taf. X.

[4]) Es ist Bastion Gertrud gemeint.

[5]) Eberhard Böttcher S. CCXXXIV.

[6]) Ordn.-Recess vom 24. und 25. Septbr. Hoburg S. 33.

König Sigismund erlitt am 25. September an der Stängbrücke bei Linköping eine völlige Niederlage und musste am 28. mit den Ständen einen Vergleich eingehen, wonach er zwar nochmals als rechtmässiger König von Schweden anerkannt wurde, jedoch die Drohung hinnehmen musste, dass das Land ihm aufsagen würde, wenn er seine Eide bräche und die fremden Truppen nicht zurückziehen würde.

Die Stadt Danzig gab infolgedessen die provisorischen Arbeiten sogleich auf, und der Rath stand von neuem vor der Aufgabe der Fortsetzung der begonnenen Stadtenceinte. Das nächste Objekt musste sein, den Eingang der Mottlau in dieselbe zu sichern, da durch das inzwischen im Bau beendete Bastion Gertrud und den ebenfalls beendeten Wall bis zur Mottlau der Punkt bestimmt war, wo der Eintritt erfolgte. Zugleich musste hier auf eine Inundationsschleuse Bedacht genommen werden. Damit in Zusammenhang stand der Austritt der Mottlau aus der Stadt und dessen Sicherung. Mit einem Wort, man konnte nicht über die Weiterführung der Enceinte und den Bau der Schleuse eine Entscheidung treffen, ohne das ganze ins Auge zu fassen und den Plan des Umzuges der Stadt festzustellen. Der Rath hielt es für erforderlich, sich in dieser Beziehung mit renommirten italienischen Ingenieuren in Verbindung zu setzen und wendete sich unter dem 20. April 1600 an Alumnus Lesius in Padua, sendete ihm auch einen „nach dem Mass gefertigten Abriss der Stadt“ zu [1]). Lesius gab zwar die geforderte Auskunft, wonach die am Eintritt der Mottlau in die Festung anzulegende Schleuse mit einer Mühle zu versehen und die verschiedenen Arme der Mottlau und der Radaune vor dem Austritt aus der Festung zu vereinigen wären, damit die Enceinte nur an einem Punkte durchbrochen würde, aber durch eine blosse Korrespondenz war die Sache nicht zu erledigen. Es ist daher wahrscheinlich, dass die Stadt auf seine Empfehlung zwei Ingenieure Hieronimo Ferrero und Giovanni Battista aus Vercelli nach Danzig berief, um an Ort und Stelle ihr Gutachten abzugeben. Sie langten bald darauf an und haben einen

---

[1]) Theodor Hirsch theilt in den neuen preussischen Provinzialblättern, Jahrg. 1847 S. 229 den betreffenden Brief mit.

längeren Aufenthalt in Danzig genommen. Es wurde ihnen
gestattet, die Festungswerke aufzunehmen, um mit positiven
Vorschlägen hervorzutreten. Eine ihnen zugetheilte Deputation,
bestehend aus dem Burggrafen Gerhard Brandes und 5 Rathsverwandten, nahm i. J. 1603 ein Protokoll mit ihnen auf, das
sich im Danziger Archiv unter Militaria B. 7. noch vorfindet.
Es ist nicht nur für den angegebenen Zweck, sondern zum Verständniss der Ansichten der Zeit von Wichtigkeit. Jeder der
beiden Ingenieure gab sein Gutachten gesondert ab. Das des
Ferrero zeichnet sich vor dem des Giov. Battista durch grössere
Präcision und Schärfe aus, weshalb ich es nachstehend vorzugsweise zu erläutern suche. Seine Vorschläge sind grösstentheils bei den späteren Bauausführungen berücksichtigt worden.

Er verbreitet sich zunächst 1) über die Mängel der bestehen-
den Befestigung und deren Abhilfe und giebt dann 2) seine Rath-
schläge über die weitere Befestigung des Hauses und der Stadt.
Er fasst aber den Begriff der Festung noch in einem höhern
Sinne auf und spricht sich 3) über die Ausrüstung derselben mit
Artillerie und mit andern Waffen, sowie über politische und
ökonomische Verhältnisse und 4) über einige verborgene Stücke aus.

Hinsichtlich des ersten Punktes hat Hoburg S. 38 einen
ausführlichen Auszug mitgetheilt, worin er allerdings nur das
aufgenommen hat, was ihm verständlich gewesen ist. So hat
er die wichtige Stelle ausgelassen, wo Ferrero seine Ansichten
über die Abmessungen der einzelnen Theile giebt. Ferrero
sagt: „Die Alten haben bei einer Stadtbefestigung von einer
Spitze (ausspringenden Winkel) zur andern 600 Ellen genommen.
Ich will nicht unter 450 und über 500 Ellen, deren 30 zu den
Flügeln (Orillons), 30 zur ersten Streiche (Face) und 20 Ellen
zur andern Streiche (Flanke) und dem Schlung (die Kehle), und
zwischen beiden Flügeln 250 oder auf das meiste 300 Ellen.“
Das würde zugleich die Länge der Kurtine bedeuten, die er
an andern Stellen als dritte oder mittelste Streiche bezeichnet.
Streiche oder Streichwehr hat hier den Sinn von Feuerlinie.

Wir erfahren ferner durch ihn, dass die zurückgezogenen
Flanken mit Ausnahme derjenigen vom heiligen Leichnamsrondel
eingedeckt waren. Er findet das gegen den Kriegsgebrauch.
Er hält eine Brustwehr von Mauerwerk, wie die Geschützstände

der Flankengeschütze hatten, für schädlich. weil die Mannschaft durch Steinsplitter leidet. auch ist die Mauerstärke zu gering, sie müsste mindestens 15 Fuss haben. Es liesse sich das noch nachträglich erreichen, indem da, wo die Basteien weit auseinander liegen, die Flügel (Orillous) verlängert werden, wodurch Raum zur Verstärkung der Brustwehr der Flanken geschaffen wird. Wo die Basteien dagegen nahe aneinander liegen, mache man die Brustwehr der Flankengeschütze aus guter Erde oder Lehm und verstärke sie nach hinten bis an die Pfeiler (der Gewölbe), die sonst die Geschützaufstellung hindern würden. Die Brustwehr muss nach vorn abgeschrägt werden. Der Geschützstand in der Elisabethbastei, der sehr hohe Gewölbe hat, könnte einige Fuss höher gelegt werden. Es ist fehlerhaft, dass die mittelste Streiche (die Kurtine) nicht zur Geschützplacirung eingerichtet ist. Die Kavaliere gehören nicht auf die Basteien, sondern auf die Wälle (Kurtinen), auf jeder Kurtine zwei, was namentlich zwischen dem heiligen Leichnams- und Elisabethrondel erforderlich ist [1]). Es liegt darin, dass die Rondele Elisabeth und Karren schon damals mit Kavalieren versehen waren — das Rondel heiliger Leichnam war zu klein dafür — wodurch der innere Raum derselben sehr beschränkt wurde. Das Rondel, „wo der Thurm darin steht“, wie er das heutige Bastion Wieben nennt, hatte dagegen noch keinen Kavalier, und er räth davon ab, einen solchen zu errichten. Ueberhaupt sind die Ausstellungen Ferrero's noch dadurch von besonderem Interesse für unsern Gegenstand, dass sie viele Details angeben, die von anderer Seite nicht erwähnt werden. So erfahren wir, dass die Flügel hohl waren. Er macht darauf aufmerksam, dass sie infolgedessen leicht weggeschossen werden können und die Flanken dann ohne Schutz sind.

Von seinen Vorschlägen ist, wenn auch viel später, die Geradelegung der linken Face des Bastions Elisabeth und die Abtragung des Thurmes Halbmond, ferner der Ersatz der steinernen Riedewand durch eine hölzerne, sowie die Verlegung des Thors heiliger Leichnam ausgeführt worden. Die Faussebraie, die er entfernt wissen wollte, weil deren Mauer die Ver-

---

[1]) Nach Gian Batista auch hinter den grauen Mönchen.

theidiger beschädigt und weil sie dem Feinde Raum zum Festsetzen bietet, ist dagegen geblieben, und ein gedeckter Weg,
auf dessen Anlegung er besonders drang, ist auf der hohen
Front wegen der Beschränktheit des Raumes nicht angelegt
worden. Ein geräumiger Weg (pomerio) hinter dem Wallgang
war nur in der Vorstadt herzustellen. Auf der Front
heiliger Leichnam-Elisabeth stand, wie bereits bemerkt worden,
eine Zahl wichtiger Gebäude dicht am Wall, so dass er hier
unterblieb, kaum dass die Verbreiterung des Wallganges ausgeführt werden konnte. Die bessere Profilirung der Erdbrustwehr auf den Wällen, die bisher nicht gestattete, den Gegner
am äussern Grabenrande zu sehen und zu beschiessen, sowie
die festere Struktur der Brustwehr, die er verlangt, wird wahrscheinlich ausgeführt worden sein, wenn auch nichts darüber
verlautet. Seine Verbesserungen am Bastion Katz hat Hoburg
falsch aufgefasst, wenn er sagt „und auf der Katz zwei Schuh
hoch machen“; Ferrero will vielmehr zwei Brustwehren an-
bringen. die vordere zum Ueberbankfeuern, die hintere höher.
Bemerkenswerth ist, dass Ferrero die Flanken nicht mit leich-
tem Geschütz, sondern wie Speckle mit Karthaunen armirt
wissen will, worauf auch Giovanni Batista besonderen Werth
legt.

Ferrero giebt auch das Modell eines Thors, auf das ich hier jedoch nicht eingehen kann, da es nicht zur Ausführung gelangt ist.

Von besonderem Interesse für unsern Gegenstand sind die
Vorschläge Ferrero's in Betreff der weitern Ausführung des Umzuges der Befestigung. Sie sind in seinem Geiste später zur
Ausführung gelangt. Die Befestigung des Bischofsberges, die
Herstellung der Inundationsschleuse und der damit zusammen-
hängenden Rektificirung des untern Laufs der Mottlau erwähnt
Hoburg. In Betreff des Hagelsberges hält F. es für genügend,
„die vorderste Spitze“, also den der Stadt zugewendeten Rand,
zu schleifen und zu vergleichen, so dass die dahinter liegenden
höhern Berge nicht schaden können. Man kann das nur als
eine Umgehung der Frage ansehen, um der Stadt nicht zu viel
auf einmal zuzumuthen.

In die Weiterführung der Stadtenceinte, wie sie Ferrero
vorschlägt, hat sich Hoburg nicht finden können und schweigt

darüber. Die Darstellung Ferrero's ist allerdings sehr aphoristisch, weil sie auf Grund einer Zeichnung (eines Modells, wie er sich ausdrückt), die nicht mehr vorhanden ist [1]), geschieht, aber sie ist nichts desto weniger verständlich. Er verbindet nämlich die drei festen Punkte des Umzuges: den Einfluss der Mottlau [2]), das Langgarten- und das heilige Leichnamsthor [3]), zu einem Halbkreise und vertheilt darin die ppr. 500 Ellen auseinander gelegenen Bastione derartig, dass die Schleuse, das Langgartenthor und der Ausfluss der Mottlau in der Mitte der Kurtine zweier Bastione zu liegen kommen [4]). Damit ist der ganze Umzug, wie er später zur Ausführung gelangt ist, gegeben.

Ferrero macht noch darauf aufmerksam, dass die alte Mauerbefestigung der Rechtstadt entfernt werden müsste, weil sie das Innere der Stadt sehr beengt [5]).

Die Vorschläge, welche Ferrero in Betreff der Ausrüstung mit Artillerie macht, sind sehr beachtenswerth und später grösstentheils berücksichtigt worden. Er veranschlagt die Geschützzahl, welche die Werke erfordern, auf 70 bis 100 Stücke

---

[1]) Ein Plan von Ferrero ist im Archiv allerdings vorhanden (II. 139) aber er betrifft nur die Aufnahme der bestehenden Befestigung.

[2]) Vom Gertrudenbastion ging damals ein Wall bis zur Mottlau, so dass der Einfluss derselben bestimmt war.

[3]) Genauer die anzulegende Schleuse, das Langgarten- und Jakobsthor. Der Mittelpunkt dieses Halbkreises liegt in der Langgasse am Rathhaus.

[4]) Der Text des Protokolls heisst: „Das Thor auf dem Langgarten legt er mitten auf die gassen und so, das es zwischen zwei pasteien recht mitten inne komme. Nach dem thor und nach dem Einfluss der Mottlau (der dritte Punkt ist das h. Leichnamsthor) der halb zirkel (Kreis) gemessen und den mit 500 Ellen ungefähr plus minus wie es der platz austragen will in Pasteien abgetheilt, doch so das auch der einfluss der Mottlau mitten zwischen 2 pasteien komme. Im gleichen vom Langgartenthor an den Ausfluss der Mottlau gemessen, das auch mitten zwischen zwo pasteien kommt, und von dannen wird nach dem Zirkel auch die heilige Leichnams Pastei (genommen)“.

[5]) Die Mauerbefestigung der Rechtstadt war im Laufe des 16. Jahrhunderts erhalten und mehrfach ausgebessert worden. Die beiden Pläne des Archivs der Stadt I 4 und I 5, wonach sie in den diesseitigen Plan Taf. II eingetragen ist, stammen aus dem Anfange des 17. Jahrhunderts. Taf. I bei Hoburg ist aus I 4, I 5 und I 7 des Archivs zusammengesetzt.

gegen den gewaltsamen Angriff und auf 200 andere gegen eine förmliche Belagerung. Von letzteren sollen 12 grosse Nothschlangen, 4 von 30- und 8 von 20 pfündigem Kaliber sein. Ausserdem verlangt er gleiche Abmessungen für die einzelnen Kaliber.

Das städtische Archiv besitzt ein Inventarium des gesammten Zeugs v. J. 1598 [1]), das geeignet ist, mit den Ansichten Ferrero's verglichen zu werden. Danach besass die Stadt zur Zeit 153 metallene und 90 eiserne Geschütze. Auf Weichselmünde kamen davon 33 metallene und einige wenige eiserne. Die Vermehrung der metallenen Röhre seit 1573 bestand aus einer 22 pfündigen Nothschlange, Lindwurm genannt [2]), 2— 15 pfündigen Feldschlangen, einer Anzahl von Halb- und Quartierschlangen und namentlich aus 15 Serpentinen (Scharfetinlein) von einpfündigem Kaliber, einer Geschützgattung, die bisher nicht vertreten war. Ausserdem waren i. J. 1600 zwei Karthaunen gegossen worden, der Löwe und die Löwin, welche eiserne Kugeln von 31 Pfund schossen, 14 Fuss lang waren und 98 Centner wogen. Wahrscheinlich stammen aus dieser Zeit auch zwei eiserne Stücke, Basilisken genannt, die im Inventar von 1604 erwähnt werden und von demselben Kaliber waren als die Karthaunen, aber Steinkugeln schossen. Ferrero fand die beiden metallenen Karthaunen viel zu schwer und meinte, dass sie um ein Drittel des Gewichts erleichtert werden könnten. Sie verschwinden auch bald aus den Zeugregistern und werden durch zwei andere ersetzt, Elephant und Rhinozeros, die 32 Pfund Eisen schossen und nur 75 Centner Gewicht hatten [3]). Auch die beiden Basilisken werden nicht mehr genannt, mögen sich also nicht bewährt haben. Die vorhandenen ältern schweren Kanonen, welche oben in dem Ver-

---

[1]) Fascikel 28. Militaria D. 7.

[2]) Der Lindwurm war wahrscheinlich der Zwillingsbruder des Basilisken, der in der Belagerung von 1577 erwähnt wird und dessen zersprungene Stücke nach dem Inventar von 1598 i. J. 1594 eingeschmolzen wurden.

[3]) Sie werden zuerst 1632 erwähnt, scheinen aber bereits 1625 vorhanden gewesen zu sein.

zeichniss von 1573 erwähnt wurden, waren von veralteter Konstruktion. Die Doppelkarthaune, der rothe Hund genannt,
stammte aus dem Jahre 1519, die einfache Karthaune, der
Schwan, war wahrscheinlich noch älter, denn sie hatte ganz dünne
Wände und war nur noch für Steinkugeln zu benutzen. Eine
22 pfündige Nothschlange wurde i. J. 1600 auf das 20-
pfündige Kaliber[1]) neu gebohrt, war aber immer noch 83 Ctr.
50 Pfd. schwer und 20 Fuss lang[2]).

Die übrigen metallenen Geschütze entsprachen nicht der
Anforderung eines gleichen Kalibers innerhalb der einzelnen
Gattungen. Es gab verschiedene Kaliber für Feldschlangen und
ebensoviele für Falkonets ($1^1/_2$-, 2-, $2^1/_2$-Pfdr). Dabei war der

---

[1]) In diese Zeit fällt der Brauch, das Kaliber nach dem Durchmesser
der Kugel zu bestimmen, während früher der Durchmesser der Seele, die
Mündungsweite, massgebend war. Für Danzig beginnt das mit dem Inventar
von 1604, wo die kleinen Kaliber sämmtlich um ein Pfund herabgesetzt werden.
Bei grössern Kalibern beträgt das noch mehr. So ist der Schwan im Inven-
tariumverzeichniss von 1598 als 30 pfündige Karthaune bezeichnet, in dem
von 1604 als 26-Pfünder. So ist es zu verstehen, wenn die 22 pfündige Nothschlange auf 20 Pfund gebohrt werden konnte. Löwe und Löwin werden
1604 31 pfündige genannt, waren aber nach der früheren Bezeichnung 32 Pfd.

[2]) Diese Notizen sind aus dem Invent. von 1604 Fasc. 28, Milit. D. 17
entnommen. Es ist nicht zu verkennen, dass die Artillerie des Platzes un-
verantwortlich vernachlässigt war. Man vergleiche nur die anderen Städte
damit. Nürnberg hatte zu derselben Zeit 5 schwere Legestücke von je
50 Centnern Gewicht, 6 Scharfmetzen (70-Pfünder), 5 Doppelkarthaunen von
demselben Kaliber, 14 Karthaunen incl. einer Nachtigal (50-Pfünder), von
denen 12—40 pfündige, 5 Singerinnen (25—30 pfündig), 8 Nothschlangen
(20-Pfünder), 4 halbe Karthaunen (20-Pfünder), 25 Feldschlangen (grösstentheils
10-Pfünder), 32 Falkonen, 27 Quartierschlangen, 39 Falkonete und 8 Scharfetinlein. Dazu 20 Mörser, 42 Steinbüchsen, 4 Hagelgeschoss, 3 Kammerbüchsen
und 5 Streubüchsen. Quellen pp. hrsgegb. vom germanischen Museum.
Anhang-Inventarium v. 1579, 1580.

In einer Eingabe an den Kaiser aus dem Ende des 16. Jahrhunderts hält der
Zeugwart Eglauer folgende Ausrüstung mit Geschützen für Wien erforderlich: „Einfache Karthaunen 24, Singerinnen 36, Nothschlangen 26, Quartierschlangen 48, Falkonen 50, doppelte Falkonet 60, einfache Falkonet 60,
Scharfetinel 120, Mörser oder Pöller 15, Haufnitzen 60". v. Hammer, dem
ich diesen Auszug des Ueberschlages, das ohne Datum ist, entnehme, bezieht
ihn irrthümlich auf die Belagerung von Wien 1529. Eglauer ist jedoch erst
den 4. April 1596 zum Zeugwart befördert worden. Meldemann, Wien S IX.

grösste Theil der metallenen Geschütze von ganz kleinem Kaliber (Halbschlangen von 4 Pfd., Quartierschlangen von 3 Pfd., Falkonets von höchstens $2^{1}/_{2}$ und Serpentinen von einem Pfund Geschossgewicht). An mittleren Kalibern waren nur vorhanden:

2—15 pfündige Feldschlangen	
8—10 „	„
2— 9 „	„
2— 7 „	„
4—12 „	Nothschlangen oder (schwedische) Doppelfalkonen
22— 6 „	Falkonen

in Summa 40 Stück (incl. Weichselmünde).

Die 23 Feuerkatzen waren nur für Schrot (Hagel) eingerichtet. Sie hatten im Durchschnitt 10 Centner Gewicht und waren zum Theil Hinterlader. Die Kammern fassten 4 Pfund Pulver.

Damit war den neuen Anforderungen, welche man an die Verwendung der Artillerie stellte, nicht Genüge geleistet. Wie wir aus dem Schreiben Fiecke's ersehen [1]), will er vom Holm aus die Front heilige Leichnam-Jakob bestreichen, und Ferrero schlug ein fünfeckiges Werk auf dem Bischofsberg vor, um von hier aus den Hagelsberg, die Sandgrube, den Stolzenberg und das Dorf Schottland durch Geschützfeuer zu beherrschen. Dazu waren schwere Kanonen erforderlich. Der Rath entschloss sich daher, 13 halbe Karthaunen von 20 pfündigem Kaliber und 52 bis 53 Centner Rohrgewicht herzustellen, die in den Jahren 1604 bis 1611 auch gegossen worden sind. Sechs davon, wahrscheinlich die zuletzt gefertigten, haben nur 43 bis 44 Ctr. Rohrgewicht [2]).

Wie das Inventarium des Zeugs v. J. 1604 [3]) nachweist, waren bis zu diesem Jahr auch die geringeren Kaliber um 26 metallene und 10 eiserne Geschütze vermehrt worden, so dass die Gesammtzahl dem Anschlage Ferrero's entsprach, nur dass

---

[1]) Siehe Anhang II.

[2]) Danziger Archiv 1604 und Ao. 1632. Verzeichniss der Stücke im Zeughause.

[3]) Danz. Archiv, Fasc. 28. Militaria D. 17.

ein Drittel davon von Eisen war. Bis zum Jahr 1609 wurden noch weitere eiserne Geschütze und zwar 20 Falkaunen und 27 Quartierschlangen beschafft, so dass die Zahl der Geschütze sich i. J. 1611, nach Herstellung der metallenen 20 pfündigen halben Kanonen, auf 177 metallene und 151 eiserne Röhren belief, von denen 47 metallene und 12 eiserne auf Weichselmünde kamen.

Da die in den Danziger Verzeichnissen des Artillerie-Materials in der 1. Hälfte des 17. Jahrhunderts enthaltenen Data, sowie einige andere Aktenstücke des Archivs einen sehr wichtigen Beitrag zur Geschichte der Artillerie in dieser für die Waffe epochemachenden Zeit gewähren, so habe ich diese Zeugnisse in einem besonderen Excurs des Anhanges verarbeitet und mit den Fortschritten anderer Mächte verglichen [1]). Es geht daraus hervor, dass die Stadt sich in dieser Beziehung auf der Höhe der Zeit hielt und diesem Gegenstande viel Aufmerksamkeit widmete. Sie verwendete jährlich eine bestimmte Summe auch in Friedenszeiten auf die Artillerie. Wir erfahren aus einem Ordnungs-Recess vom 27. Oktober 1732, dass die Stadt i. J. 1701 auf das Material 20 400 und i. J. 1731 43 041 fl. verausgabte [2]).

II. Die politische Lage.

Bevor ich zur Fortsetzung im Bau der Befestigungsanlagen von Danzig und Weichselmünde übergehe, ist es erforderlich, einen Blick auf die politischen Verhältnisse zu werfen. Der Krieg zwischen Polen und Schweden war i. J. 1600 wieder entbrannt und dadurch von unabsehbarer Dauer geworden, dass Schweden i. J. 1604 den Herzog Karl von Südermanland zum erblichen König von Schweden erwählte. Obgleich das polnische Preussen jede Theilnahme an diesem Kriege, der sich in Livland lokalisirte, ablehnte, wurde Danzig jedoch in Mitleidenschaft gezogen. In den Jahren 1603 und 1606 kreuzten schwedische Schiffe auf der Rhede der Stadt, und Karl forderte eine Erklärung von Danzig hinsichtlich seiner Neutralität, die in

---

[1]) Anhang III.
[2]) Hoburg. Gesch. S. 161.

Frage stand, weil König Sigismund von Polen den Handel nach Schweden untersagt hatte. Glücklicherweise kam 1609 ein Waffenstillstand zustande, der auch von Gustav Adolf anerkannt wurde, als er 1611 seinem Vater Karl folgte.

Es war der sehnlichste Wunsch Gustav Adolfs, sich mit Danzig auf einen freundschaftlichen Fuss zu stellen. Keiner vor ihm hatte die grosse strategische Wichtigkeit Danzigs in gleichem Masse erkannt. Aber Danzig war durch seine Handelsinteressen zu sehr an sein Hinterland Polen gefesselt, als dass es den Liebeswerbungen Gustav Adolfs hätte nachgeben können. Auf der andern Seite wäre ein offener Bruch mit Schweden von den übelsten Folgen für Danzig gewesen, denn Schweden war nicht mehr ein Annex Dänemarks, sondern hatte sich unter den Wasa's zu einem mächtigen Staat entwickelt, der eine zahlreiche Flotte unterhielt, welche den Handel Danzigs unterbinden konnte. Danzig suchte daher auch Polen gegenüber seine Neutralität zu wahren, um Schweden nicht zu verletzen, und kam der Aufforderung König Sigismunds, i. J. 1617 ein schwedisches Schiff, das in den Hafen von Danzig eingelaufen war, mit Beschlag zu belegen, nicht nach[1]. Als dann aber 1620 der Waffenstillstand ablief und der Wiederausbruch des Krieges bevorstand, musste sich Danzig bequemen, das Verbot der Ausfuhr von Lebensmitteln und Kriegsbedürfnissen, sowie das Verbot der Werbung für fremde Mächte, welches Sigismund erliess, zu beachten. Sigismund rieth dem Rath in einem Schreiben vom 23. September 1620 an, auf die Verstärkung der Befestigungen Bedacht zu nehmen[2].

Gustav Adolf brach im Sommer 1621 in Livland ein und legte sich am 13. August vor Riga, das am 16. September in seine Gewalt fiel. Schon vorher am 20. Juli hatte er an Danzig die Aufforderung geschickt, sich zu erklären, ob es in seinem Hafen die Ausrüstung einer ihm feindlichen Expedition gestatten würde. Die Stadt antwortete, nachdem sie die Angelegenheit vor den König von Polen gebracht hatte, ausweichend, doch

---

[1] Leidig. Beziehungen Gustav Adolfs zu Danzig. Zeitschr. des westpreussischen Geschichtsvereins Heft XIV. 1885 S. 11.

[2] Ständerecesse 66. Leidig S. 12.

knüpften sich daran keine weiteren Folgen, weil der Krieg 1622 durch einen Waffenstillstand unterbrochen wurde. Als aber Sigismund sich nicht an den Waffenstillstand gebunden erklärte, weil er ohne seine Zustimmung von den Ständen geschlossen worden war, und in Danzig einen Kaper ausrüstete, auch trotz der Vorstellungen der Stadt auslaufen liess, als ferner i. J. 1623 Sigismund in der Umgegend von Danzig eine grössere Expedition ausrüstete, sah sich Gustav Adolf veranlasst, mit 22 Schiffen vor Weichselmünde zu erscheinen (30. Juni). Am 1. Juli traf ein schwedischer Trompeter mit einem Schreiben des Königs in Danzig ein, worin er eine Erklärung verlangte, ob die Stadt gesonnen sei, den Waffenstillstand zu halten und in seinem Hafen keine feindseligen Zurüstungen zu dulden. Er verlangte bis zum Abend des 2. eine bestimmte Erklärung. Auch liess er zwei auslaufende Danziger Schiffe anhalten. Da König Sigismund am 1. Juli in Danzig eingetroffen war, sah sich die Stadt an die Entscheidung desselben gebunden. Es wurde, mit diesem eine Erwiderung vereinbart, worin die Stadt erklärte, den Waffenstillstand bis zum 1. Juli 1624 halten zu wollen und bis dahin keine feindseligen Handlungen gegen Schweden zuzulassen [1]). Die schwedische Flotte entfernte sich darauf zwar, aber Gustav Adolf stellte am 25. Juli 1623 als Antwort auf das Danziger Schreiben den Spiringen Kaperbriefe gegen Danzig aus [2]). Ausserdem schickte der König seinen geheimen Hofrath Rasche nach Danzig, der die nichtssagende und unverbindliche Erklärung desselben zurückgeben und eine vom Könige verfasste Neutralitätserklärung von Seiten Danzigs überreichen sollte [3]). Er traf am 30. Juli daselbst ein. Die

---

[1]) Der Danziger Rath bediente sich hierbei des kleinlichen Mittels, die Untersiegelung der Antwort durch den Ueberbringer desselben den Sekretair Millendorf mit seinem Privatsiegel vollziehen zu lassen. Leidig 26.

[2]) In betreff der Spiringe verweise ich auf Droysen, Gustav Adolf, und auf Leidig.

[3]) Gustav Adolf hatte offenbar eine unrichtige Auffassung von dem Verhältniss Danzigs zu Polen. Nach Lengnich soll er bei einer frühern Gelegenheit geäussert haben, dass er wohl wisse, wie die Stadt ihre Privilegien und Freiheiten hätte und nicht alles thun würde, was Polen von ihm haben wolle. Wie entgegengesetzt die Ansicht Sigismunds war, geht daraus her-

Zumuthung des Hofraths, „dass keine Ausrüstung oder Hostilität aus dem Hafen von Danzig vorgenommen werden solle", wies der Rath im Einverständniss mit den Ordnungen zurück, erklärte jedoch, dass er auf dem nächsten Reichstage eine General-Neutralität für Danzig beantragen werde. Der Hofrath reiste am 13. August wieder ab.

Gustav Adolf hatte zu dieser Zeit allen Grund, die Stadt Danzig rücksichtsvoll zu behandeln. Er trat gerade damals mit den evangelischen Mächten in Verbindung, nicht aus religiösen Motiven, sondern weil er bei der Ueberlegenheit der kaiserlichen Waffen fürchtete, dass sich die Kaiserlichen an der Ostsee festsetzen könnten. Er musste auf alle mögliche Weise zu verhindern suchen, dass Polen nicht durch Danzig Zutritt zur See erhielt und sich mit den Kaiserlichen verbündete. Da er nicht die Kräfte hatte, Danzig zu belagern, würde ihm eine Neutralitätserklärung genügt haben. Um sie zu erreichen, that er noch einen letzten Schritt, indem er sich an die Hansestädte Hamburg und Lübeck wendete, um zu diesem Zweck auf Danzig einzuwirken. Da auch dieses ohne Erfolg blieb und ein direkter Versuch vom 30. April 1624, Danzig zu bewegen, scheiterte, ging er zu feindlichen Schritten über und belegte alle in Schweden befindlichen Danziger Schiffe mit Beschlag. Als Vorwand dienten die Forderungen der Spiringe an Danzig, die Gustav in seinen Schutz genommen hatte.

Dabei blieb es vorläufig, weil die Verhandlungen Gustav Adolfs mit den evangelischen Mächten wegen einer Koalition gegen das Haus Habsburg infolge der Intriguen des Königs Christian von Dänemark keinen Fortgang nahmen und Gustav bestimmten, den Waffenstillstand mit Polen um 10 Monate (bis April 1625) zu verlängern. Zwar ging Gustav nach Ablauf desselben selbständig vor und eröffnete den Krieg mit Polen, doch blieb dieser zunächst auf Livland und Kurland beschränkt, so dass Danzig aufathmen konnte.

vor, dass er der Stadt eine Rüge ertheilte, weil sie der frechen Zumuthung des Königs von Schweden so devot geantwortet habe.

In einem Schreiben vom 30. April 1624 hat Gustav Adolf seine Auffassung des Verhältnisses Danzigs als freie Stadt zu Polen der Stadt auch schriftlich aufdrängen wollen (Archiv. Schubl. 97. Leidig 38).

Am 9. December 1625 kam ein Bündniss zwischen England, den Generalstaaten und Dänemark gegen den Kaiser zustande. Gustav wurde nachträglich aufgefordert, ihm beizutreten. Er verschmähte jedoch, einer Koalition beizutreten, die, obgleich er sie zuerst angeregt, ohne sein Wissen abgeschlossen war und ihm Bedingungen auferlegte, die ihm nicht genehm waren. Er entschloss sich zur Fortsetzung des Krieges gegen Polen, aber auf preussischem Boden. Es unterliegt keinem Zweifel, dass er sich die Eroberung des polnischen Preussens zum Ziele gesetzt hat, um Polen gänzlich vom Meere auszuschliessen, wie ihm gleiches 1617 durch den Frieden von Stolhowe mit Russland geglückt war. Die Eroberung wäre ihm wohl auch gelungen, wenn die Festsetzung der kaiserlichen Waffen an der Ostsee ihn nicht nach Deutschland abberufen hätte.

Gustav Adolf landete am 5. Juli bei Pillau, das er einnahm und dauernd besetzt behielt, und nahm dann im Fluge die Küstenstädte Ermlands in Besitz. Am 15. Juli ergab sich Elbing, am 18. Marienburg. Er bemächtigte sich sodann des grossen Werders, besetzte die Montauer Spitze und das Danziger Haupt, liess Dirschau gegenüber eine Schiffbrücke über die Weichsel schlagen und besetzte am 27. auch diese Stadt. Stuhm und Mewe ergaben sich noch vor Ende des Monats. Die polnische Armee war bei Graudenz erst im Sammeln begriffen. Inzwischen blockirte die schwedische Flotte unter dem Admiral Carl Carlson von Güldenhelm den Hafen von Danzig. Der Admiral liess Putzig besetzen, dessen Kastellan sich aus dem Staube gemacht hatte. Von Dirschau aus war Gustav mit Danzig in Unterhandlungen getreten und schickte schliesslich seinen Hofmarschall v. Falkenberg mit dem Konzept einer Neutralitätserklärung der Stadt zu. Da der Rath sich weigerte, diese zu unterschreiben, reiste Falkenberg am 13. August wieder ab, und Gustav erklärte am 14. die Stadt als Feind.

Sehen wir zu, in welchem Vertheidigungszustand sich dieselbe befand.

III. Der Festungsbau von 1603—1625.

Wir besitzen, worauf bereits hingewiesen wurde, vom Jahre

1617 einen Grundriss der Stadt Danzig mit 14 Blatt Ansichten aus dem Innern derselben unter dem Titel: „Praecipuorum locorum et adificiorum quae in urbe Dantiscana viduntur adumbrecio"[1]), ferner das grosse Kaersche Prospekt von Danzig von 1618. Aus beiden geht hervor, dass sich, wie dies auch anderweitig bestätigt wird[2]), seit 1603 in der Umfassung Danzigs nichts geändert hatte. Es ist das um so auffallender, da die Stadt i. J. 1603 die italienischen Ingenieure mit so grosser Ostentation verschrieben hatte. I. J. 1616[3]) trat der Rath mit der Forderung an die Ordnungen, auf 3 Jahre jährlich 20000 fl. bewilligt zu erhalten, um die Befestigung weiter zu führen. Er machte darauf aufmerksam, dass Hamburg das Jahr zuvor „ein gross Stück seiner Stadt mit Rundehlen, Wällen und Gräben befestigt und dabei ein leidliches Geld aus der Faust verdünget habe." Doch erst im folgenden Jahr bewilligte die 3. Ordnung die geforderten 60000 fl. Der Rath beabsichtigte. damit endlich die Schleuse am Einfluss der Mottlau in die Stadt zu erbauen[4]). wozu schon i. J. 1615 die Einleitung getroffen war, indem der grosse Bogen, den die Mottlau unmittelbar vor ihrem Einfluss beschrieb, abgestochen wurde[5]). Die neue Mottlau, wie dieser Abstich genannt wurde, traf in senkrechter Richtung die projektirte Walllinie[6]). Der Bau der Schleuse selbst begann erst i. J. 1619, nachdem die beiden Wasserbaumeister

[1]) Vgl. Archiv für die zeichnenden Künste Bd. XII S. 155, wo die Sammlung vom Prof. Bergau besprochen ist.

[2]) Der Planschrank des Danziger Archivs besitzt unter I 6 einen Grundriss der Stadt, der aus derselben Zeit stammt und wahrscheinlich von Hans Strakowski gefertigt ist. Er zeigt ebenfalls seit 1604, wo Bastion Gertrud beendigt wurde, keinen Fortschritt. Siehe auch die folgende Note.

[3]) Sitzung vom 17. März. Das Fischerquartier machte darauf aufmerksam, dass im Fonds des Wallgebäudes ein grosser Vorrath an Geld vorhanden sein müsse, da „etliche Jahre wenig gebaut worden sei". In diesen Fonds flossen nämlich die Gelder bei Aufnahme in das Bürgerrecht. Vgl. Hoburg S. 46 Note 3.

[4]) Ordnungs-Recess v. 17. März 1616. Hoburg hat diesen Recess übersehen und bringt die 60000 fl. unter ganz andern Verhältnissen vor.

[5]) Es geht dies daraus hervor, dass in diesem Jahr die „neue Mottlau" zuerst genannt wird.

[6]) Vergl. Taf XIII.

Wilhelm Jansen Benning alias Ketel und Adrian Olbrants,
Bürger von Alkmaer, in den Dienst der Stadt getreten waren[1]).
Sie waren kontraktlich verpflichtet, den Bau vor dem Monat
September 1620 über Wasser zu bringen[2]). Nach ihrer Quittung über den Lohn vom 21. September 1623 zu urtheilen, ist
der Bau erst zu dieser Zeit fertig gestellt worden. Sie erhielten dafür im Ganzen 65200 fl. polnisch. Die Aufsicht über
den Bau führte der Stadtbaumeister Hans Strakowski.

Die Stadt hatte 1619 ausserdem die beiden holländischen
Ingenieure Cornelius v. d. Bosch und Daniel von Büren in
Dienst genommen[3]). Sie erhielten den Auftrag, ihr Gutachten
über die Befestigung der Stadt einzureichen und unterm 8. Mai
die Erlaubniss, zu dem Zweck Zeichnungen von den Werken
aufzunehmen. Es handelte sich hierbei nur noch um die
specielle Vertheilung der Bastione, denn die allgemeine Anordnung der Umfassung nach dem Vorschlage Ferrero's, wonach diese in einem Halbkreise zu führen sei, wurde beibehalten. Da v. Büren bald darauf eine andre Bestimmung
erhielt, indem er nach Hamburg und Lübeck gesendet wurde,
um die dortigen Neubauten zu studiren und darüber zu berichten[4]), trat der Baumeister der Stadt Hans Strakowski an
seine Stelle. Die betreffenden Entwürfe wurden i. J. 1621
eingereicht und dem des Cornelius v. d. Bosch vom Rath der
Vorzug gegeben. Bei Vorlage derselben an die beiden Ordnungen
lehnte die 3. Ordnung am 15. Dec. den Bau jedoch ab[5]).

---

[1]) Ordnungs-Recess vom 22. August 1619.

[2]) Der Entwurf zum Bau der Schleuse nebst einem Wassergange, um
nöthigenfalls eine Mühle zu treiben, war bereits gemacht, so dass sie sich
nur verpflichteten, ihn pünktlich auszuführen. Der Kontrakt enthielt 73 Artikel. Hoburg, Gesch. der Festungswerke Danzigs S. 48, und ausführlicher
von demselben in den Preuss. Provinzialblättern 1852, Bd. 11.

[3]) 19. April. Danz. Archiv Fasc. 23, B. 16. Cornelius v. d. Bosch wurde
am 5. Juli auf 3 Jahre, jährlich mit 1000 fl. Besoldung, angestellt.

[4]) Die Berichte v. Büren's sind unter der Ueberschrift: „Berichte des
Danziger Abgesandten über ausgeführte Festungsbauten in Norddeutschland
und den Niederlanden" im Danziger Archiv Militaria C. 175, 176, 179, 180
niedergelegt.

[5]) Ordnungs-Recess vom 15. Dec. 1621. Die 3. Ordnung konnte sich
nicht darüber beruhigen, dass der Umfassung eine so grosse Ausdehnung ge-

Dennoch scheint dieselbe i. J. 1622 aus disponiblen Mitteln des Raths zunächst der Schleuse begonnen zu haben, indem die Bastione Maidloch und Wolf zu beiden Seiten derselben in Angriff genommen wurden [1]).

Auf die Forderungen des Raths am 29. Dec. 1622, die Mittel zum Fortbau der Werke für das Jahr 1623 betreffend, bewilligte die 2. Ordnung unterm 16. Februar 1623 40000 fl. und unterm 28. März noch 50000 [2]). Auch das Koggen- und Hohequartier der 3. Ordnung liessen sich herbei, auf die Vorstellung des Raths, dass die bestellten Baumaterialien, die nächstens eintreffen würden, bezahlt werden müssen, 40000 fl. zu bewilligen. Der Rath war dadurch in den Stand gesetzt, i. J. 1623 den Bau der Umfassung auf dem rechten Mottlauufer zwischen dem Werderthor und dem Austritt des Flusses aus der Stadt, welche Punkte zunächst zu sichern waren, beginnen zu lassen [3]). Es kam hierbei darauf an, die beiden Arme der Mottlau, welche die Speicherinsel bilden und sich weiter unterhalb wieder trennten, noch innerhalb der Befestigung zusammenzuführen, damit sie nur an einem Punkt durch den Wall gingen. Es geschah dies in der Art, dass der Hauptarm in seiner Richtung erhalten blieb und der östliche

---

geben werden sollte. Sie forderte die Einsetzung einer Kommission aus allen 3 Ordnungen, welche im Verein mit den Baumeistern die Festungswerke nochmals untersuchen sollte. Die anderen Ordnungen fanden darin nur eine unnöthige Verschleppung. Vergl. Hoburg S. 44, Ordn.-Rec. v. 16. Febr. und 4. März 1622.

[1]) Es geht dies daraus hervor, dass der Rath unterm 11. April 1623 von den beiden angefangenen Bastionen zur Sicherung der Schleuse spricht und deren Fertigstellung im Lauf des Sommers in Aussicht stellt. Vergl. Hoburg S. 47. Bastion Maidloch liegt zwischen Bastion Gertrud und der Schleuse. Beim Bau desselben muss eine Rektificirung des Bastions Gertrud erfolgt sein, das eine Erweiterung nach links erfuhr, die sich noch gegenwärtig ausspricht, indem die ursprüngliche Flankenkasematte in der Poterne im Innern des Bastions noch erhalten ist. Nachrichten darüber sind nicht vorhanden, auch Hoburg schweigt davon. Aeusserlich drückt sich die Umänderung der ursprünglichen Anlage in der bedeutend längeren linken Face im Vergleich zur rechten aus.

[2]) Die bezüglichen Ordnungs-Recesse theilt Hoburg S. 46 bis 49 im Auszuge mit.

[3]) Es ergiebt sich das aus dem ferneren Wortlaut.

kleinere Arm noch innerhalb der Umfassung hineingeleitet wurde. Auch musste darauf gerücksichtigt werden, dass bei Ausführung der Bastione am alten Schloss und am alten Rambau die Radaune hinter den Bastionen weg in diesen einen Ausgang geleitet wurde [1].

Das Jahr 1623 hatte durch das Erscheinen Gustav Adolf's mit einer Flotte vor Weichselmünde die ganze Gefahr gezeigt, der die Stadt ausgesetzt war, und machte auch die 3. Ordnung willfährlicher. Sie bewilligte am 3. April 1624 [2]) auf die Forderung des Raths vom 17. Febr. 100000 fl. zur Vervollständigung der Stadtbefestigung und 33000 für Weichselmünde. Es wurde ein Kriegsrath gebildet [3]) und 2000 Knechte zu Fuss angeworben. Am 18. April wurde die Musterung beschlossen und aus den Niederlanden der Oberst Lisemann zum Oberbefehlshaber berufen [4]). Auch ein namhafter Ingenieur, Peter Jansen von Weerdt, wurde engagirt.

Bevor ich die Folgen dieser Beschlüsse für die Stadtbefestigung weiter verfolge, ist es erforderlich, das zunächst bedrohte Weichselmünde ins Auge zu fassen. Es war einer der ersten Beschlüsse des Kriegsraths, die Arbeiten in Weichselmünde sofort in Angriff zu nehmen. Der Rath hatte schon am 23. Mai 1623 [5]) den Ordnungen seinen Plan vorgelegt, das Fort quarré nach dem Vorschlage Ferrero's mit einem Erdwerk zu umgeben, war aber auf Widerstand gestossen. Erst nach dem Erscheinen Gustav Adolfs vor Weichselmünde am 1. Juli 1623 bewilligte die 2. Ordnung 30000 fl., wozu die 3. Ordnung erst am 3. April 1624 zustimmte. Das Werk wurde alsbald begonnen. Aber das Geld langte bei weitem nicht aus. Am 26. Juli mussten neue 30000 fl. zugestanden

[1]) Vergl. Taf. XIII, die Befestigung Danzigs v. J. 1660.

[2]) Ordnungs-Recess v. 3. April 1624.

[3]) Der Kriegsrath bestand aus dem Bürgermeister Spemann, den Rathsherren Ernst Kerk, Adrian v. d. Linde, Jakob Kannert und 4 Schöppen. Nach Eintreffen des Obersten Lisemann und des neuen Ingenieurs der Stadt, Peter Jansen, wurden auch diese zugetheilt.

[4]) Leidig S. 36. Der Sold der Hauptleute wurde auf monatlich 100 fl., der Lieutenants auf 30 fl. bemessen. Der Fussknecht erhielt 10 fl. Sold.

[5]) Ordn.-Rec. von diesem Tage. Hoburg 28.

werden [1]). Inzwischen war der Waffenstillstand auf 10 Monate
verlängert worden, was zur Folge hatte, dass die Söldner entlassen wurden. Die Ordnungen zeigten sich jetzt schwieriger,
so dass der Rath sich genöthigt sah, auf seine Verantwortung
noch 30000 fl. aufzunehmen [2]). Der Ausbruch einer Pest,
welcher die Verhandlungen der Ordnungen verhinderte, musste
als Entschuldigung dienen. Die Rüstungen Gustav Adolf's
machten die Ordnungen williger, so dass das Werk noch vor
Ankunft desselben geschlossen werden konnte. Dasselbe bestand
aus 5 Bastionen, die durch eine geräumige Esplanade vom Fort
quarré getrennt waren. Von der Weichsel unterhalb des Forts
ab gerechnet, führten sie die Namen: Putziger Winkel, Scharfenort, Schweinskopf (später Berg), Bleichplatz oder Köppel und
Bastion Weichsel. Seit Erbauung des Fort quarré hatte sich
so viel Land angesetzt, dass für die Ostfront noch genügender
Raum gefunden wurde, doch stiess die Spitze des Bastions
Scharfenort ans Meer, so dass die rechte Face desselben von
den Wellen bespült wurde und in der Länge von 32 Ruthen
eine Holzbekleidung erhalten musste. Der Graben umschloss
nur die südliche und westliche Front, da die Ostfront genügend
durch die See geschützt war. Er wurde durch Seewasser
gespeist. Gegen Versandung von der Weichsel aus wurde der
Graben durch einen Damm geschützt. Die Brücke über dem
Graben lag in der Kurtine der Westfront [3]). Ein vom Kriegsrath unterm 3. Mai 1624 projektirtes Werk [4]) auf dem linken
Weichselufer konnte erst 1627 in Angriff genommen werden
und wurde die Westschanze genannt. Infolgedessen erhielt
die Enveloppe des Fort quarré den Namen Ostschanze. Da
das linke Weichselufer bis zum Strande zum Kloster Oliva

[1]) Hoburg 129.
[2]) O.-R. v. 21. April 25. Ebenda 130.
[3]) Vergl. Taf. XII, Fig. 6.
[4]) Rec. des Kriegsraths von diesem Tage. Hoburg S. 131. Die Anregung zu diesem Werk scheint vom Oberst Gottberg ausgegangen zu sein,
dessen Rath man eingeholt hatte. Er schlug auch den Bau mehrerer Reduten
am Strande der Nehrung vor und, was besonders bemerkenswerth ist, den Gebrauch von Petarden unter dem Wasser. Für die Stadt hielt er 4000 Mann,
für Weichselmünde 1000 Mann erforderlich. Leidig S. 36.

gehörte, mussten mit demselben erst Unterhandlungen gepflogen werden. Die Danziger mussten sich verpflichten, das Werk nach Beendigung des Krieges wieder abzutragen.

Was man mit dem Werke beabsichtigte, ist nicht recht klar. Ein Brückenkopf konnte es nicht sein, da das Fort quarré nach der Weichsel hin kein Thor hatte. Auch konnte es nicht den Zweck haben, zu verhindern, dass der Feind sich daselbst festsetzte, um das Fort quarré und den Leuchtthurm von hier in Bresche zu legen, denn das Werk lag nicht dem Fort quarré gegenüber, so dass dies ungedeckt blieb. Man kann daher nur annehmen, dass das Werk einen gesicherten Landungsplatz für Truppen abgeben sollte, welche in der Nacht auf Kähnen von Danzig aus dahin transportirt wurden, um irgend eine Blösse, die der Feind gab, zu benutzen.

Die Schanze wurde in Form eines Hornwerks ausgeführt, das sich an die Weichsel lehnte, und dessen linke Flanke bis zum Abfluss des Sasper-Sees reichte. Die Verlängerung der rechten Flanke traf auf Bastion Weichsel der Enveloppe. Eine Brücke führte von der Kurtine der der Weichsel entgegengesetzten bastionirten Front über den nassen Graben.

Noch im Lauf des Krieges erhielt die Ostschanze zwischen den Bastionen Schweinskopf und Bleichplatz ein Ravelin. Da es keinen Eingang zu decken hatte, kann es nur den Zweck gehabt haben, das Terrain seitwärts zu bestreichen. Es wird in einer Nachweisung des Geschützes von Weichselmünde v. J. 1629 als „new Rafelin" bezeichnet und war mit 12 eisernen Geschützen armirt[1]). Später wurde das Ravelin nach dem danebenliegenden Bastion Schweinskopf oder Berg genannt.

Dasselbe Aktenstück führt auch noch ein anderes Aussenwerk „der hölzerne wamst" auf, das mit 6 eisernen 10-Pfündern armirt war.

Es ist damit die hölzerne Schanze auf der Ostspitze der Mole auf dem rechten Ufer gemeint[2]). Ein anderes Blockhaus,

---

[1]) Danz. Arch. Militaria Fasc. 32, A. 1629., 7. Febr. Auf Haus Weichselmünde an Geschütz vorhanden: Im new Rafelin 3—4 pfünder, 3—5 pfünder, 3—6 pfünder, 3—8 pfünder.

[2]) Das Werk kommt auch unter dem Namen „Blockhaus" vor und war

das nach dem Ordnungs-Recess vom 23. Decbr. 1626 vom Rath für dringend erforderlich gehalten wurde [1]), sollte an der Ostspitze des Holms erbaut werden.

Inzwischen war auch an der Stadtbefestigung rüstig weiter gearbeitet worden. Der Kriegsrath hatte dieselbe einer eingehenden Untersuchung unterworfen und trat am 31. Juli 1624 am hohen Thor zusammen, um die Werke abzugehen und ein Endurtheil abzugeben [2]). Er kam überein, dass das heilige Leichnams-Bastion und der Finsterstern zu erweitern seien und zwischen beiden ein Ravelin angelegt werden müsse, um das Thor und die Brücke, welche in der Kurtine zwischen beiden, als Ersatz der Brücken am heiligen Leichnams- und Jakobsthor, anzulegen wäre, zu decken. Das Ravelin brauchte jedoch erst „zu Zeiten eines feindlichen Anfalls" angelegt zu werden, mit dem Bau des Bastions Finsterstern am Jakobsthor solle aber vorgegangen werden, sobald die Bastei (Maid-

durch die Landanschwemmungen an der Mündung der Weichsel nothwendig geworden. Es ersetzte also das Blockhaus des 15. Jahrhunderts, welches dem Hause Weichselmünde den Ursprung gegeben hatte. Wie wir gesehen haben, war 1577 an der Stelle noch kein Blockhaus vorhanden und konnte es auch nicht sein, weil die Weichsel damals noch den Bogen nach Osten machte. Erst nachdem sie sich Anfang des 17. Jahrh. mehr nach Norden wendete und dadurch der Mole eine andere Richtung gegeben werden musste, war sein Bau an der Seite derselben möglich. Wir erfahren seine Existenz erst durch obiges Aktenstück von 1629.

[1]) Es heisst darin: „ein hölzernes Bollwerk, so nach der Weichsel offen zu Ende gemelter Lake (Botmannslake) auf der Spitze des Holms auf pfähle, weil das Land daselbst ganz wässrig, zu bauen." Die Schanze hatte den Zweck, die Verbindung der Stadt mit Weichselmünde sicher zu stellen, zu welchem Zweck schon seit Anfang des 17. Jahrhunderts·auf dem Holm, da wo die Laake (Bootmannslake) die Weichsel verlässt, die sogenannte Laakschanze bestand. Nach den Ordnungs-Recessen vom 17. Juni und 16. Juli 1626 sollten auf der Strecke von Weichselmünde bis zur Laake noch vier andre Schanzen erbaut werden, doch war nur eine davon zustande gekommen. Zur Deckung des Ueberganges von der Stadt zum Holm war ausserdem auf der Spitze am Einfluss der Mottlau in die Weichsel, genannt der polnische Haken, eine Redute vorhanden, die ebenfalls ältern Ursprungs ist und im 18. Jahrhundert das Blockhaus genannt wurde.

[2]) Danz. Archiv. Militaria Fasc. 25 C. 3, Consilium v. 31. Juli 1624.

loch) an der neuen Schleuse fertig gestellt sei[1]). Die Ordnungen erklärten sich mit den Vorschlägen des Kriegsraths einverstanden und bewilligten die Mittel zur Ausführung.

Mit dem Bau des St. Jakob-Bastions, wie das Bastion Finsterstern jetzt definitiv genannt wurde, konnte i. J. 1625 vorgegangen werden; die Erweiterung des Bastions heiliger Leichnam wurde noch aufgeschoben. Die Bauten auf dem rechten Mottlauufer beim Austritt des Flusses und am Werder- oder Langgartenthor nahmen ihren Fortgang. Es handelte sich um die zwischen beiden Punkten liegenden 4 Bastione Braun Ross, Eichhorn, Löwe und Ochs. Als der Rath aber am 21. April 1625 eine neue Geldforderung stellte, verweigerte

[1]) Es geht daraus hervor und wird auch anderweitig bestätigt, dass der Bau des Bastions Wolf auf der andern Seite der Schleuse sistirt worden war.

Die Conclusio oder das Protokol des Kriegsraths vom 31. Juli 1624 bringt noch andre Punkte zur Sprache. Die Werke der hohen Front wurden den neuern Grundsätzen der Kriegsbaukunst nicht mehr entsprechend befunden, doch musste von deren Umbau wegen anderer dringlicher Bauten Abstand genommen werden. Nur die Brustwehr sei für den Musketenschuss angemessen zu korrigiren. Hinsichtlich der Faussebraie, die Ferrero für nachtheilig erachtet hatte, führte Peter Jansen an, dass auch Prinz Moritz von Oranien diese Ansicht theile, weil die Besatzung derselben vom Granatschuss sehr zu leiden habe. Er halte jedoch die Faussebraie für ein nützliches Werk. Hinsichtlich der Gefahr eines Angriffs von den Bergen aus machte der Oberst Lisemann darauf aufmerksam, dass es seine grossen Schwierigkeiten habe, von dort aus weiter vorzugehen, um an den Graben zu gelangen, wie es sich namentlich 1610 bei der Belagerung von Jülich gezeigt habe. Er halte daher den Angriff von den Bergen nicht für gefährlich. Es wurde ferner der Beschluss gefasst, für die grossen Stücke keine Scharten anzubringen, sondern sie über Bank feuern zu lassen. Das Bastion heiliger Leichnam fand man ganz ungeschickt, die Flankenkasematten schwach und gefährlich und leicht zu demontiren, so dass die linke Face vom Bastion Finsterstern unbestrichen blieb. Gleiches sei mit der rechten Face desselben der Fall, da der Rambausche Thurm an der alten Schlossstätte, der diesen Zweck erfüllen sollte, leicht wehrlos zu machen sei. Der Oberst schlug daher vor, den Thurm mit Erde zu füllen und die Geschütze auf dem Plateau desselben aufzustellen. Peter Jansen war nicht damit einverstanden. Er hielt ein Ravelin, das die Kurtine und rechte Face des Bastions bestreiche, für angemessener. Es kann sich hier nur um eine provisorische Massregel handeln, da die Herstellung von Bastionen vom heiligen Leichnamsthor bis zur Mottlau bereits in dem allgemeinen Plan aufgenommen war und auch bald zur Ausführung desselben geschritten wurde.

sie die 3. Ordnung. Erst auf die Anzeigen des Königs Sigismund vom 30. April und 7. Mai, dass die Schweden den Waffenstillstand zu kündigen beabsichtigen und stark rüsteten, konnte sich die 3. Ordnung zur Bewilligung von neuen 100,000 fl. verstehen.

Das Bastion St. Jakob scheint i. J. 1626 bis auf die Faussebraie, die erst später ausgeführt wurde, fertiggestellt worden zu sein. Es wurde wie die Bastione auf dem rechten Mottlauufer in niederländischer Manier ausgeführt. Das Bastion nahm nicht, wie aus dem Protokoll des Kriegsraths vom 31. Juli 1624 gefolgert werden könnte, die Stelle des Finstersterns ein, sondern wurde am Ausgange des Schüsseldamms erbaut. Das Jakobsthor, das hier sich befand, ging ein, doch blieben die Thorthürme bestehen. Da sie sich in der Kehle des Bastions befanden, konnten sie ganz angemessen als Reduit benutzt werden. In Friedenszeiten wurden sie als Pulverthurm benutzt[1]). Bei Anlage des Bastions musste bereits auf die Weiterführung der Bastionärbefestigung bis zur Mottlau gerücksichtigt werden, und es ist sehr wahrscheinlich, dass deren Ausführung schon i. J. 1626 begonnen hat, weil die Schwäche der bisherigen Befestigung daselbst zu sehr in die Augen sprang und die Landung Gustav Adolfs bei Pillau dazu drängte. Merkwürdigerweise hat sich in den Akten keine Andeutung über diesen Bau erhalten. Eine einzige Notiz im Ordnungs-Recess vom 24. Januar 1633 findet sich vor, dass das Bollwerk an den Seigen (heutige Bastion Fuchs) „wegen bösen Grundes gesunken und abgekarrt worden sei, um einen festen Grund von Grandt und Sand herzustellen." Das Bastion muss zu dieser Zeit also vorhanden gewesen sein, und da seit 1627 keine grössern Bauten ausgeführt worden sind, muss der Bau 1626 und 1627 erfolgt sein. Es war dies schon wegen Sicherung des Ausflusses der Mottlau erforderlich, wohin die Radaune geführt wurde. Nur auf diese Weise lassen sich die ausserordentlichen Ausgaben der Stadt erklären, die i. J. 1626 500000 und i. J. 1627 800000 fl. betrugen[2]). Am 18. Februar 1627 forderte der

---

[1]) Der Thurm ist 1815 in die Luft geflogen.

[2]) Siehe die Zusammenstellung der Ausgaben bei Hoburg S. 61.

Rath allein 200000 fl. und ausserdem 10000 für ein Druckwerk
an der Schleuse, um die Stadt mit Trinkwasser zu versorgen für
den Fall, dass die Schweden die Radaune absperrten[1]). Eine
fernere Bestätigung meiner Ansicht liegt darin, dass Mangel an
Arbeitern eintrat und der Rath sich 1626 gezwungen sah, das
bürgerliche Scharwerk wieder anzuordnen. Durch Beschluss
vom 10. und 11. Juli 1626 wurden auch die Bauern vom Werder
zum Scharwerk herangezogen. Mit Eintritt der ungünstigen
Jahreszeit, seit dem 21. Oktober, wurde der Bau wieder auf
gemiethete Arbeiter beschränkt[2]) und scheint den Winter über
ganz geruht zu haben, denn die 2. Ordnung trug in der Sitzung
vom 23. Dec. darauf an, dass er wieder aufgenommen wird,
sobald das Wetter es erlaubt[3]). Die Sorge der 2. Ordnung erstreckte sich auch auf das Vorterrain, indem sie in derselben
Sitzung beantragte, dass der Steindamm, welcher vom Werderthor dem linken Weichselufer entlang führte, mit Durchlässen
für die Inundation versehen und der Ganskrug (siehe Plan
Taf. XIV) abgebrochen, sowie die Höhe daselbst abgetragen
werde, damit der Feind sich nicht daselbst festsetzen und
Batterien anlegen könne[4]).

Das Protokoll des Kriegsraths vom 31. Juli 1624 befasst
sich nur mit einem der Umgänge, die derselbe in pleno ausführte und zwar vom hohen Thor bis zum Finsterstern. Andre
Protokolle sind verloren gegangen. Wahrscheinlich stammt von
ihm auch der Vorschlag zur Erbauung einer Schanze an den
Mattenbuden, wie die Wohnungen der fremden Schiffer längs
dem rechten Mottlaufer vom Therhofe ab genannt wurden. Das
Vorhandensein der Schanze wird in dem Ordnungs-Recess vom
23. Dec. 1626 bezeugt, wo die 3. Ordnung beantragte, die
Schanze mit Geschützen zu armiren, ebenso wie den Hundewall
(vgl. oben S. 232) und den Schottischdamm[5]). Fragen wir nach
dem Zweck dieser Schanze, so liegt es nahe, dass sie den Rücken

---

[1]) Hoburg S. 54.
[2]) Ebenda.
[3]) Ordn.-Recess v. 23. Dec. 1626.
[4]) Ebenda.
[5]) Ebenda. Hoburg hat die Schanze an den Mattenbuden auf Taf. III
eingetragen, doch scheint dies nach seinem Gutdünken geschehen zu sein.

der Steinschleuse, wie man die Stauschleuse nannte, decken
sollte. So lange nämlich die Bastione vom Werderthor bis zur
Schleuse nicht erbaut waren, hatte der Feind freien Zutritt in
den Rücken der Schleuse. Auf die Erbauung der Schanze an den
Mattenbuden ist es wohl auch zurückzuführen, dass der Bau
von Bastion Wolf sistirt wurde, da es zum Schutz der Schleuse
wenig hätte beitragen können und andere Bauten der Umfassung
wichtiger waren.

I. J. 1626 wurde ferner das Legethor in der Kurtine
zwischen den Bastionen Gertrud und Maidloch erbaut. Bisher
hatte man sich mit einem Durchgange in der Kurtine hart an
der rechten Flanke von Bastion Gertrud beholfen, da wo der
alte Weg vom neuen Thor der Mauerenceinte nach dem Ger-
trudenhospital führte [1]).

Der König Sigismund empfahl in einem Schreiben vom 20.
Juli 1626 die Befestigung des Bischofsberges [2]), doch
glaubte der Rath bei der Dringlichkeit andrer Bauten nicht
darauf eingehen zu können. Die 2. Ordnung nahm jedoch in
der mehrerwähnten Sitzung vom 23. Decbr. 1626 die Idee wieder
auf, und in den Sitzungen vom 16. und 17. Novbr. 1627 trat
dem auch die 3. Ordnung bei, so dass der Rath i. J. 1628 zur
Ausführung schritt. Er verordnete unterm 11. Sept., dass das
bürgerliche Scharwerk zu Hilfe gezogen werde, und befahl unterm
17. Novbr. die Armirung der Schanze mit Geschützen. Am 14. Juni
1629 liess er einen vor der Schanze liegenden Hügel planiren [3]).
Die Schanze war nach der Stadt zu offen und für eine Besatzung von 750 Mann berechnet [4]). I. J. 1634, als sich der
Waffenstillstand mit Schweden zuende neigte, wurde die Schanze
förmlich armirt, die Gräben vertieft und die Brustwehr mit
Sturmpfählen versehen [5]).

Ich habe wenigstens in den Plänen des Archivs nichts davon gefunden. Nach
meiner Ansicht muss sie mehr nach Osten gelegen haben.

[1]) Hoburg verlegt das provisorische Thor irrthümlich in die rechte Face
von Bastion Gertrud, ohne seine Quelle anzugeben. Der Grundriss von Danzig
in der Kupferstichsammlung von 1617 ist hier die einzige Quelle.

[2]) Hoburg S. 65.

[3]) Danz. Archiv. Rathschlüsse v. 1610 bis 1629.

[4]) Hoburg S. 66.

[5]) Ebenda S. 67.

I. J. 1628 waren die im Bau begriffenen 4 Bastione auf dem rechten Mottlauufer so weit fertig, dass das Werderthor in Stein ausgebaut werden konnte[1]). Da der Krieg eine Wendung genommen hatte, dass eine Belagerung Danzigs nicht mehr zu fürchten war, schliefen die Arbeiten ein. I. J. 1629, wo die Polen durch eine kaiserliche Armee unter Arnim verstärkt wurden, sind gar keine Ausgaben für Bauten zu verzeichnen, obgleich die Stadt auf der sogenannten Schweinewiese, wie der Raum der heutigen Niederstadt genannt wurde, noch offen lag. Es fehlten hier noch 5 Bastione.

IV. Danzig und Weichselmünde im Kriege von 1626—1629.

Wenn Danzig in dem schwedisch-polnischen Kriege von 1626 bis 1629 auch keine Belagerung auszuhalten hatte, so ist es doch zeitweise blockirt gewesen, hat auch selbständige Unternehmungen ausgeführt und auf die Operationen beider Heere den wichtigsten Einfluss ausgeübt. Gustav Adolf hatte sich nach der Einnahme von Marienburg am 18. Juli 1626 im grossen Werder ausgebreitet, das Danziger Haupt[2]) und Dirschau[3]) befestigt. Am 24. rückte er in den Danziger Werder ein und besetzte Schloss Grebin, das von 200 Danziger Musketieren besetzt war, die er grösstentheils gefangen nahm. Er hatte die Absicht, Weichselmünde zu belagern, und liess zu dem Zweck am Danziger Haupt ein Munitionsdepot errichten. Eine Rekognoscirung der Festung am 14. September mochte ihn jedoch überzeugt haben, dass dies nicht so leicht sein werde, und da die polnische Armee sich bei Graudenz sammelte, liess er die Munition wieder einschiffen und nach Elbing abführen[4]).

[1]) Ebenda S. 54. Das Thor erhielt seitdem den Namen Langgartenthor. Der Ausdruck Werderthor ging, nachdem der durch den neuen Festungsbau abgeschnittene Theil von Langgarten, Kneipab, in die Befestigung gezogen wurde, auf das Thor von Kneipab über.

[2]) Das Danziger Haupt liegt auf der Danziger Nehrung an der Weichsel da, wo sich die Elbinger Weichsel abzweigt.

[3]) Dirschau hatte eine Mauerbefestigung. Der König legte südlich derselben bei Zeisskendorf ein befestigtes Lager an, das durch Palisadirungen verstärkt wurde.

[4]) Das Vorstehende nach Israel Hoppe, hrsg. von M. Toeppen. Diese Chronik bildet die Hauptquelle für den Krieg.

Er befahl die Befestigung von Marienburg und Elbing[1]) und wendete sich gegen die Polen, welche sich am 17. September vor Mewe gelegt hatten. Gustav Adolf war mit höchstens 16000 Mann in Preussen eingerückt[2]), die durch Besatzungen noch bedeutend geschwächt worden waren. Er ging daher mit der grössten Vorsicht an den Entsatz von Mewe, brachte es aber fertig, dass die Polen die Belagerung Anfang Oktober aufhoben und nach Pelplin zurückgingen.

Gustav Adolf bereitete sich darauf vor, die Winterquartiere zu beziehen, und liess die Brücken über die Weichsel und Nogat abbrechen. Die Polen legten sich das als Furcht aus und nahmen bei Falkenau an der Weichsel Stellung, während der König gegenüber der Montauer Spitze lagerte. Auf Betrieb der Danziger liess sich der König Sigismund zu Unterhandlungen bewegen, die sich aber zerschlugen. Sigismund begab sich am 28. Oktober nach Danzig und reiste von hier nach Thorn zum Reichstage. Gustav Adolf schiffte sich am 5. November nach Schweden ein[3]). Er hatte sich durch Besitznahme des Deltas der Weichsel und Nogat und durch die Befestigung desselben eine Operationsbasis (sedis belli nach dem damaligen Sprachgebrauch) geschaffen, die für einen Gegner wie die Polen, die zu Pferde fochten, unangreifbar war. In den vier befestigten Orten: Elbing, Marienburg Dirschau, und Danziger Haupt besass er Brückenköpfe, die ihm eine grosse Freiheit der Bewegungen gewährten und für die Vertheidigung des Deltas sehr vortheilhaft lagen. Bei seinen geringen Kräften konnte er nicht daran denken, den Strom direkt vertheidigen zu wollen, da die Ausdehnung zu gross war. Er rechnete auf die aktive Vertheidigung auf dem jenseitigen Ufer, wozu ihm die genannten festen Brückenköpfe ebensoviele Flankenstellungen boten. Auf diese

---

[1]) Beide Städte wurden mit einer Bastionärbefestigung umgeben.

[2]) Nach Geijer, Geschichte Schwedens 3, 119 war die schwedische Armee 13 Regimenter zu Fuss und 9 Kompagnien zu Pferde stark. Wenn Hoppe S. 68 die Armee 18000 Mann stark angiebt, so ist das entschieden zu hoch gegriffen. Erst nach Eintreffen der Verstärkungen, die Axel Oxenstierna aus Finland und der Graf Thurn aus Livland später zuführten, mag diese Zahl erreicht worden sein.

[3]) Hoppe 107—113.

Weise gelang es ihm. i. J. 1629 durch eine Flankenstellung bei
Marienburg selbst den Angriff der vereinigten Polen und Kaiserlichen zurückzuschlagen.

Für Danzig war die Nähe dieses befestigten Terrainab-
schnitts eine grosse Gefahr. Es wurde von Dirschau und vom
Haupt, und solange Putzig im Besitz der Schweden war, vollständig blockirt[1]). Gustav Adolf bediente sich, da er zu schwach
war, um Danzig belagern zu können, derselben Mittel wie einst
der Hochmeister unter gleichen Verhältnissen[2]), nur dass bei
den Schweden die Blockade zur See noch hinzukam. Hoppe
versichert, dass im Winter von 1626 zu 1627 täglich 1500
Danziger Bürger auf Wache ziehen mussten[3]). Ausserdem war
durch das Danziger Haupt die Schifffahrt auf der Weichsel
gesperrt.

Die Stadt machte in den Jahren 1626 und 1627 ausserordentliche Anstrengungen zu ihrer Sicherheit. Welche Summen
sie auf die Festungswerke verwendete, haben wir oben gesehen[4]).
Sie nahm ausserdem 5000 Söldner an[5]). Die Inundation war
seit dem 26. Juli 1626 angespannt[6]). Im Herbst dieses Jahres
wurden bei Käsmark dem Haupt gegenüber Schanzen aufgeworfen[7]), um den Danziger Werder gegen die Besatzung des
Haupts zu schützen und namentlich die Weichselschifffahrt frei
zu machen. Wie es scheint, ging von Käsmark aus auch eine
Anschlusslinie in der Richtung auf Gr.-Zünder zur Inundation[8]),

---

[1]) Ebenda 132.

[2]) Vgl. oben S. 128.

[3]) Hoppe 132.

[4]) Siehe S. 302—309.

[5]) Lengnich, Gesch. der Lande Preussen, kgl. poln. Antheils, Danzig 1727
5, 194. Hiernach hätten die 5000 Söldner eine jährliche Ausgabe von 960000 Fl.
veranlasst.

[6]) Ordn.-Rec. v. 16. Juli 1626. Hoburg S. 48. Danzig wie Schweden
zählten nach dem Kalender alten Styls. Für die Ordnungs-Recesse habe ich
ihn beibehalten, im Text ist dagegen der neue Styl angewendet.

[7]) Die Zeit der Erbauung ist nirgends angegeben, doch werden sie in
dem mehrfach erwähnten Ordnungs-Recess vom 23. Dec. 1626 bereits erwähnt.

[8]) Der Feldmarschall Hermann Wrangel rückte nämlich am. 29. Dec.
1626 abends aus seinem Hauptquartier Marienburg mit 1000 Pferden und
800 Musketieren nach dem Danziger Werder und drang bis Gross-Zünder vor,

wodurch eine Front gegen Dirschau hergestellt wurde. Die Verbindung dieses Abschnitts mit Danzig wurde durch den Steindamm auf dem linken Weichselufer vermittelt, der sich über der Inundation erhob.

Der König von Polen hatte den Kronfeldherrn Koniecpolski mit den Quartanern[1]) zum Schutz des Landes in Preussen zurückgelassen. Koniecpolski erwies sich als unternehmend. Am 18. November wurde Wormdit eingenommen, gegen Ende des Monats ein allerdings misslungener Versuch auf Mewe gemacht. Der grosse Werder wurde im Lauf des Winters wiederholentlich heimgesucht und im Dezember wurden mehrere Anschläge auf Putzig gemacht, woran auch die Danziger theilnahmen. Die Unternehmungen gegen Putzig, das mit 700 Schweden besetzt war und sich der Stadt Danzig besonders unbequem erzeigte, wurden auch im neuen Jahr fortgesetzt. Ende Januar 1627 wurde ein Ueberfall auf das Danziger Haupt von der Nehrung her über Schönbaum geplant, woran sich 1000 Polen und 800 Danziger Söldner betheiligten. Sie wurden jedoch durch Kanonenfeuer abgewiesen. Eine grössere Unternehmung der Danziger unterstützt von Polen fand am 22. Februar von der Nehrung aus über das zugefrorene Haff gegen Elbing statt, die auch insoweit gelang, dass das Bollwerk am Ausfluss der Nogat versenkt und das Tief gesperrt

„wo sich der Dantzker Volk mit Assistenz der Pohlen als in einem Frontierdorf aufhalten sollten" (Hoppe S. 135). Es entspann sich hier ein Gefecht, in welchem gegen 40 der Gegner „erlegt" und einige Gefangene mit nach Marienburg genommen wurden. Dass das Dorf genommen worden ist, wird nicht erwähnt. Alarmglocken hatten die Nachricht nach Danzig getragen, von wo wahrscheinlich Verstärkungen im Anmarsch waren. Die Stelle Hoppe's ist füglich nicht anders zu verstehen, als das Gr.-Zünder verschanzt war und sich hier ein Abschnitt befand, in dessen Umfassung das Dorf lag. Darauf deutet der Ausdruck Frontierdorf. Die Grenze des Danziger Gebiets ging bis in die Nähe von Dirschau. Einen Angriff auf die Käsmarker Schanzen konnte der Feldmarschall bei seiner geringen Stärke und ohne Artillerie nicht ausführen. Das Unternehmen Wrangels scheint eine Rekognoscirung mit obligater Plünderung des Werders, soweit er zugänglich war, gewesen zu sein.

[1]) Die Quartaner bildeten eine stehende Reitertruppe, welche wegen der Einfälle der Tartaren errichtet und an der Ostgrenze des Reichs aufgestellt war. Bei Ausbruch des Krieges war sie nach Preussen gezogen worden.

wurde. Von grösserer Wichtigkeit noch war die Einnahme von Putzig am 29. März. Die Schweden übergaben die Stadt nach längerer Blockade. Dagegen misslangen 2 Unternehmungen gegen das Danziger Haupt am 28. April und 2. Mai. Um ferneren Anfällen zuvorzukommen, wurde schwedischerseits der Graf von Thurn zur Besetzung der Nehrung entsendet, dem es gelang, am 12. Mai 1000 Stück Vieh der Stadt Danzig unter den Kanonen von Weichselmünde wegzutreiben.

Inzwischen waren bei Eintritt der bessern Jahreszeit die Schanzen bei Käsmark mit einer zahlreichen Artillerie armirt worden zur Beschiessung des Danziger Haupts. Man wollte dadurch der Besatzung die Zufuhr abschneiden und sich selbst die Schifffahrt der Weichsel wieder öffnen. Es blieb das auch nicht ohne Wirkung auf die Schweden. Der Feldmarschall Wrangel liess an der Montauer Spitze eine starke Schanze aufwerfen und eine Kampe mitten in der Weichsel bei Dirschau besetzen, um die Schifffahrt zu hindern[1]. Als dann Gustav Adolf, der sich am 14. Mai in Stockholm eingeschifft hatte, in Preussen ankam, verfügte er sich alsbald nach dem Danziger Haupt und koncentrirte daselbst die Armee. Die Musterung derselben ende Mai bei Bärwalde, gegenüber Käsmark, ergab eine Stärke von 9000 Musketieren, 2400 Reitern, ohne die Pikeniere[2], die etwa halb so stark als die Musketiere angenommen werden können. Obgleich er bei Dirschau die Brücke wieder hatte herstellen lassen[3], zog er es vor, den Angriff auf die Käsmarker Schanzen auf Kähnen auszuführen. Wir haben darüber den Bericht des Königs vom 2. Juni, dem Tage des Angriffs: „Die Disposition war, dass wir durch den Grafen von Thurn und Herrn Johann Baner den ersten Angriff machen wollten und nachher ihnen mit den Pikenieren sekundiren. Die Leute wurden auf die Boote vertheilt und alles wäre gut gegangen, wenn jeder sein devoir gethan und unsere ordres befolgt worden wären. Aber bloss ein Boot unter Axel Duvall kam an das andere Ufer. Die übrigen blieben auf dem Sande

---

[1] Das Obige nach Hoppe.
[2] Ebd. 177.
[3] Ebd. 175.

sitzen. Ein Theil ruderte dahin, wo wir nicht befohlen, so
dass alles turbirt wurde. Da setzten wir uns in ein kleines
Boot, die Sachen zu redressiren. — Und weil es bei solchen
Gelegenheiten etwas warm hergeht, wurden wir durch einen
Schuss im Bauch verwundet . . . . Der Graf von Thurn wurde
verwundet und der Kapitän Axel Duvall gefangen." [1]).

Ueber die Stärke beider Parteien ist nur so viel bekannt,
dass Koniecpolski, der persönlich zur Stelle war, 4000 Polen
nach der Ankunft des Königs in Pillau herbeigeführt hatte [2]).
Ebenso stark mag das deutsche Fussvolk (Danziger Söldner)
gewesen sein, das die Schanzen besetzt hielt.

Der König war eben im Begriff, seinen Angriff von Dirschau
her zu wiederholen — seine Wunde war ungefährlich und bald
geheilt —, als er die Nachricht erhielt, dass der polnische
General Potocki vor Braunsberg stehe [3]) und alles darauf hin-
deute, dass eine Verrätherei im Spiele sei. Er liess den
Kanzler bei Dirschau zurück und brach mit dem vierten Theil
seiner Armee nach Braunsberg auf, wo er auch noch rechtzeitig
eintraf, um die Polen zu vertreiben und bis Wormdit zu verfolgen. Inzwischen hatte sich Koniecpolski am 29. Juni vor
Mewe gelegt und liess sich auch durch einen Einfall des
schwedischen Kanzlers in den Danziger Werder, der den Zweck
hatte, ihn von Mewe abzuziehen, darin nicht irre machen. Mewe
fiel am 12. Juli wegen Mangel an Wasser in seine Gewalt [4]).

Es zeugt von der Bedeutung, welche der König auf die
Danziger Schanzen legte, dass er keinen Entsatzversuch auf

---

[1]) Geijer. Gesch. Schwedens 3, 125. Im wesentlichen stimmt Hoppe
(S. 177) mit diesem Bericht überein.

[2]) Hoppe 176: „Der polnische Feldherr sammelte sich umb das Kloster
Pelplin etwa in 4000 Mann und rückte mit Assistenz der Dantziger und allem
deutschen Volke in den Dantziger Werder dem Haupt über und lagerte sich
daselbsten willens dem Könige von Schweden den Pass über die Weissel zu
wehren." Gustav Adolf schrieb am 20. Mai (10. a. St.) an seinen Schwager,
den Pfalzgrafen, von Pillau aus: „und haben (wir) vor, dem Feinde unter die
Augen zu gehen, der in Allem 9000 Mann stark . . . und auf den Danziger
Werder vorgerückt ist." Geijer 3, 124.

[3]) Geijer 125.

[4]) Hoppe 182 ff. Lengnich 202 giebt den Tag der Uebergabe an. Die
Besatzung erhielt freien Abzug.

Mewe machte. sondern nach seiner Rückkehr aus dem Bisthum sich mit den Vorbereitungen zum Angriff auf die Schanzen beschäftigte. Er fand an demselben Tage statt, wo sich Mewe ergab. Gustav Adolf ging diesmal sehr methodisch zuwerke. Er passirte bei Dirschau die Weichsel und verwendete den 12. und 13. zur umfassenden Beschiessung derselben vom linken und rechten Ufer der Weichsel. Als er dann am 14. ernstliche Anstalten zur Erstürmung machte, verliess Oberst Lisemann, welcher den Oberbefehl hatte, die Hauptschanze und sendete den polnischen Hauptleuten Befehl zu folgen. Diese wurden jedoch von den Schweden ereilt und gefangen genommen. Der Oberst Lisemann scheint einen geordneten Rückzug nach Danzig auf dem Steindamm ausgeführt zu haben, da er die Verfolger in einem anderthalbstündigen Gefecht hinhielt und glücklich Danzig erreichte. Er wurde noch dadurch begünstigt, dass der schwedische Hauptmann Achatius Tott, welcher beim Dorf Langenfelde zum Schutz des Rückens aufgestellt war, von 13 Kompagnien polnischer Hussaren angefallen wurde, so dass der König Truppen zu seinem Entsatz absenden musste. Tott schlug sich mit seinen 3 Kompagnien zu Ross und zwei zu Fuss glücklich durch. Der Oberst Lisemann hatte das ganze Material in den Schanzen zurückgelassen, so dass den Schweden 22 Geschütze, 5 metallene und 17 eiserne, 30 ganze Tonnen Pulver, 60000 Musketenkugeln, 40 Fass Danziger Bier und andre Lebensmittel in die Hände fielen. Die Schanzen blieben von den Schweden besetzt und wurden ausgebessert[1]).

Es war die Hauptwaffenthat des Feldzugs, wenn sie auch durch den übereilten Rückzug Lisemanns[2]) ziemlich unblutig verlief.

Gustav Adolf wendete jetzt seine ganze Aufmerksamkeit auf ein Projekt, das schon Stefan Bathori beschäftigt hatte[3]), den Danziger Arm der Weichsel am Haupt abzudämmen und den Strom durch den Elbinger Arm in das Haff zu führen.

---

[1]) Ebenda 185.

[2]) Der Oberst Lisemann wurde dafür auf Veranlassung des Königs von Polen aus dem Dienst Danzigs entlassen. Lengnich 203.

[3]) Vergl. oben S. 265.

Er interessirte sich so lebhaft dafür, dass er die Arbeit in der Folge mehrfach inspicirte[1].

Der König wendete sich darauf gegen den Kronfeldherrn Koniecpolski, der inzwischen bedeutend verstärkt worden war und westlich Dirschau hinter den morastigen Ufern der Mottlau bis Spangenau (Spangau) Aufstellung genommen hatte[2]. Nach mehrfachen glücklichen Gefechten, worin sich die taktische Ueberlegenheit der Schweden, namentlich der Pistole über die Lanze und vor allem der schwedischen Disciplin zeigte, war Gustav Adolf am 18. August im Begriff, durch eine Umgehung über Liebschau auf dem Damme nördlich des gleichnamigen Sees[3] einen entscheidenden Sieg davon zu tragen, als er schwer verwundet wurde und nach Dirschau transportirt werden musste. Das Gefecht wurde infolgedessen abgebrochen[4]. Die Kriegslage war am Schluss des Feldzugs, von Mewe abgesehen, das in den Händen der Polen blieb, gegen das Jahr 1626 wenig verändert[5]. Gustav Adolf begab sich Ende Oktober wieder nach Schweden. Am 28. Novbr. erlitt die schwedische Flotte auf der Rhede von Danzig eine empfindliche Niederlage. Der König von Polen unterhielt nämlich infolge des Bündnisses mit dem Kaiser 9 Kriegsschiffe, die vor der schwedischen Flotte im Hafen von Danzig Schutz fanden. Sie benutzten den Umstand, dass die auf der Rhede liegende schwedische Flotte unter dem Vice-Admiral Niclas Sternschild augenblicklich nur aus 6 Schiffen bestand, von denen vier sich bei Hela befanden, und liefen am genannten Tage vor Tagesanbruch bei günstigem Winde mit 7 Schiffen aus der Weichsel, ohne vom Gegner wegen starken Nebels bemerkt zu werden. Das schwedische Admiralschiff wurde von allen Seiten umgeben

---

[1] Hoppe 192, 202, 206.

[2] Ebenda.

[3] Das Schlachtfeld ist dasselbe wie in dem Gefecht von Liebschau 1576 (s. oben S. 245), nur dass die Polen auf dem entgegengesetzten Ufer standen.

[4] Hoppe 194. Geijer.

[5] Wormdit wurde von Gustav Adolf noch vor seiner Abreise nach Schweden wieder eingenommen (19. Oct.). Nach Geijer S. 128 wurden bei dieser Gelegenheit zuerst die ledernen Kanonen des Obersten Wurmbrandt angewendet. Die genaueste Beschreibung derselben findet sich bei Hoppe S. 213.

und erstiegen und nach hartnäckigem Widerstande genommen, der schwer verwundete Admiral gefangen. Das andere Schiff sprengte sich in die Luft. Die vier bei Hela liegenden Schiffe rührten sich angeblich wegen widrigen Windes nicht von der Stelle und entkamen schliesslich nach Pillau [1]).

Diesem günstigen Erfolge gegenüber, wovon die Danziger den meisten Vortheil hatten, wurden sie nicht wenig durch die Fortschritte der Verdämmung am Haupt beunruhigt, die Oxenstierna, der vom Könige zurückgelassen worden war, nach dem Unfall zur See desto eifriger fortsetzen liess. Da in den folgenden Jahren nicht weiter davon die Rede ist, scheint die Verdämmung durch den Eisgang im Jahr 1628 weggeschwemmt worden zu sein.

Während des Winters hatte Danzig wieder von den Raubzügen der Schweden zu leiden. Der bedeutendste wurde im November durch den Feldmarschall Wrangel in Person ausgeführt. Mit 3 Regimentern Fussvolk und 25 Kornet Reitern plünderte er den Danziger Werder aus und schreckte Danzig durch Streifereien bis an dessen Thore [2]).

Gustav Adolf langte am 25. Mai 1628 wieder in Pillau an und liess die Blockade Danzigs zur See sofort wieder eröffnen. Die polnische Flotte rettete sich in die Weichsel. Der König begab sich alsbald nach dem Haupt und liess durch Johann Baner, den Kommandanten desselben, eine Rekognoscirung von Weichselmünde ausführen, wo neue Werke, die Ostschanze, aufgeworfen worden waren [3]). Baner fand bei dieser Gelegenheit die polnische Flotte auf der Weichsel in hohem Grade ausgesetzt und berichtete darüber dem Könige. Dieser zog die Armee am 4. Juli von Marienburg nach Neuteich und führte eine Rekognoscirung mit dem Regiment Finnen des Obersten Essen (Nessa) und 200 Reitern durch den Wald der Nehrung gedeckt auf Weichselmünde aus. Da er die Flotte in der von Baner geschilderten Verfassung vorfand, verstärkte

---

[1]) Hoppe 224.

[2]) Ebenda 222.

[3]) Ebenda 249: „Die Aussenwerke, welche sie zwar schon vor etzlichen Jahren zuvor angelegt und angefangen, aber nunmehr allererst gefertigt hatten.“

er sich in der Nacht zum 5. und führte 8 lederne Kanonen und
2 halbe Karthaunen gegen die Flotte vor. Die Schiffe wurden
aus den Karthaunen mit glühenden Kugeln beschossen und das
eine, dessen Pulverkammer getroffen war, wurde in die Luft
gesprengt. Zwei andere, jedes von 30 Kanonen, wurden so
beschädigt, dass eins sank und das andere Feuer fing, welches
jedoch durch einen starken Regen, der einfiel, gelöscht wurde.
Die übrigen Schiffe benutzten den günstigen Wind, um sich
nach der Stadt zu retten[1]). Die Geschütze auf den Wällen,
sowohl von der Stadt als von Weichselmünde aus, waren nicht
unthätig gewesen, auch vom linken Ufer der Weichsel aus
wurden die Schweden beschossen, aber ihre Verluste waren nur
gering. Ein Ausfall hat nicht stattgefunden.

Der König ging am folgenden Tage nach Dirschau zurück
und erschien am 12. Juli vor dem Werderthor von Danzig mit
1500 Musketieren, 2000 Pferden und 6 ledernen Kanonen.
Er näherte sich bis auf 2 Büchsenschüsse und rekognoscirte
die Werke. Vierundzwanzig Trompeter, die er bei sich hatte,
täuschten die Stadt über seine Stärke. Erst als er wieder ab-
rückte, debuchirten drei Kompagnien Reiter aus der Stadt,
wurden jedoch vom Rittmeister von Oppeln, der die Arriere-
garde führte, zurückgewiesen, indem er Musketiere zwischen
den Reiterhaufen aufstellte. Bei ihrem Rückzuge zur Stadt
wurden sie von zwei ledernen Kanonen beschossen[2]).

Die Polen sammelten sich zu dieser Zeit bei Mewe. Gustav
Adolf hatte daher die Musse, sich am folgenden Tage nach Praust
zu begeben, das er vollkommen ausrauben liess und mit reicher
Beute nach Dirschau zurückkehrte. Es war der letzte Akt,
den Gustav Adolf gegen Danzig ausübte. Er muss die Ueberzeugung gewonnen haben, dass er mit seinen Kräften[3]) nichts
gegen die Stadt ausrichten könne. Wenn man bedenkt, dass

---

[1]) Hoppe 259.

[2]) Ebenda.

[3]) Das Heer, womit Gustav Adolf am 19. August 1628 von Marienburg
zur Belagerung von Strassburg aufbrach, bestand aus 63 Kornet Reitern,
11 ½ Regimentern zu Fuss, 18 Geschützen (4 halbe Karthaunen, 8 Viertel-
karthaunen, 4 Feldstücke, 2 eiserne Geschütze) und 22 lederne Kanonen.
Mehr hätte der König auch gegen Danzig nicht aufbringen können. Sie be-

der Besitz von Danzig der Hauptzweck in diesem Kriege war, da es ihm vor allem darauf ankam, die Polen zu verhindern, sich auf der Ostsee mit den Kaiserlichen, deren Absichten auf dieselbe sich gerade in dieser Zeit entwickelten, zu verbinden, so gelangt man zu der Ansicht, dass es ihm nur noch darauf ankam, sich mit Ehren aus diesem Kriege zu ziehen. Das war nur möglich, indem er die Polen zum Frieden zwang. Das einfachste Mittel hierzu wäre gewesen, wenn der König ihnen eine empfindliche Niederlage beibrachte. Aber Koniecpolski hatte aus den Gefechten bei Dirschau im August 1627 die Lehre gezogen, eine Schlacht zu vermeiden, den Gegner aber fortwährend durch Streifkorps, namentlich auf seinen Märschen zu belästigen. Beides gelang ihm im fernern Verlauf des Feldzuges von 1628 vortrefflich. Er konnte allerdings dadurch nicht hindern, dass Strassburg am 4. Oktober in die Hände der Schweden fiel, aber die schwedische Armee wurde hart mitgenommen. Eine weitere Skizzirung des Krieges würde die Grenzen unserer Aufgabe überschreiten, da Danzig, von einzelnen Unternehmungen untergeordneter Art in die nächste Umgebung abgesehen, keine Rolle mehr spielt. Die Blockade zur See hinderte die Schifffahrt nicht, da Gustav Adolf sie nur durch Erhebung von Zöllen, die für Danzig allerdings verloren gingen, als Einnahmequelle benutzte. Dagegen ist eine oberflächliche Kenntniss des 6jährigen Waffenstillstandes, der am 26. Sept. 1629 zu Altmark geschlossen wurde, erforderlich, weil sie auf die Fortführung des Festungsbaus von Einfluss wurde. Marienburg, der grosse Werder, Stuhm und das Danziger Haupt sollte von Brandenburg in sequestrum besetzt, dagegen den Schweden als Entgelt ein Theil Ostpreussens mit Memel eingeräumt werden. Vier Wochen vor Ablauf des Waffenstillstandes sollten diese Gebiete wieder ausgetauscht werden. Die Schweden behielten Pillau, Elbing, Braunsberg, einen Theil der Danziger Nehrung etc. im Besitz. Während des Waffenstillstandes sollten Unterhandlungen zur Herbeiführung eines definitiven Friedens geführt werden [1]).

---

deuten gegen 15000 Mann. Ausserdem war die polnische Armee vorhanden, um sich einer Belagerung von Danzig zu widersetzen.

[1]) Lengnich 230.

Die Polen waren mit ihren Mitteln zu Ende. Dennoch war die Stimmung gegen die Kommission, welche den angeblich für Polen schmachvollen Waffenstillstand abgeschlossen hatte, sehr bitter, bis der Kron-Grosskanzler auf dem Reichstage zu Warschau am 13. November erklärte: „dass, wenn Jemand darthun könnte, dass die Krone den Krieg mit Nutzen hatte länger führen können, er geschehen lassen wolle, dass man ihn und diejenigen, welche mit ihm den Vergleich geschlossen, als Leute, die gegen ihre Pflicht gehandelt, den Schweden ausliefern und den Krieg fortsetzen möge“.

Für Danzig war die Waffenruhe eine Wohlthat, obgleich die Bedingungen nicht ganz befriedigten. Die Stadt berechnete ihre Schulden nach Millionen und hatte noch nichts von den ihr von seiten des Reichstags zugesagten Tonnen Goldes erhalten [1]). Sie sind auch in der Zukunft ausgeblieben.

V. Der Festungsbau von 1630—1655.

a) an der Stadt.

Der Festungsbau hatte in den Jahren 1628 bis 1630 wegen gänzlicher Erschöpfung der Stadt wenig Fortschritte gemacht, dass er aber nicht gänzlich eingestellt worden ist, wie man daraus schliessen könnte, dass in diesen Jahren keine ausserordentlichen Mittel bewilligt worden sind, ergiebt sich daraus, dass i. J. 1630 beschlossen wurde, das bürgerliche Scharwerk in eine Abgabe zu verwandeln [2]), wonach jedes Haus wöchentlich 10 Groschen erlegen sollte. Die Armen sollten wöchentlich einen halben Tag herangezogen werden [3]). Im November wird dann die Arbeit ganz eingestellt, weil die dadurch gebotenen Mittel sich als zu gering erwiesen [4]). Auch spricht es der Rath in seinen Vorlagen (Praepositiones) v. 16. Juni

---

[1]) Ebenda 232.

[2]) Rathschluss vom 30. Juli 1630. Hoburg S. 55 ist irrthümlich der Ansicht, dass die Arbeit in diesen Jahren ganz geruht hat. Daher weiss er vom Bau des Bastions Roggen nichts zu sagen.

[3]) Ordnungs-Recess v. September 1630.

[4]) Die Auflage hatte in 3 Wochen nur 1400 Thaler eingebracht. Hoburg 55.

1633 ausdrücklich aus, dass, wenn auch mit geringen Mitteln weiter gebaut worden ist[1]).

Wie es scheint, ist in den obigen Jahren das Bastion Roggen, sogenannt nach dem Rathsherrn gleichen Namens, dessen Garten hier lag, und in den Jahren 1631 und 1632 das heutige Bastion Kaninchen bis zur Hälfte erbaut worden. Der Rath spricht sich darüber in der Sitzung vom 27. Januar 1633 wie folgt aus: Jm vorigen Jahr seien drei absonderliche gebew unter henden gewesen, erstlich ist eine ganze pastey am langen garten gemacht (Kaninchen), bis auf die schwarze erde, damit sie sollte besetzet werden, welche von einem andern Ort, nemlich vom Hundewall[2]) geholet und zudem ein graben bis an die newe Mottlau hat müssen geführet werden. Zum andern ist das bei den Seigen, wegen bösen grundes gesunkene Bollwerk (Bastion Fuchs) abgekarret und ein fester grund von grandt und sand gemacht worden[3]). Drittens ist eine neue Schlensse an der Mottlau an der Contrescarpe ganz gefertigt worden, da man bei zeiten, wenn es gedrange ist, die ledigen gefäss (Kähne) und drifften (Holzflösse) kann durchlassen[4]) . . . nun seien noch drey bollwerke übrig[5]), welche, wenn sie fertig seien, eine geschlossene stalt geben werden".

1. J. 1633 wurden dann die Bastione Bär und Aus-

---

[1]) In der Praepositio des Raths vom 16. Juni 1633 heisst es: „Das Wallgebäude ist bisher aus den Geldern, so hin und wieder demselben zugefallen, continuiret worden, nun aber zu solchen extremis kommen, dass, wofern diese woche keine Erklärung erfolgt, das aus den Hilfsgeldern ein guter vorrath dazu gereicht werde, gänzlich wird eingestellt werden müssen, wodurch dasjenige, was nun schon angefangen ist und nicht geringes gekostet hat, wiederum zerfällt, . . . hernach aber doppelte Unkosten erfordert würden".

[2]) Vergl. oben S. 232.

[3]) Vergl. oben S. 308. Hoburg führt diesen Umstand S. 56 zwar an, erwähnt aber nichts über die Zeit des Baues der Bastione Fuchs, Luchs und Mottlau.

[4]) Vergl. Plan Taf. XIII, wo die Schleuse nach dem Plane bei Puffendorf (Leben Karl Gustavs) eingetragen ist. Die Schleuse war durch die Kurtine Wolf—Aussprung geführt, deren Kontrescarpe damals bereits fertig war. Siehe Hoburg S. 55, wonach die Kontreskarpe für die ganze Front bis zur Schleuse 1630 in Arbeit war.

[5]) Es sind die heutigen Bastione Bär, Aussprung und Wolf gemeint.

sprung zugleich in Angriff genommen, weil der Boden des
einen reich an Sand, der des andern aber schlammig war, so
dass der überflüssige Sand des einen für das andere verwendet
werden konnte. Das Bastion Bär wurde 1634 fertig gestellt,
von Aussprung war nur der Grund gelegt worden. In der
Praepositio des Raths v. J. 1635, 12. Febr., heisst es dann:
„Da das Wallgebäude noch nicht gänzlich zu ende gebracht
und noch zwei bollwerke bei der Schleussen (Aussprung und
Wolf), (ferner) das heilige Leichnamsthor[1]), die Brücke,
die Mauer an der Faussebraie (von Bastion St. Jakob)
und andere nothwendige werk zu verfertigen hinterstellig
seien".

Wir erhalten dadurch einen Anhalt dessen, was in den
Jahren 1634 und 1635 geleistet worden ist. Die Stadt machte
in diesen Jahren ausserordentliche Anstrengungen[2]), weil der
Waffenstillstand mit Schweden am 11. Juli 1635 ablief. Zunächst bestätigt die Praepositio, dass das Bastion Bär 1634
beendet worden ist, da nur noch zwei Bastione an der Schleuse
auszuführen blieben[3]).

Mit dem Umbau des Bastions heiliger Leichnam war schon
i. J. 1634 begonnen worden. Der Rath sprach sogar die
Hoffnung aus[4]), dass es in diesem Jahr noch beendet werden würde,
was auch wahrscheinlich erfolgt ist, da es in der Praepositio nicht
erwähnt wird. Der i. J. 1626 begonnene Bau des Bastions
St. Jakob nahm sehr viel Zeit in Anspruch, weil er wegen
der Nähe der Berge ein hohes Profil erforderte. Noch i. J.
1631 war zu dessen Ausbau Geld bewilligt worden[5]). Wie
die Praepositio des Raths v. 12. Febr. zeigt, war zu dieser

---

[1]) Es ist damit das jetzige Jakobsthor gemeint.

[2]) Es wurden im Jahre 1634 105000 und 1635 100000 fl. von den
Ordnungen bewilligt.

[3]) Von diesen wurde das Bastion Aussprung noch 1635 beendet, wie
aus dem Ordnungs-Recess vom 2. April 1636 hervorgeht. Von dem andern
(Wolf) wird in den folgenden Jahren nichts mehr erwähnt, so dass anzunehmen
ist, es sei 1637 beendet worden.

[4]) Ordnungs-Recess vom 12. und 26. Juli, und 14. September 1634.
Hoburg S. 58.

[5]) Ordn.-Rec. v. 17. Juli und 17. Septbr. 1631. Hoburg S. 56.

Zeit die Mauer der Faussebraie noch nicht hergestellt, scheint aber 1635 erbaut worden zu sein. Auch das Thor und die Brücke desselben in der Kurtine von „heiliger Leichnam—Jakob" war noch nicht fertig. Beide wurden erst 1635 beendet, so dass die Brücke des Bastions „heiliger Leichnam" abgebrochen werden konnte.

Was die andern „nothwendigen Werk" betrifft, die in der Praepositio des Raths v. 12. Febr. 1635 erwähnt werden, so haben sie Bezug auf einen Beschluss des Kriegsraths vom 6. Novbr. 1634 und ein darauf bezügliches Gutachten des Ingenieurs Cornelius Jansen v. 15. Novbr. desselben Jahres.

Der Beschluss des Kriegsraths v. 6. Novbr. lautete[1]): „1) wird nötig erachtet, dass die Stadt an den Orten, wo sie noch offen ist, nämlich am heiligen Leichnamsthor und bei der Schleuse mit Wällen und Bollwerk geschlossen werde. 2) Dass der gefährliche Damm im graben zwischen den plattformen (Bastion Katz) und der Karrenpastey weggethan werde[2]). 3) Dass die Riedewand an der Elisabethpastey mit einem Ravelin oder was sonsten am besten angesehen werde, versichert wird. 4) Dass die Streichwehren allda besser accomodirt werden. 5) Stadtgraben am Gertrud-Hospital mit einem gedeckten Weg[3]) zu versehen. 6) Das Hospital und die daselbst angelegte (Salvator-) Kirche durch ein Hornwerk zu sichern".

Andere Punkte betreffen den Bischofs- und Hagelsberg, sowie Weichselmünde und werden seiner Zeit erwähnt werden.

Das Gutachten des Ingenieurs Jansen verlangt von dem Legen-, hohen- und heiligen Leichnamsthor, wie anfänglich das Jakobsthor genannt wurde, die Anlage von Ravelinen, schlägt vor, zu dem Walle an der Schweinewiese die Erde im Winter anfahren zu lassen, damit sie im Frühjahr geschüttet werden könne. Besonders sei der Winkel zwischen dem hohen Thor

---

[1]) Danz. Arch. Militaria C. 30.

[2]) Hoburg giebt S. 58 diesen Punkt zweifach wieder, indem er sagt, den gefährlichen Gang im Stadtgraben bei dem Bastion Karren muss man wegräumen.

[3]) Hoburg sagt S. 58 irrthümlich Kontreskarpe für gedeckten Weg.

und der Riedewand zu beseitigen [1]) und zur besseren Flankirung
beider Linien ein Redan anzulegen. Noch andere Punkte
werden erwähnt, so namentlich die Erhöhung des bedeckten
Wegs von der Schleuse bis zum Lege-Thor [2]).

Eine Einschränkung erfuhren diese Vorschläge durch einen
am 21. Mai 1635 abgehaltenen Kriegsrath, dem auch der neu
ernannte Kommandeur der Danziger Truppen, Oberst Christoph
von Houwald, beiwohnte [3]). Es wurde darin beschlossen:
1) dass der Vorschlagk mit den Ravelinen nochmals auszustellen sei, 2) dass das bollwerk bey der Riedewand auf die
manier, wie es der Herr Oberst hat verzeichnen lassen, zu acco-
modiren sei, sobald es die gelegenheit leiden könnte. Mittler-
weile aber sollten die beiden (Flanken) Kasematten an der
Cortine gegen den Hagelsbergk über (Heilige Leichnam-Elisabeth) secundum correctionem des Herrn Obersten förderst also
angebracht werden, dass man damit wasserpass (wagrecht)
schiessen könne. Weil auch befunden, dass bei der Veränderung
des obengedachten Bollwerks (Elisabeth) der dabey liegende
Thurm (der sogenannte Halbmond) renovirt werden muss und
von jedermann abgesehen werden kann, dass es mit Abbrechung
desselben viel Zeit erfordern würde, so ist gleichfalls gut befunden, dass bei zeiten derselbe gebrochen werde [4]).

Wie aus den Ordnungs-Recessen hervorgeht [5]), wurden diese

---

[1]) Es ist der Winkel gemeint, in den sich die linke Face des Bastions
Elisabeth brach.

[2]) Hoburg S. 61, 62.

[3]) Houwald war am 25. April in Danzig angekommen. Er war ein
geborener Sachse und hatte 12 Jahr in schwedischen Diensten gestanden, aus
denen er i. J. 1634 schied. Lengnich 6, 58.

[4]) Danz. Arch. Militaria B. 149 (Fascikel 13).

[5]) Von besonderem Interesse sind die Ordnungs-Recesse vom 6. August
und 4. September 1635, welche die Schwierigkeiten des Raths gegenüber der
3. Ordnung ans Licht stellen. Am 6. August beklagt sich dieselbe, dass die
Deputirten der Bürgerschaft selbst persönlich den Wall und Thurm des halben
Monds, wie ein Erb.-Rath behauptet, in Augenschein genommen und befunden
hatten, weil er (der Thurm) gefährlich, das er möchte abgebrochen werden,
so berichten doch die Deputirten, dass sie zwar die Werke in Augenschein
genommen, aber durchaus nicht, wie solches Werk abzubrechen, zu verändern
und zu verbessern conclusion gemacht. Daher es der 3. Ordnung fast fremd

Vorschläge des Kriegsraths auch im Laufe des Jahres 1635 ausgeführt [1]), ausserdem wurde aber auch das Ravelin vor dem Jakobsthor in Angriff genommen.

Alle diese Ausführungen waren im Grunde bereits von Ferrero vorgesehen und in Vorschlag gebracht worden [2]).

Auch Weichselmünde war bei den Rüstungen Danzigs in den Jahren 1634 und 1635 nicht unberührt geblieben. Nach dem oben angeführten Kriegsrath vom 6. Novbr. 1634 sollten die Gräben am Obstbollwerk mit Palisaden versehen oder der Wall höher geführt werden [3]). Schon früher hatte sich der Uebelstand geltend gemacht, dass der Dünensand die Gräben füllte. Man hatte daher den Graben 1625 mit Bohlen bekleidet, hatte aber keinen Erfolg davon gehabt [4]). Wahrscheinlich sollten die Palisaden dem abhelfen.

Der Umstand, dass die Westschanze nicht dem Fort quarré gegenüber lag, machte eine Kommunikation derselben mit dem Fort sehr schwierig. Es war wünschenswerth, der Schanze gegenüber einen gesicherten Landungsplatz zu haben. Man führte daher oberhalb der Ostschanze und im Anschluss an dieselbe ein Aussenwerk auf, das den Pfahlhof einschloss und gegenüber der Westschanze einen Hafen enthielt. Es wurde mit zwei Bastionen versehen, von denen das eine west-

vorkommt, dass auch über vorige gebew noch mehr Werke vorm heiligen Leichnamsthor (das Ravelin nämlich) angefangen und man dazu willens sei, ein Stück vom Spittel abzubrechen. . . .

Der Rath antwortete unterm 4. Septbr., es befremdet f. f. Rath „dass die Deputirten der 3. Ordnung vorwenden, dass ohne ihr Vorwissen die Verbesserrung „am halben Mondt" und den beiden Bollwerken nach der Altstadt wärts vortgesetzt worden, dass (vielmehr) f. f. Rath berichtet worden, dass auf aurathen, und eingebrachtem abriss des Herrn Obersten vollkommentlich darüber deliberirt, der Ort besichtigt und es für höchst nöthig befunden worden, dass man damit eilen solle, einhellig beschlossen worden ist und also ferner unnöthig gewesen ist zu deliberiren, wie es soll gebrochen werden".

[1]) Hoburg S. 60.

[2]) Vergl. oben S. 289.

[3]) Die betreffende Stelle heisst: „Die Gräben von der grossen Schanze für die Münde bei dem Ostbollwerk mit Palisaden zu verwahren oder den wall allda etwas höher aufzuführen." Die Palisaden sollten also vor dem Graben stehen.

[4]) Hoburg S. 133.

lich sich an die Weichsel lehnte und das andere zwischen dem erstern und dem Bastion Bleichplatz der Ostschanze mitten inne lag[1]). Eine andere Erweiterung des im Ganzen sehr beschränkten Raums der Ostschanze schlug der städtische Baumeister Georg von Strackwitz i. J. 1635 vor, indem er 60 Ruthen vor der Spitze des Ravelins Schweinskopf, auf dem sogenannten Drillplatz, ein Hornwerk erbauen wollte. Doch ging der Rath nicht darauf ein. Dagegen bewilligten die Ordnungen die Mittel zur Erbauung eines massiven Pulvermagazins für die Ostschanze.

Zur Sicherung der Verbindung der Stadt Danzig mit Weichselmünde hatte der Kriegsrath vom 9. Novbr. 1634 beschlossen, „an dienlichen Orten“ Reduten anzulegen. Die Werke, die früher zu diesem Zweck angelegt worden waren[2]), scheinen demnach in Verfall gerathen zu sein. Näher sprach sich ein Beschluss des Kriegsraths vom 10. Juli 1635 aus[3]): „Die Bootmanslake am Orte, wo sie in die „Weichsel fällt auf den Nothfall mit Reduten zu versehen. Der Oberst von Houwald war jedoch anderer Meinung und reichte am 23. Juli ein „Memorial“ ein[4]), worin er empfiehlt „das Werk auf dem Damm an der grossen Lake anzufangen und schleunigst zu verfertigen.“ Zu dem Zweck sei ein tägliches Scharwerk von 150 Mann erforderlich.

Es ist die Zeit, wo Gefahr im Verzuge war. Am 11. Juni war die Schanze am Danziger Haupt wieder den Schweden eingeräumt worden, wie es der Waffenstillstand vom Jahre 1629 stipulirte. Der Krieg stand in voller Aussicht. Doch gelang es den auswärtigen Mächten Unterhandlungen einzuleiten, die am 9. September zum Stumsdorfer 26 jährigen Waffenstillstande führten. Die Schweden verpflichteten sich darin Preussen

---

[1]) Hoburg S. 133. Nach ihm ist das Werk i. J. 1633 erbaut worden, doch giebt er keine Quelle dafür an. Siehe Fig. 7 Taf. XII.

[2]) Vergl. oben S. 306 Note 1.

[3]) Danziger Archiv. Militaria Fasc. 25 C. 44. Nach demselben sollte die Redute am polnischen Haken ausgebessert, mit Stacketen versehen und mit Geschützen armirt werden. Es ist daher ein Irrthum, wenn Hoburg S. 110 sagt, sie sei 1641 erbaut worden. Nur erneuert ist sie worden.

[4]) Danz. Arch. Militaria E. 48.

zu räumen. Das Werk am Danziger Haupt, sowie die Danziger Schanzen von Käsmark im Danziger Werder und von Junker-trieb auf der Nehrung[1]) sollten geschleift werden.

Die folgenden Jahre wurden zur Beendigung der begonnenen Arbeiten benutzt. Die Ordnungen bewilligten dazu i. J. 1636 5000, 1637 30000 und 1638 30000 fl[2]). In diese Zeit fällt der Schluss der Stadtenceinte durch Fertigstellung des Bastions Wolf, die Entfernung der gemauerten Riedewand am Einfluss der Radaune in die Stadt und der Ersatz derselben durch eine hölzerne, die Erbauung eines Erdwerks davor und schliesslich die Gerade-legung der linken Face des Bastions Elisabeth und Erbauung einer starken Batterie im einspringenden Winkel, den diese Face mit der anliegenden Kurtine bildet. Die letztere Arbeit wurde erst 1639 ausgeführt[3]). Die im Kriegsrath vom 9. Novbr. 1634 in Aussicht genommene Erbauung eines Hornwerks am Hospital St. Gertrud unterblieb. Dafür wurden die dahinter liegenden Bastione Gertrud und Berg verstärkt. Nach den Ordnungs-Recessen v. 19. Febr. 1641 und 11. Apr. 1642[4]) ist in den Jahren am Bastion Gertrud eine Kasematte gegen das Hospital hin erbaut worden, wofür den Werkmeistern ohne den Kalk, welchen die Stadt lieferte, 14000 fl. bezahlt worden sind. Was damit gemeint ist, bleibt unverständlich. Wahr-scheinlich fällt in diese Zeit auch der Bau des gedeckten Weges vor Bastion Gertrud. Das Bastion Berg erhielt i. J. 1644 einen Kavalier, zu welchem die erforderliche Erde vom Bischofsberge entnommen wurde. Hierzu gab der Wasserbaumeister Adam Wybe eine besondere Vorrichtung an, welche durch Pferdekraft

---

[1]) Diese Schanzen müssen während des Waffenstillstandes erbaut worden sein. Dafür spricht auch, dass Georg von Strackwitz, Sohn des Hans, in einem Gesuch v. J. 1635 an den Rath seine Arbeiten an der Befestigung der Käsmärkschen Schanzen geltend macht. Hoburg S. 179.

[2]) Nach der Berechnung von Hoburg S. 61 hatten die seit 1620 ausge-führten Bauten der Stadtbefestigung einen extraordinären Aufwand von 1,670000 fl. (914116 Thaler 5 Gr.) verursacht. Nach einer Erklärung der 3. Ordnung vom 28. Septbr. 1638 betrugen die Schulden der Stadt in diesem Jahre über zwei Millionen Gulden (1,007400 Rthr.).

[3]) Hoburg S. 62.

[4]) Ebenda 63.

in Bewegung gesetzt wurde[1]). Das Bastion wurde seitdem Wieben genannt.

Die gesicherte Verbindung der Stadt mit Weichselmünde machte dem Rath viel Sorge. 1638 wurde hart am rechten Weichselufer, Schellmühl gegenüber, eine Schanze erbaut, welche Gevatterschanze genannt wurde. Daran schloss sich im folgenden Jahre der Bau der Herrenschanze weiter unterhalb an der Weichsel. Beide Schanzen waren durch einen gedeckten Weg mit einer Brustwehr nach der Weichsel verbunden[2]). Der Oberst von Honwald hielt das noch nicht für genügend und veranlasste den Rath, am städtischen Kalkofen (der heutigen Werft) in den Jahren 1638 und 1639 eine grössere Schanze anzulegen, welche die Verbindung der Stadt mit Weichselmünde auch auf dem linken Weichselufer sichern und namentlich ein Festsetzen des Feindes an der Weichsel unterhalb Schellmühl verhindern sollte[3]). Es zeugt von der hohen Autorität, welche der Oberst zu dieser Zeit genoss, dass der Bau von den Ordnungen genehmigt wurde, denn er kostete über 100000 fl. und war im Grunde überflüssig, da Weichselmünde auf dem rechten Ufer der Weichsel lag. Ein Festsetzen des Feindes auf dem linken Ufer an der bezeichneten Stelle konnte bei dem damaligen Zustande der Artillerie durch diese nicht verhindert werden, und da ein Uebergang von hier zum Holm nur in der Nacht ausgeführt werden konnte, hätte auch hierbei die Kalkschanze, wie man sie nannte, nicht entgegenwirken können. Was die Form der Kalkschanze betrifft, so bildete sie ein Kronwerk von 2 ganzen und 2 halben Bastionen, welche letztere sich an die Weichsel lehnten. Sie war wie die Bastione der Niederstadt mit doppelten Gräben versehen und nahm infolge dessen einen Raum von 20 Morgen ein, von denen nur 8 auf das Innere kamen[4]).

---

[1]) Hoburg S. 63 und Zeichnung V bei demselben. Der Baumeister Wybe, auch Wybe Adams aus Harlings genannt, war schon seit 1632 im Dienst der Stadt.

[2]) Ebenda S. 141.

[3]) Ebenda S. 62.

[4]) Siehe Tafel XIV, wo noch die Umrisse der Kalkschanze, die 1650 wieder abgetragen wurde, sichtbar sind.

Die bedeutende Vermehrung der Geschützausrüstung infolge der Erweiterung der Werke machte die Erbauung eines zweiten Zeughauses erforderlich, das in den Jahren 1644 und 1645 ausgeführt wurde. Es erhielt den Namen „kleines Zeughaus" und besteht noch gegenwärtig auf dem Wallplatz hinter der Kurtine Wieben—Gertrud.

Die Westschanze erhielt i. J. 1639 auf jeder Seite zunächst der Weichsel ein halb Bastion angesetzt, um die langen Seiten des Hornwerks zu flankiren. Auch die Ostschanze erfuhr im Jahre 1646 eine Erweiterung[1]), wozu wohl die Sicherung des Thors in der Kurtine Weichsel—Bleichplatz Veranlassung gab. Es wurde ein Ravelin, das Brücken-Ravelin, davor gelegt und zum Schutz des Ausganges aus demselben noch ein zweites Ravelin erbaut. Das ganze Aussenwerk, neben welchem beide Raveline lagen, wurde zu einem Hornwerk, dessen Front nach dem Holm zu lag[2]), umgebildet, wohl aus keinem andern Grunde, als weil die Hornwerke zur Zeit Mode waren. Man nannte das Aussenwerk Pfaffenschanze.

Von den im Kriegsrathe vom 6. Novbr. 1634 beschlossenen Werken blieb nunmehr noch die Befestigung des Bischofs- und Hagelsberges übrig, welche viel Kopfzerbrechen machte. Der Rath hatte schon i. J. 1635 den städtischen Baumeister Georg von Strackwitz beauftragt, einen Entwurf zur Befestigung des Hagelsberges zu fertigen[3]), doch war nichts darauf erfolgt, da der Waffenstillstand mit Schweden verlängert wurde. I. J. 1641 hatte der Rath sogar auf die Beschwerde des Bischofs von Kujavien, dass ein Theil der Schanze auf dem Bischofsberge auf seinem Grunde liege, die Schanze zur Hälfte abtragen lassen[4]). Man wiegte sich damals in Friedensgedanken, sollte aber bald daraus aufgerüttelt werden.

Der Aufstand der Kosaken und ihre Erfolge i. J. 1648, wo sie im Verein mit den Tartaren drei polnische Heere vernichteten, gab zu ernstlichen Besorgnissen Veranlassung, zumal

[1]) Hoburg S. 134.
[2]) Siehe Taf. XII Fig. 8.
[3]) Ebenda S. 67.
[4]) Ebenda S. 76.

da im Lauf dieses Jahres der König Wladislaw starb und ein Interregnum mit all den Irrungen bevorstand, welche die polnische Königswahl begleiteten. Der Rath von Danzig wendete sich unter diesen Umständen an die Generalstaaten der Niederlande mit der Bitte um Ueberlassung eines erfahrenen Ingenieurs. Er erhielt infolgedessen den Generalquartiermeister und Oberinspekteur aller Festungen der Niederlande Peter von Percewal zugesendet, der die Festungswerke einer genauen Prüfung unterwarf, namentlich aber die Befestigung des Bischofs- und Hagelsberges ins Auge fasste. Er wurde nach einer viermonatlichen Anwesenheit von seiner Regierung wieder abberufen. Das über die Aeusserungen desselben aufgenommene Protokoll wird im Anhange IV mitgetheilt.

Indem ich darauf verweise, sollen hier nur die Ansichten des Generals ganz im allgemeinen angedeutet werden, da bei Ausführung der Arbeiten noch darauf zurückzukommen ist.

In Betreff der Stadtbefestigung hielt der General ein Ravelin vor dem Legethor für erforderlich, verwarf die i. J. 1632 ausgeführte Schleuse, an deren Stelle ein Batardeau zu setzen sei und machte mehrere Vorschläge zur Sicherung der Steinschleuse. Die Ausführung der Umfassung der Niederstadt fand er für zweckmässig, nur wären die Wälle zu verbessern und namentlich die Brustwehren zu erhöhen. Die Werke beim Ausfluss der Mottlau aus der Stadt fand er unzureichend und gab die Mittel zu ihrer Verstärkung an. Um ein Eindringen des Feindes in den Fluss zu verhindern, wäre eine Redute auf dem Zimmerhof, die mit Geschützen zu armiren sei, zweckmässig.

Zur Befestigung des Bischofs- und Hagelsberges schlug er die Erbauung von je einem Hornwerk mit Ravelin und mit einem gemauerten Reduit vor und hielt die Verbindung beider Werke durch eine verschanzte Linie, sowie Anschlusslinien auf den Flanken mit der Stadtbefestigung für nothwendig. Die Anschlusslinie rechts müsste bis zur Kalkschanze geführt werden. Da sowohl der Bischofsberg, als namentlich der Hagelsberg von vorliegenden Höhen überhöht wurden, hielt er für nothwendig, kleine Schanzen auf diesen Höhen zu erbauen.

Die Kalkschanze sei abzutragen und durch eine steinerne Redute zu ersetzen. Gegenüber auf dem Holm sei eine Redute zu erbauen und eine andere von Stein an der Ueberfahrt.

Für Weichselmünde hielt er ein Hornwerk mit vorgelegenem Ravelin, wie es schon vom Ingenieur v. Strackwitz vorgeschlagen war, für zweckmässig. Das Bastion Scharfenort sei mit einer Faussebraie zu versehen. Zur Sicherung der Verbindung mit der Stadt hielt er den Bau einer grössern Schanze beim grossen Holländer[1]) für angezeigt, die ebenfalls mit einem gemauerten Reduit zu versehen sei.

Bemerkenswerth sind noch seine Anleitungen für die Vertheidigung. Er empfiehlt die Anwendung von Kontreapprochen und kleinere nächtliche Ausfälle von 10 bis 20 Mann gegen die nahen Arbeiten des Belagerers, und zwar so viel wie möglich. In den Aussenwerken will er Fladderminen und Magazine für Kraut und Loth, Handgranaten, Pechkränzen etc. eingerichtet haben.

An Besatzungen verlangt er für Weichselmünde in Friedenszeiten 300 Mann, in Kriegszeiten 800 Mann, die Westschanze soll in Friedenszeiten 150, in Kriegszeiten 300 Mann haben, die Pfaffenschanze zu Kriegszeiten 150 Mann; die beiden Hornwerke des Bischofs- und Hagelsberges mit den anliegenden Retranchements je 1000 Mann, die Stadtbefestigung 700 Mann. Im Ganzen incl. Holm sollte die Besatzung, welche die Stadt bei Kriegszeiten zu unterhalten hätte, 4000 Mann zu Fuss und 300 Reiter betragen, wobei darauf gerücksichtigt ist, dass die Bürgerschaft die Wachen in der Stadt versieht.

Da die politischen Verhältnisse sich i. J. 1649 infolge eines mit den Kosaken eingegangenen Friedens günstiger für Polen gestalteten, beeilte man sich nicht mit der Ausführung der vom General v. Percewal gemachten Vorschläge und unterwarf sie, namentlich was die Befestigungen des Bischofs- und Hagelsberges betrifft, einer sorgfältigen Prüfung durch die eigenen Ingenieure. Die grossartige Auffassung der Terrainverhältnisse

---

[1]) Ueber die Lage des grossen Holländers, einer Meierei, siehe Taf. XIII. Es ist die Stelle, wo die Franzosen 1811 das Fort Napoléon, jetzige Fort Kronprinz, erbauten.

von seiten Percewals stellte hinsichtlich der Befestigung beider
Berge eine Aufgabe, die alle bisher ausgeführten Festungsan-
lagen der Stadt in Schatten stellte. Dazu kam, dass die Ausführung, wenn einmal der Anfang gemacht worden war, in
kürzester Zeit ausgeführt werden musste, um nicht die Arbeit,
die auf einen Theil verwendet worden war, unnütz zu machen.
Man konnte nicht stückweise vorgehen, wie beim Bau der
hohen Front oder bei der Umfassung der Niederstadt, wo die
Stadt in beiden Fällen durch bereits vorhandene Befestigungen
gesichert war. Man hatte an der hohen Front v. J. 1535 bis
1573, also 38 Jahre, an der Umfassung der Niederstadt von
1623 bis 1637, also 14 Jahre, gearbeitet, jetzt galt es, womöglich in einem Jahre ein Terrain zu befestigen, das dem
Umfang einer neuen Stadt gleich kam. Bisher hatte man sich
mit der Idee getragen, den Hagelsberg ähnlich wie den Bischofsberg mit einer Schanze zu versehen. Percewal hatte gezeigt,
dass es darauf ankam, nicht bloss diese beiden Werke zu erbauen, sondern sie auch miteinander und mit der rückliegenden
Stadtbefestigung zu verbinden und diese Anschlüsse, wenn sie
ihren Zweck erfüllen sollten, so widerstandsfähig zu machen,
dass sie eine förmliche Belagerung ertragen konnten. Denn
mit ihnen fiel auch zugleich die Stadt in die Hände des Belagerers. Kein Wunder daher, dass man sich scheute, den Bau
in die Hände zu nehmen, ganz abgesehen von dem Kostenpunkt.
Ausserdem lag in den übrigen von Percewal gerügten Mängeln
Grund genug, die Befestigung der Bergseite hinauszuschieben,
die Bürger aber an den Gedanken zu gewöhnen, sich darein zu
schicken und sich auf die Opfer vorzubereiten, welche die Ausführung des Plans erheischen würde.

Zunächst ging man an die Anlage des Ravelins vor dem
Legethor. Es wurde nach den Entwürfen der Ingenieure
Gotkant und Baltzer Hedding in den Jahren 1649 und 1650
ausgeführt [1]).

Zur Sicherung der Steinschleuse wurde eine kleine Flesche
vorgelegt [2]). Auch scheint die i. J. 1632 angelegte Schleuse

---

[1]) Hoburg S. 72.
[2]) Ebenda.

nach dem Vorschlage des Generals durch ein Batardeau ersetzt worden zu sein, obgleich sie in dem Plane Puffendorfs v. J. 1656 noch vorhanden ist. Er benutzt vielfach ältere Pläne.

Das hohe Thor wurde mit einer Palisadirung versehen, da zu einem Ravelin der Raum fehlte[1]). Die vom General Percewal für entbehrlich geachtete Kalkschanze wurde im Jahre 1650 zum grössten Theil abgetragen und das darin befindliche Haus, die frühere Kalkbrennerei zu einem besonderen Werk hergerichtet[2]). Das der Stadt zunächst gelegene Halbbastion an der Weichsel blieb erhalten und wurde ausgebaut[3]). Die übrige Erde wurde 1651 zur Füllung der Gräben, die bis auf 7 Fuss Breite verengt wurden, und zum Bau der vom General vorgeschlagenen Redute auf dem rechten Ufer der Weichsel gegenüber der Kalkschanze benutzt. Sie wurde Jungfernschanze genannt[4]). Der gedeckte Weg längs dem rechten Ufer der Weichsel wurde bis dahin verlängert.

Der vom General bemängelte Wall der Niederstadt, der nach einem von den städtischen Baumeistern am 4. Mai 1652 eingereichten Bericht „ganz unförmlich, bald zu hoch, bald zu lege und auch ganz verfallen war“, wurde regulirt. Die Arbeit wurde per Ruthe für 6 Gulden verdungen und die Rampen zu den Geschützen verbessert[5]).

Was zur Verstärkung der Befestigung am Ausfluss der Mottlau aus der Stadt geschehen ist, wird nicht erwähnt. Da der General aber bei seinem spätern Aufenthalt in Danzig keine darauf bezüglichen Bemerkungen gemacht hat, wird man wohl seine Vorschläge ausgeführt haben.

b. Am Holm.

Nächst der Befestigung des Bischofs- und Hagelsberges, welche die Stadt vor einem Bombardement — einer Angriffsweise, die durch die Vervollkommnung der Hohlgeschosse ge-

---

[1]) Ebenda.

[2]) Ebenda S. 73. Die 3. Ordnung willigte um so eher ein, als die Unterhaltungskosten der Besatzung der Schanze sich auf jährlich 30000 fl. beliefen.

[3]) Ebenda.

[4]) Hoburg S. 145.

[5]) Ebenda S. 74.

rade jetzt von besonderer Wichtigkeit geworden war — sichern sollte, stand die geschützte Verbindung Danzigs mit Weichselmünde im Vordergrunde der Erwägungen, welche zum weitern Ausbau der Befestigungsanlagen angestellt wurden. Der Besitz von Weichselmünde entschied über die Bedeutung Danzigs als Handelsplatz und als Festung, er war aber nur zu erhalten durch die uneingeschränkte Verbindung mit Danzig, denn eine selbständige Vertheidigung zu führen war Weichselmünde bei seinem geringen Umfang nicht imstande. Auch hierauf hat die Ausbildung des Granatfeuers[1]) den allergrössten Einfluss ausgeübt. Die Verbindung hing von dem Besitz der Holminsel ab. Diese war sowohl gegen Norden auf der Weichselseite als gegen Süden nach der Nehrung hin zu schützen. Das linke Ufer der Weichsel war bis auf eine Stelle unterhalb Schellmühl, wo der Feind Boden fand und sich festsetzen konnte, durch Sümpfe unzugänglich. Gegen diese Stelle waren in den Jahren 1638 und 1639 die Winter- und Herrnschanze auf dem rechten Weichselufer erbaut worden. Zur Sicherung gegen die Nehrung sollte die vom General von Percewal vorgeschlagene grössere Schanze am grossen Holländer dienen. Der Ingenieur der Stadt, Georg von Strackwitz, drang in einer Eingabe vom 24. Mai 1650 auf die unverzügliche Ausführung dieses Werkes[2]). Er hielt ausserdem noch drei Reduten auf dem linken Ufer der Laake zwischen dem grossen Holländer und der Weichsel für erforderlich und beantragte die Anlage von Schanzen am Ein- und Ausfluss der Laake. Der gedeckte Weg längs dem rechten Weichselufer sei bis zur Holmspitze fortzusetzen und die Herrnschanze, welche in der Kehle offen war, zu einer geschlossenen Redute auszubauen. Auch hielt er oberhalb der Gevatterschanze noch eine Redute für erforderlich[3]). Seiner Anregung ist es daher zuzuschreiben, dass die vom General von Percewal vorgeschlagene Jungfernschanze gegenüber der Kalkschanze 1651 in Angriff genommen wurde. Der Rath hatte die beste Absicht, auch die Schanze am grossen Holländer zu

---

[1]) Der Ausdruck Bombe hatte sich hier noch nicht eingeführt.
[2]) Hoburg S. 145.
[3]) Ebenda.

erbauen, aber es kam nicht dazu. Auch die vom General von Percewal vorgeschlagene gemauerte Redute an der Ueberfahrt über die Weichsel kam nicht zur Ausführung. Es wurde dafür ein unbedeutendes Erdwerk aufgeworfen und ein Tenaillenwerk zwischen derselben und der Jungfernschanze, die Holmschanze, erbaut.

c. An Weichselmünde.

Die folgenden Jahre waren der Verstärkung der Befestigung von Weichselmünde gewidmet. Zwar hatte der nach der Abreise des Generals von Percewal abgehaltene Kriegsrath vom 29. März 1649[1]), welcher die Reihenfolge der auszuführenden Arbeiten bestimmen sollte, die Verstärkung der Bastione Putziger Winkel und Scharfenort nach den Anweisungen des Generals als besonders dringend bezeichnet, doch konnten sich weder die Ingenieure der Stadt über die nähere Ausführung einigen, noch waren die Ordnungen geneigt, das erforderliche Geld zu bewilligen, bevor ihnen nicht ein Kostenanschlag vorgelegt worden wäre. Sie verlangten auch die Zuziehung erfahrener Ingenieure. Man gelangte daher erst i. J. 1650 dazu, die anliegenden Dünen zu planiren, um wenigstens etwas zu thun. Inzwischen waren die Ingenieure darüber einig geworden, das Bastion Putziger Winkel, das durch Ansetzen von Land längs der Küste blossgestellt worden war, mit starken Palisaden zu versichern, von dem Vorschlage des Generals von Percewal ein Hornwerk auf dem Drillplatz zu erbauen, aber Abstand zu nehmen[2]) und dafür zwischen den Bastionen Scharfenort und Berg ein Ravelin anzulegen und die Berme der Wälle mit einer Dornhecke zu versehen[3]). Das Ravelin wurde 1651 angefangen und im folgenden Jahr beendet. Es erhielt den Namen Strandravelin. Wie ernstlich man damit

---

[1]) Danziger Archiv. Militaria B. 202.

[2]) Puffendorf giebt in seinem Plan von Danzig (Leben Karl Gustav's) das Hornwerk als Projekt an. Danach war es auf Bastion und Ravelin Berg basirt, und seine linke Flanke lief parallel dem Strande, wodurch bei ihrer Länge die Offensivität von Weichselmünde nach der See nicht unbedeutend verstärkt worden wäre.

[3]) Hoburg S. 135.

vorging, beweist ein Beschluss des Raths, wonach abwechselnd ein Mitglied des Kriegsraths eine Woche in Weichselmünde Aufenthalt nehmen sollte, um den Bau zu beaufsichtigen und die Baurechnungen und Bestellzettel zu unterschreiben. Als Zehrung wurden ihm für die Woche 50 fl. bewilligt[1]). Eine weiter vorgeschobene Redute sollte die Absicht, welche der General v. Percewal mit dem Hornwerk bezweckt hatte, zum Theil erreichen. Sie wurde „als Vorwacht" an den Ort gelegt, wo früher der Ostkrug (?) gestanden hatte[2]).

Den Vorschlag des Generals von Percewal, das Bastion Scharfenort längs der an der See gelegenen Face und Flanke mit einer Faussebraie zu versehen, dehnte man auf die ganze Ostschanze aus „als das angemessenste Mittel bei einer Befestigung, den Feind vom Graben abzuhalten[3])." Die Faussebraie wurde mit einem Graben von 8 Fuss Breite versehen. Die Kosten wurden auf 28000 fl. veranschlagt. Die nicht unbedeutende Arbeit wurde i. J. 1653 begonnen und 1654 beendet, wo sie vom Bürgermeister Ehler und dem Kriegsrath abgenommen wurde. Die Kosten sollten dadurch wieder eingebracht werden, dass man die Pfaffenschanze eingehen lassen wollte, die durch Haltung einer besonderen Besatzung sehr kostspielig war. Das Projekt stand mit der Absicht, die Westschanze, die sehr verfallen war, dem Hause Weichselmünde gegenüber, wo sie ihrem Zwecke besser entsprach, neu aufzubauen, in Verbindung. Obgleich diese Punkte bereits 1652 erörtert wurden[4]), blieb die Ausführung vorläufig noch ausgesetzt, da die Arbeiten an der Ostschanze den Vorzug verdienten.

Bei Abnahme der Faussebraie hatte sich der Uebelstand ergeben, dass ein 3 Ruthen breiter Damm vor dem Bastion Putziger Winkel, der aufgeworfen worden war, um das Eindringen des Weichselwassers in den Graben zu verhindern, einen leichten Zugang zum Bastion abgab. Da man ihn nicht gut entfernen konnte, weil das Bollwerk der Weichsel nicht genügte,

---

[1]) Ebenda S. 136.
[2]) Ebenda S. 138.
[3]) Ebenda S. 137.
[4]) Ebenda.

das Weichselwasser zurückzuhalten, legte man eine starke Palisadirung davor an und errichtete zum Schutz der Stelle eine besondere Batterie. Ferner entschloss man sich, die Brustwehr der Ostschanze zu erhöhen und den Berg am Drillplatz abzutragen [1]).

Gleichzeitig hatte man mit der Einebnung der alten West-schanze begonnen (1654), war jedoch noch unentschieden, welche Form und Grösse die neue Schanze gegenüber dem Hause erhalten sollte. Ueber ihre Nothwendigkeit konnte kein Zweifel bestehen, da sie nicht allein dem Fort quarré Schutz gewährte, dessen Mauerwerk nach dieser Seite ganz offen lag, sondern auch die Schifffahrt begünstigte und im gegebenen Fall den Bau einer Brücke gestattete [2]). Die Ordnungen erklärten sich endlich für ein vom Ingenieur v. Strackwitz vorgelegtes Projekt eines Hornwerks, womit auch andere Bauverständige einverstanden waren. Da der Abbruch der alten Schanze beendet war, ging man im Frühjahr 1655 unverzüglich ans Werk. Bei der eingetretenen Kriegsgefahr begnügte man sich mit nur einem Graben, da die Anlage einer Faussebraie und eines nassen Grabens zu viel Zeit in Anspruch genommen hätte. Die beiden Flanken des Hornwerks erhielten wiederum, wie bei der alten Schanze, an der Weichsel Halbbastione angesetzt, die mit Geschützen zur Bestreichung des Grabens versehen waren. Der Graben wurde mit Palisaden besetzt, und zu beiden Seiten der Schanze wurden längs der Weichsel gedeckte Wege, einestheils zur Sasper Kehle, andererseits nach dem Strande, hergestellt [3]).

6. Danzig im 1. nordischen Kriege von 1655—1660.

Danzig blieb in diesem Kriege der Politik getreu, die es gegen Gustav Adolf befolgt hatte. Es wollte polnisch bleiben, was seinen Handelsinteressen entsprach, und weil es nur so seine Privilegien bewahren konnte, die unter schwedischer Herrschaft nothwendig beschränkt worden wären. Es fand in dieser Politik eine Stütze an den Generalstaaten der Niederlande und an

---

[1]) Ebenda S. 140. 141.
[2]) Ebenda S. 141.
[3]) Ebenda S. 143. Siehe Taf. XII Fig. 9.

Dänemark, indirekt auch an Brandenburg. Der grosse Kurfürst hat selbst in den Zeiten, wo er auf das engste mit Schweden verbunden war, sich geweigert, an einer Unternehmung gegen Danzig theilzunehmen[1]). Er konnte unmöglich die Hände dazu bieten, dass die Stadt, welche seine Verbindungen von Ostpreussen nach dem Stammlande beherrschte, in den Besitz Schwedens überging.

Am 28. Juni 1655, noch bevor die Feindseligkeiten zwischen Schweden und Polen ausgebrochen waren, langte der schwedische Gesandte Koch in Danzig an und forderte die Stadt im Namen Karl Gustavs auf, sich neutral zu erklären. Was Schweden unter Neutralität verstand, würde sich bald gezeigt haben. Einmal von Polen losgetrennt, würde die Stadt von diesem feindlich behandelt worden sein und hätte schwedische Besatzung aufnehmen müssen. Der Rath blieb standhaft, getraute sich aber doch nicht, dem schwedischen Gesandten die Pässe zuzuschicken. Koch blieb in Danzig und wurde Zeuge der Rüstungen der Stadt[2]).

a. Die Befestigung des Bischofs- und Hagelsberges.

Die Rüstungen betrafen zunächst die Inangriffnahme der Befestigung des Bischofs- und Hagelsberges. Noch in den Sitzungen der Ordnungen vom 24. April 1655 konnte man sich nicht entscheiden, wie diese auszuführen sei[3]). In den Sitzungen vom 26. und 28. April hoffte man, die Schwierigkeiten, welche die Befestigung der Berge mit sich führte, durch Ausbesserung der alten Schanze auf dem Bischofsberge zu lösen. Für das zu erbauende Werk auf dem Hagelsberge, dessen Form noch nicht feststand, sollte das Scharwerk der Bürger platzgreifen. Der Rath wollte hierin mit gutem Beispiele vorangehen[4]). Als die schwedischen Vorbereitungen zum Kriege jedoch ernstlicher

---

[1]) Droysen. Geschichte der preussischen Politik 3, 316. Schwerin erklärte am 14. November 1656, er würde den für einen Verräther halten, der dem Kurfürsten rathe, sich gegen Danzig feindlich zu erweisen.

[2]) Damus. Der erste nordische Krieg. Zeitschr. des westpreuss. Geschichtsvereins Heft XII S. 25.

[3]) Hoburg S. 76.

[4]) Ebenda.

wurden, entschloss man sich zur Anlage eines Kronwerks auf dem Bischofsberge und eines Hornwerks auf dem Hagelsberge[1]). Am 23. Juni wurde auch die Verbindungslinie zwischen beiden Werken beschlossen und sogleich in Angriff genommen[2]). Am 15. Juli, als sich der schwedische General Graf Wittenberg von Alt-Damm bei Stettin in Bewegung gegen Polen setzte, waren die Arbeiten schon ziemlich weit vorgeschritten[3]). Auf Betreiben der 3. Ordnung, die auf die eignen Baumeister wenig Vertrauen setzte, war noch der früher im Dienst der Stadt gewesene Oberstlieutenant Gottkant, der sich in der Nähe aufhielt, herbeigerufen worden, um ein Urtheil über die bisher ausgeführten Arbeiten abzugeben. Er fand die Anlage der beiden Hauptwerke für durchaus angemessen („gar wohl und künstlich“) und auch die Befestigung der Verbindungslinie mit Bastionen für gut, nur zweifelte er, dass die Zeit zu ihrem Bau bis zur Ankunft der Schweden ausreichen werde, und schlug daher eine Redanbefestigung vor, was auch von den Ordnungen angenommen wurde[4]). Die Arbeit wurde so beschleunigt, dass der Bau im Herbst bereits bis zu den Häusern und Gärten zu beiden Seiten der Vorstadt Neugarten vorgeschritten war[5]). Die Linie hielt im allgemeinen die Richtung der heutigen Befestigung inne, so dass die Vorstadt durchschnitten wurde und ein grosser Theil derselben ausserhalb der Befestigung blieb[6]). Das Thor, welches hier entstand, wurde das Neugarten- oder Majorenthor genannt. Die beiden Hauptwerke haben im wesentlichen damals die Form erhalten, die sie noch bei ihrem Abbruch bei Anlage der jetzigen Befestigung hatten. Auch die ursprünglichen Namen haben sich erhalten, für den Bischofsberg die Bastione: Salvator, Mittel, Scharfenort und Vigilance, für den Hagelsberg

---

[1]) Ebenda. Die Arbeit wurde theils von den Soldaten der Stadt, theils durch das bürgerliche Scharwerk ausgeführt.

[2]) Ebenda S. 77.

[3]) Ebenda S. 78. Rathschluss vom 16. Juli 1655.

[4]) Ebenda S. 79, 80. Ordn.-Recess vom 15. Oktober 1655.

[5]) Ebenda S. 78.

[6]) Vgl. Taf. XIII.

die Bastione: Schütz und Jerusalem [1]). Nur das Bastion Salvator ist später etwas eingezogen worden. In der Hauptsache wurden die beiden Werke noch i. J. 1655 beendet, ebenso die Anschlusslinien nach rückwärts, links bis zum Bastion Gertrud, rechts nach dem Bastion heiliger Leichnam [2]). Alle diese Werke sind in Erde ausgeführt, die vom General von Percewal vorgeschlagenen gemauerten Reduten, die als Reduits der Hauptwerke dienen sollten, sind unterblieben.

Am meisten zurück war die Verbindungslinie der beiden Hauptwerke geblieben, weil ihr Bau besonderen Schwierigkeiten unterlag, die theils im Terrain, theils in den verschiedenen Ansichten lagen, die sich geltend machten. Der Abfall des Bischofs- und Hagelsberges zum Schidlitzthal und der Vorstadt Neugarten war nicht stetig, sondern durch Höhen und eingeschnittene Schluchten unterbrochen. Der Notzkenberg im Westen des Hagelsberges, auf dem später das Bastion gleichen Namens erbaut wurde, scheint ursprünglich selbst höher als der Hagelsberg gewesen zu sein und war durch eine Schlucht von ihm getrennt. Auf der Abdachung des Bischofsberges lag der Kümmelsberg. Die Befestigung beider Berge mit nach der Stadt zu offenen Kehlen diente als Grundlage für die Verbindungslinie. Wenn die 2. und 3. Ordnung auch den Vorschlägen des Oberstlieutenants Gottkant zugestimmt hatten, so hegte der Senat oder die 1. Ordnung Bedenken dagegen, die auch vom Kriegsrath getheilt wurden. Eine Einigung fand schliesslich in der Weise statt, dass die vom Oberstlieutenant Gottkant vorgeschlagene Linie, die bereits in der Ausführung begriffen war, als Anhalt dienen sollte, aber nach einem Vorschlage des Ingenieurs von Strackwitz mehr eingezogen werden und zu beiden Seiten der Strasse ein halbes Bollwerk erhalten sollte, in deren Kurtine das Thor zu liegen kam [3]). Ueber diese Streitigkeiten war das Frühjahr 1656

---

[1]) Der Ausdruck Salvator kommt von der Kirche gleichen Namens am Fuss des Bischofsberges her. Jerusalem hiess eine Kapelle in der Nähe der Strasse nach Oliva am Ausgange der Stadt. S. Taf. XIII.

[2]) Hoburg S. 77.

[3]) Ebenda S. 81.

herangekommen[1]), ohne dass die Linien geschlossen wurden, und die Stadt wäre in ernstliche Verlegenheiten gerathen, wenn die Bewohner von Ausser-Neugarten, wie man den abgeschnittenen Theil der Vorstadt nach dem Dorfe Schidlitz hin nannte, sich inzwischen nicht selbst geschützt hätten, indem sie im Herbst ein Retranchement aufwarfen, wobei sie von den Soldaten im Einverständniss mit dem Kommandanten Oberst v. Winter unterstützt wurden[2]). Das Retranchement begann am Bastion Scharfenort des Bischofsberges, lief nach dem Stolzenberg[3]) und durchschnitt von hier aus das Thal hart östlich von Schidlitz in der Richtung auf den Zigankenberg, wo es auf dem Rücken des von diesem ausgehenden Höhenzuges, auf etwa der halben Entfernung zu dem Berge, an der Redute Sandgrube einen Halt fand und sich rückwärts nach dem Bastion oder Redan Notzkenberg wandte[4]). Zwar hatte der Rath unterm 29. Oktober 1655 bestimmt, dass dieses Retranchement wieder eingeebnet werden sollte, wenn die dahinter liegende Linie geschlossen wäre, und namentlich hatte die 3. Ordnung am 5. November darauf hingewiesen, dass dies um so nothwendiger sei, als die Kräfte der Besatzung nicht ausreichten, um so ausgedehnte Werke zu vertheidigen[5]), aber die Streitigkeiten wegen der Verbindungslinie, die den Bau derselben verzögerten, und die Nähe der Schweden brachte es mit sich, dass das Retranchement bestehen blieb. Die rückwärtige Linie wurde erst im Hochsommer beendet[6]).

Auf den beiden Hauptwerken ruhten währenddem die Arbeiten keineswegs. Sie wurden verstärkt, die Brustwehren erhöht und die Flankenvertheidigung verbessert. Die alte Schanze auf dem Bischofsberge wurde als Reduit eingerichtet und mit

---

[1]) Die Zeit ergiebt sich aus dem Ordnungs-Recess vom 27. Mai 1656.

[2]) Hoburg S. 80.

[3]) Der Stolzenberg wird gegenwärtig von der Lünette Knesebeck (1813 Cafarelli genannt) eingenommen.

[4]) Vgl. Taf. XIII. Hoburg giebt auf Taf. VIII eine Linearzeichnung davon nach dem Original im Archiv. Die Verbindungslinie von der Redute Sandgrube nach rückwärts ist darin nach einem Punkt südlich vom Notzkenberge geführt, was bei der Ausführung geändert wurde.

[5]) Hoburg S. 81.

[6]) Die Zeit ist nach den Ordn.-Recessen vom Juni 1656 bestimmt.

Palisaden versehen. Das Petershagener Thor am Fuss des Bischofsberges wurde verstärkt, die Gräben davor breiter und tiefer gemacht [1]).

Nachdem die Befestigung auf der Seite der Berge geschlossen war, nahm man wiederum die Befestigung des Holms auf. Die Ueberzeugung hatte sich immer mehr befestigt, dass von seinem Besitz die Sicherung von Weichselmünde abhängig war. Die Erörterungen darüber hatten schon im März begonnen [2]). Der wichtigste Gegenstand wäre die Schanze am grossen Holländer gewesen, deren Anlegung der General v. Percewal empfohlen hatte. Der Holm war bisher gegen die Nehrung hin ohne Schutz. Aber die hochweise 3. Ordnung fand, dass ein Bedürfniss dazu nicht vorliege, da die Winterschanze genüge, den Punkt durch Geschützfeuer zu sichern. Ausserdem könnte man einen grössern mit Geschütz armirten Kahn in die Weichsel legen [3]). Zu dem Zweck wurde die Winterschanze instandgesetzt. Man arbeitete ende Mai Tag und Nacht daran, die Brustwehr zu verstärken, den Graben zu erweitern und zu vertiefen und die Schanze mit Sturmpfählen und Palisaden zu versehen. Die Herrnschanze, bisher eine offene Batterie, wurde zu einer Redute umgewandelt, die Schanze am Holmkruge erweitert, die Jungfernschanze mit neuen friesischen Reitern versehen und der gedeckte Weg längs der Weichsel bis zur Winterschanze ausgebessert. Auf der Ostspitze des Holms wurde die Sommerschanze erbaut. Dem Graben derselben gab man 3 Ruthen Breite und 6 Fuss Wassertiefe [4]). Schliesslich wurde auf den Vorschlag des Majors Siebers die alte oder faule Laake, ein früherer Lauf der Laake, durch einen 3 Ruthen breiten Graben, der bis zur Weichsel geführt wurde, zu einem innern Abschnitt der Holminsel zwischen der Holm- und Winterschanze hergerichtet [5]).

Mit der Befestigung des Bischofs- und Hagelsberges, so-

---

[1]) Hoburg S. 83.

[2]) Ordn.-Recesse vom März 1656. Hoburg S. 146.

[3]) Hoburg S. 146.

[4]) Ebenda. Ueber die Lage dieser Schanzen vgl. Taf. XIII.

[5]) Ebenda S. 147.

wie der Herstellung einer verschanzten Verbindungslinie zwischen denselben und ihren Anschlusslinien mit der Stadtbefestigung, ferner mit der gleichzeitigen Befestigung der Holminsel hatte die Festung Danzig die Gestalt gewonnen, die sie noch am Ende der Periode, deren Geschichte wir zum Gegenstande haben, inne hatte. Obgleich auch in der Folgezeit noch viel daran gebaut worden ist, so ist doch weder die Form noch der Charakter der Befestigung dadurch berührt worden. Selbst der mehrjährige Besitz der Festungen Danzig und Weichselmünde durch die Franzosen (1807—1814) hat, obgleich sie den Platz zu einer Festung ersten Ranges erhoben und demgemäss ausbauten, vom Holm abgesehen, keine wesentlichen Veränderungen herbeigeführt.

Am 16. Juli 1656, also zu der Zeit, wo die Befestigung der Berge zum Abschluss gekommen war, langte der General von Percewal, von den Generalstaaten der Niederlande gesendet, mit einem Stabe von Artillerie- und Ingenieurofficieren in Danzig an, um der Stadt hilfreiche Hand zu leisten. Er inspicirte am 19. und 20. Juli in Gesellschaft des Kriegsraths der Stadt die Werke und sprach seine Anerkennung über die Ausführung der Arbeiten aus. Beim Hagelsberge, wo die Besichtigung begann, hielt er es für nothwendig, die vorliegenden Höhen, den Wunderberg (auch Kommandant und Admiral genannt) und den Viceadmiral, wie er es schon bei seiner ersten Anwesenheit gethan, mit Reduten zu verschen und durch Anschlusslinien mit dem Hagels- und Notzkenberge zu verbinden. Die Befestigung des letztern, wohin er sich demnächst begab, erregte sein Staunen und seine Bewunderung. Auch das Retranchement von Ausser-Neugarten billigte er und äusserte, dass, wenn es stärker befestigt worden wäre, ein Abbruch der Häuser in dem Umfange, wie es ausgeführt worden war, nicht erforderlich gewesen wäre[1]. Am Neu-

------

[1] Der General bezeichnet die Redute (Sandgrube) nicht mit Namen, sondern spricht nur von dem äussersten Werke. Dass damit nicht der Zigankenberg gemeint sein kann, wie Hoburg S. 84 annimmt, ergiebt sich schon daraus, dass die Gärten von Neugarten bis in die Nähe der Redute reichten, was bei der grossen Entfernung des Zigankenberges nicht vorausgesetzt werden

gartenthor fand er ein Ravelin für zweckmässig. Auf dem Berge
(Stolzenberg) angekommen, fand er es für nothwendig, unterhalb
desselben noch eine Redute anzulegen, damit der Feind sich
nicht im Grunde verbergen könne[1]). An der Radaunebrücke
„hinter dem Bischofsberge“, also wahrscheinlich am Petershagener Thor, empfahl der General Schutzbretter anzubringen,
um sie zu versenken, wenn der Gegner den Fluss abstechen
sollte.

Bei der Besichtigung des Holms am 20. Juli sprach er
seine Anerkennung über die ausgeführten Arbeiten aus, war
aber, als er in die Gegend des grossen Holländers kam, er-
staunt, dass die von ihm vorgeschlagene grössere Schanze nicht
erbaut worden sei. Der Kriegsrath brachte die schon oben
angeführten Gründe vor, weshalb der Bau unterblieben sei und
fügte noch hinzu, dass der Feind sich würde angelegen sein
lassen, ein so wichtiges Werk einzunehmen, und dass der Stadt
dadurch grosser Schaden erwachsen würde. Auch fände der
Feind daselbst keine Erde vor, um sich zu verbauen und festzusetzen. Der General liess das nicht gelten und bemerkte,
dass man sich auf das Bestreichen mit grobem Geschütz auf
so weite Entfernung (von der Winterschanze) nicht verlassen
könne, und dass es in der Nacht ganz unbrauchbar sei. Die
Wirkung durch Musketenfeuer aus der Schanze selbst sei allein
von Werth. Er schlug nun vor, an dem Ort, wo die Laake
in die Weichsel fällt, am Ende der Holminsel[2]), eine viereckige Schanze mit 2 ganzen Bollwerken nach der Nehrung

---

kann. Auch widerspricht sich Hoburg S. 84 darin, dass er den General an
Ort und Stelle anempfehlen lässt, den Zigankenberg zu befestigen, während
der Berg, den der General als äusserstes Werk bezeichnet, bereits befestigt
war. Der Zigankenberg gehörte überhaupt nicht mehr zum Aussenwerk, wie
der General das Retranchement bezeichnet, sondern war nur ein vorgeschobener
Posten desselben. Die Darstellung von Hoburg führt überhaupt vollständig irre.

[1]) Unter dem Grunde ist das Schidlitzthal gemeint, und die Redute ist
wahrscheinlich die Rüben-Redute. Hoburg ist auch hier im Irrthum, wenn
er S. 84 annimmt, dass unter dem „Grunde“ der Stolzenberger Grund gemeint ist und eine Redute vor dem Petershagener Thor anzulegen sei.

[2]) Die Sommerschanze war zur Zeit zwar beschlossen, aber noch nicht
ausgeführt.

und 2 halben Bollwerken an der Weichsel förderlichst zu erbauen. Die Schanze solle etwa 100 Ruthen im Umfange haben und 200 Mann Besatzung erhalten, mit doppelten Gräben von 8 resp. 4 Ruthen Breite versehen sein und durch mehrere Reduten mit Weichselmünde verbunden werden. Er hielt dafür, dass Weichselmünde durch dieses Werk, wenn es gut ausgeführt würde, vollkommen gesichert sein werde, ebenso die Schifffahrt auf der Weichsel.

In Weichselmünde, wohin sich der General demnächst begab, fand er die soeben beendigte Westerschanze sehr gut ausgeführt und hatte nur zu erinnern, dass der Graben auf 6 Fuss vertieft und die Brustwehr wegen der nahe gelegenen Dünen um 4 Fuss erhöht werden müsste. Auch fand er doppelte Gräben für nothwendig. Im übrigen empfahl er die Anwendung von Palisaden im weitesten Umfange, sowohl im als vor dem Graben, weil der Feind dadurch im wirksamsten Feuer aufgehalten werde [1]).

b. Befestigung des Vorterrains.

Von den Vorschlägen des Generals wurden die Reduten auf dem Admiral und Viceadmiral sofort in Angriff genommen [2]), und die Schutzbretter an der Radaune wurden angebracht. Auch die andern Vorschläge scheinen ausgeführt worden zu sein, nur gegen den Bau der grossen Schanze am Einflusse der Laake in die Weichsel, die nach dem Anschlage der Werkmeister auf 52000 fl. zu stehen kommen sollte, erhoben sich Bedenken. Eine Aufforderung des Raths an Patrioten, die Kosten durch freiwillige Beiträge aufzubringen, blieb ohne Erfolg [3]). Als Ersatz schlug der Kriegsrath die Erbauung von zwei Reduten zwischen dem grossen Holländer und der Münde vor, von denen eine grössere der Holmspitze gegenüber liegen sollte und eine kleinere weiter unterhalb. Zwischen beiden sollte noch ein Redan erbaut werden. Doch erst im Juni 1657

---

[1]) Die vorstehende Darstellung ist aus dem Protokoll über die Besichtigung vom 19. und 20. Juli entnommen.

[2]) Ordnungs-Recess v. 31. Juli etc.

[3]) Hoburg S. 148.

bewilligten die Ordnungen die 20000 fl., die zu dem Bau erforderlich waren. Er wurde i. J. 1658 ausgeführt und zugleich die längst geplante Einebnung der Pfaffenschanze angeordnet. Nur das Halbbastion an der Weichsel blieb erhalten und führte den Namen fort [1]).

Wahrscheinlich ist es ebenfalls auf den Vorschlag des Generals v. Percewal, der bis zu seinem Tode am 19. Februar 1657 in Danzig blieb [2]), zurückzuführen, dass vor dem Legethor in der Nähe des Klosters der barmherzigen Brüder mitten in der Lache des alten Mottlauarmes eine Redute von 8 Ruthen Seitenlänge und einer Breite des Wallganges von 12 Fuss mit einer darauf gesetzten Brustwehr von 6 Fuss Stärke angelegt werden sollte. Die Redute hatte den Zweck, einerseits die Steinschleuse zu vertheidigen [3]), andererseits den Stolzenberger Grund zu bestreichen. Am Langgarten- und Petershagener Thor sollten Raveline erbaut werden [4]), doch scheint es fraglich, ob sie ausgeführt wurden.

Zur Sicherung des Bauamts [5]) und namentlich des daselbst weidenden Viehes der Stadt, wurden auf den Rath des Generals v. Percewal etwa eine halbe Meile oberhalb der Stadt an der Weichsel bei der Rückforter Schleuse und bei dem an der Mottlau liegenden Kramskruge kleine Schanzen aufgeworfen. Auch beabsichtigte man vor dem Walle der Niederstadt 9 bis 10 Reduten, jede für eine Besatzung von 150 Mann, zu erbauen. Die Besitzer des Viehes, das sich auf 2000 Stück belief, sollten dafür eine kleine Abgabe entrichten [6]).

---

[1]) Ebenda S. 149.

[2]) Der General Percewal starb im Alter von 50 Jahren und wurde in der Pfarrkirche zu St. Marien beigesetzt. An einem Pfeiler derselben befindet sich sein Wappen und darüber eine Fahne mit einer ehrenden Inschrift. S. Hoburg S. 86.

[3]) Hoburg S. 85.

[4]) Ordn.-Rec. vom 18. Aug. und 8. Sept. 1656.

[5]) Bauamt nannte man den Theil des Danziger Werders zwischen dem Weichseldamm und der Mottlau, zunächst der Stadt bis Quadendorf.

[6]) Ordn.-Rec. vom 20. und Rec. des Kriegsraths v. 21. Sept. 1656. Hoburg S. 85.

Es hängt damit wohl zusammen, dass vor der Vorstadt Kneipab, wie man den durch die Bastione der Niederstadt abgeschnittenen Theil von Langgarten nannte, eine Umwallung angelegt wurde, die sich zu beiden Seiten an die Bastione lehnte [1]). Wir erfahren die Existenz dieser Verschanzung durch einen Armirungsplan Danzigs vom 30. Juli 1660 [2]), wo sie als Ravelin bezeichnet wird und mit zwei eisernen 4-Pfdern. bewaffnet war.

Derselbe Plan belehrt uns auch, dass die Redans am Scheunenwinkel und Stiftswinkel und mit ihnen das dazwischen liegende Olivaer Thor i. J. 1660 bereits vorhanden waren und, wie die Linearzeichnung bei Hoburg Taf. VIII zeigt, schon 1656 vorhanden gewesen sind [3]). Aber das nicht allein, auch das Bollwerk „Triangel" an der Kalkschanze wird bereits erwähnt. Da Percewal den Anschluss der Befestigung des Hagelsberges zur Weichsel bereits in seinem ersten Projekt von 1649 in Anregung gebracht hatte, ist es wahrscheinlich, dass er noch bei seinen Lebenszeiten ausgeführt worden ist. Der General hatte ferner ein Projekt entworfen, das sehr unregelmässig ausgeführte Aussenwerk von Neugarten in einen bastionirten Wall umzuformen [4]), stiess hier jedoch auf den sehr entschiedenen Widerspruch der 3. Ordnung, die dieses Aussenwerk nicht der Umfassung Danzigs definitiv einverleiben wollte.

I. J. 1657 stellten der Kommandant v. Winter und der Major Siebers den Antrag, auf dem Judenberg südlich des

---

[1]) Sie ist auf Taf. XIII durch punktirte Linien angegeben. Der Ausdruck Werderthor galt seitdem wie bemerkt, für das Thor von Kneipab, das betreffende Thor der Stadtenceinte behielt den Namen Langgartenthor.

[2]) Schublade III Plan Nr. 6 des Planschranks vom Danziger Archiv. Aus der betreffenden Zeichnung geht hervor, dass die Zigankenschanze mit dem Viceadmiral durch einen Erdaufwurf verbunden war. Siehe Taf. XIII.

[3]) Es ist daher schwer zu begreifen, dass Hoburg S. 106 die Herstellung dieser äussern Linie erst in die Zeit um 1710 verlegt, aber keine Quelle dafür anzugeben imstande ist.

[4]) Hoburg theilt Taf. VIII eine Kopie des Originals in gestrichelten Linien mit.

Bischofsberges eine Redute anzulegen [1]). Seine Nähe zu dem schwächsten Theil des Bischofsberges und der Umstand, dass von hier aus die Speicherinsel enfilirt und in Brand geschossen werden konnte, machten den Berg zu einem höchst wichtigen Punkt. Zwei Quartiere der 3. Ordnung stimmten auch zu [2]), dennoch ist es zweifelhaft, ob die Redute, die zu Anfang des 18. Jahrhunderts als Judenschanze bezeichnet wird [3]), schon 1657 erbaut worden ist. Der Armirungsplan von 1660 hat sie noch nicht aufgenommen, ebensowenig die Redute bei den barmherzigen Brüdern. Beide scheinen daher vorläufig nur projektirt worden zu sein. Es ist jedenfalls interessant, dass schon 1657 die Gefahr, welche den Speichern vom Judenberge oder dem dabeiliegenden Jesuitenberge drohte, erkannt worden ist, die den Franzosen 1813 so verhängnissvoll wurde.

c. Befestigung des Danziger Hauptes.

Wir haben noch eine andere Seite der Thätigkeit Danzigs im Befestigungswesen zu berühren, die Befestigung des Werders. Die Erfahrungen des polnisch-schwedischen Krieges von 1626 bis 1629 hatten der Stadt die Wichtigkeit des auf ihrem Gebiet gelegenen Weichselhauptes aufgeschlossen. Namentlich lastete der Gedanke, dass die Weichsel von hier aus von Danzig abgeleitet werden könnte, schwer auf dem Gemüth der Bürger. Die 3. Ordnung beantragte daher am 9. Oktober 1637 die Befestigung des Hauptes [4]). Der Rath war völlig damit einverstanden, und die Befestigung wurde noch in derselben Sitzung beschlossen, „jedoch nur was die hohe notdurft erfordert". Der König von Polen liess der Stadt sein Befremden darüber aussprechen, dass sie mitten in Friedenszeiten auf dem Weichselhaupt eine Schanze habe aufwerfen lassen [5]). Die Polen hatten nämlich die Danziger in Verdacht, dass sie es mit den Dänen hielten, die damals mit Polen gespannt waren. Es ist nicht

---

[1]) Ordn.-Recess v. 28. Juni 1657.

[2]) Ordn.-Recess vom 12. Juli 1657.

[3]) Hoburg S. 88.

[4]) Ordn.-Recess vom 9. Oktober 1637: „das vnser haubt in Acht genommen werde, halten alle 4 Quartiere für hoch nöthig".

[5]) Lengnich 6, 126.

bekannt, ob die Schanze infolgedessen wieder eingeebnet wurde,
jedenfalls wurde sie bei Ausbruch des nordischen Krieges
wiederhergestellt, aber nur als Palisadenwerk [1]). Als dann
die Gefahr wuchs, wurden im März 1656 Deputirte des Kriegsraths in den Werder geschickt, um die dortigen Befestigungen
zu besichtigen. Da die Befestigung des Haupts für ungenügend
befunden wurde, beschloss der Rath, auf den Bericht der Deputirten, daselbst eine Sternschanze zu erbauen und auch
Käsemark, sowie eine Kampe der Weichsel zu befestigen. Ferner
wurde das Haus Grebin zur Vertheidigung eingerichtet und
die alten Werke von Güttland und Stüblau mit Geschützen
armirt. Ein grosses Vertrauen scheint der Rath jedoch auf
diese Massregeln nicht gesetzt zu haben, denn der Rückzug
gegen überlegene Kräfte wurde vorsorglich in Betracht gezogen. Es heisst in einer Aeusserung des Raths vom 21. und
22. Mai 1656: „Wie aber die Retirade am fürträglichsten und
behutsamsten des ganzen Volkes mit den stücken, Ammunition
und anderem Zubehör bei tag und nacht nach der Umstände
Gelegenheit ins Werk zu setzen sei, das wird des Herrn Obris-
ten experience und Dexterität anvertraut, wie er dasselbe nach
bestem vermögen wird vollziehen können. Zu solchem ende ist
auch der Herr Major Thompson nach Quadendorf commandiret,
die Ober-Inspektion daselbst über das Volk, so im Werder
liegt, zu haben, und das Tempo der Retirade wohl zu obser-
viren" [2]).

d. Rüstungen.

Die Rüstungen der Stadt bezogen sich auch auf alle
anderen Gegenstände der materiellen und personellen Erfor-
dernisse. Noch vor Ausbruch des Krieges sendete der Rath
Abgeordnete nach Berlin, Stettin und nach anderen Orten, um
sich nach erfahrenen Stückoffizieren und Büchsenmeistern umzuthun und die angeworbenen sofort nach Danzig zu senden.
Es wurde an monatlichem Solde zugesichert: einem Stücklieu-
tenant 30 bis 40 Thaler nebst freier Wohnung, einem Stück-

---

[1]) Damus S. 58.
[2]) Ebenda S. 64.

junker 20 Thaler, einem Minirer 12 bis 15 Thaler, einem gemeinen Feuerwerker und Büchsenmeister 7, 8, 9 bis 10 Thaler „nach der bei einem Jeden befindlichen Geschicklichkeit, jedoch dass alles behutsam und unvermerkt zugehe, diese Personen auch also beschaffen sein mögen, dass sie nicht allein im Felde und in Lust und Freude, sondern auch in Städten, so Belagerungen ausgestanden, gedient und dergleichen Attaken wohl gewohnt sind"[1]).

An Geschützen fehlte es nicht. Der Rath erwiderte auf eine diesbezügliche Anfrage der Ordnungen am 26. Okt. 1637, dass jährlich 2 halbe, das vergangene Jahr aber 2 ganze Karthaunen und Mörser gegossen worden seien, die über 20000 fl. gekostet hätten. Dies fand schon in Friedenszeiten statt. Was Danzig in Kriegszeiten in dieser Beziehung leistete, haben wir gelegentlich des Krieges von 1626—1629 gesehen. Leider fehlen uns für den 1. nordischen Krieg Nachrichten darüber. Der Armirungsplan von 1660 giebt nur die gegen den gewaltsamen Angriff aufgestellten Geschütze für die Stadtbefestigung und den Holm an, nicht für Weichselmünde. Immerhin ersehen wir daraus, dass die metallenen Geschütze mit Ausnahme des 6-Pfünders (Achtelquartierstücks), der durch den 9-Pfünder ersetzt ist, aus denselben Kalibern bestehen wie 1633, nämlich dem 20-Pfünder und dem 12-Pfünder. Die ganze Karthaune, ein 32-Pfünder, ist natürlich nicht aufgestellt. Es ist sehr wahrscheinlich, dass der 6-Pfünder von 1633 zu dem 9-Pfünder von 1660 ausgebohrt ist, wie aus dem enormen Gewicht jener 6-Pfünder von 1633 von 27 Ctr. hervorzugehen scheint. Für den 9-Pfünder würde dies Gewicht ein ganz angemessenes Verhältniss vom Kugel- zum Rohrgewicht ergeben. Die in den Jahren 1633 und 1634 versuchsweise gegossenen leichten 8-Pfünder sind nicht mehr vorhanden, müssen sich also nicht bewährt haben. 6-Pfünder kommen zwar noch vor, aber es scheinen eiserne zu sein. Feuerkatzen und Steinstücke werden nicht mehr erwähnt. Nur bei der Belagerung des Danziger Hauptes 1659 kommt eine Feuerkatze vor, die aber Granaten warf, also eine Haubitze vorstellt.

[1]) Rathschluss vom 3. April 1655. Hoburg S. 76.

Die weit überwiegende Zahl der gegen den gewaltsamen Angriff aufgestellten Geschütze ist von Eisen. Es befinden sich darunter 3-, 4-, 6-, 8- und selbst 20-Pfünder.

Die Zahl der Söldner Danzigs giebt Droysen auf 6000, Gralath auf 8000 an. Das ist jedoch übertrieben. Massgebend für die Stadt war, was Percewal ihr 1649 empfohlen hatte, 4000 Mann, und selbst diese wurden noch nicht erreicht. Im März 1656 verfügte man erst über 3000. Man liess anfang 1656 die Handwerksburschen nicht mehr aus der Stadt und gab ihnen Wartegeld, um sie für den Nothfall einzustellen [1]). Die Werbung erfolgte durch Trommelschlag. Das Handgeld betrug anfänglich 1 fl., später 6 fl. (einen Thaler). Das Gewehr wurde den Söldnern geliefert und mit 7 fl. angerechnet. Zur Zeit des Einrückens der Schweden in den Danziger Werder (Mai 1650) bestand das Fussvolk der Stadt aus 28 Kompagnien zu je 150 Mann [2]), von denen 8 für die Stadt, ebensoviel für Weichselmünde, 8 für die Aussenwerke (Bischofsberg und Hagelsberg) und 4 für Praust bestimmt waren [3]). Zum Fussvolk wurden damals auch die Dragoner gerechnet. Ueber ihre Zahl ist nichts bekannt. An Reitern hatte Percewal 300 empfohlen. Nach Damus waren sie in Korporalschaften von 40 Pferden getheilt. Wenn er aber aus den Akten herausgelesen hat, dass die Pferde für diese von den Bauern des Danziger Gebiets gestellt wurden und dies ihnen als Kontribution angerechnet wurde, so kann sich das nur auf die Dragoner und den Train, nicht auf die Reiter beziehen, da sich schwerlich ein Soldat von Beruf hergegeben haben würde, die Führung eines solchen Haufens zu übernehmen. Auch pflegten die Söldner jener Zeit mit eigenen Pferden angeworben zu werden.

----

[1]) Damus 62.

[2]) Ebenda. Bei der Belagerung des Danziger Haupts 1659 waren die Kompagnien im Durchschnitt nur 100 Mann stark.

[3]) Im Herbst erhielten die Danziger eine Unterstützung von 3 holländischen Kompagnien mit 3 Officieren, zusammen 400 Mann. Unfreiwillig mussten sie, als die holländische Flotte etwas später die Danziger Rhede verliess, noch 900 Mann annehmen, die sich unbotmässig zeigten. Ordn.-Recess vom 4. und 20. Oktober 1656. Hoburg S. 83. Damus. Die holländischen Truppen wurden 1657 wieder zurückgezogen.

Die Bauern waren zur Vertheidigung des Danziger Gebiets und zur Unterhaltung der Söldner auf demselben, sowie zum Schanzenbau verpflichtet und wurden von der Stadt bewaffnet[1]).

Wie bereits bemerkt worden, wurde der Wachtdienst auf den Wällen der Stadt von den Bürgern versehen. Sie waren zu dem Zweck quartierweise in 12 Fahnen zu 100 Mann eingetheilt[2]). Bei dringender Gefahr versammelte sich die Mannschaft auf das Sturmgeläute von den Thürmen auf bestimmten Sammelplätzen[3]). Zum Dienst ausserhalb der Stadt waren die Bürger nicht verpflichtet und setzten dies auch dem Oberst von Winter gegenüber, der einmal den Vorschlag dazu machte, durch[4]).

Valentin v. Winter war i. J. 1655 als Oberbefehlshaber (Kommandant) der Danziger Truppen engagirt worden[5]). Seine Stellung war eine eigenthümliche. An der Spitze der militairischen Angelegenheiten stand der Kriegsrath, bestehend aus einem der 4 Bürgermeister als Kriegspräsident, den beiden Kriegskommissaren und aus 2 Mitgliedern der 2. und 4 Mitgliedern der 3. Ordnung, ferner aus dem Kommandanten, dessen Oberstlieutenant und, je nach Umständen, den Majors und Hauptleuten der Söldner. Der Kriegsrath hatte nur die Ausführung der vom Rath und den Ordnungen beschlossenen Massregeln zu

---

[1]) Damus S. 63.

[2]) Es bezieht sich das nur auf die Rechtstadt, deren 4 Quartiere demnach 4800, also gegen 5000 Mann stellten. Damus S. 62 nach einem handschriftlichen Anhange zu Curicke in einem Exemplar der Stadtbibliothek.

[3]) Rec. Mil. v. 23 Mai 1656. Als solche Sammelplätze werden genannt der Kirchhof der Trinitatiskirche, der Platz bei den Schiessbuden, der an der Sandgrube und der Semischplatz vor dem hohen Thor (Heumarkt). Damus ebenda.

[4]) Ebenda.

[5]) v. Houwald hatte den Danziger Dienst schon 1648 verlassen und war in brandenburgische Dienste übergetreten. Valentin Winter ist 1608 zu Friedland in Preussen geboren und hatte sich in schwedischen Diensten mehrfach ausgezeichnet, namentlich als Kommandant von Olmütz, das er heldenmüthig vertheidigte. Bei Auflösung des schwedischen Heeres 1650 war er entlassen worden. Er ist schwedischerseits geadelt worden und starb 1671 zu Danzig, wo er mit grossem Gepränge in der Pfarrkirche beigesetzt worden ist. Nachkommen scheint er nicht hinterlassen zu haben. Damus S. 20.

übernehmen; doch wurden 1656 seine Befugnisse erweitert, indem er auch nach eignem Ermessen „majori autoritate" beschliessen und nur in Hauptsachen die Genehmigung des Raths und der Ordnungen einzuholen hatte[1]. Dazu gehörten alle Massregeln, welche in das Eigenthum der Bürger eingriffen oder ungewöhnliche Ausgaben verursachten. Der Kommandant war an die Beschlüsse des Kriegsraths gebunden, namentlich wo es sich um Ausfälle oder Streifzüge und die Besetzung der Wälle handelte. Im Mai 1656 wurde er jedoch ermächtigt, Ausfälle bis zu 1000 Mann selbständig anordnen zu können, der grössern Geheimhaltung wegen, doch hatte er dem Kriegspräsidenten und drei besonders bezeichneten Mitgliedern des Kriegsraths Anzeige davon zu machen[2].

Der Kriegsrath handelte in Betreff der Befestigungsanlagen im Auftrage der Ordnungen, wobei ihm Ingenieure zugetheilt wurden. Nach seinem Bericht verfügten die Ordnungen, verwarfen aber auch vielfach die Vorschläge, wenn es sich um bedeutende Geldbeträge handelte.

Die Verwaltung des Befestigungswesens war einer besonderen Kommission, dem „Wallgebäude" übertragen. Der Verwaltung des Zeugwesens stand ein Rathsherr vor, dem 1656 zwei Bürger zugetheilt wurden[3].

Die bedeutenden Kosten, welche der Krieg der Stadt verursachte, wurden durch ausserordentliche Steuern aufgebracht, welche ende des Jahres 1655 festgestellt wurden. Sie waren dreierlei Art: die Akcise (indirekte Steuern), die Kopfsteuer und eine einprocentige Vermögenssteuer, der sogenannte hundertste Pfennig. Die daraus entspringenden Gelder flossen in die „Hilfskasse", die ausschliesslich für Kriegszwecke bestimmt war. Während des Krieges wurden auch mit Genehmigung des Königs und der Reichsversammlung die königlichen Einkünfte, die Malzakcise und die Hafengelder an die Hilfskasse abgeführt. Nachdem Danzig die Vertheidigung von Putzig übernommen

[1] Rec.-Ord. v. 24. März 1656. Damus S. 61.
[2] Rec.-Ord. v. 24. Mai. Damus S. 61.
[3] Damus S. 62.

hatte, fielen auch die königlichen Einkünfte der Starostei Putzig der Hilfskasse zu [1]).

Am 10. Januar 1656, als die Gefahr dringend wurde, wurde den Danziger Einwohnern ein neuer Eid abgefordert, worin die Treue gegen den König besonders betont war. Die Eidesformel war am 4. Januar festgesetzt worden. Auch die anwesenden Fremden, selbst die Polen, mussten einen Eid leisten, dass sie nichts zum Schaden der Stadt unternehmen würden. Wer nicht schwören wollte, musste die Stadt verlassen [2]).

Es wurde ferner ein Verzeichniss des Kriegsbedarfs und der vorhandenen Victualien aufgenommen und die Ausfuhr danach regulirt. Zu dem Zweck wurden an den Thoren besondere Aufseher angestellt [3]).

e. Die politische Lage.

Um die Rolle, die Danzig im 1. nordischen Kriege spielte, richtig aufzufassen, genügt es nicht, sich auf den nächsten Umkreis der Stadt zu beschränken. Seine strategische Bedeutung tritt erst hervor, wenn man die Stadt in Beziehung zu den Operationen bringt, auf die wir daher, soweit Danzig darauf eingewirkt hat, einen Blick zu werfen haben.

Danzig bildete nicht allein das Bollwerk des polnischen Preussens, es gab eine Zeit, wo es nach dem Fall Warschau's und Krakau's das einzige Bollwerk des ganzen Königreichs war. Es ist bezeichnend, dass der König Johann Kasimir gleich bei Ausbruch des Krieges seine Kostbarkeiten dahin sendete. Für Schweden bedeutete der event. Besitz von Danzig die Herrschaft über das baltische Meer. Eben deshalb waren die Generalstaaten der Niederlande, in deren Besitz der Handel der Ostsee bisher gewesen war, bereit, in den Krieg wider Schweden einzutreten. Sie schickten eine Flotte von 44 Kriegsschiffen auf die Rhede von Danzig. Der schwedische Staatsrath und Diplomat Skytte sprach in einem Schreiben vom

---

[1]) Ebenda S. 60.

[2]) Ebenda.

[3]) Ebenda S. 61.

4. Juli 1656 an Peter Brahe geradezu aus: „Danzig ist uns wichtiger, denn fast alles andere"[1]).

Die Verhältnisse bei Ausbruch des Krieges lagen wesentlich anders als i. J. 1626. Wenn es dem Könige Gustav Adolf darauf ankam, sich des polnischen Preussens und namentlich Danzigs zu bemächtigen, so sann Karl Gustav auf die Eroberung Polens und die Theilung desselben[2]), um sich ein für allemal Livlands zu versichern und sich in den Besitz der Ostsee zu setzen. Der Unterschied von damals und jetzt lag nicht bloss in den Errungenschaften Schwedens durch den Frieden von Münster und Osnabrück, sondern vor allem in dem zerrütteten Zustande des Königreichs Polens, das durch die Kosakenkriege furchtbar geschwächt und durch das vom Adel erpresste liberum veto der Anarchie preisgegeben, seit 1654 auch von Russland bedroht war, welches bereits Smolensk eingenommen und sich eines Theils von Littauen bemächtigt hatte. Polen war in jeder Beziehung reif verschlungen zu werden, und für Schweden war die grösste Gefahr vorhanden, dass dies von Russland geschehen werde. Es galt diesem zuvorzukommen[3]). An einen Vorwand, mit Polen zu brechen, obgleich der Stumsdorfer Waffenstillstand erst 1661 ablief, fehlte es dem Schwedenkönige nicht, da die Blindheit der Stände Polens und des Königs, die Karl Gustav nicht anerkannten, reichlich Veranlassung dazu gab.

Aber noch in einer anderen Beziehung war es anders geworden seit 1626. An der Spitze des Herzogthums Preussen stand zur Zeit in dem Kurfürsten Friedrich Wilhelm eine energische Persönlichkeit, die im Vorgefühl der Dinge, die da kommen sollten, die Grundlagen für ein Heer geschaffen und es verstanden hatte, sich die Mittel dazu trotz der Abgeneigtheit

---

[1]) Carlson, Geschichte Schwedens S. 138.

[2]) Oxenstierna sprach dies schon auf der Stettiner Konferenz i. J. 1654 aus. Droysen, Geschichte der preussischen Politik 3, 211.

[3]) Carlson S. 41. Bemerkenswerth ist eine Aeusserung Karl Gustav's, „dass er nicht länger der Zuschauer eines Krieges sein könne zwischen zwei Nachbarn, von welchen der eine sein Feind sei, der andere es unfehlbar werden würde, wenn er siegte." Auch der schwedische Gesandte, Graf Schlippenbach, sprach sich in Berlin in einem ähnlichen Sinne aus. Droysen 3, 197. Vergl. auch Puffendorf, Karl Gustav 46.

der Stände zu verschaffen. An eine Besitznahme von Pillau
wie damals war daher nicht zu denken. Friedrich Wilhelm
hatte schon vor Ausbruch des Krieges die Forderung des
Schwedenkönigs, ihm Pillau und Memel einzuräumen, sehr bestimmt zurückgewiesen.

Karl Gustav war daher auf Vorpommern und Stettin als
Basis angewiesen, in zweiter Linie auf Livland, das ihm ebenfalls gehörte. Den Durchmarsch durch Hinterpommern konnte
der Kurfürst nicht hindern. Auf die Anzeige des Generals
Wittenberg hiervon gab er aber keine Antwort. Er selbst
machte sich, nachdem Karl Gustav bereits in Polen stand, mit
10000 Mann auf den Weg nach Ostpreussen. Danzig, das er
dabei passiren musste, nahm ihn entgegenkommend auf und bedang sich nur aus, dass die Armee südlich der Stadt vorbei-
marschirte.

Auf die spätern Anerbietungen des Kurfürsten, im Rücken
der schwedischen Armee ein Defensiv-Bündniss mit dem königlichen Preussen abzuschliessen, konute sich Danzig nicht entschliessen einzugehen. Die 3. Ordnung war dagegen, weil das
Bündniss einer Neutralitätserklärung gleich käme, was wider
die Pflichten gegen Polen verstiesse [1]). Die grossen Städte
Thorn und Elbing schlossen sich ihm an. Nur die Ritterschaft
ging am 12. November 1655 einen Vertrag zu Rinsk mit dem
Kurfürsten ein [2]), worin sie sich verpflichtete, 4000 Mann zu
stellen, in Marienburg 500 Mann Brandenburger zur Mitbe-
satzung aufzunehmen und die festen Orte Lauenburg, Dirschau,
Graudenz und Strassburg dem Kurfürsten einzuräumen. Schwetz,
Tuchel, Konitz und Neuenburg waren schon im Laufe des Oktober von den Schweden eingenommen worden [3]).

f. Kriegsgeschichtliches.

Friedrich Wilhelm war durch sein Vertheidigungsbündniss
mit den Generalstaaten der Niederlande vom 5. August 1655
zu dem kühnen Schritt verleitet worden, Schweden gegenüber

---

[1]) Damns S. 42.
[2]) Droysen S. 232.
[3]) Theatr. Europ. 7, 794. 807.

eine selbständige Stellung einzunehmen. Von den Generalstaaten im Stich gelassen und ohne Unterstützung von Westpreussen, war er ausser Stande, die Stellung zu behaupten, die
er einzunehmen beabsichtigt hatte. Karl Gustav stand, nachdem er Polen eingenommen und alle polnischen Heere ihm zugefallen waren, der Adel ihm auch gehuldigt hatte, Ende December vor Königsberg. Der Kurfürst sah sich genöthigt, am
17. Januar 1656 einen Vertrag abzuschliessen, wonach das
Lehnsverhältniss zu Polen gegen das von Schweden eingetauscht
wurde und er sich verpflichtete, seine Besatzungen aus Westpreussen zurückzuziehen. Karl Gustav hatte schon auf dem
Wege nach Königsberg Thorn und Elbing ohne Schwertschlag
eingenommen und von hier aus den General Stenbok nach
Westpreussen detachirt, mit der Weisung jedoch, gegen Danzig
nichts zu unternehmen. Wahrscheinlich wollte er sich das
selbst vorbehalten. Aber die Verhältnisse in Polen riefen ihn
dahin ab. Die Polen hatten sich in Galizien zusammengerottet,
die einzelnen polnischen Armeen fielen eine nach der andern
wieder ab, und der König Johann Kasimir, der nach Ober-
schlesien geflohen war, kehrte nach Galizien zurück. Danzig
konnte aufathmen. Es hatte bei der Annäherung Stenboks
anfang Januar, am 10. dieses Monats, wie wir gesehen haben,
die Bürgerschaft wieder vereidigt und brach an demselben
Tage die Vorstädte und nächst gelegenen Dörfer ab. Neugarten, Petershagen, Hoppenbruch, Schottland, Schidlitz,
Stolzenberg, die Gebäude an der Botmannslake (zwei Mühlen,
der grosse und kleine Holländer), die Altstädtische Kalk- und
Ziegelscheune, die neuerbaute Salvatorkirche am Fuss des
Bischofsberges, das Pockenhaus wurden demolirt[1]). Das
Gertruden- und Heilige Leichnams-Hospital werden nicht be-
sonders erwähnt, sind aber jedenfalls nicht verschont worden.
Die Bewohner wurden in der Stadt untergebracht; nur die
Jesuiten, die in dem dem Bischof von Kujavien gehörigen Dorfe
Schottland ein Kollegium hatten, wurden davon ausgeschlossen.
Die harte Massregel der Demolirung so zahlreicher Ortschaften
in der rauhen Jahreszeit wäre nunmehr nicht nothwendig

---

[1]) Damus.

gewesen, da Karl Gustav sich gegen Galizien wenden musste[1]) und Stenbok zu schwach war, etwas gegen Danzig zu unternehmen. Doch konnte das damals Niemand wissen. Man musste fürchten, dass der König ihm unmittelbar folgen werde.

Stenbok hatte anfang Januar M a r i e n b u r g eingeschlossen und Mewe, Dirschau, Stargard und das Kloster Oliva besetzt. Nachdem er sich vergebens an Putzig versucht hatte, verlegte er die Truppen in die Winterquartiere. Die Blockade von Marienburg übergab er an den Markgrafen von Sulzbach. Nach Abzug der brandenburgischen Truppen infolge des Vertrags vom 17. Januar wurde die Stadt härter bedrängt und seit dem 13. Febr., wo Stenbok, der krank gewesen war, ins Lager zurückkehrte, förmlich belagert[2]). E i n V e r s u c h d e r D a n z i g e r, e s z u e n t s e t z e n, kam zu spät. Am 16. März übergab der Woiewode von Marienburg, Jakob Weier, das Schloss, als der Major Thompson mit 800 Mann zu Ross und zu Fuss als Avantgarde des Obersten von Winter nur noch eine halbe Meile davon entfernt war[3]). Dafür gelang es, die Schweden am folgenden Tage aus dem Kloster Oliva zu vertreiben[4]).

Der General Stenbok scheint sich nach der Eroberung Marienburgs nach Kassuben gewendet zu haben, das noch nicht unterworfen war[5]). Wahrscheinlich hat er Lauenburg besetzt, das von den Brandenburgern infolge des Vertrags geräumt werden musste, denn wir finden es seitdem im Besitz der

---

[1]) Der König rückte am 27. Januar von Schippenbeil dahin ab, ging am 17. Februar bei Kasimirs über die gefrorene Weichsel und schlug Czarnetzki am folgenden Tage bei Golumbo. Am 8. März erreichte er Jaroslaw am San. Weiter südlich sollte er jedoch nicht kommen. Nachdem ihn Koniecpolski und zuletzt auch Sapieha mit den Littauern verlassen hatte, musste er sich am 22. mit seinen schwachen Kräften zum Rückzuge bequemen. Nur nach den grössten Anstrengungen erreichte er am 15. April Warschau und liess zu dessen Vertheidigung den Grafen Wittenberg zurück.

[2]) Puffendorf S. 151.

[3]) Theatr. Europ. 7, 924.

[4]) Damus S. 73.

[5]) Der Süden Westpreussens war, wie wir gesehen haben, seit October in Besitz der Schweden. Schlochau, das sich noch gehalten hatte, ergab sich am 30. Januar an den Oberst von Weissenstein. Theatr. Europ. 7, 917.

Schweden. Auf dem Wege dahin plünderte er am 24. März Praust aus[1]). Er trat dann mit dem Kommandanten von Putzig, einem Oberstlieutenant Czarpski, wegen Uebergabe des Platzes in geheime Verhandlungen. Czarpski ging auch darauf ein und zog einige Officiere in das Komplott. Ein Lieutenant Niawiarowski entdeckte jedoch den Verrath und nahm den Oberstlieutenant mit einigen Treugesinnten gefangen. Danzig sendete sogleich eine Abtheilung Truppen zu Wasser — der Landweg scheint nicht sicher gewesen zu sein — nach Putzig und besetzte es. Danzig hatte unmittelbar vorher durch königliche Gnade für seine vielfachen Dienste das Besatzungsrecht von Putzig erhalten und theilte dies unterm 16. April mit dem Vermerk der Stadt Putzig mit, dass der Rathsherr Jakob Stüwe, ein Schöppe und ein Bürger der 3. Ordnung daselbst eintreffen würden, um die militärischen Angelegenheiten in die Hand zu nehmen[2]). Kommandant wurde der Major Schur. Die Besatzung wurde auf 3 Kompagnien zu 120 Mann, 60 Dragoner und 60 Reiter ergänzt und ein Theil davon, der nicht schwören wollte, entwaffnet und nach Danzig abgeführt[3]). Allem Anschein nach hatte der Woiewode Weier diese Unbotmässigkeit veranlasst, dem durch die Uebertragung des Besatzungsrechts an Danzig eine gute Pfründe entzogen wurde. Er hat auch sonst der Stadt Danzig viel Verdruss gemacht[4]).

Bald nach diesen Vorfällen liefen in Danzig die über-

---

[1]) Ebenda 7, 941. In diese Zeit fällt die Anlage der Werke am Haupt und im Werder. Sie mögen schon während der Belagerung von Marienburg begonnen worden sein, aber die Entfernung Stenboks gestattete, sie in aller Musse zu vollenden.

[2]) Missiv v. 16. April an die Stadt Putzig. Damus S. 72. Wir verdanken der Darstellung von Damus die aktenmässige Darstellung der Vorfälle in Putzig. Nur hat er den Tag der Festnahme Czarpski's nicht ermitteln können, giebt ihn wenigstens nicht an. Nach dem Theatr. Europ. 7, 938 geschah es am 14. April, was sehr gut mit dem Schreiben Danzigs vom 16. übereinstimmt. Die Verleihung des Besatzungsrechts war daher nicht eine Folge des Verraths, sondern völlig unabhängig davon. Das Theatr. Europ. fasst dies auch S. 940 sehr richtig auf.

[3]) Damus S. 73.

[4]) Ebenda.

raschenden Nachrichten über die Erfolge der Polen an der oberen Weichsel ein und zeigten ihre unmittelbare Wirkung selbst in der Umgegend von der Stadt. Stenbok räumte mit Ausnahme der festen Plätze das linke Weichselufer. Am 26. April langte der Graf Ostrorog mit einem Gefolge von 40 Reitern als Botschaft Czarnetzki's und Lubomirski's in Danzig an. Diese Feldherren hatten, nachdem sie von der Verfolgung Karl Gustav's abgelassen, am 22. April Bromberg erreicht und setzten sich durch jene Gesandtschaft von hier aus mit Danzig zur Vereinbarung weiterer Operationen in Verbindung; der Graf hielt am 27. vor versammelten Ordnungen eine Rede, worin er die Treue der Stadt rühmte und die Erfolge seines Königs schilderte. Er erbat dann die Ansichten des Raths über eine Kooperation Danziger Truppen mit den beiden polnischen Heerführern. Der Rath empfahl, von Bromberg aus das Land durch Streifparteien diesseits der Weichsel zu sichern, Dirschau zu nehmen und sich einem Uebergange der Schweden über die Weichsel zu widersetzen. Die Stadt wollte das Geschütz und Fussvolk, woran es den Polen gebrach, dazu hergeben. Der Enthusiasmus in Danzig war allgemein. Am 30. April wurde in allen Kirchen ein solenner Gottesdienst abgehalten und sämmtliche Geschütze auf den Wällen gelöst. Aber man verlangte auch nach Thaten und es wurde daher eine Expedition gegen Dirschau abgesendet, die indessen blutig zurückgeschlagen wurde [1]). Die Herstellung der Verbindung der polnischen Heerführer mit Danzig wusste Karl Gustav zu hintertreiben. Noch bevor er die Absichten derselben, sich mit Danzig in Verbindung zu setzen, durchschaut hatte, war er von Warschau, das er auf seinem Rückzuge von der oberen Weichsel am 15. April erreicht hatte, mit Truppen aus Preussen und Kleinpolen verstärkt, am 17. über die Weichsel gegangen, um die verwegenen Parteigänger, welche am 9. bei Warka das Korps des Markgrafen von Baden, das ihm auf dem linken Weichselufer entgegengegangen war, vernichtet hatten, zu züchtigen. Aber wo sie finden? Nach mehrfachem Umher-

---

[1]) Theatr. Europ. 7, 940. Es giebt allein den Tag der Expedition, 30. April, an.

tappen hatte er endlich ihre Spur entdeckt und eilte über
Lencic, Kladowa in der Richtung auf Inowraclaw, sie zu erreichen [1]. Czarnetzki und Lubomirski waren bis Tuchel
vorgedrungen, aus dem sie die Schweden vertrieben [2]. Auf
die Nachricht vom Anrücken des Königs wichen sie nach
Gross-Polen aus. Die Absicht, sie von Danzig abzudrängen, war erreicht. Der König übergab daher am 29. in
der Gegend von Pakosch das Kommando der Armee an seinen
Bruder Adolf Johann und ging nach Preussen, wo seiner drin-
gendere Angelegenheiten warteten. Er war am 30. in Thorn
und anfang Mai in Elbing, wo er die Vorbereitungen zur
Belagerung von Danzig traf. Der Besitz dieser Stadt
war unter den gegebenen Verhältnissen von der allergrössten
Wichtigkeit, nicht minder die Auseinandersetzung mit dem
Kurfürsten, mit dem die Unterhandlungen bereits im Gange
waren.

Nachdem alles zur Belagerung bereit war, begab er sich
am 22. Mai nach Marienburg, wo sich die Armee unter Stenbok
versammelt hatte, und marschirte an diesem Tage noch bis
Dirschau. Unterwegs liess er die Schanze am Danziger
Haupt beschiessen, wobei der Hauptmann Adrian Dilger,
ein geborener Danziger, durch eine Falkonetkugel getödtet
wurde [3]. Am folgenden Tage marschirte der König mit der
Reiterei bis Schottland und rekognoscirte von hier aus die Wälle

---

[1] Puffendorf.

[2] Damus S. 69. Am 3. Juni versuchte der Major Weissenstein Tuchel
wiederzunehmen, jedoch ohne Erfolg.

[3] Theatr. Eur. 7, 943. Die Angabe wird auch durch die Grabschrift
Dilgers bestätigt. Damus (S. 74) ist aber sehr im Irrthum, wenn er daraus
folgert, dass das Haupt schon an diesem Tage von den Schweden genommen
wurde und die Stüblauer Schanze daher bereits am 20. erstürmt worden sei.
Wenn er anführt, dass die Nachrichten darüber bisher sehr auseinander gehen,
so ist das keineswegs der Fall. Puffendorf und das Theatr. Europ., welches
seine Originalnachrichten hat, stimmen vollkommen überein. Es erzählt (7,
943) den Vorfall wie Puffendorf nach dem alten Styl, wonach das Haupt am
15. Mai überging, hat aber 8, 1180, wo es ganz beiläufig davon spricht, den
Druckfehler 15. Februar, den Lengnich, der in den kriegerischen Begeben-
heiten keine andere Quelle als das Theatr. Europ. hat, merkwürdigerweise
nicht erkannt hat. Damus hat das Theatr. Europ. gar nicht benutzt.

Danzigs. Auf dem Rückwege liess er die abgebrochene Brücke über die Mottlau beim Hause Grebin wiederherstellen und am 24. das Haus einschliessen und beschiessen. Es ergab sich an demselben Tage, so dass die Besatzung der Güttland-Stüblauer Schanzen in ihrer Rückzugslinie bedroht war. Der König liess den Kommandanten zur Uebergabe auffordern, infolgedessen auch die weisse Fahne aufgesteckt wurde. Aber durch irgend ein Missverständniss fiel von der Schanze bei Annäherung des Königs und der Truppen ein Kanonenschuss, so dass der König zum Angriff schreiten liess. Die Besatzung floh und wurde grösstentheils niedergehauen oder gefangen genommen[1]). Von Stüblau aus schickte er noch denselben Tag einen Trompeter mit einem Schreiben an den Rath von Danzig und liess ihn zur Uebergabe der Stadt auffordern. Die Schanze am Haupt wurde, ohne angegriffen worden zu sein, am 25. geräumt[2]). Der König liess sie besetzen und befahl ihre solide Befestigung. Am 27. beantwortete der Rath die Aufforderung zur Uebergabe der Stadt ablehnend.

Am 26. mag die Meldung von Bromberg eingetroffen sein, dass sich Czarnetzki daselbst wieder eingefunden habe. Der König übergab daher die Fortführung der Arbeiten vor Danzig an Stenbok und begab sich selbst nach Bromberg, um Czarnetzki abzufertigen, der der Belagerung von Danzig sehr hinderlich werden konnte.

Die Verhältnisse lagen wie folgt. Adolf Johann war den beiden Heerführern Czarnetzki und Lubomirski nach der Abreise des Königs am 29. April nach Grosspolen gefolgt und hatte sie am 6. Mai bei Gnesen ganz empfindlich geschlagen. Sie waren nach dem Comitat Sierazd entflohen, doch folgte ihnen Adolf Johann nur bis zur Warthe bei Pysdri. Am 23. trat Adolf Johann den Rückmarsch über Mielczyn und Pakosch nach Bromberg an, zu dessen Belagerung er am 25. schritt[3]).

---

[1]) Puffendarf S. 167 und Theatr. Europ. 7, 951.

[2]) Ebenda.

[3]) Theatr. Europ. 7, 943. Bromberg war am 22. April in die Hände der Polen gefallen, indem die Einwohner bei Annäherung Czarnetzki's auf dessen erstem Zuge die schwedische Besatzung vertrieben. Nach dem Theatr.

An demselben Tage traf Czarnetzki in der Nähe von Bromberg ein. Dieser hatte sich nach der Schlacht von Gnesen der
Städte Boleslaviec, Sieradz und Peterkau bemächtigt, ohne dass
es ihm gelungen war, die Schweden nach sich zu ziehen.
Lubomirski war mit seinem Antheil nach Warschau marschirt,
um zum Könige zu stossen, der am 1. Juni daselbst eintraf.
Czarnetzki war Adolf Johann gefolgt. Er vereinigte sich in
der Nähe von Bromberg hinter der Brahe mit Weier, der von
Preussen kam. Nach seinem Bericht gewann er den Schweden
auch eine wichtige Schanze ab, ohne jedoch den Entsatz des
Ortes zu bewirken[1]). Bei Annäherung des Königs ging er am
28. bei Nakel über die Netze und stellte sich bei Eksin auf.
Hier wurde er am 1. Juni vom Könige angegriffen, brach aber
das Gefecht ab und marschirte nach Warschau[2]). Am 1. fiel
auch Bromberg wieder in die Hände der Schweden. Der
König ging nach Thorn zurück und sendete von hier aus seinen
Bruder nach Nowydwor[3]). Er selbst begab sich nach Preussen,

Eur. hätte Wrangel die Armee geführt, Puffendorf spricht jedoch in Uebereinstimmung mit Carlson nur von Adolf Johann. Wrangel mag ihm jedoch
beigeordnet gewesen sein.

[1]) Schreiben Czarnetzki's vom 28. Mai. Damus S. 77. Das Schreiben
umfasst die ganze Zeit von ende April bis 28. Mai. Czarnetzki gesteht
seine Niederlage bei Gnesen ein, behauptet jedoch zwei Tage darauf bei
Kosten 1500 Feinde niedergemacht zu haben. Das ist sehr übertrieben. Das
Theatr. Eur. stellt das Gefecht bei Kosten S. 941 dar. Es waren nicht
Truppen Adolf Johanns, die hier bekämpft wurden, sondern die Besatzungen
von Fraustadt, Lissa und Meseritz, die sich zum Entsatz von Kosten, das
von den Polen belagert wurde, vereinigt hatten und unmöglich 1500 Mann
stark gewesen sein können. Ihren Zweck, den Entsatz von Kosten, haben
sie dennoch erreicht. Nach dem Theatr. Eur. fand das Gefecht am 10. Mai
statt. Von Czarnetzki ist darin gar keine Rede. Die Belagerungsarmee vor
Kosten bestand aus dem Landadel Grosspolens und aus Bauern, die sich Ende
April vor Kosten in 3 Läger gelegt hatten, wahrscheinlich auf Veranlassung
Czarnetzki's, denn er rühmt sich „terrisque majoris Poloniae ad Castra Sere-
nissimi Domini mei clementissimi feliciter erocatis“. Sehr zweifelhaft erscheint auch die Besetzung Peterkau's durch Czarnetzki, denn Barkmann
schreibt noch unterm 21. Juni nach Danzig, dass Tychoczin, Peterkau und
Krakau von den Polen blokirt werden. Damus S. 91.

[2]) Ueber dieses Gefecht siehe Carlson S. 139, Brief des Königs an
Stenbok. Pakosch den 3. Juni.

[3]) Carlson S. 139. Nach diesem erfolgte es am 27. Mai (6. Juni).

um die Unterhandlungen mit dem Kurfürsten zum Abschluss zu bringen. Er nahm zu Frauenburg, später zu Marienburg, Aufenthalt und begab sich von Zeit zu Zeit zu Stenbok, um die Fortschritte der Werke vor Danzig zu besichtigen [1]. Einmal hat er auch Weichselmünde rekognoscirt. In diese Zeit fällt von seiten Danzigs die Befestigung des Holms [2]. Die schwedische Befestigung des Danziger Haupts erwuchs allmählich zu einer Royalbefestigung nach dem Ausdruck der Zeit. Anfang Juni plünderte Stenbok das Dorf Praust aus und leitete die Radaune ab, wie ihm der König bei seiner Abreise am 27. Mai befohlen hatte. Ueberhaupt spielte das Wasser in den Kämpfen vor Danzig eine grosse Rolle. Abgesehen von der Inundation, welche den der Stadt zunächst gelegenen Theil des Werders schützte, stachen die Danziger den Kladauer Damm durch und überschwemmten dadurch den Werder von Müggenhall, leiteten auch das Wasser des Liebschauer Sees in den Werder, um diesen bis nach Dirschau unter Wasser zu setzen und die daselbst lagernden Schweden zu vertreiben [3].

Im allgemeinen blieb die Einschliessung Danzigs aber eine einseitige. Die Stadt behielt die Verbindung mit Putzig offen und konnte dieses gegen die Unternehmungen der schwedischen Flotte schützen, die seit Ende April wieder auf der Danziger Rhede lag. Am 28. Juni konnten sie selbst eine Expedition gegen Lauenburg ausführen, die jedoch ohne Erfolg blieb [4].

Der Vertrag zwischen dem Kurfürsten und dem Könige von Schweden war endlich am 25. Juni zustande gekommen.

---

[1] Puffendorf.

[2] Vgl. oben S. 148.

[3] Damus S. 76. Damus erwähnt von der Inundation der Stadt durch die Steinschleuse nichts, und auch Puffendorf und das Theatrum Europaeum schweigen darüber. Dass sie aber angespannt war, was sich übrigens von selbst versteht, ersieht man daraus, dass am 24. December 1659 nach Uebergabe des Danziger Haupts durch die Schweden 6 Kompagnien auf dem Rückwege nach Danzig die Weichsel und den Danziger Werder auf dem Eise in gerader Richtung nach der Stadt überschritten (Peter Voget S. 210).

[4] Theatr. Eur. 7, 963.

Der Kurfürst hatte sich entschliessen müssen, mit Schweden gemeinschaftliche Sache zu machen und seine ganze Kraft hierzu einzusetzen. Der Preis dafür sollte der grösste Theil Grosspolens sein (Theile der Woiewodschaften Posen und Kalisch, die ganzen Woiewodschaften Sieradz und Lencic, sowie das Wielno), das ihm Schweden in voller Suverainität abtrat. Der Kurfürst behielt sich aber die selbstständige Leitung seiner Armee vor. Der Vertrag kam jedoch zu spät, um noch Warschau zu retten, das am 1. Juli kapitulirte. Erst am 27. Juli fand die Vereinigung des Kurfürsten mit dem Könige am Bug statt, der sofort das Vorgehen gegen Warschau folgte.

An demselben Tage erschien die niederländische Flotte unter dem Admiral Cornelius Tromp auf der Danziger Rhede [1]).

Die militairische Lage Karl Gustav's gestaltete sich seit seinem unglücklichen Zuge nach der oberen Weichsel immer trostloser. Ganz abgesehen von dem Abfall des ganzen Landes und selbst Littauens war die Moral der polnischen Armee unendlich durch die Erfolge erhöht worden. Man braucht nur die Rede, welche der Graf von Ostrorog in Danzig hielt, zu lesen, um dies zu erkennen. Die Erfolge Czarnetzki's sprechen noch deutlicher. Der Abfall Littauens hob die Verbindung mit Livland auf, das bald auch der Schauplatz einer russischen Invasion werden sollte. Danzig verhinderte die Verbindung mit Pommern, der Mangel eines Hafens die Verbindung zur See mit Schweden, Livland und Pommern. Die schwedische Armee, die sich längs der Weichsel echelonirte, war daher nach allen Seiten isolirt. Führten diese Verhältnisse im Monat Mai nothwendig zur Belagerung von Danzig, durch dessen

------

[1]) Danzig hatte die Hilfe der Generalstaaten angesprochen und unzweifelhaft kam die Flotte den Danzigern zu Hilfe; aber die Generalstaaten waren keineswegs im Kriege mit Schweden, vielmehr befanden sich gleichzeitig deren Gesandte behufs Unterhandlungen im schwedischen Hauptquartier. Wie eigenthümlich das Verhältniss beider Mächte war, geht aus der Instruktion hervor, die der König seinem Admiral Daniel Strussflycht, der Danzig blockirte, gab. Er sollte sich, wenn eine holländische Flotte sich einfände, bemühen, sie zur Rückkehr zu bewegen, unter geeigneten Umständen aber auch Gewalt brauchen. Puffendorf S. 166.

Besitz man eine Basis gewonnen hätte, welche die Verbindungen
zu Wasser und zu Lande herstellte und durch Zufuhren zur
See die mangelnde Verpflegung sicherte, so schwanden diese
Rücksichten vor den neuen Gefahren, die sich aufthürmten.
Die polnische Armee war lawinenartig gewachsen und bedrohte
zunächst Warschau, gab aber auch der Befürchtung Raum,
dass nach dem Fall dieser Stadt die schwedische Armee, welche
nur nach wenigen Zehntausenden zählte und gänzlich zersplittert war, immer enger umkreist und schliesslich ins Meer
geworfen werden würde. Der immer enger werdende Zirkel
würde, da die Armee von der Hand in den Mund lebte, ihr
bald alle Mittel des Unterhalts entzogen haben. Dem musste
vorgebeugt werden. Es galt einen Kampf auf Leben und Tod
zu führen, nach dessen glücklichem Ausgange erst wieder an
Danzig gedacht werden konnte. Es ist unter diesen Umständen
nicht zu rechtfertigen, dass der König den General Stenbok
vor Danzig zurückliess [1]). Dirschau und die Festung am Haupt
konnten füglich auf kurze Zeit ihren eigenen Kräften überlassen
werden. Jedenfalls war die Aufgabe Stenboks, so lange die
Entscheidung bei Warschau nicht gefallen war, eine andre wie
vorher. Er musste sich darauf beschränken, das Delta der
Weichsel zu beschützen, das in Ermangelung einer andern
Basis jetzt dafür eintrat. Der Belagerungszustand für Danzig
hatte aufgehört und erst recht, nachdem am 27. Juli die niederländische Flotte auf der Danziger Rhede eingetroffen war.
Stenbok scheint infolgedessen abgezogen zu sein und nur die
erforderlichen Besatzungen zurückgelassen zu haben. Jedenfalls
hörten die Feindseligkeiten auf [2]).

In den Tagen am 28., 29. und 30. Juli fiel die Entscheidung
vor Warschau. Die Polen wurden bis zur Vernichtung geschlagen. Für den oberflächlichen Beobachter ist die Schlacht
ohne Folge geblieben, weil Johann Kasimir nicht verfolgt wurde
und in Lublin die Reste seiner Truppen wieder sammeln

---

[1]) Nur einige Regimenter sind ihm entzogen worden, die bei Warschau
mitfochten. Vgl. Riese, die 3 tägige Schlacht bei Warschau. Breslau 1870 S. 7.
[2]) Carlson S. 160.

konnte [1]). Wenn man die Verhältnisse tiefer auffasst, so hatten die Polen einen Schlag erlitten, von dem sie sich nicht mehr erholt haben. Die Zagheit, die sie in den folgenden Jahren zeigten, kann nur auf die Eindrücke der Schlacht von Warschau zurückgeführt werden.

Karl Gustav musste, nachdem der Kurfürst ihn verlassen hatte, sich entschliessen, Polen bis zum Bug zu räumen. Warschau wurde geschleift, die Artillerie auf der Weichsel abgeführt [2]). Der König, welcher am 3. September in Stuhm eintraf, wo sich seine Gemahlin befand, befahl die Unterhandlungen mit den Gesandten der Generalstaaten zum Abschluss zu bringen. Die Gesandten drangen darauf, Danzig zu einem Freistaat zu erklären. Darauf ging der König jedoch nicht ein, gestand jedoch endlich die Neutralität der Stadt zu, so dass damit die Feindseligkeiten gegen dieselbe eingestellt werden mussten [3]). Es war ein schweres Opfer für Karl Gustav, da ihm unter den vorhandenen Umständen nur der Besitz der Stadt, also die Belagerung derselben von Werth sein konnte. Aber die Verhältnisse verlangten es. Er musste darauf gefasst sein, dass ihm die Generalstaaten den Krieg erklärten; Dänemark hatte bereits 10 Schiffe auf der Danziger Rhede liegen und seine Rüstungen waren kein Geheimniss; die Russen belagerten seit dem 31. August Riga, und der Kurfürst drang auf Frieden mit Polen, da sein Herzogthum und die Neumark bereits von polnischen Freibeutern heimgesucht wurde.

Der Vertrag wurde am 10. September zu Elbing, wo die Verhandlungen stattgehabt hatten, abgeschlossen. Danzig protestirte dagegen und betheuerte dem Könige von Polen seine Treue, aber für Schweden blieb die Verpflichtung den General-

---

[1]) Die Ursache war, dass der Kurfürst sich weigerte, sich weiter in Polen zu vertiefen. Er hätte seine Truppen aus der Hand gegeben und damit seinen Einfluss auf Karl Gustav verloren. Auch mag er noch andre Hintergedanken gehabt haben. Seine Festigkeit gereicht ihm zur grossen Ehre.

[2]) Danzig nahm daraus Veranlassung sich auf eine Belagerung gefasst zu machen. Hoburg S. 85.

[3]) Der Vertrag sagt in dieser Beziehung: „ita ut cessent inter S. R. Majestatem et Civitatem Gedanensem omnes hostilitates".

staaten gegenüber bestehen, keine Feindseligkeiten gegen Danzig zu unternehmen.

Die holländische Flotte verliess am 14. Oktober die Danziger Rhede, am 16. folgten auch die Dänen. Da ereignete es sich, dass der schwedische General Königsmark, der sich in Wismar mit Truppen zum Entsatz von Riga eingeschifft hatte, am 29. Oktober durch einen Sturm auf die Danziger Rhede geworfen wurde. Mit ihm war nur noch eine Schute, die andern Truppen gelangten glücklich nach Riga. Die Mannschaft der Schute, aus 103 Schotten bestehend, meuterte und zwang ihre Offiziere und den Bootsmann, in die Weichsel einzufahren. Die Schotten boten der Stadt Danzig ihre Dienste an und erzählten, dass sie durch Offiziere in Bremen für Danzig angeworben seien und erst bei der Abfahrt von Wismar am 21. gemerkt hätten, dass sie sich in schwedischen Diensten befänden, dass ferner der Feldmarschall Königsmark persönlich auf der Fregatte sei und leicht gefangen werden könne. Der Danziger Senat sendete auf das Gutachten des Kriegsraths die Schute in Begleitung von 2 Galioten hinaus. Erstere hatte die Wismarer Flagge aufgehisst und bediente sich des schwedischen Trommelschlages, so dass sie von der Bemannung der Fregatte als zu den ihrigen gehörig angesehen wurde [1]). Die Galioten mögen einen andern Kurs eingeschlagen haben, so dass sie nicht verdächtig erschienen. Der Feldmarschall Königsmark hielt gerade Gottesdienst ab. Eine sehr wirksame Musketensalve von der Schute brachte die Bemannung der Fregatte in Unordnung und die Galioten waren schnell bei der Hand, so dass ein heftiger Kampf erfolgte, der zwei Stunden währte. Eine Schute von Putzig kam den Danzigern noch zu Hilfe. Das Schiff wurde erstiegen und der Feldmarschall gefangen nach Danzig gebracht, wo er bis zum Frieden von Oliva verblieb [2]).

Gegen Ende November machten die Danziger eine Rekognoscirung gegen das Haupt, wozu sie 1000 Schützen und die

---

[1]) Es ist wahrscheinlich, dass seitens der Fregatte das Einlaufen der Schute in den Danziger Hafen und die Meuterung der Mannschaft nicht bemerkt worden ist, was sich durch den herrschenden Sturm erklärt.

[2]) Theatr. Eur. 7, 991.

Hälfte der Reiterei verwendeten. Die Schweden waren jedoch avertirt, so dass die Expedition ihren Zweck nicht erreichte[1]).

Selbstredend enthoben diese Feindseligkeiten Danzigs den König von Schweden der Verpflichtung, die Neutralität der Stadt ferner zu achten. Es war einer der wesentlichsten Punkte in den Verhandlungen zu Labiau mit dem Kurfürsten, diesen zu bestimmen, sich an der Belagerung von Danzig zu betheiligen. Der Kurfürst hielt jedoch fest daran, gegen Danzig keinen Krieg zu führen. Auf der andern Seite blieb ihm nichts übrig, sich dem Könige fester anzuschliessen, da Polen sich nicht hatte bestimmen lassen, in Unterhandlungen zu treten, bevor die Schweden nicht Preussen geräumt hätten. Seine Länder litten furchtbar. Nur durch Gewalt konnte den Polen der Frieden aufgedrängt werden. Der Vertrag kam am 20. November zu Labiau zustande. Der König erkannte die Suverainität des Herzogthums Preussen an und der Kurfürst verpflichtete sich, dahin zu wirken, dass beim Friedensschluss das königliche Preussen den Schweden zufiele.

Zum Abschluss des Vertrages hatte wesentlich beigetragen, dass Johann Kasimir am 15. November mit 20000 Mann in Danzig eingezogen war[2]). Er nahm seinen bleibenden Aufenthalt in der Stadt, während die Truppen ein Lager bei Langenau, Dirschau gegenüber, bezogen. Auf seinem Marsch von Lublin hatte er die Weichsel bei Kasimirs überschritten und unterwegs die von den Schweden besetzten festen Orte Lencic, Kalisch und Konitz eingenommen. Mit Ausnahme einer erfolglosen Ueberrumpelung Dirschau's am 12. Dezember, der Belästigung der Umgegend durch Streifzüge vorherrschend auf befreundeten Gebieten, unternahmen die polnischen Truppen nichts gegen die Schweden, obgleich die Abwesenheit eines schwedischen Korps auf dem Weichseldelta[3]) zum nachhaltigen An-

---

[1]) Ebenda 992.

[2]) Droysen III 2, 318. Droysen giebt jedoch nur 12000 an, das Theatr. Eur. 20000.

[3]) Stenbok war zur Deckung von Kulmerland und des Herzogthums Preussen auf das rechte Ufer der Weichsel gezogen worden. Er schlug am 22. October Gonsiewski bei Philippowo. Von Interesse ist hier auch die Be-

griff von der Hauptschanze oder von Dirschau aufforderte. Danzig hätte dazu reiche Hilfsmittel geboten. Die polnische Armee verstärkte sich durch Zuzüge allmählich auf 30000 Mann. Auch Czarnetzki hatte sich eingefunden.

Der König von Schweden war nach Abschluss des Vertrages von Labiau in der Lage, die polnische Armee vertreiben zu müssen, die seine Verbindungen mit Pommern aufhob und wegen der Nähe an seiner Basis, dem Delta der Weichsel, sehr gefährlich werden konnte. Der Kurfürst verweigerte jedoch seine Theilnahme, weil er von Littauen her bedroht wäre und selbst von russischer Seite auf eine Invasion des Herzogthums gefasst sein müsste. Der König entschloss sich endlich, mit seinen eigenen Kräften die Unternehmung auszuführen. Er versammelte 12000 Reiter, 5000 Mann zu Fuss und 70 Geschütze auf dem rechten Weichselufer, aber es war ihm längere Zeit unmöglich, die Weichsel zu überschreiten, weil die Eisdecke zu schwach war und darauf eintretendes Thauwetter wegen des Eisganges die Herstellung einer Brücke verhinderte. Er versuchte es bei Dirschau und Graudenz vergeblich. Endlich gelang es jedoch bei Mewe. Er passirte am 27. Dezember[1]) den Fluss und schlug bei Stüblau ein Lager, um die polnische Armee in ihrer linken Flanke anzugreifen. Czarnetzki entzog sich dem jedoch und marschirte nach Konitz ab, angeblich um die Armee in der Neumark Winterquartiere beziehen zu lassen. Das Fussvolk und die Artillerie liess er in Danzig zurück, wo auch der König blieb. Karl Gustav sendete am 31. 750 Reiter unter dem Oberst Aschberg nach und folgte einige Tage darauf mit der Armee. Aschberg erfuhr, bei Kyschau angelangt, durch ein vorgesendetes Detachement, dass die Polen sehr sorglos in den Dörfern um Konitz lagen und überraschte sie durch einen Nachtmarsch von 7 Meilen um 3 Uhr morgens in dieser Lage am 2. Januar 1657. Ein Regiment nach dem andern wurde überfallen, bis es schliesslich Czarnetzki gelang,

---

merkung des Generals Percewal im Danziger Kriegsrath, wo er die Entfernung der Schweden benutzt wissen will, die äussere Linie von Neugarten zu verstärken. Hoburg S. 86. Vgl. oben.

[1]) Puffendorf S. 191. Das Theatr. Eur. 7, 990 sagt 29 (19 a. St.).

3000 Reiter um sich zu versammeln und dem Gemetzel Einhalt zu thun. Aschberg hatte den Polen 36 Standarten und 1300 Pferde abgenommen. Ihr Verlust an Mannschaften belief sich auf 3500 Mann, und 3000 Pferde sollen mit der Bagage verbrannt worden sein. Der König empfing den Obersten am 8. Januar in der Gegend von Tuchel mit grosser Auszeichnung und setzte den Marsch nach Konitz fort, das sich ihm nach dreitägiger Beschiessung ergab[1]). Czarnetzki zog nach Kujavien ab und ging unfern Thorn über die gefrorene Weichsel. Karl Gustav eilte zum Schutz des Kulmer Landes nach Kulm.

Das Jahr 1657.

Karl Gustav hatte bei seinem Abmarsch vor Danzig den General Douglas mit einigen Truppen zurückgelassen, hauptsächlich um den König von Polen zu beobachten und bei etwaiger Entfernung von Danzig zu verfolgen. Graf Douglas lagerte im Danziger Werder und machte sich der Stadt sehr lästig. Am 2. Januar plünderte er Alt-Schottland aus und ging den folgenden Tag über die Berge, um sein Handwerk in Langfuhr, Striess und bis in die Gegend von Oliva fortzusetzen. Die Danziger suchten ihn am 16. Januar auf, vermochten jedoch nicht ihn zu vertreiben[2]). Bald darauf zwang ihn jedoch die eintretende Kälte, sich nach Marienburg zurückzuziehen, von wo ihn der König nach Salfeld und Holland abberief, um nöthigenfalls den Kurfürsten zu unterstützen[3]).

Die zugefrorene Weichsel veranlasste die Danziger zu weitgehenden Streifzügen. Selbst das Haff scheint zugefroren gewesen zu sein. Sie überfielen mit 3 Kompagnien Reiter die Dragoner des Generals Packmohr in Frauenburg, plünderten Tolkmit aus und hoben in dessen Nähe 18 Schlitten auf, die mit schwedischen Gütern von Pillau nach Elbing auf dem

---

[1]) Puffendorf S. 192, 193. Theatr. Eur. S. 992.

[2]) Theatr. Eur. S. 1053. Danach wären die Danziger, obgleich auch Polen an der Unternehmung theilnahmen, nur 2400 Mann stark gewesen.

[3]) Puffendorf S. 276.

Wege waren[1]). Am 24. Januar verheerten sie, mit den Polen 2000 Pferde stark, den grossen Werder und machten in Neuteich eine grosse Beute an Vieh und Pferden, darunter auch solche des Königs[2]). In einem anderen Fall drang der Rittmeister Lützau mit 100 Pferden bis in die Nähe von Marienburg und erbeutete im Dorfe Altenau zahlreiche Officierspferde und die Equipagen des Grafen Douglas[3]). Am 26. Januar erfolgte ein grosser Ausfall mit Geschütz gegen das Haus Grebin, das vom Könige Karl Gustav bei seiner Anwesenheit im Danziger Werder am 28. December wieder befestigt worden war. Scheinangriffe gegen die Hauptschanze und gegen Dirschau zogen die Aufmerksamkeit des Feindes ab. Die Besatzung des Hauses, welche aus 60 Finnen bestand, wehrte sich heldenmässig und wollte kein Quartier nehmen, so dass sie bis auf 4 Mann niedergehauen wurde. Der Verlust der Danziger betrug dabei 200 Mann. Das Schloss wurde geschleift[4]).

Infolge des Einfalls des Fürsten von Siebenbürgen Rakoczy in Polen langte am 7. Febr. Czarnetzki mit 6000 Reitern aus Masovien in Danzig an, um den König Johann Kasimir davon zu führen, der sich in seiner Unthätigkeit daselbst zu gefallen schien. Die Stadt schenkte ihm bei seiner Abreise, die am 10. Febr. erfolgte, zwei Tonnen Goldes. Um seinen Abzug vollständig sicher zu stellen, machten die Danziger an diesem Tage einen Einfall in den grossen Werder. Czarnetzki führte den König, um die von den Schweden besetzten Orte Konitz und Schlochau zu vermeiden, durch Pommern, kam aber auch hier nicht ohne Anfechtung durch, indem die Lauenburger einen Ausfall machten. Das Fussvolk, das bis hierher gefolgt war, wurde nach Danzig zurückgeschickt[5]).

Am 5. März machten die Danziger mit 2000 Mann zu Ross

---

[1]) Lengnich. Gesch. der preuss. Lande unter Joh. Kasimir S. 180. Theatr. Eur. S. 1053.

[2]) Theatr. Eur. S. 1055.

[3]) Ebenda S. 1062.

[4]) Ebenda S. 1056.

[5]) Puffendorf S. 278. Theatr. Eur. S. 1062.

und zu Fuss und 8 Geschützen einen Ausfall gegen Dirschau, wurden jedoch zurückgeschlagen [1]).

Die grosse Thätigkeit, welche Danzig in dieser Zeit entwickelte, entsprang aus dem Gefühl der Sicherheit vor einer Belagerung. Es hatte seine Kräfte in dieser Beziehung nicht zu schonen und wollte sich von den ewigen Plackereien befreien, denen es vor seinen Thoren ausgesetzt war. Der König von Schweden war sehr gereizt gegen die Stadt. Der Fall mit Königsmark und die vergeblichen Verhandlungen, um ihn zu befreien; die Behandlung der Finnen beim Sturm auf Grebin; die Beraubung seines Eigenthums in Neuteich waren danach angethan, auch einen minder hoffärtigen Geist zu verstimmen. Auch ärgerten ihn die Pasquille, die in Danzig auf ihn erschienen. Bevor er daher seinen Zug zur Vereinigung mit Rakoczy antrat, wollte er ihnen einen Denkzettel von bleibendem Eindruck hinterlassen. Die Massregel war mehr von seiner Bosheit als seinem Interesse eingegeben. Er liess nämlich den Weichseldamm bei Käsmark in einer Ausdehnung von 10 bis 12 Ellen durchstechen, wodurch der ganze Danziger Werder überschwemmt wurde. Der König war persönlich zur Stelle (5. März). Seine Hoffnung, dass auch die Niederstadt von Danzig davon betroffen würde, erfüllte sich jedoch nicht, da die Steinschleuse sich hier sehr bewährte und die Fluth aufhielt. Der Schaden war unermesslich, doch hatten auch die Schweden darunter zu leiden. Die Danziger durchstachen zwar den Weichseldamm beim Ganskruge, um das Wasser in die Weichsel zu leiten, doch half das wenig [2]). Spätere Versuche den Durchbruch bei Käsmark durch Steinkisten zu füllen, hatten auch keinen Erfolg, da die Schweden diese nach dem Abzuge der Danziger wieder entfernten [3]). Ausserdem nahm der König das alte Projekt wieder auf, die Weichsel von Danzig abzuleiten und versuchte es diesmal sowohl an der Montauer Spitze wie am Haupt, Dämme über die Weichsel zu führen [4]). Der folgende Eisgang spülte sie jedoch wieder hinweg.

---

[1]) Theatr. Eur. S. 1063.

[2]) Ebenda.

[3]) Ebenda 8, 142.

[4]) Puffendorf S. 280: „an der Montauer Spitze und absonderlich am Haupt

Das Bündniss zwischen Karl Gustav und Rakoczy war am 16. Decbr. 1656 zustande gekommen[1]). Das Heer, womit der letztere mitte Januar 1757 den polnischen Boden betrat, bestand aus 3500 deutschen Landsknechten, 7000 Siebenbürger Sachsen und 30000 Kosaken, Szeklern, Moldauern und Wlachen[2]). Die Städte von Galizien huldigten ihm, und Lubomirski, der seit 5 Monaten Krakau belagerte, zog ab. Rakoczy hielt am 28. März seinen Einzug in Krakau. Karl Gustav erkannte die Nothwendigkeit, sich mit Rakoczy zu vereinigen, wenn dessen Beistand ihm überhaupt von Werth sein sollte. Ausserdem fürchtete er, dass dieser zu den Polen abfallen könnte, die bereits mit ihm in Unterhandlungen standen. Er brach daher am 15. März von Marienburg auf und vereinigte ende des Monats in Brzesc in Kujavien gegen 7000 Mann, wovon 3000 Brandenburger unter dem Grafen Waldeck. Am 7. April nahm er Petrikau ein und vollzog seine Vereinigung mit Rakoczy, der von Krakau kam, am 12. April zwischen Pinzow und Opatow in der Gegend von Sendomir. Der König von Polen befand sich seit dem 7. März in Czenstochau und hatte hierhin auch das Adelsaufgebot berufen. Auch die im Felde liegenden polnischen Armeen würden sich daselbst concentrirt haben, wenn die Verbündeten zum Angriff des Königs anmarschirt wären. Aber auf die Armee Rakoczy's war nicht der geringste Verlass, da sie ohne Disciplin und taktisch ohne alle Ausbildung war. Sie war nur geeignet, das Land zu schrecken[3]). Karl Gustav wusste daher Rakoczy zu bestimmen, die entgegengesetzte Richtung einzuschlagen, bei Zawichozd die Weichsel zu überschreiten und Samosc oder littauisch Brzesc zu belagern. Karl Gustav bemühte sich Rakoczy zu bewegen, die schwedische Besatzung von Krakau durch seine eignen Truppen abzulösen. Aber der Fürst gab vor, dass seine Truppen sich nicht darauf verständen, eine Festung zu vertheidigen, und als

---

in dem linken Arm (der Weichsel wurde) ein krummer Damm aufgeführt und viel mit Steinen beladene Kasten versenkt".

[1]) Carlson S. 179.
[2]) Theatr. Eur. 7, 1055.
[3]) Droysen III, 1, 340.

er später doch darauf einging, gelangten zwar seine Truppen noch hin, aber der General Würz, Kommandeur der schwedischen Besatzung von Krakau, versuchte es vergeblich daraus zu entweichen. Der Marsch der Verbündeten nach Brzesc wurde von den polnischen Armeen in keiner Weise gestört, obgleich sie die Weichsel überschritten hatten und auch die littauische Armee zur Stelle war. Brzesc ergab sich am 23. Mai [1]). Der König trat es an Rakoczy ab. Auf Zamosc wurde kein Versuch gemacht. Die Nachricht, dass Dänemark die Feindseligkeiten begonnen habe, liess den König nur darauf sinnen, sich auf eine anständige Weise von Rakoczy zu trennen. Er zog deshalb Stenbok von Thorn nach Plock, wozu ihn zunächst wohl die Nachricht veranlasste, dass Oesterreich mit Polen abgeschlossen habe, aber, wie der Verlauf zeigt, auch die Absicht sich selbst von Rakoczy zu trennen, wozu er sich am 31. Mai entschloss [2]).

Er verliess Stenbok mit seinen Truppen und marschirte nach Thorn, wo er am 18. Juni eintraf. Am 23. Juni trennte sich auch Stenbok in der Gegend von Warschau von Rakoczy [3]) in listiger Weise, diesem den Rath hinterlassend, sich zu beeilen, mit Polen Frieden zu schliessen. Der Fürst brach in Thränen aus, weil er wohl fühlte, was ihm bevorstand. Er ist mit nur 3000 Mann nach Siebenbürgen zurückgelangt. Der König begab sich am 5. Juli nach Bromberg, wo sich 6000 Mann angesammelt hatten, mit denen er über Tempelburg, Draheim und Stettin nach Demmin, dem Sammelplatz der Armee, marschirte. Anfang Juni rückten 16 000 Oesterreicher unter dem Grafen Hatzfeld in Polen ein und unternahmen die Belagerung von Krakau, das sich am 23. August wegen Mangel an Lebensmitteln ergab. Würz erhielt freien Abzug und wurde durch ein österreichisch-polnisches Korps zur Grenze nach Driesen geleitet.

Das Kommando über die in Preussen zurückbleibenden Truppen vertraute Karl Gustav seinem Bruder Adolf Johann an. Dieser liess nach dem Abmarsch des Königs die noch in

[1]) Carlson S. 197.
[2]) Ebenda S. 199.
[3]) Ebenda S. 202.

Kujavien und Masovien besetzten Ortschaften räumen. Der Oberst Würzburg, der dadurch disponibel wurde, erhielt den Befehl in Dirschau und machte sich den Danzigern sehr unbequem.

Danzig hatte die Abwesenheit Karl Gustav's aus Preussen benutzt, um einen Versuch zu machen, sich des Hauptes zu bemächtigen. Es handelte sich diesmal nicht um eine Ueberrumpelung oder einen gewaltsamen Angriff der Schanze, sondern um eine Belagerung. Das dazu bestimmte Korps, wobei sich auch Polen unter dem Obersten von Grudsinski befanden, war 3000 Mann zu Fuss und 1000 Reiter stark und wurde mit 24 schweren Geschützen ausgerüstet. Es langte am Abend des 24. Mai vor der Schanze an[1]). Diese bestand, der Konfiguration des Landes entsprechend, aus einem Dreieck, dessen Basis, aus 3 Bastionen bestehend, der Nehrung zugewendet war, und dessen Spitze an der Gabelung der beiden Weichselarme eine Redute bildete. Die beiden Längsseiten des Dreiecks längs den Ufern der beiden Weichselarme waren mit je einem Bastion versehen. Nach der Nehrung hin lagen noch Vorwerke, die sich an Lachen eines alten Weichselbettes lehnten, so dass nach dieser Seite mehrere Abschnitte hintereinander gebildet wurden. Von dem Hauptwerk führten Brücken nach dem Danziger und dem grossen Werder, die durch Brückenköpfe am jenseitigen Ufer geschützt wurden.

Noch in der Nacht wurden mehrere Batterien aufgeworfen und mehrere Weichselkähne zu Brandern hergerichtet, um die Brücken zu zerstören. Eine Abtheilung Reiter wurde auf Prahmen über die Weichsel gesetzt und gegen Marienburg vorgesendet, um zeitig genug von einem etwaigen Entsatz unterrichtet zu werden.

Am Morgen des 25. wurden drei Brander gegen die nach dem Danziger Werder führende Brücke losgelassen. Sie waren so eingerichtet, dass, wenn der Mastbaum an die Brücke stiess, die daran befindlichen Röhre (Flinten) Feuer fingen und den brennbaren Stoff, mit denen der Kahn gefüllt war, ent-

---

[1]) Theatr. Eur. 8, 142.

zündeten. Die Schweden hatten jedoch vor der Brücke Schiffe versenkt, an welche der erste Brander stiess, die Röhre Feuer fingen und die brennbaren Stoffe mit den darin befindlichen Granaten und Feuerkugeln wirkungslos abbrannten und explodirten. Die beiden andern Brander wurden von den Schweden in kleinen Booten angefallen und ihr Inhalt ans Land gebracht. Zwei Danziger Kähne, in denen sich ein Fähnrich und 40 Mann befanden, sollten den Brandern folgen, um die Brücke anzugreifen. Davon wurde jedoch der eine in Grund geschossen, so dass 15 Mann ertranken. Der Fähnrich und 10 Mann wurden gefangen. Der zweite Kahn wurde von den Danzigern gerettet. In der folgenden Nacht, zum 26. Mai, unternahmen die Danziger einen Anfall auf die Schanze, welche bei Käsmark als Brückenkopf diente, wurden aber von der Besatzung zurückgewiesen. Ein erneuter Sturm am Sonntag, den 27., blieb ebenfalls ohne Erfolg, da von der Hauptschanze 400 Musketiere zur Hilfe gesandt wurden, die sich am Damm einnisteten und ein lebhaftes Feuer unterhielten. Die Danziger sahen sich daher genöthigt, in der Nacht zum 28. mit Laufgräben gegen die Schanze von Käsmark vorzugehen. Auf die Nachricht, dass Adolf Johann von Marienburg aus mit 10 Regimentern Schweden zum Entsatz anrücke, traten die Danziger in der Nacht zum 29. den Rückzug an, nachdem sie 66 Mann an Todten und fast ebensoviel an Verwundeten verloren hatten, die im Kahn Umgekommenen und Gefangenen nicht eingerechnet[1]).

Am folgenden Tage (31. Mai) langten in Danzig 2000 polnische Reiter unter dem Woiewoden von Podlachien Opaninski und dem Kastellan von Posen Grzymultowski an, um die zurückgelassenen Fussvölker und Geschütze abzuholen. Sie brachen am 5. Juni nach Kyschau auf, forderten die schwedische Besatzung aber vergeblich auf, sich zu ergeben. Sie blieben auf königlichen Befehl in Tuchel, um die Verbindung Danzigs mit dem Könige zu unterhalten[2]).

---

[1]) Ebenda S. 8, 143.
[2]) Ebenda S. 144.

Danzig war seit dem 5. Mai wiederum von 4 schwedischen Kriegsschiffen blockirt. Diese wurden am 8. Juli von 20 dänischen Schiffen vertrieben, auf denen sich der König persönlich befand. Dieser hatte vorausgesetzt, dass Karl Gustav nach Schweden übersetzen werde, erfuhr nun aber, dass er den Landweg eingeschlagen habe und segelte wieder ab.

Am 31. August machten die Danziger mit gesammten Kräften einen Ausfall gegen Dirschau, um den Oberst Würzburg daraus zu vertreiben und womöglich die Weichselbrücke zu zerstören. Sie übernachteten bei Stüblau und beabsichtigten, den folgenden Tag Dirschau anzugreifen. Adolf Johann hatte jedoch frühzeitig Kunde davon und versammelte sogleich die um Marienburg liegenden Truppen, von denen er 400 Mann Fussvolk und 200 Dragoner noch am 31. August voraussendete und mit dem Rest in der Nacht folgte. Er führte 2 halbe Karthaunen mit sich. Zufällig war auch der junge Graf Waldeck, der mit 8 Kompagnien zu Ross und 4 Kompagnien Dragoner brandenburgischer Truppen auf dem Marsch nach der Mark begriffen war, in Dirschau anwesend und nahm an dem Gefecht theil. Eine am Morgen des 1. September ausgesendete Partei brachte die Nachricht zurück, dass die Danziger mit 8 Bataillonen und 6 Eskadrons in Schlachtordnung anrückten. Adolf Johann setzte sich sogleich in Bereitschaft, sie zu empfangen. Die Danziger näherten sich mit grosser Bravour, obgleich ihnen die Ueberlegenheit des Gegners nicht entgangen war, und warfen die Brandenburger zurück, wobei der Graf Waldeck einen Schuss im Arm erhielt und der Kommandeur der Dragoner erschossen wurde. Die Schweden nahmen jedoch das Gefecht auf und warfen die Danziger, die ohne Reserve waren, während sich Adolf Johann eine Abtheilung von Pikenieren zurückgestellt hatte, schliesslich zurück. Die Danziger Reiterei liess das Fussvolk im Stich, das gegen einen Morast getrieben wurde, so dass eine grosse Zahl darin umkam. Die Schweden eroberten 5 Fahnen, worunter die des Obersten v. Winter mit dem Wappen der Stadt und 7 Geschütze, 4 Quartierstücke (12-Pfünder) und drei Regimentsgeschütze (6-Pfünder). 300 Mann blieben, darunter 2 Fähnriche, die sich in ihre Fahne gewickelt hatten, und 200 Mann wurden gefangen,

wovon 1 Major und 1 Hauptmann. Die Danziger hatten dagegen den Brandenburgern 3 Standarten abgenommen [1]).

Eine Unternehmung, welche die Danziger einige Tage
darauf gegen Lauenburg ausführten, blieb ohne Erfolg [2]).

Infolge der Annäherung der Oesterreicher, welche
anfang Oktober in Plock ankamen, und deren Vortruppen sich
am 14. Oktober vor Thorn zeigten, räumten die Schweden alle
links der Weichsel gelegenen festen Orte, selbst Dirschau,
nachdem sie die Werke daselbst geschleift hatten. Danzig
besetzte dasselbe, wie auch Lauenburg. Schlochau, Bütow,
Mewe und Stargardt wurden von den Polen besetzt. Den
Schweden blieb nur noch Strassburg, Thorn, Graudenz, Marienburg, Elbing und die Hauptschanze (das Danziger Haupt) [3]).

Die Lage des Kurfürsten Friedrich Wilhelm war höchst
gefahrvoll geworden. Man kam ihm polnischer- und öster-
reicherseits sehr entgegen, namentlich machte sich der
kaiserliche Gesandte Lisola sehr verdient, eine Annäherung
zu Polen anzubahnen. Die Verhandlungen waren schon am
20. Juni in Tilsit eingeleitet worden und führten am 19. September zum Vertrage von Wehlau, worin auch polnischerseits die Souverainität des Herzogthums Preussens anerkannt
wurde, der Kurfürst aber auch die Verpflichtung übernahm,
seine Waffen mit den Polen zu vereinen. Die nähern Be-
stimmungen sollten auf einer Zusammenkunft mit dem Könige
zu Bromberg festgestellt werden. Die Zusammenkunft fand
am 30. Oktober statt, am 6. Novbr. wurde der Vertrag von
beiden Seiten unterzeichnet, worauf der Kurfürst noch denselben Tag nach Berlin abreiste [4]). Zum grossen Leidwesen
der Danziger, die ihre Blicke längst auf Lauenburg und
Bütow gerichtet hatten, wurden diese Orte in dem Vertrage
Brandenburg zugesprochen. Ebenso wenig gelang es ihnen
den langjährigen Streit über die geistlichen Besitzungen in der
Nähe von Danzig, Schottland, Hoppenbruch und Stolzenberg zu

---

[1]) Ebenda 147.
[2]) Ebenda 148.
[3]) Ebenda.
[4]) Ebenda 151.

ihren Gunsten zuende zu führen. Die Angelegenheit ist noch
Gegenstand weitläuftiger Erörterungen auf den folgenden Reichstagen gewesen. Man war polnischerseits weit entfernt, diese
katholischen Ortschaften in lutherische Hände zu geben.
Namentlich hatte die Behandlung der Jesuiten den Zorn der
Prälaten und des Königs erregt. Mit dem Vertrage von Bromberg hängen diese Verhältnisse allerdings nicht zusammen, aber
das Theater Eur. erzählt, dass der König wegen derselben
zu dieser Zeit sehr gereizt gegen die Danziger war und diese
ihm, um ihn zu beschwichtigen, Dirschau eingeräumt
hätten [1]).

Zur Belagerung von Thorn kam es in diesem Jahre
nicht, so sehr es die Polen wünschten, schon um die Oesterreicher wieder los zu werden, da diese weder die Güter des
Königs und der Geistlichkeit, noch die des Adels schonten.
Auch hatte es den König sehr verdrossen, dass sie in Krakau
eine österreichische Besatzung zurückgelassen hatten. Die
Oesterreicher bezogen theils in Grosspolen, theils im Bisthum
Ermland Winterquartiere. Hatzfeld starb im December und
wurde durch de Souches ersetzt.

Czarnetzki überschritt am 28. Oktober unterhalb
Frankfurt die Oder und verwüstete das schwedische Vorpommern bis Anklam hin, worauf er in Pommerellen Winterquartiere bezog. Gonsiewski mit den Littauern war nach
Livland gesendet, das Adelsheer entlassen worden.

Das Jahr 1658.

Die ersten Monate des Jahres gingen mit beiderseitigen
Streifzügen der Festungsbesatzungen unter abwechselnden Erfolgen hin, während die Heere noch in den Winterquartieren
lagen. Am 1. März erschien eine Abtheilung schwedischer
Reiter vom Haupt mit einem grösseren Hinterhalt vor dem
Langgartenthor Danzigs in der Hoffnung, die Danziger zu
einem Ausfall anzureizen. Diese begnügten sich jedoch mit
Kanonenschüssen von den Wällen, so dass die Schweden wieder
abzogen. Am 20. März hob eine schwedische Partei aus

---

[1]) Ebenda 166.

Elbing einen Danziger Transport von 12 Frachtwagen mit Waaren für Warschau in der Gegend von Mewe auf. Am 25. März gelangte eine schwedische Abtheilung aus Marienburg bis nach Praust und Ohra und zog mit grosser Beute davon. Wichtiger war, dass anfang April 600 Polen der Besatzung von Dirschau über die Weichsel gingen und beim Dorfe Liessau am Weichseldamm eine Schanze aufwarfen, um von hier aus den grossen Werder in Kontribution zu setzen[1]). Der Statthalter Adolf Johann erkannte die ganze Gefahr, die daraus hervorgehen könnte und versammelte aus den Besatzungen von Elbing, Marienburg und dem Haupt 800 Mann zu Fuss mit den disponiblen Reitern und 8 Geschützen und griff die Schanze am 17. April an, wurde aber zweimal zurückgeworfen. Er liess daher von Marienburg 10 schwere Geschütze und einige Mörser kommen und ging mit Laufgräben gegen die Schanze vor. Die Besatzung musste sich am 21. auf Diskretion ergeben. Die Officiere wurden nach Danzig entlassen und 400 Gemeine an die 3 Besatzungen vertheilt. Ein Entsatzversuch der Danziger von 3 Regimentern zu Fuss und zahlreichem Geschütz, der am 19. ausmarschirte und dem am folgenden Tage auch Reiter folgten, kam zu spät[2]). Dagegen hatte eine Danziger Partei von 100 Pferden einige Tage darauf das Glück, den sogenannten schwarzen Fähnrich, eine gefürchtete Persönlichkeit der Besatzung der Hauptschanze, in der Gegend von Pasewark auf der Nehrung schwer verwundet gefangen zu nehmen[3]).

Adolf Johann zeigte durch sein energisches Eingreifen, dass er den Fehler gemacht hatte, das Jahr zuvor Dirschau zu räumen. Es gehörte sehr wesentlich zur Befestigung des Weichseldelta's, wie Gustav Adolf das richtig erkannt hatte. Noch weit grösser war aber der Fehler der Polen, nicht alle disponiblen Kräfte dahin dirigirt zu haben, nachdem auf dem Delta Fuss gefasst war. Eine Belagerung von Thorn, die nachher so viel Kräfte und Zeit in Anspruch nahm, wäre infolge-

---

[1]) Ebenda 670.
[2]) Ebenda 670.
[3]) Ebenda 672.

dessen gar nicht nothwendig geworden, da es die Schweden sofort hätten räumen müssen. Auch die Danziger trifft der Vorwurf, dass sie nicht schon vor dem Angriff der Schweden zur Stelle waren, da vor allem eine Brücke und Artillerie nothwendig gewesen wäre, wozu der Besatzung von Dirschau die Mittel fehlten. Letztere bestand aus dem Fussvolk, das während des vergangenen Winters sich in Danzig befand und als besonders tüchtig geschildert wird.

Gegen Ende April hatte man in Danzig nicht geringe Besorgniss, dass infolge des schwedisch-dänischen Vertrages von Roschild der König nach Preussen zurückkehren würde, so dass eine Belagerung der Stadt in Aussicht zu stehen schien. Die Söldner waren seit 2 Monaten nicht bezahlt, ausserdem die von den Generalstaaten überlassenen Soldaten zurückberufen worden. Die Stadt erneuerte daher den hundertsten Pfennig und die Kopfsteuer, liess die Werbetrommel rühren und griff auf das Scharwerk der Bürger zurück, um die Wälle instand zu setzen und Palisadirungen anzulegen[1]). Karl Gustav wurde jedoch durch politische Verhandlungen in Wismar zurückgehalten. Er begnügte sich, im Juni 12 Fregatten auf die Danziger Rhede zu schicken, und eine Verstärkung der Besatzungen von 12 bis 15 Kompagnien zu Fuss zu senden, die in Ermangelung eines Hafens an der flachen Küste der Nehrung gelandet werden mussten. Der Herzog Adolf Johann traf umfassende Vorkehrungen, damit dies nicht von Weichselmünde her gestört würde. Er versammelte 2000 Mann auf der Nehrung und nahm sein Hauptquartier in Niclaswalde. Gegen Weichselmünde liess er Batterien aufwerfen, die nach glücklich erfolgter Landung wieder eingeebnet wurden. Die Mannschaft wurde den Besatzungen zugetheilt, doch wurden die nach Thorn bestimmten 350 Mann in der Gegend von Stuhm, wohin sie sich gerettet hatten, von den Polen gesprengt und grösstentheils gefangen. Die in der Schanze von Liessau ge-

---

[1]) Ebenda S. 673. Ordn.-Recess v. 3. und 10. Mai 1658, wonach auf dem Bischofsberge 4, und auf dem Hagelsberge 2 Fahnen Bürger arbeiteten und nach dem Antrage der 3. Ordnung täglich eine Person aus der Mitte des Rathes und der Schöppen die Aufsicht führte. Hoburg S. 88.

fangenen Polen liess der Statthalter nach Livland einschiffen, weil sie sich unzuverlässig gezeigt hatten [1].

Um fernere Landungen zu verhindern, kam Czarnetzki mit 8000 Reitern herbei und nahm bei Stüblau Aufstellung, wo er durch 1000 Danziger verstärkt wurde [2]. Er erhielt jedoch bald den Befehl, nach Holstein abzurücken, und wurde durch Koniecpolski ersetzt, der 5 bis 6000 Reiter auf dem rechten Weichselufer herbeiführte und hier auch verblieb. Im Verein mit Brandenburgern unter Polenz bemächtigte er sich des Elbinger Werders und beunruhigte von hier aus den grossen Werder. Am 5. Novbr. gingen auch Polen der Besatzungen von Mewe und Dirschau, unterstützt von Danzigern, unterhalb Parent über die Weichsel nach dem grossen Werder über und dehnten sich bis Liessau aus. Da jedoch kein Nachschub erfolgte und der grosse Werder keinen Unterhalt bot, weil die Bauern geflüchtet waren, gingen sie am 15. wieder auf das linke Ufer zurück [3]. Den Schweden gelang es, noch einmal die Polen und Brandenburger aus dem Elbinger Werder zu vertreiben, so dass sie am Schlusse des Jahres ihre Stellung auf dem Delta behaupteten [4].

Dass im Laufe des Jahres 1658 hier so geringe Kräfte auf beiden Seiten verwendet wurden, lag in der Hartnäckigkeit, mit der sich die schwedische Besatzung unter dem Generalmajor v. Bülow in Thorn vertheidigte. Die Stadt war im Winter zu 1658 von Sapieha leicht blockirt gewesen, und obgleich die Belagerung bereits 1657 beschlossen war, ging die ganze erste Hälfte des Jahres hin, ohne dass etwas geschah. Erst im Juli langten die Oesterreicher, am 1. August der Feldzeugmeister der Krone Grudzinski mit 3000 Mann und im September der Kronmarschall Lubomirski mit der Hauptarmee der Polen vor Thorn an. Am 24. September erschien auch der König mit Gemahlin [5]. Am 15. und 16. Novbr. er-

---

[1] Ebenda S. 683.
[2] Ebenda S. 684.
[3] Ebenda S. 688.
[4] Ebenda S. 689. Puffendorf S. 553.
[5] Ebenda S. 674. Puffendorf S. 553.

folgte der allgemeine Sturm, aber ohne Erfolg. Die Besatzung ergab sich erst wegen Krankheit und gänzlichem Mangel an Lebensmitteln am 22. December. Am 1. Januar 1659 hielt der König seinen feierlichen Einzug in Thorn.

Das Jahr 1659.

Karl Gustav hatte nach Wiedereröffnung der Feindselig-keiten gegen Dänemark im August 1658 die gegen ihn verbün-deten Mächte zum offensiven Einschreiten veranlasst. Der Kur-fürst Friedrich Wilhelm war mit einem aus Brandenburgern, Oesterreichern (Montecuccoli) und Polen (Czarnetzki) bestehen-den, gegen 30000 Mann starken Heere im September in Holstein eingebrochen und hatte die Schweden vom Festlande vertrieben. Am 16. December fiel Alsen in seine Gewalt, während Karl Gustav sich vergeblich bemühte, Kopenhagen einzunehmen. Er mochte es nicht aus den Klauen lassen, und doch musste etwas geschehen, dem energischen Vorschreiten des Kurfürsten Halt zu gebieten. Der König befahl daher dem in Stettin kom-mandirenden Generalmajor Würz nach Preussen zu marschiren, um den Kurfürsten in seinem Herzogthum zu bedrohen und ihn dadurch zu veranlassen, sich in Schleswig und Jütland durch Detachirungen nach Preussen zu schwächen [1]). Würz brach am 1. Febr. mit 3000 Reitern von Stettin auf. Der Statthalter Adolf Johann ging ihm am 6. Febr. von Marienbuug aus ent-gegen und bemächtigte sich unterwegs der Stadt Konitz, die sich ihm feindlich erwies, durch Sturm [2]). Am 10. Febr. fand die Vereinigung mit Würz bei Friedland statt. Beide mar-schirten nun gemeinschaftlich nach Schwetz, gingen hier über die Weichsel und schlossen Kulm ein, das sich sofort ergab. Sie verproviantirten darauf Graudenz und drangen über Ma-rienwerder, Riesenburg, Salfeld, Morungen, Liebstadt ins Her-zogthum ein. Ihr Ziel war Braunsberg, wo der Fürst Rad-ziwil, der Guverneur des Herzogthums, die brandenburgischen Truppen zusammengezogen hatte. An der Passarge durch Eisgang aufgehalten, gelang es den Schweden nicht, die branden-

---

[1]) Puffendorf S. 646.
[2]) Eine Besatzung scheint Konitz nicht gehabt zu haben.

burgischen Truppen zu erreichen, welche sich nach Königsberg zurückgezogen hatten. Da sie ohne Artillerie waren, mussten sie von einem Versuch auf Königsberg abstehen und traten den Rückzug nach Elbing an. Der Fürst Radziwil hatte den Kurfürst dringend ersucht, ihm Truppen zu schicken, doch blieb dieser fest und schickte keine, so dass der schwedische Einfall ohne alle Folgen blieb[1]). Einige Besatzungen, welche die Schweden in einzelnen Orten zurückgelassen hatten, wurden bald wieder zurückgezogen, oder von den Brandenburgern vertrieben.

Nachdem sich Adolf Johann in Marienburg mit Geschütz versehen hatte[2]), brach er am 16. März nach Dirschau auf und schloss es ein. Noch in der folgenden Nacht wurden einige Batterien aufgeworfen und die Mauer in Bresche gelegt, worauf sich die Stadt am 20. ergab. Würz bezog darauf ein Lager bei Güttland im Danziger Werder und forderte von der Stadt eine Kontribution von 12000 Thalern, widrigenfalls er den Werder auspochen werde. Die Stadt verweigerte das Geld, worauf der Werder sowie Praust und Umgegend stark mitgenommen wurde. Ein Ausfall der Danziger mit 400 Pferden kostete ihnen 60 Mann[3]).

Die Winterkampagne war für die schwedischen Truppen sehr anstrengend gewesen. Es waren viel Pferde gefallen und viel Mannschaften zu den Brandenburgern desertirt. Der Herzog Adolf Johann gab daher der Armee den Monat April über Ruhe. Bei Dirschau war eine Brücke hergestellt worden. Die Schweden streiften bis Oliva hin und machten der Stadt Danzig einen Schaden von 30000 Thalern. Anfang Mai sandte der Herzog den Generalmajor v. Bülow gegen Stargardt, das, nachdem ein Thor durch eine Petarde gesprengt war, erstürmt und mit einer Besatzung versehen wurde. Die Brandenburger benutzten die Abwesenheit des Fussvolks, das Bülow mit sich führte, um das schwedische Lager im Elbinger kleinen Werder am 23. Mai zu überfallen und gänzlich zu zerstreuen, mussten sich

---

[1]) Puffendorf S. 647.

[2]) Nach dem Theatr. Europ. 8, 1174 führte er 2 halbe, 2 Viertelskarthaunen und 2—6-Pfünder mit sich.

[3]) Ebenda 1175.

jedoch wegen Mangel an Lebensmitteln wieder zurückziehen. Ende des Monats führte Adolf Johann in Person einen Streifzug gegen Danzig aus und erschien am 30. vor Praust, nahm auf den Bergen Stellung und liess von hier aus die nächsten Dörfer um Danzig ausrauben. Namentlich wurden St. Albrecht, Ohra und Schidlitz stark mitgenommen. Der Herzog führte 600 Stück Vieh davon[1]). Am 27. Juni wiederholte der Oberst Drake den Raubzug, ein andrer wurde am 19. Juli unternommen. Die Schweden forderten 80000 Thaler Kontribution und hofften, den General Königsmark zurückzuerhalten, erreichten es aber nicht.

Inzwischen war der General Würz nach Pommern zurückgerufen worden[2]), das von einer österreichischen Invasion bedroht war. Ein Ersatz von 2 Regimentern, der im Juli zur See anlangte, wurde auf der Nehrung unter denselben Vorsichtsmassregeln gelandet, wie der erste i. J. 1658. Trotzdem war die schwedische Armee ausser den Garnisonen nur noch 12 Kompagnien Reiter, von denen 600 jedoch ohne Waffen waren, und gegen 750 Mann Fussvolk stark[3]), die zur Bewachung des Weichseldelta's in keiner Weise ausreichten. Es ist sehr wahrscheinlich, dass Adolf Johann mit seinen Forderungen um Verstärkung abgewiesen wurde, und da der König ausserdem sein Missvergnügen über die geringen Resultate der Kriegführung nicht zurückhielt, verliess Adolf Johann am 17. Aug.[4]) ohne Erlaubniss des Königs den Kriegsschauplatz und übergab das Kommando dem General Lorenz v. d. Linde.

Die polnische Armee war im August endlich in Preussen eingetroffen. Der Fürst Lubomirski, der sie führte, war 15000 Reiter stark, incl. 2000 Oesterreichern unter dem General-Wachtmeister Gottfried v. Heister. Er legte sich am 23. vor Graudenz und nahm die Stadt am 29. durch Sturm. Der Kommandant zog sich auf das Schloss zurück, das jedoch durch

---

[1]) Puffendorf S. 647. Theatr. Eur.

[2]) Ebenda 648.

[3]) Ebenda.

[4]) Theatr. Eur. 1179. Nach Puffendorf fand dies schon im Juli statt. Das eigenhändige Schreiben des Königs, worin er seinem Bruder sein Missvergnügen darüber ausdrückt, ist vom 19. Aug., wonach die Entfernung des Herzogs wohl anfang August fallen muss.

Meuterung der Besatzung am 14. Sept. übergeben wurde[1]). So
weit war es mit den Schweden gekommen. Schon am 6. Sept.
war Mewe, Stargardt und Dirschau nebst dem ganzen linken
Weichselufer von ihnen geräumt worden. Am 12. Sept. ver-
suchten Brandenburger und Danziger schon mit 50 Booten und
4 Schiffen vom Haff aus den grossen Werder zu betreten, indem
sie sich der Jungfernschanze bei dem Orte Jungfer bemächtigen wollten, was jedoch nicht gelang. Nach dem Fall des
Graudenzer Schlosses wurde die Wegnahme des grossen Werders
das nächste Angriffsobjekt auch für die Polen. Damit in Verbindung stand die Belagerung eines der festen Plätze Elbing,
Marienburg und der Hauptschanze. Für Brandenburg wäre
Elbing, für Polen Marienburg, für Danzig die Hauptschanze
das wünschenswertheste gewesen. Die Danziger mussten die
entscheidende Stimme abgeben, da sie allein imstande waren,
die Mittel zur Belagerung zu gewähren. Für die anderen folgte
daraus, dass sie Observationskorps gegen Elbing und Marienburg bildeten und jeden Entsatzversuch des Gegners hinderten.
Der Fürst Lubomirski übernahm es speciell, den Brückenkopf
von Marienburg einzunehmen und die Brücke zu zerstören. Die
Danziger erboten sich, die Belagerung der Hauptschanze allein
zu übernehmen. Man einigte sich, den 26. September gleichzeitig an 3 Orten den grossen Werder zu betreten: Die Polen
an der Montauer Spitze, die Brandenburger vom Haff aus und
die Danziger bei Langenfelde unterhalb Stüblau. Zu dem Zweck
sollten die Danziger dem Fürsten Lubomirski 1000 Mann und
dieser den Danzigern 600 Reiter und 500 Fussknechte stellen.
Die Brandenburger landeten unter dem Obersten Hill am Grenzkruge westlich Jungfer, der Fürst Lubomirski stiess jedoch auf
Schwierigkeiten, da die Schweden an der Montauer Spitze eine
grössere Schanze besetzt hatten. Er ist hier einige Wochen
aufgehalten worden.[2]).

---

[1]) Puffendorf S. 648. Das Theatr. Europ. S. 1186 weicht hier in den
Daten von Puffendorf ab.

[2]) Peter Voget. Belagerung der Hauptschanze Anno 1659, ein Jurnal
der Belagerung. S. 4. Das Theatrum Europacum und Puffendorf sind hier
sehr unzuverlässig. Ersteres sagt (8, 1180) „nach Eroberung des Schlosses
Graudenz gingen die Alliirten (Polen und Oesterreicher) über die Montauer

Der Uebergang der Danziger bei Langenfelde vollzog sich ohne alle Anfechtung von seiten der Schweden ganz nach der getroffenen Disposition. Er bildete zugleich die Einleitung zur Berennung der Hauptschanze und erfordert eine nähere Darstellung.

g. Die Belagerung des Danziger Hauptes oder der Hauptschanze durch Danzig.

Taf. XIV.

Die Belagerung der Hauptschanze[1]) bildet nächst der Schlacht von Warschau die Hauptwaffenthat des ersten nordischen Krieges, soweit er sich auf polnischem Gebiete bewegte.

Spitze und trachteten Marienburg und Elbing zu belagern, allein das gählinge hochgestiegene Gewässer trieb sie von beiden Plätzen wieder ab und liess sie ihr Lager, welches fast von dem Wasser blockirt war, auf das trockene aufschlagen." Das grosse Wasser trat aber erst am 7. December ein, so dass in obigen Worten 5 Wochen übersprungen werden.

Nach Puffendorf S. 648 hatte Lubomirski den Strom am 26. September, also ganz angemessen dem allgemeinen Plan, überschritten, musste aber wieder zurück, weil sich die Schweden tapfer wehrten. Da wären 2000 Brandenburger und 1000 Danziger gekommen (auf Schiffen) und hätten bei Tysmart auf der Insel Posto gefasst, worauf die Schweden nach Marienburg und Elbing abmarschirt seien. Nun ist nicht abzusehen, wie die Brandenburger und Danziger auf Schiffen zur Montauer Spitze hätten gelangen sollen, da die Weichsel und Nogat gesperrt waren. Die 1000 Danziger sind auf den Landwegen dahin gelangt und die Brandenburger haben diese Gegend gar nicht berührt. Er verwechselt das wahrscheinlich mit der Landung derselben am Grenzkruge am 2. September, wovon er nichts erwähnt.

[1]) Wir besitzen über die Belagerung das bereits erwähnte durch Peter Voget veröffentlichte Jurnal, dessen Verfasser bei der Belagerung gegenwärtig war und aus officiellen Quellen geschöpft hat. Er nennt die Bürgermeister und Rathsverwandten, denen er das Werk gewidmet hat, seine Beförderer. Der Plan, den er auf dem Titelblatt giebt, ist zwar in einem sehr kleinen Massstabe, stimmt aber völlig mit dem grossen Plan, den Puffendorf unter No. 107 S. 648 in seinem Karl Gustav giebt, überein. Der Puffendorf'sche Plan ist allem Anscheine nach von dem leitenden Ingenieur Georg v. Strackwitz, von dem auch wahrscheinlich der vortreffliche Plan von Danzig bei Puffendorf herrührt. Peter Voget giebt ausserdem eine Kopie der Denkmünze, welche die Stadt zum Gedächtniss der Belagerung schlagen liess, und die ebenfalls einen Plan der Belagerungsarbeiten enthält. Der diesseitige Plan der Belagerung Taf. XIV ist eine Kopie des Puffendorff'schen.

Die Schweden hatten nicht aufgehört, die Feste zu verstärken, so dass sie seit dem ersten Versuch, den die Danziger darauf gemacht hatten, bedeutend an Widerstandskraft gewonnen hatte.

Die der Gabelung der Weichsel zugekehrte Spitze der Schanze, welche ursprünglich aus einer Redute bestand, hatte die Form einer geräumigen Tenaille mit aus- und einspringenden Winkeln angenommen und wurde nach dem Kommandanten Dankwartsposten genannt. Noch im Sommer dieses Jahres war ein Ravelin davor gelegt worden. Die Tenaille war mit einer Palisadirung umgeben, vor welcher noch eine Reihe Sturmhaspeln (spanische Reiter), die mit Ketten befestigt und mit Dornsträuchern versehen waren, standen. Auch das vorgelegene Ravelin, Triangel genannt, war mit Palisaden umgeben, die sich an die Sturmhaspeln der Tenaille anschlossen.

An der alten Weichsel, wie man den nach dem Haff gehenden Weichselarm nannte, befanden sich zu beiden Seiten des Mittelbastions Raveline, von denen eins den Ausgang zur Brücke und das andre den Ausgang nach der Nehrung deckte. Vor dem steilen und dicken Walle des Umzugs befanden sich ebenfalls Palisaden, die an der neuen oder Danziger Weichsel noch mit Hagedornsträuchern umgeben waren. Die drei dem Festlande der Nehrung zugewendeten Bastione hiessen das Fürsten-, Königs- und Stenbokbollwerk und waren mit einer Faussebraie versehen, welche an dem Ravelin an der alten Weichsel begann und bis zur rechten Flanke des Bastions hinter dem Zeughause, wie man das Bollwerk an der neuen Weichsel nannte, ging[1]). Zwischen dem Königs- und Stenboksbollwerk befand sich eine Ausfallpforte. Vor der Faussebraie war ein tiefer nasser Graben, der vor den Bastionsspitzen am breitesten war. Längs der Kontreskarpe desselben waren Palisaden errichtet, die mit dicken Dornsträuchern eingefasst waren. Davor waren drei Reihen langer, dicker Balken (Rahmen) bis ans Wasser eingegraben. Die Reihen waren eine Ruthe von einander entfernt und lagen eine Elle tief unter der Oberfläche. Jede Reihe bestand aus mehreren dicken Bohlen über- und

---

[1]) Das gegenüberliegende Bollwerk an der alten Weichsel hiess das Bollwerk hinter der Artollerie.

nebeneinander. Wie wir sehen werden, machten sie den Sappenteten viel Schwierigkeiten.

Da, wo der Wassergraben der Nordfront zu beiden Seiten an die Weichselarme stiess, war er durch Dämme von denselben getrennt, um hier eine Passage zu haben und den Graben vor Verschlammung durch die Weichsel zu schützen. Vor den Dämmen war die Erde auf 25 Ruthen Länge abgetragen, damit der Feind sich hier nicht verbauen konnte. Vor dem Damm an der alten Weichsel befand sich ein kleines Erdwerk, das mit 3 Reihen Palisaden umgeben war. Ein anderes grösseres Erdwerk befand sich dahinter[1]). Das war auch an der neuen Weichsel der Fall.

Die Nordfront hatte eine Ausdehnung von 75 Ruthen in der Feuerlinie, und die Entfernung von der Bastionsspitze König bis zur Südspitze der Tenaille betrug 135 Ruthen.

Die Schiffbrücke nach dem grossen Werder war durch einen Brückenkopf in Gestalt einer hinten offenen Redute geschützt. Er wurde die Marienburger Schanze genannt. Vor demselben befand sich ein niederer Redan, der durch eine verdeckte, mit einer Treppe versehenen Gallerie mit der Redute verbunden war. Der Redan war mit einem Graben und vor demselben mit Palisaden und spanischen Reitern versehen, die mit Dornsträuchern durchflochten waren. Zu beiden Seiten der Redute war der Weichselarm auf 20 und einige Ruthen Länge als Brustwehr hergerichtet und am Ende mit einem Abschnitt für die Wache versehen. Hinter dem Weichseldamm oberhalb der Redute führte der Fahrweg von der Schiffbrücke nach dem grossen Werder und war durch Sturmhaspeln und Dornsträucher verwahrt. Eine Reihe Palisaden sicherte die Verbindung des Vorbau's der Wache (corps de garde) mit den spanischen Reitern des Redans.

Nach dem Danziger Werder führte keine Brücke. Am linken Ufer der neuen Weichsel befand sich auf dem Damm eine Redute, die Schmerblocker Schanze genannt. Ihre Lage war so gewählt, dass sie den Angriff auf die Nordfront der Hauptschanze flankirte und den Feind verhinderte, sich

---

[1]) Paul Voget S. 5—10.

hier festzusetzen, um die Nordfront zu enfiliren. Die Schanze bildete eine geschlossene Redute von 3 bis 4 Ruthen Seitenlänge, die zu beiden Seiten durch tiefe Einschnitte im Damm geschützt war. Da die Ueberschwemmung des Danziger Werders noch fortdauerte, war sie auf allen Seiten von Wasser umgeben. Die Durchstiche des Weichseldammes waren seit 1657 noch vermehrt worden. Es wird ein Letzkauer und ein grosser und kleiner Käsmarker Durchstich südlich der Redute und der Schmerblocker Durchstich nördlich derselben erwähnt. An den Durchstichen waren Querwälle, zur Vertheidigung eingerichtet, hergestellt und mit starken Wachen versehen. Ausserdem war der Weichseldamm zu beiden Seiten der Redute ähnlich wie bei der Marienburgerschanze zur Vertheidigung eingerichtet und mit einem vorgeschobenen corps de garde versehen [1]).

Kommandant war der General Dankwart von Lilienström. Die Besatzung bestand aus 1500 Mann zu Ross und zu Fuss und war reichlich mit Proviant versehen. Die Zahl der Geschütze belief sich auf 50 Stück [2]). Demgegenüber haben die Danziger nie mehr als 3000 Mann gehabt, die in 3, später sogar in 4 Lägern zersplittert waren [3]).

Bei der Berennung der Hauptschanze vonseiten der Danziger handelte es sich hauptsächlich darum, ihr die Verbindung mit Marienburg abzuschneiden und zugleich den Weg nach dem grossen Werder zu verlegen, um die Besatzung von der Vervollständigung der Proviantirung abzuhalten. Es mussten daher zu diesem Zweck verhältnissmässig bedeutende Kräfte verwendet werden, obgleich der Angriff der Hauptschanze nicht von hier aus, sondern von der Nehrung geführt werden musste. Es kam aber auch darauf an, die Aufmerksamkeit des Gegners nach dem grossen Werder zu ziehen, um den Truppen, welche zur Einschliessung der Schanze auf der Nehrung bestimmt waren, die Zeit zu verschaffen, sich daselbst zu etabliren und wegen der starken Besatzung eine Kontra-

---

[1]) Ebenda S. 9.
[2]) Ebenda S. 10.
[3]) Ebenda S. 11.

vallationslinie zu erbauen. Um den Feind zu täuschen, übernahm der Oberst von Winter die Berennung vom grossen Werder her in Person und überliess dem Kommandanten von Weichselmünde, Major v. Bobart, die auf der Nehrung.

Am Abend des 24. September erhielt der Oberst v. Winter
vom Kriegsrath zu Danzig den Befehl, sich mit den Soldtruppen
zum Aufbruch nach dem grossen Werder bereit zu halten[1]).
Auf weiteren Befehl marschirte derselbe am 25. nachmittags
mit 12 Kompagnien Fussvolk[2]), drei Geschützen und einer Anzahl Wagen, die mit Fahrzeugen zur Ueberfahrt über die
Weichsel versehen waren, ab. Gegen Abend folgte die Reiterei.
Die Truppen übernachteten bei Rosenberg und setzten am folgenden Tag ihren Marsch nach Güttland fort, das sie gegen
Abend erreichten.

Nach eingetretener Dunkelheit brachen sie wieder auf und
marschirten die Weichsel abwärts bis Langenfelde. Hier
wurden die Boote abgeladen und in die Weichsel gelassen. Bald
nach Mitternacht begann die Ueberfahrt bei trübem Wetter und
starkem Winde, so dass sie von den schwedischen Vedetten
nicht bemerkt wurde. Zwei- bis dreihundert Schützen unter
dem Major Siebers machten den Anfang und führten das erforderliche Schanzzeug mit sich, um jenseits eine Schanze aufzuwerfen. Die Ausführung gelang vollkommen. Bald wurde

---

[1]) Ebenda.

[2]) Die Danziger Söldner, welche das Belagerungskorps bildeten, bestanden
im Ganzen aus 22 Kompagnien Fussvolk, 5 Kompagnien Reiter und 3 Komp.
Dragoner. Das Fussvolk war in Regimenter von 4 Kompagnien getheilt, die
nach ihren Standorten benannt wurden. Man hatte danach ein städtisches,
2 mündische Regimenter, ferner ein Regiment Neugarten, ein Regiment Bischofsberg und ein Regiment Holm. Ausserdem befand sich beim Belagerungskorps
eine Squadron (2 Komp.) aus Putzig, die indessen nur 105 Mann stark war.
In Danzig scheinen 2, in Weichselmünde 3, in Putzig eine Kompagnie zurückgeblieben zu sein. Die Stärke der Kompagnien war im Durchschnitt 100 Mann,
mit Ausnahme der 4 Danziger Kompagnien, welche zusammen 656 Mann
zählten. Die 12 Kompagnien, welche an der Expedition gegen den grossen
Werder theilnahmen, bestanden aus den Regimentern Neugarten, Bischofsberg
und Holm unter den resp. Majors Thompson, Siebers und Gerschau. Ausser
dem Major, der im Speciellen 2 Kompagnien unter sich hatte, befand sich
bei jedem Regiment nur noch ein Hauptmann, der die beiden andern kommandirte.

auch ein schwedischer Reiter eingebracht, von dem man erfuhr, dass ein schwedisches Reiterregiment unter dem Oberst Letmat bei Palschau auf halbem Wege nach Dirschau stehe. Noch während der Nacht trafen von den vom Fürsten Lubomirski zugesagten Mannschaften 300 Fussknechte ein, 200 andre bei anbrechendem Tage. Die polnische Reiterei erschien erst gegen Mittag, zum Theil erst Nachmittag, 600 Pferde unter dem Obersten Niemierycz. Den Befehl über die Polen hatte der Generalmajor Buttler. Da der Uebergang der Danziger bis dahin beendet war, konnte die polnische Reiterei sofort folgen. Den Schluss machte der Hauptmann Brandes mit 2 Kompagnien Fussvolk. Die Artillerie war auf dem linken Ufer zu beiden Seiten des Uebergangspunktes aufgestellt worden. Ausserdem war auf dem linken Ufer der Major Thompson mit 2 Kompagnien zurückgelassen worden, um nach Käsmark hin zu beobachten [1]).

Der Oberst Winter hatte sogleich zwischen den Dörfern Schönhorst und Schönberg ein Lager abstecken lassen und Wachen ausgestellt [2]). Inzwischen hatte sich sowohl der Oberst Letmat als von der Hauptschanze her der General Dankwart genähert, wurden aber durch Kanonenfeuer abgewiesen. Ein in Schönhorst gefangen genommener schwedischer Sergeant sagte aus, dass die schwedische Besatzung der Verschanzungen bei Liessau und der Kampe bei Dirschau dieselben geräumt hätten. Die Reiterei, drei Regimenter stark, hätte zwar nach dem Haupt durchdringen wollen, hätte es aber aufgegeben und sei nach Marienburg zurückgegangen. Das Fussvolk hat sich wahrscheinlich nach der Montauer Spitze zurückgezogen.

Der General Buttler, welcher nach seiner Ankunft das Kommando übernahm, liess am 28. den Major Gerschau mit einigen hundert Fussknechten und Reitern nach der Schönberger Fähre vorgehen und daselbst einige Reduten anlegen, zog auch die Artillerie vom linken Ufer an sich. Von den Brandenburgern ging die Nachricht ein, dass der Oberst Hill am Grenzkruge gelandet

[1]) Ebenda S. 14.
[2]) Ebenda S. 15.

sei und im grossen Werder Stellung genommen habe. Der Major Thompson ging auf dem Weichseldamm näher an Käsmark heran und setzte sich jenseits des Letzkauer Durchstichs fest. Es wurden ihm einige Kähne zugetheilt, um vermittelst der Ueberschwemmung mit der Nehrung Verbindung zu halten. Der Oberst Winter war nach Danzig zurückgegangen, um sich nach der Nehrung zu begeben [1]).

Hier war am 26. der Major von Bobart von Weichselmünde aus mit 100 Schützen und 50 Dragonern, zu denen von Danzig noch drei Kompagnien Reiter und zwei Kompagnien Dragoner stiessen, welche am Ganskruge über die Weichsel gegangen waren, nach Heubude vorgegangen, wo sich bereits 100 Schützen von Danzig befanden. Von hier marschirte er nach Bohnsak, wo er das Fussvolk unter den Ingenieuren Georg von Strackwitz und Leonhard Charle zurück liess, um eine Schanze aufzuwerfen. Mit der Reiterei begab er sich nach Niklaswalde, wo er übernachtete. Von seinen ausgestellten Feldwachen wurde ein Bote des Generals von Dankwart aufgefangen, der ein Schreiben an das Flottenkommando überbringen sollte, wonach der General, von allen Seiten eingeschlossen, ausserstande wäre, der Flotte Lebensmittel zu übersenden. Am 27. näherte sich der Major noch mehr der Hauptschanze und liess den Hauptmann v. Strackwitz mit 150 Schützen herankommen, um gegenüber dem Eschenkruge eine Schanze aufzuwerfen und auf dem linken Ufer Posto zu fassen, um mit dem Major Thompson in Verbindung zu treten. Auf Befehl des Obersten v. Winter schickte der Major am 1. Oktober das Fussvolk nach Bohnsak zurück, wo der Oberst am 2. mit 8 Kompagnien Fussvolk, 6 Regimentsstücken und seiner Leibkompagnie Reiter des Morgens eintraf und um 8 Uhr in Niklaswalde zu ihm stiess. Der Marsch nach der Hauptschanze wurde sogleich angetreten und deren Berennung ausgeführt [2]).

Am 3. Oktober langte das Schanzzeug an, und es wurde zur Befestigung der Stellung geschritten, wozu ein alter Weichseldamm benutzt wurde, der in der Entfernung von 800 Schritt

[1]) Ebenda S. 18.
[2]) Ebenda S. 17.

parallel der Nordfront der Hauptschanze von der neuen zur
alten Weichsel hinlief. Am Nachmittag wurden 3 Batterien
eingeschnitten, von denen die an der alten Weichsel auf dem
sogenannten Schmandberge, die Brücke zur Marienburger Schanze
bestrich. Eine verfallene alte Schwedenschanze an der neuen
Weichsel wurde in der folgenden Nacht ausgebessert. Die
Mannschaft wurde so abgetheilt, dass die Hälfte unter den
Waffen stand und die andere Hälfte in der Nacht arbeitete.
Den rechten Flügel mit 4 Kompagnien der Stadt Danzig kommandirte der Major Schur, Kommandant von Putzig, den linken
Flügel mit 4 Kompagnien aus Weichselmünde der Major Bobart,
die Reiterei der Hauptmann Fuchs. Der Belagerte beschoss
die Stellung unausgesetzt, namentlich die Batterie auf dem
Schmandberge, jedoch ohne allen Erfolg, obgleich er auch auf
dem rechten Weichselufer bei Fürstenwerder 3 eiserne Stücke
aufgestellt hatte, um die Stellung zu flankiren.

Auf dem grossen Werder liess der Major Siebers den
Major Gerschau und Hauptmann Steltzner mit ihren vier Kompagnien am Abend des 3. von der Schönberger Fähre auf
dem Weichseldamm bis auf die Weite eines Steinwurfs von
den feindlichen Vorposten vorgehen, er selbst marschirte mit
seinen 6 andern Kompagnien und 16 Dragonern in der folgenden
Nacht über Münsterberg und Bärwalde nach dem Weichseldamm zwischen Fürstenwerder und der Marienburgerschanze[1]).
Er traf am 4. bei anbrechendem Tage auf die schwedischen
Vorposten unter dem Major Sitthon und schnitt ihnen den Rückzug zur Marienburger Schanze ab, wobei er 31 Gefangene machte.
Um diese Zeit langte jedoch zufällig der Oberst Letmat mit
2 Reiterregimentern aus Marienburg bei Münsterberg an und
wurde noch durch die Reiterei der Besatzung verstärkt, die
General Dankwart auf seine Meldung heraussendete. Er ging
sogleich gegen den Major Siebers vor, wurde aber durch dessen
gedecktstehende Schützen abgewiesen. Der Major hatte am
Damm zwei Traversen aufwerfen lassen, besetzte diese durch
Schützen und stellte sich mit dem Rest seiner Mannschaft in

---

[1]) Peter Voger S. 31. Es geschah auf Befehl des Obersten v. Winter,
der sich die Batterie bei Fürstenwerder vom Halse schaffen wollte.

einem anliegenden Garten auf, der durch einen starken Zaun eingefasst war. Die Schweden hatten inzwischen auch Fussvolk und einige Geschütze herangezogen, die unter dem Major Sitthon gegen die Traversen vorgingen. Der Major wurde jedoch erschossen und der Angriff gerieth ins Stocken. Der Oberst führte seine Reiterei gegen den Garten vor, konnte hier aber nichts ausrichten und ging daher durch das Dorf Fürstenwerder in den Rücken der Stellung des Majors Siebers. Aber obgleich sich auch das Fussvolk der Reiterei anschloss, hielt dieser standhaft aus und schlug vier Angriffe ab. Ein Haus in der Nähe des Gartens, das durch schwedische Musketiere besetzt worden war, wurde in Brand gesetzt. Das Gefecht zog sich bis 3 Uhr nachmittags hin, wo die Schweden, zuerst das Fussvolk, dann die Reiterei, sich nach der Hauptschanze zurückzogen, nachdem sie das Dorf Fürstenwerder in Brand gesteckt hatten.

Auf der Nehrung hatte man das Gefecht mit der grössten Spannung verfolgt. Der Oberst v. Winter schickte über Schönbaum Munition zu, woran es dem Major Siebers gebrach, was nicht ohne grosse Schwierigkeiten erfolgte, weil ein heftiger Sturm wüthete, der die Ueberfahrt über die Weichsel erschwerte. Auch der General Dankwart war durch Ueberläufer von dem Munitionsmangel unterrichtet worden und liess den Major zur Uebergabe auffordern, was mit Hohn zurückgewiesen wurde. Der Major Gerschau nahm mit den 4 Kompagnien an dem Gefecht nicht theil, weil er angeblich vom Oberst v. Winter den Befehl erhalten hatte, nach Schönhorst zurückzugehen. Von hier schickte ihn der General Buttler[1]) wieder gegen die Schönberger Fähre vor und theilte ihm eine Kompagnie Reiter

---

[1]) Ebenda. Nach Voget wäre es der Oberst Winter gewesen, der den Befehl ertheilt hätte, was bei der Schwierigkeit der Kommunikationen unwahrscheinlich erscheint. Ganz unverständlich ist es, warum der General v. Buttler dem Major Siebers nicht zu Hilfe kam. Obiger Zwischenfall scheint auf Reibungen zwischen dem Obersten v. Winter und dem General v. Buttler zu deuten, die kaum ausbleiben konnten und möglicherweise auch die Abberufung des letztern, die einige Tage darauf erfolgte, herbeigeführt haben. Aber dass er mit seiner ganzen Truppe abberufen wurde, lässt auf eine tiefgehende Missstimmung des polnischen Oberkommando's schliessen.

und Dragoner zu. Die Schweden verloren in diesem Gefecht 26 Ober- und Unterofficiere und 60 Gemeine todt, 40 verwundet, 30 Gefangene. Die Danziger 30 Mann an Todten und Verwundeten.

Der Major Siebers ging auf Befehl des Obersten v. Winter bei einbrechender Dunkelheit nach dem Kukukskruge östlich Braunau ab und passirte hier am 5. die Weichsel, wo er in den Ortschaften Schönbaum und Prenzlaw untergebracht wurde. Die Schützen blieben unter dem Hauptmann Brandes am Kukukskruge, wo sich eine Schanze befand, zurück[1]). Eine Erklärung dieses auffälligen Verfahrens lässt sich nur darin finden, dass der General von Buttler vom Fürsten Lubomirski den Befehl erhalten hatte, nach Neuteich abzumarschiren und die Danziger Kräfte nicht ausreichten, die Hauptschanze allein einzuschliessen, der Oberst von Winter es daher für nothwendig fand, den grossen Werder zu räumen.

Bevor der General v. Buttler abmarschirte, unternahm er am 6. einen Vorstoss gegen die Marienburger Schanze[2]). Es ist nicht unwahrscheinlich, dass er dazu provocirt wurde, indem die schwedische Reiterei aus der Hauptschanze vorbrach, denn er fand sie bereits bei Münsterberg vor. Der General liess die 4 Kompagnien unter dem Major Gerschau und dem Hauptmann Steltzner an der rothen Bude gegenüber Käsmark in Reserve und schickte das polnische Fussvolk auf dem Weichseldamm gegen die Marienburger Schanze vor, während die Reiterei unter dem Obersten Niemierycz über Münsterberg vorging. Das polnische Fussvolk drang „mit grosser Furie" durch alle Abschnitte welche die Schweden auf dem Damme hergestellt hatten, bis an die spanischen Reiter der Marienburger Schanze vor. Hier wurden sie aber von zwei Regimentsstücken, welche den Damm der Länge nach bestrichen, beschossen und erlitten nicht unerhebliche Verluste. Die polnische Reiterei warf die schwedische bei Münsterberg und Bärwalde auf die Hauptschanze zurück, wobei der Rittmeister Maltitz und 40 bis 50 Reiter gefangen wurden. Das Gefecht hatte nur 2 Stun-

---

[1]) Ebenda S. 38.
[2]) Ebenda S. 40.

den gedauert, so dass der General v. Buttler noch denselben
Tag nach Neuteich marschirte.

Der Major Gerschau und Hauptmann Steltzner gingen über
die Weichsel zurück und stiessen zum Major Thompson, der
inzwischen mit seinen Approchen bis in die Nähe von Käsmark
vorgedrungen war. Durch die Verstärkung, die er erhalten,
vermochte er den Feind hinter dem grossen Käsmarker
Durchstich zurückzuwerfen und sein Lager in der Nähe desselben aufzuschlagen. Auf der andern Seite der Schmerblocker Schanze oberhalb des Eschenkruges war eine Abtheilung Danziger Dragoner zur Verbindung mit dem Major Thompson aufgestellt[1]).

Der Oberst von Winter hatte diese Zeit über an der
Befestigung seiner Kontravallationslinie fortarbeiten lassen.
Es war ein Graben vor dem alten Weichseldamm ausgehoben
und mit der gewonnenen Erde eine niedere Brustwehr hergestellt worden, die vor dem Damme lag. Tagtäglich langten
von Danzig und Weichselmünde Geschütztransporte und Munition auf der Weichsel an. Es wurden ferner Faschinen und
Schanzkörbe gefertigt. In der Nacht vom 6. zum 7. wurde vor
der Kontravallationslinie zwischen dem Gänsebruch und der
neuen Weichsel eine Redute angelegt, die am 7. von den Belagerten heftig beschossen wurde. In der folgenden Nacht
machten sie einen Ausfall darauf und warfen die Reiterwachen
zurück, wurden aber von den Schützen zurückgewiesen. In
dieser Zeit erhielt das Belagerungskorps eine Verstärkung von
2 Kompagnien aus Putzig[2]) und einer aus Weichselmünde[3]).

Die Schweden benutzten den Abzug der Polen, um tägliche
Streifzüge in den grossen Werder zu unternehmen und Stroh,
Heu und was sie sonst nöthig hatten, aufzubringen. Der Fürsten-
werdersche Kirchthurm gewährte ihnen volle Einsicht in das
Danziger Lager und die Angriffsarbeiten. Der Oberst v. Win-

____

[1]) Ebenda S. 42. Den Letzkauer Durchstich des Dammes hatten die
Schweden nicht besetzt gehabt, so dass der Major Thompson hier keinen
Aufenthalt fand. Er legte nördlich davon, an der Bentauer Fähre der rothen
Bude gegenüber, eine Batterie an. Ebenda S. 37.

[2]) Ebenda S. 44.

[3]) Ebenda S. 45.

ter liess daher eine Batterie gegen den Thurm erbauen. Es war indessen dringend erforderlich, die Einschliessung auf dem grossen Werder wieder herzustellen. Daher wurde am 10. Oktober der Rathsherr Rosenberg zum Fürsten Lubomirski, der endlich auf dem grossen Werder angelangt war und sich vor den Brückenkopf von Marienburg gelegt hatte, geschickt, um ihm die Sachlage darzulegen und die 600 Pferde wieder zurückzuerbitten. Das hatte auch den Erfolg, dass am 15. ein österreichisches und ein polnisches Reiterregiment und eine Kompagnie Dragoner von Tiegenhof angesagt wurden. Brandenburgischerseits traf der Oberst Graf von Witgenstein an demselben Tage im Hauptquartier ein, um sich mit dem Oberst von Winter ins Einvernehmen zu setzen.

Von seiten der Danziger waren alle Vorbereitungen getroffen, um die Attacke im grossen Werder wieder aufzunehmen. Der Major Siebers, der wiederum dazu ausersehen war, erweiterte die Schanze am Kukukskruge und errichtete hier ein Materialiendepôt. Am 12. wurden der Major Gerschau und der Hauptmann Steltzner aus dem Danziger Werder nach der Nehrung herangezogen[1]) und in Junkertreil untergebracht, so dass dem Major Thompson nur noch drei Kompagnien blieben. Die Schweden warfen die Schützen, welche der Major Siebers bis Jenikendorf vorgesendet hatte, wieder zurück. Der Major setzte am 16. mit 4 Kompagnien Musketieren und einer Anzahl Schützen am Kukukskruge über die Weichsel. Gegen Abend folgte auch der Hauptmann Steltzner. Um dieselbe Zeit traf der Oberst Radschin mit einem österreichischen und polnischen Reiterregiment und den Dragonern daselbst ein. Dazu stiess der Hauptmann Fuchs mit 2 Kompagnien Danziger Reiter und einer Kompagnie Dragoner, sowie der Major Gerschau und Hauptmann Brandes mit ihren 4 Kompagnien und 3 Geschützen, die bei Preuzlaw über die Weichsel gesetzt waren. In der folgenden

---

[1]) Ebenda S. 47. Eine Kompagnie von Steltzner blieb beim Major Thompson zurück. Es ist zur Kenntniss der Grenzen der Ueberschwemmung von Interesse, den Weg zu kennen, den die 3 Kompagnien nahmen. Sie marschirten zunächst nach Gr.-Zünder, fuhren von hier zu Wasser nach Schmerblock und setzten am Eschkruge über die Weichsel. Siehe Taf. XI.

Nacht rückte das ganze Korps, die Reiterei voran, näher an die Marienburger Schanze heran. Am 17. liess der Major Siebers an der „Quellung", wie der unbebaute Streifen Landes zunächst dem Weichseldamm hiess, ein erstes „Avancement", d. i. eine Redute, von der die weiteren Arbeiten ausgingen, erbauen. Die Reiterei breitete sich nach links aus und verlegte der feindlichen den Weg nach dem grossen Werder. Bei Schönbaum und Prenzlaw wurden zwei Fähren hergestellt.

In der Nacht zum 18. legte der Major Siebers das zweite Avancement, d. h. eine vorgeschobene zweite Redute, an und liess dahinter eine Batterie für 3 Stücke erbauen[1]).

Gleichzeitig wurden die Laufgräben auf der Nehrung eröffnet.

Zur Erläuterung diene, dass nach dem vor Vauban üblichen Schematismus der Führung des förmlichen Angriffs, wie er sich in den Lehrbüchern der ersten Hälfte des 17. Jahrhunderts findet, auf beiden Flügeln mit Reduten vorgegangen wurde, die „Avancements" oder „avancirende Reduten" genannt wurden und nach einander die Nummern 1. 2. 3. 4. führten[2]). Die Reduten waren nach rückwärts und unter sich mit Laufgräben verbunden und fassten 70 bis 100 Mann Besatzung. Die gleichnamigen Reduten beider Flügel wurden zum Theil ebenfalls mit Laufgräben verbunden und es entstanden dadurch Parallelen, die aber nicht im Sinne der heutigen Parallelen als Waffenplätze dienten, sondern lediglich den Zweck der Verbindung hatten. Waffenplätze bildeten nur die Reduten. Approchen in Zickzacks waren nicht üblich. Doch waren die verbindenden Laufgräben so geführt, dass sie nicht enfilirt werden konnten. Die Batterien wurden theils in den Reduten, theils in den Laufgräben und Parallelen erbaut.

Die von den Danzigern ausgeführten Arbeiten schliessen sich dem genau an. Die Eintheilung der Mannschaft, wie sie

---

[1]) Ebenda S. 54.

[2]) In dieser Weise wurde noch 1689 vor Mainz verfahren. Siehe Relation du siège de Grave et de celui de Mayence; auch Goulon, mémoires pour l'attaque et pour la défense d'une Place. A la Haye 1706. Goulon war Zeitgenosse Vaubans.

von vornherein eingetreten war, blieb bestehen, die städtischen
4 Kompagnien hatten den rechten, die mündischen den linken
Flügel. Der Ingenieur-Lieutenant Charle führte die städtische,
der Hauptmann von Strackwitz die mündische Attacke und die
Reduten des rechten Flügels hiessen städtische Avancements,
die des linken Flügels mündische [1]).

Die Eröffnung der Laufgräben in der Nacht zum 18. bestand darin, dass auf beiden Flügeln die ersten avancirenden Reduten erbaut und mit Laufgräben nach rückwärts mit
der Kontravallation verbunden wurden. Die Nacht war so
dunkel, dass die Arbeit von den Schweden nicht bemerkt wurde.

Der Major Thompson begann in derselben Nacht den Bau
einer zweiten Batterie oberhalb des Käsmarker Durchstichs.

Den 18. Oktober unterhielten die Belagerten ein lebhaftes
Feuer gegen die in der Nacht erbauten Werke, die jedoch
bereits widerstandsfähig waren und im Lauf des Tages noch
mehr verstärkt wurden. An diesem Tage wurde eine Putziger
Kompagnie beordert, den Angriff auf die Schmerblocker Schanze
zu übernehmen und ging am Eschkruge über die Weichsel. Sie
erbaute in der folgenden Nacht eine Redute mit einer Traverse auf dem Weichseldamm bis zur Inundation.

Im grossen Werder wurden die Approchen fortgesetzt und
die Vorposten um die Länge eines Musketenschusses vorgeschoben. Die schwedische Reiterei, welche einen Ausfall gegen
den Oberst von Radschin ausführte, wurde zurückgeworfen und
verlor mehrere Todte und einen Fähnrich und 15 Reiter Gefangene. Der Hauptmann Steltzner benutzte das sogleich und
warf das feindliche Fussvolk aus einem befestigten Posten, der
mit 3 Geschützen armirt wurde. Das Feuer derselben verjagte
die Besatzung aus dem niedern Redan vor der Marienburger
Schanze [2]).

Auf der Nehrung erwartete man in der folgenden Nacht
einen Ausfall, der jedoch unterblieb. Es wurde neben der
mündischen 1. avancirenden Redute an der alten Weichsel eine

---

[1]) Ebenda S. 55.
[2]) Ebenda S. 57.

Batterie für zwei Kanonen erbaut, um die Brücke in der Nähe zu beschiessen. Im grossen Werder wurde das 3. Avancement gegen die Marienburger Schanze erbaut und auf dem Damm selbst in Schlangenlinien gegen die Schanze vorgegangen.

Am 19. Octbr. wurde man bei anbrechendem Tage gewahr, dass die Schiffbrücke nach der Marienburger Schanze abgebrochen war. Ein Bauer, der daran gearbeitet und sich bei der Gelegenheit davon gemacht hatte, bestätigte das und sagte aus, dass den Soldaten der Besatzung wenig Fleisch und schlechtes Brod verabreicht würde, auch viel Fleisch verdorben wäre, das weggeworfen werden müsste, und dass nur wenig Salz vorhanden war.

An diesem Tage fand im Danziger Hauptquartier ein Kriegsrath statt[1]), woran die Deputirten aus der Stadt theilnahmen. Es wurde beschlossen, die Laufgräben weiter vorzupussiren und zwischen den beiden ersten avancirenden Reduten eine Verbindungslinie herzustellen, die mit drei Reduten, wovon die mittelste die grösste, versehen werden sollte. Zu dem Zweck wurden in der folgenden Nacht zwei Drittel der Mannschaft auf Arbeit geschickt, die ihre Waffen mitnahmen und bei brennender Lunte arbeiteten, um in jedem Augenblick zum Gefecht bereit zu sein. Der Feind störte jedoch die Arbeit nicht, so dass am folgenden Morgen (20.) bereits sämmtliche Werke vertheidigungsfähig waren. Die Leistung erregte viel Aufsehen.

Auch auf dem grossen Werder wurde fleissig gearbeitet und sowohl die Annäherung längs der „Quellung" als auf dem Damme ein tüchtiges Stück vorwärts gebracht.

Der Major Thompson armirte in der Nacht die an der Bentauer Fähre erbaute Batterie mit 3 Quartierstücken und

---

[1]) Ebenda S. 60. Der Kriegsrath bestand während der Belagerung aus dem Bürgermeister Georg von Bömel als Kriegspräsidenten, dem Rathskämmerer Niclas von Bodeck, Kriegskommissar von Weichselmünde, Albrecht Rosenberg, Kriegskommissar von Danzig und Putzig, Valentin v. Winter, Kriegsoberster, Gabriel Kromhausen, Kommissar der Artillerie, aus den Schöppen Gerhard Bartsch und Henrich Schrader und aus 2 Mitgliedern der 4 Quartiere der 3. Ordnung.

eröffnete das Feuer, das bei der günstigen Lage der Batterie
dem Feinde sehr unbequem war. Er beschoss sie daher am
folgenden Tage sehr heftig. Doch gelang es ihm nicht, die
Batterie zum Schweigen zu bringen.

Von seiten der Putziger Kompagnie wurden die Approchen
gegen die Schmerblocker Schanze auf dem Weichseldamme vorgetrieben und eine zweite Traverse vom Damm nach der Inundation angelegt [1]).

Am 20. Oktbr. wurde der Hauptmann Brandes mit seinen
beiden Kompagnien vom grossen Werder nach der Nehrung
zurückgezogen, da Ausfälle nicht mehr zu befürchten waren.
Jede Attacke erhielt eine dieser Kompagnien.

Auf dem grossen Werder gelangten die Approchen bis auf
Musketenschussweite von der Marienburger Schanze. Der
Lieutenant, welcher die Schützen auf dem Damme kommandirte,
bemächtigte sich eines vorgeschobenen Postens der Schanze und
behauptete sich bis zur Nacht, wo der Posten (eine Traverse
am Damm) durch einen Laufgraben rückwärts mit den Approchen
verbunden wurde.

Der Major Thompson etablirte auf dem rechten Weichselufer an der rothen Bude einen Verbindungsposten für mehrere
Rotten mit dem Major Siebers [2]).

Am 21. wurde von beiden Seiten ein lebhaftes Feuer
unterhalten, das erst am Nachmittage nachliess. Die Schweden
schossen namentlich viele grosse Steine aus Mörsern. Im
übrigen wurden die begonnenen Arbeiten auf allen Punkten
fortgesetzt. Der Major Siebers erbaute ein 4. Avancement und
auf dem Danziger Werder näherten sich die Approchen ober-
und unterhalb der Schmerblocker Schanze derselben.

Am 22. gegen Abend wurden von den Danzigern die
ersten grossen Bomben zur Probe geworfen. Aus der Münde
kamen spät abends zwei grosse Feuermörser an, für die
ein Kessel in der Nähe der mündischen Kommunikationsredute,
wie man die linke Redute der neuen Kommunikationslinie

---

[1]) Ebenda S. 64.
[2]) Ebenda S. 65.

nannte, erbaut wurde. In der folgenden Nacht verliessen die Schweden die **Marienburger Schanze**, die keinen Werth mehr für sie hatte.

Infolgedessen wurde am 23. eine Kompagnie Montgommery vom grossen Werder nach der Nehrung gezogen, um mit dem Major **Schur** zur Verstärkung der untern Schmerblocker Attacke nach dem Danziger Werder abzugehen. Die Marienburger Schanze wurde, bevor man sie besetzte, von einigen Offizieren untersucht, weil man befürchtete, dass sie unterminirt sei. Ihre Besetzung erfolgte erst am 24. In der Batterie der Bentauer Schanze zersprang ein Quartierstück. Gegen Abend kamen aus Danzig zwei halbe Karthaunen und zwei grosse Feuermörser an. Auf der Nehrung ging man in der folgenden Nacht auf beiden Flügeln mit Laufgräben vor, und erbaute die **zweiten avancirenden Reduten**[1]).

Am 24. wurde der Hauptmann Steltzner mit einer Kompagnie vom grossen Werder nach der Nehrung gezogen, nachdem die Marienburger Schanze besetzt war.

In der folgenden Nacht bemächtigte sich der Major Thompson, der zu dem Zweck mit zwei Kompagnien Montgommery verstärkt worden war, des grossen **Käsmarker Durchstichs** durch einen kühnen Handstreich. Er war von den Schweden besetzt, die sich hier verbaut hatten. Der Major machte eine Scheinattacke von der Weichsel her, worauf vom Dorf Käsmark der Anfall erfolgte. Bei dem tiefen Wasser bedienten sich die Angreifer der Pferde, die von den nächsten Dörfern requirirt waren. Nach der Eroberung ging der Major mit dem Rest seiner 4 Kompagnien hinüber und warf eine Schanze auf[2]).

Am 25. wurde das Feuer aus den Mörsern eröffnet. Eine Bombe sprang in der Luft, so dass ein Sprengstück ins Hauptquartier flog.

Auf dem grossen Werder liess der Major Siebers eine neue Batterie auf der Bärwalder Trift erbauen. Auch der Major

---

[1]) Ebenda S. 70.
[2]) Ebenda S. 72.

Schur legte eine Batterie gegen die Schmerblocker Schanze am gleichnamigen Durchstich an. Da die Besatzung dieser Schanze mittelst der Ueberschwemmung auf Kähnen noch eine Verbindung nach aussen unterhielt und Lebensmittel bezog, erhielten die Majors Thompson und Schur Befehl, durch Anlage von Reduten das zu hindern, auch um unter sich besser kommuniciren zu können.

Wegen Befürchtung eines Ausfalls wurden auf der Nehrung zwei Drittel der Mannschaft in den Trancheen aufgestellt [1]). Doch erfolgte nichts.

Am 26. wurden 16 grosse Bomben in die Hauptschanze geworfen, die eine grosse Zerstörung anrichteten. Im Ganzen erfolgten an diesem Tage 200 bis 300 Schuss auf die Hauptschanze. In der folgenden Nacht machten die Schweden zwei Ausfälle, den einen zwischen 7 und 8 Uhr abends mit Reiterei und Fussvolk, den andern später mit Schützen. Sie wurden beide zurückgeschlagen und noch in derselben Nacht zwei neue Verbindungslinien von den zweiten avancirenden Reduten nach den Reduten der Kommunikationslinie verfertigt [2]).

Am 27. wurden von seiten des Belagerers nachmittags 600 Schüsse und 45 Bombenwürfe gegen die Hauptschanze gethan, während die Heerpauken und Trompeter auf beiden Seiten das Spiel auf den Wällen rührten. Selbst die kaiserlichen Trompeter liessen sich auf dem Damm im grossen Werder hören.

Zum Bau der befohlenen Reduten im Danziger Werder wurden 1 Lieut. und 6 Rotten Schützen vom grossen Werder zum Major Schur kommandirt.

----

[1]) Ebenda S. 76. Diese Anordnung wurde auch ferner beibehalten und zeugt von der ausserordentlichen Anstrengung, der die Mannschaft bei der geringen Stärke des Belagerungskorps ausgesetzt war. Permaneuter Kommandant der Tranchee war nach Abkommandirung des Majors Schur der Major von Bobart, welcher sich in der grossen Mittelredute der Kommunikationslinie befand. Ihm zur rechten waren 4 städtische Kompagnien, zur linken 4 ländische. In der Mittelredute befanden sich 2 Fähnlein von 200 Schützen (Feuerröhrer, wie sie Peter Voget zum Unterschiede von den Musketieren nennt).

[2]) **Ebenda S. 78.**

Am 28. erfolgte vom Obersten Winter eine Aufforderung an den Gen. v. Dankwart, sich zu ergeben, die am folgenden Tage ablehnend erwidert wurde. Auf dem grossen Werder wurde oberhalb der Marienburger Schanze eine dritte Batterie zur Bestreichung der Weichsel angelegt. Auf dem Danziger Werder steckte der Major Siebers auf Befehl des Obersten Winter für die Truppen des Majors Schur ein Lager und zwei Reduten auf der Schmerblocker und Käsmarker Flur ab, die in der folgenden Nacht aufgeworfen und mit Schützen besetzt wurden.

In der Nacht liess der Oberst v. Winter auf der Nehrung zwei Batterien hinter der Kommunikationslinie zur Seite der grossen Mittelredute erbauen.

Der Major führte ausser einem Laufgraben auf dem Weichseldamme, der nach Westen hin einen grossen Bogen beschrieb, einen zweiten direkt längs der Weichsel nach dem kleinen Durchstich von Käsmark[1]).

Am 29. wurde die neue Batterie im grossen Werder mit 2 Kanonen armirt. Auch die bei Bärwalde schoss. Ferner wurde die Batterie am Käsmarker Durchstich mit 3 metallenen 9-Pfündern armirt und die des Majors Schur unterhalb der Schmerblocker Schanze mit 2—4-Pfündern.

In der folgenden Nacht wurden die beiden Batterien auf der Nehrung vollendet, sowie die Laufgräben erweitert und mit Gräben versehen.

Am 30. wurden die Arbeiten auf allen Punkten weiter gefördert. Der Major Thompson befestigte den Posten auf dem Weichseldamme durch eine Traverse, liess auch auf der Käsmarker Flur noch eine Redute anlegen. In der folgenden Nacht wurden die Laufgräben in der Nehrung weiter vorgetrieben und die beiden 3. avancirenden Reduten erbaut. An der alten Weichsel ging dies gut von statten, an der neuen Weichsel erfolgte jedoch ein Ausfall, den der Hauptmann Steltzner erst nach einstündigem Gefecht zurückschlug. Seine

---

[1]) Ebenda S. 81.

Leute verfolgten den Feind unvorsichtiger Weise bis an die
Palisaden und verloren 11 Mann todt und 19 verwundet.

Zu dieser Zeit waren auf der Nehrung in Thätigkeit: 6
halbe und 6 Viertel-Karthaunen, 3—4 pfündige und 3—
6 pfündige Stücke, beim Major Siebers 6 Kanonen, beim Major
Thompson 5 und beim Major Schur 2 Stücke. Die Mörser sind
nicht angegeben, warfen aber in dieser Nacht 20 Bomben[1]).

Am 31. wurde auf allen Punkten fleissig gearbeitet. Die
Reduten im Danziger Werder wurden beendigt und dadurch
die Schmerblocker Schanze eng eingeschlossen, sowie die Kommunikation zwischen den Attacken der Majors Thompson und
Schur gesichert. Wo dieselben durch die Ueberschwemmung
unterbrochen wurde, legte man Hölzer und Bretter, um trockenen
Fusses hinüber zu kommen[2]).

In der Nacht wurden von der Nehrung aus ein Heuschober
und mehrere Gebäude in Brand gesteckt und, während die
Schweden an deren Löschung arbeiteten, heftig dagegen geworfen. 40 grosse Bomben und Feuerkugeln wurden versendet.
Die Arbeiten an den beiden 3. avancirenden Reduten wurden
wieder aufgenommen und an der alten und neuen Weichsel beendet. Sie wurden am 2. Novbr. mit neuen oder Baur-Gräben
umgeben[3]).

In der ersten Woche des November wurden auf allen
Seiten die begonnenen Arbeiten fortgesetzt. Auf der Nehrung
wurden die Laufgräben zu den vierten avancirenden Reduten vorgetrieben und diese Reduten selbst erbaut. Auf
dem Danziger Werder legte der Major Thompson gegen den
kleinen Käsmarker Durchstich einen befestigten Posten für 2
Kompagnien, die ihm noch blieben, an. Die 3 andern Kompagnien wurden am 6. Novbr. nach der Nehrung gezogen. An
dem Lager des Majors Siebers arbeiteten seit dem 6. November
100 Bauern aus dem Danziger Werder und der Scharpau. Im
grossen Werder liess der Major Siebers seit dem 3. Novbr. an

---

[1]) Ebenda S. 86.
[2]) Ebenda S. 87.
[3]) Ebenda S. 90.

einer Batterie in der Marienburger Schanze bauen, welche die
Wälle der Hauptschanze überhöhen sollte. Sie wurde ganz aus
Faschinen hergestellt und machte viel Arbeit. Das Strauchwerk wurde von den Kaiserlichen des Obersten v. Radschin
herbeigeschafft[1]). Auch liess der Major unterhalb der Marienburger Schanze einen Kessel für 2 grosse Mörser anlegen, der
am 4. Novbr. armirt wurde. Auch der Major Thompson erhielt
einen Mörser, für den er zwischen dem grossen und kleinen
Käsmarker Durchstich einen Kessel erbauen liess. Ferner
wurde auf der Nehrung ein zweiter Kessel links hinter der
Hauptredute der Kommunikation erbaut, der am 5. Novbr. mit
einem grossen und zwei kleinen Mörsern armirt wurde. Der
grosse Mörser warf Steine, die beiden kleinen Bomben.

Am 4. Novbr. versammelte sich der grosse Kriegsrath,
um über die Weiterführung der Arbeiten zu berathen. Alle
Mitglieder desselben aus der Stadt waren dabei gegenwärtig
und besichtigten am 5. die ausgeführten Arbeiten, um dem Rath
darüber zu berichten.

In der Nacht zum 9. Novbr. wurde eine grosse Batterie
für 6 halbe Karthaunen zwischen der grossen Mittelredute und
der 3. avancirenden mündischen Redute an der alten Weichsel
erbaut, um das Königsbollwerk zu beschiessen[2]). Zur selben Zeit
erbaute der Major Schur an der neuen Weichsel im Danziger
Werder eine Batterie für zwei Quartierstücke gegen das Königs-
bollwerk[3]).

Nachdem am 9. Novbr. die 4. avancirenden Reduten im
Bau genügend vorgeschritten waren, war man der Festung so
nahe gekommen, dass man sich der vollen Sappe bedienen
musste. An der neuen Weichsel benutzte man einen Wollsack, an der alten Weichsel eine Schirmwalze zur Bedeckung
des arbeitenden Pioniers. Die Schirmwalze war eine Erfindung

---

[1]) Am 2. November stattete der Oberbefehlshaber der Kaiserlichen, General-
Wachtmeister v. Heister, einen Besuch in den Tranchéen ab und wurde vom
Oberst v. Winter zur Tafel gezogen.

[2]) Peter Voget S. 100.

[3]) Ebenda S. 101.

des Hauptmanns v. Strackwitz. Sie war 7½ Fuss lang und 3 Fuss dick „in Form eines Schanzkorbs mit weidenen Pfählen und Strauch durch und durch gefüllt" [1]).

Ausserdem wurden zwei neue Batterien hinter den dritten avancirenden Reduten an der alten und neuen Weichsel angelegt.

Am 10. Novbr. wurde die Mannschaft auf der Nehrung in zwei Theile getheilt, von denen der eine Theil zwei Tage und zwei Nächte die Wachen besetzen, der andre für die Arbeiten disponibel sein sollte. Jede Kompagnie erhielt ihren bestimmten Posten angewiesen. Im grossen Werder wurde die hohe Batterie in der Marienburger Schanze beendet und in der folgenden Nacht mit zwei Quartierstücken und einer Feuerkatze (Haubitze) armirt. Die Schweden begannen ein heftiges Feuer dagegen.

Am 17. Novbr. wurde die vierte avancirende Redute an der alten Weichsel, die wegen der Nähe des Feindes im Bau etwas zurückgeblieben war, in der Nacht zum 12. beendet und beide vierte Reduten wurden mit Palisaden umgeben, wonach sie die palisadirten Reduten genannt wurden. An der neuen Weichsel gelangte die Sappe bis auf 40 Schritt an das Stenbokbollwerk, wo eine Traverse angelegt wurde. Die Sappenteten wurden aus der Faussebraie mit Regimentstücken heftig beschossen. Auch die schweren Geschütze auf dem mittlern oder Königsbollwerk nahmen daran Theil. Der Geschützkampf war überhaupt auf beiden Seiten sehr lebhaft [2]).

Am 12. wurde der arbeitende Sappeur an der neuen Weichsel durch den Kopf geschossen. Im allgemeinen schritt hier die Sappe jedoch schneller vor, weil die Majors Thompson und Schur den Befehl hatten, das Stenbok-Bollwerk zu beschiessen. An der alten Weichsel wurde die vierte avancirende Redute mit einem Graben umgeben, der ebenfalls mit der Sappe ausgeführt werden musste.

---

[1]) Ebenda. Die Schirmwalze war demnach der heutige Wälzkorb, der von dem dahinter arbeitenden Pionier „allmählich vor sich hingeschoben und gewalzt" werden konnte.

[2]) Ebenda S. 106.

Der Major Siebers legte auf dem grossen Werder mehrere Reduten an, die durch Laufgräben verbunden wurden. Man hegte zu dieser Zeit also immer noch die Besorgniss, dass die Festung entsetzt werden könnte.

Auf dem Danziger Werder rückten die Sappen ober- und unterhalb der Schmerblocker Schanze rüstig vor. Ebenso die Arbeiten an der Batterie des Majors Schur.

Am 13. wurde die Batterie des Majors Schur mit 2 metallenen Quartierstücken armirt. Sie sollte hauptsächlich die Verbindung der Schmerblocker Schanze auf der Weichsel beschiessen, nächstdem das Stenbokbollwerk und das daneben liegende Aussenwerk.

Die Schweden koncentrirten ihr Feuer auf die Batterie auf dem Schmandberge, die ihnen besonders gefährlich war. Die Scharten derselben konnten erst in der folgenden Nacht ausgebessert werden.

Am 14. wurde der 13jährige Sohn des Generals Dankwart erschossen.

In der 4. städtischen avancirenden Redute fand eine Explosion von 11 Handgranaten aus Unvorsichtigkeit statt, die sich in einem Korbe befanden. Obgleich die Besatzung aus 70 Mann bestand, wurde nur einer leicht verwundet. In der folgenden Nacht wurden die beiden avancirenden Reduten einerseits mit der grossen Mittelredute, andrerseits mit der grossen Batterie-Redute verbunden. Letztere war bereits mit dem daneben gelegenen Kessel und von dort mit der grossen Mittelredute durch Laufgräben in Verbindung. Die Arbeiten wurden mit solcher Vorsicht und Stille ausgeführt, dass sie von den Schweden nicht bemerkt wurden. Am andern Morgen eröffneten sie darauf ein lebhaftes Feuer.

Am 15. Die schwedischen Schützen auf den Wällen waren vorherrschend mit gezogenen Röhren versehen und feuerten aus Sandsackscharten. Der Oberst v. Winter liess daher von der Danziger Schützenbrüdergesellschaft Scharfschützen mit gezogenen Röhren herauskommen. Ihre Zahl wurde täglich auf 8 festgesetzt. Die Einrichtung blieb bis zur Kapitulation der Hauptschanze in Kraft und bewährte sich sehr.

Die Arbeiten hatten ihren Fortgang. In der folgenden

Nacht wurden die tags zuvor begonnenen Kommunikationslinien fortgesetzt. Geschossen wurde mässig.

Am 16. regnete es den ganzen Tag. Dennoch wurde fortgearbeitet. Die 3 begonnenen Batterien in und neben den 3. avancirenden Reduten und in der grossen Batterieredute waren noch nicht fertiggestellt. Die Sappe an der neuen Weichsel gelangte bis in die Nähe des Stenbokbollwerks.

Am 17. erschwerte der Regen die Arbeiten sehr. Der Major Thompson kam mit den Approchen bis an den kleinen Käsmarker Durchstich. Ein Deserteur, geborener Däne, theilte mit, dass unter der Garnison grosse Unzufriedenheit herrsche, namentlich bei der Reiterei, welche als Musketiere Dienst thun müsste. Die zahlreichen gepressten Dänen der Besatzung wären fast alle krank, weil sie nur ein halb Pfund Brod und schlechtes Bier erhielten, wovon sie die rothe Ruhr hätten. Das Provianthaus und die Mühle wären durch die Bomben zerstört worden. Auch der Kommandant habe sein Haus aufgeben müssen und habe sich einen Keller in der Ausfall-Pforte der Faussebraie zwischen dem Königs- und Stenbok-Bollwerk erbaut, wo auch sein Sohn erschossen worden sei. An Holz und Salz wäre Mangel.

Gegen Abend kam wiederum der Kriegsrath mit den Mitgliedern aus der Stadt zusammen.

Am 18. wurde vom Major Schur ein Deserteur aus der Schmerblocker Schanze ins Hauptquartier gesendet, welcher aussagte, dass die Schanze am Tage mit 8, in der Nacht mit 12 Rotten besetzt sei und 3 eiserne Geschütze habe. Das Wasser der Ueberschwemmung, das er durchwatet habe, sei ihm nur bis ans Knie gegangen.

Mit den Arbeiten wurde allseitig fortgefahren. Auf die Nachricht, dass der Feind sich bei Elbing sammele und in die Nehrung einbrechen wolle, wurde längs des Gänsebruchs eine Brustwehr aufgeworfen und mit dem alten Weichseldamm auf beiden Enden verbunden[1]).

Am 19. Die Arbeiten waren nur auf die Nacht beschränkt. Am Tage wurde geschossen.

---

[1]) Ebenda S. 118.

Die 4. avancirende mündische Redute an der alten Weichsel hatte durch Anlage des doppelten Grabens (Baurgraben) viel Zeit weggenommen. Man konnte erst jetzt mit der vollen Sappe aus dem Graben vorgehen, in dieser Nacht auf eine Ruthe Länge! Die 3 im Bau begriffenen Batterien waren in der vorigen Nacht beendet worden und wurden jetzt mit je 2 Quartierstücken armirt, zu denen später noch je zwei hinzukamen. Ein kleiner Ausfall der Schweden wurde zurückgewiesen.

Der Major Schur gelangte mit seiner Approche bis zum Schmerblocker Durchstich. Jenseits desselben befand sich wie auch dem Major Thompson gegenüber am kleinen Käsmarker Durchstich ein befestigter Posten der Schweden, der einigen Aufenthalt verursachte.

Bei der vorgerückten Jahreszeit erhielt die Danziger Mannschaft durch die Sorgfalt der Herren Kriegskommissare Nicolaus v. Bodeck und Albert Rosenberg eine Winterbekleidung, bestehend in einem langen Rock, starken Hosen und Strümpfen nebst juchtenen Schuhen [1]).

Am 20. Novbr. wurde der Sappeur hinter dem Wollsack erschossen, wie sich dieser überhaupt nicht bewährte, da schon öfters Kugeln hindurchgegangen waren. Man war zu dieser Zeit an der neuen Weichsel bis 5 Ruthen von den Palisaden gekommen.

Es ist bemerkenswerth, dass der Belagerer bisher noch keine Ueberlegenheit des Geschützfeuers hatte erreichen können. Die Schweden schossen am Abend und in der Nacht zum 21. so nachhaltig gegen die Batterien und Laufgräben, dass die Schanzkörbe zertrümmert und die Brustwehren abgekämmt wurden. Die Belagerer hatten jedoch keinen Verlust an Mannschaften.

Ein Deserteur aus der Schmerblocker Schanze, der sich in der folgenden Nacht beim Major Thompson einfand, bestätigte, dass die Besatzung der Schanze aus 8 Rotten bestand und 3 Stücke besass. Jedermann erhielt zur Nacht 3 Pulverladungen und 3 Kugeln. An dem kleinen Käsmarker Durch-

---

[1]) Ebenda S. 120.

stich befänden sich 4 Rotten, die alle Tage abgelöst
würden. Jeder Soldat erhielt auf 4 Tage ein Brod und auf 3
Tage ein Maass Dünnbier. Das wurde jede Nacht aus der
Hauptschanze abgeholt. In letzterer erhielt jede Kompagnie
täglich 4 Scheffel Roggen, die sie sich auf Handmühlen mahlen
müssten, weil die Mühle zerstört sei.

Am 21. reisten Herr Gabriel Kromhausen, der die
Verwaltung des Danziger Zeugwesens unter sich hatte, und
der Kriegspräsident und Bürgermeister Georg v. Bömel zum
Fürsten Lubomirski, der noch vor Marienburg lag. Gegen 9
oder 10 Uhr kamen 3 Ueberläufer, die kommandirt gewesen
waren, den Wollsack wegzuziehen und sich bei dieser Gelegenheit davon gemacht hatten, bei den Belagerern an. Es waren
die ersten Nationalschweden. Sie riethen, die Palisaden
wegzuschiessen, dann würden sich noch viele andre einfinden,
erzählten auch, dass das Malzhaus durch die Bomben zerstört
worden sei.

Der Oberst v. Winter schickte dem Major Thompson die
beiden Ueberläufer aus der Schmerblocker Schanze zu seiner
Orientirung und befahl ihm, sich des befestigten Postens an
dem kleinen Käsmarker Durchstich zu bemächtigen, was noch
in derselben Nacht nach Mitternacht ausgeführt wurde. Der
Major kommandirte dazu einen Lieutenant und 12 Rotten
Schützen, welche den Posten umgehen sollten, während der
Major mit dem Rest seiner zwei Kompagnien auf dem Damm
vorgehen würde. Die Umgehung, welche bis an den Bauch
durch das Wasser waten musste, schnitt die Besatzung von
der Schmerblocker Schanze ab und überrumpelte sie vollständig.
Ein Hauptmann, 1 Fähnrich, 1 Feldwebel, 2 Sergeanten und
2 Korporale mit 22 Gemeinen gaben sich gefangen. Die
Danziger hatten einen Verlust von zwei Mann todt, 1 Sergeant
und 1 Mann schwer verwundet, die bald starben. Der Major
nistete sich sofort in den Posten ein und ging von hier mit
der Schlangensappe auf dem Damm gegen die Schmerblocker
Schanze vor [1]).

Auf der Nehrung wurde in dieser Nacht die grosse Batterie-

----

[1]) Ebenda S. 123.

Redute mit 2 halben Karthaunen armirt, zu denen später noch zwei andere gefügt wurden.

Auch am 22. behielten die Schweden mit ihrem Feuer anfänglich noch die Oberhand, da sie in der vorhergehenden Nacht eine neue Batterie für halbe Karthaunen zwischen dem König- und Fürsten-Bollwerk eingeschnitten hatten. Nachdem sich die Danziger jedoch eingeschossen hatten, demontirten sie die Scharten der Angriffsfront. Die Gefangenen wurden im Hauptquartier einzeln verhört. Nach ihrer Aussage war die Besatzung der Hauptschanze nur noch 1000 Mann stark, wovon jedoch nur 500 dienstfähig waren. Der tägliche Verlust wurde auf 2, 3 und 4 Mann angegeben. Als Kommandanten der Schmerblocker Schanze bezeichneten sie den Hauptmann Probst und bestätigten die Stärke der Besatzung von 8 Rotten (48 Mann ohne Officiere). Sie war noch auf 3 bis 4 Wochen mit Proviant, Kraut und Loth versehen.

Die Schweden suchten in der folgenden Nacht ihre Scharten auszubessern, sobald man das bei den Danzigern jedoch gewahr wurde, schoss man mit Kartätschen darauf[1]).

Am 23. gelangt der Major Thompson bis an die Palisaden der Schmerblocker Schanze und suchte sie umzugraben. Die Schanze wurde ausserdem von der Nehrung her und vom Major Thompson stark beschossen. Ein schwedischer Sergeant findet sich als Ueberläufer ein und berichtet, dass der Unteroffizier, aus dessen Korporalschaft ein Soldat entläuft, zu Spiessruthen verurtheilt wird. Er versichert, dass, wenn die Gräben erst gefroren sein werden, selbst die Officiere übergehen werden.

Der Danziger Rath hatte am 21. eine Beförderung eintreten lassen, die heut im Lager bekannt wurde. Er hatte nämlich vier Lieutenants zu Schützenhauptleuten über je 100 Schützen ernannt.

Die Sappe an der neuen Weichsel gelangte in der folgenden Nacht bis zu den eingegrabenen Rahnen[2]) und entfernte sie, so dass sie zu den Palisaden fortschreiten konnte.

Am 24., zwei Stunden vor Tagesanbruch, erfolgte von

---

[1]) Ebenda S. 126.
[2]) Ebenda S. 128. Vergl. oben S. 391.

seiten des Majors Schur ein Angriff auf den festen Posten des Feindes am Schmerblocker Durchstich. Er hatte hierzu 6 Rotten Schützen aus den Reduten des Danziger Werders bestimmt, welche den Posten umgehen sollten. Die Schützen mussten bis unter die Arme durchs Wasser waten, aber ihr blosses Erscheinen genügte, die Schweden zum Rückzuge nach der Schmerblocker Schanze zu veranlassen. Der Major schaffte den Rest seiner Leute über den Durchstich, wobei er sich eines Bootes als Fähre bediente, das an einer Leine geführt wurde. Er schnitt sich sogleich ein, wobei er jedoch Kanonenfeuer von der Schanze erhielt und einen Sergeanten todt und 5 Gemeine theils todt, theils verwundet, verlor.

Das Feuer der Schweden in der Nehrung war noch nicht gedämpft. Namentlich verhinderte es das Sappiren an der Weichsel, weshalb der Oberst v. Winter befahl, das Feuer auf die rechte Face vom Königsbastion zu concentriren [1]). Dem Major Siebers befahl er, das Fürstenbastion vom grossen Werder aus zu beschiessen. Auch die Schmerblocker Schanze wurde stark beschossen und der Kommandant derselben durch einen Bombensplitter am Kopf verwundet.

Der Major Thompson stiess beim Vorgehen mit der Sappe gegen eine zweite Reihe von Palisaden auf eingegrabene Faschinen, deren Beseitigung viel Mühe veranlasste, wobei er 3 Todte und 2 Verwundete verlor [2]).

Am 25. näherten sich die Approchen der Majors Thompson und Schur zu beiden Seiten der Schmerblocker Schanze immer mehr. Zugleich wurde die Schanze wiederum von der Nehrung her scharf beschossen.

In der folgenden Nacht gelangte die Sappe an der alten Weichsel bis an die Palisaden, wendete sich aber längs derselben der Weichsel zu nach dem kleinen Ravelin vor dem Damm. Gleichzeitig wurde eine Sappentete längs den Palisaden nach rechts angesetzt, um eine doppelte Kommunikationslinie nach der Attacke an der neuen Weichsel herzustellen. Von dieser aus ging man mit der Sappe entgegen. Ausserdem

[1]) Ebenda S. 131.
[2]) Ebenda S. 132.

wurde an der neuen Weichsel neben der vorgehenden Sappe, die weiter geführt wurde, eine kleine Redute erbaut, weil der Abstand von der 4. avancirenden Redute schon zu gross wurde, um bei Ausfällen geschützt zu werden[1]). Der Oberst v. Winter war überhaupt sehr wegen eines Ausfalls besorgt und hatte seit dem 24. einige Reiter in die Laufgräben kommandirt, um die Meldung schnell zurückzubringen.

Am 26. warfen die Schweden ausnahmsweise viele Handgranaten in die Sappenteten, jedoch ohne Erfolg. Das Feuer gegen die Schmerblocker Schanze von der Nehrung aus wurde fortgesetzt. In der Front hatte das Feuer des Angreifers vollkommen die Ueberlegenheit gewonnen. Auch vom grossen Werder wurde die Hauptschanze aus allen Geschützen scharf beschossen[2]).

Im Danziger Werder war der Major Thompson bis zur zweiten Palisadenreihe, der Major Schur bis an die erste gelangt. Ein aus der Stadt gesendeter Mineur hielt die Anbringung einer Mine auf seiten des Majors Schur für vortheilhaft. Als die gemeinen Soldaten der Besatzung die Vorbereitungen dazu bemerkten, riefen sie dem Obersten Thompson ohne Einwilligung ihrer Officiere zu, dass sie sich ergeben wollten, wenn ihnen Quartier versprochen würde. Der Major sendete einen Hauptmann und einen Korporal von der Artillerie in die Schanze, um ein Inventar aufzunehmen, sagte frei Quartier zu und schloss einen Vergleich ab, worauf die Besatzung sich nach der Seite des Majors Thompson vom Wall herabliess. Inzwischen hatte der Major Schur, der von den Vorgängen nichts wusste, eine lange Leiter ansetzen lassen, fand die Schanze jedoch bereits von Mannschaften des Majors Thompson besetzt. Die Besatzung bestand aus 1 Hauptmann, 2 Lieutenants, 4 Sergeanten, 2 Korporalen, 45 Gemeinen, 1

---

[1]) Ebenda S. 133.

[2]) Ebenda S. 135. Die erlangte Ueberlegenheit des Feuers von seiten des Belagerers, die im Jurnal nicht ausdrücklich erwähnt wird, zeigt sich in dem Verhalten der Schweden, indem sie die folgenden Tage nur Handgranaten und Steine aus der Hand warfen.

Handlanger. Von den 3 Geschützen war eins ein 8-Pfünder, die beiden andern 3-Pfünder[1]).

Der Major Thompson liess die Danziger Fahne aufstecken und die Geschütze gegen die Hauptschanze wenden, worauf drei Schüsse zur Losung erfolgten. Der Oberst v. Winter liess durch 3 Schuss von den halben Karthaunen im Hauptquartier auf dem alten Weichseldamm erwidern, worauf die Trompeten und Heerpauken ihr Spiel begannen und Alles „Victoria! das Schänzlein ist über" schrie. Die Schweden aber concentrirten ihr Feuer auf die Schanze.

Am 27. warfen die Schweden viele Steine mit der Hand auf die Sappenteten. An der neuen Weichsel wurde an der kleinen Redute weiter gebaut; an der alten Weichsel gelangte die Sappentete bis auf wenige Ruthen an das kleine Ravelin, welches den Landausgang am Damm schützte, und an die Palisaden desselben. Auch hier war eine Reihe fichtener Rahnen (Balken), die in der Erde vergraben waren, zu überschreiten[2]).

Am 28. war ein heftiger Sturm und Regen, so dass nicht geschossen werden konnte. Die Sappenteten blieben jedoch in Thätigkeit. Die doppelte Kommunikationslinie wurde auf beiden Seiten fortgesetzt, die kleine Redute an der neuen Weichsel beendet; an der alten Weichsel gelangte man näher an die Palisaden, stiess aber in der folgenden Nacht auf eine zweite

[1]) Ebenda S. 137. Es fanden sich sonst noch vor: 4 Fässchen Pulver, das jedoch etwas feucht war, etliche Bund Lunte, Bier und Brot auf 2 bis 3 Wochen; 4 Sturmwalzen auf Pflugrädern, vierkantig, voller langer, spitzer Nägel, 2 Fässchen Handgranaten, 4 Doppelhaken, 10 Schlachtschwerter, verschiedene Piken, Musketen und Morgensterne. Im Innern befanden sich neun Hütten, wovon eine durch eine Bombe zertrümmert, eine Munitionskammer unter der westlichen Batterie, ein Keller, ein Backofen und eine Proviantkammer. Mangel war hauptsächlich an Kugeln, namentlich an Musketenkugeln.

[2]) Ebenda S. 139. Ein Ueberläufer, welcher sich nach Mitternacht meldete, ein geborner Schwede, der Weib und Kind zu Hause hatte, sagte aus, dass das Dankwarthsche Regiment, welches ursprünglich 800 Mann gezählt hätte, nur noch 400 zähle; von dem Drachenbergschen Regiment nur 200, von dem schwedischen nur 100 übrig seien, das dänische Regiment sei gar nicht zu rechnen, weil die meisten krank seien. Wie stark die Reiterei noch sei, wisse er nicht; Geschütze ständen 45 auf den Wällen. Die Mühle und das Brauhaus wären wiederhergestellt.

Reihe von fichtenen Rahmen, auf welchen eine dicke eichene
Bohle von 1½ Ellen im Durchmesser gelegt war, durch welche
man sich durchhauen musste. An der neuen Weichsel wurde
in der Nacht von der kleinen Redute aus weiter sappirt [1]).

Am 29. wurde der General von Dankwart von neuem
schriftlich zur Uebergabe aufgefordert. Es wurde von den
Belagerern viel geschossen und geworfen, dabei Bomben von
2 bis 3 Centnern Gewicht. Die Schweden begnügten sich mit
Werfen von Steinen aus der Hand und von Handgranaten
gegen die Sappenteten.

Am 30. erfolgte die Antwort des Generals von Dankwart,
worin er bat, einen Trompeter nach Elbing schicken zu dürfen,
um Erkundigungen über die Friedensunterhandlungen einzuziehen, von denen er annahm, dass sie weit vorgeschritten seien.
Er bat auch bis zur Rückkunft des Trompeters um Waffenruhe.

Im übrigen gingen die Arbeiten der Danziger an den
Sappen fort. In der Nacht schossen sie aus den 3 grossen
Batterien mit Kartätschen gegen die Werke, weil sie infolge
eines Geräusches glaubten, dass die Belagerten die Scharten
ausbesserten [2]). Auf dem grossen Werder sprang in der
Batterie oberhalb der Marienburger Schanze eine Danziger
Kanone.

Am 1. December wurden von den Danzigern, die in der
doppelten Kommunikationslinie arbeiteten, ein Mann getödtet
und 6 verwundet, weil die feindlichen Werke bedeutend überhöhten. Man musste daher die Brustwehr erhöhen. Gegen
Abend wurde von den Belagerern viel geschossen. Die Schweden
antworteten hauptsächlich mit Kleingewehr. In der Nacht
glaubte man an zahlreichen brennenden Lunten vor dem Königs-
bollwerk die Anzeichen eines Ausfalls zu erkennen und schoss
mit Kartätschen.

Ein neuer Kessel zwischen der grossen Mittel-Redute und
der 3. avancirenden städtischen Redute wurde begonnen. Auch
der Major Thompson legte oberhalb der Schmerblockschen Re-

---

[1]) Ebenda S. 141.
[2]) Ebenda S. 146.

dute auf dem Weichseldamme eine neue Batterie an, um das Vorwerk an der neuen Weichsel neben dem Stenbocksbollwerk zur Begünstigung der Sappen zu beschiessen ¹).

Am 2. Dec. traf die Sappe an der alten Weichsel dicht vor den Palisaden des kleinen Ravelins wiederum auf fichtene Rahmen, die oben mit einer Bohle voll spitziger Nägel, welche über den Boden herausragten, belegt war.

Auf diesen Nägeln blieb die aus Strauch geflochtene Schirmwalze hängen. Es wurden zwei Zimmerleute vorgesendet, die Rahmen zu durchhauen, doch sie sowohl wie 6 andere, welche sie nach und nach ablösten, erhielten Schüsse von unten aus Schiesslöchern, welche von den Palisaden aus zwischen den Rahmen und der eichenen Bohle hindurch angebracht waren. Die Arbeiten mussten diesen und den folgenden Tag eingestellt werden. Dafür wurde eine Traverse angefertigt, durch welche man sicher in die doppelte Kommunikationslinie gelangte. An der neuen Weichsel schritt die Sappe bis zu den Palisaden vor dem Damm zwischen Weichsel und dem Wassergraben fort, fand aber auch Rahmen, die jedoch ohne Anstand durchgehauen wurden ²). Die Belagerten warfen Steine und Handgranaten dahin, jedoch ohne Erfolg.

Am 3. Dec. beantwortete der Oberst v. Winter das Schreiben des Generals v. Dankwart und lehnte die Sendung eines Trompeters nach Elbing und die erbetene Waffenruhe ab, sendete auch Zeitungen und aufgefangene Briefe mit, welche die Misserfolge der schwedischen Waffen in Dänemark darlegten und bezeugten, dass die Verhandlungen über einen Frieden noch gar nicht begonnen hätten.

Die Arbeiten gingen indessen fort, geschossen wurde wenig. Die Belagerer erweiterten und verstärkten die beiden grossen Batterien an beiden Weichselufern. In der folgenden Nacht wurden die Geschütze beider Batterien um je ein Quartierstück vermehrt.

An der neuen Weichsel wurde an den schwedischen Pali-

---

¹) Ebenda S. 148. Es ist das Vorwerk hinter dem Damme, der den Graben von der neuen Weichsel trennte, gemeint.
²) Ebenda S. 150.

saden eine Traverse erbaut und die von der alten Weichsel
bis zum Ufer verlängert. Die doppelte Kommunikationslinie
wurde in dieser wie in den vorigen Nächten weitergeführt [1]).

Am 4. Dec. gelang es, an der alten Weichsel durch Heran-
bringung eines grossen Wollsackes die Schiesslöcher der
Schweden zu verstopfen und die Sappe wieder in Gang zu
bringen. An der neuen Weichsel legte man, um sich gegen
das Werfen von Handgranaten zu schützen, Bohlen auf die
Traverse, die sich mit dem vordern Ende auf die feindlichen
Palisaden stützten. Die Schweden mühten sich vergebens, sie
mit Boss-Haken weg zu ziehen. Sie wurden verjagt, ein Mann
getödtet und ein Boss-Haken abgenommen. Die Arbeiten
wurden fortgesetzt [2]). Die Handgranaten der Belagerer sprangen
am heutigen Tage wegen zu kurzer Zünder in der Luft. Ein
neuer Kessel an der alten Weichsel neben der 4. avancirenden
Redute wurde in der Nacht armirt und eröffnete am 5. das
Feuer [3]). Auch die vom Major Thompson gefertigte neue Batterie
beschoss das neben dem Steinbock-Bollwerk an der neuen
Weichsel gelegene Aussenwerk. Der Major legte auch oberhalb der Schmerblocker Schanze auf dem Weichseldamm einen
neuen Kessel an. Der Major Siebers hatte unterhalb der
Marienburger Schanze eine neue Batterie für zwei Kanonen
angelegt, um die Faussebraie an der alten Weichsel zu beschiessen, und armirte sie heut, wurde dabei aber stark beschossen. Auf der Nehrung wurde die Batterie am Schmand-

---

[1]) Ebenda S. 153.

[2]) Ebenda S. 155. Einer der in der Schmerblocker Schanze gefangenen
Officiere sagte nachträglich aus, dass die Kanonen in der Hauptschanze mehr
Schaden gethan hätten, als die Mörser, weil man die Hütten (Häuser waren
nicht vorhanden) abgebrochen hätte und die Mannschaft unter den Wällen
tief unter der Erde untergebracht wären. Die Wälle wurden durch die Kanon-
kugeln durchbohrt. Die Brustwehr der Faussebraie wäre verstärkt und mit
Bohlen bekleidet worden. Unter den Officieren wäre grosse Unzufriedenheit,
weil sie sehr parteiisch behandelt würden. Einige mussten 3 bis 4 Wochen
auf Wache bleiben, während andere zu Hause blieben, auch würde in der Beförderung sehr ungerecht verfahren. Bei eintretendem Frost wäre die Festung
nicht zu halten, da sie dann von allen Seiten gestürmt werden könnte.

[3]) Ebenda S. 156.

berge und dem krummen Winkel an der alten Weichsel erweitert und sollte noch 3 halbe Karthaunen aufnehmen.

Am Mittag kam die Antwort vom General v. Dankwart an. Er bedauerte, die Festung nicht übergeben zu können, weil das seinen Kopf kosten würde. Er wiederholt die schon früher gestellte Forderung, die gefangen gehaltenen schwedischen Officiere zu ranzioniren, und bat, seinen todten Sohn in der Kirche von Schönbaum beisetzen zu dürfen und zu dem Zweck einige Officiere mit der Leiche mitzusenden.

In der Nacht durchbrach die Sappentete an der neuen Weichsel die Palisaden und ging auf dem Damme zwischen dem Hauptgraben und der Weichsel in einer mit Dielen gefütterten Gallerie weiter vor. Die Schweden schienen nichts davon zu bemerken [1]). Die übrigen Arbeiten wurden fortgesetzt und

am 6. bei anbrechendem Tage 3 Mann in der Sappe an der alten Weichsel verwundet. Die Batterie am krummen Winkel des alten Weichseldammes wurde mit 3 halben Karthaunen armirt und die daselbst befindlichen leichteren Stücke in die nächste Batterie auf dem Schmandberge übergeführt. Darauf erfolgte von allen Batterien ein lebhaftes Feuer der schweren Stücke und Mörser. Es wurden 200 Schüsse und 30 Würfe aus grossen Mörsern gethan. An der alten Weichsel erreichte man die Palisaden des kleinen Ravelins vor dem Damme zwischen dem Hauptgraben und der Weichsel und erbaute hier eine Traverse, indem die Erde über die Palisaden geworfen wurde. Die Schweden warfen sie jedoch wieder zurück, die Danziger legten aber noch an zwei andern Orten zu beiden Seiten des Schlagbaums (am Ausgange des hier befindlichen Landwegs) Traversen an. Nachmittags wurde das Wetter sehr unfreundlich, es fiel der erste Schnee. Die doppelte Kommunikationslinie wurde sehr gefördert. Die Sapeure benutzten die ausgehauenen Rahnen, die sich auch hier befanden, um Feuer zu machen und sich zu wärmen.

Am 7. Dec. wurde der Major Gerschau mit 2 Kompagnien

---

[1]) Ebenda S. 158. Die Sappe an der neuen Weichsel hatte weniger Schwierigkeiten zu überwinden als die an der alten Weichsel, weil hier der Landweg über den Damm führte und ein kleines Ravelin vor diesem lag.

nach Danzig gesendet, wo man den König von Polen erwartete.
An der alten Weichsel wurde von der Sappentete, die bis an
den Hauptgraben gelangt war, längs den Palisaden zum Königs-
bollwerk ein Seitenzweig vorgetrieben und so weit verlängert,
dass man den Zugang zum kleinen Ravelin einsehen und beschiessen konnte[1]). Ein heftiger Wind und Schnee verhinderte
das Schiessen. Nachmittags wurde dem General v. Dankwart
die Antwort ertheilt, wonach die Beisetzung seines Sohnes in
der Kirche von Schönbaum bewilligt wurde[2]).

Im Danziger Werder wurde um die Käsmarker Kirche
herum eine grosse Redute erbaut, um die Mannschaft während
des Winters unterzubringen, da sie bei dem grossen Wasser,
das zu dieser Zeit eintrat, nicht länger in ihrer bisherigen
Stellung verweilen konnte. Die Redute wurde von Bauern
hergestellt. Auch wurde mit dem Bau einer Brücke über die
alte Weichsel unterhalb Schönbaum angefangen, die jedoch infolge eintretenden Frostes nicht beendet wurde. Im Hauptquartier hinter dem alten Weichseldamm wurde ein grosses
Gebäude zur Unterbringung der Munition und Lebensmittel er-
errichtet.

Die Sappenarbeit an der neuen Weichsel wurde durch das
grosse Wasser sehr erschwert, das in die Gallerie drang. An
der alten Weichsel wurde die letzte Palisadenreihe ausgegraben
und mit der Sappe das äusserste Vorwerk angebrochen. Es
entstand dabei ein hartnäckiges Gefecht. Beide Theile bewar-
fen sich mit Handgranaten, wobei ein Danziger von einer Granate an Gesicht, Brust und Arm sehr beschädigt wurde. Die
Danziger behielten jedoch die Oberhand. Von seiten der
Schweden wurden Pechkränze und Leuchtpfannen aufgehängt[3]).

---

[1]) Ebenda S. 160. Infolgedessen scheint das kleine Ravelin von den
Schweden geräumt worden zu sein, da die folgenden Arbeiten sich auf das
Vorwerk hinter dem Damm beziehen. Siehe S. 161, wonach die Belagerer
an den Graben und die Palisaden des äussersten Vorwerks (hinter demselben)
gelangten.

[2]) Ebenda. Der Oberst von Winter legte dem Schreiben das Zeitungs-
blatt über den Sieg der Aliirten bei Nyburg am 24. Nov. bei.

[3]) Ebenda 161. Wie an der neuen Weichsel lag auch hier hinter dem
Damm ein Werk, das Vorwerk genannt wurde und eine Art von Enveloppe
hatte, die als äusserstes Vorwerk bezeichnet wird.

Am 8. wurde von beiden Seiten anhaltend geschossen. Es war den Belagerern bisher noch nicht gelungen, das feindliche Feuer gänzlich zu unterdrücken, weil die Schweden unermüdlich in Ausbesserung der Scharten waren. Es wurde in den Laufgräben an der neuen Weichsel ein Mann getödtet und 4 verwundet. Gegen 10 Uhr vormittags sprengten die Schweden an der alten Weichsel zwei kleine Minen vor dem Vorwerk, die jedoch, weil sie wegen des Wassers sehr flach waren, keinen Schaden verursachten. Als Resultat der Beschiessung, die auch nachmittags, wenn auch schwächer, fortgesetzt wurde, ergab sich, dass die Scharten des Königs-Bollwerks völlig demontirt waren. Um ihre Ausbesserung zu verhindern, wurde in der Nacht von den drei grossen Batterien mit Kartätschen dagegen geschossen [1]).

Die Arbeiten an den Sappen wurden fortgesetzt.

Am 9. begannen die Belagerer das Geschützfeuer erst gegen Mittag, wobei die Trompeter und Heerpauken in der grossen Mittelredute lustig das Spiel rührten. Gegen Abend kam der Tambur zurück, welcher dem General v. Dankwart das Schreiben des Obersten v. Winter überbracht hatte. Es war gelinder abgefasst als die bisherigen Antworten, doch nicht entgegenkommend. Die doppelte Kommunikationslinie längs den Palisaden der Nordfront der Hauptschanze war zu dieser Zeit bis zur Hälfte fertig, an der neuen Weichsel die Galerie im stetigen Vorrücken begriffen, an der alten Weichsel trennte nur die Brustwehr des äussersten Vorwerks die beiderseitigen Kämpfer von einander. Der Oberst von Winter befahl daher das letztere Werk zu stürmen. Der Anfall wurde in der folgenden Nacht von 4 Rotten Schützen (Feuerröhrer oder Arkebusiere) und 4 Rotten Musketiere unter einem Fähnrich, 2 Sergeanten und 2 Korporalen ausgeführt und gelang vollständig. Anstatt sich aber in dem Werk zu verbauen, stürmten sie weiter über den trockenen Graben des dahinter liegenden Vorwerks, wurden nun aber von den feindlichen Reserven empfangen und stark zugerichtet, so dass sie zurückgerufen werden mussten. Sie liessen 4 Todte und 10 Verwundete auf dem Platze, etwa ein

[1]) Ebenda S. 162.

Drittel ihrer Stärke. Ein Theil der Mannschaft hatte jedoch
währenddem eine Brustwehr längs dem Graben aufgeworfen,
so dass das Werk behauptet werden konnte. Auch die Verwundeten konnten sich noch retten [1]).

Inzwischen war in der 3. avancirenden mündischen Redute
durch Unvorsichtigkeit eine Patrontasche mit 20 bis 30 Patronen
entzündet worden, wodurch 8 Mann, darunter ein Korporal,
stark beschädigt wurden.

Am 10. wurde von den Belagerern wieder ein stärkeres
Feuer aus den Geschützen unterhalten und 200 Kanonenschüsse
und 15 Würfe abgegeben, wodurch das Königs-Bollwerk, welches durch seine Flanken den Sappen sehr gefährlich war, von
neuem demontirt wurde. Mittag wurde das Feuer eingestellt
und ein Tambur vorgesendet, der den Kommandanten um die
Bestattung der 4 Todten ersuchen sollte, die in vergangener
Nacht geblieben waren. Der Tambur wurde zurückbehalten,
aber von den Wällen herabgerufen, dass am folgenden Tage
der Sohn des Generals begraben werden sollte, wobei auch die
4 Todten übergeben werden sollten. Bis dahin sollte aber Ruhe
sein. Der Oberst v. Winter verbot das Feuern, liess aber an
der doppelten Kommunikationslinie fortarbeiten [2]). Ein Ueberläufer berichtete, dass die Mannschaft sehr geschwunden und
einige Kompagnien nur noch 4 oder 5 gesunde Mann stark
wären. Die Deutschen würden sehr schlecht gehalten, sie erhielten täglich nur $\frac{1}{2}$ Pfund Brod, während die Schweden $1\frac{1}{2}$
Pfund erhielten. Man traute ihnen nicht und es würde immer
ein Deutscher und ein Schwede auf Posten geschickt. Das
Bier wär sauer und das Fleisch riechend. Doch wäre noch
Proviant genug vorhanden, so dass sich die Besatzung noch
lange halten könnte, wenn nicht gestürmt würde [3]).

Am 11. um Mittag wurde die Leiche des Sohnes von General v. Dankwart in einem Boot die Weichsel abwärts in Begleitung eines Wachmeister-Lieutenants geschafft. Sie wurde
am Kessel bei der vierten avancirenden mündischen Redute ge-

[1]) Ebenda S. 165.
[2]) Ebenda S. 167.
[3]) Ebenda S. 169.

landet und von Mannschaften auf einer Bahre zur Kirche getragen, gefolgt von einigen Danziger Officieren in Begleitung des schwedischen Lieutenants. In den Sappen wurden die Arbeiten trotz Widerspruchs der Schweden fortgesetzt, bis gegen Abend der Tambur zurückkam und den Vorschlag des Kommandanten mitbrachte, 3 Tage Stillstand eintreten zu lassen, worauf er sich entscheiden wolle. Er wolle einen Major und einen Hauptmann als Geisel stellen und bäte das Gleiche zu thun. Der Oberst v. Winter schickte den Tambur sofort zurück und erklärte sein Einverständniss. Die Arbeiten wurden eingestellt[1]).

Am 12. um 10 Uhr vormittags kam der Tambur zurück. Der General v. Dankwart erbot sich, einen Reiteroberst und einen Major als Geisel zu stellen, um die Verhandlungen möglichst abzukürzen, forderte aber, dass die Soldaten in den Laufgräben die schwedischen Werke nicht besichtigten.

Es trat starker Frost ein, so dass in der folgenden Nacht die Weichsel zufror.

Am 13. hörte man starkes Schiessen von Danzig her. Der König war daselbst angelangt. Um zu verhindern, dass der Kommandant bei der zugefrorenen Weichsel nicht mit Marienburg oder Elbing in Verbindung trete, befahl der Oberst v. Winter, dass in der Nacht rings um die Hauptschanze auf dem Lande und auf dem Eise Posten aufgestellt würden. Die auf dem Eise wurden alle halbe Stunden abgelöst[2]).

Am 14. vormittags erfolgte der Austausch der Geiseln. Die schwedischen Geiseln brachten die Bedingungen mit, die der General v. Dankwart aufgesetzt hatte. Sie wurden an den Kriegspräsidenten nach Danzig geschickt, der sie

am 15. dem Rath vorlegte, welcher einige Ausstellungen zu machen hatte. Diese wurden durch Gabriel Krombausen in der folgenden Nacht ins Hauptquartier gebracht und hier redigirt.

Am 16. wurde das neue Projekt von dem inzwischen angelangten Kriegsrath der 3 Ordnungen diskutirt und eine Deputation an die schwedischen Geiseln nach Schönbaum abge-

---

[1]) Ebenda S. 170.
[2]) Ebenda S. 173.

sendet, um auf Grund desselben zu verhandeln. Die Konferenz fand in der Nacht statt. Die schwedischen Geiseln fanden einige Bedingungen zu schwer und übersendeten sie

am 17. dem General v. Dankwart. Dieser antwortete noch am Abend. Da auf diese Weise die Unterhandlungen sich sehr in die Länge zu ziehen drohten, wurde

am 18. ein Tambur mit Briefen an den General abgefertigt, der die Ankunft des Rathsherrn Albrecht Rosenberg mit ausreichender Vollmacht ankündigte und um einen Pass für denselben bat. An seiner Stelle sollte der Major v. Bobart, der älteste von den Geiseln, zurückkehren. Nach Ankunft des Passes begab sich p. Rosenberg um 4 Uhr nachmittags in die Hauptschanze und der Major von Bobart kehrte zurück.

Am 19. ersuchte der Oberst v. Winter den Kommandanten schriftlich, den Rathsherrn Rosenberg um Mittag zu entlassen, womöglich nach Abschluss des Vergleichs, weil ein längerer Aufschub sich nicht schicken wollte. Es war die zu erwartende Ankunft des Königs im Hauptquartier, die dazu drängte. Dieser war am Vormittage von Danzig aufgebrochen und nahm in Schievenhorst Aufenthalt.

Gegen Abend kam der Rathsherr A. Rosenberg zurück, nachdem er durch den Major v. Bobart ersetzt worden war. Ein Abschluss war noch nicht erfolgt.

In der folgenden Nacht wurde ein Bauer abgefasst, der von Elbing kam und in die Hauptschanze einschleichen wollte. Es wurde ein Zettel bei ihm gefunden, der jedoch nicht entziffert werden konnte. Nur so viel liess sich feststellen, dass er von der Generalität zu Elbing abgesendet war.

Am 20. December langte ein Schreiben des Generals v. Dankwart an den Obersten von Winter an, worin er dringend um nochmalige Sendung des p. Rosenberg bat, um die Verhandlungen zuende zu führen. Der Kriegsrath willigte ein und setzte die äussersten Bedingungen fest, mit denen sich p. Rosenberg nach Erfüllung der Formalitäten in die Hauptschanze begab.

Gegen Mittag langte Johann Kasimir im Hauptquartier an und begab sich in die Trancheen. Er war des Lobes voll über die ausgeführten Arbeiten. Noch während der darauf folgenden Tafel beim Oberst v. Winter langte der Rathsherr

A. Rosenberg an und konnte den bereits unterzeichneten Vergleich überreichen [1]).

Die Besatzung erhielt freien Abzug mit fliegenden Fahnen und klingendem Spiel, mit brennenden Lunten und geladenen Röhren, die Kugel im Munde. Sie durfte die Stücke, soweit sie schwedisch waren, mit sich führen. Sie bestanden aus 2 halben Karthaunen, 2—12-Pfündern, 12 metallenen Regimentsstücken und 2 metallenen Mörsern. 150 Danziger sollten sofort nach Unterzeichnung der Kapitulation die 3 Raveline besetzen, der Abzug der Besatzung am 22. Dec. erfolgen. Sie sollte während des Winters in der Umgegend von Danzig (Ohra und Gute Herberge) untergebracht und nach eröffneter Schifffahrt nach Schweden übergeführt werden [2]).

Die Festung wurde von seiten Danzigs durch 1500 Mann unter dem zum Oberstlieutenant beförderten Siebers besetzt.

Der Verlust der Danziger war im Allgemeinen gering. An Officieren verloren sie nur einen Fähnrich, der im Gefecht vom 4. Oktober bei Fürstenwerder verwundet worden war und nach 10 Wochen starb. Der Verlust an Todten betrug 97, an Verwundeten 150 incl. 2 Lieutenants und 3 Artilleriebeamte. Die Schweden verloren dagegen an Officieren 9 Todte, 2 Oberstlieutenants, 1 Major, 2 Hauptleute, 1 Lieutenant, 1 Fähnrich und 1 Kornet [3]).

Auf seiten der Danziger wurden verschossen [4]):

aus halben Karthaunen (20-Pfündern) 1199 Kugeln

„	Quartierstücken (12-Pfündern)	2739	„
„	9-Pfündern .	300	„
„	6- „	225	„
„	3- „	116	„
„	einem 220pfündigen Mörser	104	Steine
„	„ „ „ „	16	Bomben
„	„ 70 „ „	211	„

---

[1]) Ebenda S. 184.

[2]) Der vollständige Vertrag ist bei Peter Voget S. 186—195 abgedruckt. Die Bestätigung durch den Rath in Danzig ist vom 21.

[3]) Peter Voget S. 136, 198.

[4]) Die Zahl der Geschütze lässt sich nicht feststellen.

aus einem 60 pfündigen Mörser	131 Bomben
„ „ 30 „ „	439 „
„ „ 70 „ „	30 Feuerkugeln
„ der Feuerkatze (Haubitze)	60 Granaten
„ Handmörsern . .	400 „
Handgranaten geworfen . .	212 [1]).

Die Belagerungsarbeiten sind nicht zu Ende geführt worden, auch ist uns nicht überliefert, was noch beabsichtigt war. Die Arbeiten auf den Flügeln hatten nur den Zweck, dem Gegner die Ausgänge zu verlegen, welche die Dämme über den Graben an den beiden Weichselarmen boten. Die doppelte Kommunikationslinie längs den Palisaden der Angriffsfront würde nach ihrer Vollendung und genügender Erweiterung den Waffenplatz gebildet haben, von dem aus die weitern Unternehmungen hätten erfolgen müssen. Hier begannen die eigentlichen Schwierigkeiten. Ein gedeckter Weg war allerdings nicht vorhanden. Nur eine Palisadenreihe trennte noch von dem Graben. Dieser war aber ein breiter und tiefer Wassergraben und es hätten unter dem Feuer der Faussebraie, die mit den zuverlässigsten Leuten besetzt war, mehrere Dämme hinüber geführt werden müssen. Da die Faussebraie und der Wall aus Erde bestanden und beide nicht sturmfrei waren, wäre eine Bresche nicht erforderlich gewesen, doch hätten gegen die beiden Flanken des mittlern oder Königsbastions Kontrebatterien erbaut werden müssen. Die Flanken der Eckbastione wären durch die bereits vorhandenen Batterien zu zerstören gewesen. Der Sturm selbst wäre ein äusserst schwieriges Unternehmen gewesen, der nur durch Wurffeuer einigermassen vorbereitet werden konnte.

Die bei der geringen Effektivstärke des Belagerers ausgeführten grossartigen Arbeiten bei ungünstiger Jahreszeit, sowie die geringen Verluste desselben zeugen von einer vortrefflichen Disciplin der Mannschaft, die vor allem der energischen Führung des Obersten v. Winter und den gut geleiteten Verpflegungsanstalten, sowie der Fürsorge der Stadt in Bezug auf Beschaffung einer Winterbekleidung und regelmässiger Verabfolgung des Soldes zuzuschreiben ist. Die Belagerung beweist,

---

[1]) Peter Voget S. 235.

dass die Söldner unter solchen Verhältnissen zu den höchsten Anstrengungen befähigt waren. — Die Leitung der Ingenieurarbeiten scheint in guten Händen gewesen zu sein. Dasselbe lässt sich von der Artillerie sagen, sowohl was die Anlage der Batterien, als die Direktion des Feuers derselben betrifft. Solange nicht der Sturm der Feste in Aussicht genommen war, der durch die Sappenarbeit vorbereitet werden musste, um den Raum zur Aufstellung der Truppen zu schaffen, kam es vorzugsweise darauf an, den Bau der Sappe durch Beschiessung derjenigen Werke, welche den Fortgang derselben störten, zu begünstigen. Hierzu wurden auch die Batterien des grossen und des Danziger Werders herangezogen. Die Bekämpfung der feindlichen Artillerie im allgemeinen war dem vorausgegangen und wurde dann von Zeit zu Zeit wiederholt, je nachdem sie sich wieder retablirt hatte. Das Bombardement durch Mörser wurde nebenbei in der Hoffnung angewendet, die Festung dadurch zur Uebergabe zu veranlassen, und hat jedenfalls sehr wesentlich zu derselben beigetragen. Die Belagerung ist in allen diesen Beziehungen eine Musterleistung jener Zeit. Sie bildet den Schluss dieses Krieges, da die polnischen und österreichischen Truppen unmittelbar darauf die Winterquartiere bezogen und nicht mehr in Thätigkeit traten. Mit dem Anfange des neuen Jahres begannen zu Oliva die Friedensunterhandlungen und wurden durch den Tod Karl Gustavs am 23. Febr. 1660 wesentlich gefördert, so dass am 13. Mai der Frieden von Oliva abgeschlossen werden konnte.

Danzig behielt seine Besitzungen ungeschmälert, hat aber vergeblich von Polen den Ersatz seiner Kriegskosten beansprucht, die zu einer enormen Höhe angewachsen waren[1]). Obgleich die Polen auf den Reichstagen anerkannten, dass die

---

[1]) Nach einer Berechnung, welche die Stadt 1659 auf dem Reichstage zu Warschau vorlegte, betrugen die Forderungen der Stadt bis zum April dieses Jahres:

1. an Vorschüssen auf Befehl des Königs . . . 85,112 fl. 23 gr.
2. an Kosten für die Söldner, die Artillerie, die Ausrüstungen zu Wasser und Kriegsunternehmungen 4,066,501 fl.
3. für die Festungswerke . . . . 817,425 „
4. an überseeischen Verschickungen pp. . 64,764 „

Stadt wiederholentlich der alleinige Stützpunkt der Republik gewesen sei, auch Entschädigungen in Aussicht stellten, so hat es dabei sein Bewenden gehabt. Wo nichts ist, da hat der Kaiser sein Recht verloren. Danzig war seitdem eine schuldenbelastete Stadt, die sich von jedem politischen Einfluss fernhielt und die brutalen Zumuthungen eines Karl XII und Peter des Grossen stumm hinnahm. Besonders schmerzlich war es der Stadt, dass die geistlichen Dörfer Schottland, Hoppenbruch und Stolzenberg nicht in ihren Besitz übergingen. Sie hat später dadurch sehr zu leiden gehabt.

7. Danzig nach dem Frieden zu Oliva 1660—1701.
A. Innere Unruhen.

Die Zeit von 1660 bis 1793 ist für Danzig die traurigste seiner Geschichte gewesen [1]). Zu den zerrütteten Finanzen [2]) gesellte sich der innere Zwiespalt der Kommune, der bis in die Mitte des 18. Jahrhunderts andauerte und schliesslich durch die sogenannte Ordination des Königs von Polen beigelegt wurde. Hatte die Verordnung König Sigismunds I v. J. 1526 dem erbgesessenen Bürger (Grossbürger) durch Einführung der dritten Ordnung (der Hundertmänner) einen Antheil an der Verwaltung gewährt, so verlangten jetzt auch die Gewerbe (Handwerker) daran theilzunehmen. Sie hatten 1651 dem Könige Johann Kasimir bei seiner Anwesenheit in Danzig eine Bittschrift um Abstellung mehrfacher Beschwerden vorgelegt und diese im Jahre 1659, wo er ebenfalls anwesend war, wiederholt. Der König

Davon gingen ab: vom Einkommen der Malz-Akcise   65,967 fl.

und das dem Feinde abgenommene Gut zur See   44,424 „
(Lengnich. Joh. Kasimir S. 222.)

[1]) Recht schroff drückt sich das in der verringerten Einwohnerzahl aus. Danzig hatte i. J. 1650 77000, 1730 48000, 1750 46000 Einwohner.

[2]) Danzig hatte bei Beginn dieser Epoche eine Schuldenlast von über zwei Millionen fl. Im J. 1678 betrug sie noch 2,097000 fl. und stieg bis Ende des Jahres auf 2,218534 fl. Die Zinsen dieser Summe beliefen sich auf 107,165 fl. Die Einnahmen der Kämmerei beliefen sich jährlich auf 306,443 fl. incl. Pfahlgelder. Die Schulden, welche Polen gegen Danzig hatte, hätten vollständig genügt, obige Summe zu decken. Sie waren auf 2,264000 fl. vereinbart worden, aber Danzig hat sie nie erhalten können. Löschin, Geschichte Danzigs. Danzig 1823. 2,56.

war ihnen diesmal entgegengekommen, hatte sie selbst zur
Opposition gegen den Rath ermuntert, weil er es liebte, auf
diesen zu drücken, um von ihm Geld zu erpressen. Er verordnete, dass ausser den Elterleuten der 4 Hauptgewerke auch
deren Stellvertreter Sitz und Stimme in der 3. Ordnung haben
sollten und dass die Handwerker und ihre Söhne das Gross-
bürgerthum für denselben Preis erwerben könnten, als die
Söhne der Kaufleute. Der Rath war jedoch nicht so leicht
einzuschüchtern und wusste, worauf es ankam. Er erliess dem
Könige die während des Krieges der Stadt verpfändeten Pfahlgelder[1]) und handelte vor wie nach nach seinem Ermessen.
Die Stadt war seitdem der Schauplatz unaufhörlicher Bewegungen, und es fehlte nicht an Demagogen, die das auszunutzen
verstanden. Der gefährlichste unter ihnen war der Prediger
Dr. Strauch. Der König Johann III (Sobiesky) sah sich endlich veranlasst, die Sache persönlich in die Hand zu nehmen.
und kam 1677 nach Danzig. Nachdem er sich überzeugt hatte,
dass ein friedlicher Ausgleich nicht zu erreichen war, leitete
er einen Prozess ein, der bis in das folgende Jahr dauerte.
Das Ergebniss war, dass ein königliches „Dekret" erlassen
wurde, wonach ausser den 4 Elterleuten der Hauptgewerke und
ihren Stellvertretern noch 8 Handwerker in die 3. Ordnung
aufgenommen wurden, die der Rath aus 16 ihm präsentirten
zu wählen hatte, und dass ferner 6 Katholiken in der 3. Ordnung sitzen sollten. Ausserdem erhielt die Kaufmannschaft
das Vorrecht, dass ein Drittel der Mitglieder aus jeder der drei
Ordnungen aus Kaufleuten bestehen sollte. Der Rath verlor
ferner das Recht der Auswahl der Mitglieder der 3. Ordnung,
das insofern beschränkt wurde, als ihm nur die Wahl aus
zweien der von der 3. Ordnung präsentirten Personen blieb.
Gleiches war auch bei den 4 Quartiermeistern, den Vorstehern
der 4 Quartiere der Rechtstadt, der Fall. Der 3. Ordnung
wurde ferner die Theilnahme an der Verwaltung der Kämmereikasse zugestanden. Die Söldner sollten auf ein Drittel der
vorhandenen Zahl gesetzt werden. Im übrigen sollte die

----

[1]) Gralath 3, 8.

Stadt das Recht haben, für ihre Sicherheit selbst zu sorgen [1]) (d. h. also keine polnische Besatzung aufzunehmen). Die Gewerke waren damit keineswegs zufrieden, sie hatten es auf Gewinnung einer eignen Ordnung abgesehen und wollten von der Akcise (der indirekten Steuer) befreit sein, die nur für den Roggen und zum Theil für den Weizen aufgehoben wurde. Eine Beruhigung der Gemüther trat daher nicht ein. Der König zog aber den Hauptgewinn, indem ihm nicht bloss ein don gratuit von 200000 fl. und der gleichfalls anwesenden Königin ein Geschenk von 10000 Dukaten verehrt wurde, sondern auch die Starostei Putzig ohne Entschädigung für die während des Krieges darauf verwendeten Kosten zurückgegeben wurde.

Weit heftiger gestaltete sich der Streit um die Mitte des 18. Jahrhunderts: Die Veranlassung dazu gab vor allem der Druck, den die indirekten Steuern auf die niedern Volksklassen ausübten. Es gab Akcisen auf Malz und Bier, Getreide- oder Backakcisen, Wein- und Branntweinakcisen, Käse- und Fleischakcisen pp. Aber auch noch viele andere Missbräuche hatten sich eingeschlichen. Der König von Polen, August III, sendete 1749 zwei Kommissäre nach Danzig, um die Differenzen durch Güte auszugleichen. Der Rath verharrte jedoch in seiner Halsstarrigkeit, sodass die Kommissäre ein Edikt des Königs herbeiführten, das alle Akcisen aufhob. Im Jahre 1750 gab die Wahl neuer Magistratspersonen Grund zu den heftigsten Streitigkeiten. Der Rath wählte nur 2 aus den präsentirten Rathmännern zu Mitgliedern und 2 zu Schöppen, dagegen zwei nicht vorgeschlagene zu Mitgliedern des Raths und einen zum Schöppen. Die Feindseligkeit wurde damit unversöhnlich. Der König befahl, die Angelegenheit vor den Reichstag zu bringen, und liess Deputirte von beiden Parteien nach Warschau kommen, von seiten des Raths den Bürgermeister Ferber, den Rathsherrn Jansen und den Syndicus Lengnich, dazu die Elterleute der 4 Hauptgewerke und 4 Deputirte der 3. Ordnung. Der König nahm die Bürgerdeputation sehr gnädig auf, liess die Abgeordneten des Raths jedoch erst nach

---

[1]) **Ebenda 122.**

4 Wochen vor. Die Abgeordneten wurden mit einer königlichen „Verordnung für die Stadt Danzig" (Ordination) entlassen. In den folgenden Zusammenkünften der sämmtlichen Kollegien bestand der Rath darauf, dass der „Ordination" der Zusatz „mit Beibehaltung der Rechte der Stadt" zugefügt wurde. Die 3. Ordnung drang dagegen auf einstimmige Annahme und sendete bei der Verzögerung, welche durch die Weigerung des Raths eintrat, im Februar 1751 ihren Hauptredner und Demagogen Wernicke an den König.

Der König berief unter diesen Umständen am 23. Juni die namentlich gemachten Herren: den Bürgermeister Wahl, die Rathsherren v. Schröder und Jansen nach Dresden, um persönlich die Ursachen anzugeben, weshalb die Annahme der Ordination sich verzögere. Neben diesen officiellen Schritten gingen Spaltungen in der Bürgerschaft einher, namentlich trennten sich die Hauptgewerke der Schuster und Fastbäcker und einige Mitglieder anderer Gewerke öffentlich von der dritten Ordnung. Auch an Streiks fehlte es nicht, die sehr tumultuös verliefen, so am 21. Mai der Streik der Schustergesellen gegen ihre Meister und später ein Streik der Tischlergesellen, gegen den die Truppenmacht und sechs Kanonen aufgeboten werden mussten. Alle Autorität ging allmählich verloren. Der König hatte sich der Deputation gegenüber wiederum den Abgeordneten der Gegenpartei des Raths, die durch den Rathsherrn Jansen vertreten war, sehr gnädig erwiesen und sendete diesen und den Wernicke im September zurück, behielt aber den Bürgermeister Wahl und den Rathsherrn von Schröder zurück. Inzwischen hatte sich in Danzig eine Partei aus Konservativen gebildet, die aus den angesehensten Kaufleuten und Gelehrten, selbst aus 18 Elterleuten bestand und sich in einer Bittschrift an den König wendete, die mit 51 Namen unterschrieben war. Sie bat inständigst um Beibehaltung der bisherigen vom König Johann III sanktionirten Konstitution. Der König fand darin nur eine Widersetzlichkeit gegen seine Person. In Danzig erregte aber die Bittschrift von allen Seiten die heftigsten Proteste. Die Erbitterung stieg von Tag zu Tag. Der König erliess darauf ein Reskript (29. August), worin er die Eröffnung des Assessorialgerichts (Gericht der beiden polnischen

Kanzler) verfügte. Die beiden Kanzler langten am 12. December in Danzig an. Als Beisitzer fungirten die vornehmsten polnischen und westpreussischen Würdenträger. Am 4. Februar 1752 wurde das Urtheil publicirt, das in 77 Paragraphen und 29 Paragraphen-Erläuterungen abgefasst war. Die königliche Ordination wurde darin wiederholt. Den wesentlichsten Punkt bildete die Aufhebung der Akcisen. Im übrigen wurde das Präsentationsrecht der 3. Ordnung bestätigt, die in dem Dekret Johanns III vorgeschriebene Zahl aus der Kaufmannschaft als Mitglieder des Raths und der Schöppen aufrecht erhalten, der Rath auch sonst vielfach in Verwaltung der Kämmereikasse, in Angelegenheiten des Kriegswesens pp. beschränkt, den Juden und Menoniten, sowie den nicht mit dem Bürgerrecht versehenen Personen, die durch Begünstigungen des Raths vielfach den Handel an sich gerissen hatten, nur eine sehr beschränkte Theilnahme am Gewerbe und an der Handelsfreiheit gestattet. Der Rath wurde zu den Kosten des Prozesses [1]) verurtheilt und die Strafbaren wurden vor das königliche Gericht (Relationsgericht) geladen. Der Rath sollte eine Deputation an den König senden, um Abbitte zu thun. Die Deputation wurde gnädig empfangen und die Vorladung der Strafbaren aufgehoben. Die 3. Ordnung war mit dem Ausgange des Processes sehr wenig zufrieden, namentlich über die Aufhebung der Verfolgung der Strafbaren aufgebracht, und sendete deshalb eine Deputation an den König, die jedoch sehr kalt empfangen wurde [2]).

Es gehörten noch einige Jahre dazu, bevor die Ruhe vollständig hergestellt war. Mehr noch wie die königlichen Verordnungen mag dazu die Angst beigetragen haben, die sich aller Klassen bei Annäherung der Russen nach der Schlacht von Grossjägerndorf bemächtigte. Sie hatten sich nicht nur in den Besitz Ostpreussens gesetzt, sondern nahmen auch Elbing und Thorn ein und standen mit der Vorhut bei Dirschau. Ihre Forderung, Danzig möge zu seiner Sicherheit eine russische Besatzung aufnehmen [3]), und die nicht unbegründeten Gerüchte,

---

[1]) Sie beliefen sich auf 11 Tonnen Goldes.
[2]) Das Vorstehende nach Gralath und Löschin.
[3]) Löschin 2, 218.

dass sie das Land bis zur Weichsel und Danzig annektiren wollten, brachten Rath und die andern Ordnungen schnell in Uebereinstimmung.

B. Der Festungsbau.

a. Die Stadtbefestigung.

Kehren wir nach diesem Ueberblick über die innern Verhältnisse zu dem Anfange unserer Periode zurück, um die militairischen ins Auge zu fassen, so leuchtet zunächst ein, dass die Unzulänglichkeit der Mittel und die halsstarrige prinzipielle Opposition der 3. Ordnung einen höchst nachtheiligen Einfluss auf die Vollendung des Festungsbau's ausüben mussten. Wenn es im Laufe des Krieges auch gelungen war, die Umfassung der Aussenwerke, des Bischofs- und Hagelsberges, zu schliessen, so hatte das bei der grossen Ausdehnung dieser Werke doch nur mit einer gewissen Flüchtigkeit geschehen können, so dass, da es nur Erdwerke waren, die Sturmfreiheit keineswegs gesichert war. Vor allem musste die Redanbefestigung der Anschlusslinie vom Bischofs- zum Hagelsberge einer gründlichen Umarbeitung unterworfen werden. Auch konnte das äussere Retranchement vor dem Neugartenthor, das ja nur ein Nothbehelf war, ohne erhebliche Kosten nicht bestehen bleiben, weil es ohne fortwährende Ausbesserungen zerfallen wäre. Diese Punkte waren in den Jahren 1660 bis 1663 der Gegenstand ernstlicher Erwägungen[1]). Man war anfänglich dafür, das Hornwerk auf dem Stolzenberge und die Reduten der Sandgrube und auf dem Zigankenberge zu erhalten, kam aber davon zurück und planirte in den Jahren 1663 und 1664 diese Werke[2]). Mit denen vor dem Hagelsberge zögerte man noch, weil sie wegen ihrer Ueberhöhung des Hagelsberges unentbehrlich schienen. Hinsichtlich der Anschlusslinie vom Bischofs- zum Hagelsberge wurde dem Hauptmann von Strackwitz aufgegeben, einen Entwurf einzureichen. Es erfolgte dies unterm 4. Mai 1663[3]). Die Ausführung wurde jedoch auf eine gün-

---

[1]) Hoburg S. 89. Rec. des Kr.-R. vom 22. Juni und Ordn.-Rec. v. 19. Juli 1660.

[2]) Hoburg S. 91. Ordn.-Rec. v. 25. Juni 1663. Rec. des Kr.-R. v. 17. Juni 1664.

[3]) Kurzer Bericht über den Abriss des Neugartenschen Tenaillenwerks, vornehmlich aber den Notzkenberg und dessen Tenaillenwerk betreffend, von

stigere Zeit verschoben [1]). Auch lagen andere dringende Arbeiten vor. Die Wichtigkeit der Steinschleuse war im letzten Kriege ganz besonders hervorgetreten, sie bedurfte jedoch eines grössern Schutzes, namentlich im Winter. Man erbaute daher vor derselben am äussern Grabenrande zu beiden Seiten der Mottlau in den Jahren 1666—1672 zwei kleine Lünetten [2]). Ferner erforderte der Graben der Niederstadt eine fortwährende Aufmerksamkeit, da er leicht verschlemmte. Im J. 1665 war der Graben vor dem Bastion Braunross so verschlemmt, dass er nur einen halben Fuss Wassertiefe hatte [3]).

Im J. 1668 wurde das Bastion Jakob mit einem Kavalier versehen [4]), da man von hier aus die Weichsel sehr gut beobachten und selbst beschiessen konnte.

Inzwischen war der Rath unaufhörlich bemüht, die Arbeit an der Anschlusslinie, zunächst am Notzkenberge, nach dem Entwurf des Hauptmanns von Strackwitz v. J. 1663 zur Ausführung zu bringen [5]), fand aber bei der 3. Ordnung, welche die Kosten scheute, kein Entgegenkommen. Sie verlangte eine Begutachtung des Projekts von seiten des Kriegsraths mit Hinzuziehung von Bauverständigen [6]). Nachdem diese erfolgt war und beide sich zugunsten des Projekts ausgesprochen hatten, wurde die Arbeit i. J. 1668 wirklich begonnen [7]) und zwar gleichzeitig auf dem Bischofs- und Hagelsberge. Bei ersterem handelte es sich jedoch zunächst nicht um die Anschlusslinie, deren Bau noch hinausgeschoben wurde [8]), sondern um einen Umbau des Bastions Salvator nach einem vom Haupt-

---

G. v. Strackwitz d. d. 4. Mai 1663. Beilage zum Rathschl. v. 7. Mai 1663. Hoburg S. 90.

[1]) Hoburg S. 91.

[2]) Ebenda S. 107. Später fand man jedoch die Lünetten nicht ausreichend und erweiterte sie 1701, um auch Geschütze darin aufstellen zu können. Im J. 1710 wurden daraus zwei Halbravelinc gemacht, die man Schweinskopf nannte. Ebenda.

[3]) Ebenda S. 91.

[4]) Ebenda S. 93.

[5]) Ebenda S. 91. Ordn.-Rec. v. 5. Juli 1665 und 24. März 1666.

[6]) Ebenda S. 92. Ordnungs-Recess v. 3. April 1666 und 21. März 1667.

[7]) Ebenda S. 93. Ordn.-Rec. v. 18. Mai, 3., 5. und 13. Juli 1668.

[8]) Ebenda S. 93. Rec. des Kr.-R. v. 5., 13. und 19. Juli 1668.

mann v. Strackwitz in demselben Jahre vorgelegten Entwurf[1]). Das Bastion lag ursprünglich mit den beiden andern des Kronwerks in gradliniger Front und erhielt nun eine Lage, deren Grundlinie mit der des Bastions Mittel an dessen linkem Kehlpunkt einen stumpfen Winkel bildete, der linke Kehlpunkt des Bastions Salvator aber ein bedeutendes Stück zurückgelegt wurde. Die linke Flanke des letztern Bastions lehnte sich nunmehr an den Steilabfall des Berges, der durch Abschorfung unzugänglich gemacht wurde.

Auf dem Hagelsberg wurde der Notzkenberg mit Rücksicht auf die sich nach dem Entwurf daran anlehnende Front zu einem Bastion umgeformt, nachdem er um ein Bedeutendes abgetragen worden war[2]). Die gleichzeitige Inangriffnahme der Arbeiten am Bastion Salvator und am Notzkenberg wurde dadurch ermöglicht, dass der Oberst von Winter 150 Soldaten zur Disposition stellte, die, wie er hoffte, sich mit einem Trunk Schiffsbier abfinden lassen würden[3]). Sie wurden für die Arbeit am Bastion Salvator bestimmt, während auf dem Notzkenberg, wo es sich zunächst nur um ein Abtragen des Berges handelte, das Scharwerk der Bürger Platz greifen sollte. Die Arbeit auf dem Bischofsberge wurde am 16. Juli 1668 begonnen, die auf dem Notzkenberge etwas später[4]).

Die Arbeit wurde in den folgenden Jahren fortgesetzt, bis der Tod des Obersten von Winter 1671 eine Unterbrechung

---

[1]) Vergl. Plan IX bei Hoburg. Die Zeichnung umfasst die Werke des Bischofs- und Hagelsberges, die bisherige Form in punktirten Linien, und ist zum Verständniss der Bauten 1668 und der folgenden Jahre sehr wichtig. Mit dem Entwurf von 1663 ist sie fast übereinstimmend. Hoburg S. 90.

[2]) Wie aus Plan IX bei Hoburg hervorgeht, sprang der Berg bedeutend gegen die Linie vor, die vom Hornwerk des Hagelsberges nach dem Neugartener Thor führte, und überragte an Höhe das Hornwerk. Bei der Abtragung wurde darauf gerücksichtigt, dass von dem gewachsenen Boden des Berges der Theil stehen blieb, welcher als Ravelin zwischen den beiden projektirten Bastionen (Notzkenberg und Neubaur) dienen konnte. Die überflüssige Erde wurde zur Ansfüllung der Schlucht benutzt, welche sich zwischen den Kuppen des Notzken- und Hagelsberges befand.

[3]) Hoburg S. 92. Es musste ihnen jedoch bald eine Zulage gewährt werden.

[4]) Ebenda S. 93.

herbeiführte. Die Soldaten waren so abgetheilt, dass 50 Mann eine volle Woche arbeiteten und wachtfrei waren. Sie erhielten 3 Groschen täglich. Die übrigen 100 Mann, welche Wache thaten, erhielten 9 Groschen täglich[1]). Das Scharwerk der Bürger fand nur unter Unterbrechungen statt, so dass die Arbeit wenig gefördert wurde. Der Tod des Hauptmanns von Strackwitz am 17. Mai 1675 [2]) liess den Festungsbau vollends einschlafen. Dazu kam die Reduktion der Besatzung infolge des königlichen Dekrets v. J. 1678. Erst mit dem Jahr 1681, wo der Ingenieur-Oberstlieutenant Neubaur engagirt worden war [3]), wandte man dem Festungsbau wieder einige Aufmerksamkeit zu, doch blieb es vor der Hand bei Berathungen und Entwürfen. Der Oberstlieutenant fand, wie aus seiner Erklärung vom 7. Februar 1682 hervorgeht [4]), den Notzkenberg noch nicht völlig abgetragen, den Grund, der ihn vom Hagelsberg trennte, noch nicht ausgefüllt und die Werke bis zum Neugartenthor nach dem Entwurf des Hauptmanns v. Strackwitz nur durch roh aufgefahrene Erde angedeutet. Da die Festungswerke demnach hier offen lagen, drang er auf die Vollendung derselben. Er gab in seiner „Erklärung" einige Vorschläge zur Abänderung des Entwurfs von Strackwitz an [5]), die aber anscheinend nicht berücksichtigt wurden.

In einem durch die Ordnungen veranlassten Kriegsrath, dem in Bezug auf die Aussenwerke (Bischofs- und Hagelsberg)

---

[1]) Ebenda S. 94.

[2]) Ebenda S. 183.

[3]) Neubaur erhielt wie v. Strackwitz eine Kompagnie Fussvolk, welche von einem Lieutenant oder Fähnrich kommandirt werden sollte, das gewöhnliche Hauptmannsgehalt von 150 fl. monatlich und den Genuss einer „Lücke", d. s. den Sold eines seiner ohne Gehalt beurlaubten Soldaten. Ausserdem sollte er 1000 fl. jährlich aus dem Wallfonds beziehen. Seinen Rang erhielt er über den jüngsten Schöppen der Rechtstadt. Ordnungs-Recess vom 1. Aug. 1681. Hoburg S. 97.

[4]) Recht gründliche Erklärung des Abrisses an den Werken und Gelegenheiten zwischen dem Neugartenschen Thor und (dem) Hornwerk auf dem Hagelsberge von Christian Neubaur d. d. 7. Februar 1682. Beilage zum Ordn.-Rec. v. 2. März 1682.

[5]) Vgl. Hoburg S. 98.

vier bestimmte Fragen vorgelegt wurden[1]), gab der Oberstlieutenant Neubaur am 26. Januar 1683 das Gutachten ab, dass
die Aussenwerke „zur gehörigen Vollkommenheit gebracht und
in ihnen die Hauptvertheidigung Danzigs gesucht werden müsse.
Dazu sei auch die stärkere Befestigung des Olivaer- und Petershagener Thors erforderlich, und werde es zweckmässig sein, bei
dem Holzraum eine stärkere Batterie anzulegen, durch welche
man auch alles das erreichen könne, was man durch die frühere Kalkschanze zu erreichen willens gewesen"[2]).

In diesen Worten liegt das Programm, wonach bei dem
weitern Ausbau der Befestigung Danzigs verfahren worden ist.
Auch scheint dieses Gutachten, das der Rath noch an demselben
Tage mittheilte, durchgeschlagen zu haben, denn die Ordnungen
bewilligten schon am 5. Febr. das Bürgerscharwerk zur Fortsetzung der Arbeiten am Notzkenberge und verlängerten das Gebot der Anwendung desselben auch in den Jahren 1684 und
1685, unterm 5. April des letztern Jahres jedoch mit der Massgabe, dass die Werke nunmehr geschlossen werden müssten, da
die drückende Last des Scharwerks den Bürgern schon zu
Klagen Veranlassung gegeben hätte. In der That scheinen
die Werke vom Hagelsberge bis zum Neugartener Thor i. J.
1685 ihren Abschluss gefunden zu haben, da das Bastion zunächst dem Neugartener Thor den Namen Neubaur erhielt[3]),
also von ihm erbaut worden sein muss. Neubaur hat aber schon
den 22. März seinen Abschied eingereicht, der wie aus dem
Ordn.-Rec. vom 18. Mai hervorgeht, am 30. April bewilligt
worden ist[4]).

Im folgenden Jahr bewilligten die Ordnungen das Scharwerk jedoch noch einmal[5]), um die vor dem Hagelsberg gelegenen Höhenschanzen und die Berge, auf denen sie lagen, abzutragen, wie der neu ernannte Oberbefehlshaber für Danzig,

---

[1]) Hoburg S. 98.

[2]) Ebenda S. 99. Die Batterie ist auch ausgeführt worden und wird
bei der Belagerung von 1734 erwähnt.

[3]) Das Bastion Neubaur erhielt später den Namen Kessel.

[4]) Hoburg S. 157.

[5]) Ebenda S. 100. Ordn.-Rec. v. 29. Jan. bis 5. Apr. 1686.

Generalmajor v. Sydow [1]), es vorgeschlagen hatte. Die gewonnene Erde wurde zum Ausfüllen der umliegenden Schluchten verwendet, wozu die Bauern die Gespanne hergeben mussten. Die Arbeit wurde jedoch bald unterbrochen und erst 1699 zu Ende geführt. Auch an sonstigen Arbeiten wird bis zum Jahr 1697 nichts erwähnt. In diesem Jahr wurde die Stadt in nicht geringe Unruhe durch die doppelte Königswahl gesetzt. Sobieski war 1696 gestorben, und es hatten sich zwei Parteien gebildet, die eine zugunsten des Kurfürsten August von Sachsen, die andere, mit dem Primas an der Spitze, für den Prinzen Conti. Von beiden Seiten wurde die Wahl vollzogen, aber der Kurfürst von Sachsen kam in der Krönung zuvor, die am 15. September vom Bischof von Kujavien zu Krakau erfolgte. Der Prinz Conti erschien am 26. September mit 6 Fregatten auf der Danziger Rhede, fand aber die Stadt gut vorbereitet. Sie hatte Söldner angenommen und sich beeilt, einen Oberbefehlshaber zu erwerben, den sie in der Person des in schwedischen Diensten stehenden Obersten und Generalquartiermeisters v. Kempen, zur Zeit Kommandant von Wismar, gewann. Er war noch zeitig genug in Danzig eingetroffen.

Der Prinz Conti hatte gegen 400 Mann bei Oliva ausschiffen lassen; seine Partei hatte sich jedoch nur spärlich daselbst eingefunden und hatte den Prinzen nicht bewegen können, sich Putzigs oder Marienburgs zu bemächtigen. Sächsische Truppen unter den Generälen Brand und Flemming sprengten am 9. November die Contischen auseinander, und der Prinz fuhr am folgenden Tage wieder ab, 4 beladene Danziger Fahrzeuge mit sich führend. Ludwig XIV hat das der Stadt Danzig schwer entgelten lassen, indem er auf die Danziger Schiffe in den fran-

---

[1]) Nach dem Tode des Obersten von Winter 1671 war aus Ersparnissrücksichten eine längere Vacanz eingetreten, bis 1683 der Oberst von Schweinitz aus sächsischen Diensten engagirt wurde, der jedoch schon 1685 starb. An seine Stelle wurde der Generalmajor von Sydow, der sich in dänischen Diensten befand, in Bestallung genommen. Hoburg S. 96. Sydow starb ebenfalls nach zwei Jahren (1687. Hoburg giebt S. 100 irrthümlich 1692 an), und es wurde 1687 der in dänischen Diensten befindliche Generalmajor v. d. Osten in Dienst genommen, welcher 1692 starb. Hoburg S. 157, 158. Die Stelle wurde vorläufig nicht besetzt.

zösischen Häfen Beschlag legte und auch auf offener See auf sie
fahnden liess [1]).

Der Oberst von Kempen entwickelte eine grosse Thätigkeit. Er hatte gleich nach seiner Ankunft die Werke besichtigt und ein Gutachten eingereicht. Auf seine Anregung wurde
die alte Schwedenschanze, wie man die alte Schanze auf dem
Bischofsberge nannte, als Reduit des Kronenwerks umgeschaffen.
Ihre Lage war sehr vortheilhaft zur Bestreichung des Terrains
nach dem hohen- und Petershagener Thor. Sie beherrschte das
Plateau des Bischofsberges und hatte Einsicht in die Werke
des Hagelsberges, ausserdem hatte sie eine gedeckte Verbindung
mit dem Bastion Wieben [2]). In den Bastionen Mittel und Salvator wurden Kaponieren angelegt [3]). Auf den Rath des Obersten
geschah es auch, dass die Arbeiten zur Planirung der vor dem
Hagelsberge vorgeschobenen Werke 1699 wieder aufgenommen
wurden [4]). Ein Danziger Bürger hatte zu dem Zweck eine Geldsumme hergegeben, um armen Leuten Beschäftigung und Verdienst zu geben. Nach Verbrauch derselben trat das Scharwerk der Bürger, anfänglich mit 2 dann mit 4 Bürger-Kom-
pagnien ein, und als dies den Leuten sehr beschwerlich fiel
— die Bürger kamen alle 12 Tage an die Reihe —, wurde
Scharwerksgeld, vom Kaufmann 18, vom Handwerker 12, vom
Arbeiter 6 Groschen, erhoben [5]).

So standen die Sachen bei Ausbruch des 2. nordischen
Krieges. Es ist nothwendig, auch die bis dahin ausgeführten
Arbeiten in Weichselmünde nachzuholen.

b. Weichselmünde.

Die Befestigung von Weichselmünde machte der Stadt

---

[1]) Lengnich 9, 47 ff.

[2]) Hoburg S. 102. Ordn.-Rec. v. 10. Januar bis 14. Oct. 1698.

[3]) Ebenda. Rec. des Kr. R. v. 25. Oct. 1697 und vom 9. Januar 1699.

[4]) Der Oberst reichte ein „Unmassgebliches Bedenken wegen der irre-
gulirten Schanze auf dem Wunderberge“ ein. Hoburg S. 101. Ordn.-Rec.
v. 6. April 1699. Ausser der Füllung der Schluchten wurde mit der gewonnenen Erde auch ein Glacis vor dem Hornwerk des Hagelsberges angeschüttet und ein gedeckter Weg gebildet. Man nannte das eine Kontreskarpe anlegen.

[5]) Hoburg S. 102. Ordn.-Rec. v. 12. und 15. Juni 1699.

Danzig viel Sorge und namentlich viel Unkosten. Die Ost- und Westschanze waren Erdwerke aus einem Boden gebildet, der aus Dünensand bestand oder aus Anspielungen der See entstanden war. Bei ihrem Bau war es zum Theil etwas flüchtig zugegangen, so dass nicht die erforderlichen Verankerungen stattgefunden hatten. Die Seewinde machten die Brustwehren von Zeit zu Zeit formlos, so dass unaufhörliche Reparaturen nothwendig wurden. Ausserdem wurde der Dünensand in den Graben getrieben oder in der nächsten Nähe der Festung zu Bergen angehäuft, welche die Faussebraie überhöhten[1]). Das Bastion Putziger Winkel stand mit seiner der Weichsel zugewendeten Seite auf dem Bohlenwerke des Ufers, das sich in der Zeit nach dem Olivaer Frieden in sehr baufälligem Zustande befand, so dass das Bastion einzustürzen drohte. Man beschloss i. J. 1663 den Wall mehr vom Ufer zurückzuziehen und durch ein vorgelegenes Schurzwerk mehr Festigkeit zu geben. Zur Ausführung gelangte der Bau jedoch erst i. J. 1671. Am Bastion Weichsel musste 1665 ein neuer Bär über den Graben erbaut werden[2]). Recht traurig sah es mit der Westschanze aus, die einem gänzlichen Verfall entgegenging. Es war um diese Zeit ein Theil der Brustwehr von 16 Ruthen Länge eingefallen. Sie wurde i. J. 1669 gründlich ausgebessert. Um dem Wall mehr Stabilität zu geben und ihm wegen der in der Nähe befindlichen Dünen eine grössere Höhe geben zu können, wurde ein Unterwall davor angeschüttet, der eine Art Faussebraie bildete. In der Front wurde ein Ravelin aufgeworfen und mit einem Graben von der Breite des Hauptgrabens umgeben. Der bisher trockene Hauptgraben wurde zu einem Wassergraben hergerichtet, die Flanken senkrecht zur Defenslinie gelegt. Die Arbeit nahm die Zeit bis 1673 in Anspruch. Man benutzte da-

---

[1]) Im Winter von 1667 zu 1668 musste der südöstlich der Ostschanze gelegene Drillplatz um 3 Fuss niedriger gelegt werden, weil er die Faussebraie überhöhte. Man benutzte hierzu die Besatzungen der grossen und kleinen Redute, welche auf dem rechten Weichselufer die Verbindung mit Danzig zu sichern bestimmt waren. Hoburg S. 151. Schon 1673 fand der Kriegsrath eine neue Abtragung des Drillplatzes für nothwendig. Hoburg S. 153. Rec. d. Kr. R. v. 30. Aug. 1673.

[2]) Ebenda S. 150.

zu die Bauern, welche mit den Steuern rückständig waren, dazu Soldaten, welche 7½ Groschen Tagelohn erhielten, und da diese noch nicht ausreichten, 100 Arbeiter mit 12 Groschen Tagelohn [1]). 1673 wurde die Arbeit aus denselben Gründen wie zu derselben Zeit in der Stadt unterbrochen. Man liess alles stehen und liegen. Die Folge war, dass die unvollendete Westschanze nun ganz verfiel, so dass man i. J. 1683, als sich die Nothwendigkeit aufdrängte, etwas zu thun, um dem gänzlichen Ruin zu steuern, berathschlagte, ob die Schanze nicht durch ein kleineres Werk zu ersetzen sei. Der Oberstlieutenant Neubaur schlug eine Redute mit einem Revetement von Mauerwerk vor [2]), aber von Mauerwerk wollte die 3. Ordnung des Kostenpunktes wegen nichts hören. Nachdem sich Neubaur 1685 aus dem Dienst zurückgezogen hatte, kamen noch andre Vorschläge zum Vorschein, die indessen alle verworfen wurden. Man entschloss sich, die Schanze ganz zu rasiren, um die Kosten der Besatzung zu ersparen [3]), doch war auch dazu Geld erforderlich. Auf den Vorschlag des neu ernannten Oberbefehlshabers, Generalmajors v. d. Osten, wurde dann 1688 beschlossen, die beiden Halbbastione an der Weichsel auf den Flügeln des Hornwerks stehen zu lassen, das übrige aber abzutragen und nur in der Mitte eine Art Ravelin zu erbauen. Die Bestreichung der drei lünettenförmigen Werke sollte vom Fort carré aus erfolgen, so dass sie nicht durch eine Kurtine verbunden wurden [4]). Der Hauptschutz wurde in einen breiten Wassergraben gelegt [5]).

---

[1]) Ebenda S. 152. Ordn.-Rec. v. 13. Juli 1672.

[2]) Ebenda S. 154. Die Konstruktion, welche der Oberstlieutnant Neubaur für „unüberwindlich" hielt, bestand aus einer viereckigen Redute, die übereck zur Weichsel stehen sollte, also mit ihrer Diagonale senkrecht zum Fluss. Die drei nach dem Felde gerichteten Winkel sollten mit je 5 Geschützen und mit einer Minengallerie versehen werden. Die der Weichsel zu stehenden Seiten von 63 Fuss Länge sollten eine krenelirte Mauer von 3 Fuss Stärke bilden. Die der Weichsel abgewendeten Seiten sollten an der innern Walldossirung eine krenelirte Mauer, einen nassen Graben mit Lünette und einen gedeckten Weg, der sägeförmig gebrochen war, erhalten.

[3]) Ebenda S. 157.

[4]) Ebenda S. 158. Ordn.-Rec. v. 12. und 13. Mai 1688.

[5]) Es war im wesentlichen das Projekt, wie es 1686 berathen worden war. Vgl. Hoburg S. 155. Siehe Taf. XII.

In dieser Form ist die Westschanze bis zur Gegenwart geblieben. Die Franzosen tauften sie 1812 mit dem Namen Montebello um.

Inzwischen war Danzig durch eine ausgedehnte Sandbank, welche sich 1673 vor der Mündung der Weichsel gebildet hatte und immer grössere Dimensionen annahm, in die grösste Unruhe versetzt worden[1]). Schon seit Beginn des 17. Jahrhunderts war die Ausmündung des Flusses durch immer neue Ansetzungen von Land aus ihrer ursprünglichen Richtung[2]) zunächst nach Norden, seit der Mitte des Jahrhunderts nach Nordwest, infolge der Sandbank von 1673 ganz nach West gedrängt und es überhaupt in Frage gestellt worden, ob die Verbindung zur See für Schiffe noch aufrecht erhalten werden könnte, da durch heftige Winde immer neue Sandbänke auftraten. Man sah sich daher genöthigt, i. J. 1698 an die Ausbaggerung eines Kanals, des heutigen Neufahrwassers, zu gehen und die daraus gewonnene Erde zur Erhöhung des abgeschnittenen Theils, der heutigen Westerplatte, zu benutzen. An seinem linken Ufer bildete sich bald die heutige Vorstadt von Danzig, Neufahrwasser. Doch war die Sache damit noch nicht abgethan, da der neue Kanal sehr der Versandung ausgesetzt war. Es trat zuweilen ein Wechsel ein, indem ab und zu auch das Vordertief benutzt und daher in Stand erhalten werden musste. Die Kaufmannschaft kam 1716 mit einer Petition ein, dass man sich auf den westlichen Kanal beschränken möge und diesen vor allen Zufällen sicher stellte. Es ist 1717 in der Weise erfolgt, dass der Kanal in engere

---

[1]) Hoburg S. 159. In der Sitzung vom 14. November 1695 äusserte sich die 3. Ordnung darüber: Es scheint, als wenn der grosse Gott dem Wasser und der See gebieten will, von uns abzuweichen, da der Weichselstrom uns von Zeit zu Zeit, anstatt des Wassers, mehr Land zuführt, wodurch diese gute Stadt in eine merkliche Veränderung dürfte gesetzt werden, so dass die höchst kostbar fundirte und mit grossen Spesen jährlich unterhaltene Festung zur Münde solchen Umständen nach „wenig Dienste in Zeit der Noth werde thun können". Das Blockhaus am rechten Ufer der Ausmündung der Weichsel, gen. das hölzern Wams, war ganz unnütz geworden, und da es ausserdem sehr baufällig war, wurde es auf den Bericht des Lieutenants Sievert v. 3. Okt. 1691 im folgenden Jahr abgetragen. Hoburg S. 159.

[2]) Vgl. oben S. 305 Note 2.

Grenzen gezogen wurde und an den Ufern starke Pfähle eingerammt wurden, hinter welchen die ausgebaggerte Erde festgestampft wurde [1]).

Die Anwesenheit des Prinzen Conti 1697 auf der Danziger Rhede hatte die ganze Gefahr gezeigt, welche aus dem Vorhandensein der Westerplatte für die Stadt hervorgehen könnte, wenn sie der Feind besetzte. Sie war diesmal glücklich vorübergegangen. Aber der neue Oberbefehlshaber Oberst v. Kempen nahm daraus Veranlassung, i. J. 1698 auf die Nothwendigkeit der Befestigung der Westerplatte hinzuweisen. Er schlug vor, in der Mitte der Westerplatte eine grössere Redute und zu beiden Seiten derselben auf 300 Schritt Entfernung zwei halbe Reduten zu erbauen, die durch eine gedeckte Kommunikationslinie mit gesenkten Batterien untereinander verbunden werden sollten [2]). Aber die Ordnungen konnten sich nicht dazu entschliessen. Die 2. und 3. Ordnung beantragten selbst, die gedeckte Kommunikation nach Weichselmünde wegen der Kosten, die die Besatzung derselben verursachte, eingehen zu lassen. Man begann 1701 damit, sie abzutragen [3]).

VIII. Danzig im 2. nordischen Kriege.

a. Die politische Lage.

Die Rolle, die Danzig in diesem Kriege spielte, ist im Vergleich mit der im 17. Jahrhundert durchgeführten, eine ganz untergeordnete. Die Stadt hatte es aufgegeben, eine politische Rolle spielen zu wollen und zugunsten des der Anarchie anheimgefallenen Polens ihre Existenz einzusetzen. Zum Theil mag allerdings der zerrüttete Zustand ihrer Finanzen daran Schuld gewesen sein, dass sie nicht einmal rüstete, als der Krieg sich den Grenzen Polens näherte. Es lag aber auch im Zuge der Zeit. Die grossen Handelsstädte hatten ihre Rolle ausgespielt. Während die Flotten derselben im 15. und 16. Jahrhundert die Meere beherrschten und sie den Monarchien

---

[1]) Gralath 3, 178.
[2]) Hoburg S. 160. Ordn.-Rec. v. 10. Januar 1698.
[3]) Ebenda.

gegenüber über reiche Hilfsmittel geboten, sind diese inzwischen aus den engen feudalen Verhältnissen herausgewachsen und verfügen über Streitkräfte zu Wasser und zu Lande, gegen die selbst grössere Vereinigungen von Städten nicht mehr aufkommen konnten. Der Handel der Städte ist damit gleichzeitig zurückgegangen und ganz abhängig von dem guten Willen der Staaten geworden, hat überhaupt seit Entdeckung Amerika's und Auffindung des Seewegs nach Indien andere Wege eingeschlagen. Diese Verhältnisse waren allerdings schon im 17. Jahrhundert vorhanden gewesen, aber die stolze Stadt hatte sich damals noch nicht drein finden können und hatte diesen Irrthum mit Millionen von Schulden austragen müssen. Der politische Geist war unter dem Druck derselben erschlafft und Danzig besass zur Zeit keinen Staatsmann, der ihm die Konsequenzen hätte darlegen können, welche aus der Landung Karls XII in Livland 1701 und seinem Einmarsch in Polen 1702 sich ergeben mussten. Es armirte weder seine Wälle, noch legte es Palisadirungen an, noch versah es sich mit einer grössern Besatzung.

Karl XII hatte nun zwar keine Absicht, sich in den Besitz von Westpreussen zu setzen, wie seine Vorgänger Gustav Adolf und Karl Gustav, das konnte man aber in Danzig nicht wissen, musste sich vielmehr auf alles gefasst machen. Der König von Schweden hatte mit seinem Einfall in Polen keine andre Absicht, als August II unschädlich zu machen, womöglich ihn absetzen zu lassen, da er ihn bei seinem beabsichtigten Angriff auf Russland nicht im Rücken lassen konnte. Von Polen hatte er nichts zu fürchten. August II hatte Warschau und nach der Niederlage von Clissow auch Krakau preisgegeben und war nach Sendomir ausgewichen. Von hier erreichte er mit der sächsischen Armee Preussen. Karl hatte weder Warschau noch Krakau mit Besatzungen versehen, um die Polen nicht zu reizen. Er verlangte von ihnen, als sie sich mit Friedensanträgen an ihn wandten, nur die Absetzung Augusts II. Dieser hoffte, vielleicht im Hinblick auf Russland, sich in Westpreussen halten zu können. Zu dem Zweck musste es ihm vor allem darauf ankommen, sich in den Besitz eines festen Platzes zu setzen. Danzig wäre dazu der geeignetste Ort gewesen, aber er konnte nicht darauf rechnen, den festen

Platz zu überrumpeln [1]), und ein Besatzungsrecht hatte er als König von Polen nicht darauf. In gleichem Fall befand sich auch Thorn, doch bemächtigte er sich der Stadt am 21. Januar 1703 durch List und legte 6000 Sachsen unter Canitz hinein.

Karl XII langte ende Mai vor Thorn an, musste sich jedoch vorläufig mit einer Blockade der Stadt begnügen, da er Geschütz und Munition von Schweden kommen lassen musste; aber wo dies Material landen? Den weiten Landweg von Stettin oder Riga konnte er nicht wählen und Danzig nicht zu-muthen, es auf der Weichsel passiren zu lassen. Der Trans-port war von 4000 Rekruten begleitet. Er beschloss, die Ladung bei Oliva auszuschiffen, zu Lande bei Danzig vorbei nach Dirschau überzuführen und sie von hier aus auf der Weichsel zu transportiren. Die Sachsen hatte er nicht zu fürchten, sie hatten das Land geräumt und waren bei Pultusk zersprengt worden. Aber wie würde sich Danzig verhalten? Karl schickte in dem Grafen Stenbok den richtigen Mann nach Danzig, nicht um dieses über diesen Punkt auszukundschaften, sondern Pulver, Munition, Laffeten von ihm zu verlangen. Er würde dabei Gelegenheit haben wahrzunehmen, ob Danzig eine genügende Besatzung hätte, irgend etwas zu unternehmen. Stenbok langte am 16. Juni an und blieb daselbst bis zur Ankunft des Transports in Oliva um die Mitte August, wo er sich nach Oliva begab, ein Lager anwies, die erforderlichen Landfuhren requirirte und Alles glücklich

---

[1]) Im Danziger Gebiet waren drei sächsische Regimenter in die Winter-quartiere verlegt worden. Der Rath liess daher die Zugänge zur Stadt be-setzen, um sich zu sichern, und hatte auch einen Posten in Ohra, der sich durch Schlagbaum und spanische Reiter geschützt hatte. Am 29. Ok-tober 1702 näherte sich ein sächsischer Lieutenant mit Mannschaften und verlangte Durchzug nach dem Schottland, das der Stadt nicht gehörte. Nachdem ihm das in höflicher Weise abgeschlagen worden war, wollte er mit dem Bajonet durchbrechen, und da dies nicht gelang, liess er Feuer geben, wodurch zwei Mann getödtet wurden. Die Danziger erwiderten das Feuer und tödteten 4 Mann, worauf die Sachsen das Feld räumten (Lengnich 9, 126). Es ist nicht gut denkbar, dass der sächsische Officier auf eigne Verantwortlichkeit gehandelt hat. Man erhält den Eindruck, als habe er die Contenance der Danziger prüfen sollen. Der Vorfall genügte, um von weitern Schritten gegen Danzig abzustehen.

nach Dirschau brachte. Die Stadt erwies sich sehr fromm und
hatte ihm den Wunsch ausgesprochen, statt des geforderten
Materials sich mit einer mässigen Summe abzufinden. Er forderte 150000 Thaler. Die Stadt konnte sich nicht zur Bewilligung einer so hohen Summe entschliessen und sendete eine
Deputation an den König, die aber nur bis Graudenz kam,
wo der Staatsrath Piper ihr bedeutete, dass der König sie nicht
empfangen könne. Stenbok liess sich endlich mit 100000 Thalern
abfinden und stellte einen Revers aus, dass die Stadt fernerhin
unbelästigt bleiben solle[1]).

Nachdem der Transport vor Thorn angekommen war, er-
öffnete der König in der Nacht vom 20. zum 21. September die
Laufgräben. Am 13. Oktober erfolgte die Kapitulation. Die
Besatzung ergab sich kriegsgefangen, die Werke wurden zer-
stört. Sämmtliche Geschütze, auch die der Stadt, fielen den
Schweden zu. Am 11. December ergab sich auch Elbing.

Auf Betreiben Karls XII hatte sich, mit dem Primas von
Polen an der Spitze, eine Konföderation gebildet, die die Absetzung Augusts II zum Zweck hatte. Der König zwang Westpreussen, der Konföderation beizutreten. Die Absetzung fand
am 16. Februar 1704 statt. Am 29. April erschien Stenbok
wiederum in Danzig und brachte eine Schrift mit, welche die
Stadt unterschreiben sollte. Sie besagte, dass die Stadt dem
Könige August den Gehorsam kündigte, ihn und seine Anhänger
als Feinde behandelte, der Warschauer Konföderation beiträte
und sich in jeder Weise dem Könige Karl XII willfährig erweisen sollte. Die königlichen Gefälle sollten von dem Tage
ab, wo Karl vor Thorn erschienen war, der schwedischen Kriegskasse zufliessen. Die Stadt erlaubte sich einige Abänderungen.
Da setzte Stenbok am 27. Mai einen Termin von 3 Tagen fest,
binnen welchen die Stadt die Schrift unverändert unterschreiben sollte, widrigenfalls sie ihre Thore öffnen und sich auf
Gnade und Ungnade ergeben sollte; wo dies nicht geschehe,
werde der König sich ihrer mit dem Degen in der Faust bemächtigen, Niemanden schonen und aus der Stadt ein Eulennest
machen. Für jede Stunde aber, die sie noch mit der Unter-

---

[1]) Lengnich a. a. O.

schrift zögere, sollten ihr 1000 Thaler angerechnet werden. Am 30. Mai wurde die Schrift in verlangter Weise überbracht und die inzwischen verlaufenen Stunden mit 67000 Thalern angerechnet, die königlichen Gefälle wurden mit 24000 fl., welche die Stadt ausserdem bezahlen musste, angerechnet, obgleich sie bereits an den König August abgeführt waren. Es blieb der Stadt nichts übrig, als zu bezahlen. Der König hatte die Unterhandlungen in Dirschau abgewartet und stellte am 6. Juni in Heilsberg die Zusicherung aus, die Stadt in ihren hergebrachten Rechten, Freiheiten und Privilegien zu schützen[1]).

Seit dem Monat März schwebten noch andere Verhandlungen wegen Rückerstattung eines Anlehens von 15000 Mark, welche König Knutson i. J. 1457 der Stadt Danzig als Pfand für die zeitweilige Ueberlassung von Putzig gegeben hatte[2]). Putzig war 1464 vom deutschen Orden eingenommen worden. Dafür sollte jetzt Danzig aufkommen und ausserdem die Zinsen zahlen. Man berechnete die Summe auf 142,372 fl. 24 Gr. Die Stadt hat auch das geleistet. Stenbok stellte am 30. Juni eine Quittung darüber aus[3]).

b. Befestigung.

Danzig nahm daraus denn doch Veranlassung, auf seine Sicherheit zu denken. Mit gleichem Recht konnte Karl XII ja fordern, dass die Stadt eine schwedische Besatzung aufnehme. Dem wollte sie jedoch vorbeugen. Sie vermehrte die Söldner zu Fuss auf 3500 Mann und hielt sich bereit, sie auf 6000 zu bringen. Ausserdem bestand ein Dragonerkorps. Nach dem Tode des Oberst v. Kempen (2. Februar 1704) engagirte die Stadt den preussischen Generalmajor v. d. Golz, der am 19. Juni vereidigt wurde. Ausserdem besass sie in dem Oberstlieutenant v. Sinclair, welcher zugleich mit dem Oberst von Kempen in den Dienst der Stadt getreten war, eine tüch-

[1]) Ebenda S. 170.

[2]) Siehe oben S. 121.

[3]) Lengnich S. 171. Die Schuldforderung war durch Erbschaft auf die Familie Gyllenstierna übergegangen, wurde jedoch von der Kriegskasse eingestrichen. Noch i. J. 1821 hat sich die Familie eine Abschrift des darüber ausgestellten Empfangscheins aus dem Danziger Rathsarchiv ausstellen lassen. Löschin 2, 115.

tige Kraft. Er wurde jetzt zum Oberst befördert. Noch wird ein Baron Zorn von Plobsheim genannt, der von Berlin aus empfohlen war. Ferner besass die Stadt in dem Hauptmann Conradi aus Elbing einen sehr tüchtigen Offizier, der seit 1698 im Dienst der Stadt war und 1704 zum Major befördert wurde. Er war Kommandant von Weichselmünde [1]). Von ihm besitzt das Archiv der Stadt Danzig ein Tagebuch, das die Zeit von 1704 bis 1719 umfasst [2]). Gleichzeitig mit der Erhöhung der Besatzung wurden die Bauten an der Stadtbefestigung wieder aufgenommen.

Das Hornwerk auf dem Hagelsberge war bisher nach dem Olivaer Thor hin nur durch eine Palisadirung geschützt. Man führte jetzt (1704) vom Bastion Jerusalem in der Richtung auf die Spitze des Bastions heiliger Leichnam einen Wall in Form einer bastionirten Front auf, der das neue Werk genannt wurde, im Volksmunde aber Stenboks-Brille hiess [3]). Ferner wurden die Bastione Schütz und Jerusalem mit niedern Flanken versehen und der Graben davor erweitert.

Vor die Spitze des Bastions Neubaur wurde 1705 eine kleine Lünette gelegt und die Brustwehr des Bastions, sowie die Kurtine bis zum Neugartenthor verbessert. Ferner wurde in diesem Jahr die Anschlusslinie vom Neugartenthor nach dem Bischofsberge (Bastion Vigilance) im Anschluss an die alte Redanform dieser Linie gründlich umgestaltet und in die ausspringenden Winkel kleine Lünetten gelegt. Der einspringende Winkel zwischen den Bastionen Scharfenort und Vigilance einerseits und der Anschlusslinie andererseits erhielt eine Art Ravelin, das, auf einer niedern Terrasse erbaut, dem Anschluss an den Bischofsberg mehr Festigkeit gab. Die Werke er-

---

[1]) Gralath 3, 234.

[2]) Hoburg S. 103. Es führt den Titel: Journal des Kriegsetats vom Jahre 1704 bis 1719.

[3]) Ebenda. Das Werk wurde von Soldaten aufgeworfen, die 12 Groschen Tagelohn erhielten. Dafür mussten sie an den Tagen, wo sie auf Wache waren, umsonst arbeiten. Die Kosten wurden durch das Scharwerksgeld aufgebracht, das für den Arbeitsmann auf 3 Groschen herabgesetzt wurde. Das Werk wurde erst 1705 vollendet und mit 2—8-Pfündern, 2 halbgütigen 12-Pfündern und 4 Feldstücken armirt.

hielten einen gedeckten Weg (eine Kontreskarpe, wie man es damals nannte). Es waren hier 300 Soldaten ausser den Wachmannschaften angestellt [1]).

Im J. 1706 legte man dann Hand an bedeutende Neubauten auf dem Bischofsberge, weil man erkannte, dass von hier aus die Stadt und die Speicher am meisten bedroht waren [2]). Es wurde ebenfalls ein gedeckter Weg mit Glacis vor den Graben gelegt, wobei einige Häuser des bischöflichen Dorfes Stolzenberg abgebrochen werden mussten. Obgleich die Besitzer entschädigt wurden, gab dies wiederum Anlass zu langwierigen Processen mit dem Bischof von Kujavien. Die Bastione des Kronwerks erhielten Kontregarden und Bastion Salvator vor der Spitze eine Lünette. Der Ausbau nahm die Zeit bis 1710 in Anspruch.

Im J. 1710 wurde entsprechend der Stenboksbrille auch auf der linken Seite des Hornwerkes auf dem Hagelsberge ein Anschluss an den Stadtgraben ausgeführt, wodurch das Hornwerk zu einem geschlossenen Werke wurde. 216 Soldaten vollendeten den Anschluss in $4^{1}/_{2}$ Monaten. Es war beabsichtigt, auch auf der rechten Seite des Bischofsberges einen ähnlichen Anschluss zur Stadtbefestigung herzustellen, doch begnügte man sich, den Berg hinten abzustechen, um ihn unersteiglich zu machen [3]).

In den Verbesserungen der Befestigung des Bischofsberges und der Anschlusslinien des Hagelsberges an die Stadtbefestigung erkennt man den Einfluss der französischen Befestigungsweise, wie sie sich seit Vauban ausgebildet hatte. Auch fehlte der französische Ingenieur nicht, indem die Stadt seit dem Jahre 1696 den Hauptmann Charpentier in Dienst genommen hatte [4])

---

[1]) Hoburg S. 105. Diese Arbeiten sind uns nur aus dem Conradischen Journal des Kriegsetats bekannt, scheinen aber dieser Front die Form gegeben zu haben, die sie noch 1807 hatte. Der Kümmelsberg wurde bei dieser Gelegenheit abgetragen.

[2]) Ebenda.

[3]) Ebenda S. 106.

[4]) Die Stadt hatte ihm ursprünglich nur das Gehalt eines Fähnrichs zukommen lassen, erhöhte dasselbe aber wegen seiner aussergewöhnlichen, guten Dienste 1704 um monatlich 20 fl., so dass er sich auf 60 fl. stand. Er wurde

der noch während der Belagerung von 1734 als Ingenieur vom Platz fungirte.

Hoburg ist, wie bereits oben bemerkt worden, S. 106, der Ansicht, dass erst in dieser Zeit die Werke am Olivaer Thor angelegt worden sind, kann das aber nicht anders belegen, als durch seinen Plan Taf. X, der zwar einem gleichzeitigen Plane abgenommen zu sein scheint, aber doch nur anzeigen würde, dass die Werke vorhanden waren, aber nicht dass sie zu dieser Zeit entstanden sind. Wie ich gezeigt habe, werden sie schon 1660 erwähnt und zwar mit denselben Namen, die sie noch heute haben mit Ausnahme des Halbbastions am Rhäm, das Redute Triangel hiess und als solche auch noch bei der Belagerung von 1734 vorkommt. Den Anschluss an die Weichsel vermittelte der sogenannte Holzraum, auf welchem, wie wir gesehen haben, auf den Vorschlag des Oberstlieutenants Neubaur eine Batterie erbaut worden war. Vor dem Abschnitt Holzraum, der später die Form einer bastionirten Front erhielt, lag die kleine Kalkschanze, die bei der Belagerung von 1734 eine wichtige Rolle spielte und noch 1807 vorhanden war, resp. her-. gestellt wurde.

Auf den Vorschlag des Kriegsraths willigten die Ordnungen unterm 1. Juli 1710 ein [1]):

1) vor jeder Kurtine der Niederfront ein Ravelin, wie man es nannte, in Form eines Waffenplatzes in den einspringenden Winkeln der Faussebraie anzulegen und die ganze Front mit Palisaden zu besetzen,

2) die Seite vom Petershagener Thor bis zur Steinschleuse in grössere Sicherheit zu bringen,

3) sollte das Werk vor der Steinschleuse, der sogenannte Schweinskopf, erweitert werden.

Mit dem letzten Werk wurde, wie bereits oben angeführt,

---

noch in demselben Jahre zum Hauptmann ernannt. Auch erhielt er um diese Zeit „einen guten Klepper“ mit Reitzeug. Das Pferd sollte im Stadthofe unterhalten werden. Er ist erst 1742 gestorben. Die Stadt bewilligte seiner Familie 1000 fl. für die abgelieferten Risse und Pläne, die er gefertigt hatte. Hoburg S. 104, 114.

[1]) Hoburg S. 106. Ordn.-Rec. v. 1. Juli 1710.

noch i. J. 1710 vorgegangen, auch die Palisaden wurden beschafft, zu welchem Zweck der Rath im Einverständniss mit den andern Ordnungen bestimmte, dass das Wallgebäude das Vorkaufsrecht bei allem neuankommenden Holz der Brauer und Bäcker auf 3 Tage haben sollte.

Der Bau der Waffenplätze in den einspringenden Winkeln der Niederfront wurde 1711 begonnen, und wurden in diesem Jahr 5 dergleichen rechts vom Langgartenthor ausgeführt. Der Punkt 2 wurde dadurch erledigt, dass vom Petershagener Thor ab, um das Ravelin von dem Legethor herum, durch die Klapperwiese bis zu den Schweinsköpfen ein Glacis angeschüttet und mit einem vorgelegenen nassen Graben versehen wurde. Die Arbeit wurde i. J. 1712 mit 300 Soldaten ausgeführt und bei dieser Gelegenheit die Zugbrücke des Thors und die Ravelinbrücke neu gebaut. Das Ravelin selbst, durch dessen rechte Flanke bisher der Weg nach dem Petershagener Thor ging, wurde dahin geändert, dass die rechte Flanke in Wegfall kam und der Weg längs der Kehle des Ravelins auf der linken Seite angelegt wurde. Es hing dies mit der Verlegung der Strasse aus dem Legethor zusammen, welche 1714 die heutige Richtung durch die Niederung nach Schottland erhielt. Im J. 1716 wurde der Vorgraben der Niederstadt durch 325 Arbeiter ausgehoben [1]).

Diese bedeutenden Arbeiten wurden der Stadt durch den noch immer andauernden Krieg auferlegt. Noch bei Ausgang desselben, i. J. 1720, wurde das Blockhaus am polnischen Haken, das zerfallen war, wieder hergestellt [2]).

----

[1]) Hoburg S. 108.

[2]) Ebenda S. 109. In welche Geldverlegenheiten die Stadt durch diese Arbeiten und die bedeutenden Auslagen für die Besatzung gerieth, die noch durch den gänzlich herabgekommenen Handel vermehrt wurden, geht aus einer Darlegung hervor, welche der Rath schon den 8. November 1709 den andern Ordnungen machte. Er sagt: „Es ist auch dergestalt die Stadt in ihren Verfassungen bisher glücklich conservirt worden, anjetzt aber muss E. Rath den Ordnungen zu erwägen stellen, in was schwere Zeiten wir durch einige Jahre her anhaltende bekümmerte Geläufte, darin uns auch noch befinden, gesetzt worden, da Commercia, Handthierungen und Nahrungen gestört und daher die gemeine Intraden ab-, die Ausgaben hingegen wegen der zu haltenden kostbaren Garnison und was sonst sowohl zu nöthigen Verfassungen

Man kann nicht leugnen, dass die in den Jahren 1704 bis 1712 an der Stadtbefestigung und an den Aussenwerken ausgeführten Bauten von Einsicht zeugen und wesentlich zur Verstärkung der Werke beitrugen. Dagegen waren die in derselben Zeit ausgeführten Arbeiten an der Münde wahre Zerstörungswerke. Man erkennt, dass hier nicht der Ingenieur, sondern der Geldsack von Einfluss war. Die i. J. 1701 begonnenen Arbeiten der Planirung der gedeckten Kommunikation auf dem rechten Weichselufer vom grossen Holländer nach Weichselmünde wurden fortgesetzt[1]) und 1705 selbst die grosse Redute der Holmspitze gegenüber abgetragen und das Land zur Weide verpachtet, was sich bei der Belagerung von 1734 sehr bestrafte. Aber die Stimmung der Ordnungen gegen Weichselmünde, dessen Befestigung seit dem Frieden von Oliva zwei Millionen Gulden, ohne die Besatzung zu rechnen, gekostet hatte[2]), war so gereizt, dass die 2. und 3. Ordnung ganz ernstlich die Frage erörterten, ob die Befestigung von Weichselmünde nicht wesentlich einzuziehen sei, um die Besatzung zu vermindern. Der Kriegsrath, der sich darüber zu äussern hatte, gab sein Urtheil dahin ab, dass die Ostschanze mit der darin stehenden Kirche, dem Zeughause und den andern, theils der Stadt, theils Privatpersonen gehörigen Gebäuden zu demoliren sei. Nur der Graben wäre zu erhalten. Der Graben des Hauses (des fort carré, wie man es jetzt gewöhnlich nannte) sollte mit einem gedeckten Wege von einer Höhe versehen werden, dass er die Mauer des Hauses deckte. Die Ordnungen erklärten sich damit einverstanden[3]), und es begann im

---

als zu Abwendung instehender Gefahr hat hingegeben werden müssen, ungemein zugenommen, dadurch wir nunmehr in solchen Stand gesetzt worden sind, dass der Soldat, der seinen Sold für 3 bereits verflossene Monate zu fordern hat, nicht bezahlt, noch die verfallenen Interessen, deren einige schon vor 3 und mehr Jahren fällig sind und deren Summe, sofern nicht andere Verfügung geschieht, mit der Zeit eine fast unzahlbare Schuld ausmachen dürfte, entrichtet, noch die Momenta, welche die gegenwärtigen Conjecturen mit sich führen, gehörigermassen in Acht genommen und moderirt werden können."

[1]) Erst seitdem entstand das Dorf Weichselmünde.

[2]) Hoburg S. 160.

[3]) Ordn.-Rec. v. 9. und 16. Januar 1708. Hoburg S. 162.

Jahre 1708 die Abtragung der Bastione und Raveline. Das Glacis des gedeckten Weges vom fort carré verlief sich bis an den äussern Graben. In den eingehenden Winkeln des gedeckten Weges wurde 1709 ein mit Traversen versehener Waffenplatz eingerichtet und diese Traversen vor der südlichen und östlichen Kurtine mit kasemattirten Räumen als Wohnung für die Besatzung versehen. In die Spitzen der frühern Bastione legte man kleine Fleschen an. Im J. 1711 erhielt auch der äussere Graben einen bedeckten Weg. Man hielt diese Umformung für so wichtig, dass man zum Gedächtniss daran am Eingange von Kasematte 10 eine Tafel aus schwarzem Marmor mit lateinischer Inschrift anbrachte[1]). Ueber den Werth dieser Umformung ist die Thatsache entscheidend, dass Weichselmünde 1734 sich sehr schlecht hielt. Es war durch Abbruch der Bastione der Ostschanze der Deckungen für seine Artillerie beraubt, deren Aufstellung nur auf die wenigen Punkte beschränkt war, welche das fort carré bot. Preussen hat die Bastione wieder aufgeführt.

c. Verhältniss zu Schweden und Russland.

Die Rüstungen der Stadt Danzig hatten 1704 begonnen, nachdem Karl XII Westpreussen nach 6 monatlichem Aufenthalt ende Juni verlassen hatte. Danzig hatte sich damit allein nicht begnügt, sondern auch mit Preussen und Holland Verhandlungen zu einem Schutzbündniss angeknüpft. Es ist nicht bekannt, dass schwedischerseits hiergegen, sowie gegen die in Angriff genommenen Befestigungen und die Vermehrung der Besatzung Einsprache erhoben worden wäre. Karl XII ist

---

[1]) Hoburg giebt die Inschrift. Sie lautet in der deutschen Uebersetzung: „Unter dem Schutze der göttlichen Vorsehung und mit Zutimmung der Ordnungen dieser Stadt Danzig, unter dem Hochansehnlichen, Hochedlen und Erlauchtigsten präsidirenden Burgermeister Herrn Gabriel von Bömeln, dem Vorsitzenden in den Militärangelegenheiten, und dem Burgermeister Herrn Konstantin Ferber, als Kriegskommissarius von der Münde, ist zum Andenken der Verbesserung und der für die allgemeine Sicherheit und Nützlichkeit geeignetere Herstellung der Befestigungswerke der Vorburg Münde dies Denkmal gesetzt worden im Jahre des Heils 1700 am 29. Oktober. Die Freiheit, welche die Vorfahren errungen haben, mögen die Nachkommen sich bestreben würdig zu schützen."

nicht wieder nach Preussen zurückgekehrt. Mit dem Frieden von Altranstädt am 24. Septbr. 1706 schienen wieder geordnete Verhältnisse zurückkehren zu wollen. Westpreussen erkannte den König Stanislaus, der am 12. Juli 1704 gewählt und am 4. Oktober 1705 gekrönt worden war, an, und Danzig feierte dies Ereigniss am 22. Januar 1707 durch Freudenfeuer. Russische Truppen unter dem General Rönne, welche Mitte April bis Danzig vorgedrungen waren, zogen infolge der Rückkehr Karls XII aus Sachsen wieder ab. Die Stadt wurde bald darauf durch einen Vorfall geängstigt, der die unangenehmsten Folgen hätte haben können. Die Schweden hatten im Dorfe Stolzenberg am Bischofsberge ein Werbebureau errichtet und wurden hier am 4. Juli durch eine Danziger Patruille verhöhnt. Es kam zu einem Streit, in welchem der schwedische Kapitain von Riedesel verwundet wurde und bald darauf starb. Die Schweden hielten den General v. d. Goltz für den schuldigen Theil, es war von seiner Auslieferung die Rede. Dieser entzog sich jedoch, wahrscheinlich im Einverständniss mit dem Rath, durch die Flucht nach Königsberg den weitern Schritten und schickte von hier aus sein Abschiedsgesuch ein, um in russische Dienste zu treten ¹). Die betheiligten Korporale wurden den Schweden ausgeliefert. Der Einmarsch Karls XII in Russland 1708 befreite Danzig von dem Drucke der Schweden. Die Schlacht bei Pultawa brachte dagegen die Russen ins Land. Auch der König August II kehrte mit einer Armee nach Polen zurück. Er traf mit Peter dem Grossen am 8. Oktober 1709 in Thorn zusammen. Die schwedischen Truppen unter General von Krassau, welche zum Schutz des Königs Stanislaus zurückgeblieben waren, zogen mit diesem nach Vorpommern ab. Polen hörte damit auf, Kriegstheater zu sein, für Danzig be-

---

¹) Sein Nachfolger in Danzig wurde der General Otto von Ziethen. Er befand sich seit 30 Jahren in holländischen Diensten und war zur Zeit Kommandant von Luyk. Seine Vereidigung in Danzig erfolgte am 21. Mai 1708. Er erhielt jährlich 9000 fl. Gehalt. Er war, wie die Inschrift seines Denkmals in der Marienkirche bezeugt, 1649 geboren und starb den 6. März 1716. Sein Nachfolger wurde der Oberst von Sinclair, der noch in demselben Jahr vom Könige von England das Patent als Generalmajor erhielt. Er scheint demnach zuvor in englischen Diensten gewesen zu sein. Er starb 1731,

gannen aber die Plackereien der Russen. Der russische General Bruce, der mit einer zahlreichen Armee in Elbing stand, trat i. J. 1710 an Danzig mit der Forderung hervor, 600000 Reichsthaler zu zahlen, weil es zur Zeit der schwedischen Okkupation des Landes die Ungnade des Czaren auf sich gezogen habe. Die Forderung wurde zwar abgewiesen, im folgenden Jahre aber wiederholt. Die Angelegenheit zog sich bis zu dem Jahre 1716 hin, wo der Czar am 29. Februar persönlich nach Danzig kam[1]). Auch August II fand sich am 3. April ein. Die Stadt überbot sich an Aufmerksamkeiten und glaubte der Sache überhoben zu sein, als der Czar plötzlich abreiste und der General Scheremetow am folgenden Tage, den 1. Mai, im Namen desselben die Forderung vorlegte, dass die Stadt sich aller Handlung und alles Briefwechsels mit Schweden, solange der Krieg währte, enthalten und einen russischen Kommissär mit 12 Soldaten, der alle ankommenden Schiffe untersuchte, bei der Münde dulden, vier Kaper, jeden mit 12 Stücken und 50 Mann, ausrüsten und bis Ende des Krieges unterhalten, auf diesen Kapern, damit sie im Kreuzen wider die Schweden ihre Schuldigkeit thäten, einige russische Officiere und Matrosen aufnehmen und unterhalten sollte. Für den Fall, dass die Stadt die Kaper nicht selbst anschaffen wollte, sollte sie 200000 Thaler zahlen und die von Seiner Czarischen Majestät ausgerüsteten Kaper mit Proviant versehen, auch die darauf befindliche Mannschaft besolden und mit 2 bis 3 Fahrzeugen zur Versorgung der Kaper mit Munition pp. bis Kopenhagen versehen. Auf den Fall der Weigerung würde die Stadt wegen ihrer Halsstarrigkeit als Feind betrachtet werden[2]).

d. Verhältniss zu Russland.

Der König von Polen, welcher noch anwesend war, sicherte der Stadt seinen Schutz zu, und in den Hofkreisen machte sich die Ansicht geltend, dass die Ausrüstung von Kaperschiffen

---

[1]) Zahlreiche russische Truppen, die auf dem Wege nach Pommern waren, blieben auf die Nachricht der Uebergabe Stralsunds in der Gegend von Danzig liegen.

[2]) Lengnich 9, 295.

Sache der Republik sei und von der Stadt nicht ohne Genehmigung des Reichstages erfolgen dürfe. Die Stadt wurde inzwischen enger eingeschlossen, alle Zugänge wurden besetzt,
die russischen Truppen, die sich noch in Polen befanden, um
Danzig versammelt und alle Vorbereitungen zu einer Belagerung
getroffen. Doch zog sich die Sache in die Länge. Der Fürst
Dolgoruki erklärte am 20. Juli 1717 der Stadt, dass von ihr
5 Fregatten zu 12 bis 15 Kanonen, auf welchen die Besatzung
zur Hälfte, die Officiere sämmtlich in russischen Diensten stehen
sollten, auszurüsten seien, die Beleidigung des Czaren[1]) mit
500000 Thalern zu büssen sei, dass ferner zur Durchsuchung
der ankommenden und abgehenden Schiffe zu Weichselmünde
ein russischer Kommissär geduldet werden sollte. Am 29. September kam der Czar selbst nach Danzig, und man einigte sich
zu einem Vergleich, worin die Summe, welche die Stadt zu
entrichten hatte, auf 140000 Thaler, die Zahl der Kaper auf
3 beschränkt wurde und der Czar einwilligte, dass sie unter
königlicher Flagge segeln sollten. Im übrigen wurde der
Stadt zugesichert, dass nach der Unterschrift des Traktats
die russischen Truppen das Gebiet der Stadt verlassen würden
und keine andern Ansprüche erhoben werden sollten. Der Czar
unterzeichnete den Vergleich am 1. Oktober und reiste den
folgenden Tag ab, worauf auch die Truppen abzogen. Die
Ausrüstung der Kaper wurde, da sie jetzt Gegenstand der
Verhandlungen des polnischen Reichstages geworden war,
welcher die Bedingung daran knüpfte, dass die russischen
Truppen Polen gänzlich räumten, bis zum Friedensschluss ver-

---

[1]) Lengnich spricht sich über diese Beleidigung nicht näher aus. Dass
sie sich nicht auf das Verhalten Danzigs den Schweden gegenüber beziehen
kann, sondern neuerdings stattgefunden haben muss, geht aus dem Schreiben
des Fürsten Dolgoruki vom 15. Mai 1716 (Lengnich 9, 297) hervor, worin er
sagt, „dass die Stadt sich an Seiner Gros-Czarischen Majestät grob und muth-
willig vergriffen habe und gar feindlich sich erklärt hätte“. Nach Löschin
(2, 129) habe der Danziger Pöbel seinen innern Groll gegen die Russen nicht
immer unterdrücken können, auch hätten die Russen heimlich Pulver und
Flinten in die Stadt zu bringen gesucht und sich spionirend in die Festungswerke geschlichen, so dass der Rath seine Vorsichtsmassregeln habe treffen
müssen, die dem Czar nicht entgangen sein können.

schleppt, wo dieser Punkt dann von selbst in Wegfall kam. Die 140 000 Thaler wurden dagegen zu zwei Dritteln i. J. 1718 und das letzte Drittel i. J. 1719 von Danzig bezahlt. Peter der Grosse erwies dann auch der Stadt die Aufmerksamkeit, ihr den am 10. September 1721 zu Nystadt in Finnland mit Schweden geschlossenen Frieden, worin auch Polen eingeschlossen war, direkt mitzutheilen [1]).

Innerhalb des nordischen Krieges fällt ein militärisches Ereigniss, das höchst charakteristisch für die polnischen Verhältnisse und die Art ist, wie Danzig sich zu ihnen stellte, und da es zur Kenntniss der Beschaffenheit der Danziger Besatzungstruppen beiträgt, hier erwähnenswerth ist. Die Grossen Polens waren nicht minder wie ihre Könige und die Schweden und Russen geneigt, Erpressungen auf die Stadt Danzig auszuüben, und so wurden von den Neidern der Stadt Klagen gegen dieselbe, sowohl private als fiskalische Schuldforderungen, hervorgesucht und dem Radomischen Tribunal übergeben. Dies verurtheilte die Stadt zur Zahlung von in Summa sich auf 405 000 fl. belaufender angeblicher Schulden. Einer der Hauptgegner der Stadt, der Woiewode Rybinsky von Kulm, übernahm die Execution, wozu ihm die Krontruppen in der Stärke von 3000 Mann zur Disposition gestellt wurden. Er sendete den Obersten von Riedesel mit seinem Regiment in den Danziger Werder und ordnete zugleich den Hauptmann Trüstedt an den Rath ab, um die Forderungen anzubringen und einen gütlichen Vergleich anzubieten. Die Forderungen waren zum Theil derartig, dass sie die Stadt theils gar nicht, theils nicht so hoch zur Zahlung verpflichteten. Der Rath forderte indessen Bedenkzeit, während welcher die polnischen Truppen den Werder wieder räumen sollten. Da dies nicht geschah und der Oberst im Stüblauer Retranchement Stellung nahm, von wo aus er das Land abfuragirte, auch ein vom Woiewoden abgesendeter zweiter Hauptmann, Slodnizki, die sofortige Befriedigung verlangte, so ertheilte der Rath dem Major Conradi mit einem Theil der Besatzung und 6 Kanonen den Auftrag, den Oberst Riedesel zu vertreiben. Es schlossen sich ihm auch 40 Bürgerschützen

---

[1]) Das Vorstehende nach Lengnich 9. Bd. a. a. O.

unter dem Hauptmann Siegfried Ernster an. Conradi langte am 9. April 1719 vor Stüblau an, und nachdem wiederholte Aufforderungen an den Obersten von Riedesel, sich zurückzuziehen, ohne Erfolg geblieben waren, die Polen sich auch in Schimpfreden ergingen, liess der Major einige Kanonenschüsse abgeben, die ihre Wirkung nicht verfehlten. Der Oberst zeigte sich zu Unterhandlungen geneigt, wollte jedoch seine Stellung nicht aufgeben. Conradi drang jedoch darauf und gab nur insofern nach, dass der Abzug erst am andern Morgen stattfinden sollte, was denn auch erfolgte. Der Woiewode Rybinski zog nun mildere Seiten auf und verlangte für einen längeren Aufschub der Execution 20000 Thaler. Die Stadt wies das jedoch zurück und sendete noch mehr Mannschaft hinaus, da die Abtheilung des Majors Conradi nicht genügte, die ausgedehnten Besitzungen der Stadt vor den Streifereien der Polen zu sichern, nahm auch 150 Freischützen in Sold. Die bloss defensiven Zwecke führten jedoch zu Zersplitterungen und die Danziger erlitten empfindliche Verluste. Die Besatzung der Güttlander Fähre wurde zersprengt und 13 Mann theils getödtet, theils verwundet. Am 11. Mai wurden 140 Mann in der Scharpau überfallen, mehrere Officiere niedergemacht und 60 Mann gefangen. Der Kommandeur, Hauptmann v. d. Lage, hatte alle Vorsichtsmassregeln versäumt und Warnungen seitens der Landleute unbeachtet gelassen; die Mannschaft, grösstentheils verschlafen, war ohne Gegenwehr erlegen. Der Rath liess ein Kriegsgericht abhalten und die Schuldigen bestrafen. Die Polen zogen sich erst im Juni auf Befehl des Königs zurück. Weitere Folgen knüpften sich nicht daran. Die Stadt fand sich mit den einzelnen Kreditoren direkt ab. Nur die sogenannte Jablonowische Schuld wurde vor das Assessorialgericht gebracht und die Stadt zur Zahlung von 150000 fl. verurtheilt [1]).

---

[1]) Gralath 3, 342 ff. Lengnich 9, 325.

Anhang.

I.
Die Radaune.

Der durch die Stadt Danzig fliessende Radaunekanal ist mit der Anlage der Festungswerke so innig verbunden und hat seinen Lauf infolge der Umformungen der Werke so vielfach ändern müssen, dass es erforderlich erscheint, ihm ein Wort zu gönnen. Der Kanal zweigt sich unterhalb des Dorfes Gischkau von dem Flusse Radaune, welcher seinen Lauf in der Niederung zur Mottlau fortsetzt, ab und ist dem Fusse der Berge entlang, welche die Niederung der Weichsel einsäumen, nach Danzig geführt. Auf dem Gebiete des Dorfes Praust, beim Kloster St. Albrecht, trieb er die Mühle der Komthurei Danzig [1]). Der Kanal wurde nicht in die Rechtstadt geleitet, sondern ging am Fusse des Bischofsberges entlang, am Hospital Gertrud vor dem jetzigen hohen Thor vorbei zur Grenze der Freiheit beider Ortschaften, der Recht- und der alten Stadt, d. i. zwischen dem heutigen Kohlen- und Holzmarkt [2]), in gerader Linie zur Weichsel, in welche er unmittelbar nach dem Ein-

---

[1]) Akten in dem Streit wegen der doppelten Metze (Schbl. 40 a. No. 104). Antwort des Hochmeisters: „Auch so haben wir In Schriften vom alden Herkommen lassen suchen und fynden, dass die mole von Dantzk zwischen St. Albrecht und prust habe gelegen." Auch in der Handfeste von Praust v. J. 1367 (Danziger Komthureibuch 45) ist von der Stelle die Rede, wo „die olde mole" gelegen hat.

[2]) Ebenda: „und solde (der Mühlgraben) geen durch beider stete freiheit, dass das Wasser mochte dienen allen denjenigen, die dabei wohnen".

fluss der Mottlau in dieselbe mündete [1]). Eine Abzweigung des
Kanals ging von der heutigen grossen Mühlengasse nach dem
Ordensschloss, um die Gräben desselben zu bewässern, zuvor
jedoch die Schneide- und Sägemühle des Ordens zu treiben. Ein
theilweis unterirdischer Kanal ging vom Holzmarkt nach dem
Dominikanerkloster und scheint noch mit dem heut bestehenden
identisch zu sein [2]), nur dass er sich gegenwärtig beim Eintritt
der Radaune in die Stadt bereits vom grossen Kanal trennt.

Ueber die Zeit der Anlage des Radaunekanals oder Mol-
grabens ist nur soviel bekannt, dass er in der Handfeste des
Dorfes Ohra v. J. 1338 als „Molgraben an der Landstrasse"
bereits erwähnt wird [3]). Auch die Handfeste der Rechtstadt
Danzig v. J. 1342 bezeichnet ihn als „Molgraben" [4]). In der Entscheidung des Hochmeisters Heinrich Dusemer in der Streitsache
mit den Dominikanern v. J. 1348 wird er Molgraben oder Radaune

[1]) Vgl. Plan II, der nach ältern Plänen des Danziger Archivs gezeichnet
ist. Wie wir gesehen haben, ist der untere Lauf der Radaune beim Bau der
Bastionärbefestigung abgelenkt worden, um mit der Mottlau einen gemein-
schaftlichen Ausgang aus den Festungswerken zu haben. Von der St. Katharinenkirche bis zur Ablenkung nach S. O. ist das Bett des Kanals noch das ursprüngliche und hält die Richtung vom Holzmarkt zur Weichsel unterhalb
der Mottlaumündung inne.

[2]) Die Anlage des Radaunekanals hatte den Bach Schidlitz, der durch
das Grundstück des Dominikanerklosters floss und ihnen urkundlich zugesichert war (Verleihung Mestwins II. 1280 PUB. No. 315), vom Kloster
abgeschnitten. Die Klagen darüber bildeten einen der Beschwerdepunkte
der Mönche über die Beeinträchtigungen, die ihnen bei Ausführung der Stadtmauer der Rechtstadt widerfuhren. Der Hochmeister Heinrich Dusemer erlaubte
ihnen in einem Reskript v. J. 1348, dass sie das Fliess Schidlitz über den
Stadtgraben in das Kloster leiten durften, verpflichtete sie aber, es ohne Schaden der Stadt wieder hinauszuführen und schlug ihnen zu dem Zwecke drei
Wege vor: Entweder sollten sie es in den Stadtgraben oder innerhalb der Stadtmauer in die Mottlau oder in den Mühlgraben („in dy Radaune") leiten.
(Th. Hirsch.) Sie scheinen das zweite gewählt zu haben, wie die heutige
Führung des Kanals beweist, die auch der anderweiten Bedingung des Hochmeisters, dass der Kanal unter der Erde geleitet werden solle, entspricht. Nach
dem Eingehen des Radaunekanals am Holzmarkt i. J. 1573 ist der unterirdische
Kanal in der heutigen Lage von der Silberhütte nach dem Kloster geführt
worden. Ich verweise auf den grossen Plan Danzigs von Richard Bertling.

[3]) Schmidt. Cod. dipl. Gd., Handschrift des Danziger Archivs III 953.
[4]) Voigt. Cod. dipl. Pruss. III 173 Nr. 129.

genannt [1]). Der letztere Ausdruck ist ihm geblieben, als die Bezeichnung Molgraben auf den neuen Kanal, von dem sogleich die Rede sein wird, überging. Sie deutet darauf hin, dass seine Hauptbestimmung war, die Komthureimühle zu treiben. Ursprünglich hatte der Radaunekanal den Zweck gehabt, die Stadt mit Trinkwasser zu versehen und die Festungsgräben der Burg zu bewässern.

Gleich in den ersten Regierungsjahren Winrichs von Kniprode (seit 1351), der als früherer Komthur von Danzig mit den dortigen Verhältnissen vertraut war, erfolgte eine wesentliche Veränderung, indem die Komthureimühle von St. Albrecht nach der Altstadt verlegt werden sollte und zu dem Zweck eine andere Leitung des Kanals erforderlich wurde, um ein grösseres Gefälle für die Mühle herzustellen, als der alte Kanal darbot. Man erreichte das dadurch, dass man oberhalb des Dorfes Ohra einen höher gelegenen Kanal abzweigte und diesen bei den Vorstädten Sandgrube und Neugarten vorbei in die Altstadt führte. Bei Neugarten nahm er den Schidlitzbach auf und wendete sich dann unter einem nahezu rechten Winkel der St. Katharinenkirche zu, wo er sich wieder mit dem alten Kanal vereinigte [2]). Unmittelbar vorher, da wo sie sich noch heute befindet, wurde die Komthureimühle, die jetzige grosse oder Kornmühle erbaut. Die Mühle bei St. Albrecht ging ein.

Da der alte Kanal wesentliche Vortheile für die Einwohner gewährte und am Gertruden-Hospital vor dem hohen Thor mehrere Mühlen trieb [3]), liess man ihn fortbestehen, schüttete jedoch später die Strecke zwischen dem Holzmarkt und der Einmündung des neuen Kanals zu [4]), so dass der alte Kanal in

[1]) S. 466. Note 2. Vgl. oben S. 46.

[2]) Siehe Plan II.

[3]) Danz. Archiv. Komthureibuch S. 103 Nr. 97. Verleihung einer Loh- und Walkmühle 1364 und einer Leder-(Beutler-)Mühle 1397: „py der Radaune bei S. Gertruden-Kirche gelegen". (Danz. Archiv. Schbl. 72.)

[4]) Wann die Zuschüttung erfolgt ist, lässt sich nicht feststellen. I. J. 1394 scheint sie noch nicht ausgeführt gewesen zu sein, denn es heisst in der Stiftungsurkunde des Elendhofes von diesem Jahre, dass das Grundstück gelegen sei „vber der Radaune kegen St. Georgen vber . . . . . eyne Capelle vber das freiwasser, das vor dem hove geht". Unter Radaune ist hier der alte, unter Freiwasser der neue Molgraben gemeint.

die kleine Radaune, wie man die Abzweigung nach dem Ordensschloss nannte, abgeleitet wurde [1]). Um jedoch eine Regulirung
des Wasserbestandes beider Kanäle in der Hand zu haben,
führte man innerhalb der Umfassung der Altstadt bei der sogenannten Silberhütte einen Kanal vom neuen Molgraben oder
Freiwasser zur alten Radaune [2]).

Die erste Kenntniss von dem neuen Molgraben giebt uns
die Verleihung eines Kupferhammers bei St. Jorian (St. Georgen)
i. J. 1355. Er wird hier Molgraben genannt [3]). Der Bischof
von Leslau (Kujavien) nennt ihn in der Bestätigung der Stiftung
des Elendhofes (St. Elisabeth-Hospitals) Radaune. Der Bau
der grossen Mühle muss um diese Zeit, wohl um 1360, stattgefunden haben. Wir erfahren aus einer Verleihung des Komthurs Lüdecke von Essen v. J. 1364 an die Gemeinde von
Gischkau, dass die Mühle in der Stadt seit mehreren Jahren
fertig war [4]).

Das Bestehen beider Kanäle oberhalb des Stadtgebietes von
Danzig bezeugt eine Urkunde von 1356, welche die Grenze
zwischen dem Gute des Bischofs von Leslau und der Stadt
festsetzt. Hier ist von einem neuen und alten Mühlgraben
an der Grenze von Petershagen, das der Stadt gehörte, und Alt-
Schottland, dem Gute des Bischofs, die Rede [5]).

---

[1]) Vergl. Taf. VIII.

[2]) Ebenda. Dieser Verbindungskanal wurde 1487 ausgemauert. Caspar
Weinreich drückt sich darüber (SS. rer. Pruss. 4, 765) wie folgt aus: „Item …
mauerten die von der olden Stadt einen Grundt zwischen der Radaune und
dem freien Wasser".

[3]) Komthureibuch S. 185 Nr. 171. Es heisst hier: „haben ausgegeben
neben dem wege da man gait zu sante Jorian an dem molgraben eynen
kopperhammer".

[4]) Schmidt. Cod. dipl. Gd., Handschr. des D. Archivs II No. 592: „das
geben wir ihn vor also vil ackers und Wiesen als Ihn in der Zeit der Be-
bauung vnserer Mühle zu Dantzig mit Stauungen und Temmungen des Mohlen
Dyks (Teichs) boben Prust ist abgegangen vnd als Ihn das von vnseren Vorfahren gelobet was zu erfüllen".

[5]) Danz. Arch. Schbl. 43 N. 1. 2.: descendendo (die Grenzlinie nämlich,
welche im Stolzenberger Grunde herabkam und die beiden Kanäle senkrecht
durchschnitt) usque graniciam sitam circa novum fossatum molendini et tunc
ulterior procedendo ultra idem fossatum et deinceps ultra antiquum fossatum
molendini . . .

Weiter unterhalb ergiebt sich das Bestehen beider Kanäle nebeneinander, nachdem die Altstadt eine Mauerbefestigung erhalten hatte. Wie ich das oben speciell dargestellt habe [1]), mündete der alte Radaunekanal am Gertruden- oder Holzthor, der neue Kanal hinter St. Elisabeth-Hospital in die Altstadt. Nach Erbauung des Bastions Elisabeth wurde er durch die rechte Face des Bastions geführt. Der Ausdruck Molgraben ging, wie erwähnt, auf den neuen Kanal über, während der alte Radaune genannt wurde. Doch wurde in seltenen Fällen auch der neue Kanal Radaune genannt, wie das bei Bestätigung der Stiftung des Elendhofes durch den Bischof von Leslau geschah [2]) und selbst seitens des Ordens erfolgte. In einer Urkunde v. J. 1436, wodurch der Vorstand der Altstadt eine Wage verliehen erhält, heisst es „an der Radaune seinem Rathhause gegenüber". Das Rathhaus der Altstadt lag, wo das heutige Amtsgericht ist, also oberhalb der grossen Mühle. In der Sprengeleintheilung v. J. 1456 [3]) werden die beiden Kanäle deutlich von einander als Molgraben und Radaune unterschieden. Unter ersterem ist der Kanal, der die grosse Mühle treibt, unter letzterem der alte Kanal bei St. Gertruden verstanden. Der neue Molgraben wird gewöhnlich Freiwasser genannt.

Der Kanal durch die rechte Face des Bastions Elisabeth, obgleich in seinen Abmessungen nach dem Thurm mit gewölbtem Durchgange auf der Bastei hinter St. Elisabeth, durch welchen das Freiwasser floss, normirt [4]), erwies sich bald zu eng. Es fanden fortwährend Verstopfungen und Verschlämmungen statt, so dass Abhilfe geschafft werden musste. Man entschloss sich das Freiwasser durch die linke Face des Bastions zu führen und den Kanal innerhalb desselben angemessen zu erweitern. Er erhielt eine Weite von 24 Fuss. Das Bett des Flusses musste zum Theil neu ausgehoben werden und erhielt vom „schwarzen Meer" aus die Richtung auf den neuen Durchgang. Der alte Kanal konnte 1563 zugeschüttet werden. Als dann

---

[1]) S. 182 Note 2.
[2]) Vgl. oben.
[3]) Historisches Kirchenregister. Handschrift, der Stadtbibl.
[4]) Siehe oben S. 185,

10 Jahre später das Bastion Karren in Angriff genommen
wurde, stellte sich die Nothwendigkeit heraus, auch die
Radaune zu verlegen, weil sie dem Bastion zu nahe lag. Es
blieb nichts übrig, als sie in das neue Bett zu leiten, was
natürlich an dem Punkte geschehen musste, wo beide Kanäle
oberhalb Ohra, wahrscheinlich bei St. Albrecht, sich trennten.
Die alte Riedewand am Holzthor wurde abgebrochen, das alte
Bett jedoch erst 1576 bei der Armirung gegen Polen ausgefüllt. Um die kleine Radaune zu erhalten, wurde von der
Weizenmühle aus ein neuer Kanal zu ihr angelegt, wie er
noch heut besteht. Der Kanal an der Silberhütte wurde nach
dem Dominikanerkloster verlängert.

Die Ausführung der Bastionärbefestigung bereitete auch
der Abzweigung der Radaune nach dem vorstädtischen Graben
ein Ende. Wir kennen diese Abzweigung nur aus der kolorirten
Ansicht vom Jahre 1520 des Archivs (Tafel VII), von der oben
des Nähern berichtet worden ist, aber ihre Existenz wird durch
die Verleihung einer Lohmühle am Ketterhagener Thor 1453
(Schbl. 53 Nr. 38) hinlänglich bestätigt [1]).

---

[1]) Theodor Hirsch ignorirt das Nebeneinander-Bestehen zweier Kanäle
der Radaune und vollends eines dritten, der nach dem Vorstädtischen Graben
ging, vollständig. Da, wo er bei Herausgabe des Caspar Weinreich auf den
Kanal, das Freiwasser stösst (SS. rer. Pruss. 765), hält er ihn wie Hoburg
(S. 22) für den Schidlitzbach. Hoburg bezieht sich auf Löschin, der S. 1, 285
sagt, dass sich über den frühern Lauf der Radaune keine Nachricht vorfindet,
und meint, dass die Radaune füglich nicht anders in die Stadt geflossen sein
kann, wie noch heut, und Hirsch pflichtet ihm darin bei. Auch über die ursprüngliche Anlage des Radaune-Kanals ist letzterer im Irrthum. Er spricht
es in seiner Handelsgeschichte S. 14, wie in einer Monographie, die er auf
dienstliche Veranlassung über die Radaune ausgearbeitet hat und die im
Archiv der Stadt niedergelegt ist, ausdrücklich aus, dass der Bau des Radaune-
Kanals in den Jahren 1348 bis 1356 erfolgt sei, weiss also nicht, dass der
Kanal schon 1338 vorhanden war.

II.
Stadtarchiv Danzig sub Militaria E 145
Schreiben des Hauptmann Fiecke. Trier 9. Oktober 1616.

—

Edle gestrenge Feste wolweise hochverehrte Herren! Euren gestrengen Herren und Herrlichkeiten seien meine bereitwilligen Dienste und was ferneres in meinem geringen Vermögen zu voran! Insonders gros günstige liebe Herrn, dass ichs ganz getreuliche und wol mit meinem geliebten Vaterlande, bevorab der Stadt Danzig, darin Ewere gestrengigkeiten und Herrlichkeiten dort zur Oberkeit vorgesetzet, meyne, habe ich unlengst dero Collegen Herrn Arnholt von Holten, meinem insonders lieben Herrn Ohm getreulich und freundlich zugeschrieben. Da denn ich aus dessen Wiederantwort verstanden, wofern ich mich etwas mehr in Spetie gegen Eure gestrengigkeiten und Herrlichkeiten dem Vaterlande zum besten erklären werde, das mihr dieselbe deshalb guts gönnen und beweisen würden. Ob nun wol ich verhofft gegenwertig dies mein getreues gemuet besser zu offenbahren, Dieweil dennoch Ich wegen meines von dem Hochwürdigsten meinen gnädigsten Churfürsten und Herrn zu Trier tragenden Dienstes mich nicht so füglich absentiren khan, habe derohalben nicht lenger vmbgehen wollen, deshalben in schreiben soviel thunlich wie sich die Beschaffenheit als ich noch letztmahl daselbst zu Dantzig gewesen, befunden Dero doch hiermit dargestellt, weil mihr nicht unbewusst (dass) Ewere Herrlichkeit mit Kriegserfahrenen und Ingenieuren häuffig versehen, das Ich damit niemant noch besseren Rath nicht vorgegriffen, sondern mich denen wie billich submittirt haben will, zu entdecken, Nemlich das die seite nach dem heiligen Leichnams- und Jakobsthor gegen grosse Offense gar vbel versehen und hochnöthig solches in bester forma mit neu formirendem bolwerkhe, auch einem andern aussenstehenden Werke vber den graben in forma eines spitzigen Triangels so stark als möglich vffgebowet und gebessert werde.

Zum andern erachte auch nötigh zu sein eine wolformirte starkhe Schanze vff der andern seitte der weichsel an der Botmannslache, welche Schanze nicht allein zum entsatz der festung an der See, sondern auch zum Defens der Stadt, der wissel, als auch des platzes vor dem heiligen Leichnams- und Jakobsthor sehr nützlich vnd nötigh dienen werde. Obwol noch eine Schantze zwischen der Festung an der See und obiger Schantze nach der rechten hand nach dem hafenwärts auch nöthig wehre, eine die andere zu entsetzen, khan doch solches zu noetiger Zeit, welches Gott lange verhüten wolle, wol vffgeworfen und gemachet werden, aber die vorgedachten zwei Stücke Itzo meines erachtens zu sein nöttich.

Wäre auch die Katze[1]) im graben, nach dem Schottland werts nicht gemachet, bin der Meinung Ewre Gestrengigkeiten und Herrlichkeiten in Itziger regierung seiende nicht diejenigen sein sollten, die den ersten stein dorthin legen würden. Weil sie aber mit grossem verluste gemachet, were es schade mit niederreissen, solches in ander gestalt zu repariren. Sonder wehr meines erachtens nöthig, an demselben orthe wo sie stehet, den graben in form eines halben Monats (Mondes) zu erweitern, auch an den Hauptgraben unangesehen er ziemlich breit noch ein Mittelgraben machen zu lassen, denn das Prinzipialste an allen Festungen ist breite tiefe graben vnd starkhe Bollwerke, halb ausserhalb derselben mit an der Festung gemachten halben mond, vnd andre Werkhe haben zum Theil bei vielen, so es nicht verstehen das ansehn, aber in Effekt gegen grosse Offense nicht tauglich und zur Zeit mehr schädlich als nützlich.

Was nun die Defensa gegen die der Stadt schädlichen nahen, hohen Berge belanget, davon wehr noch mit anderen Kriegserfahrenen viel zu discuriren und mancherlei opinionen umb den besten zu folgen zu vernehmen. Obwol an dem orte das eine bollwerkhe (Karren) verhöhert, welches auch zu loben, So ist doch vff verbesserung wieder zu bedenkhen, dass der vff dem Berge ist wegen Defension seines legers auch wird offensiv gegen die Stadt sich verhöhern kann, wie er will, also noch mehr ander sachen dazu zu erwegen nöthig.

Dieses ist Ewer gestrengen Herrn, was meines erachtens der Stadt Dantzig zum besten soll gereichen, wofern es nun Ewern Gestrengigkeit und Herrlichkeit angefalligk vnd Ichs

---

[1]) Es ist das heutige Bastion Katz gemeint.

vernehmen möchte, hätte nichts desto mehr zu erfreuen und würde nichts dadurch anleittung geben in dem und anderen zu des Vaterlandes Schutz und besten, denselben zu dienen, wie ich in der Zeit bereit und erbötig Mit ganz dringlicher Bitte Ewer Gestrengigkeiten und Herrlichkeiten mich und meine sache günstiglichen recommendiret zu halten, Dieselben der göttlichen allmacht in Schutz empfehlende.

Datum Trier den 9. Oktober 1616.

Euer Gestrengigkeiten und Herrlichkeiten ganz dienstwillig

Daniel Fiekhc, Hauptmann.

III.

Excurs über die Artillerie Danzigs in der I. Hälfte des 17. Jahrhunderts.

Der Anfang des 17. Jahrhunderts bildet für die Entwicke-lung der Artillerie den Beginn einer neuen Epoche, welche durch Reducirung der Kaliber auf eine geringe Zahl von Ka-nonen und Ausmerzung der Schlangen, sowie durch die Aus-bildung des Wurffeuers und die Einführung der Sprengkugeln (Bombe und Granate) ausgezeichnet ist. Die Artillerie Danzigs gewährt wichtige Data zu diesen Neuerungen, die jedoch, um sie zu würdigen, in Vergleich zu anderweitigen Fortschritten auf diesem Gebiete gesetzt werden müssen. Es ist der Zweck vorliegenden Excurses, dieses näher zu erörtern. Was zunächst die Kanonen betrifft, so sind die eisernen Röhre von den me-tallenen zu unterscheiden.

Die eisernen Röhre waren theils gegossene (davon Göth-linge genannt), theils geschmiedete Rohrgeschütze, theils Stein-stücke (durchweg Hinterlader), und Mörser. Die geschmiedeten Rohrgeschütze nannte man Barsen, wahrscheinlich von den gleichnamigen Schiffen, auf denen sie geführt wurden, da sie eine starke Ladung gestatteten. Das Inventarium der eisernen Stücke v. J. 1609 beschränkt den Ausdruck nur auf die Fal-konete und Serpentinen. Die Steinstücke werden auch Pothunde [1]) genannt, ein Ausdruck, der schon in dem Inventarium von Lübeck v. J. 1526 vorkommt, doch scheinen damit nur die kleinern Kaliber verstanden zu werden, da Pothunde und Steinstücke nebeneinander genannt werden [2]).

Ich lasse hier das Inventarium der eisernen Geschütze v. J. 1609 folgen [3]).

1) Göthlinge

    32 Falkaunen (6-Pfünder), 11 Halbschlangen (4-Pfünder), 1 Quartierschlange (3-Pfünder), 2 Falkonete (2-Pfünder).

2) Geschmiedete Geschütze, Barsen genannt.

    28 Falkonete, 12 Serpentinen.

3) Ander geschmiedetes Geschütz

    3 Feldschlangen (8- und 10-Pfünder), 8 Halbschlangen, 32 Quartierschlangen, 2 Falkaunen.

4) Eiserne Steinstücke.

    1 zu 20 pfündigem Stein mit 3 Kammern
    1 „ 12 „ „ „ 1 „
    3 „ 7 „ „ „ 3 „
    1 „ 7 „ „ „ 2 „
    1 der eiserne Heinrich genannt mit 1 Kammer [4]).

---

[1]) Im Inventar von 1598 heisst es z. B. „zwei eiserne geschmidte Stücke, die man Pothunde nennt, mit 3 eisernen Kammern". In dem von 1604 heisst es „drei Pothunde im Finsterstern, jedes mit 3 Kammern in den Streichwehren". Dieselben 3 Pothunde werden im Inventar von 1609 Steinstücke genannt.

[2]) Im Inventar von 1598 heisst es: „11 eiserne Kammerstücke oder Pothunde auf Rädern". Der Ausdruck Kammerstück kommt auch im Inventar von 1604 vor. Den Unterschied verdeutlichen recht gut die aus Senfftenberg entnommenen Zeichnungen in Napoléon, Études sur le passé et l'avenir de l'artillerie I Taf. VIII und III Taf. 44. Die Pothunde waren gegen 4 Fuss lang und sind nicht zu verwechseln mit den sogenannten Geschwindstücken, wie sie daselbst Nr. 1 der Taf. III 44 wiedergiebt. Siehe auch Quellen zur Gesch. der Feuerwaffen hrsgb. v. germ. Museum Taf. 150.

[3]) Im Original sind die Kaliber mit Buchstaben bezeichnet, die ich hier durch die Gattungsnamen ersetzt habe, wie sie sich nach dem Inventar von 1604 ergeben, wo der ganze Bestand an Geschützen nach Buchstaben geordnet ist und unter jedem einzelnen derselben die gleichen Kaliber von metallenen und eisernen Geschützen aufgeführt sind.

[4]) Wie aus dem Inventar von 1604 hervorgeht, war der eiserne Heinrich vom Kaliber einer Halbschlange und wird im Inventar von 1598 ausdrücklich Kammerstück genannt. Es war daher ein Pothund von etwa 4 Fuss Länge

Ohne Laffeten waren noch folgende Steinstücke vorhanden:

1 zu 12 pfündigem Stein mit 1 Kammer
2 „ „ „ „ ohne „
1 „ 10 „ „ mit 2 „
1 „ 7 „ „ „ „ 1 „
3 im Finsterstern „ 8 „

Die Abmessungen der eisernen Röhre waren sehr verschieden, namentlich bei den Göthlingen, welche die Stadt nicht selbst herstellte, sondern kaufte. So wird in den Nachtragungen des Inventars von 1604 ein 6-Pfünder Göthling aufgeführt, der 9 Fuss lang war und $18^1/_2$ Ctr. 32 Pfund wog, wogegen i. J. 1607 vier 6 pfündige gekauft wurden, die zusammen $93^3/_4$ Ctr. wogen, ein jeder also 23 bis 24 Ctr. schwer war.

Zwei $4^1/_2$ pfündige Göthlinge wogen ein jeder 24 Ctr., wogegen 5 desselben Kalibers 70 Ctr., ein jeder also 14 Ctr. und ein andrer bei 9 Fuss Länge $16^1/_4$ Ctr. wogen.

Ein 4 pfündiger Göthling, 1606 gekauft, wog nur 8 Ctr., zwei andere von demselben Kaliber aus demselben Jahr, ein jeder 15 Ctr.

Man kann nur annehmen, dass der Unterschied im Gewicht daraus entsprang, dass die leichtern Röhre Steinkugeln, die schwerern Kugeln schossen. Das Inventar von 1604 enthält am Schluss die Bemerkung: Finden sich in allem an der Zahl hier in der Stadt und auf dem Hause (Weichselmünde) Steinstücke 90 und Kammern 143. Da die Zahl der wirklichen Steinbüchsen nur 15 betrug, muss man annehmen, dass der Rest von 75 aus Rohrgeschützen bestand, die Steinkugeln schossen, und deshalb Steinstücke genannt wurden. Aus einem andern Aktenstück, auf das ich noch zu sprechen komme, scheint sogar hervorzugehen, dass alle eisernen Rohrgeschütze Steinkugeln schossen.

Die eisernen Geschütze wurden überhaupt den metallenen sehr nachgesetzt. Sie führten nicht wie diese Eigennamen. Nur der „eiserne Heinrich" macht davon eine Ausnahme.

Die 177 metallenen Geschütze stammten aus sehr verschiedenen Zeiten. Von den schweren Geschützen aus dem 16. Jahrhundert waren noch acht[1]) vorhanden.

---

[1]) Eine Doppelkarthaune, eine Karthaune, eine 20 pfündige Nothschlange,

<table>
<tr><td>Dagegen neu waren</td><td>2—32</td><td>pfündige</td><td>Karthaunen und</td></tr>
<tr><td></td><td>13—20</td><td>„</td><td>halbe Karthaunen</td></tr>
<tr><td>grösstentheils alt waren</td><td>11— 9</td><td>„</td><td>Feldschlangen</td></tr>
<tr><td></td><td>2— 8</td><td>„</td><td>„</td></tr>
<tr><td></td><td>2— 7</td><td>„</td><td>„</td></tr>
<tr><td>zum Theil neu</td><td>17— 4</td><td>„</td><td>Halbschlangen</td></tr>
<tr><td></td><td>34— 3</td><td>„</td><td>Quartierschlangen</td></tr>
<tr><td></td><td>27— 6</td><td>„</td><td>Falkaunen</td></tr>
<tr><td></td><td>15</td><td colspan="2">Falkonets</td></tr>
<tr><td></td><td>17</td><td colspan="2">Scharfentinlein</td></tr>
<tr><td></td><td>22</td><td colspan="2">Feuerkatzen</td></tr>
<tr><td></td><td>7</td><td colspan="2">Mörser</td></tr>
</table>

Summa 177 Geschütze [1]).

Es liegt in diesem Verzeichniss ein wichtiger Beitrag zur Kenntniss der Geschützkunde. Man kann nicht sagen, dass es einen vortheilhaften Begriff von dem Standpunkt der Wissenschaft in Deutschland abgiebt. Frankreich hatte, dem Beispiele Kaiser Karls V folgend, unter Heinrich II um die Mitte des 16. Jahrhunderts 6 Kaliber, von denen die 33 pfündige Karthaune (canon) das schwerste bildete, angenommen und hat daran bis auf Ludwig XIV festgehalten [2]). Allerdings wurde es im 17. Jahrhundert überholt, aber die Annahme des Systems

---

4—12pfündige Nothschlangen und eine 14 pfündige Feldschlange (eine der beiden 15 pfündigen des Inventars von 1598, die andere war eingegangen).

[1]) Für diese metallenen Geschütze, soweit sie sich in der Stadt befanden und mit Ausnahme von 3 Falkoneten auf dem hohen Thor, wurde i. J. 1605 das neue Zeughaus in der Jopengasse erbaut. Der Bau war 1607 soweit vorgeschritten, dass die Geschütze darin untergebracht werden konnten. Danz. Archiv Militaria D. 17. A.

[2]) Nap. III. Étndes 1, 201 und 3, 243. Es waren folgende Kaliber:

	Kugelgewicht in Pfunden		Rohrgewicht in Pfunden	Länge des Rohrs in Fussen		
	livres	onces		Fuss.	Zoll.	Lin.
canon	33—34	—	5200—5400	9	9	6
gr. coulevrine	15—16	—	4000—4200	9	10	—
coulevrine bâtarde	7	2	2500	9	—	—
„ moyenne	2	—	1200	8	—	—
faucon	1	1	700—760	6	10	4
fauconneau	—	14	410—420	6	4	—

bezeichnet einen grossen Fortschritt in Vergleich zu der doppelten Zahl deutscher Kaliber.

Im Anfange des 17. Jahrhunderts ging man in den Niederlanden noch darüber hinaus, indem die Generalstaaten von Holland nur 4 Kaliber festsetzten [1]) und Spanien ihnen darin folgte [2]). Zugleich trat eine Reaction gegen die bisherige, stetig anwachsende Steigerung im Gewicht der Röhre ein.

Die Zeit, in welcher das neue holländische Geschützsystem eingeführt wurde, ist nicht genau festzustellen. Es wird von Marolais [3]) zuerst erwähnt. Auch Diego Uffano beschreibt es (1613), wenn er es auch nicht als das holländische bezeichnet. In beiden Fällen muss es schon seit einiger Zeit in Gebrauch gewesen sein. Das ergiebt sich auch aus einem Schreiben vom 28. Mai 1615 eines Holländer Fabrikanten Paulus Auleander an die Stadt Danzig [4]).

---

[1]) Die 48 pfündige Karthaune von 7000 Pfund Gewicht

„	24	„	Halbkarthaune von	4500	„ „
„	12	„	Viertelkarthaune von	3200	„ „
„	6	„	Falkaune von	2100	„ „

Henry Hondius: Description et breve declaration de la fortification, de l'artillerie etc. Haag 1624.

[2]) Der Generalfeldzeugmeister Bucquoy erliess 1609 den Befehl, dass die Giessereien künftig nur folgende Kaliber fertigen sollten:

Die 40 pfündige Karthaune von 64 Ctr. Gewicht

„	24	„	Halbkarthaune von	42	„ „
„	10	„	Viertelkarthaune von	23	„ „
„	5	„	Fünftelkarthaune von	19	„ „

Diego Uffano, Tratado della artilleria 1613.

[3]) Oeuvres mathématiques 1614. Napoléon III. Études 2, 323.

[4]) Danziger Archiv Militaria D. 29. Er erbietet sich der Stadt Danzig „allerlei Geschütz von seiner sonderlichen Invention als halbe und ganze canons und anderer Gattung Stück, den dritten Theil leichter zu liefern, als von andern Giessereien zu geschehen pflegt, davon er vor drei Jahren genugsam Probe vor Seiner Excellenz (Prinz Moritz von Oranien) gethan. Auch sind der Zeit mehrere von Seiner fürstlichen Gnaden gegossen, wie ich auch noch in der Werkstatt halbe Canons liegen habe, welche 3200 Pfund wiegen, seiende lank 10½ Schuh, schissen 24 Pfund Eisen, die ich geliebts Gott innerhalb 10 Tagen liefern will". Auleander rühmt als Vorzüge seiner Invention „vors erste weil viel koppers erspart, zum andern durch die Affüten sampt den Rädern auch die plockwagen, worauf sie, wenn man marschirt, geführt werden, nicht so schwer sein als vor alters; desgleichen bedarf man nicht soviel Pferde,

Ein zweites Schreiben des Danziger Archivs[1]) kann als Bestätigung der Verordnung Bucquoy's an die Giessereien, die uns nur von Diego Uffano überliefert ist, dienen. In demselben Jahre 1609 erhielt nämlich Danzig die Anzeige eines Händlers Julius Kurss aus Dömitz a. d. Elbe, worin er der Stadt 13 Geschützröhre zum Kauf anbietet. Da die Röhre spanische Gattungsnamen haben, liegt nichts näher als die Annahme, dass es Röhre aus den Vorräthen der Giessereien waren, die sie nicht mehr bei den Spaniern absetzen konnten. Es waren folgende:

3 ganze Kouleuvrinen von 12 Fuss Länge, schiessen 18 bis 20 Pfund Eisen,

3 halbe Kouleuvrinen von 13 Fuss Länge, schiessen 15 Pfund Eisen,

2 Bastard Kouleuvrinen von 11 Fuss Länge, schiessen 12 Pfund Eisen,

3 lange Sackers oder Feldschlangen, 13 bis 14 Fuss lang, schiessen 11 bis 12 Pfund Eisen,

2 Sackers, 12 Fuss lang, schiessen 10 Pfund Eisen.

Wir sehen daraus, dass es die Schlangen waren, welche

welches dann in Reichssachen viel Geld erspart und das man als das vornehmste sie leichter über morast und hohe Ort bringen kann, als die schweren. Im Marschiren kann man mit einem solchen halben Kanon ebenso geschwinde fortkommen, als sonst mit einem stück von 12 Pfund Eisen .... Es ist in diesen meinen stücken gantz kein bedruck (Betrug), wie etwas stücke gemacht werden hinten mit pulversäcken, das ist in meinen stücken nicht, sondern sie seien durchaus gebohrt auf 28 Pfund bis auf den Boden". Auch ihr Rücklauf sei nicht grösser als bei den schweren Stücken, „lassen sich auch besser und geschwinder abkühlen, wie wir alles hier in Holland genugsam probiret, denn seine prinzliche Excellenz aus meinem letzten Probestück, welches war eine halbe Karthaune, „wog 3140 Pfund, liessen erstlichen die Probeschüsse schiessen hernacher war es auf eine Affütte gelegt und waren noch 35 schüsse sonder Abkürzen innerhalb 3 Stunden daraus gethan, jedoch ob dem stück schon grosse gewalt angethan, Alles wohl ausgestanden, darob sich mancher Mensch verwundert". Der Rath von Danzig scheint jedoch nicht auf das Anerbieten eingegangen zu sein.

[1]) Militaria D 23. Das Schreiben ist ohne Datum, auf der Rückseite ist der bezügliche Rathsschluss vom ult. April 1609 vermerkt, worin p. Kurss aufgefordert wird, die Geschütze nach Danzig zu bringen oder wenigstens die 3 grössten zu übersenden, die der Rath nach erfolgter Probe annehmen wolle.

ausgeschieden wurden. Die Karthaunen bildeten künftig die alleinige Grundlage des Systems, wie das auch bei den Holländern der Fall war. Die Franzosen behielten zwar ihre 6 Kaliber bei, verkürzten jedoch die Schlangen um einen Fuss. so dass die Röhre erheblich erleichtert wurden[1]). Gustav Adolf nahm i. J. 1624 das holländische System an[2]).

Danzig hatte durch Einführung der 20pfündigen Halbkarthaunen den Uebergang zu einem neuen System eingeleitet. Im Lauf des polnisch-schwedischen Krieges 1626—1629 und unmittelbar nach demselben ersetzte es die alten schweren Röhre des 16. Jahrhunderts und sämmtliche metallene Schlangen durch 12pfündige Quartierstücke und 6pfündige Achtelquartierstücke. Die bisherigen metallenen Röhre wurden der Kanonengiesserei übergeben, die eisernen Geschütze blieben jedoch, wie sie waren, in Gebrauch. Die Durchführung konnte natürlich nur nach und nach erfolgen. In den Akten haben sich einige Notizen darüber gefunden[3]), einen Ueberblick über das Ganze

---

[1]) Favé (Études 3, 243) verlegt diese Umformung in das 16. Jahrhundert. Die bezügliche Handschrift ist jedoch ohne Datum und gehört wahrscheinlich dem 17. Jahrhundert an, da sich im 16. Jahrhunderte die Tendenz zur Erleichterung der Geschütze noch nirgends zeigt. Auch ist es wohl ein Irrthum, wenn er beim Vergleich der Verhältnisszahlen des Kugel- zum Rohrgewicht des ältern und neuen Systems sagt, dass das fauconneau allein schwerer geworden ist. Da es um einen Fuss verkürzt worden ist, kann es füglich nicht schwerer geworden sein. Es ist vielmehr anzunehmen, dass hier ein Schreibfehler in Betreff des Gewichts vorliegt. In der That hat Napoléon (1, 201) das Gewicht des fauconneau mit 500 liv. angesetzt, so dass die Verhältnisszahl nicht 470 sondern 570 beträgt.

[2]) Daniel Elrich. Der grossen Artillerie, Feuerwerk und Büchsen zweiter Theil. Frankf. a. M. 1676. S. 25.

[3]) Ein Rathsschluss vom 24. März 1628 ordnet an, dass die grossen Stücke im Zeughause umgeschmolzen und 5 Quartierstücke daraus gefertigt werden sollen. Danz. Archiv. Militaria D. 65.

Ein andrer vom 19. Mai desselben Jahres befiehlt, dass der „Trommelschläger" — eine alte Feldschlange — in 6-Pfünder umgegossen werden solle. Ebd. D. 69. Das Archiv enthält ferner die Armirung von Weichselmünde in den Jahren 1616 (Militaria D 31), 1620 (Milit. D 89) und 1629 (Milit. Fasc. 32). In den beiden ersten hat sich die Ausrüstung mit Geschütz gegen 1604 nicht wesentlich geändert. Von dem neuen System befinden sich noch keine Geschütze darunter. Die Ausrüstung von 1629 weist dagegen 2 -12pfündige Viertel-

erhalten wir jedoch erst durch ein Verzeichniss der Stücke im Zeughause v. J. 1632. Danach bestanden die metallenen Röhre aus:

2—32pfündigen Karthaunen, Rhinozeros und Elephant.
15—20   „   Halbkarthaunen.
27—12   „   Quartierstücken.
6— 6   „   Achtelquartierstücken.
5 neuen Feuerkatzen.

Die in Weichselmünde befindlichen sind hierbei inbegriffen, wie ein NB. bemerkt. Einige alte Stücke, die sich noch im Zeughause befanden, wurden i. J. 1635 nach dem Giesshause geschafft. Wie es in einer Bemerkung heisst, sind die 5 Feuerkatzen zu Elbing gekauft und 1622 gegossen. Es sind darunter Haubitzen zu verstehen.

Was die Gewichte der neuen Geschützröhre betrifft, so ist bereits oben erwähnt worden, dass die Karthaunen, Rhinozeros und Elephant gegen 75 Centner wogen, also das 235fache der zugehörigen Kugel; während die i. J. 1600 gegossenen, der Löwe und die Löwin, die sie ersetzten, 98 Centner Gewicht hatten, also das 400fache der Kugel. Dies Gewicht ist für eine Karthaune enorm. Zu Anfang des 16. Jahrhunderts und nach Michel Otten hatte die Karthaune das hundertfache Gewicht der Kugel, nach dem Grafen Reinhard zu Solms das 115fache, nach Senfftenberg das 125fache, bei den Franzosen das 160-fache. Die Danziger 20pfündige halbe Karthaune hatte im Durchschnitt das 250fache, das 12pfündige Quartierstück das 275fache, das 6pfündige Achtelquartierstück sogar das 450fache der Kugel. Das ganz abnorme Gewicht des 6-Pfünders ist nur

karthaunen und 5—20pfündige Halbkarthaunen nach. Da die Festung inzwischen durch Anlage der Ost- und Westschanze verstärkt worden war, ist die Artillerie bedeutend vermehrt worden, namentlich an eisernen Geschützen, deren sich 93 vorfinden. Von alten metallenen Stücken sind noch 36 vorhanden, darunter 6 Feuerkatzen. Im J. 1635 finden sich noch 10 Halbschlangen, 5 Feuerkatzen, 3 Falkonete und 11 andre metallene Stücke zum Umgiessen im Giesshause. (Danz. Archiv. Ao. 1635 d. 13. Aug. „alt geschütz im Giesshause abwiegen lassen“).

Zwei „Memorials“ über erforderliche Munition (Milit. D 35 und 61) sprechen nur von 32-, 20-, 12- und 6pfündern. Sie sind leider ohne Jahreszahl.

dadurch zu erklären, dass das Rohr eine bedeutende Länge haben musste, um hinter Scharten feuern zu können, die es sonst verbrannt hätte.

Als Danzig sich auf den i. J. 1635 ablaufenden Waffenstillstand mit den Schweden vorbereitete, und sich aufs neue rüsten musste, kaufte es, um einem augenblicklichen Bedürfniss zu genügen und gleichzeitig zur Probe, 1633 sieben und 1634 sechs 8pfündige metallene Geschützröhre von nur 20 Centner Gewicht [1]). Sie scheinen sich jedoch nicht bewährt zu haben, da später nicht mehr die Rede davon ist. Die Gewichtsfrage fand ihre Lösung erst in der 2. Hälfte des 18. Jahrhunderts durch die Trennung der Feld- von der Festungs- und Belagerungsartillerie. Bis dahin waren die Geister in heftigem Streit darüber, welches das richtige Gewicht sei, ein Streit, der sich namentlich nach dem 7jährigen Kriege in Frankreich zuspitzte, aber zugunsten Gribeauval's entschieden wurde, der die Trennung der Feld- von der Belagerungsartillerie durchsetzte.

Auch die Schlange war dadurch noch nicht aus der Welt geschafft, dass ein Theil der Mächte sie ausschied. Namentlich die deutschen Staaten hielten daran fest und noch Montecuccoli hat sich ihrer bedient. Sie hatte in der That viele Vorzüge. Giovanni Battista sprach sich in seinem Danziger Protokoll dahin aus, dass die grössere Schlange einen Horizontalschuss (Kernschuss) von 330 Schritt habe, die Karthaune dagegen nur von 220 bis 230 Schritt und Ferrero empfiehlt sie zum Abkämmen von Erdbrustwehren, wogegen sich die Karthaune besser zum Niederlegen von Mauern eigne. Nach Dambach schoss die Nothschlange noch auf 2000 Schritt Bresche, die Karthaune nur bis auf 800 Schritt [2]). Dagegen war die Schlange wegen ihres Gewichts sehr ungelenk und wegen ihrer Länge sehr unbeholfen. Man konnte ihre grössere Fernwirkung nicht benutzen, weil ihre Laffete nur eine geringe Erhöhung gestattete.

---

[1]) Danz. Archiv. Militaria Fascikel 32. Ao. 1633 den 14. Dec. und Ao. 1634 den 16. Sept. dem Giesser Ludwig Wichsendahl zur Probe vom Gewicht geliefert pp.

[2]) Dambach. Büchsenmeisterei. Frankfurt a. M. 1609, I S. 49.

Wenn die deutsche Artillerie in dieser Frage keine entscheidende Stellung eingenommen hat, so ist ihr Einfluss auf die **Wurfgeschütze** und deren Geschosse dagegen von grosser Bedeutung geworden. Frankreich und andere Mächte hatten nach Einführung der eisernen Kugeln die Steinbüchsen völlig aufgegeben. In Frankreich existirte im ganzen Lauf des 16. Jahrhunderts weder ein Mörser noch ein Steinstück[1]) (Hauffnitze, Feuerbüchse), und Vanuccio Biringuccio sagt von den Mörsern, von ihnen spreche ich nicht, weil sie in jetziger Zeit gering geachtet werden[2]). Steinstücke im Sinne von Haubitzen erwähnt er überhaupt nicht. Dagegen wurden in Deutschland Mörser (Böller) und Steinbüchsen sorgfältig gepflegt[3]). Die Danziger Akten geben hierüber vielfachen Aufschluss. Die Stadt besass nach dem Inventar von 1598 zwei metallene und vier eiserne Mörser. Sie wurden bis zum Jahr 1604 auf 7 metallene, 5 eiserne und 5 bleierne[4]) erhöht. Ueber die Zahl der Feuerkatzen und Steinstücke in dieser Zeit ist bereits berichtet worden. Ausserdem waren die Steinbüchsen noch in den Göthlingen und Barsen vertreten, welche zum Theil aus kurzen Röhren kleinen Kalibers, die Steine schossen, bestanden und vielfach Hinterlader waren[5]). Solche Röhren gab es ander-

---

[1]) Noch die Instruction sur le faict de l'artillerie des Grossmeisters der französischen Artillerie, Herzogs von Sully II, v. J. 1633 hat weder einen Mörser noch eine Haubitze. Favé 332.

[2]) V. Biringuccio. Pyrotechnia. Siena 1540. S. 80. Delli mortari non v'ho parlato, perche gli moderni non gli aprezzano.

[3]) Zu den enthusiastischen Lobrednern der Mörser gehören der Graf Reinhard zu Solms und Senfftenberg. Letzterer war eine Zeit lang im Dienste Danzigs gewesen. Die Wichtigkeit des Mörsers, noch bevor er mit Bomben ausgerüstet war, war aber nicht nur theoretisch anerkannt, sondern hatte sich auch in der Praxis bewährt. Das Nürnberger Inventar von 1579, 1580 sagt von 2 Mörsern von 100pfündigem Kaliber: „diese beiden Mörser haben mittelst Göttlicher Verleyhung im Markgrävischen Kriege Hohen-Landsberg gewonnen". Napoleon III ist daher sehr im Irrthum, wenn er Études 2, 318 sagt, Diego Uffano sei der erste, welcher auf die Bedeutung des Mörsers hingewiesen hat. Die Stelle ist ausserdem dem Luis Collado entliehen.

[4]) Es gab zu dieser Zeit anderwärts auch Mörser von Holz. Georg Fuchs S. 101, Hondius.

[5]) Im Inventar von 1604 heisst es unter anderem: „Item sind Barsen mit einer Kammer auf dem Haus".

wärts auch von Metall. Man nannte sie Hauffnitzen. Friedrich Meyer, Zeugwart von Strassburg, giebt in seiner Büchsenmeisterei v. J. 1594[1]) die Zeichnung mehrerer Steinbüchsen, darunter die einer Hauffnitz. Sie besteht aus einem 5 bis 7 Fuss langen Rohr ohne Kammer von 6pfündigem Kaliber für Stein. Dass dies nicht aus der Luft gegriffen ist, beweist eine 1554 zu Augsburg gegossene Hauffnitz, wie sie in einem alten Inventar des fürstlich Esterhazyschen Schlosses Forchtenstein benannt wird, wo sie sich noch 1840 befand. Sie hat genau die Form und die Abmessungen, wie sie der Zeugwart von Strassburg giebt, ist 6 Fuss lang, für 6 Pfund Steine gebohrt, ohne Kammer und mit dünnen Wänden[2]). Graf Reinhard zu Solms bedient sich zwar nicht des Ausdrucks Hauffnitz, die Zeichnungen seiner Steinbüchsen[3]) haben aber dieselbe Form. Die Zeichnungen Meyers haben dadurch besondern Werth, dass sie den Durchschnitt des Rohrs geben und einen verjüngten Massstab haben. Er giebt noch drei andere Zeichnungen von der Form seiner Hauffnitz, aber geringeren Kalibers. Er nennt sie Stein- oder Streichbüchsen Eine grössere Steinbüchse, auf 18 Pfund Steingewicht gebohrt, ist 5 Fuss $3\frac{1}{2}$ Zoll lang, hat eine Kammer und gleicht genau der späteren Haubitze. Er nennt sie Hagelbüchse[4]). Sie entspricht der

[1]) Handschrift des baierischen Nationalmuseums zu München. Vor kurzem ist diese Handschrift, und zwar um 3 Bücher vermehrt und i. J. 1600 abgeschlossen, auch in der Breslauer Stadtbibliothek aufgefunden worden, wo sie bisher infolge einer falschen Eintragung im Handschriftenkatalog verborgen lag. Ich entnehme daraus folgende Stelle über die Steinbüchsen (S. 350): „Die Alten haben aus diesem Stück vor Zeiten nur Steine geschossen, jetzt pflegt man Feuerkugeln im Bogen in die Weite zu schiessen oder Hagel in den Streichwehren .... Sie werden ungleich gemacht, etliche mit Pulversäcken hinden wie die Mörser, etliche macht man das rohr durchaus in gleicher Grösse. Sie haben gewöhnlich halbkugelschwere Ladung". Nach den Ueberschriften der 7 Abschnitte zu urtheilen, ist die Breslauer Handschrift identisch mit dem Berner Codex Ms. 7 und 8. Jähns Geschichte der Kriegswissenschaften 2, 972.

[2]) Stein, österr. Major, in der Zeitschrift für Kunst, Wissenschaft und Geschichte des Krieges. 61. Bd. S. 181.

[3]) Quellen zur Gesch. der Feuerwaffen, hrsg. vom germ. Nationalmuseum zu Nürnberg. Taf. 132—134.

[4]) Friedrich Meyer 5. Buch. Bresl. Handschr. Das Exemplar des baier.

Danziger Feuerkatze, während die Streichbüchsen in dem Danziger Barsen enthalten sind.

Die Danziger Steinstücke mit drei Kammern sind bei Meyer nicht vertreten, da sie Schiffsgeschütze sind, die jedoch auch auf den Wällen Verwendung fanden.

Als Geschosse der Mörser werden im Inventar v. J. 1604 Steine, Sprengkugeln und Feuerkugeln angeführt. Von den Sprengkugeln (die spätern Bomben) wird gesagt, dass deren 32, geladen und ungeladen, sich im Kück in de Köck befänden. Es ist dies überhaupt die erste Nachricht, dass die Sprengkugeln in den Etat gestellt sind. Bis dahin scheinen sie sich im Versuchsstadium befunden zu haben. Nürnberg weist im Inventar von 1579—1580 nur eine auf. Sprengkugeln, aus der Hand geworfen, werden schon von Helm erwähnt [1]), solche für Geschütz beschreibt zuerst Vanuccio Biringuccio [2]). Aus ihm mag Graf Reinhard zu Solms geschöpft haben [3]). Doch scheint er sich von der Schwierigkeit ihres Gebrauchs nicht überzeugt zu haben, da er darüber schweigt. Aber er hat ihre grosse Bedeutung zuerst erkannt. Seitdem figurirt die Sprengkugel fast in allen deutschen artilleristischen Werken des 16. Jahrhunderts, ohne dass man von ihrer Anwendung etwas erfährt [4]). Das Danziger Inventar v. J. 1604 führt sie auch für die Feuerkatze unter den Geschossen auf. Dass ihre Einführung in Danzig Versuchen entsprungen ist, ersieht man aus einer Art von Programm eines solchen, der i. J. 1591 angestellt worden ist [5]). Es geht daraus hervor, dass der Versuch sich auf Falkaunen und Schlangen ausdehnte, aber anscheinend missglückt

---

Nationalmuseums hat zwar das 5. Buch schon nicht mehr, giebt aber im Anhange die Zeichnungen der Geschütze.

[1]) Jähns, Gesch. der Kriegswissenschaften 1, 611. Jahr 1635.

[2]) Pirotechnia S. 160. 6.

[3]) Kriegsordnung 1559. S. 31. Der eiserne Zünder wird S. 35. 6 beschrieben.

[4]) In der Schlacht von Lepanto wurden 5 Sprengkugeln angewendet, doch krepirten sie auf der Stelle und tödteten die eigne Mannschaft. Luis Collado, 6. Abhandlung.

[5]) Das Programm dazu findet sich Danz. Archiv Militaria D. 6 mit der Ueberschrift Ao. 1591 den 16. Januarii.

ist, da das Inventar von 1604 die Sprengkugel nicht als Geschoss dieser Gattungen anführt. Auch shrapnelartige Geschosse wurden versucht und dazu nicht bloss gegossene Kugeln, sondern auch hölzerne Büchsen, die mit eisernen Ringen und Blechen bekleidet waren, benutzt. Man nannte diese Geschosse Schrotkugeln. Ihre Füllung bestand aus eisernen, dreikantigen Schroten oder Bleikugeln [1]). Sie scheinen sich auch bewährt zu haben, da die Schrotkugel im Inventar von 1604 als Geschoss der Feuerkatze aufgeführt ist. Dass darunter keine Kartätschen gemeint sind, geht daraus hervor, dass diese noch besonders aufgeführt sind [2]). Auch bestätigt

---

[1]) Ich lasse hier einige Punkte des Programms folgen: 2) Hans Bornigk (Büchsenmeister) will aus der Falkaune schiessen ein Patron „darin Kugeln von Eysen von einem Pfund und 17 mittlere und 4 halbpfündige, in allem 11 Pfund Gewicht, dazu 5 Pfund Pulver. Die Patron sich selber sprengen soll.

Derselbe aus der Feldschlange gleichfalls gegossene Patron, darinnen 2 eiserne Kugeln von einem Pfund und 10 mittlere von einem halben Pfund und die andern kleiner. Wiegt 16 Pfund und 6 Pfund Pulver.

3) Heinrich Gedicke will schiessen aus der kleinen Feuerkatze 24 Bleikugeln der 5 ein Pfund. Sind gefasst in 2 Blechen, unten gut mit hölzernen Boden befestigt. Die ganze Kugel in Pech getaucht wiegt 15½ Pfund, dazu 4 Pfund Pulver.

Aus der Feuerkatze mit der Kammer will er schiessen ein Schrotkugel, wiegt 14 Pfund. Darin 26 dreikantige yserne schrot, in ein hölzerne Patron gefasst, das Ende mit Ringen versehen, der Patron ist mit Werg belegt und in Pech getaucht. Kammervolle Ladung von 4 Pfund.

Noch aus der Feuerkatz mit Kammer Kugeln von 15 Pfund, darin 44 dreikantige yserne Schrot, unden blech vor dem Stoss und oben auch Blech mit 6 eisernen Reifen, die oben umgelegt sind. Kammervolle Ladung von 4 Pfund.

[2]) Als Geschosse der Feuerkatze werden im Inventar von 1604 ihrer Zahl nach aufgeführt: Schrotkugeln, halbgebundene Kugeln, Sprengkugeln, Kettenkugeln, Stangenkugeln, Schrot in hölzernen Custodien, Schlagkugeln, irdene gebackene Kugeln mit Steinschrot, Bleikugeln mit eisernem Draht.

Schlagkugeln sind Feuerkugeln mit Schlägen, die sich innerhalb der Feuerkugel befanden und aus Kanonenschlägen und Raketenröhren bestanden. Sie waren mittelst eines Zünders mit der Oberfläche verbunden, so dass sie erst krepirten, wenn das Geschoss am Ziele angelangt war. Sie sollten das Ersticken der Brandkugel durch den Gegner verhindern. Die Schlagkugel wurde wie die spätere Bombe mit einem oder zwei Feuern abgefeuert.

die Büchsenmeisterei von Fr. Meyer das Vorhandensein hölzerner Sprengkugeln.

Wie in Danzig wurden auch anderwärts in Deutschland
die Sprengkugeln in dieser Zeit definitiv eingeführt. Mörser
und Steinbüchsen (Feuerkatzen), aus denen sie geworfen wurden,
waren hier im Gegensatze zu andern Ländern längst vorhanden. I. J. 1604 kommt in einem Inventar zu München auch
der Name Haubitze schon vor[1]). Er ist offenbar aus Hauf-
nitz (Haubnitz)[2]) hervorgegangen. Wenn dieser Ausdruck auch
im 16. Jahrhundert, wie wir gesehen haben, für ein specielles
Kaliber gebraucht wurde, so hatte er seine allgemeine Bedeutung
für Steinbüchse nicht verloren, wie aus Fransperger, der ihn
einmal gebraucht[3]), hervorgeht. Der Ausdruck Granate für
Sprengkugel, der anfänglich auch beim Mörser angewendet
wurde, ist nicht in Deutschland entstanden. Er findet sich zuerst in dem livre de canonnerie, Paris 1561[4]), wo die Sprengkugel damit bezeichnet wird, die als Ersatz der Schläge[5]) in
der Feuerkugel dient. Luis Collado bezeichnet die Sprengkugel
mit palla armata oder Granate[6]). In Deutschland kommt der
letztere Ausdruck zuerst i. J. 1610 in Baiern vor[7]) und breitet
sich von hier allmählich weiter aus. In Danzig verdrängen
die beiden Ausdrücke Haubitze und Granate die alten Namen Feuerkatze und Sprengkugel erst um das Jahr 1634[8]).
In demselben Jahr wird der Mörser und mit ihm die Gra-

---

[1]) Heilmann, Kriegsgesch. v. Baiern II 956.

[2]) Den Ausdruck Haubnitz gebraucht Christoph Dambach in seiner
Büchsenmeisterei. Frankfurt a. M. 1609 I 9 II 67. 75.

[3]) Kriegsbuch II 16.

[4]) Favé. Études III 256.

[5]) Vgl. Note 2. S. 485. Vgl. Fronsperger, Geschütz und Feuerwerk
1557. Kap. 13 S. 14. 2.

[6]) Prattika manuale dell' Artiglieria 1586. 6. Abhandlung.

[7]) Ein Ueberschlag über 20 Geschütze, worunter 2 Böller auf Rädern,
verlangt für diese 2000 eiserne Granaten à 70 Pfund. Heilmann II 948.

[8]) Danz. Archiv. Militaria D. 35. Es ist eine Bedarfsnachweisung,
wonach zu fertigen sind: 60-pfündige Granaten
30   „   „
Schrotkartusen, da Pulver und Kugeln an einander
sind.

nate in Frankreich überhaupt erst eingeführt[1]). Die Haubitze ist daselbst erst durch Gribeauval eingeführt worden. In Holland wird die Granate zuerst bei der Belagerung von Breda 1617 erwähnt. Die Spanier hatten zwar Versuche damit angestellt, aber noch zur Zeit Diego Uffano's (er schreibt 1613) war sie nicht eingeführt. Er sowohl wie Collado hielten sie zu unzuverlässig. Auch der Italiener Gabriel Busca sagt, er habe sie mehrfach versucht, zuweilen mit Erfolg, vielfach ohne. Wenn auch nicht ihre Erfindung, so doch ihre Ausbildung ist daher eine deutsche.

Die Zurückführung der Rohrgeschütze auf vier Kaliber würde allein schon genügen, den Anfang des 17. Jahrhunderts als epochemachend für die Entwickelung der Artillerie zu bezeichnen; von noch grösserer Wichtigkeit für dieselbe ist der Fortschritt, der sich in derselben Zeit in den Geschossen ausdrückt. Favé sagt in dieser Beziehung mit Recht: Si nous considérons, que depuis cette époque, les bombes ont conduit

Cardätschen die nur mit Schrot gefüllt sind:

    52 für Haubitzen
    20 zu den 32 pfündigen Carthaunen
  146 „ „ 20 „ halben Carthaunen
  100 „ „ 12 „ Quartierstücken
  135 „ „ 6 „ Stücken.

Die Jahreszahl wird nicht genannt, da jedoch die 4 genannten Kaliber erst um diese Zeit die andern metallenen Geschütze ersetzt haben und auch der ablaufende Waffenstillstand mit Schweden zu Rüstungen aufforderte, kann nur das Jahr 1634 gemeint sein.

In dieser Nachweisung tritt der Unterschied von Schrotkugel und Kartätsche recht deutlich hervor. Vgl. oben Note 7. Die Schrotkugel war das heutige Shrapnel. Sie war mit der Kartusche (Kartuse) verbunden. In Betreff der Granaten obiger Nachweisung ist es zweifelhaft, ob sie für Mörser oder Haubitzen bestimmt waren. Die Kaliber der Haubitzen und Mörser wurden nach dem Steingewicht der zugehörigen Kugel bestimmt. Die baierische Armee hatte in dem Feldzuge von Prag 1620 20 Geschütze, wovon 6 Haubitzen, 3—45pfündige und 3—25pfündige. (Heilmann II 951.) Das Zeughaus von München lieferte in den Jahren 1619 bis 1627 20 35pfündige, 14—25pfündige, 2—16pfündige, 2—10pfündige und 1—5pfündige Haubitzen an die Armee ab. Sie waren theils mit Steinen theils mit Granaten ausgerüstet. (Ebenda S. 950—956.)

[1]) Favé III 335.

aux obus lancés dans les obusiers, aux boulets creux lancés dans les canons et de nos jours, aux projectiles explosifes de forme allongé qui se substituent déjà presque entièrement aux boulets pleins et creux, nous pouvons apprécier non seulement l'importance immediate mais encore les conséquences reculées de cette invention [1]).

Wir haben noch die Vorräthe und die Verwaltung des Materials in Betracht zu ziehen. Nach dem Inventar von 1604 befanden sich

1. an **Pulver**, das Jahr 1604 eingerechnet, in

  Weichselmünde: 26 halbe Tonnen oder 39 Ctr., 25 ganze Tonnen oder 75 Ctr., $2^1/_2$ Ctr. auf dem Koggenthor für Weichselmünde bestimmt,

  in Danzig: Auf dem Kück in de Köck 207 Ctr. wovon 160 Ctr. Pirschpulver.

  Im Thurm zu den schwarzen Mönchen 46 Ctr.

  Im Thurm bei dem Schloss[2]) 4 Ctr. 3 Pf. Schlangenpulver.

  In der Fabrikation begriffen 110 Ctr. $53^1/_2$ Pf.

  In Summa 485 Ctr.

Diese geringe Summe wird nur dadurch verständlich, dass man nicht zu viel Pulver vorräthig halten wollte, weil es leichter verdarb als die Materialien.

2. An Salpeter:

  8 Tonnen geläuterten Salpeter im kleinen Thurm an der Milchkanne.

  Ungeläuterten Salpeter im Thurm zu den schwarzen Mönchen, der nach seiner Läuterung i. J. 1607 159 Ctr. 93 Pf. ergab.

  Davon wurden 76 Ctr. 75 Pf. zu Pulver verarbeitet und der Rest von 49 Ctr. 101 Pf. in 50 Fässlein im Milchkannenthurm untergebracht,

---

[1]) Favé. Études 3, 345.
[2]) Thurm ę auf Taf. I.

Im J. 1609 wurden 117 Ctr. 51 Pf. hinzugekauft, die nach der Läuterung 103 Ctr. 31 Pf. ergaben.

In Summa 337 Ctr.

3. An Schwefel:

Im kleinen Milchkannenthurm befanden sich 60 Tonnen und 12 halbe Tonnen.

Davon wurden 2 Tonnen i. J. 1607 zur Anfertigung von Pulver abgeliefert, blieben 210 Ctr.

4. An Kohlen:

460 Tonnen.

5. An Blei:

84 Ctr.

6. An Kupfer:

Mit den Zugängen bis 1610 164 Ctr.

Hinsichtlich der Bewaffnung der Besatzung lag es in der Absicht, den Bestand derselben auf die Höhe für eine Stärke von 10000 Mann zu Fuss und zu Ross zu bringen. Daran fehlten i. J. 1607 noch folgende Gegenstände, die nachträglich zu beschaffen waren[1]):

500 halbe Kyrisse graw eines Musters.

500 hinten und vorn schussfreie Corselets.

1000 schussfreie Harnisch für Fussvolk.

2000 gemeine Landsknechts Harnisch, alle graw.

6200 Morions.

2000 Pulverflaschen.

Eine Menge Bandoliere.

[1]) Danz. Archiv. Anhang zum Inventar von 1604 mit der Ueberschrift „Auf 10000 Mann zu Fuss und zu Ross aus dem Zeughaus zu armiren, gehören folgende sachen nach der handt anzuschaffen, über das was itzo ao. 1607 schon vorhanden. Das Regiment jedes 3000 Mann und 1000 Pferde stark". Ich begnüge mich, diese fehlenden Gegenstände aufzunehmen, da sich der wirkliche Bestand daraus ergiebt, der in dem Inventar von 1604 mit den Beschaffungen bis 1607 noch besonders aufgeführt ist. Die Stärke ist auf 3 Regimenter zu Fuss zu je 3000 Mann und ein Regiment zu Pferde berechnet, was aus der Angabe der Ueberschrift undeutlich ausgedrückt ist.

2000 kurze Tasseten (Taschen).
2000 Rapiere.
 180 Partisanen.
     Arkebusierrohre.
1500 Karabiner oder Pistolen mit Halftern. Eine Menge
     von Fussangeln auf Mann und Ross.
1000 Ctr. Salpeter.
1000 Ctr. Blei.
  63 eiserne Stück.

Den einzelnen Rubriken ist hinten eine Zahl mit der Bemerkung angehängt „mangelt“, die wahrscheinlich später eingetragen worden ist und für ein bestimmtes Jahr, das nicht
genannt ist, angeben soll, was noch mangelt und zu beschaffen
ist. Aus der Nachweisung geht hervor, dass die Bewaffnung
des Fussvolks bis auf die Schutzwaffen bereits vollständig vorhanden war.

Ueber die Verwaltung des Materials liegt in den Akten
des städtischen Archivs ein Vorschlag[1]), der vom verstorbenen
Rathsherrn Johann Schachmann eingereicht war und wie es
scheint, i. J. 1616[2]) vom Senat den Ordnungen vorgelegt und
empfohlen worden ist. Das Aktenstück trägt die Ueberschrift
„Herrn Johann Schachmanns Bedenken von der Arckeley.“ Obgleich nicht zu erkennen ist, ob der Vorschlag angenommen
worden, lässt er einen Blick in die Organisation der Verwaltung
thun, so dass seine Mittheilung an dieser Stelle gerechtfertigt
sein dürfte. Das Bedenken geht davon aus, dass eine Person
nicht länger im Stande ist, „allen Vorrath von geschütz und
allerlei Munition in Ordnung zu halten“ und es sich daher
empfehlen dürfte, zwei Herren des Raths, die von einander
unabhängig sind, damit zu betrauen. Der eine, als der ältere,
soll unter seinem Befehl haben „alles metallen geschütz, allen
Vorrath von Salpeter, Schwefel, Pulver, Kugeln und allerley
munition darzu gehörig, so woll auff dem Hause Weichselmünde

---

[1]) Fascikel 13. Militaria O. 1, 216 217.
[2]) Die Zahl 1616 ist mit einem Fragezeichen der Ueberschrift angehängt.

als hier in den Zeughäusern, Item alles Metall von Kupfer,
Zinn, so man pfleget dem geschworenen Buchsengiesser zu lie-
fern und zuzustellen. Zu solchem Vorrath soll obgemeltem
Herrn billigst ein Zeugschreiber nebenst und mit sampt dem
Zeugmeister gehalten werden, welche Personen dem Herrn von
Eines Erbaren Raths wegen, angeloben, demselben zu gehorchen,
Alles was ihnen von dem verordneten Herrn aufgetragen und
zu Ewer Erbaren Raths Namen befohlen wird.

Der ander junger Herr soll haben In seinem Befehlich alles
eisern Geschütz, sampt allerhandt kriegsrüstung beide zu Wasser
vndt zu lande, als nemblich alle Steinstücke, alle geitlinge von
Eisen, alle doppelbarssen, alle gantzen barssen, halbe Barssen,
Scherffentinbarssen[1]), Sturmhaken, Mauerhaken, Doppelhaken,
halbe haken; alle lange rohre, alle lange Spiesse, Feder- und
Knebelspiesse, alle Steinkugeln, so zu dem Eysern geschütz
gebraucht werden[2]), allen Harnisch beide zu Rathhause vnnd
Rüsthause. Zu solcher rüstung vnndt Vorrath derselbigen zu
warten vnndt In guter bereitschaft zu halten, sollen dem herrn
zu guette nachfolgende Personen beeidigt werden, als nemblich
Adrian Hertwig Im Schiessgarten welcher alle modell vnndt
formen zu obgemeltem geschütz behendigt hat, sowoll alle Pulverflaschen, Lunten, Spanner vnndt dergleichen zubeherung, damit
alles In guter ordnung gehe, auch zu vermitteln, das ein Heer
dem andern zu seinem befehlich nicht einschreite, dergleichen
so soll auch obgemelten Kriegsherrn vnndt Admiral, von Eines
Erbaren Rats wegen beeidigt werden die ander Person mit Namen
Abraham Mehlich, nachdem derselbige Abraham Mehlich bessern
verstandt mit der Kriegsrüsung zu wasser denn zu lande, derwegen viel bessere Erfahrung der Schiffsrüstung zu wasser denn
der Feldtzeugk zu lande hat."

----

[1]) Vgl. oben S. 471. Der Unterschied, wie ihn das Inventar der eisernen
Stücke v. J. 1609 macht, wonach nur die geschmiedeten Falkonets und Serpen-
tinen Barsen genannt werden, wird hier nicht festgehalten. Alles geschmiedete
Geschütz hiess Barsen. Die halbe Barse wird hier ein Falkonet bezeichnen, die
ganze Barse eine Quartierschlange, die doppelte Barse die halbe Schlange.
Mit der Falkaune beginnen die Göthlinge.

[2]) Vgl. oben S. 473.

Weichselmünde hatte seinen eignen Artoloreymeister.
1616 wird Claus Paulsen als solcher genannt. Seit 1620 war
es Johann Baker, der gegen 40 Jahr in der Stellung war.

IV.

Danziger Stadtarchiv. Militaria B. 214.

**Herrn Peter Percewals, bestellten Generalquartiermeistern, auch
Capitain von der Guardie und Oberinspektor aller Festungen
sambt den ganzen Guarnisonen der Herren Generalstaaten in den
vereinigten Niederländischen Provinzen Erholtes, aufgesetztes
Bedenken von Befestigung der Stadt Danzig i. J. 1650.**

Nützliche anmerckung
von
Verbesserung der Festungen.
Der Erste Theil von der Festung der Stadt.
1.

Die Stadt, ist nach beschaffenheit ihrer situation mit Wällen
und Gräben woll versehen, nemlich an die Nordost-Ost- und
Südostseite gegen das niedrige Land, vom Heyligen Leichnamsthor biss an das Newe (Lege) Thor. Wie auch die andere Seite
vom Newen Thor nach den Bergen zu biss an das Heilige
Leichnams Thor.

Auch sündt die Cavalliri nach gelegenheit des Orthes woll
angelegt, weil man auss den Flanguen, ziemlichermassen bedeckt
die gegenwehr thun kan.

2.

Von Verbesserung der Festung am newen Thor
(Lege Thor).

Es will aber noch von nöthen sein, dass für dem newen
Thor ein Ravelin gelegt werde, welches dienen wirt, erstlich zur sicherheit desselben Thors, wen daselbst Aussfelle geschehen sollen damit der feindt in der retirada nicht zugleich
mit in die Stadt dringen möge.

Und dan auch zur defension des Abhanges welcher von

dem Bischofsberg an den Graben der Stadt muss angeschlossen
werden, damit der feindt nicht darzwischen posto fassen und
sich einnisteln möge.

3.
Von Correction der Schleuse.

Die Schleuse erfordert auch eine bessere versicherung, so
woll an der Wacht als an rectificirung des Werks an sich selbst.
fürs erste muss die alte Schleuse im Graben der Contrescarpe
abgebrochen werden, weil daselbst keine Schleuse nöthig ist.
dagegen soll an demselben Orth ein Baer gemacht werden, der
das wasser aufhelt, wen es sich ergiesset. Dieser Baer muss
so lang gemacht werden, alss der Graben von der Contrescarpe
breit ist, oben scharf zugemauert, auf das niemant darüber
steigen kan. Auch sollen die Erdendamme wiederum wegge-
schaffet und von dem Baer lengst der Mottlau pallisaden gesetzet
werden, biss an die Infart, im Stadtgraben. Für der Infart
soll ein Baum liegen von den flügeln der Schleusse an biss zu
den pallisaden. Der Baum muss oben mit eisern stiften oder
nägeln versehen, das kein both oder Schafe, darüber zu bringen
und alle Zeit geschlossen sein, wie auf der ander seite der Infart
in den Stadtgraben mit der gleichen bäumen ebenmässig soll in
acht genommen worden.

Beneben diesen beiden Bäumen muss auch ein baum in die
zwerg durch die Mottlau geleget werden zu verhindern das man
nicht so eilendt an die bäume für den Stadtgraben oder zwischen
die flügel der Schleuse kommen kan, den der Baum der gegenwertig alda liegt ist nicht genug und dazu zu nahe unter dass
Werk, muss aber dennoch verbleiben. Auch wird gut sein die
Fossebree von der Schleuse biss an das punct des Bolwerks zu
öffnen, welches zu mehrer defension dienet. Und da man gefahr vermercket, kan man bei dem Baer auf der Contrescarpe
einen halben Mon legen, damit eine rotte Soldaten, welche sogleich im newen Thor (Lege Thor) wachen, des nachts zwei
Rotten bey der Schleuse in der alten Cordegarde an dem Wall
geleget werden, die des tages wieder herauss kommen, und im
Thor ihre Dienste verrichten. Von dieser Schleusse an, biss an
das Bolwerck nehest der Modlaw, ist die Festung gutt; allein

weiterhin muss die Brustwehr verbessert und zu behörender richtigkeit gebracht werden.

4.

Von der Versicherung des Haffens in der Modlaw[1]).

An dem Bolwerck bey der Modlaw soll die Espaule drey Ruthen lang mit Erde beworffen werden, so bekombt Sie ihre lange und das stück an der Courtine wirt so lang das man eine Batterie darauf machen kan zur defension der Modlaw.

Dieses Bolwerk soll mit pfälen welche imwendig mit plancken bekleidet sein, volgender Gestalt versehen und an die Modlaw geschlossen werden. Die Pfäle sollen gestossen werden zehen oder zwelff chuh in den festen grundt oder so tieff, als man Sie hinnein treiben kan, auf jeder Ruthen länge Vier pfähle anderhalb chuh diecke und sollen, über wasser zwelff chuh hoch bleiben, nach behörlicher abdachung, nemlich auf fünff chuh höhe, ein chuh in rechter Linia, so woll inwendig als ausswendig. Oben soll man Sie schliessen in rechter Linia mit einem Balcken, so dieck als die pfäle sein, undt mit pinnen oder zapfen woll dichte an einander fügen. Auch soll man dasselbe inwendig ein oder zwo chuh unter wasser mit plancken bekleiden biss zu fünff chuh über wasser gar dichte aufeinander getrieben und die fugen woll verstrichen oder mit latten beschlagen wie es sich behöret, die plancken sollen zum wenigsten vier Zoll diecke sein.

Auff diese Höhe soll man das Werck veranckern auf den Vierten oder fünfften Pfall und sollen die ancker diecke sein zwei Zoll, mit starken Schwalbeschwanzen in die pfäle eingelassen und fest genagelt mit Spitznegeln.

Die ancker sollen lang sein achtzehnn oder zwanzig chuh, am Kreuz woll versehen und zwey pfäle dafür geschlagen, welche tieff in den grundt stecken sollen, auf sechs oder acht chuh, nach des Wercks erförderung.

Auch sollen alsdann die Plancken inwendig mit Heyde und guter Erde zum wenigsten auf zehen oder zwelff schuh dichte

---

[1]) In diesem Paragraph handelt es sich um Sicherung des Eintritts, im folgenden um Sicherung des Austritts der Mottlau in die resp. aus der Festung Den Hafen bildete die Mottlau.

angetrieben und gestampfet werden. Dan ferner soll man fünff oder sechs schuh noch einmahl ancker rinlegen, gleichmässig wie zuvor, von dem dritten Pfall zu dem Vierten, von gleicher Länge und Diecke mit Krenzen auf vorgedachte weisse. Diese Ancker sollen also geleget werden, dass Sie in der Mitte von den andern, die zuvor geleget sein, kommen und danach angefüllet werden, wie die vorige. Darauf als dan die brustwehr zu setzen und wen diess werk in der Modlaw also geschlossen, so soll ein Baum für lengst den pfälen geleget werden, dass man des tages darüber gehen kan. Zu unterst soll ferner der Fuss des Walles wie auch das stück von der Courtine und Espaule gepallisadiret werden, auf das man nicht an den Wall kommen kan. Auf dem dam, welcher zwischen der Motlaw und dem Stadtgraben lieget, müssen drey Reyen pallisaden gesetzet werden, wie im abriss vorzeichnet und dem Ingenier Balzer Hedding bericht geschehen ist.

Gleichfals muss die andere Seitte, da die newe Cordegarde stehet mit dergleichen werck geschlossen werden, bis an das fischerthor nemlich mit pfälen, plancken und anckern, gefüllet mit Erde aller massen, wie zuvor gesaget ist.

Der Baum, welcher lengst dem pfal Werck soll geleget werden, da man über gehen muss, soll also gemacht werden, dass Er an der lange wen man des nachts das äusserste ende nach sich ziehet so weit reiche, das an die pfäle kan geschlossen werden, welche in die Motlaw stehen, am ende des fischergrabens? auf was weise Er des nachts zu einem baum, und des tages zu einem stege dienen wirt.

Der Dam muss eben so pallisadirt werden, mit drey Reyen hinter einander, davon das eine ende in den Stadtgraben, das ander ende in dem Fischergraben oben auff zustehen kommet.

Lengst dem Wall von dem baum abe mussen auch zu unterst an den Fuss des Walles pallisaden gesezet werden, den Wall zu beschützen. Und wen dieses also gemacht ist, wirt es stark genug sein, den Haffen oder die Mottlaw zu defendiren.

5.

Wie der Bau- oder Zimmerhoff zu befestigen.

Wen wegen der bey Sommerzeit anckommenden vielen

Kahnen etwas gefehrliches zu besorgen were, so soll auf dem zimmerhoff eine Redutte geleget werden, die rundt herum mit einem graben umbfangen sey, davon an zwo Seitten albereit die graben vorhanden und an den andern zwo Seitten gar leicht gemacht werden können, als dan Drey oder vier eiserne stück darein zulegen sein, welches zum schreck und in der noth zur defension dienen wirt.

Forderst aber muss gutte aufsicht dabey sein, dass die graben mit Holz nicht beleget, sondern der Baum forn an den graben stets geschlossen werde. Auch kan man zu mehrer versicherung dieses Bolwerk an der rechten Handt mit pallisaden schliessen, damit die Wacht nicht überfallen werde. Auf der ander Seitte dienen die lengst dem fischergraben in der Mottlaw geschlagene pfäle das man mit den Kahnen alda nicht ankommen kan.

6.

Von der Befestigung des Bischofsberges.

Dass Werck auf den bergen anlangend so muss fürs erste auf dem Bischofsberg ein Hornwerck, mit einem halben Mon dafür, so wie dasselbe abgestochen ist, gemacht werden auf folgende manier. Man sol folgen die pfäle, welche alda geschlagen sein, die sollen sein die grundtlini zum anlegen des Walles.

Für diesen pfälen oder Keilstecken soll man lassen eine Berme vier chuh breitt und von dannen den graben anfangen, welcher breit sein soll über vier Ruthen, und soll tief gemacht werden, fünfzehn chuh unter der Berm überall eben tief, undt soll die abdachung sein anderthalb chuh, gegen jedem chuh der Höhe, dass in dem Boden bleiben soll die breitte einer Seitte oder fünfzehen chuh. Von der Erde auss diesem graben genommen soll der Wall gemacht werden, dessen anlage sein soll neun und fünfzig chuh, die Höhe acht chuh fein zierlich in rechter linie aufgesczet: jede chicht Erde soll geschüttet werden in der Höhe drey viertentheil vom chuh und niedergestampet auf einem halben chuh, und darnach eine chicht darauf gelegt von gutem lebendigen queck, die abdachung sol sein auf einem chuh drey viertentheil vom chuh. Von inwendig aber soll dieselbe lauffen, wie sich die Erde im werffen stürzet,

Undt soll also in vorgedachter Höhe auf seinem Kruym (Krone) breit
sein, fünf und Viertzig chuh. Auf diesem Wall soll man setzen
eine Brustwehr von zwelff chuh und ausswendig vier chuh
aufgesezet, mit der abdachung wie zuvor in der Form des
Walls berichtet ist. Von inwendig soll diese Brustwehr mit
Boden woll auf ein ander gefüget oder bei mangel der Boden
von gutter schwarzer erde aufgesezet werden. Diese Brustwehr soll in der abdachung haben einen chuh auf vier und
einen halben chuh Höhe über das banquet, nemlich wen es
mit Soden aufgesezet ist. Da man aber Erde gebraucht, soll
die abdachung sein gegen einen chuh, einen halben und das
banquet dagegen gemachet von anderhalb chuh Höh, und vier
chuh breit.

Diese Brustwehr von zwelff chuh auf ihrem Kruym ist
zu verstehen, in der Front, den die flügel sollen nur acht chuh
auf ihrem Kruym halten.

In dieser Brustwehr sollen in der Mitte gutte starke
eichene sturmpfäle geleget werden, in der lenge von acht chuh
nemlich vier chuh in der Brustwehr, und vier chuh für dieselbe herausstecken, so dicht bei einander, dass auf jeder
Ruthe befunden sollen werden funfzehn sturmpfäle, ein jeder
in der Runde dreizehen oder fünfzehen Zoll dieck, die Erde
gechärfet und aufwerts stehent in rechter Linie wie gebräuchlich. Da sich aber zuträge, das der Erde in dem Graben zu
viel were, so soll man den Wall damit verbreitern, alles auf
gleichmessige breitte.

Der halbe Mon soll drei chuh niedriger gemacht werden,
als das Hornwerck und mit gutten eichenen sturmpfählen ein-
gelgt, der graben soll oben weit sein drey ruthen und zwelff
chuh tief. Wen dies Werck also angeleget ist, soll man ferner
den plaz inwendig eben und nach der Stadt zu, abhangent
machen, welche abgeschobene Erde zu erfüllung der gruben
zwischen den bergen dienen kan.

Wenn diese Gruben zwischen den Bergen behörendermassen
angefüllet sein, so soll man die berge, nach dem sich ihre
Kämme terrassenweise, jede in eine rechte linie abscarpiren
und dan von oben mit pallisaden schliessen, biss an die Radaune, und alle beyde seiten der flügel, welches man auch in

Zeit der noth biss an den Stadt graben vol ziehen soll. mit einem retrenchement, von acht chuh hoch, und vier chuh auf seinem Kruym, dazu einen graben von zwelff chuh breit und acht chuh tief, darüber mit einer gutten Reye pfälen, nach anweisung des abrisses.

7.

Von der Befestigung des Hagelsberges.

Dass ander Hornwerck, welches auf dem Hagelsberg abgestochen ist, soll man auch auf dieselbe form machen, wie gesaget dabey in acht zunemen ist, dass das vorgeschrieben Werck so hoch gemacht werde, das die Soldaten hinter den Brustwehren bedeckt stehen und von den Bergen oder Höhen, welche ausserhalb dem Werck bleiben, nicht geschen werden mögen.

Für dies Hornwerck soll auch auf die Höhe ein halber Mon geleget werden, gleich wie in dem abriss abgerissen ist.

Es bleiben aber etliche berge ausserhalb den Wercken, welche in dem abriss verzeichnet sein, die müssen geschlichtet werden.

In diesen beiden vorgeschriebenen Hornwercken, so woll auf dem Hagelsberg, als Bischofsberg muss in jedem eine Redutte von Stein gemacht werden, zwo ruthen von dem Wall, mit einem Stacket, rund herum und an Höhe von acht chuh überall parallel, abgesezet auf eine ruthe lang von genanter redutte.

In dieser Redutte muss am Boden ein klein Magazin gemacht werden, vor Kraut und loth, gleich wie davon ein model gemacht ist, darin alles zu sehen.

Diese Redutte kann man des nachts besezen mit einem Gefreiheten oder Corporal und sechs oder acht Soldaten, welche mit Thor schliessen dahin gehen, und bei Thor öffnen wiederum in die Stadt kommen.

Diese beiden Hornwercke können besezet werden, auf dem Bischofsberg auss der wacht vom Hohen Thor. und auf dem Hagelsberg auss der Wacht, von dem Heiligen Leichnamsthor. Diese Hornwercke müssen baldt anfangs gemacht werden, auf das man in Zeitt der noth unter dem faveur dieser beiden Wercke, die Schliessung zwischen den bergen vortstellen und nothwendige garnisonen darin legen können, durch welche das Werck folgents vollents anzufertigen.

8.

Von der Circumvallation und Zusammenschliessung der Berge.

Auf begebenden Fall der Belagerung soll man die zwee Hornwercke auf dem Bischofs- und Hagelsberg an einander schliessen mit einer linie nach anleitung des abrisses, von Acht chuh Hoch mit der Brustwehr und vier chuh auf den Kruym: Drey chuh den Wall hoch, und fünff chuh die Brustwehr. Den Wall vier chuh breit und den Graben dafür von zwelff, biss 14 chuh weit, und acht chuh tief überall, da die linie über das flache landt gehet.

Die Brustwehr aber, welche auf die eusserste Kante von den Bergen stehet, namentlich den Bischofsberg, soll in der Höhe halten sechs chuh, und Vier chuh auf den Kruym, und soll den Berg abscarpiren bey zwelff chuh niederwerts nach anweisung des abrisses.

Der halbe Mon liegende auf der linie soll hoch sein sechs chuh mit einem banquet dafür von anderthalb chuh hoch und vier chuh breitt.

Wen diess Werck also angeleget ist, so soll man noch einen verloren graben machen lengst der linie und rundt um den halben Mon und um die Redutte, liegende in der Mitte zwischen den zwey Hornwercken, von sechszehen chuh breit, und acht chuh tieff.

Diesen Graben soll man machen von dem Graben der Linie abgesezet achtzehen chuh und die Erde von beiden Seitten aufgeworffen, und auffwertz geschlichtet nach manier der Contrescarpe. Von der inwendigen erde aber soll eine Brustwehr gemacht von fünff chuh hoch und drittehalb chuh auf seinem Kruym und dieselbe aufwertz gesezet werden, gleich mit dem Graben.

Die Redutte, welche zwischen den beiden Hornwercken liget, soll gemachet werden mit einem Wall von 6 chuh hoch und einer Brustwehr von 6 chuh hoch, und auf dem Kruym rundt herums acht chuh mit sturmpfälen eingeleget, und soll in der fronte gross sein acht ruthen, und tieff 6 Ruthen mit einem graben, zwo Ruthen breit undt zwelff chuh tieff, und schliessen das retrenchement mit einer pallisade an die vorbeschriebene redutte durch den Graben in einer rechten Linie.

Also soll man auch verfahren zwischen dem Hornwerck und der Kalkschanze an alle beide linien und machen dieselbe hoch acht chuh: und den graben gleich dem andern mit einem verloren Graben, wie es zuvor angedeutet ist, und mit dem abriss in allem übereinkommen soll.

Man soll auch fleissig zusehen, wen der feindt für der Stadt ist, dass des nachts lengst der linie die Wachten woll bestellet sein, damit man des nachts nicht überfallen werde. Des tages ziehen sie wider in die vorgeschriebene Hornwercke, welchermassen es auch in der Kalkschanze zu halten. Den das sündt die fürnemsten Pletze, die in der Zeit der noth woll zu besezen sein und sich reguliren müssen nach des feindes verhalten, in sonderheit an den orth, welchen Er anzugreiffen vorhabens ist. Wen das Werck volkommen geschlossen ist, nach anweisung des abrisses, so sollen die Ingeniers achtung geben, ob ausserhalb noch einige Höhen wären, die man sich könte zu nutz machen, dieselbe soll man einnemen und machen Kleine werck darauf, aber für allen Dingen muss das Circumvallation werck wol geschlossen sein.

Die Ingeniers sollen unvergessen sein, wen der feindt einige Wercke mit approchiren angreiffen wolte, das Sie woll in acht nemen, wo Er ankommen will, als dan muss man ihm mit einer kleinen linie entgegen kommen, seine linie damit zu brechen und angefangene Werck zu verhindern, wie der Ingenier Balthasar (Hedding) davon information bekommen hatt.

Auch soll man des nachts kleine aussfelle thun, von zehen oder 20 Man, mit einem hertzhaften Sergeanten. Wen aber die aussfelle mit starcker anzahl geschehen, so soll dazu ein Officirer genommen werden nach der Commandanten gutt befinden: je mehr aussfelle aber des nachts fürgenommen werden, je besser es ist, jedoch in kleiner anzall, des feindes Werckleute dadurch zu verjagen, worzu halbe Picken und Hellebarten sehr bequem sein, welche mit grosser menge in Vorrath sein müssen.

Man soll auch aufmercken, wen der feind sich unterstehet
ein Werck von den aussenwercken zu übermeistern und man
dasselbe endtlich verlassen müste, dass darunter eine Mine
gemachet und zu rechter zeit gesprenget werde dem feindt ein
schrecken einzujagen, solche Wercke nicht leicht anzufallen, .
sondern sich zu hütten für dergleichen wilkom.

Im fall sich begibet, dass die vorbeschriebene Wercke angegriffen worden, so soll man fleissig in acht nehmen, dass überall in den Hornwercken gutte Magazins vorhanden sein von
Krautt und loth, Lunten und granaten, Pichkrenzen, fewer-
Kugeln etc. damit wen dieselbe von nöthen sein nicht darff
auss der Stadt gehollet werden.

9.

Von der Kalckschanze und dabey liegenden Holm.

In der Kalckschanze kan man die garnison sparen und
machen alda auch eine steinerne Redutte als hieberor gemeldet
ist, und besetzen dieselbe mit einem Sergeanten und zwelff oder
fünfzehen Soldaten und lassen Sie alle vier oder acht tage
ablösen. So lange sie aber daselbst verbleiben müssen Sie pro-
viantiret sein.

In diese und alle andere steinere Redutten muss ein Klein
Magazin gemacht und versehen werden mit Kraut und loth
auf dass man in Zeit der noth die ammunition nicht von nöthen
hatt auss der Stadt zu holen, dass geschütz, welches gegenwärtig in der Schanz vorhanden, soll man darauss nemen.

Noch muss nottwendig auf dem Holm eine Redutte gemacht
werden, von acht Ruthen breit in der front und sechs Ruthen
tieff und so nahe an der Weissel geleget werde, als man
immer kan, nemlich an der rechten Handt gegen der Kalckschanze
über, auf das Sie die Seitte von der Oliva bestreichen möge.

Die Erde kann man darzu nemen in der Kalckschanze,
von den zwo Bolwercken an dem Wasser, und die Courtine
verlengern in eine rechte linie biss an das Stacket an dem
Wasser und sezen alda auch eine Steinerne Redutte und besezen dieselbe mit einem Rotmeister oder Corporal und sechs
Soldaten nach belieben der Oberkeit.

Die andere Redutte auf dem Holm ins mitten von der

Contrescarpe, welche lengst der Weissel gehet, soll man die Brustwehr welche geschlichtet ist widerum aufbawen und machen darein auch eine Steinerne Redutte, welche mit vier Soldaten zu besezen.

10.

Von der befestigung dess Orths zum grossen Hollender.

Das dritte Hornwerck, von zwey halben Bolwercken zwichen dem grossen Hollender und der Weissel Münde, sol gemacht werden auf manier wie folget. Fürss erste soll man den Plaz woll verhöhen gegen dem hohen Wasser, und folgen den pfälen die alda geschlagen sein, welche pfäle bedeuten die grundt linie, oder das anlegen von dem Wall.

Der Wall soll aufgeführet werden zehen chuh Hoch über dem ebenen plaz, breitt fünf und fünfzig chuh, die abdachung ausswendig drey viertentheil chuh auf einem chuh und von inwendig, wie es die stürzung der Erde geben wirdt, also das der Wall auf seinen Kruym breitt sein wirt ein und vierzig chuh. Hierauff soll man sezen eine Brustwehr von zehen chuh auf seinem Kruym, inwendig sechs chuh hoch und ausswendig vier chuh. Die abdachung ausswendig gleich dem Wall davon gesagt ist und inwendig soll dafür eine banquette gemacht werden, von vier chuh breitt und anderthalb chuh hoch. Die abdachung der Brustwehr inwendig kan sein ein halber chuh gegen dem ganzen chuh.

In dieser Brustwehr sollen drey chuh von oben herab starcke Eichen sturmpfäle eingeleget werden, davon die enden geschärfet sein, auf behörende weisse, wie zuvor gesagt ist.

Für diesem Wall soll der Berm bleiben sechs chuh breitt und ausserhalb soll man einen graben machen fünf ruthen breit, zehen tieff und die abdachung richten nach dem Boden auf jedem chuh einen chuh, der gestalt wirt Er an dem Boden bleiben vierzig chuh breitt. Soll überall gar eben gleich aussgegraben werden, dass nirgent eine unebene, auch nur etliche Zoll gross vermercket werde.

Ausserhalb diesen vorgeschriebenen graben soll man machen eine Contrescarpe davon die Abdachung sein soll achtzig chuh. Der bedeckte Weg sambt der fussbancke dreyssig chuh breitt, und so hoch alss der Berm oder fuss von dem Wall. Die Brustwehr und die fussbancke soll aufgesezet werden, gleich als von der ander brustwehr gesaget ist. Der graben soll breitt sein vier Ruthen für die Contrescarpe und so tief, dass man mit gemeinen Wasser, darin halten kan, sechs chuh.

Dasselbe Werck soll auch geschlossen werden mit pallisaden über das Kay danachen gleichwie dasselbe in dem abriss vorgebildet ist.

Man soll noch in diesem Werck eine steinerne Redutte machen, und dieselbe besezen, auss der Weisselmünde mit einem Corporal oder Sergeanten und acht und zehen Soldaten, welche auf gewisse zeit abzulösen sein, weil der orth eine advenue ist.

Alle diese Wercke sollen durch steinere Redutten bewahret werden und muss kein Gechüz darin kommen, wie auch nicht in der Kalckschanze als in zeit der noth, da mans hinein bringen, wie auch mit mehr volk besezen kan. Also das diese steinere Redutten zu cordegarden zu gebrauchen.

Noch muss man in zeit der noth wen der feindt an der Neringschen Seite durch den Waldt kommen und die farth auf der bosmans Lacke benemen, oder auf dem Holm einbrechen wolte, alle wege undt advenuen durchschneiden, an unterschiedenen stellen und sezen die Erde von inwendig an stelle der Brustwehr gleich wie dem Ingenier Balthasar anweissung geschehn ist.

11.
Von der Verbesserung zur Weisselmünde.

Dass vierte Hornwerck mit dem Ravelin dafür zur Weisselmünde auf dem Drillplatz, sol gemacht werden mit einem graben, und Contrescarpe, nach dem profil und Bestecken, welches Ich davon gemacht habe und in dem abriss zu sehen ist. Man soll auch darin eine steinerne Redutte sezen, welche mit einem Rottenmeister oder gefreiheten und vier Soldaten zu bewachen, die des abents dahin gehen, und des morgens wiederums in die Schanze kommen.

Noch sol man an das Nordost-Bolwerck, welches auf den Strandt, nahest an der See liget rund herum eine fossebree machen, vorlengst der einen Espaule und face, biss an die See, den strandt zu befreihen: und dafür einen graben, mit einer

Contrescarpe, eben gleich wie auf dem davor angefertigten abriss zu sehen ist.

Dan soll man ferner von der fossebree an pallisaden sezen, vorlengst dem Wall biss in die Weissel, eine Ruthe breit, von dem Holzwerck und Mauerwerck, und parallel mit beyden Facen, bey der Espaule und Curtine, wie es sich gebüret.

Auch muss das Holzwerck, oder Bolwerck vorlengst der Weissel biss an das Strauchwerck woll gepallisadirt werden, damit man von der Westseitte bei nacht mit bothen nicht über die Weissel auf den strandt kommen kan.

Erinnerung von Mörseln, Granaten, Fewer Kugeln, Pichkrentzen, Schantz Körbe und Mühlen.

Man soll achtung geben, an welchen Orth, der feindt den mehrentheil seines volcks in die approchen hat, auf das man dahin auss den Mörseln viel steine werfe, weil dieselbe grossen chaden thun. Was aber die grosse Granaten belanget, soll man auss den Mörseln nicht werffen den Sie thun wenig fortheil, sündt aber hingegen nützlich zu gebrauchen, wen Sie in die Stadt geworfen werden. Wen sich auch begibet, dass man ein Werck mit gewalt erobern will, so soll man in vorrath haben, viele handt granaten dieselbe unter den feindt zu werfen, wen Er im angriff ist, den nicht leicht gefunden wirt, welches mehr chaden thutt, und kan man dersselben nicht zu viel haben, im zeughauss, wegen ihrer nuzbarkeit, worunter bissweilen auch im stürmen die Pichkränze mit untergemenget werden.

Die fewer Kugeln gebraucht man wen finstere nachten sein und werden auf die Kante des Grabens geleget, zu dem ende das man sehen kan, wen der feindt nahe, sein vorhaben desto besser zu verhindern: Sonsten würde der feindt alle zeit im Dunkeln seine Werke in dem graben machen, den graben mit Reyss füllen ehe mans inne werde. Darum muss man alhier grossen fleiss brauchen, und solches zuverhindern, wie oben gesaget ist, lengst der linie die Wachten woll besezen, undt stellen die childtwachten zimlich nahe bey ein ander, wie auch die Ronden oftmahls zu wider holen, insonderheit wen es finstere nachten sein, massen dan erfordert wirt, dass man als dan lausche was sich hebet den geschwindt überfall zuverhütten,

und so baldt man etwas höret, oder vermerket muss eilendt
eine fewer Kugel über den graben geworffen werden, zu sehen
wo der feindt ist.

Man soll auch Schanzkörbe im vorrath haben und lange
Sozissen von sechs, zehen, oder zwelff chuh lang und im dia-
metro dicke zwe chuh. Dieselben sollen gebunden sein mit
viel weyden, nemlich auf jedem halben chuh der lenge eine
weide. Gleichfals soll auch viel Reiss im Vorrath sein, auf
allen wercken, um starcke zeune zumachen.

Wen sich nemlich zutrüge, dass Wercke nöthig zumachen
weren, die man von innen nicht aufsezen könte wegen des feinds
vielen chiessen, so soll man dieselben inwertz zeunen, darum
muss man solches alles im Vorrath haben, wie auch baldt anfangs bey drey tausendt Schiessmannckens (Sandsäcke?) be-
reitet werden sollen, als deren man sich sehr zu gebrauchen
hatt in Zeit der belagerung.

Ich muss auch gedencken der Mühlen, welche nothwendig
bey der Stadt zu halten sein, und Können derer auss den Bolwercken zwee oder drey gemacht werden, wie dem Ingenier
Baltzer angedeutet worden, an orth und stelle da Sie nicht
Können beschossen werden.

Es könnte auch nicht chaden, das man eine Mühle im vorrath hatte, die auf dem Weisselstrom zulegen were in Zeit der
noth, wen die Radaun solte abgeschnitten werden.

Von der Besatzung wie starck dieselbe anzustellen
sey.

Folgents von der Garnison zu reden, so muss bey friedens
Zeit zur Weisselmünde die Ostchanze versorget werden mit drey
hundert Man. In den Aussenwercken soll die Garnison weggenommen werden, und dagegen eine Steinerne Redutte gesezet
werden, darin des nachts bey chliessung der thore eine Wacht
von fünff oder sechs man genug sein wirt: zu Zeit des Krieges
aber muss die Garnison zur Weisselmünde sich erstrecken auf
acht Hundert man.

Die Westchanze muss in friedes zeit eine garnison haben
von Hundert undt funfzig Man aber in Krieges zeit von drey
hundert Man. Dass Werck zwischen dem grossen Hollender

und Weisselmünde muss in Zeit der noth versehen werden mit hundert und fünfzig Man. Die ganze Garnison muss unter einem Commando bestehen, damit das volck zu disponiren an die posten da der feindt soll mögen ankommen. Die beide Hornwercke müssen bei Krieges zeiten versehen sein, jeder mit tausent Man, damit die Redutten, welche ligen in der linie von der Circumvallation zwischen dem Bischofsberge und Kalckschanze recht mögen besezet werden.

Also beläufft sich die garnison zur Weisselmünde und die Besetzung der zwey Hornwercke zusamen auf dreytausent, zwey hundert fünfzig Man. In der Stadt aber auf siebenhundert Man, mit welchen man noch einige Posten wirt versehen können, wo es nöthig ist, was massen in Zeit von noth die Garnison bestehen soll in Vier tausend Man, und drey hundert Reutter. Dennoch aber wirt die Bürgerchafft auch müssen wachen und die Stadt bewahren helfen.

Auch ist nöthig das man sich versorget mit zwey oder drey Minirer, insonderheit wegen der Berge an welchem orth die meiste defension durch Minen geschehen kan.

Gleichfals soll man bedacht sein ein Vorrath zu haben fünff oder sechs tausend Spaden, zwey tausend chippen, tausendt hacken und tausent Picken.

Nota bene. Dass der Herr Peter Percewal auss Niederlandt alhier gefordert worden sein bedenken und Rath von der Stadt Dantzig befestigung mit zutheilen. Ist auch solcher Ursachen wegen 3 oder Vier Monath alhier Verblieben und bei seinem abzug, ohne die freyhaltung in der Herberge mitt zwelff hundert Ducaten belohnet worden, womit er dennoch nicht vergnügen sein wollen.

Druckfehler.

Text.

S.   63 Zeile 9 von unten: mochte für machte.
„   81   „   3 „   „   Gewerke für Gewerbe.
„   83   „   2 „   oben: „   „   „
„ 149   „   9 „   „   wurden für würden.
„ 152   „ 13 „   unten: Anmarsch für Anmeldung.
„ 168   „ 11 „   „   1501 für 1500.
„ 168   „ 11 „   „   501 für 507.
„ 173   „   6 „   „   Ebenso für Dagegen.
„ 196   „   5 „   oben: Schönberg für Schonberg.
„ 353   „ 14 „   „   1656 für 1650
„ 412   „   9 „   unten: daraus für darauf.
„ 432   „   5 „   „   Gewerke für Gewerbe.
„ 475   „ 15 „   „   eiserne Kugeln für Kugeln.

Noten.

S.   3 Zeile 2 von oben: aquarum für oquarum.
„ 185   „   2 „   „   bisz für biw.
„ 244   „   1 „   „   locum — commodum für locam — commodam.
„ 330   „   2 „   unten: XIII für XIV.
„ 487   „ 11 „   „   hinter oben ist zu setzen S. 486.
„ 489   „   1 „   „   in für aus.

Verzeichniss der Karten und Pläne des I. Bandes.

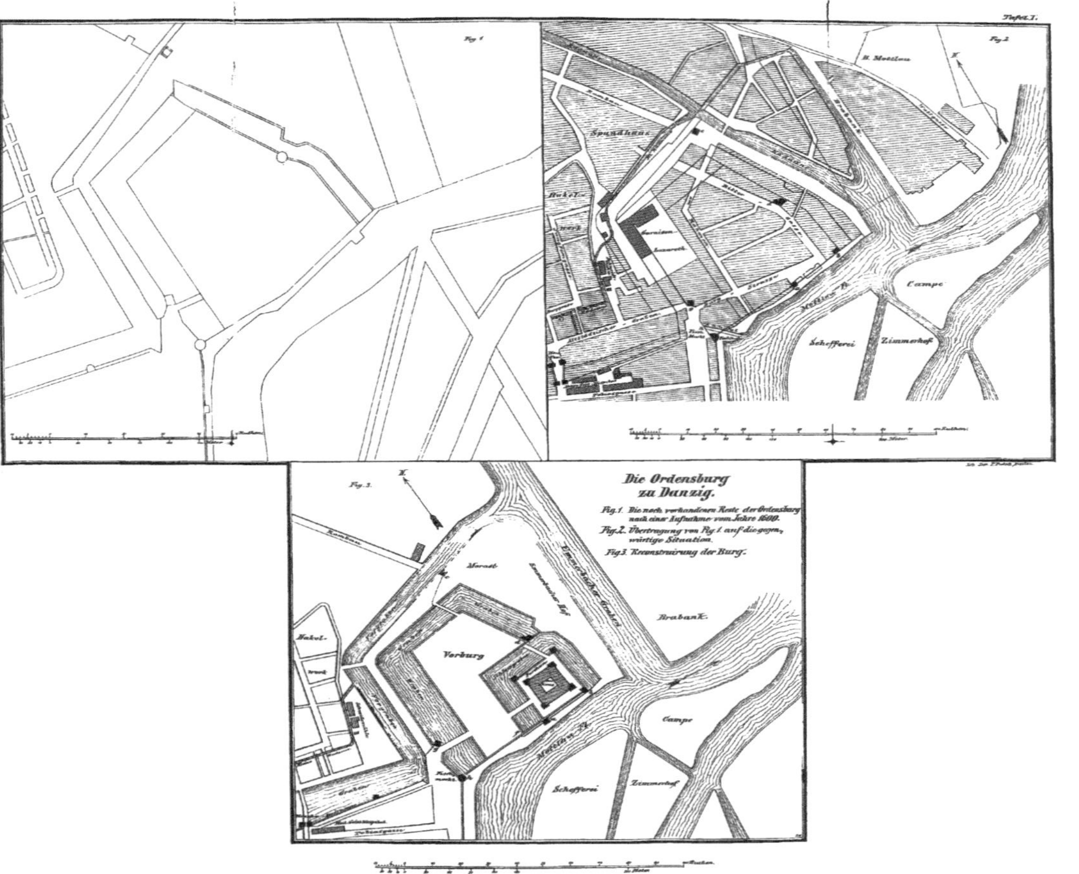

Tafel I.
Fig. 1
Fig. 2
Fig. 3
N
Spendhaus
Hakel-
Mattlau
Mattlau B.
Brabank
Campe
Schefferei
Zimmerhof
Morast
Vorburg
Die Ordensburg
zu Danzig.
Fig. 1. Die noch vorhandenen Reste der Ordensburg nach einer Aufnahme vom Jahre 1600.
Fig. 2. Übertragung von Fig. 1 auf die gegenwärtige Situation.
Fig. 3. Reconstruirung der Burg.

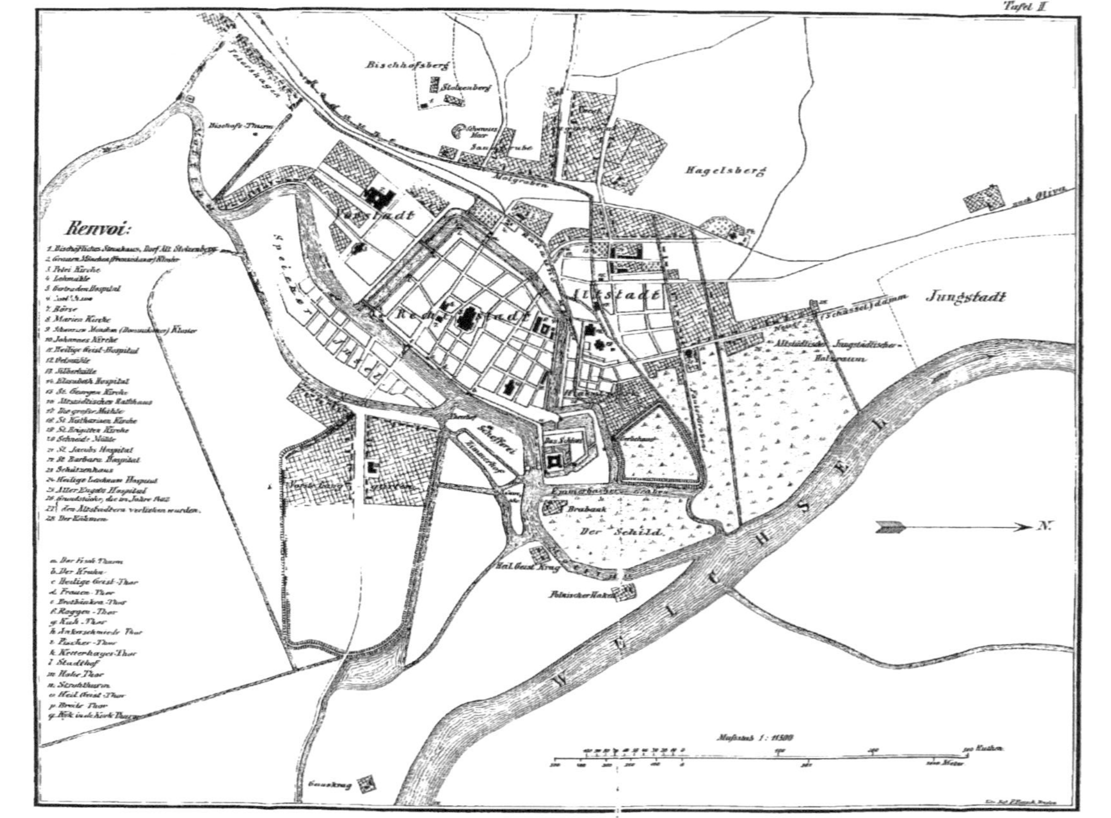

Danzig am Ende der Ordensherrschaft.
Tafel II.
Renvoi:
1. Bischöfliches Strachaus, Dorf Alt-Stolzenberg
2. Grauen Mönchen (Franziskaner) Kloster
3. Petri Kirche
4. Lohmühle
5. Gertruden Hospital
6. Zeughaus
7. Börse
8. Marien Kirche
9. Schwarzen Mönchen (Dominikaner) Kloster
10. Johannes Kirche
11. Heilige Geist-Hospital
12. Oelmühle
13. Silberhütte
14. Elisabeth Hospital
15. St. Georgen Kirche
16. Altstädtisches Rathhaus
17. Die grosse Mühle
18. St. Katharinen Kirche
19. St. Brigitten Kirche
20. Schneide Mühle
21. St. Jacobs Hospital
22. St. Barbara Hospital
23. Schützenhaus
24. Heilige Leichnam Hospital
25. Aller Engeln Hospital
26. Grundstücke, die im Jahre 1455
27. den Altstädtern verliehen wurden.
28. Der Kühmen
a. Der Fisch-Thurm
b. Der Krahn
c. Heilige Geist-Thor
d. Frauen-Thor
e. Brodbänken-Thor
f. Roggen-Thor
g. Kuh-Thor
h. Ankerschmiede Thor
i. Fischer-Thor
k. Ketterhagei-Thor
l. Stadthof
m. Hohe Thor
n. Strohthurm
o. Heil. Geist-Thor
p. Breite Thor
q. Kyk in de Kök-Thurm
Bischhofsberg
Stolzenberg
Sandgrube
Hagelsberg
nach Oliva
Jungstadt
Bischofs-Thurm
Feuerhagen
Holzgraben
Speicher
Vorstadt
Altstadt
Rechtstadt
(Schüssel)damm
Altstädtischer Jungstädtischer Holzraum
Schafferei
Zimmerhof
Das Schloss
Der Schild
Brabank
Heil. Geist Krug
Polnischer Haken
Gänsekrug
WEICHSEL
N.
Maßstab 1:11500
Cuthen
Meter

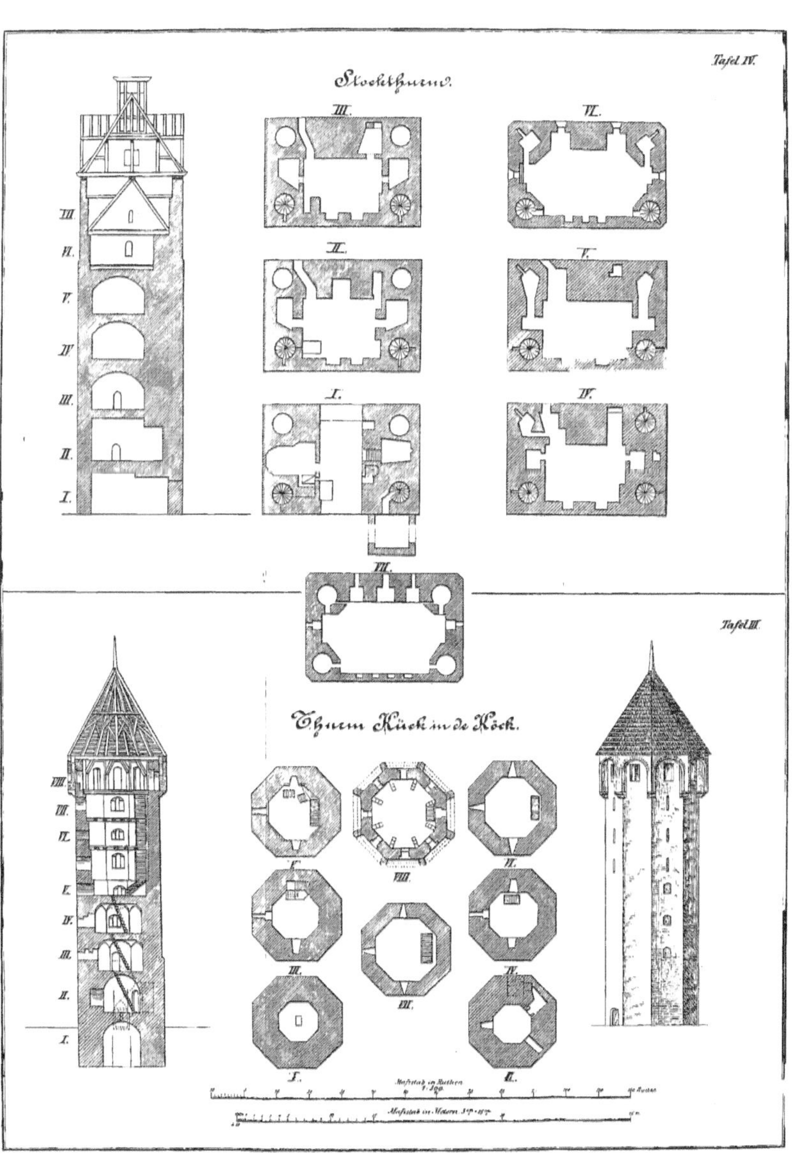

Tafel IV.
Stockthurm.
III.
VI.
II.
V.
I.
IV.
II.
Tafel III.
Thurm Kück in de Köck.
VIII.
VI.
V.
VII.
IV.
I.
II.
Maßstab in Ruthen
Maßstab in Metern
Lith. Inst. F. Pietsch, Breslau.

IV.
V.
III.
Stockwerk.
Dachraum.
IV. Stockwerk.
III. Stockwerk.
1. Trumpf-Thurm.
2. Weißer Thurm.
II. Stockwerk.
I. Stockwerk.
II. Stockwerk.
I. Stockwerk.

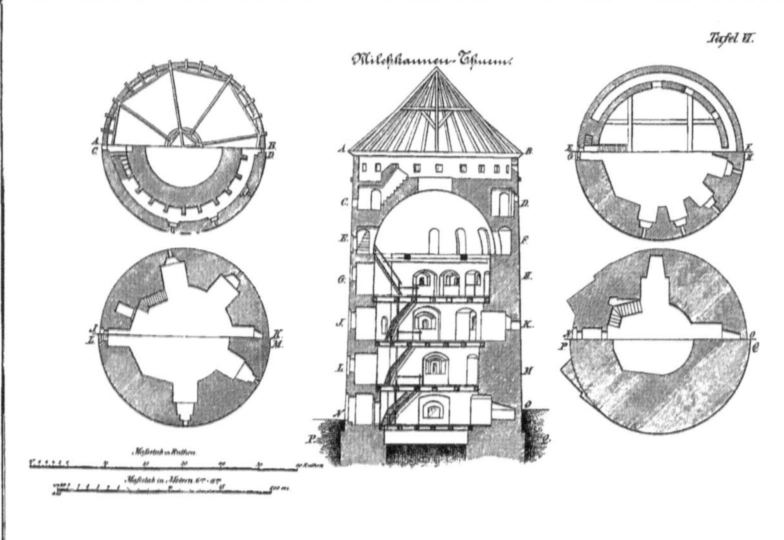

Milchhannen-Thurm.
A
C
B
D
F
G
A
C
E
G
J
L
N
P
B
D
F
H
K
H
O
P
e
Maßstab in Ruthen.
Maßstab in Metern 0. 47.

KOLORIRTE ANSICHT DER FESTUNGSWERKE AUF DER WESTSEITE VON DANZIG IM JAHRE 1520.

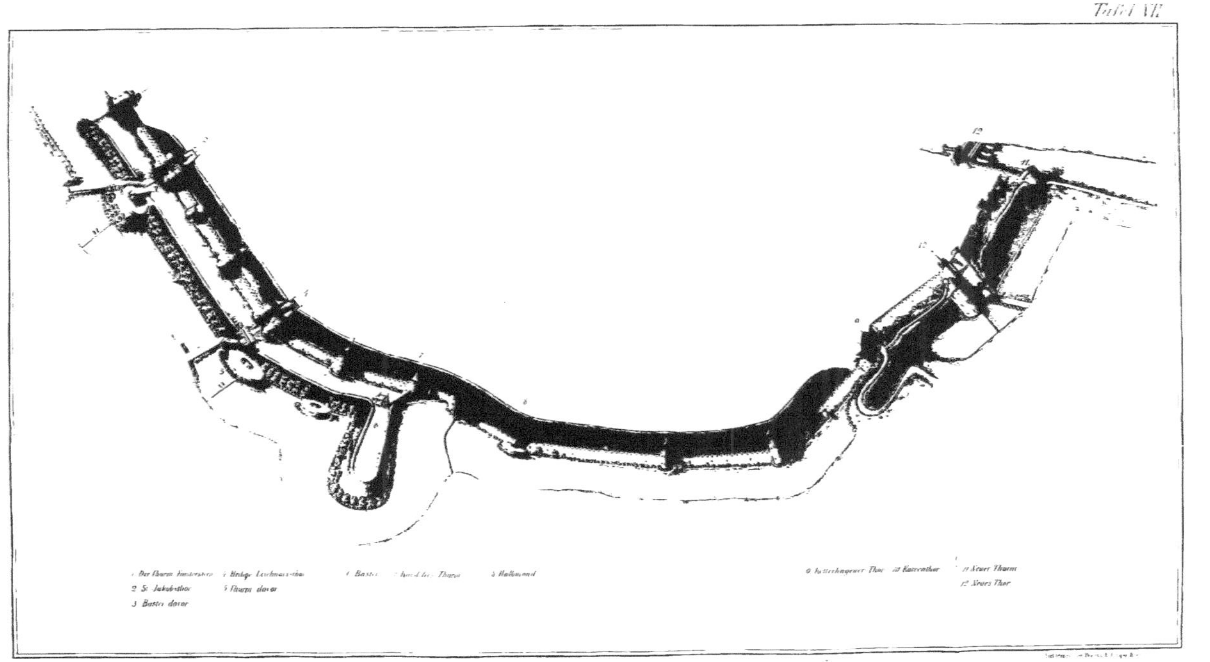

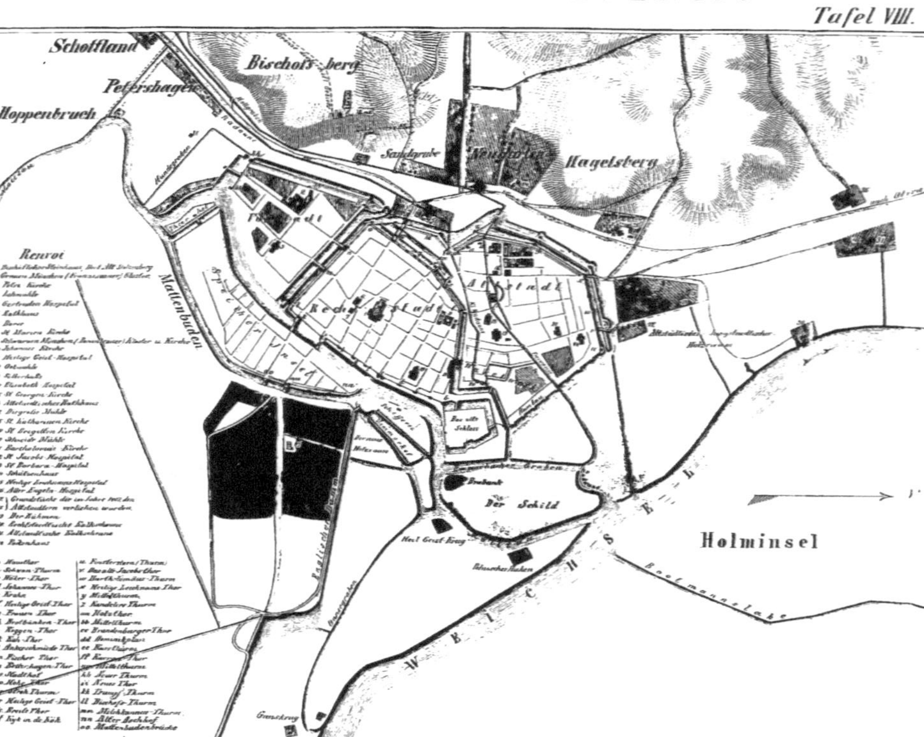

DANZIG im Jahre 1520.
Tafel VIII.
Schottland
Bischofs-berg
Petershagen
Hoppenbruch
Sandgrube
Neugarten
Hagelsberg
Mattenbuden
Altstadt
Rechtstadt
Das alte Schloss
Der Schild
Holminsel
Renvoi
1: 11500
Ruthen
Meter

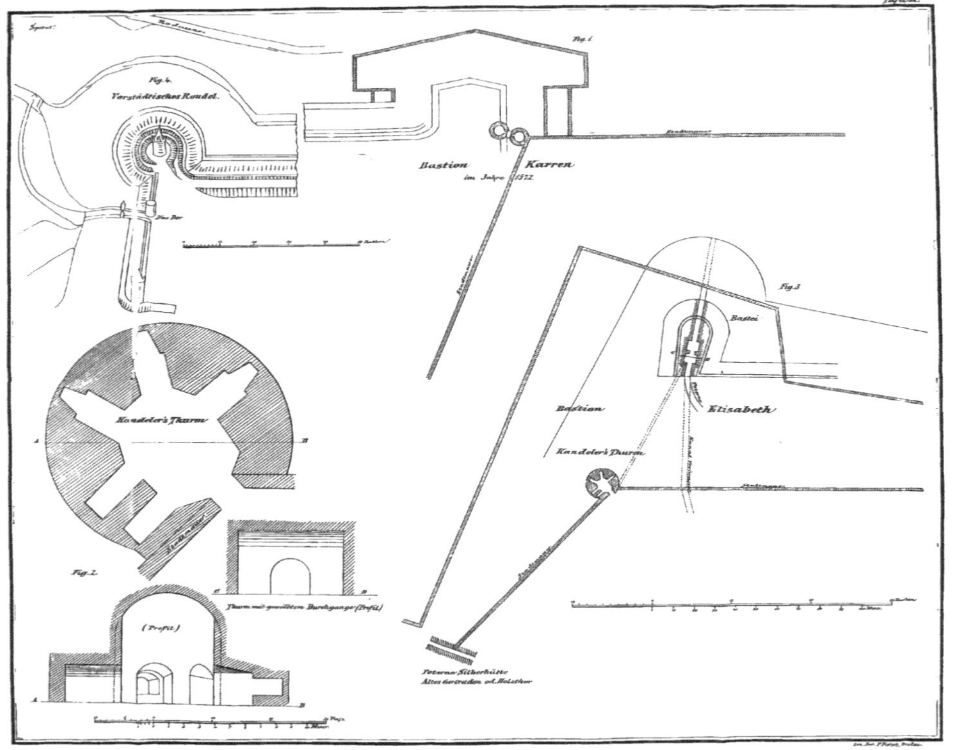

Tafel II.
Fig. 1.
Fig. 4.
Vorstädtisches Rondel.
Bastion Karren
im Jahre 1572.
Fig. 3.
Bastei
Bastion Elisabeth
Kandeler's Thurm
Fig. 2.
Kandeler's Thurm
(Profil)
Thurm mit gewölbten Durchgange (Profil)
Peterne Silberhütte
Altes Gerraden od. Holzthor

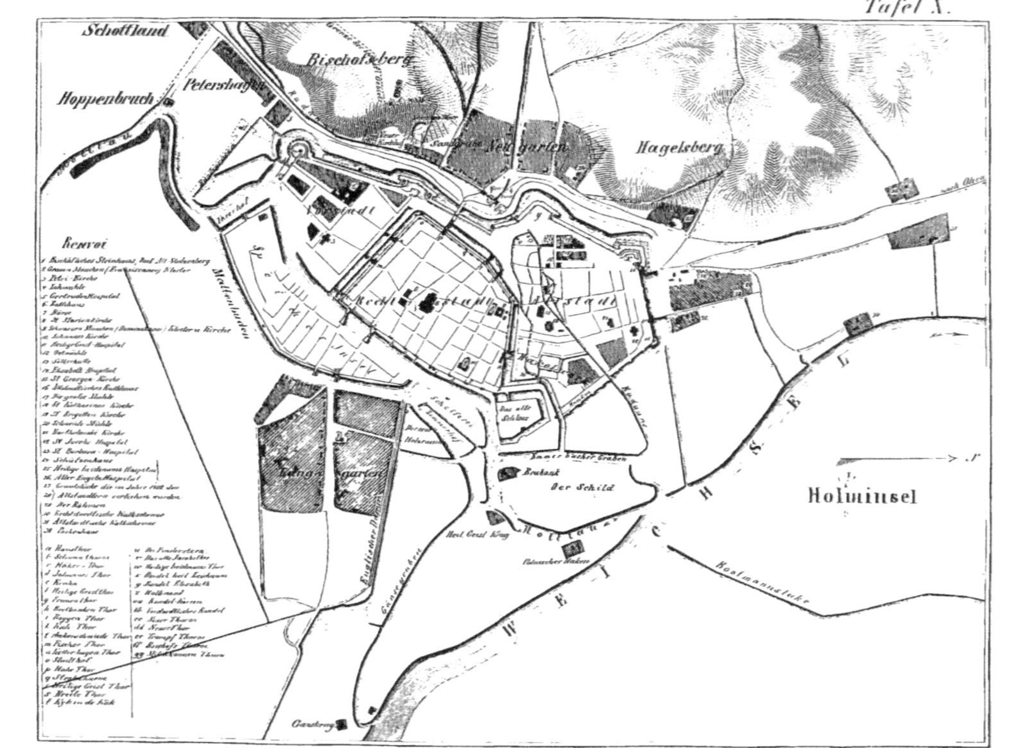

DANZIG im Jahre 1577.
Tafel X.
Schottland
Bischofsberg
Hoppenbruch
Petershagen
Neugarten
Hagelsberg
Rechtstadt
Altstadt
Langgarten
Der Schild
Holminsel
Renvoi
1: 11500

ZUR BELAGERUNG VON DANZIG 1577.

Tafel XI.

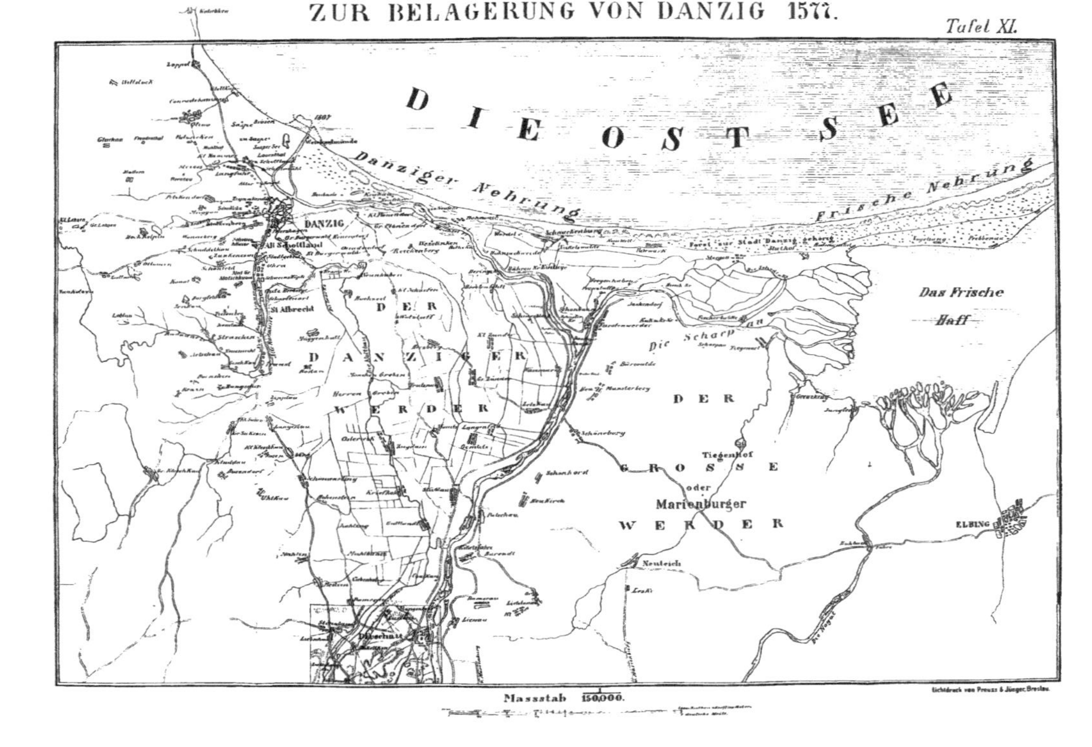

Massstab 1:150,000.

Lichtdruck von Preuss & Jünger, Breslau.

Weichselmünde 1563–1700.
Tafel XII.
1577
Fig. 1.
Des Ernst Weiers
seine Verschanzung
Die Münde oder Plockhaus.
Der Deutscher Verschanzung
in dieser Gegend.
Weyssel.
1563
Fig. 2.
Das Maul.
Fig. 3.
1577
Fig. 4.
Das Blockhaus.
1585
Fig. 5.
Das Blockhaus (fortement); 1585.
1626
Fig. 6.
1633
Fig. 7.
1639
Fig. 8.
1652
Fig. 9.
1673
Fig. 10.
Blockhaus.

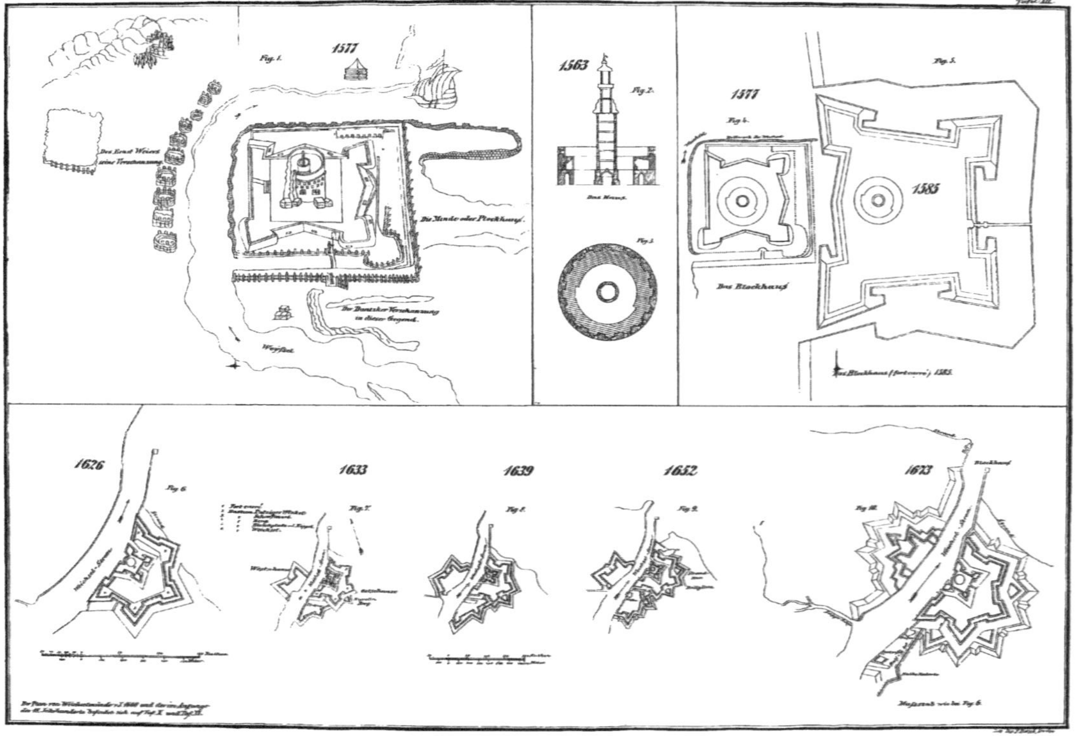

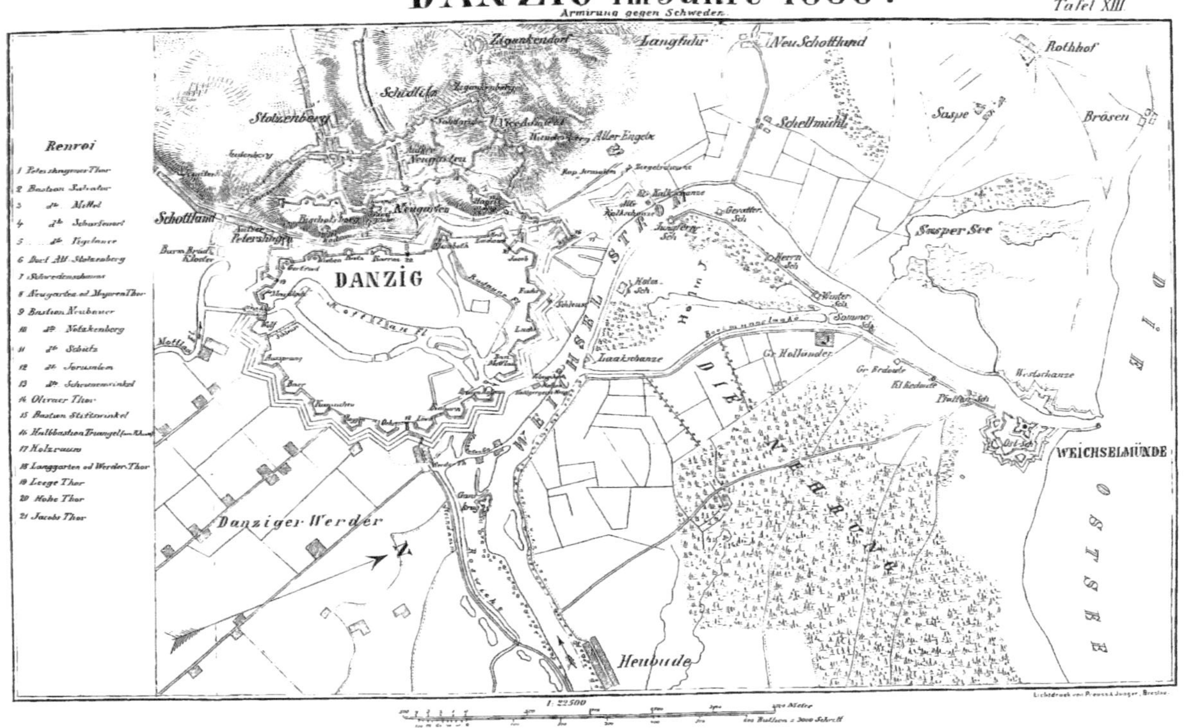

DANZIG im Jahre 1660.
Armirung gegen Schweden.
Tafel XIII

Renvoi
1 Petershagener Thor
2 Bastion Salvator
3 d° Mittel
4 d° Scharfenort
5 d° Tegelauer
6 Dorf Alt-Stolzenberg
7 Schwedenschanze
8 Neugarten od Mayren Thor
9 Bastion Neubauer
10 d° Notzkenberg
11 d° Schütz
12 d° Jerusalem
13 d° Scheunenwinkel
14 Oliwaer Thor
15 Bastion Stiftenwinkel
16 Halbbastion Traungel fm Rhein
17 Holzraum
18 Langgarten od Werder Thor
19 Leege Thor
20 Hohe Thor
21 Jacobs Thor

DANZIG
Ziganhendorf
Langfuhr
Neu Schottland
Rothhof
Schidlitz
Stolzenberg
Schellmühl
Saspe
Brösen
Neugarten
Aller Engel
Sasper See
Schottland
Petershagen
DIE WEICHSEL STROM
Danziger Werder
DIE NEHRUNG
WEICHSELMÜNDE
Heubude
DIE OSTSEE
Mottlau
Laakschanze
Gr. Hollander
Westerschanze

1: 22500
Lichtdruck von Preuss & Junger, Breslau.

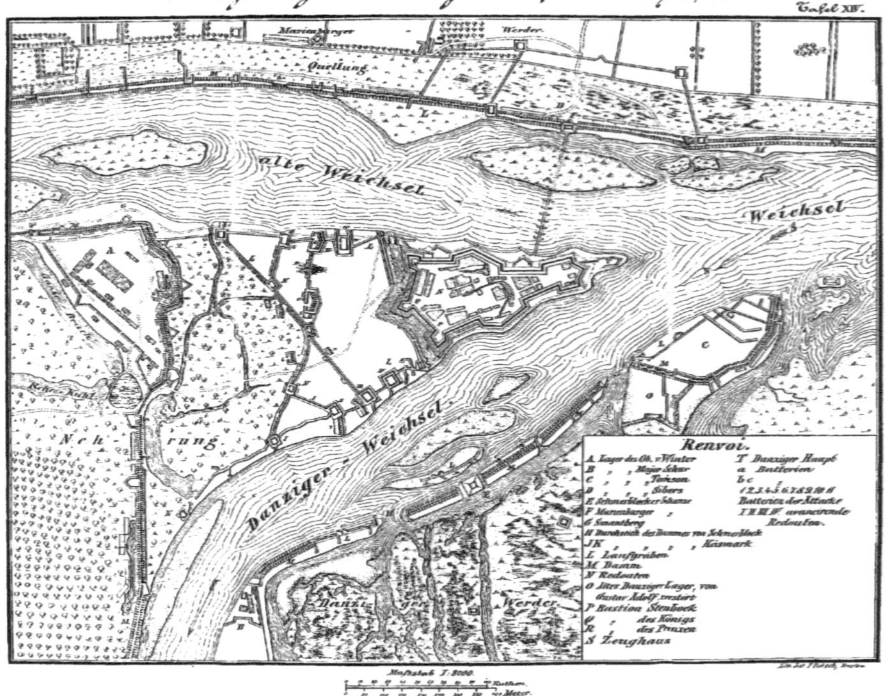

Belagerung des Danziger Hauptes im Jahre 1659.
Tafel XIV.
Werder
Marienburger
Quellung
alte Weichsel
Weichsel
Neh- rung
Danziger - Weichsel
Weichsel
Werder
Danzi...
Renvoi.
A. Lager des Ob. v. Winter
B. „ „ Major Schur
C. „ „ „ Towson
D. „ „ „ Sibers
E. Schmerblacker Schanze
F. Marienburger „
G. Sanntberg
H. Durchstich des Dammes von Schmerblock
JK „ „ „ „ Kasmark
L. Laufgräben
M. Damm
N. Redouten
O. Altes Danziger Lager, von Gustav Adolf zerstört
P. Bastion Stenbock
Q. „ des Königs
R. „ des Prinzen
S. Zeughaus
T. Danziger Haupt
a. Batterien
b c
1.2.3.4.5.6.7.8.9.10.11
Batterien der Attacke
I.II.III.IV. avancirende Redouten.
Maßstab 1:8000.
Ruthen.
Meter.